Abril 2016-
Silvia Fedez de García

MW00575109

Carlos V
Emperador y hombre

CRÓNICAS DE LA HISTORA

JUAN ANTONIO VILAR SÁNCHEZ

CARLOS V

EMPERADOR Y HOMBRE

Historia de un proyecto paneuropeo y universal: Borgoña, España, Italia, Sacro Imperio y Las Indias

www.edaf.net

MADRID - MÉXICO - BUENOS AIRES - SAN JUAN - SANTIAGO
2015

© 2015.Juan Antonio Vilar Sánchez
© Diseño de la cubierta: Ricardo Sánchez
© Edición: Melquíades Prieto
© 2014. De esta edición, Editorial EDAF, S. L. U., Jorge Juan 68 -28009 Madrid (España)
Documentación: autor.

EDITORIAL EDAF, S. L. U.
Jorge Juan, 68. 28009 Madrid
http://www.edaf.net
edaf@edaf.net

ALGABA EDICIONES, S. A. DE C. V.
Calle 21, Poniente 3323, entre la 33 Sur y la 35 Sur
Colonia Belisario Domínguez
Puebla 72180. México
522222111387
jaimebreton@edaf.com.mx

EDAF DEL PLATA, S. A.
Chile, 2222
1227 Buenos Aires, Argentina
11 43 08 52 22
edaf4@speedy.com.ar

EDAF CHILE, S. A.
Coyancura, 2270 Oficina, 914
Providencia, Santiago de Chile
Chile
Tel (56) 2/335 75 11 - (56) 2/334 84 17
Fax (56) 2/ 231 13 97
e-mail: comercialedafchile@edafchile.cl

EDAF ANTILLAS, INC/FORSA
Local 30 A-2
Zona Portuaria Puerto Nuevo
San Juan PR 00920
Tel. (787) 707-1792 - Fax (787) 707 17 97
e-mail: carlos@forsapr.com

1.ª edición: octubre de 2015

ISBN: 978-84-414-3586-5
Depósito legal: M-29738-2015

IMPRESO EN ESPAÑA   PRINTED IN SPAIN

Graficas COFÁS. Pol. Ind. Prado Regordoño. Móstoles (Madrid)

Ser humano, eso es todo

A mi padre doctoral, don Hugo de Schepper, flamenco,
hispanista, archivero, catedrático de Historia del Derecho en la Universidad
de Amsterdam y de Historia en la Radboud Universidad de Nimega,
en agradecimiento
por haber compartido conmigo parte de su profundo saber histórico,
desvelándome el mundo de las instituciones
neerlandesas. Rindiendo homenaje al profundo respeto
y amistad que nos une.

Índice

INTRODUCCIÓN

A menudo la historia, como espejo de nuestro transcurrir humano, se convierte en un mero cúmulo de coincidencias y circunstancias, que hora son positivas y ayudan a avanzar al protagonista, aunque no se lo merezca, y hora son negativas e interfieren en su devenir, a pesar de su calidad. El caso que aquí tratamos es el de un hombre con suerte, pero que además se esforzó por tenerla. Una mezcla explosiva de premio gordo en la lotería genealógica y una voluntad férrea para alcanzar sus metas. Y ello a pesar de las opiniones de sus contemporáneos que en su juventud creyeron ver en él una clara falta de disciplina y rigurosidad, que prefería el amor, las justas y la caza, antes que el aprendizaje. A veces la visión de los contemporáneos no es siempre la más fiable.

Acerca de su lotería genealógica, pocos reyes llegaron a tener tanta suerte y tantos premios acumulados. Por un lado recibió la herencia borgoñona en la que se incluían los riquísimos Países Bajos y el Franco Condado; así como la herencia de los Habsburgo, repartida por Austria, la Renania, Suabia y la costa Adriática. Por otro lado heredó las poderosas coronas de Castilla y Aragón con sus territorios italianos y sus ínsulas y tierras americanas.

Pero es que además, desde el momento en que nació hasta el de heredar todos esos reinos, plurilingües y multiétnicos, las tierras hereditarias que habían pertenecido a sus abuelos se habían visto incrementadas holgadamente, y así llegó a heredar reinos que un par de décadas antes ni tan siquiera habían estado en su órbita. Me refiero a los reinos de Navarra, Nápoles, el Milanesado, el título de rey de Jerusalén; los bastiones norteafricanos: Orán, Mazalquivir, Bugía y Trípoli; y las Indias con sus inmensos tesoros. Solamente este último flamante conjunto de tierras insólitas hubiera podido constituir por sí un imperio propio, cuanto más en unión de la inveterada herencia antes nombrada. Pero todavía más, en su acción propia como gobernante supo añadir nuevos títulos y nuevas tierras a esa herencia, el ducado de Güeldres, Túnez, la expansión por el continente americano: Centroamérica, México, Perú, el Pacífico, el título de emperador del Sacro Imperio Romano Germánico, no solo electo, sino coronado por el Papa, además de convertirse en el último emperador que cumpliera con ese requisito. Carlos llegó a poseer más territorios que ningún otro soberano europeo desde la caída del imperio romano hasta los comienzos del siglo XIX. Llegaba así nuestro protagonista al máximo imaginable, aunque es cierto que algo le faltó machaconamente en ese inmenso conglomerado: su soñado ducado de Borgoña y el llegar a ser, como lo había definido Erasmo y su gran canciller Mercurino Gattinara, la cabeza visible de la Cristiandad para liberar a Europa de la amenaza turca. Carlos llegó a poseer 72 títulos, de los cuales 27 eran reinos, 13 ducados, 22 condados y 9 señoríos. Sus guerras contra Francisco I o contra los protestantes, desangraron y debilitaron a la cristiandad e hicieron más daño de lo que pudieran haber hecho los turcos. Las tres gorgonas enemigas de su política y de su hegemonía fueron los franceses, los protestantes y los turcos, como muy bien lo definió el catedrático de la Universidad de Granada, Juan Sánchez Montes.

En su momento de mayor esplendor, Carlos reinaba sobre el cuarenta por ciento de la Europa occidental, superando los 28 millones de súbditos, sin contar los americanos. Las posesiones de Francisco I de Francia, su mayor émulo, sumaban 19 millones de habitantes, y las del sultán turco, Solimán I el Magnífico, unos 13 millones, aunque con una altísima cuota de crecimiento. Otro de los grandes monarcas de la época, Enrique VIII de Inglaterra regía sobre unos 4 millones de súbditos, incluyendo en ello Irlanda y Gales. Además, en las tierras de Carlos se encontraban los mayores centros financieros europeos: Amberes, Sevilla y Augsburgo, aumentados con Milán en 1525, Génova en 1528 y Florencia en 1530. Multitud de recursos naturales, minas de todo tipo de metales preciosos, sitas especialmente en el continente americano, pero también en el Tirol, el Franco Condado, la península ibérica, le permitían poseer recursos económicos suficientes para financiar sus necesidades bélicas, reconociendo que en este aspecto Castilla fue una de las más castigadas. Desde hacía mucho tiempo no se había visto tanto poder concentrado en un solo monarca.

Pero nuestro protagonista no solo conquistó nuevos reinos para sí mismo, también supo dotar a su marginado hermano Fernando de un imperio propio, ayudándole a alcanzar las coronas de Bohemia, Moravia, Hungría y del Sacro Imperio, además de cederle magnánimamente la mayor parte de las tierras heredadas de sus antepasados Habsburgo, dotándolo de un importante patrimonio hereditario que transmitir a los suyos.

Todos esos acontecimientos, ocurridos en sus primeros 30 años de vida, conforman los dos primeros apartados de este libro. Enfatizando que la labor para heredar todos esos reinos fue ardua, que para cada uno de ellos siempre apareció un émulo presto a disputárselo. Su vida se caracterizó por un continuo peregrinar por

Frans Hogenberg. Armas del rey de España con Toisón de Oro. En el cuadrante superior izquierdo las armas de Castilla y León, en el superior derecho: Aragón y Sicilia. En el cuadrante inferior izquierdo: Austria y el Condado de Borgoña,a la derecha el ducado de Borgoña y Brabante. En el centro del cuadrante inferior los condados de Tirol y Flandes.

todas esas tierras, exceptuando las americanas, con el fin de asegurarlas, con el fin de hacerle sentir a sus súbditos su cercanía, su cariño y su férrea voluntad de representarlos y de defenderlos.

Una vez conseguida esa meta fundamental de su vida: asegurar y aumentar su herencia, comenzó la segunda, la de mantener y defender lo poseído, e incluso la de dotar de un heredero a su imperio. La consecución de esta segunda meta fue aún más dura que la anterior ya que desde un primer momento sus tierras fueron amenazadas por los ataques de franceses y turcos, así como por rebeliones internas de carácter localista o religioso. Carlos se esforzó cuanto pudo en gobernar esos países y súbditos de forma personal y lo más justa posible, pero había un gran problema en ello, la inmensidad territorial de ese conglomerado político monocéfalo y la dispersión de sus territorios, lo que le supuso al monarca pasar toda su vida viajando, con los inconvenientes que eso suponía en la época. Además la conciencia de identidad de sus súbditos y de pertenencia a ese inmenso ente político fue mínima, primando en cada estado una visión egoísta de defensa de lo propio y de autonomía, tendiendo a no colaborar en la defensa de lo foráneo. Todas las tierras exigían constantemente gobernantes naturales del país, no encontrando Carlos otra solución que la de naturalizar a muchos de sus servidores directos en esos estados. Carlos intentó estar presente en todos sus reinos, jurando sus derechos, mostrándose a sus súbditos e intentando una unidad de gobierno imposible, en un mundo donde aún mandaban los derechos consuetudinarios y los privilegios propios de cada uno. Pasó un número interminable de días presidiendo reuniones o jornadas de sus muchos Parlamentos, Cortes, *Ständetage*, *staten* o *états*, e intentó repetidamente perfeccionar sus variadas instituciones de gobierno y sus consejos, permitiendo que sus propios ciudadanos participaran en su autogobierno. En esa acción consiguió algunos éxitos señalados, por ejemplo el establecimiento de un código de justicia que unificara la multitud de códigos jurídicos de cada uno de los países componentes del Imperio, creando la *Constitutio Criminalis Carolina* en 1532, un código de justicia criminal que unificó criterios y facilitó el movimiento de sus ciudadanos, allanando algo ese ser *irregulare aliquod corpus et monstro simile* como llamaba Samuel Pufendorf al Imperio; o intentando conseguir un acuerdo razonable con los protestantes, cuya consecuencia, no deseada, fue la libertad religiosa pactada en la *Augsburger Religionsfriede*, lo que nosotros conocemos como la Paz de Augsburgo. En este deseo, a mi parecer alcanzado, de gobernar a sus súbditos de la forma más cercana posible, jugaron un papel fundamental los y las regentes, miembros cercanos de su familia que en su lugar, en su nombre, con las instrucciones y restricciones que él específicamente les fijó, ejercieron el poder en sus ausencias. Lo extenso y diseminado de sus reinos, separados por miles de kilómetros los unos de los otros, con idiomas y costumbres diferentes y con la gravedad del desconocimiento mutuo, unido al grave problema de no haber nacido con el don de la ubicuidad, fue sobradamente sustituido por la institución de la regencia. Su tía Margarita de Austria, su hermano Fernando, su hermana María de Hungría, su mujer Isabel de Portugal, su hijo Felipe, sus hijas María y Juana y su sobrino Maximiliano, llenaron esa institución de todo su contenido, consiguiendo una ubicuidad virtual del césar desconocida hasta entonces.

El final de su vida fue el momento más triste y a ello me referiré en el último apartado del libro. Cansado, excesivamente viejo y maltratado para su edad, quizá también en parte por su propia culpa, por descuidarse demasiado y por abusar del buen comer y del mejor beber, el emperador se sintió incapaz de seguir luchando. Ese miedo, experimentado ya frente a Argel, se desarrolló con mayor virulencia desde los años cincuenta y especialmente frente a Metz, o en las continuadas campañas contra los franceses y especialmente contra sus hostiles súbditos, los príncipes imperiales, que no le perdonarían nunca la soberbia con la que los había tratado en la victoria. Tras un periodo de tiempo madurando la idea en Bruselas, Carlos abdicó de casi todas sus posesiones y títulos en nombre de su hijo Felipe, príncipe joven, capacitado, con ganas y fuerzas para seguir luchando. Parte de su herencia la cedió a su hermano Fernando al que había conseguido llevar hasta el cargo de rey de Romanos, i.e. rey de Alemania, sustituto del emperador en el Imperio y futuro emperador a su muerte. La disputa postrera con su hermano Fernando y su familia por el tema imperial, empañó una larguísima relación de amor fraternal, que dolió con especial virulencia al césar. Cumplida su misión y con la valentía y el coraje demostrado al dejarse sustituir, se retiró a un solitario monasterio jerónimo en Extremadura, donde entre relojes y la compañía de buenos cantores, viejos amigos y compañeros de toda una vida, comenzó a prepararse para su último viaje, el ineludible y final retorno a la tierra. En esos días finales, la luz brillaría aún de nuevo en ese retiro al conocer la victoria militar de su hijo en San Quintín, devolviéndole la ilusión de que Felipe sería capaz de enmendar la situación de retroceso y desesperanza en la que él había dejado a sus reinos. Curiosamente eligió para ese final la frontera de un país con el que había mantenido una relación especial y para el que curiosamente y sin saberlo, gracias a su suerte genealógica, había abierto ya el camino, al casarse con su amadísima Isabel de Portugal, consiguiendo que su hijo Felipe lo heredara en 1580. Desde ese momento Felipe II se convertiría en el monarca más importante del mundo, superando aún, a pesar de la pérdida del solio imperial, a su padre, haciendo real aquello de que en su reino nunca se ponía el sol.

Brühl, 7 de julio de 2015, día de San Fermín.

1. PUGNA POR LA ADQUISICIÓN DE LA HERENCIA (1500-1520)

1.1. Un problema de fechas a nivel europeo y mundial

El 24 de febrero del año **1499**, día del apóstol San Matías, nacía en el *Prinsenhof* de Gante, el primer hijo varón de Juana de Castilla y de Felipe de Habsburgo, archiduque de Austria, duque de Borgoña, Limburgo, Brabante y Luxemburgo, conde de Flandes, Namur, Artois y de una larga lista de condados y señoríos. Y aunque esta fecha sorprenda al lector y le haga creer que, nada más comenzar la lectura, ya ha detectado el primer error, no debería de sentirse tan seguro. Esa es la fecha correcta de nacimiento de nuestro protagonista, tal y como él la comprendió.

Hasta el año 1583, año en que se aceptó la reforma gregoriana en Flandes, el primer día del año en ese condado, Alemania y el norte de Francia, era el día de la Pascua de Resurrección, fiesta variable que dependía de la luna, astro que determinaba la mayor parte de fiestas del calendario cristiano. La celebración de esa fiesta de la Pascua de Resurrección se fijó en el concilio de Nicea de 325, en el domingo siguiente al plenilunio posterior al equinoccio de primavera. Era pues esa fiesta la que determinaba el inicio del año en Flandes y en todos los Países Bajos, una celebración que variaba de año en año y que podía celebrarse entre el 22 de marzo y el 25 de abril.

Este calendario, llamado de Pascua, era de uso obligatorio en el Sacro Imperio y en los Países Bajos hasta 1583. En España, y para la madre del neófito que era española, el niño había nacido el 24 de febrero de 1500, ya que en España se usaba el calendario de la Natividad. El primer día del año en la península ibérica era el 25 de diciembre, día de la Natividad, que pertenece al grupo de fiestas religiosas fijas y que por tanto todos los años se celebraba el mismo día. Carlos V, en sus memorias escritas en 1552 en romance, es decir en español, lo describe así: *nací el 24 de febrero del año 1500, según el estilo de Roma.*

Además de esos dos calendarios de Pascua y de la Natividad, en algunas repúblicas italianas se utilizaba otro diferente, el llamado calendario de la Encarnación que fijaba el inicio del año el día de esa fiesta fija, celebrada el 25 de marzo de cada año. Otros países de nuestra esfera católica, como Polonia, utilizaban el calendario de la Circuncisión, el más fácil de convertir para nosotros ya que coincidía esa fiesta con el día 1 de enero. No trato aquí el tema de los calendarios ortodoxos o ingleses que, hasta muchos años más tarde, por razones obvias, no aceptarían el calendario gregoriano. Los ingleses hasta 1752 y los ortodoxos hasta 1923. Y ya como complejidad máxima, no se deben de olvidar los calendarios musulmanes y judíos, con sus meses lunares.

Al tratar los documentos medievales y modernos europeos hasta 1582-83, como vemos, hay que hacerlo con sumo cuidado y respeto para no caer en graves errores, a los que no han sido ajenos los más afamados historiadores carolinos antiguos y de nuestros tiempos. Sirva de ejemplo para ilustrar este hecho, el que aún hoy en día se conozcan a las Cortes aragonesas de Monzón celebradas entre el 6 de julio y el 27 de diciembre de 1552, como las Cortes de Monzón de 1553, por que en sus conclusiones, dadas el 27 de diciembre de 1552, se anotó, como era normal en la época, el 27 de diciembre de 1553, ya que el año 1553 había comenzado según el calendario de la Natividad, el 25 de diciembre. Otro ejemplo relacionado con el calendario de Pascua de Resurrección, es el de la fecha de la tregua de Vaucelles que ponía un paréntesis a la guerra entre Carlos V y Enrique II. En el documento original de esas treguas, firmadas en la frontera de los Países Bajos el 5 de febrero de 1556, aparece la fecha: *5 de febrero de 1555*, por usarse en esa región en la época el calendario de la Pascua de Resurrección, cuyo primer día del año era el día de esa fiesta variable, normalmente a principios de abril. Por razones obvias, en este libro utilizaremos las fechas usando el calendario moderno para facilitar la comprensión.

No es este enredo de fechas un caso únicamente válido para el tema carolino. Hay también algunos curiosísimos casos de la época de los Reyes Católicos. En un alfarje del palacio de la Alhambra, un pintor flamenco de nombre Juan Caxto escribió en grandes caracteres góticos dorados, a petición de los Reyes Católicos, la fecha de la conquista de la fortaleza, haciéndolo de la siguiente forma: *el 2 de enero de 1491*. Caxto no se equivocaba, lo que ocurría era que usaba su calendario flamenco sin trasladar la fecha al castellano que comprendían sus señores: 2 de enero de 1492. Parece ser que los reyes no se dieron cuenta del error, ni las generaciones posteriores comprendieron lo que significaba, el caso es que ese alfarje se mantuvo sin iluminación muchos años para no tener que dar explicaciones. Hoy en día, ya comprendido, está bien iluminado y es fácilmente legible, para el que entienda los caracteres góticos, en los zaguanes que desde el patio del Mexuar llevan al de Comares o de los Mirtos. Otro ejemplo similar a este para hacer comprender los graves inconvenientes que el desconocimiento de esta variedad de calendarios vigentes en la Europa del siglo XVI, puede producir en la técnica historiográfica, es el de la capitulación final pactada entre el último sultán nazarí de Granada, Boabdil, y los Reyes Católicos para la entrega de la ciudad de Granada y su Alhambra. El acuerdo de cómo había de celebrarse la ceremonia de *rendido y vasallo*, para entregar Granada, se consiguió el día 31 de diciembre del año 1492, pero naturalmente siguiendo el calendario de la Natividad, en el documento original se fijó la fecha 31 de diciembre de 1493, al haber comenzado el año el 25 de diciembre. No creo que haga falta explicar la razón para la multitud de teorías que esa fecha originó entre los estudiosos de los Reyes Católicos y de la historia del reino de Granada.

1.2. Gobierno de Felipe y Juana, padres del duque Carlos de Luxemburgo. Su corta niñez en familia (1500-1501)

El niño alumbrado el 24 de febrero de **1500** por la infanta Juana, nació, según quiere creer la tradición, en un pequeño cuarto del palacio de los condes de Gante, en un *retrete*, que no tiene que significar en un servicio, el retrete eran pequeños habitáculos donde se retiraba el servicio a esperar la llamada de sus amos. Este hecho ocurría en medio de una fiesta y sin apenas ayuda, pero el niño y ansiado heredero nacía con *todos sus miembros en perfecto estado*, según relató su padre a sus súbditos. Para Juana, hija de los Reyes Católicos, ese parto suponía alcanzar la meta en la carrera por asegurar al conglomerado borgoñón un heredero varón. El niño, que luego sería bautizado con el nombre de su heroico bisabuelo, Carlos el Temerario, duque de Borgoña, muerto en la batalla de Nancy, era el segundo fruto de un apasionado y tormentoso matrimonio hispano-neerlandés, desbaratado por la incomprensión mutua, los celos y los escarceos amorosos. Un matrimonio altamente inestable que se debatía entre un amor posesivo y amenazante, y un desprecio sórdido, capaz de todo. No había futuro, al menos seguro, en esa relación de origen político, que en un primer momento parecía haber sido un éxito, un flechazo a alto nivel. Juana se fue haciendo cada vez más española, mientras que Felipe se refugió cada vez más en su mundo borgoñón. La educación de ambos había sido diametralmente opuesta. Felipe había crecido en un mundo internacional, rodeado de idiomas y países diversos, donde la prestancia, el honor y las apariencias lo eran todo. El lujo, casi el despilfarro entre los poderosos, la gala, los vestidos, las joyas y el buen comer primaban en ese mundo neerlandés mucho más avanzado en sus instituciones de gobierno y jurídicas, en su libertad de pensamiento, salubridad, higiene, medicina, arte y forma de vida que en Castilla y Aragón. Los Países Bajos habían dejado ya atrás la Edad Media, aunque to-

Jacob van Laethen. Los padres de Carlos de Habsburgo: Felipe, archiduque de Austria, duque de Borgoña, señor de los Países Bajos, devenido rey de Castilla en 1506. Juana I de Castilla, segunda hija de los Reyes Católicos.

davía soñaran de forma romántica con sus héroes y sus hazañas, y promovían unas formas más modernas que luego darían paso a lo que nosotros hemos llamado *renacimiento*. Juana, por el cotrario, había crecido en un mundo donde la sencillez, la modestia y los valores religiosos arcaicos primaban y donde al contrario que en Flandes, el boato, la opulencia y lo carnal eran aún vistos como graves pecados. Eran dos visiones opuestas del mundo, condenadas a entenderse pero que muy a menudo se repelían o explotaban salvajemente. A pesar de ello, las necesidades políticas, los éxitos dinásticos y territoriales de ambas familias dependían de ellos, y ambos eran utilizados como piezas de ajedrez, inertes en manos de otros jugadores más importantes, sus padres y sus alianzas políticas. Juana y Felipe intentaban sobrevivir como podían a la nefasta relación, con grandes separaciones, sumergidos en la actividad política, confiados en que el tiempo lo calmaría todo. Y entre inmensas discusiones y disputas, retornaba de vez en cuando el amor y ella se quedaba de nuevo embarazada, y a renglón seguido llegaban los celos de Juana y las licencias extramatrimoniales de Felipe, que parecía esclavo de sus caprichos y de sus pasiones.

El acuerdo matrimonial entre Juana y Felipe se había fraguado en 1494, en medio de un enfrentamiento político a tres bandas: el emperador Maximiliano I, Carlos VIII de Francia y los Reyes Católicos, por el control de Italia. Maximiliano y Fernando habían planeado una alianza contra el común enemigo francés, que debía de quedar sellada por un matrimonio doble: Margarita de Austria casaría con el heredero español, Juan, y Juana de Castilla casaría con el duque de Borgoña,

Albret de Vriendt, final de siglo XIX.
Brooklyn Museum, Nueva York.
El 22 de enero de 1521, cuando el joven
Carlos apenas contaba un año,
fue nombrado por su padre, el archiduque
Felipe el Hermoso, caballero de la orden del
Toisón de Oro.

Felipe. No se perseguía en absoluto una unión dinástica. Ni a Maximiliano, ni a los Reyes Católicos, les interesaba esa unión, ambos tenían otras metas. Maximiliano prefería la liga con los Jagellón que reinaban en Bohemia, Hungría y Polonia, asegurando así las tierras patrimoniales de los Habsburgo; mientras que Isabel y Fernando preferían el acercamiento a Portugal y la consecución de la unión peninsular. La boda entre Juana y Felipe se celebró en 1496 en Lier, no lejos de Amberes; la de Margarita y Juan, en 1497 en Burgos. Del matrimonio entre Felipe y Juana, nació un primer vástago en Lovaina el 24 de noviembre de 1498, la infante Leonor, llamada así en honor de su bisabuela paterna Leonor de Portugal y Aragón, mujer del emperador Federico III, madre de Maximiliano I. Carlos, el segundo hijo, nació en 1500. Isabel, la segunda hija, nació en Bruselas el 18 de julio de 1501, poco antes de partir por primera vez sus padres para Castilla; María, la tercera hija, nació también en Bruselas el 15 de septiembre de 1505, poco antes de la partida definitiva de sus padres hacia la península Ibérica, de la que ya nunca más volverían. Estos cuatro hijos constituían el contingente borgoñón o neerlandés de la familia y serían educados, lejos de su madre, en los Países Bajos. Pero además de esos cuatro hijos nacieron otros dos más, que constituyeron el contingente español: Fernando, que vio la luz en Alcalá de Henares el 19 de marzo de 1503, durante la primera estancia española de los archiduques para ser jurados como herederos, y Catalina, hija póstuma nacida en Torquemada, el 14 de enero de 1507. Estos dos últimos serían los más cercanos a su madre Juana, que desde

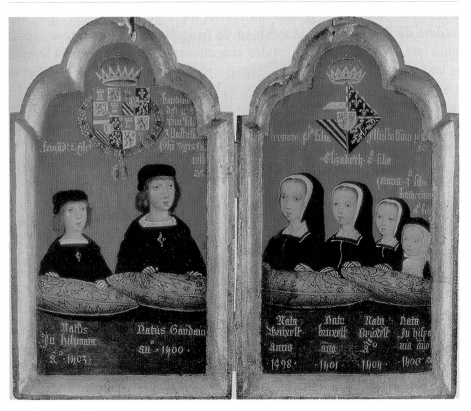

Los hermanos de Carlos de Habsburgo. Anónimo. A la izquierda: Fernando, nacido en 1503 en Alcalá de Henares, y Carlos, nacido en 1500 en Gante. A la derecha: Leonor, nacida en 1498 en Lovaina; Isabel, nacida en 1501 en Bruselas; María, nacida en 1505 en Bruselas; y Catalina, nacida en 1507, en Torquemada.

1506 ya no regresó más a Flandes, dejando a sus hijos neerlandeses bajo el cuidado de su cuñada, Margarita de Austria, *la bonne tante*, que tanto haría por su educación y formación personal y política.

El heredero, Carlos, protagonista principal de esta historia, fue bautizado en la iglesia de San Juan de Gante, hoy denominada catedral de San Bavón, al anochecer del día 7 de marzo de 1500. Los fastos celebrados ese día fueron descritos por el cronista Jean Molinet. Entre el *Prinsenhof* y la iglesia se construyó un pasadizo de madera elevado que permitía a la noble comitiva pasar sin mojarse sobre el embarrado suelo, a la par que ser observada sin impedimento por el pueblo. Se usaron para iluminar la oscura noche flamenca cerca de diez mil luminarias, entre velas y antorchas, tanto en el recorrido como en la iglesia. En la comitiva, además de la nobleza, prelados, embajadores, caballeros del Toisón de Oro, miembros del Consejo de Flandes, iban Margarita de Austria, viuda del príncipe Juan de Castilla, y Margarita de York, duquesa de Borgoña, viuda de Carlos el Temerario, ambas actuaron de madrinas. Los padrinos fueron el príncipe de Chimay, Carlos de Croy, y el chambelán del archiduque Felipe, Juan de Glymes, señor de Bergen op Zoom. El 22 de enero de **1501**, cuando aún no contaba ni un año de edad, su padre lo nombró caballero de la orden del Toisón de Oro. Algo más tarde, el 20 de agosto de 1501, con un año y medio de edad, en virtud de pactos con el rey Luis XII de Francia, Carlos quedaba prometido en matrimonio con Claudia, hija del rey francés, nacida en 1499.

1.2.1. Primer viaje de los príncipes Juana y Felipe a España. (1502-1504).

Poco disfrutó Carlos de sus padres, ocupados en temas políticos de gran trascendencia que los acapararían desde su nacimiento hasta su partida definitiva en 1505. El 20 de julio de 1500, el príncipe Miguel, hijo del rey de Portugal, Manuel I, *O Venturoso*, y de la hija primogénita de los Reyes Católicos, Isabel, heredero desde su nacimiento de los reinos de Portugal, Castilla y Aragón, fallecía con solo veintidós meses de vida en la Alhambra de Granada, siendo enterrado en el monasterio de San Francisco intramuros de la fortaleza. Juana, en primer lugar, y Felipe como su esposo, pasaban a convertirse en príncipes herederos de Castilla y Aragón. Curiosamente, conocedores de la debilidad del príncipe Miguel, los archiduques habían mantenido en secreto un encubierto embajador en la corte de los Reyes Católicos, Juan Vélez de Guevara, preparado para llevarles la *buena nueva* de la defunción del príncipe y de su ascenso a la herencia peninsular. La información fue llevada desde la Alhambra a Gante en solo 11 días por este mensajero que batió todos los registros de velocidad existentes hasta la época. Sirva de ejemplo que solamente dos años más tarde, en 1502, Francisco de Taxis recibió el permiso para establecer un servicio de correos rápidos entre Bruselas y España, poniéndolo en marcha en 1504. Para el trayecto desde la capital de Brabante hasta la frontera española creó ciento seis puestos de correos, con dos caballos en cada uno. En 1505 a esa red de mensajeros se la conocía como Correo Mayor de Castilla y desde Bruselas a Granada tardaba en llevar la información, 18 días en invierno y 15 en verano, en tiempos de paz, ya que en tiempos de guerra la comunicación por tierra se interrumpía, quedando la llegada del correo a la ventura del mar.

A pesar de lo presto de la información, los archiduques tuvieron que esperar aún casi dos años para trasladarse a España a ser jurados como príncipes herederos. Antes había que dejar todo perfectamente organizado en los Países Bajos, donde quedaría el heredero Carlos con sus dos hermanas bajo la supervisión de Ana de Borgoña, viuda de Ravenstein, hija natural del duque Felipe el Bueno.

Ana era una persona de total confianza para los archiduques, por ser de la familia y haber sido además la mujer de Adolfo de Cleves, lugarteniente general que fue de Carlos el Temerario, de María de Borgoña y del propio archiduque Felipe. Junto a ella se nombró una cámara completa para asistir al jovencísimo Carlos: Enrique de Nassau, su lugarteniente general en los Países Bajos; Enrique de Withem, señor de Beersel, chambelán y maestro de Carlos; Olivier de Famart, capitán de los *arqueros de corps* de su guarda; Lamberto van der Porte, su médico; Bárbara de Servels, mujer de Enrique de Assche, la nodriza que amamantaría a Carlos; Josina de Nieuwerne, mujer de Pedro de Grave, la nodriza que mecería su cuna; Juana Courtoise, Catalina van Welsemesse y Gesina Garemyns, las doncellas privadas de los tres niños.

Poco antes de la partida de los príncipes, a muchos kilómetros de los Países Bajos, contraían matrimonio en la abadía saboyana de Romainmôtier, la viuda del príncipe Juan de Castilla, Margarita de Austria, y Filiberto II duque de Saboya. Este segundo matrimonio de Margarita sería nuevamente muy breve, ya que el duque Filiberto murió a la edad de 24 años, el 10 de septiembre de 1504, en la población de Pont-d'Ain, siendo enterrado en el monasterio real de Brou, en Bourg-en-Bresse. A pesar de posteriores peticiones de mano, Margarita se negaría en rotundo a volver a casarse.

El 4 de noviembre de 1501 partieron Juana y Felipe rumbo a España por tierra, invitados por el rey francés, evitando así la peligrosa y temida ruta marítima. Las relaciones con Francia eran buenas y Felipe jugaba bien su papel de par de Francia y caballero feudatario del rey francés por sus tierras de Flandes, Artois. A finales de noviembre de 1501 pasaron tres días en París, siendo recibidos el 7 de diciembre en Blois por Luis XII, donde fueron agasajados y refrendaron la promesa de matrimonio de sus hijos Carlos y Claudia. El 15 de diciembre, acompañados por Luis XII, fueron a Amboise donde pasaron dos días, siguiendo por Tours y Plessis le Tours, para visitar a Francisco de Paula, santo fundador de la orden de los Mínimos, que desde la época de Luis XI vivía en ese castillo, cerca del Loira, como un eremita. Prosiguieron por Poitiers, Melle, Coñac, Roquefort, Mont de Marsan, Dax, Bayona donde visitaron a Juan III de Albrit, rey de Navarra, Saint Jean de Luz, Fuenterrabía, Tolosa, Vitoria, Burgos, Valladolid, Medina del Campo, Segovia y Madrid. El 7 de mayo de **1502**, tras más de seis meses de peregrinación, hicieron su entrada en Toledo, siendo jurados como herederos de Castilla en su catedral el 22 de mayo de 1502. Cuatro meses más tarde, el 27 de octubre del mismo año, fueron también jurados como reyes de Aragón en Zaragoza, aunque con otras condiciones. Las Cortes aragonesas reconocían, a pesar de la existencia de la ley sálica, los derechos hereditarios tanto a Juana como a Felipe, pero con la condición de que si Fernando tuviera descendencia en un segundo matrimonio, los hijos de ese segundo matrimonio heredarían sus derechos

A la muerte del príncipe Miguel de Portugal, nieto de los Reyes Católicos y heredero de las coronas peninsulares, Felipe el Hermoso y Juana de Castilla pasaron a convertirse en príncipes de Castilla y Aragón.

a la corona aragonesa. Hasta el 19 de diciembre de 1502, Felipe estuvo en Castilla, donde la reina Isabel seguía bastante enferma, iniciando entonces su regreso vía Barcelona y el Rosellón hacia Francia donde entró el 23 de febrero de **1503**. Este nuevo viaje por tierra, atravesando Francia, se hizo contra la voluntad de los Reyes Católicos que temían la amistad del archiduque con el rey francés, enemigo declarado de Aragón, y más en un momento en que la ruptura de hostilidades entre los Reyes Católicos y el rey francés estaba a punto de producirse, temiendo Fernando que Felipe pudiera convertirse en su rehén. Sin embargo, para Felipe ese paso era normal y natural por ser vasallo del rey francés. El viaje y la estancia de Felipe produjeron desilusión en muchos españoles viendo como en el recién jurado príncipe primaba la política pro francesa, diametralmente opuesta a la de su padre Maximiliano y a la de sus suegros, los Reyes Católicos. El comportamiento de la nobleza flamenca que le acompañaba y sus ansias de bienes y riquezas fueron ya claramente visibles. Por otro lado, muchos castellanos enfrentados a la política mediterránea y anti francesa de Fernando, vieron en Felipe una tabla de salvación y se entregaron por completo al futuro monarca, originando el llamado partido felipista. La relación de Felipe y Fernando fue pésima y el odio predominó en ambas partes. Tan extrema era la sensación de traición que Fernando sentía hacia el archiduque que, durante la estancia de Felipe en el Rosellón, por ser ese condado uno de los más amenazados por Francia, Fernando ordenó a Sancho de Castilla su gobernador, que bajo ninguna razón le permitiera visitar el castillo que Ramiro López estaba construyendo en Salsas, temeroso de que le traicionara y pasara información a Luis XII. Salsas era el baluarte fundamental para frenar cualquier ataque francés al Rosellón y en él se estaba construyendo, usando de los avances poliorcéticos más innovadores de la época, uno de los más importantes castillos españoles, conservado aún hoy en día aunque con severas transformaciones añadidas por el mariscal Vauban en el siglo XVII. Felipe solo vio el castillo desde fuera, permitiéndosele visitar los otros dos castillos principales del condado también renovados por Ramiro López, Perpiñán con una fuerza artillera superior a 400 cañones y Colliure, algo menor. Esta vez, Felipe prosiguió su viaje por Francia siguiendo el río Ródano hasta Lyon donde se volvió a entrevistar durante varios días con Luis XII. A continuación se dirigió hacia Bourg-en-Bresse donde visitó en el mes de abril de 1503 a su hermana Margarita, duquesa de Saboya, y a su cuñado Filiberto II. Durante la estancia en Bourg-en-Bresse cayeron gravemente enfermos Felipe y Filiberto, convirtiéndose en harto penosa su travesía de Francia, prolongándose la enfermedad hasta el mes de julio. El 10 de junio, estando alojado en la abadía de Aisney, cerca de Lyon, se agravó tanto su estado que se temió por su vida. A pesar de ello prosiguió su camino a mediados de julio de 1503 hacia el Franco Condado, donde ya mejorado, decidió ir a Augsburgo, atravesando la Suabia, y de ahí a Innsbruck, para visitar a su padre Maximiliano. El regreso lo hizo vía Stuttgart, Heidelberg y en barco por el Rin, vía Maguncia, Bonn hasta Colonia, donde salió a recibirle su lugarteniente en los Países Bajos, Enrique de Nassau, que en las cercanías de Colonia poseía un interesante castillo, dependencia de Brabante, el castillo de Kerpen, que años más tarde jugaría un papel importante en la historia de los Países Bajos. Vía Düren, Aquisgrán, Maastricht y Lovaina, entró en Malinas el 9 de noviembre de 1503, tras un recorrido integral por la Europa occidental de once meses.

La princesa Juana, en avanzado estado de gestación, fue prácticamente obligada por sus padres a permanecer en Castilla a la partida de su marido, y el 10 de marzo de 1503, en Alcalá de Henares, daría a luz al infante Fernando, su cuarto hijo. Desde el parto, Juana solicitó permiso a sus padres para regresar a los Países Bajos a buscar a su marido. La situación política sin embargo, había cambiado mucho, la guerra entre Castilla-Aragón y Francia había estallado y el regreso por tierra, vía Francia, se hacía imposible. Isabel llevó a su hija a Medina del Campo, donde dio ya graves muestras de su estado de enajenación, basado fundamentalmente en los celos enfermizos que sentía por no poder estar cerca de su marido. Isabel intentó retenerla hasta que mejorara pero fue imposible, especialmente tras la visita que le hizo en Medina, donde fue llevada la reina en litera por su avanzada enfermedad. En Medina del Campo, Isabel quedó terriblemente sorprendida por el estado de su hija y por su falta de control y de respeto: *me habló tan reciamente, de palabras de tanto desacatamiento y tan fuera de lo que la hija debe decir a su madre, que si yo no viera la disposición en que ella estaba, yo no sé si las sufriera*. Juana, afectada por esos continuos ataques de esquizofrenia o melancolía, regresó a los Países Bajos en junio de 1504, sufriendo una severa decepción ante el desdén de su marido y de la corte flamenca, cansada ya de sus desvaríos.

1.2.2. Segundo viaje de los reyes Juana y Felipe a Castilla. Muerte del rey Felipe (1504-1506).

El regreso de la enamorada princesa de Castilla a Flandes no fue demasiado agradable. La relación de la pareja empeoró hasta extremos insospechados, especialmente cuando Juana conoció, a través de Pedro Mártir de Anghiera, que Felipe tenía una bella y joven amante de largos cabellos rubios. En uno de sus ataques de celos incontrolados, ordenó que se le cortaran los pelos y ella misma le desfiguró la cara para que su marido no pudiera fijarse nunca más en ella. Felipe, que había dado a su mujer el sobrenombre de *Juana la terrible*, la colmó de injurias e insultos y se negó a mantener relaciones conyugales con ella, encerrándola en sus habitaciones. Su propia madre, la reina Isabel, muy enferma ya, le escribió pidiéndole calma y control, y que se comportara como esposa y futura reina, evitando tales espectáculos.

No había pasado mucho tiempo desde el malogrado reencuentro de los príncipes en Flandes cuando la situación política sufrió un nuevo vuelco con la muerte de la reina Isabel en Medina del Campo, el 26 de noviembre de 1504. Según el decimonónico historiador prusiano, Gustavo Adolfo Bergenroth, que a mediados del siglo XIX pasó largas temporadas investigando en los archivos españoles de Simancas, de la Corona de Aragón en Barcelona, y en los *Archives de l'Empire* de Paris, donde se encontraba abundante documentación de la historia de España secuestrada durante la invasión napoleónica, la reina Isabel habría desheredado a Juana por la transformación que en ella se había producido. Juana se comportaba de forma excesivamente lujuriosa, se negaba a rezar, a confesarse o a ir a misa. No me ha sido posible hasta ahora ver ese documento esgrimido por Bergenroth, pero aunque eso hubiera sido verdad, la historia prosiguió su rumbo sin hacer demasiado caso a lo que en él se había estipulado. En su testamento final, el válido, la reina declaraba a su hija Juana heredera universal de sus reinos, reservando algunos pocos derechos a Felipe y a su marido Fernando. Isabel estipulaba que en las posibles ausencias de Juana y Felipe, Fernando fuera el regente con los títulos de rey *gobernador* y *administrador* hasta que el heredero de ambos, Carlos, cumpliera los 20 años. Al rey Fernando le dejaba de por vida la gran maestría de las órdenes y los ingresos de ellas, una renta de diez millones de maravedís y la mitad de los beneficios de las Indias.

El estado de enajenación mental en el que parecía encontrarse Juana, hizo que no se llegara a cumplir exactamente lo estipulado. La lucha se centró en ver cuál de los dos varones reinaría en realidad: Felipe o Fernando, ya que Juana era demasiado inestable para ello y ambos contendientes estaban por igual interesados en la declaración de incapacidad para el gobierno de Juana.

Llegada la noticia del deceso de la reina a los Países Bajos se organizaron los días 15 y 16 de enero de **1505** unas multitudinarias exequias fúnebres en la iglesia de Santa Gúdula de Bruselas, que fue revestida en su interior con paño negro y dorado, con las armas de la reina Isabel, e iluminada con más de quince mil libras de cera y numerosas antorchas. En la nave central, delante del altar mayor se construyó un catafalco negro sobre el que se depositó un féretro con las armas de la finada reina. Desde el palacio del Coudenbergh hasta el templo, el rey Felipe y la reina Juana fueron acompañados por la corte y la nobleza borgoñona, obispos y abades del reino, embajadores y todos los españoles residentes en el país.

A pesar de las disputas existentes entre el padre y el marido, poco antes de esas exequias, el 11 de enero de 1505, la reina Juana fue jurada como reina de Castilla por las Cortes castellanas reunidas en Toro, y su hijo Carlos, como príncipe heredero de Castilla, ambos en ausencia. Además, mientras se iniciaban los preparativos para retornar a la península para prestar el juramento, Juana se quedó nuevamente embarazada y el viaje se postergó hasta después del parto, que ocurriría el 15 de septiembre de 1505 en el palacio del Coudenbergh de Bruselas, dando a luz a la infanta María, su tercera hija.

A pesar del invierno, una vez mejorada Juana del parto, Felipe decidió partir a España a defender sus derechos. El 26 de diciembre de 1505, el rey nombró lugarteniente general de los Países Bajos a Guillermo de Croy, señor de Chièvres, y poco después enviaron a sus cuatro hijos neerlandeses a Malinas, a cargo de los señores de Chimay, Chesnuy y Bersselen. Luego se trasladaron a Flesinga, de donde partieron hacia la península el 10 de enero de 1506. Una terrible tempestad desbarataría la flota de 40 navíos hundiendo a algunos de ellos. La Juliana o *Julienne*, el barco en el que iban los reyes, arribó el 15 de enero a la isla de Portland, frente a la costa inglesa de Weymouth. Desde ese solitario lugar fueron los reyes hasta Dorchester y de ahí, vía Southampton y Winchester hasta la corte en Windsor donde se entrevistaron con Enrique VII, con el príncipe Arturo y con su querida hermana Catalina, a la que no veía desde hacía diez años. A Enrique VII, Juana le pareció completamente cuerda, a pesar de que su marido y su séquito intentaran hacerle creer que estaba loca. El 22 de enero embarcaron nuevamente en el puerto de Falmouth, llegando, tras una feliz travesía, el día 25 de enero de 1506, a La Coruña. En esta ciudad los reyes comenzaron a recibir anexiones de nobles castellanos, fieles a la causa felipista. Tras descansar y reorganizar sus maltrechas fuerzas, el 28 de mayo de 1506 siguieron hacia Castilla acompañados por un fuerte tren militar, en el que destacaban más de 2.000 *Landsknechten* alemanes, dispuestos a enfrentarse al rey Fernando que parecía negarse a entregar la corona. Aires de guerra civil cruzaban la península. Los reyes pasaron por Santiago, Orense, Villar del Rey, Monterrey y Puebla de Sanabria. No lejos de ese lugar, en Villafáfila aguardaba Fernando el Católico. Felipe y Fernando se encontraron el 20 de junio de 1506 en un lugar intermedio llamado Remesal, para dialogar, llegando a un acuerdo por el que Fernando renunciaba a sus derechos en Castilla, comprometiéndose en un artículo secreto a conseguir que las Cortes declararan a Juana loca. Fernando se retiraba a sus tierras aragonesas, dejando reinar en paz a sus hijos. El acuerdo de Villafáfila fue firmado por los tres el 27 de junio de 1506. Otra nueva reunión entre Fernando y Felipe tendría lugar en Renedo, el 5 de julio de 1506. Tras ello Felipe, y Juana prosiguieron hasta Valladolid, donde el 12 de julio de 1506 las Cortes de Castilla hicieron su juramento a los nuevos monarcas. Felipe solicitó de las Cortes que declararan a Juana incapacitada para reinar, lo que hizo que muchos nobles abandonaran el partido felipista, temerosos de lo que un gobierno en solitario de Felipe supondría, especialmente tras ver las ansias de bienes de los nobles flamencos que acompañaban al rey. En esa ciudad de Valladolid estuvieron hasta mediados de agosto en que se trasladaron a Tudela de Duero, estableciendo paces con el rey de Navarra. Juana tuvo graves problemas para hacer el trayecto por el estado tan avanzado de gestación en que se encontraba. El 1 de septiembre se trasladaron a Burgos, donde permanecieron hasta la sorprendente muerte del rey Felipe I, acaecida en la casa del Cordón de Burgos, el 25 de septiembre de 1506. Felipe había enfermado en una partida de pelota el 19 de septiembre, al día siguiente, a pesar de la fiebre, asistió a una partida de caza organizada en su honor, pretendiendo rebajar la fiebre a base de vino, lo que le hizo enfermar aún más. El 23 de septiembre, Cisneros, consciente de la gravedad de la enfermedad, constituyó un Consejo de Gobierno, contra el que se levantaron los seguidores felipistas que pidieron se le concediera la regencia a Maximiliano I hasta que mejorara el rey, intentando evitar el retorno de Fernando. Muerto el rey, los cortesanos flamencos que le habían acompañado a España quedaron huérfanos y la mayor parte de ellos intentó huir vía Bilbao como pudieron, perdiendo cuanto tenían o malvendiendo lo que poseían para sobrevivir.

Tras el óbito del rey, la reina Juana cayó en un estado de enajenación mental, aquejada de catalepsia. Sin que Juana se percatara de ello, Filiberto de Veyré y Diego de Guevara, mayordomos del difunto rey, hicieron abrir el cuerpo del monarca extrayéndole el corazón que fue trasladado por mar hasta los Países Bajos, siguiendo la tradición borgoñona. El corazón, depositado en una pequeña caja de

Juan de Pradilla y Ortiz, 1867. La reina Juana, embarazada de su hija póstuma Catalina, errando por los campos de Castilla junto al feretro del rey Felipe, temerosa de que los flamencos pudieran quitarle el cadáver de su marido para llevarlo a los Países Bajos.

plomo, fue llevado a la iglesia de Nuestra Señora de Brujas, siendo enterrado junto a los restos de su madre, María de Borgoña. Sin conseguir recuperarse Juana de su estado mental, trasladó su residencia a la cercana Cartuja de Miraflores, depositando allí el cadáver de su marido, permaneciendo allí hasta la Navidad, anulando muchas de las prebendas y cargos que Felipe había vendido a neerlandeses y españoles. A principios de 1507 decidió enterrar a Felipe junto a su madre en Granada, argumentando que su marido así lo había pedido, e inició el viaje, llegando solo hasta Torquemada donde dio a luz el 14 de enero de 1507 a su cuarta y última hija, Catalina, quedándose durante la cuarentena en ese lugar, hasta el mes de abril. Luego mando traer junto a ella a su hijo Fernando y prosiguió sus devaneos sin rumbo por Castilla, hacia Arcos, cuidando del cadáver de su marido, protegiéndolo con un grupo de soldados armados, temerosa de que se lo pudieran robar, y aún cargada de celos ordenó que ninguna mujer participara en el fúnebre séquito. Incluso llegó a hacer abrir el féretro para cerciorarse de que su marido seguía junto a ella.

Tras el retorno del rey Fernando a Castilla, la reina Juana se vio obligada en febrero de 1508 a fijar su residencia en el palacio-castillo de Tordesillas, llevando consigo el cadáver de Felipe y sus dos hijos. Desde el 15 de febrero de 1509, debido

Germana de Foix, sobrina de Luis XII de Francia, casó a los 18 años, el 19 de octubre de 1505, con Fernando de Aragón, viudo de Isabel la Católica. La pareja tuvo un hijo, el príncipe Juan de Aragón y Foix, que murió a las pocas horas de nacer. Modernamente y de forma errónea se le ha atribuido una relación amorosa con el rey Carlos. Esa relación nunca existió y la supuesta hija, Isabel de Castilla, nació en realidad de una relación de Carlos con una dama del séquito de Germana, de nombre Beatriz, como nos lo cuenta su cronista Laurent Vital.

a sus problemas psíquicos, su padre, el rey gobernador, le prohibió abandonar Tordesillas. El cuerpo descorazonado de su amado marido quedó depositado, insepulto, en la iglesia del cercano convento de Santa Clara.

La noticia de la muerte del rey Felipe I de Castilla fue conocida en octubre de 1506 en los Países Bajos. El 17 de octubre de ese año se reunieron los Estados Generales para reconocer como su nuevo señor a Carlos, ofreciéndole la regencia y tutoría durante su minoría de edad a Maximiliano I.

Mientras tanto, Fernando el Católico se había hecho con el poder en Nápoles de la mano de Gonzalo Fernández de Córdoba y a pesar de los repetidos intentos de Francia de recuperar por medio de pactos o acuerdos algunos derechos sobre Nápoles, Fernando no les volvería a ceder ni un ápice de ellos. Eso sí, aprovechando la situación y en virtud del tratado de Blois del 12 de octubre de 1505, consiguió la cesión de los derechos que decía poseer Luis XII sobre Nápoles, bajo la condición de casarse con la sobrina del francés, Germana de Foix, cuyos descendientes mantendrían los derechos sobre Nápoles. Fernando, en secreto, estipularía que Nápoles solo pudiera ser heredado por el heredero general que recibiera todos los bienes castellano-aragoneses. El 18 de marzo de 1506 se casó en Dueñas con la jovencísima Germana de Foix, con la que tendría un hijo, nacido el 3 de mayo de 1509, el príncipe Juan de Aragón, que murió al poco de nacer, solucionando de raíz el problema que su nacimiento hubiera generado para la unidad de la península ibérica.

Fernando de Aragón, Michel Sittow. Kunsthistorisches Museum de Viena. A la muerte de la reina
Isabel y la posterior muerte de Felipe I, Fernando rigió
los destinos de Castilla hasta su propia muerte
acaecida el 23 de enero de 1516.

1.3. Adquisición de la herencia neer-landesa

1.3.1. Orfandad del príncipe y tutoría de su tía Margarita de Austria (1507-1514)

Tras la súbita muerte del rey Felipe y debido al supuesto estado de enajenación mental en que quedaba su viuda, la reina Juana de Castilla, Maximiliano I, tal como había ocurrido a la muerte en 1477 de su suegro Carlos el Temerario en la batalla de Nancy, se volvía a convertir en adalid de los derechos borgoñones y en tutor y regente del heredero, esta vez su nieto Carlos, un niño de seis años, incapaz aún de tomar las riendas del gobierno. Era esta la segunda vez que, en un corto periodo de tiempo, Borgoña se veía obligada a replegarse para sobrevivir, justo en el momento en que estaba a punto de alcanzar sus anheladas metas expansivas. Maximiliano, ocupado en las tareas imperiales y poco deseoso de repetir sus pasadas desventuras neerlandesas, cedió, el 18 de marzo de **1507**, a su hija Margarita, viuda de Saboya, el gobierno de los Países Bajos, y la nombró su procuradora general, proveyéndola con plenos poderes y la autoridad necesaria para el ejercicio real de la gobernación en su nombre y en el del heredero, el aún niño Carlos de Habsburgo.

Una de sus primeras acciones fue la celebración el 23 de marzo de 1507, de las exequias funerarias por su querido hermano, el rey Felipe I, en la iglesia de Santa Gúdula. El 17 de abril participó ya Margarita como regente en la reunión de los Estados Generales de los Países Bajos, donde fue jurado el 18 de abril, un jovencísimo Carlos de solo 7 años de edad, como duque de Borgoña. El 22 de abril, en la misma reunión de los Estados Generales, Margarita tomó posesión oficial del cargo de gobernadora de los Países Bajos en nombre de Maximiliano.

Margarita fue ayudada en la labor de gobierno por la nobleza y los miembros de su Consejo, teniendo como premisa fundamental apaciguar las actuaciones políticas, actuar prudentemente y sin riesgos, evitando en todo momento la posibilidad de un conflicto armado, disimulando lo mejor posible mientras su señor fuera joven, ganando tiempo hasta que alcanzara la mayoría de edad para solicitar entonces sus derechos. Controló también rigurosamente la administración del joven huérfano, evitando gastos insensatos e ilícitos. Es por ello que a veces, en este primer periodo, hubo actuaciones algo ultrajantes llevadas a cabo por los príncipes vecinos que en contra de los tratados existentes intentaron sacar partido de la situación de acefalia en que se encontraba el conglomerado borgoñón y dañaron y perjudicaron los intereses y derechos del joven Carlos y de sus súbditos. A pesar de ello, los consejeros y la nobleza flamenca no se apartaron de su primera intención de mantener la paz a toda costa.

En esta primera fase de minoría de edad, Carlos no intervino directamente en los negocios del gobierno de los Países Bajos, aunque sí en algunas ceremonias oficiales, mostrando a sus súbditos que esa acefalia institucional era solo una cuestión de tiempo. En 1504, antes de la muerte de su padre y del segundo viaje de Juana y Felipe a España, Carlos había recibido una casa de servidores propia, formada por Federico de Heddelbaut

como caballerizo primero y sumiller de corps; Juana le Jeune como nodriza y el maestro Liberal Tevysan como médico, Catalina de Hermellen, era la dueña de sus doncellas y Filipota de la Perriere su camarera. A pesar de su corta edad, se le organizó ya un esmerado sistema educativo formado por maestros neerlandeses y españoles, aunque en idioma francés, idioma oficial de la corte borgoñona. Por ello, a pesar de la existencia de esos maestros españoles, la educación recibida estaría copada por elementos borgoñones y el aprendizaje del español dejó mucho que desear. Creció en un ambiente marcado por los ideales caballerescos, en medio de torneos, banquetes, fiestas y fastos que en Borgoña formaban parte del

Bernardo van Orley. Margarita de Austria, hermana de Felipe el Hermoso y tía de Carlos, casó en primeras nupcias con el príncipe Juan, hijo de los Reyes Católicos, que murió a los seis meses en 1497. En segundas nupcias casó con Filiberto II, duque de Saboya, que también murió a los tres años de la boda, negándose a volver a casarse.

día a día de las clases pudientes, mostrando a sus súbditos su poder y riqueza. En el tiempo pasado en Malinas bajo la protección de su *bonne tante* Margarita, pudo disfrutar de su preciada biblioteca formada por 335 libros manuscritos y 44 impresos, que versaban sobre temas religiosos, relatos caballerescos e incluso contenía el Decamerón de Bocaccio. Entre todos ellos su libro favorito fue *Le chevalier délibéré* o *El caballero determinado,* de Olivier de la Marche que trataba de las gestas de sus antepasados los duques Felipe el Bueno, Carlos el Temerario y María de Borgoña. Carlos, al igual que sus hermanas, recibió una extraordinaria educación musical desde muy joven. El instrumento que más le gustaba tocar era la espineta, de la que cuando niño se retiraba con disgusto, también tañía el órgano, tocaba la flauta y era buen cantor. Desde 1504 formó parte de su corte Juan de Anchieta como maestro de su capilla. Anchieta, tío abuelo de Ignacio de Loyola, había sido maestro de la capilla del príncipe Juan, de la reina Isabel y canónigo de la catedral de Granada. A la muerte de la reina Isabel pasó al servicio de la reina Juana, razón por la que hasta su retorno a España con ella en 1506, ejerció de maestro musical del príncipe Carlos. El amor por la música lo heredó de sus padres, grandes melómanos, en cuya corte florecieron maestros como Jacobo Olbrecht, Enrique Bredemers, Pedro Alamire y Josquin Desprez, autor de una *chanson* titulada *Mille Regretz*, que pudo haber sido compuesta en 1520 para el propio Carlos, y que recibió vulgarmente el sobrenombre de *Canción del Emperador*. A su servicio, como capellán mayor, estuvo Juan de Vera,

Visión romántica del joven duque Carlos de Luxemburgo en su niñez, caracterizada por su amor por la caza y las actividades al aire libre, más que a los libros. Es por ello que a pesar de tener profesores de español, a su llegada al trono castellano fuera incapaz de comunicarse en esa lengua.

obispo de León, y al menos desde 1505 era su maestro de español Luis de Vaca, aunque con escaso éxito. También colaboraron en su educación Remy du Puis, historiógrafo del archiduque; Vachie Reffet, ayudante de cámara y cirujano; y Juan de Terramonda, su maestre de artillería.

Según sus coetáneos desde su juventud, su rechazo por el trabajo de despacho y la preferencia por la acción, menor en el campo de batalla que en el dormitorio, le daba un aspecto muy humano. Seguía en esto, al pie de la letra, los dictados de su consejero Guillermo de Croy que en sus primeros años ejercía sobre él un control exhaustivo, y que a diferencia de su preceptor Luis de Vaca, desdeñaba los latines y le aconsejaba aire libre y ejercicio.

Su labor principal en esos años fue, además de formarse y prepararse, asegurar en su persona la herencia y títulos de sus antepasados, comenzando por los más cercanos, los neerlandeses. Desde la cuna y alterando la costumbre borgoñona, su padre le había impuesto el título de duque de Luxemburgo. Era tradición en los duques de Borgoña que el heredero tomara el título de conde de Charollais, pero ese territorio era disputado por Francia y para evitar una confrontación innecesaria se optó por esta otra alternativa. El 18 de julio de 1507, a los 7 años, era ya reconocido y tratado como soberano de los Países Bajos, duque de Borgoña, archiduque de Austria y *príncipe de las Hispanias*. Desde ese momento, el nombre de Carlos aparece sistemáticamente junto al de tu tutor Maximiliano en todas las ordenanzas dadas en los Países Bajos.

Siguiendo la política anglófila promovida por su tía Margarita, el 2 de diciembre de 1507, Carlos fue prometido por el tratado de Calais a María, hija de Enrique VII de Inglaterra, fijándose como fecha para la boda el año 1514. El compromiso matrimonial anterior con Claudia había sido deshecho por el mismo rey francés tras el fracaso de Nápoles, habiendo decidido entonces casar a su hija Claudia con su posible heredero, el duque Francisco de Angulema.

Consecuencia directa de ese cambio de alianzas establecido por Luis XII, fue el reinicio de las hostilidades en el ducado de Güeldres y el apoyo incondicional del rey francés a Carlos de Egmont, su duque. Desde 1506 el conflicto bélico de Güeldres prosiguió, amenazando la paz y los intereses económicos de los Países Bajos. Maximiliano liberado del conflicto que mantenía con Venecia por Trieste se trasladó también a los Países Bajos en julio de **1508**, exigiendo de todos sus súbditos la colaboración militar para acabar con el eterno conflicto de Güeldres. Desde mediados de septiembre de 1508, Margarita, con poderes de su padre Maximiliano, participó en Cambrai en una conferencia con los franceses, buscando la forma de concluir la guerra. Pero fue el cese de hostilidades entre España y Francia y la ratificación del tratado de Schoonhoven por Luis XII, comprometiéndose a no ayudar a Carlos de Egmont, lo que conseguiría sofocar momentáneamente ese conflicto. La paz era el único camino para liberarse de la gran cantidad de soldados propios y

Familia del emperador Maximiliano I. Kunsthistorisches Museum de Viena. En el plano superior a ambos lados se ve al propio Maximiliano y a su esposa María de Borgoña, y en el centro a su hijo Felipe el Hermoso. En el plano bajo fueron representados el infante Ferrnando, el príncipe Carlos y el futuro rey de Hungría, Luis Jagellón.

alemanes que defendían los Países Bajos, soldados que si no eran pagados a tiempo se convertían en sus enemigos, extorsionándolos. Para poder hacer frente a su mantenimiento sin que se sublevaran y sin tener que exigir un pago extraordinario a los Estados Generales, reacios siempre a ello, Maximiliano decidió empeñar ante el rey Enrique VII de Inglaterra una joya antigua de los duques de Borgoña llamada *la riche fleur de lis*, decorada con gran número de perlas, piedras preciosas y otro tipos de adornos, obteniendo un préstamo de 50.000 escudos de oro con los que financiar al ejército, naturalmente con el compromiso del rey inglés de que sus sucesores le retornarían la flor en cuanto devolviera la cantidad. Esta joya tan especial *era una cruz hecha en manera de flor de lis, en que avía un clavo de los tres con que crucificaron a nuestro Dios.* Comenzaba una serie de empréstitos hechos por los reyes de Inglaterra, cuya economía parecía estar mucho más saneada que la de los borgoñones, a cambio *de otras reliquias borgoñonas de gran veneration y muchas piedras de gran valor.* La paz con Güeldres y a su vez con los grandes países europeos quedó definitivamente sellada en la ciudad de Cambrai el 10 de diciembre de 1508. Francia, el duque de Güeldres, los Países Bajos, España, el Papa, Saboya y Hungría establecían un tratado de amistad y ayuda, dirigido fundamentalmente contra Venecia que se convertía en el paria europeo. Los Estados Generales de Brabante, Henao, Holanda, Zelanda, Namur, Lila y Valenciennes, concedieron un pago de 50.000 escudos de oro a Maximiliano, y 60.000 libras de Flandes a Margarita, para deshacer los contingentes militares aún existentes y pagar los gastos y daños producidos por el conflicto. Los Estados de Flandes, por su parte, contribuyeron con otros 100.000 escudos para Maximiliano y 25.000 para Margarita.

En esta primera etapa de su vida, fue su tía Margarita de Austria, con los títulos de *regente y gobernadora*, la que se encargó del control de los asuntos políticos de los Países Bajos en nombre de Carlos. Su primer nombramiento como regente hecho al poco de la muerte del rey Felipe, fue renovado por el emperador Maximiliano el 18 de marzo de **1509**. Pocos días antes, el 20 de febrero de 1509, Maximiliano le había cedido a Margarita, en nombre de Carlos, la posesión *de por vida* del condado de Borgoña o Franco Condado, incluyendo el Charollais y los señoríos de Salines, Noyer, Chastel-Chignon, Chaulcin y la Perriere, todas ellas dependencias imperiales, propiedad de los duques de Borgoña, sin relación feudataria ninguna con el rey de Francia.

Por esta época, Fernando el Católico no dejaba de presionar a Maximiliano, tutor del príncipe, para que lo enviara a España a aprender el idioma y las costumbres de sus súbditos. La negativa de Maximiliano consiguió que Carlos, a pesar de tener ayos y maestros españoles, no pudiera aprender a ser español, comprendiendo el mundo como un neerlandés. Su entorno estaba ocupado por neerlandeses, destacando de entre ellos Guillermo de Croy, señor de Chièvres, que desde mayo de 1509 sustituyó como chambelán y ayo de Carlos a su difunto tío Carlos de Croy, señor de Chimay. Chièvres supo ganarse rápidamente la confianza del joven príncipe, durmiendo incluso en su misma cámara, convenciéndolo poco a poco de que la alianza con Francia sería mucho más positiva para los Países Bajos que la alianza con Inglaterra, convirtiendo a Carlos en adalid del bando pro francés. Guillermo de Croy (1458-1521), nacido en Francia, había servido a los reyes Carlos VIII y Luis XII en sus expediciones napolitanas. Resulta difícil de comprender como Margarita permitió que ese ayo, enemigo radical de su política, ocupara un lugar tan cercano a su sobrino. Dos años más tarde, en 1511, otro neerlandés, el deán de la catedral de Lovaina, Adriano de Utrecht, entraría al servicio del joven Carlos como su educador, influyéndolo con su visión religiosa de la *Devotio Moderna* y de seguidor de los *Hermanos de vida común*.

Margarita, enemiga de Francia, consiguió mantener el poder y la influencia en los Países Bajos, así como su alianza con Inglaterra. En febrero de 1509, en ese marco de amistad, Enrique VII de Inglaterra nombró al joven Carlos, caballero de la orden de caballería de la Jarretera, reforzando aún más la alianza que había sido sellada entre ambos por la promesa de boda con su hija María. Enrique VII murió el 21 de abril y el 10 de mayo de 1509 fue coronado Enrique VIII como nuevo rey de Inglaterra. Las relaciones entre ambos países se mantuvieron al mismo nivel de amistad.

J.E. Konrad, 1863. Clase magistral de Erasmo de Rotterdam al príncipe Carlos, en presencia de su tía y tutora, Margarita de Austria, y de sus consejeros.

Mientras tanto los territorios españoles seguían aumentado de tamaño con la conquista de Orán en 1508 y con la investidura papal de Fernando el Católico como rey de Nápoles, sellando los derechos aragoneses sobre el reino italiano, regido por el virrey Ramón de Cardona. El 21 de julio de 1512, aprovechándose del anatema lanzado sobre el rey de Navarra, que en la batalla de Ravena se había enfrentado al Papa, tropas aragonesas dirigidas por el duque de Alba entraron en el reino de Navarra, conquistando Pamplona el 25 de julio de 1512, para ya no retirarse más. En 1515 Fernando el Católico decidiría anexar ese nuevo reino a la corona de Castilla y no a la aragonesa. Aún a finales de 1512, Maximiliano Sforza, apoyado por tropas españolas dirigidas por el virrey de Nápoles, conquistó el Milanesado, de donde ya no se retirarían más los soldados hispanos, a pesar del ataque francés del verano de 1513 que concluiría con la derrota de Luis XII en Novara. Más aún, en junio de 1513, el virrey de Nápoles apoyó y financió el levantamiento de los genoveses contra Francia que ocupaban la república desde hacía años. Francia perdía su influencia y territorios en la península italiana.

En los Países Bajos, tras un corto periodo de paz, la guerra con Güeldres estalló de nuevo en febrero de 1511. Carlos de Egmont, desatendiendo lo pactado en Cambrai, inició de nuevo las hostilidades, apoyado esta vez por los habitantes de Utrecht. Este nuevo episodio de la guerra de Güeldres proseguiría hasta una nueva tregua firmada el 31 de julio de 1513. Las relaciones con el nuevo monarca inglés, Enrique VIII, mejoraron, firmándose con él un tratado de amistad y ayuda mutua, al que se unirían Maximiliano y Fernando el Católico. En este contexto de amistad, se entrevistaron en Calais el 1 de julio de 1513, Enrique VIII y Maximiliano, decidiendo ambos iniciar una expedición militar por el norte de Francia para recuperar territorios neerlandeses e ingleses que hubieran sido anexados por Francia. El resultado de esta expedición fue la conquista de las ciudades episcopales de Thérouanne y Tournai, que fueron incorporadas a Inglaterra. Margarita seguía comandando la situación y consiguió promulgar, el 19 de octubre de 1513, las ordenanzas de Rijssel, que colocaban al joven Carlos bajo la protección directa de tres guardianes: el rey de Inglaterra, Maximiliano I y Fernando el Católico. Bajo la influencia anglófila de Margarita, hizo el joven Carlos su primera visita internacional, a su tío Enrique VIII en Tournai, el 10 de octubre de 1513, dejando un buen recuerdo en la corte inglesa, confirmando el matrimonio pactado con María de Inglaterra y firmando en unión de Maximiliano I un tratado de paz con Enrique VIII muy favorable a los Países Bajos. Cinco años seguiría Tournai en manos inglesas, los fuertes impuestos con que cargaron a sus habitantes y los continuos motines de la guarnición galesa, hizo que Francisco I pudiera reconquistarla fácilmente en 1517.

A mediados de enero de 1514, cometió Margarita un grave error político al encarcelar al líder del bando anti aragonés, Juan Manuel, caballero del toisón de oro, violando los derechos de los miembros de esa orden de caballería. El propio heredero, Carlos, se vio obligado, junto con los demás caballeros de la orden, a salir en su defensa, colocando a la regente en una complicada situación. El conflicto se resolvió con la salida de Juan Manuel de los Países Bajos, aceptando fijar su residencia en Viena hasta que Carlos alcanzara su mayoría de edad.

1.3.2. Mayoría de edad del duque Carlos II de Borgoña. Juramento de las provincias neerlandesas (1515)

Intentando mantener vivos los recelos de los neerlandeses contra el enemigo francés, Margarita envió ostentosamente a finales de julio de 1514 al presidente del Parlamento del Franco Condado, Mercurino Gattinara, a reclamar al rey francés la devolución de los territorios borgoñones ocupados: el ducado de Borgoña y las señorías de Auxerrois, Marconnois y Bar-sur-Seine. Margarita pre-

El príncipe Carlos de Habsburgo, señor de los Países Bajos, jura ante sus súbditos los privilegios de la ciudad de Amberes y del marquesado del Imperio, en su Blijde Inkomst del 13 de febrero de 1515.

tendía, en esos momentos de debilidad política, aunar el resentimiento nacional de borgoñones y neerlandeses contra la ocupación extranjera de sus tierras primigenias y evitar así que el bando francófilo, el que apoyaba una mejor relación con el monarca ocupante y opresor, pudiera hacerse con las riendas del poder en los Países Bajos. Sin embargo su política anti francesa se vino abajo definitivamente al consumarse el entendimiento entre Enrique VIII de Inglaterra y Luis XII de Francia, mientras que Chièvres y los francófilos se fueron haciendo dueños de la situación. El cansancio político de Margarita, el gran enfrentamiento que mantenía con la nobleza de los Países Bajos, y una especie de golpe palaciego promovido por Chièvres, convencieron finalmente a Maximiliano, a la sazón en Innsbruck, para aceptar el 23 de diciembre de 1514, bajo una fuerte contraprestación monetaria, 140.000 florines de oro, la emancipación del príncipe Carlos, poco antes de que alcanzara los quince años, dejándolo en manos del bando pro francés.

La causa principal del desvarío anti francés de Margarita residía en Ana de Bretaña, mujer de Luis XII de Francia, que acababa de fallecer en enero de 1514. Margarita había estado prometida en su niñez, e incluso casada por poderes, con Carlos VIII de Francia, siendo llevada a vivir a la corte francesa de su marido hasta la llegada de su mayoría de edad. Sin embargo antes de que esa mayoría de edad llegara, Carlos VIII se casó por razones políticas con Ana de Bretaña, uniendo ese ducado a la corona francesa, dejando de un golpe sin novia, ni novio, al padre, Maximiliano, prometido de Ana de Bretaña, y a la hija, Margarita, que fue devuelta sin boda a los Países Bajos. Durante la terrible tempestad vivida en el barco que la traía a España para casar con el príncipe Juan, hijo de los Reyes Católicos, Margarita temió morir y se dice como anécdota que con gran sentido del humor pidió se pusiera en su tumba el siguiente epitafio: *Ci-gît Margot, la gente demoiselle, mariée deux fois, morte pucelle* (Aquí yace Margot, la gentil damisela, casada dos veces y muerta virgen). A la muerte de Carlos VIII, el nuevo rey francés, Luis XII, casó también con Ana de Bretaña. Ahora que Ana había muerto, a nuestro joven protagonista Carlos, duque de Borgoña, le ocurrió algo similar, ya que al firmarse la paz entre Enrique VIII y Luis XII, se decidió sellarla con la boda de Luis XII con María, prometida de Carlos de Habsburgo. Para desgracia de María, poco pudo ella disfrutar de su marido y de su real título, ya que Luis XII murió el 1 de enero de **1515**. Carlos quedaba libre de compromiso nuevamente, pero su soltería no podía durar demasiado al ser una de las presas más deseada por las cortes europeas de la época. Para marzo de1515, menos de tres meses después, ya le había salido nueva novia. En el tratado de París de 1515, se estipulaba que Carlos casaría con Renata, segunda hija del difunto Luis XII de Francia, compromiso que se deshizo de nuevo el 23 de abril de ese mismo año, ante el trato secreto que Maximiliano había firmado con el rey Wladislao de Bohemia y Hungría para que Carlos, o en su defecto el infante Fernando, casara con su hija Ana, y en paralelo Luis de Hungría con la infanta María, hermana de Carlos.

La emancipación oficial de Carlos de Habsburgo se realizó el 5 de enero de 1515, en el palacio real de Bruselas, donde los representantes de los Estados Generales de los Países Bajos en una solemne asamblea aclamaron al joven príncipe Carlos de Habsburgo como su señor, declarando su mayoría de edad, lo que le permitiría tomar oficialmente las riendas del gobierno. Diez días más tarde nombró su primer gobierno: Jean le Sauvage, señor de Escaubecque, sería su gran canciller, el señor de Chièvres su gran chambelán, Juan Hackeney sería chambelán con llave y entrada, y ante la próxima coronación del rey Francisco I de Francia en la catedral de Reims, nombró a Enrique de Nassau, conde de Vianden y señor de Breda, para que le representara en esa ceremonia en el doble papel de par de Francia y de duque de Borgoña, haciendo en su nombre homenaje de fidelidad a dicho rey por el traspaso de propiedad habido a la muerte de su padre Felipe I, de la posesión de los condados de Flandes, del Artois, feudatarios del cristianísimo rey. Ambos, Carlos y Francisco inauguraban sus gobiernos casi a la par, convirtiéndose en émulos con visiones políticas diametralmente opuestas, siendo la pareja estelar de la historia europea de la primera mitad del siglo XVI.

Uno de sus primeros actos políticos propios fue de agradecimiento a su tía Margarita, reconociéndole la cesión hecha por su abuelo Maximiliano del Franco Condado, del Charollais y de las otras señorías cercanas, pidiendo al Gran Consejo de Malinas que lo registrara. A continuación, el joven Carlos inició las ceremonias

Las 17 provincias de los Países Bajos y las tierras borgoñonas. Juan Antonio Vilar Sánchez. La gruesa línea gris en el mapa era la frontera entre las tierras feudatarias del Sacro Imperio y las tierras feudatarias del rey de Francia.

BORGOÑA Y LOS PAÍSES BAJOS. CARLOS V

de toma de posesión oficial de cada una de las provincias que conformaban los Países Bajos, sin cuya celebración, que tenía que ser obligatoriamente presencial, el príncipe no obtenía la posesión real de ellas. Esas ceremonias cargadas de colorismo y tradición eran llamadas en los Países Bajos: *Joiyeux entrée* o *Blijde Inkompst* y consistían en un juramento mutuo de respeto del soberano a las costumbres y derechos de sus súbditos y otro de fidelidad de estos hacia el soberano. Se asemejaba mucho a las que obligatoriamente había que realizar en los reinos españoles al entronizar al monarca, aunque la autonomía de los Estados Generales de cada provincia neerlandesa fuera algo mayor que en España. Al momento de la realización de esa ceremonia, los Estados estaban obligados a hacer una ofrenda económica al monarca para financiar sus gastos. El primer juramento que hizo Carlos fue el de duque de Brabante, por ser este ducado la provincia de mayor rango de los Países Bajos. El juramento se realizó el 23 de enero de 1515 en la ciudad universitaria de Lovaina, centro cultural por excelencia de Brabante y única universidad de los Países Bajos, siendo refrendado posteriormente en las dos ciudades principales del ducado. En Bruselas, capital de Brabante, lo prestó el 29 de enero y en Amberes, capital del marquesado imperial, uno de los puertos económicos principales del país, y una de las ciudades más ricas de Brabante, el 13 de febrero. Este ritual brabanzón de la *Blijde Inkompst*, que luego se extendería a las demás provincias, se fijó en el juramento del duque Wenceslao en el año 1356. Wenceslao, hasta entonces duque de Luxemburgo, accedía a Brabante casándose con la duquesa Juana, hija y heredera del duque Juan III de Brabante, muerto en 1355. Los brabanzones, temerosos de perder sus derechos, exigieron de Wenceslao el juramento de sus libertades, estableciendo con ello el comienzo de una especie de constitución brabanzona, que sería fijada y aumentada por escrito en el momento de acceso de cada uno de los nuevos duques de Brabante. Sin ese requisito de juramento mutuo, los duques no podían actuar como tales duques de Brabante.

Quizá como homenaje al joven duque Carlos en el momento de su toma de poder oficial, el Papa, por medio del cardenal de Santa Cruz, le envió el 15 de abril de 1515 la *rosa bendita* como muestra de su afección. Esta ofrenda suponía en la época un honor inmenso y un reconocimiento papal de investidura del joven príncipe.

El 23 de abril de 1515, fue recibido Carlos solemnemente en su ciudad de Brujas, prestando juramento como conde de Flandes. Esta entrada oficial fue relatada por Rémi Depuis en su obra *La tryumphante entrée de Charles prince des Espagnes en Bruges*, siendo la más magnífica y honrosa de todas las realizadas en los Países Bajos, sobrepasando en mucho a las demás. En mayo de 1515, Carlos se anexionó pacíficamente la Frisia Occidental, región norteña de los Países Bajos que había sido adjudicada originalmente por el emperador a los duques de Sajonia con el título de gobernadores perpetuos. Sin embargo sus habitantes, descontentos con el gobierno de los sajones, se entregaron al duque de Güeldres. Los derechos sajones pasaban ahora por cesión, contra una fuerte suma económica, de Juan de Sajonia al joven Carlos. En los meses de junio y julio visitó el condado de Holanda, tomando posesión de él y jurando sus derechos. El 9 de noviembre se producía el juramento de los Estados del ducado de Limburgo y del País del Ultramosa, y el 12 del mismo mes, el del condado del Henao. El 23 de noviembre en la iglesia de San Aulbain en Namur juró respetar y cuidar sus derechos, leyes y costumbres, siendo jurado como conde de Namur. El juramento fue refrendado al día siguiente en el castillo de Namur, ante la llamada *piedra santa*, por todos los Estados del dicho condado. A continuación realizó el juramento de duque de Luxemburgo.

Círculo de Quintin Massijs I. Guillermo de Croy, señor de Chièvres, fue una de las personas que mayor influencia tuvo sobre la persona del joven Carlos. Dormía incluso en su propia cámara, controlando todas sus actividades.

Jean Clouet, Castillo de Chantilly. El rey de Francia Francisco I fue el émulo principal del joven Carlos de Habsburgo. Sus reinados fueron paralelos en la historia, accediendo ambos al poder casi al mismo tiempo

A la par que cumplía con ese ritual ancestral, el joven príncipe inició sus primeros pasos en la política internacional asegurándose la amistad de Francia, que como hemos visto ese año estrenaba también monarca, Francisco I. La política anti francesa seguida por Margarita de Austria sufrió con Carlos un vuelco y se produjo un acercamiento total a Francia, propiciado por la persona que más ascendencia tenía sobre el joven Carlos, Guillermo de Croy, señor de Chièvres. Desde enero de 1515 una delegación neerlandesa encabezada por Enrique de Nassau, en la que participaba también Mercurino Gattinara, intentó acercar a ambos príncipes. La relación entre ambos no era aún una relación entre iguales, Francisco hacía claramente valer su calidad real sobre la del duque de Borgoña, aumentada aún por el hecho de ser su señor vasallático sobre gran parte de sus tierras del condado de Flandes y del Artois, por las que exigía de Carlos la prestación en persona de su juramento de fidelidad y vasallaje. Al haberlo prestado ya Enrique de Nassau en su nombre, Francisco I aceptó que tal juramento se pudiera postergar hasta que el joven príncipe cumpliera 20 años. Las razones que movían a Carlos para buscar la amistad de Francisco I eran varias. Primero, la idea de que una paz con Francia facilitaría su paso a la península ibérica y la toma de posesión de su herencia española. Segundo, un intento de acabar con el sempiterno enfrentamiento entre ambas casas. Y tercero, la idea de recuperar pacíficamente los viejos territorios pertenecientes a su casa ahora en manos francesas, tales como el ducado de Borgoña, el vizcondado de Auxonne, Auxerres-Auxerrois, Masconnois y Bar sur Seine.

Las negociaciones entre los enviados de Carlos y los de Francisco se prolongaron a lo largo de febrero y marzo de 1515, avanzando muy lentamente. Francisco exigía un tratado en el que quedara reflejada su hegemonía, Carlos exigía la mano de Renata, hija de Luis XII, con una fuerte dote, que debía de ser no solo monetaria, sino también incluir derechos sucesorios sobre el ducado de Milán, así como el envío de la princesa a su corte en Flandes. Además pretendía que le fueran reconocidos sus derechos sobre los antiguos territorios borgoñones ahora en manos de Francia, que Francisco I renunciara a Nápoles y que se comprometiera a no ayudar al pretendiente de Navarra. Estas últimas exigencias territoriales eran una clara concesión a sus abuelos. Era claro que tan pretenciosas exigencias fueran sistemáticamente rechazadas por Francisco I, pero poco a poco ambos monarcas se fueron haciendo conscientes de la necesidad del tratado y acercaron sus posiciones, llegándose finalmente a un acuerdo entre las partes, conocido como Tratado de París, jurado por el rey francés y los embajadores de Carlos en la iglesia de *Nôtre Dame* de París, el 1 de abril de 1515. El artículo XXVI del acuerdo exigía a Carlos que ayudara militarmente al rey francés en caso de conflicto bélico con el emperador Maximiliano o con Fernando el Católico, por lo que su publicación se retrasó bastante. Tras este tratado y en especial tras la victoria de Marignano sobre el ejército de la Liga el 14 de septiembre, con la consecuente reconquista de Milán y aprisionamiento de Maximiliano Sforza, el 4 de octubre, y su proclamación como señor de Génova el 16 de octubre de 1515, Francisco I se convirtió en el árbitro indiscutible de la política europea.

Quizá pagaba Carlos las pacíficas influencias de uno de sus mejores consejeros, Erasmo de Rotterdam, defensor de la paz a cualquier precio: *la peor paz es mejor que cualquier guerra.* Erasmo trabajaba de secretario del obispo de Cambrai, de quien dependía Malinas en lo espiritual en la época, y desde 1515 había sido nombrado consejero de Carlos de Habsburgo, introduciendo al joven monarca, junto a Adriano de Utrecht y Mercurino Gattinara, en la *Devotio Moderna* con un ideal de devoción sincera y con ánimos de reformar la iglesia. En 1517, Erasmo dedicaría a Carlos la *Queja de la paz que por todos los pueblos es rechazada y despreciada*, e incluso unos años más tarde le acompañaría a entrevistarse con Enrique VIII en Gravelinas. La influencia erasmista se mantendría en la corte de Carlos hasta la estancia en Granada de 1526, donde se alcanzó el esplendor y el fin. Desde 1521 Erasmo viviría refugiado en Basilea.

A principios de octubre de 1515, Carlos envió a su maestro Adriano de Utrecht a España, ante el grave estado en que se encontraba Fernando el Católico, afectado de hidropesía. Adriano llevaba poderes suficientes para convertirse en regente de Castilla en caso de que algo le ocurriera al rey Fernando.

En lo relacionado con su familia, el 12 de agosto de 1515 se casó en Oslo, la hermana de Carlos, Isabel, con el rey Christian II de Dinamarca. Isabel había estado a punto de convertirse en moneda de cambio para casar con Carlos de Egmont, duque de Güeldres, como parte del tratado de Cambrai de 1512, intentando ligar a la casa de Habsburgo a ese furibundo príncipe, aunque finalmente y para su suerte no se llegó a firmar el acuerdo. Sin embargo, el nuevo matrimonio amenazaba ser igual de desgraciado. Christian, que era 22 años mayor que Isabel, la ofendería con un adulterio público. Tras 10 años de matrimonio, moriría Isabel con 25 años de edad, justo unos días antes de la boda de Carlos con Isabel de Portugal.

1.4. Carlos I, rey de las Hispanias (1516-1520)

1.4.1. Autoproclamación en Bruselas (1516)

No fue nada fácil para Carlos acceder a su herencia española. Su abuelo materno, Fernando el Católico, apoyado por parte de la nobleza castellano-aragonesa, tendía a apoyar la causa del infante Fernando, hermano de Carlos, que se había criado y formado en su cercanía y cuyo idioma materno era el español. Este infante era muy querido por los castellanos que temían la llegada de un rey extraño, desvinculado de sus problemas y desconocedor de su lengua y de sus costumbres. Aunque ya en 1510 las Cortes de Castilla habían acordado respetar los derechos del príncipe Carlos, en el testamento hecho en Burgos el 2 de mayo de 1512 por Fernando el Católico, nombraba gobernador tanto en Castilla como en Aragón, en caso de muerte y hasta la llegada de Carlos, al infante Fernando, cediéndole además la gran maestría de las órdenes militares con sus inmensos beneficios. El infante Fernando, nacido en España, había estado recluido en su juventud junto a su hermana Catalina con su madre la reina Juana en Tordesillas. Se contaba que su abuelo Fernando el Católico lo había mandado sacar secretamente de ese involuntario encierro y que ante el estado de enajenación mental que vivía la madre, a los dos días de su partida ya se le había olvidado la desaparición del hijo. El abuelo preparó concienzudamente al nieto para que tomara el poder en su ausencia o a su mayoría de edad. La opción neerlandesa, la más legítima, no parecía ser demasiado de su agrado, le recordaba las viejas disputas con su yerno Felipe, sus traiciones, sus tendencias francófilas y la ansiedad de bienes que habían mostrado los nobles neerlandeses que le habían acompañado. El 26 de abril de 1515, estando en Aranda de

El cardenal Francisco Ximénez de Cisneros fue presidente del consejo de regencia de Castilla desde la muerte de Fernando el Católico hasta la llegada a la península del nuevo rey Carlos de Habsburgo. En la imagen se le ve usando el trono y el cetro del rey Boabdil, último emir nazarita de Granada, conservados aún en Alcalá de Henares.

Duero, según Zurita, Fernando el Católico volvió a hacer testamento, nombrado ahora gobernador de Castilla al cardenal Cisneros, y a Alfonso de Aragón, arzobispo de Zaragoza y Valencia, su hijo natural, gobernador de la corona de Aragón. A su amado nieto el infante Fernando le dejaba una renta anual de 50.000 ducados, más el principado de Tarento, las ciudades de Cotrore, Tropea y Amantia en la Calabria, y Gallipoli en tierra de Bari, como feudos hereditarios con los mismos derechos que cualquier otro barón napolitano. Aún cerca ya de su muerte, el rey Católico, seguía sin tener demasiado claro cuál sería su testamento (a pesar de que ya había hecho cuatro diferentes) y se creía que al menos pretendería salvar sus tierras hereditarias aragonesas para dejárselas a su muy querido nieto Fernando. Fue solo gracias a la extraordinaria labor de Adriano de Utrecht, deán de Lovaina, maestro de Carlos y uno de sus principales mentores, que se consiguió, un día antes de la muerte del rey Fernando, el 22 de enero de 1516, convencerlo para que no separara las dos coronas y otorgara testamento a favor de Carlos, incluyendo en ello todos sus reinos y la gran maestría de la órdenes militares. Naturalmente, esa cesión de derechos hecha por Fernando el Católico estaba condicionada por el hecho de que su hija Juana, la reina propietaria de Castilla, vivía aún, reclusa en Tordesillas, por lo que Carlos solo podría heredar el reino como gobernador en nombre de su madre, la legítima reina, y junto a ella. En su testamento, el rey Católico no olvidó tampoco a su joven mujer, Germana de Foix, a la que dejaba una renta anual de 30.000 florines de oro situada en Castilla sobre las villas de Arévalo, Madrigal y Olmedo, más otros 10.000 florines anuales situados sobre rentas en

Bernardo van Orley. Museo de Bourg-en-Bresse, Francia. Este debió ser el aspecto del joven monarca Carlos de Habsburgo que en septiembre de 1517 viajó por primera vez a la península ibérica para tomar posesión de sus reinos.

Nápoles. En el último momento, en este su quinto testamento, pudo finalmente más la versión política de Fernando el Católico y su visión de futuro, que lo que realmente le pedía el corazón.

En su última carta, una serie de instrucciones de gobierno para su nieto Carlos, escrita desde Madrigalejo poco antes de morir, ya *más como hombre muerto que vivo*, pedía Fernando a su nieto que, a cambio de haberlo nombrado su heredero universal incluyendo en la herencia los reinos que él personalmente había añadido a la corona de Aragón, de los que él hubiera podido disponer como hubiera querido y *que nos lo havemos querido fazer por dexar en vos toda nuestra memoria y succession por el amor que vos tenemos, que siempre tengays cuidado de ayudarla y socorrerla a nuestra muy cara y muy amada mujer la reina Germana en todos sus trabajos y necesidades*, así como para que cobrara los beneficios que le dejaba en tierras sicilianas y napolitanas, *que es menos de lo que debía ser*. Ya con anterioridad, Fernando había solicitado lo mismo a su nuera Margarita de Austria, pidiendo que presionara a Carlos para que así se cumpliera.

Al día siguiente de escribir esa su carta postrera, el 23 de enero de 1516, fallecía Fernando en Madrigalejo, cerca de Trujillo, de camino hacia el monasterio de Guadalupe, donde iba a reunirse con los miembros de las órdenes de caballería. Algunos han querido ver como causa de su muerte el abuso de cantárida, que en aquellos tiempos se utilizaba como afrodisiaco, en un intento por lograr un heredero varón con su esposa Germana. A los ocho días del óbito llegaron a Carlos, estando en Bruselas, las tristes noticias, que aún no quiso hacer públicas. Carlos, a medio camino entre la tristeza por la muerte de su abuelo materno y el alivio del testamento final y de la desaparición del mayor apoyo de su hermano, dispuso celebrar un honroso y suntuoso oficio funerario por el alma de su abuelo a fin de rendirle un último homenaje. Mientras se celebraban los preparativos para el oficio, Carlos intentó poner primero orden en sus reinos peninsulares, haciéndolo por medio de una serie de epístolas dirigidas a los que quedaban a cargo de ellos. Así, el 4 de febrero escribió al regente cardenal Cisneros, dándole instrucciones sobre la administración de esos reinos; el 10 de febrero hizo pública en Malinas la noticia de la muerte del rey Fernando; el 11 de febrero escribió a la reina viuda Germana de Foix, mostrándole sus condolencias y asegurándole su ayuda; también el 11 de febrero transmitió a la duquesa de Sesa el pésame por la muerte de su marido, émulo principal del difunto rey y su bastión principal, el Gran Capitán, Gonzalo Fernández de Córdoba, que había fallecido justo un mes antes del rey, el 2 de diciembre de 1515 en Granada; y el 15 de febrero, comunicaba a su hermano Fernando su intención de pasar con la mayor celeridad posible a España.

Por su parte, los representantes de los reinos peninsulares solicitaron de Carlos que hiciera efectivo ese deseo y que pasara lo más pronto posible a Castilla. Lo mismo pedía en marzo de 1516, el gobernador de la corona aragonesa, Alonso de Aragón, hijo natural de Fernando, que a través de su embajador en Bruselas, Juan de Aragón, le hacía saber que esa unión de reinos que legaba su padre no perduraría demasiado *sin la presencia de su rey natural... y por ello çient mil veces torno a suplicar a su alteza quiera darse prisa quanta podiere de venir en estos sus reinos*. Según explicaba Alfonso, el punto más conflictivo era el reino de Navarra, que había sido conquistado recientemente y en el que ya algunos lugares se habían levantado por Juan de Albrit, apoyados por el marqués de Cortes, Pedro de Navarra. Afortunadamente, el problema navarro se solucionaría pronto, primero al ser hecho prisionero Pedro de Navarra y encerrado en el castillo de Simancas, donde pasó el resto de su vida; y por otra parte al morir el rey Juan de Albrit, el 19 de junio de ese mismo año 1516, muriendo también su mujer ocho meses más tarde.

Los preparativos para el magnífico oficio por el alma del difunto rey Fernando se prolongaron un mes y medio, celebrándose definitivamente el día 14 de marzo de 1516 en la iglesia de Santa Gúdula de Bruselas, con un gasto que superó los 50.000 florines. La iglesia entera fue tapizada de terciopelo negro con las armas del difunto monarca, se iluminó con miles de cirios el templo, se arregló el palio que serviría de asiento al nuevo monarca, sobre el que se colocó ostensiblemente la corona real heredada, y además se construyó un gran túmulo funerario ante el altar mayor en honor del difunto rey de Aragón.

Ese 14 de marzo de 1516, tras recibir el permiso papal y del colegio de cardenales para ello, tomaba Carlos oficialmente, durante los funerales, el título de rey de las Españas. En la primera ordenanza dada al día siguiente, 15 de marzo de 1516, regulando la recompra de rentas en Namur, se autonombraba ya rey de Castilla, Aragón y Granada. Dos días más tarde, el 17 de marzo, ordenaba a la Cámara de Cuentas, que emplease el título real en todas las cartas, provisiones y demás actos que realizara. Instigado por Chièvres, Carlos asumía el título de rey a pesar de que en el testamento de Fernando solo se le reconocía el de gobernador de los reinos en nombre de la reina propietaria Juana. Cisneros, con el que se mantuvo en contacto desde el primer momento aceptó la nueva titulación de Carlos como hecho consumado y por orden del joven monarca, proclamó a Carlos como rey de Castilla en esa misma primavera en la ciudad de Toledo con una formula de reinado conjunto que proponía a Carlos y a su madre en los documentos oficiales. Ese acto fue imposible de realizar en Aragón, donde el arzobispo de Zaragoza, Alonso de Aragón, hijo natural de Fernando el Católico, no era ni tan siquiera reconocido como gobernador, y al nuevo monarca solo se le reconocía el título de *curator* de su madre y *príncipe gobernador*, único título que por entonces le concedían esos reinos, hasta que no prestara su juramento.

1.4.2. Preparativos para partir hacia Castilla. Pacificación y aseguramiento de los Países Bajos (1516-1517)

Tras la muerte de Fernando el Católico, un gran número de dignatarios y caballeros castellanos hicieron el viaje hasta Flandes para rendir pleitesía a su nuevo señor. Buscaban que el nuevo rey los tuviese en mejor estima, y querían solicitarle que aligerara su partida hacia Castilla, ya que a sus nuevos súbditos *les pesaba demasiado la espera*. Alegaban que si difería en exceso el viaje, era de temer que *secretos enemigos y malquerientes intentaran corromper a sus súbditos sobreviniendo graves inconvenientes en ello*. Al monarca se le dejó ver claramente que no debía de caer en la tentación de creer que podría disfrutar de los nuevos reinos residiendo en Flandes. Era fundamental vivir en Castilla para poder gobernar los nuevos países *tanto de aquende, como de allende del mar*.

Su paso a España y su toma de poder en los reinos peninsulares no parecía ser fácil, a pesar de la labor hecha por su maestro Adriano de Utrecht que, ayudado por Carlos Popeto, señor de Laxao, y por el señor de Amerstorff, residían en Castilla preparando su llegada. De forma drástica, Carlos decidió el 22 de abril de 1516, aconsejado por su abuelo Maximiliano, que su hermano Fernando abandonara los reinos peninsulares, anulando la buena imagen que poseía y las ansias de poder de su camarilla de consejeros, entre los que destacaban Diego Ramírez de Guzmán, obispo de Catania, Pedro Núñez de Guzmán, clavero de Calatrava, y Álvaro Osorio de Moscoso, obispo de Astorga y maestro del infante. Fernando, sin embargo, hizo oídos sordos y siguió viviendo en Castilla, buscando escusas para no tener que abandonarla. A lo largo de ese verano de 1516, Carlos fue también reconstituyendo el marginado partido profelipista de Castilla, que tras la muerte de su padre había sido relegado por Fernando el Católico. El rey ordenó a Cisneros el nombramiento de cargos y la concesión de mercedes a familiares de castellanos que habían servido *muy bien e muy fielmente al Rey mi señor e padre que sancta gloria haya.* También tomó Carlos, el 10 de julio de 1516, en una bella ceremonia celebrada de nuevo en Santa Gúdula de Bruselas, el título de rey de Navarra, jurando como tal y confirmando el nombramiento que había hecho un mes antes, el 7 de junio, del duque de Nájera como capitán general de ese reino.

El valor de la herencia movió al joven monarca a iniciar su paso a Castilla, fijándolo en un primer momento para San Juan del verano, 24 de junio de 1516, iniciando la reserva de los barcos y de las provisiones necesarias para el viaje. Al poco sin embargo, inseguro del estado en que quedaban los Países Bajos, cambió de opinión, perdiéndose más de 15.000 florines que para esos preparativos ya habían sido adelantados. El viaje fue trasladado hasta después del invierno, es decir hasta el verano de 1517.

Antes de partir había que garantizar en lo posible la seguridad de las tierras neerlandesas, evitando cualquier riesgo en su ausencia. Para ello revitalizó la amistad con Francisco I, con el que firmó el 13 de agosto de 1516 el tratado de Noyon, que ratificaba la paz anteriormente firmada en París, y comprometía a Carlos con la hija de Francisco I, Luisa, de un año de edad, que llevaría como dote los derechos franceses sobre Nápoles. Si esta infanta muriera, se comprometía Francisco a entregarle la segunda, que aún no existía. Artífice principal de ese tratado y de la política francófila de Carlos era Guillermo de Croy, que junto a Juan Le Sauvage y Felipe Haneton, encabezaron la delegación carolina que negoció el acuerdo. Este tratado estipulaba la paz perpetua entre Francisco y Carlos, pero de forma muy favorable para Francia, ya que en él se reconocían los derechos del rey francés sobre el norte de Nápoles y la obligación de Carlos a pagar tributo por ello, así como los derechos de los Albrit sobre Navarra. A este acuerdo, vital para la seguridad de los Países Bajos, se uniría Maximiliano, firmando el acuerdo de Bruselas, el 3 de diciembre de 1516, que sería aún reforzado por el acuerdo de Cambrai del 11 de marzo de 1517. Los esfuerzos militares hechos por Fernando el Católico para conquistar y poseer Nápoles y Navarra eran vilipendiados por su nieto al reconocer derechos obsoletos a Francisco I.

También se aseguraron las relaciones con Inglaterra, bastante buenas de por sí, ya que estaba en vigor el tratado de Amistad y Comercio firmado por su padre Felipe, que había sido confirmado el 24 de enero de 1516 en Brujas y reconfirmado por un nuevo tratado firmado entre las partes el 19 de abril de 1516. Su política internacional se vería coronada por los acuerdos entre Carlos, Enrique VIII, León X y Maximiliano I, firmados el 29 de octubre y el 15 de noviembre de

En la reunión del capítulo de los caballeros de la orden borgoñona del Toisón de Oro celebrada en 1516 fueron nombrados caballeros el rey francés Francisco I y el hermano del rey Carlos de Habsburgo, Fernando. La reunión del capítulo duraba cuatro día y en sus diversas ceremonias los caballeros cambiaban constantemente sus lujosos ropajes. Los talares de color rojo carmesí con las armas ducales en los bordes eran los más usuales, aunque durante el oficio por los caballeros difuntos se vestían con talares negros y durante el oficio de la Virgen lo hacían con otros de color blanco Damasco, portando siempre su valiosísimo collar de la orden.

1516, que daban paso a un período de paz entre los cristianos y que permitían a Carlos acceder sin problemas a su herencia hispana.

En la política interior de los Países Bajos del año 1516, una de las actividades más brillantes del joven Carlos fue la reunión del capítulo de la orden del Toisón de Oro celebrada a finales de octubre. En ese capítulo se acordó no solo renovar las quince bajas que había sufrido la orden, sino solicitar del papa que permitiera aumentar el número de miembros, llegándose hasta 51. La orden recibió a castellanos, alemanes, neerlandeses e incluso al hermano del rey, Fernando, y al rey de Francia Francisco I, que a su vez nombró a Carlos, el 9 de noviembre de 1516, caballero de la orden de San Miguel.

En marzo de 1517, reforzada la paz con Francia por medio de un nuevo tratado de Cambrai, pareció llegado el momento de partir hacia España. No veía Carlos con excesivos buenos ojos la travesía oceánica hasta Castilla que tan mal recuerdo había dejado a sus padres. Francisco I que lo sabía, le ofreció la posibilidad de evitar esos graves peligros, haciendo el viaje por tierra, atravesando Francia con su corte, donde serían bien acogidos y se les rendirían honores, superando aún a los deparados a su padre Felipe I. Para asegurar en lo posible esa travesía, el monarca francés, su suegro en virtud de los tratados de boda establecidos con su hija Renata, le ofrecía que nombrara los rehenes que deseara, prometiendo enviárselos al lugar que él designara. Carlos no se atrevió ni a rehusar, ni a aceptar los ofrecimientos del francés, ya que ni quería enturbiar su relación con él, ni deseaba convertirse por azar del destino en su prisionero de lujo.

Desde la primavera de 1517, Carlos había decidido ya evitar la más cómoda ruta francesa para prevenir posibles problemas y posibles presiones por parte de Francisco, resolviendo llegar a sus nuevas tierras por vía marítima, calculando que la travesía tardaría solo una semana. A mediados de mayo de 1517, Carlos abandonó Bruselas estableciéndose en Gante, donde pasó un mes ocupado en la reunión de los Estados Generales de los Países Bajos, para después continuar vía Brujas hasta Middelburgo.

En Gante se reunió con los representantes de los Países Bajos, los procuradores de los tres estados: eclesiástico, nobleza y ciudades. Su canciller Juan le Sauvage fue el encargado de hablar a los procuradores en nombre del monarca, informándoles de su pronta e ineludible partida para Castilla, donde debía de ir a hacerse cargo de sus nuevos reinos. El monarca había proveído ya todo lo necesario para mantener apaciguados a los Países Bajos, fijando para su seguridad, tratados de buena relación y paz con Francia e Inglaterra, y ante la constante solicitud de los grandes y nobles de Castilla, se veía obligado, a su pesar, a trasladarse a esos reinos, prometiéndoles que aunque se alejara de su vista, no estaría alejado de sus corazones, ya que el amor que tenía a las tierras de por acá y a sus súbditos, le exhortaba a querer vivir y morir cerca de ellos. En esta reunión, Carlos pronunció su primer discurso ante los Estados Generales, reiterándole a sus miembros que nunca olvidaría lo mucho que le habían servido y ayudado durante su juventud, en los momentos más difíciles, así como que habían sido ellos, los neerlandeses, los que le habían criado y educado. Tanto su abuelo paterno, el emperador Maximiliano, como su tío Enrique VIII y su *suegro* Francisco I, se habían comprometido a ayudar a los Países Bajos en caso de necesidad. En paralelo a su viaje por mar, Carlos envío por tierra a su canciller, Juan le Sauvage, para que visitara a Francisco I y le informara de sus deseos de paz.

Antes de partir hacia Castilla, renovó también las ordenanzas de su casa, estableciendo los servidores que habrían de acompañarle en el viaje, permitiendo que los mayores, los que tuvieran alguna flaqueza y los que tuvieran a su cuidado mujeres y niños, que quedaran en Flandes manteniendo todos los derechos que como servidores personales suyos tenían, sin que perdieran ninguna de sus libertades, franquicias o exenciones.

El 23 de julio de 1517, desde Middelburgo, daba instrucciones al Consejo Privado, entidad a la que dejaba a cargo del gobierno de los Países Bajos durante su viaje a España, sin querer nombrar ningún lugarteniente o regente para ello, temeroso quizás de la política que su tía Margarita pudiera seguir con respecto a Francia. Ese Consejo Privado, de forma colegiada, regiría y controlaría el país durante su ausencia. Solo en caso de que el Consejo no fuera capaz de manejar los problemas que en su ausencia surgieran, su abuelo Maximiliano se comprometía a presentarse en los Países Bajos en persona, poniéndose a su cabeza como su superintendente. El Consejo era presidido por el señor de Sorre y pertenecían a él: su tía Margarita de Austria, Claudio Carondelet, Filiberto Naturel, Roberto de Arenberg, el señor de Roghedorf, el de Gomignies, el de Dormans, Cristóbal Bruouse, Nicasio Hacqueney y Felipe Dalle. Con el cargo de *maistres de requestes* formaban también parte del Consejo, Juan Caulier, que habría de sustituir al presidente Sorre en caso de enfermedad, Juan Jonglet, Juan Le Sauvage, Disemans de Berghes, Hugo Marmier, Antonio Metteneye, Luis de Maranche, Livin de Pottelsberghe y Antonio Watripont, y como secretarios, Felipe Haneton, el único autorizado a firmar temas de finanzas, Lorenzo de Blyous, escribano de la Orden del Toisón de Oro, Juan Marnix, Carlos de la Verderue, que se encargaría del control de las ausencias y del registro de cartas, Ricardo Baladot, Juan Rogierville y Juan Besauch. Estos secretarios eran los únicos autorizados a firmar órdenes, actas, cartas o provisiones que emanasen de ese Consejo, y eran ayudados por dos *huissiers d'armes*. El Consejo Privado tenía que reunirse dos veces al día (de ocho a diez y de tres a cinco), y tenía permiso para tratar todos los temas y materias, de justicia, policía, gracia y remisión, excepto los crímenes de lesa majestad, sodomía, herejía, motines, así como la comisión de concesiones de privilegios, amortizaciones, ennoblecimiento o alienación de dominios. Podían conceder oficios menores que vacasen por muerte, resignación o expiración, exceptuando los de gobernadores, bailíos, jueces-fiscales (*escoutettes*) de las villas principales, castellanos de castillos o plazas fuertes, consejeros, maestros de cuentas, receptores generales o los del propio Consejo. Podían también reunir los Estados Generales o Provinciales, pedir donativos, ayudas o subsidios, y tenían poder y autoridad sobre el Gran Consejo de Malinas y demás consejos ordinarios. Los encargados de las Finanzas seguían siendo los mismos, confirmados por Carlos en sus cargos y a los que les dejaba también el 18 de agosto, unas ordenanzas regulando como habían de conducirse durante su ausencia. En cuanto a los beneficios de colación y presentación que pudieran quedar vacantes en su ausencia, Carlos dejaba una lista con los nombres que debían de recibirlos, que bajo ningún concepto debería de ser alterada.

Enrique de Nassau, quedaba como capitán general de la gente de armas y de la gendarmería que debían de velar por la seguridad del país, debiendo de ser ayudado, según lo pactado, en caso de ataque a los Países Bajos, por el emperador Maximiliano, por el rey de Francia y por el de Inglaterra.

Además de las actividades oficiales ya vistas, en el camino hacia la mar, Carlos se detuvo, invitado por el señor de Ravenstein, a practicar su deporte favorito, la caza, haciéndolo durante tres días completos en Winedalle *donde había buenas atracciones para practicar la montería*. Con él iba su hermana Leonor que pasaría a Castilla para ver a su madre, y su tía, la señora de Saboya, Margarita, que solo les acompañaría hasta la costa. Desde Flesinga cruzaron en barco hasta Middelburgo y en esa primera mínima travesía descubrieron con horror las damas lo que les esperaba hasta Castilla. Laurent Vital, el cronista de este primer viaje así nos lo cuenta: *las más tiernecitas y medrositas se marearon un poco y tuvieron que dar cebo a los peces. Dios sabe como en poco tiempo esas damas y damiselas se volvieron devotas invocando a Dios en su ayuda.* Desde principios de julio de 1517 se fueron reuniendo en Middelburgo toda la nobleza y servidores que iban a acompañar al rey en su travesía. Se contrataron cuarenta navíos, muchos de ellos vizcaínos, pero también franceses e ingleses, que fondearon cerca de Armuyden, y una gran cantidad de víveres, pero el viaje siguió dilatándose sin excesivas buenas razones. Para conseguir financiar el viaje, falto de fondos, el rey de Inglaterra, Enrique VIII, le concedió un préstamo de 100.000 florines de oro.

Pasó el verano y entrado el otoño aún no se decidían a partir, se esperaba viento favorable, pero más que nada se temían los inconvenientes que pudieran surgir. Por la corte comenzó a circular el rumor de que el viaje se pospondría hasta el año siguiente, pero sin embargo hacia el 7 de septiembre sorprendentemente el viento se tornó favorable y los pilotos aconsejaron iniciar la travesía. Antes de partir, escribía ese día desde la nao capitana de su armada, frente a Middelburgo, a Cisneros y a Adriano de Utrecht, apesadumbrado por las actuaciones conspirativas de su hermano Fernando y en especial por las de sus servidores directos, a los que destituía instantáneamente de sus cargos. Carlos ordenó retirar de la cercanía de Fernando *al comendador mayor de Calatrava, que se baya a su encomienda mayor, y al obispo de Astorga, que se baya a su obispado, y a Gonzalo de Guzmán que se salga de la corte,* ya que pretendían hacer cosas *en deservicio* de la reina Juana y del propio Carlos. Decía el rey haber sido informado de que ambos *hablaban palabras feas y malas en desacuerdo y perjuicio de mi persona y hacían otras cosas dignas de mucho castigo.* Ordenaba a su hermano que a partir de ese momento o *el clavero de Calatrava, o Diego de Guevara, o Mosur de Laxao, que uno de ellos duerma siempre con él en su cámara y en absencia dellos el dicho Alonso Téllez, como lo hace Mosur de Gebres (Chièvres) en la nuestra, porque cuando despertare, si quisiere, tenga con quien hablar.* El control sobre su entorno debía de ser extremo. A la vez pedía que le dijeran que el amor que le tenía era tan entrañable que era más que de hermano... *y que lo primero que tengo que entender llegado a esos Reynos es lo que toca a su persona y su acrescentamiento.* Cisneros actuó inmediatamente retirando a Fernando los consejeros, sustituyéndolos por otros fieles a Carlos.

Con prisa se consiguió embarcar a la mayor parte de los acompañantes reales, con sus bienes y con abundante gente de guerra y artillería. Para proteger al rey se estipularon unas severas ordenanzas que habrían de observar todos los

barcos durante el viaje, evitando que nadie, ni barco acompañante, ni barco extraño, pudieran acercarse al navío real, que seguiría en todo momento el rumbo
marcado por el barco del almirante Juan de Terramonda, que abriría el camino.
El barco real llevaba en sus velas la divisa del rey: *las columnas de Hércules con el
PLUS ULTRA*, divisa que había sido creada por Ludovico Marliano, perteneciente
al círculo de Chièvres y Sauvage, que algo más tarde sería nombrado obispo de
Tuy. Algunos barcos rápidos serían enviados con anterioridad a inspeccionar los
pasos de Calais para evitar sorpresas.

1.4.3. Primera travesía marítima de Carlos. Los riesgos que hay que correr por el poder (1517)

El 8 de septiembre de 1517 se hizo a la vela la flota. Si en un principio el viento
les fue favorable y avanzaron fácilmente, al poco llegarían las tormentas y las
calmas chichas, deshaciendo gran parte de lo que se había adelantado. Ante la
visión y el miedo provocado por esas monstruosas tormentas cantábricas durante la travesía, Carlos prometió que *una vez llegado a tierra y en cuanto hubiese
cesado la peste, iría a servir a Dios y a visitar Santiago en Galicia*. La larga travesía
de doce días en la que el fuego devoró a uno de los barcos cargado de caballos,

Preparativos realizados en Middelburgo para la partida de la flota que debía de llevar al nuevo rey de
Castilla, Carlos de Habsburgo, a la península ibérica. La flota partió el 8 de septiembre de 1517.

fue amenizada, cuando el tiempo lo permitía, por los trompetas reales que cada mañana daban una agradable *albada* al monarca, a la que seguían los pífanos y tambores alemanes que tocaban tres veces al día. A veces su hermana Leonor mostraba su encanto musical, ya fuera tañendo el laúd o el monocordio o cantando y bailando. El rey soportó estoicamente el viaje, salvo una tarde que se sintió mal. Por lo general disfrutó de suculentos desayunos, comidas y cenas, sin mareos ningunos, saboreando a veces pescados capturados en la misma travesía. Algunas de las experiencias tenidas con los peces fueron en extremo interesantes, por ejemplo cuando se capturaron dos delfines uno macho y otro hembra, descubriendo que: *el macho tenía todo lo que el hombre puede tener por naturaleza para engendrar y que la hembra tenía el sitio y parte para recibir la generación como una mujer, y siendo así hallaron en su matriz un joven delfín.* Uno de los mayores placeres de la travesía se lo proporcionó la compañía, alegres locuras y menudencias de su bufón Juan Bobin. Junto a ello la lectura de crónicas, el juego del ajedrez, de las damas y de la baraja, unidos a los rezos y plegarias, a veces cantados por su propio coro y otras por la propia tripulación española de su barco, amenizó esos días de inactividad en los que el rey que estaba acostumbrado a dirigirlo todo, se sintió de pronto a merced de la naturaleza que lo llevaba y traía por donde quería. Y es que la ruta planeada en origen fue redirigida en numerosas ocasiones por los vientos, llegando a situaciones en las que no se sabía con seguridad donde se estaba y en donde los pilotos solo podían informar de que se encontraban *hacia el medio de la mar de España, tirando hacia el norte.* Finalmente, tras doce días de incertidumbre se avistó la costa. Entonces se descubrió que los navegantes habían errado, aunque sin llegar a poner en peligro al rey, pero habían fallado gravemente en sus cálculos y restas. En lugar de Santander, donde se le esperaba con todo tipo de vituallas, o de Vizcaya donde creían que habían llegado los marineros españoles, se encontraron ante la acantilada costa astur, cerca de Tazones. Al monarca le daba ya igual donde estuviera, lo único importante era poner sus pies de nuevo sobre la tierra firme, temeroso de seguir perdido en el laberinto marino y por ello se negó en rotundo, como opinaban los pilotos, a proseguir en barco costeando hasta Santander, a donde sí hizo ir a la flota. Donde habían llegado no había puerto suficiente para protegerlos. Él sin embargo hizo descargar del navío en el que iba su gran barca real y acompañado de su hermana Leonor, sus damas, y de los nobles principales, a fuerza de remos remontó el estuario y desembarcó en la noche del 19 de septiembre de 1517 en Villaviciosa, donde ya en plena oscuridad consiguió pisar sus nuevos reinos peninsulares, descansando cuatro días en esa villa hasta recuperarse de la dura travesía.

Vista del puerto de Tazones, primer lugar habitado que el rey Carlos vio a su llegada a la península ibérica el 19 de septiembre de 1517. Lo nimio del lugar hizo que Carlos remontara el estuario con su barca real, pisando por primera vez tierra española en Villaviciosa. [Turismo en LLanes, s. a.] .

1.4.4. Descubriendo a su familia y a sus súbditos castellanos. Primera estancia real en Valladolid (1517)

El día 23 de septiembre de 1517, Carlos inició una travesía de las montañas astures y cántabras pasando por Ribadesella, Llanes, Colombres, San Vicente de la Barquera, Treceño, Cabuerniga, Los Tajos, hasta Reinosa a orillas del Ebro. Por cualquier lugar que pasaba era agasajado con lo poco que sus habitantes podían aportar, organizándose corridas de toros, cantes y bailes, que resultaban extremamente exóticos para los neerlandeses. El yantar era sencillo y los albergues algo míseros, acordes sin embargo con la riqueza de sus súbditos. Muchos de los neerlandeses enfermaron durante la travesía y sin posibilidad de ser asistidos en una tierra tan pobre, acabarían muriendo. El propio rey enfermó en San Vicente de la Barquera y se temió por él. El lugar, con su aire marino, no era el idóneo para su cura y los médicos aconsejaron continuar hacia Castilla, haciendo etapas cortas. Durante varios días el monarca no halló gusto en nada debido a la enfermedad, e incluso se le hizo tomar polvo de unicornio mezclado con las medicinas, para que sanara. En lugar de ir a Burgos afectada por la peste, se dirigió hacia Valladolid con la idea de visitar a su madre a la que no había visto desde la niñez y de la que no recordaba nada. En Reinosa, convaleciente aún de su enfermedad, permaneció ocho días recuperándose, y en ese lugar se volvió a encontrar con su canciller Juan Le Sauvage que había llegado por tierra, atravesando Francia. Tras Reinosa, ya recuperado de la enfermedad, el camino se le hizo más agradable. De todas las comarcas cercanas se acercaban al camino señores para darle la bienvenida: el obispo de Burgos, el condestable Íñigo de Velasco, el duque de Frías, el obispo de Palencia, el conde de Benavente, o habitantes de la región deseosos de conocer a su rey. Pasando por Aguilar de Campóo, Becerril de los Campos y Villanueva, llegaron al anochecer del 4 de noviembre a Tordesillas, donde permaneció siete días. En ese lugar, su madre, la reina Juana, acompañada de la infanta Catalina, llevaba una vida de recogimiento y soledad. El primero en visitar a la reina de Castilla fue el señor de Chièvres y a continuación recibió a sus hijos Carlos y Leonor, a los que no había visto desde su última partida de Flandes, hacía ya cerca de doce años. La reina abrazó a su hijos a los que ya ni apenas reconocía y sonriendo los tomaba de la mano. Los veía tan mayores y recordaba que eran tan pequeños cuando se separó de ellos! Amorosamente les preguntaba *¿pero sois mis hijos? Que mayores os habéis hecho en poco tiempo!* Tras esa primera corta entrevista, por miedo a confundirla demasiado, Carlos y Leonor se retiraron. El señor de Chièvres prosiguió al lado Juana, encomendándole a su señor, convenciéndola de la necesidad de que le cediera oficialmente el gobierno de Castilla para que él aprendiera a regir a su pueblo. Sin la aceptación de la reina Juana el nombramiento de Carlos carecía de valor legal. Finalmente, según cuenta el cronista oficial, Laurent Vital, *la reina accedió y consintió en ello de buen grado, separándose de esa carga para darla a su señor hijo.*

Junto a Juana vivía la infanta Catalina, su hija menor, nacida tras la muerte de Felipe. Catalina era una especie de bálsamo para la atormentada alma de la reina, vivía en una sencilla habitación detrás de su cámara y apenas si tenía contacto con el mundo exterior, siendo su única conexión una ventana desde la que podía ver jugar a los niños de Tordesillas, a las personas que iban a la cercana iglesia de Santa Clara o a los caballos que abrevaban cerca del río Duero. Para poder abandonar sus aposentos tenía que pasar por los de la reina que ejercía un control total sobre ella. A la infanta solo accedían unas cuantas servidoras directas muy mayores, Catalina era su pequeño tesoro. Un tesoro que además le recordaba constantemente a su marido. Catalina era de todos los hijos la que más se parecía a él. Sus rasgos y su fisonomía, especialmente cuando reía, recordaban a los del difunto monarca. Catalina era también según los cronistas la más agraciada y bella de todos los hijos. Era una verdadera pena verla a sus diez años, aislada del mundo, encerrada y solitaria, vestida con una sencillez extrema, aunque la reina Juana la superara en ello, siguiendo un tipo de vida heredado de

Francisco Pradilla y Ortiz, 1905. La reina Juana y la infanta Catalina, hija póstuma de Felipe el Hermoso, hermana menor de Carlos de Habsburgo, recluidas en un palacio cercano al convento de las monjes clarisas de Tordesillas.

los Reyes Católicos. Tordesillas era una villa rodeada de murallas de tapial y mampostería, con varias iglesias bajas y sólidas, con muchas buenas casas, rodeada por una fértil vega regada por el río Duero. El palacio donde vivía la reina estaba al final de la villa, muy cerca del Duero y del convento, con su iglesia de Santa Clara, lugar donde había sido depositado el cadáver de Felipe el Hermoso. Desde sus habitaciones el panorama era extraordinario y en días claros se podía divisar hasta Medina del Campo.

Durante esta su primera estancia en Tordesillas, Carlos celebró un solemne oficio funerario el día 10 de noviembre en honor de su padre, cantado por los *chantres* del rey, incluyendo un bonito sermón en castellano. Se construyó una pequeña capilla de madera delante del altar mayor y allí se colocó el cuerpo bien embalsamado del difunto rey dentro de su ataúd de plomo. Carlos instauró en su memoria un oficio anual que había de celebrarse en el lugar donde él estuviera cada día 25 de septiembre, día en el que había muerto el monarca.

Estando aún en Tordesillas le llegaron nuevas de la muerte del regente Francisco de Cisneros en la villa de Roa, acaecida el 8 de noviembre de 1517, sin que el fraile hubiera cumplido con su deber de informarle de determinadas cosas fundamentales para el buen gobierno de Castilla, con lo que, según el cronista Vital, Cisneros *faltó grandemente a su deber*. La versión de los cronistas españoles, Alonso de Santa Cruz o Ginés de Sepúlveda, es diametralmente opuesta, Chièvres había conseguido su objetivo, entretener al rey para que no pudiera entrevistarse con el monje, ni que este pudiera influenciarle en ningún modo. El cuerpo de Cisneros fue enterrado en el Colegio de San Ildefonso de Alcalá de Henares. El rey ordenó el 10 de noviembre de 1517, embargar todos los bienes del finado cardenal. Su muerte supuso una dura pugna por conseguir su cargo vacante que anualmente producía 60.000 ducados. Muchos molestaron en esos días al monarca, magnificando ellos o sus promotores los muchos servicios prestados a la corona por sus ancestros y padres. Finalmente, Carlos se decidió por el sobrino de Chièvres, llamado como su tío, Guillermo de Croy, recompensando a su valido por haberlo criado, educado e instruido y por los muchos buenos consejos que de él había recibido. El nombramiento de un adolescente extranjero de 17 años como arzobispo de Toledo no podía ser bien visto por la nobleza castellana que veía como los neerlandeses iban arañando los mejores cargos y prebendas. El tío del arzobispo, Guillermo de Croy, señor de Chièvres, era su gran chambelán, ostentaba el título de capitán general del mar de la corona de Aragón y almirante de Nápoles, más el ducado de Sora, Castellaneta, Vico, Santa Ágata y Rocca Guglielma, en el reino de Nápoles y controlaba además la hacienda castellana con el título de contador mayor de Castilla. Otro neerlandés, Adriano de Utrecht, maestro del rey, era obispo de Tortosa, y Ludovico Marliano había sido nombrado de Tuy. También Juan le Sauvage había sabido apropiarse de los derechos de aduana de la exportación de frutos del reino de Granada arrendándolos por la suma de 168.000 ducados anuales.

Tras los días pasados en Tordesillas, el 11 de noviembre de 1517, Carlos prosiguió su ruta hacia Mojados donde le esperaba su hermano Fernando, al que nunca había conocido en persona. Poco antes de llegar a Mojados le salió al encuentro su tío Alfonso de Aragón, hijo natural de Fernando el Católico, para rendirle pleitesía en su nombre y en el de su hermano. También poco antes de llegar a Mojados le salió al encuentro Fernando, que echó pie a tierra ante el rey Carlos y saludó cariñosamente a su hermana Leonor, a la que tampoco conocía. Fernando era de todos el que más se parecía al abuelo Maximiliano. Juntos los tres pasaron en Mojados dos noches, conociéndose mejor. Antes de entrar a Valladolid se alojaron cuatro noches en el monasterio franciscano de Abrojos, dotado y edificado por la reina Isabel la Católica, disfrutando de la caza de liebres con halcón. Allí entregó Carlos a su hermano, el 18 de noviembre, el collardela orden del Toisón de Oro.

Los aposentadores reales sufrieron para encontrar alojamiento en Valladolid para toda la corte, siendo constantemente estorbados por los eclesiásticos residentes en la ciudad que, alegando viejos privilegios, se negaban a aceptar huéspedes en sus casas, excomulgando al aposentador real por hacerlo. *Malo es caer en la cólera de los presbíteros de Castilla*, decían mientras daban con la puerta en las narices al aposentador y a sus oficiales.

El 19 de noviembre de 1517, hizo Carlos su entrada oficial en Valladolid bajo palio, acompañado de sus hermanos Leonor y Fernando, de Chièvres, de

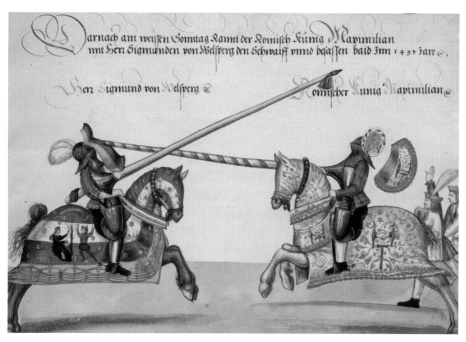

Durante la estancia del joven monarca en Valladolid se celebraron abundantes torneos y justas en las que Carlos participó personalmente demostrando su valor. En la imagen torneo celebrado el primer domingo después de la Pascua de Resurrección del año 1497, en el que participó el emperador Maximiliano, representado a la derecha.

Juan Le Sauvage, de Adriano de Utrecht y del arzobispo de Zaragoza. Junto a ellos los embajadores del Papa, del emperador Maximiliano, de Francisco I, de Enrique VIII, del rey de Portugal y de la Señoría veneciana. Escoltándolo iban innumerables soldados de caballería, a su derecha sus cien caballeros alemanes vestidos con los colores de la casa de Habsburgo: amarillo, blanco y rojo. A su izquierda sus arqueros de corps con casacas de argentaria y la cruz de San Andrés con corona en el pecho, dirigidos por su capitán el señor de Gardín. Tras ellos los cuatrocientos alabarderos españoles. Valladolid que era una ciudad del tamaño de Bruselas había sido limpiada cuidadosamente para la ocasión, pero la lluvia convirtió sus calles en cenagales de barro. Tras un *Te Deum* en la iglesia de Nuestra Señora la Mayor se retiró a su alojamiento. A los cuatro días recibió a los nobles castellanos, usando de formas familiares y cercanas con ellos, intentando atraérselos. El 26 de noviembre asistió en la iglesia de San Pablo a la recepción del capelo cardenalicio que el Santo Padre enviaba para su maestro Adriano de Utrecht. La púrpura cardenalicia le había sido ya otorgada el 1 de julio de 1516 por León X, por lo que desde esa época usaba ya de su título de cardenal de Tortosa. El 27 de noviembre llegó a Valladolid la reina Germana de Foix, viuda de Fernando de Aragón, Carlos salió con su hermano Fernando a recibirla. Carlos quedó admirado de la damas que acompañaban a la reina y parece que no perdió el tiempo, conquistando y seduciendo a una de ellas de nombre Beatriz, en honor de la cual se harían grandes diversiones. A la reina Germana y a sus damas se les había organizado el alojamiento enfrente del palacio donde residía el rey, y para poder comunicarse más fácilmente, Carlos mandó hacer un puente de madera sobre la calle.

De acuerdo con lo estipulado en los tratados de Noyon y Cambrai, a su llegada a España, Carlos se vio obligado a recibir a varias delegaciones enviadas por Francisco I y Enrique de Albrit, que se autonombraba Enrique II de Navarra, para tratar el tema de la devolución de Navarra, que desde diciembre de 1517, intentaron en conversaciones realizadas en Valladolid, Aranda y Zaragoza, obtener algún resultado, sin éxito posible, ya que Carlos no estaba interesado en ello.

Estando en Valladolid, Carlos decidió convocar a los caballeros del toisón de oro en capítulo extraordinario para cubrir tres plazas que habían quedado vacantes. Por primera vez en su historia la reunión se celebraría fuera de las tierras borgoñonas, honrando con ello a sus nuevos reinos peninsulares. La fecha establecida fue el 18 de abril de 1518. Carlos informó de ello a Francisco I, caballero de la orden, pidiéndole que viniera a sus nuevas tierras a participar en ella, trayendo consigo tres nombres de caballeros sin mancha que él considerara dignos de ser admitidos en la orden, para qué en compañía de los demás miembros fueran elegidos. Le aseguraba además que mantenía su compromiso de matrimonio con su hija Luisa, pidiéndole que no hiciera caso a las habladurías de que Carlos hubiera casado secretamente con la infanta de Portugal. Para Carlos nada había más importante que mantener las buenas relaciones con su *suegro* Francisco I, y para reconfirmarlo envió a la corte francesa a Filiberto Naturel.

En enero de 1518, llegaron a Valladolid dos hijos del rey de Tremecén, aliado de Castilla a la que pagaban tributo, para rogarle que les ayudara a combatir a los turcos que dirigidos por un capitán llamado Barbarroja habían atacado y conquistado gran parte de su reino, asesinando a su padre, el legítimo rey. Carlos determinó asistirlos, enviando en julio de 1518 un ejército de cinco mil soldados a África. Los turcos fueron vencidos y su capitán hecho prisionero y decapitado. Los turcos fueron rápidamente expulsados de Tremecén.

Los días pasados en Valladolid se vieron amenizados sobre todo por el descubrimiento de su propia familia y de sus nuevos súbditos castellanos, pero también por ese temprano amor español llamado Beatriz, con quien engendraría una hija a la que llamaría Isabel. También gozó de torneos, juegos de cañas y justas celebrados en su honor en la plaza del Mercado, llamados con nombres tan románticos como la justa de *la Caléndula*, la justa de *la Tarja de Oro* o la justa de *la Empresa amorosa*. En esas justas a las que asistió la nobleza, a excepción de

Imagen de un torneo celebrado a finales del siglo XV, en época del emperador Maximiliano, en el que además de los contendientes participaban abundantes bufones, músicos y saltimbanquis.

la reina Germana que estaba aún de luto, participaron caballeros de casi todos sus reinos: castellanos, aragoneses, neerlandeses, borgoñones, alemanes, saboyanos, napolitanos e incluso el propio monarca, gran jinete. Muchos fueron heridos y mutilados e incluso dos perecieron. Era el tributo que el honor debía de pagar por su atrevimiento. A diferencia de la reina Germana, sus damas y especialmente doña Beatriz, si estuvieron presentes en esas diversiones, animando a los caballeros participantes y al monarca. Ese mismo año de 1518 se convertiría Carlos en padre de una hija llamada Isabel de Castilla, primera hija natural conocida del rey, fruto de la relación con Beatriz, y no como otros historiadores han supuesto, de la reina Germana.

1.4.5. Juramento de los reinos castellanos: Carlos I, rey de Castilla (1518)

Carlos había citado a Cortes, en su nombre y en el de la reina propietaria Juana, a los prelados, nobles y procuradores de los reinos de Castilla, iniciándose las Cortes castellanas de 1518 el 2 de febrero, en la sala capitular del colegio de San Gregorio, anexo a la iglesia de San Pablo de Valladolid. En ellas estuvieron presentes como presidentes Juan le Sauvage, chambelán mayor del rey, y Pedro de la Mota, obispo de Badajoz, y como letrado el licenciado García de Padilla, reuniéndose los procuradores de la ciudades castellanas con voto, es decir los de Burgos, León, Toledo, Granada, Sevilla, Córdoba, Murcia, Jaén, Salamanca, Zamora, Ávila, Segovia, Cuenca, Valladolid, Toro, Guadalajara y Madrid. Los procuradores presentaron un largo memorial de cerca de cien peticiones, en las que el rey pudo ver el estado en que se encontraba el país. La primera solicitud era que a la reina Juana se le dotara de una casa y corte digna; seguida por la solicitud al rey de que se casara y asegurara la descendencia, y que mientras no tuviera un descendiente no dejara salir de Castilla a su hermano Fernando, pidiéndole además que aprendiera español para poder comunicarse directamente con ellos. Pidieron también que no concediera beneficios, dignidades, encomiendas, tenencias, embajadas o gobernaciones a no naturales de Castilla, así como confirmar las leyes, pragmáticas, privilegios y libertades del reino. Era también conveniente que entraran a formar parte de la casa del rey, españoles, de forma que podamos *entendernos con algunos dellos y que nos entiendan*. Solicitaban no enajenar nada de la Casa Real y que los monteros de Espinosa, que siempre habían servido al rey, siguieran siendo su guardia personal. Temerosos del ansia de los neerlandeses, pidieron que no se pudiera sacar ni oro, ni plata, ni moneda amonedada del reino, ni caballos, ni carne, esta última por su escasez. Además, se hicieron múltiples solicitudes relacionadas con el abuso que se ejercía en la justicia, en la venta de bulas, en el tribunal de la Inquisición, del acaparamiento de riquezas por los monasterios que parecían ser los nuevos señores de Castilla. Rogaron que se cumpliera el legado del cardenal Cisneros, ya que todos sus bienes habían sido confiscados por la corona sin cumplir su testamento en cuanto a redención de cautivos, ayudas a huérfanos y mujeres pobres, y a la fundación de un convento en Toledo. Otras reivindicaciones eran la prohibición del juego, la replantación de bosques y el control de su tala, y la permanencia del reino de Navarra en la corona de Castilla.

El día 5 de febrero volvieron a reunirse, confirmándoseles que el rey aceptaría todo lo solicitado, compareciendo el propio monarca por la tarde junto al infante Fernando, los prelados y la nobleza del reino. A renglón seguido los procuradores juraron sobre la cruz y los evangelios a su alteza junto a su madre, la reina propietaria, y le besaron uno a uno la mano de rodillas en símbolo de obediencia, haciendo pleito homenaje al infante Fernando. El rey les juró de igual forma lo solicitado, así como sus libertades, derechos, privilegios, costumbres y buenos usos.

El domingo, 7 de febrero de 1518, se celebró el acto principal de estas Cortes, el juramento oficial y público mutuo del reino al rey y del rey al reino, es decir la entronización legal del monarca, manteniendo los derechos de la reina propietaria Juana. En la espaciosa iglesia de San Pablo, en un día extremamente frío, en el que incluso nevó, se reunieron junto al monarca, Fernando y Leonor, los prelados, grandes dignatarios de sangre de los reinos de Castilla y los procuradores de sus ciudades y en presencia de los embajadores de todos los países amigos y de los súbditos flamencos que le acompañaban, se hizo jurar, siguiendo el antiguo ritual, como rey de Castilla, jurando él a su vez públicamente sus derechos y libertades. En primer lugar se realizó el llamado besamanos y juramento, acto que inició el infante Fernando, besando la mano del monarca que estaba sentado cerca del altar mayor. Le siguió su hermana Leonor, los prelados y nobles, concluyendo ese acto los procuradores de las ciudades. A continuación Fernando se arrodilló delante del señor de Chièvres que actuaba como secretario de Estado y con las manos juntas entre las del flamenco hizo promesa y homenaje, *que sin comparación es cosa mucho más obligatoria que lo es hacer juramento, pues no se puede infringir sin cometer delito de traición*. Ese homenaje se hizo al rey juntamente con la reina Juana, reina soberana de Castilla. Tras ello, Fernando ocupó el lugar de Chièvres y los prelados, nobles y procuradores castellanos hicieron ante él su juramento y homenaje al rey Carlos I de Castilla. El rey a su vez, poniendo las manos en los evangelios hizo juramento tal y como sus antecesores lo habían hecho, siendo entonces recibido, junto a doña Juana, como soberano señor, verdadero y legítimo rey de los reinos de Castilla, ofreciéndole obediencia, reverencia, sujeción y vasallaje.

El martes, 9 de febrero de 1518, Carlos se reunió de nuevo con los procuradores en su residencia, la casa de Bernardino Pimentel, solicitando de ellos una fuerte ayuda: *el servicio mayor que pudiesen, mayor que los pasados*, como lo habían hecho sus súbditos de Flandes. El dinero era necesario para poder pagar las deudas que tanto él como sus padres habían contraído en sus diversos viajes para hacerse coronar reyes de Castilla, para recuperar lo gastado en la compra de Frisia que había *incorporado a esta corona* y para organizar una gran armada para defender los reinos de Nápoles y Sicilia de los ataques turcos. El servicio fue prometido el día 10 de febrero por un valor de 200 millones de maravedís, pagadero en tres años, a iniciar el 1 de enero de 1519.

Carlos informó al día siguiente fehacientemente de su nombramiento a Francisco I, quizá queriéndole hacer saber que ya eran iguales en rango. Al poco Francisco le envió de regalo un par de caballos *courtauds*, caballos de rabo corto y orejas recortadas, y unas hacaneas o jacas blancas. Carlos le respondió con un regalo similar, enviándole caballos de raza napolitana y castellana. Los dos parecían esforzarse aún por mantener buenas relaciones y se veía que Erasmo mantenía aún una buena influencia en ambos, predicándoles las ventajas de la peor paz sobre la ruina de la mejor guerra.

En forma de libelos expuestos en los portales de las iglesias vallisoletanas, pidiendo la liberación de Castilla del yugo de los extranjeros y reclamando que Fernando no fuera enviado fuera del reino, aparecieron ya en Valladolid muestras de rechazo y odio hacia los flamencos. No eran por ello excesivamente llorados los muchos nobles flamencos que por edad o por enfermedades a las que no estaban acostumbrados, iban muriendo en esa primera estancia castellana del rey Carlos I.

El 16 de febrero de 1518, Carlos volvió a visitar a su madre en Tordesillas, informado por los servidores de la reina, de la insistencia con que Juana preguntaba por él. Ocho días acompañó a su madre, mostrándose ambos un mutuo amor. Su relación era muy buena pero le dolía la situación de cautividad de su hermana Catalina. A mediados de marzo de ese año, Carlos, persuadido por sus consejeros, decidió liberar a su hermana del cautiverio de Tordesillas. La infanta estaba aún en edad de aprender a vivir en libertad. Se pretendía hacer lo mismo que el rey católico había hecho con el infante Fernando, creyendo que con Catalina ocurriría lo mismo. Se urgió un ardid para liberarla, usando de un servidor flamenco que desde su reclusión acompañaba a la reina Juana en Tordesillas y en el que ella confiaba ciegamente. Se mando abrir un agujero en la cámara de la infanta, sacándola a media noche y llevándola junto a su hermana Leonor en Valladolid. En un primer momento la reina Juana no se percató de lo acaecido, pero al segundo día al notar su desaparición, se puso tan triste y desconsolada que dejó de comer, beber y dormir, del pesar que tenía. Advertido el rey dos días más tarde del empecinamiento de la reina, decidió devolver la cautiva a Tordesillas, con la condición de que tuviera más servidoras jóvenes y que se le permitiera salir del palacio e ir al campo cuando le placiera. Personalmente retornó Carlos a Tordesillas a entregar a su hermana y a exigir en persona a su madre que cambiara de actitud hacia ella, encontrándola muy desconsolada y reconociendo que él había sido el que se la había mandado quitar por miedo a que su hermana pereciera en la soledad en que vivía. Desde el 15 de marzo ordenó Carlos que el marqués de Denia se encargase de la dirección de la casa de la reina y del gobierno de Tordesillas.

1.4.6. Juramento de los reinos aragoneses. Carlos I, rey de Aragón (1518-1519)

El 22 de marzo de 1518, Carlos partió de Valladolid hacia Aragón, acompañado de Fernando y Leonor, de la reina Germana y de gran número de nobles y servidores. Tan grande era la comitiva que se tuvieron que trazar tres rutas diferentes para conseguir que todos encontraran alojamiento y comida por el camino. El rey viajó lentamente, pasando la Pascua en un monasterio cerca de Aranda, disfrutando de los placeres cinegéticos.

En Aranda del Duero organizó la corte que acompañaría a Fernando a los Países Bajos, encabezada por el señor de Roeulx y con un gran número de servidores y guardias de corps tomados de su propia comitiva real, ya que a pesar de la petición de las Cortes, Carlos, había decidido alejarlo del reino. El 20 de abril, Fernando acompañado por el señor de Roeulx y por el marqués de Aguilar, prosiguió rumbo a Santander, donde embarcó y tras abundantes peripecias, como una estancia en Irlanda donde les arrojó la tempestad, arribó a los Países Bajos, donde le esperaba su tía Margarita. Carlos siguió su ruta hacia Aragón en com-

Hans Weiditz. British Museum. Carlos rey de Hispania, hacia 1519.

pañía de Leonor y de Germana. Su proclamación y juramento como rey de Aragón presentaba algunos impedimentos por el hecho de que los aragoneses habían prestado con anterioridad tal juramento a su madre doña Juana y que ese juramento era aún tenido por ellos por válido.

Vía Burgo de Osma, Almazán, Monteagudo, Calatayud y La Muela, llegó el cortejo real el día 7 de mayo de 1518 a su palacio de la Aljafería, donde les recibió su tío, el arzobispo Alonso de Zaragoza, los prelados, grandes, nobles y caballeros aragoneses. El 9 de mayo hizo su entrada oficial en Zaragoza bajo palio. En la Seo le esperaban el cuerpo eclesiástico y el arzobispo entonando ante el altar un *Te Deum laudamus*. El 20 de mayo de 1518 se reunieron las Cortes aragonesas en Zaragoza, mostrando un fuerte rechazo al soberano, al que a duras penas se le reconoció como tal por vivir aún su madre, utilizando una fórmula complicada, considerándole correinante con la reina Juana. Las muy largas Cortes concluyeron el 17 de enero de 1519 siendo jurado como rey de Aragón, prometiendo él a su vez respetar los derechos aragoneses. De rodillas ante el justicia mayor de Aragón, Juan de Lanuza, y los ocho diputados del reino, juró sus leyes, prometiendo mantener los fueros, observancias, privilegios, libertades, usos y costumbres del dicho reino de Aragón. Este juramento comprendía también la aceptación de la delimitación territorial, de tal modo *que qualquiera que sea Rey de Aragón, el mismo sea Rey de los Reynos de Valencia y de las Mallorcas y Cerdeña y Córcega y Conde de Barcelona, Rosellón y Cerdania... y el mismo sea Rey de las Dos Sicilias.* Fueron testigos el cardenal Adriano, el arzobispo de Zaragoza, el arzobispo de Rosano, el obispo de Burgos, Juan de Fonseca, y el gran canciller Juan le Sauvage y a continuación se celebró el besamanos acostumbrado. Después, las celebraciones se prolongaron por la ciudad en torneos, justas y otros fastos.

El 7 de junio de 1518, falleció en Zaragoza Juan le Sauvage, gran canciller de Carlos, y tres días más tarde, el 10 de julio, se fijó el contrato matrimonial entre Manuel de Portugal y Leonor, la hermana del rey, partiendo Leonor a Portugal el 5 de octubre. El 24 de julio de 1518, muerto Carondelet, presidente del Consejo Privado, Carlos concedió a su tía Margarita de Austria el derecho a firmar todos los documentos que emanaran de los Países Bajos en su ausencia. El 12 de enero de 1519, fallecía en Wells su abuelo materno Maximiliano, con lo que se abría una nueva meta para Carlos, la consecución de la corona imperial, detrás de lo cual ya llevaba tiempo trabajando su querido abuelo y tutor. Ese mismo día de la muerte de su abuelo, Carlos sufrió un ataque epiléptico.

Realizado el juramento aragonés, Carlos prosiguió su camino hacia Cataluña para ser jurado también por ese condado y tomar posesión de esos territorios. El 24 de enero partió de Zaragoza y vía Pina, Bujaraloz, Fraga, Lérida, Bellpuig, Cervera e Igualada, llegó el 5 de febrero al monasterio de Montserrat, desde donde, tras un leve descanso, prosiguió vía Martorell, Molins del Rey y el monasterio de Valdoncella hasta Barcelona, entrando en la ciudad condal el 15 de febrero, iniciando la reunión con las Cortes Catalanas el 16 de febrero de 1519. Barcelona brindó al rey una calurosa bienvenida, engalanando la ciudad, pero el pensamiento de Carlos andaba muy lejos, por tierras alemanas, soñando con conseguir el título de rey de Romanos, para lo que no parecía contar con la ayuda del Papa León X que prefería al duque de Sajonia o al rey francés.

El 1 de abril de 1519 se celebraron en la Seo de Barcelona unas solemnes exequias por el emperador Maximiliano I a las que asistieron toda la corte y nobleza del reino. Entre el 5 y el 9 de marzo de 1519, se celebró también en la capital catalana la decimonona reunión de los caballeros del Toisón de Oro, la única celebrada fuera de los territorios borgoñones y una de las más ricas y suntuosas de todas, mostrando la apertura que tomaba la orden, que pasaba a convertirse en internacional, ampliando sus miembros a todos los súbditos de su gran maestre, el rey Carlos I. La decisión de celebrar capítulo la tomó Carlos en Valladolid y se estableció como fecha ideal para su celebración el mes de abril de 1518, aunque la fecha se fue postergando. Estando Carlos en Zaragoza se iniciaron los preparativos, el escribano del Toisón, Lorenzo de Blioul, trasladó a Barcelona el tesoro de la orden el 22 de noviembre, encargando a Juan de Borgoña y a Antonio Carbonell, la decoración de la sillería de la catedral barcelonesa con las armas de los 51 miembros de la orden, más las del rey Carlos y las del difunto emperador Maximiliano I. Los muros de la catedral fueron recubiertos de paño raso y seda, iluminándola con gran número de luminarias, colocando un dosel de brocado y terciopelo negro sobre el sitial que ocuparía el rey.

El 5 de marzo una comitiva formada por la capilla real, prelados, nobleza, el escribano y el rey de armas o toisón, los caballeros de la orden formando parejas, el rey, el nuncio papal, los embajadores de Francia, Inglaterra, Bohemia, Venecia y Génova, y los canónigos barceloneses, fue desde el palacio arzobispal a la catedral, cantando *completas* en honor del patrón de la orden, San Andrés. El día 6, se celebró un solemne oficio, un gran banquete, y por la tarde vísperas de difuntos, usando los caballeros sus vestidos de terciopelo negro, proseguido el 7 de marzo con un responso por el alma de los tres cofrades fallecidos desde el último capítulo. Tras otro suntuoso banquete, los caballeros cambiaron sus ropajes de luto por los de damasco blanco y tocados de terciopelo carmesí. Carlos nombró ese día a 13 nuevos caballeros de la orden: Christian II, rey de Dinamarca, su cuñado; Segismundo, rey de Polonia; Jacobo de Luxemburgo, conde de Gavre; Adriano de Croy, señor de Beaurain; Federico de Toledo, duque de Alba; Diego López Pacheco, duque de Escalona; Diego Hurtado de Mendoza, duque del Infantado; el duque de Frías, condestable de Castilla, Fernández de Velasco; Álvaro de Zúñiga y Guzmán, duque de Béjar; Fernando Ramón Folch, duque de Cardona; Fadrique Henríquez de Cabrera, conde de Módica y almirante de Castilla; Álvaro Pérez Osorio, marqués de Astorga; y Pedro Antonio de San Severino, príncipe de Bisignano. El obispo de Utrecht tuvo que devolver su toisón por incompatibilidad con las reglas y el conde de Benavente, que había sido seleccionado por el rey, renunció a él, el 5 de marzo. El martes 8 concluyó el capítulo con el ritual de la celebración del oficio de la Virgen María, patrona principal de la orden y con otro suntuoso banquete.

Otros hechos notables acaecidos en Barcelona durante la estancia de Carlos fueron la boda celebrada el 11 de marzo de 1519 entre la reina Germana de Foix y Juan de Brandemburgo, caballero alemán del séquito del emperador. El 12 de mayo de 1519, Carlos juró los *usatges* de Barcelona, código de derecho consuetudinario, que regía el condado de Barcelona. En mayo de 1519 se inició la llamada Conferencia de Montpellier, en la que se debía de tratar con profundidad el tema de Navarra. Al mando de la delegación enviada por Carlos estuvieron Guillermo de Croy, Felipe Haneton y Mercurino Gattinara, aunque esta vez apoyados y vigilados por delegados peninsulares: el obispo de Badajoz, el doctor Galíndez Carvajal y Francisco de los Cobos, a los que también se unió Filiberto Naturel, embajador de Carlos en Francia. La muerte del delegado que encabezaba la delegación francesa, Arturo Gouffier, señor de Boisssy, y el poco interés de los embajadores de Carlos por que la conferencia progresara, hicieron que las reuniones de nuevo concluyeran sin haberse obtenido nada. Poco después, durante la fiesta de San Juan del verano, 24 y 25 de junio, el monarca participó personalmente en las justas que se celebraron en la ciudad de Barcelona en su honor. Y finalmente el 6 de julio de 1519, recibió la ansiada noticia de su elección como *rey de Romanos y futuro emperador de Alemania*, elección que se había celebrado el 28 de junio en la iglesia de San Bartolomé de

Frankfurt. Carlos fue elegido por unanimidad futuro emperador del Sacro Imperio Romano Germánico y celebró al día siguiente en la iglesia de Jesús de Barcelona una misa agradeciendo su elección, comunicando además a todos los virreyes y gobernadores la buena nueva. Y, pidiéndole, *que fagais dar gracias a Dios en todas las partes de esos nuestros reynos y fazer otras señales de alegría, que nos speramos en la divina clemencia que esto será para mucho bien de la christiandad, descanso de nuestros súbditos, benefiçio de nuestros Reynos y acrecentamiento de nuestro stado.* El 17 de julio de 1519, celebró un solemne *Te Deum* en acción de gracias por la elección en la catedral barcelonesa y el 5 de septiembre ordenó a todas las administraciones que usaran ya el título de emperador para encabezar su titulación en los documentos oficiales, *por ser ese título de dignidad superior al de rey.* En Cataluña la trasmisión de la herencia se había producido sin problemas y los *consellers* barceloneses juraron sin problemas al nuevo príncipe, al cargo del condado quedaron dos gobernadores uno en Cataluña y el otro en los condados del Rosellón y la Cerdaña, manteniéndose como lugarteniente de la corona de Aragón a Alfonso de Aragón, arzobispo de Zaragoza y Valencia, hijo natural de Fernando el Católico, que falleció el mismo día que Carlos celebraba su veinte aniversario, 24 de febrero de 1520. Para sustituirlo en el arzobispado de Zaragoza, Carlos nombró al segundo hijo natural de Alfonso, Juan, de 22 años, que ocupo la sede en marzo de 1520, y para el arzobispado de Valencia, nombró el 4 de mayo a Erardo de la Marck, obispo de Lieja. El 9 de abril de 1520 fue nombrado lugarteniente y capitán general de Cataluña, Diego Hurtado de Mendoza, duque de Mélito, barón napolitano de origen castellano.

El juramento de los reinos aragoneses produjo algunos problemas e incluso alteraciones graves en Zaragoza, en abril de 1519, y en Valencia. El juramento del reino de Valencia fue suspendido por la epidemia de peste que afectaba a la ciudad, unida a una grave situación de conflictividad social en la que los jurados de la ciudad se declararon en rebeldía, negándose a aceptar los nombramientos municipales hechos por el monarca. Estando aún Carlos en Barcelona, en enero de 1520, los valencianos, defendiendo su antiguo sistema de gremios y cofradías, se negaron a desarmarse y controlaron la ciudad y su región por medio de la Junta de los Trece, formada por los síndicos representantes de las cofradías, a cuya cabeza estuvo el moderado Juan LLorenç hasta su muerte en ese mismo año de 1520. Sus sucesores se radicalizaron, convirtiendo al movimiento en una lucha armada contra el acopio de bienes por la nobleza y contra su control social. Para apaciguar y desarmar al pueblo fue enviado a Valencia Adriano de Utrecht, apoyado por la nobleza valenciana. El 24 de abril de 1520, ante el cariz que tomaba la rebelión, se nombró a Diego Hurtado de Mendoza, lugarteniente en Cataluña, como capitán general y virrey de Valencia, ordenándosele el restable-

Alberto Durero. Kunsthistorisches Museum de Viena. El emperador Maximiliano I falleció el 12 de enero de 1519, durante la estancia zaragozana de Carlos I, iniciando éste directamente el proceso para poder acceder al ansiado solio imperial.

cimiento del orden y el nombramiento de nuevos consejeros y jurados de la ciudad. Poco éxito tuvo el duque de Mélito y menos aceptación aún tuvo el obispo de Lieja como nuevo arzobispo de Valencia.

En el reino de Nápoles o *regnum Sicilae citra farum*, poco antes de su muerte, Fernando el Católico había hecho retornar a Nápoles a Ramón de Cardona, del que se decía que era su hijo natural, que estaba en el ducado de Milán intentando frenar el avance de Francisco I en la Lombardía. A su muerte el virrey Cardona asumió la regencia en Nápoles con la aquiescencia del gobernador Cisneros y de la propia reina Juana, apoyado por el Consejo Colateral napolitano. Al contrario de lo que había ordenado Fernando en su testamento, que se liberara al duque de Calabria, heredero de Nápoles, que llevaba tiempo prisionero en el castillo de Xátiva, Ramón de Cardona, siguiendo las órdenes de Cisneros, reforzó y apretó aún más la prisión del duque para evitar que pudiera evadirse y ocasionar algún problema. En febrero de 1516, Cardona fue confirmado como virrey de Nápoles por el rey Carlos y el 30 de abril de 1516, hizo la proclamación oficial de los nuevos monarcas, la reina Juana III de Nápoles y su hijo el rey Carlos IV de Nápoles. Cardona hizo una procesión a caballo con todos los barones napolitanos por la ciudad tomando el juramento y obediencia de sus barrios, nobles y pueblo. Los días 7 y 8 de mayo se hicieron grandes exequias en el monasterio de Santo Domingo el Mayor, quedando el reino en paz y obediencia. Carlos confirmó a los barones napolitanos los cargos administrativos y políticos que habían recibido de Fernando el Católico, pero se negó a confirmar los títulos y posesiones que los barones se habían repartido entre ellos sin tener en cuenta al monarca. La posesión total del reino de Nápoles exigía además del juramento la investidura papal, que fue recibida por Carlos en julio de 1516. Curiosamente, el monarca ordenó al marqués de Pescara, en esa situación aún algo complicada, la recuperación del ducado de Sora que había pertenecido al duque de Urbino, Francisco María della Rovere, para incorporarlo oficialmente a la corona, aunque se lo cedió directamente al señor de Chièvres.

La pacífica situación vivida en Nápoles durante la transición, cambió a raíz de la firma del tratado de Noyon con Francisco I de Francia, en el que habían representado al monarca Chièvres y Le Sauvage, grandes desconocedores aún de la política italiana, que a pesar de la investidura papal, habían vuelto a poner en duda la posesión real del reino por Carlos, aceptando que el rey de Francia poseyese aún derechos sobre él. En virtud de ese tratado de Noyon, Carlos casaría con Luisa, hija de Francisco I, llevando Luisa como dote los pretendidos derechos de los Valois sobre Nápoles y Carlos se comprometía a pagar a Francisco 100.000 escudos anuales por sus derechos napolitanos, con la condición además de que si no tenían hijos, Nápoles retornaría a Francia. El tratado puso nerviosos a los hasta entonces tranquilos barones napolitanos que vieron la posibilidad de perder los derechos y bienes cedidos por Fernando el Católico, más aún al comprobar cómo los nobles flamencos recibían del rey los títulos más productivos. El intento de mejorar el control de los temas hacendísticos y contables del reino, topó con los grupos de poder napolitanos, especialmente con los barones, acostumbrados a beneficiarse de sus cargos sin control ninguno. Carlos no cedió en el intento, usando para ello el Consejo Colateral fernandino, colocando entre sus cuatro magistrados, su regente y sus consejeros, a personas fieles a la corona tales como Segismundo Loffredo o Marcello Gazzella. Si bien la política de entendimiento había sido vital para acceder a la herencia en paz, la corona pretendía ahora integrar realmente a Nápoles, controlando al gobierno interior del país y no limitando su control a la mera defensa militar del reino, saneando la administración judicial y zhaciendo que la justicia fuera equitativa y sobre todo justa. De igual forma se mejoró el orden militar, eliminando los muchos cargos superfluos concedidos a familiares y clientes, sustituyéndolos por militares, se abastecieron las fortalezas y se mejoraron sus sistemas defensivos para el caso de un posible conflicto armado. La situación mejoraría para la corona con el nombramiento de Hugo de Moncada como consejero en Nápoles. Cardona se mantuvo hasta su muerte a cargo del virreinato, mostrándose débil y excesivamente condescendiente con los barones y con los *seggios*, que eran en realidad los que controlaban el Consejo Colateral. La injusticia y el libre albedrío de los nobles se generalizaron como sistema, sin que nadie osara pedir justicia por miedo a represalias. Fuera de las ciudades, bandas de bandoleros, favorecidas por los nobles, sembraban el caos en las comunicaciones internas del reino. Nápoles fue degenerando hacia un país caótico y la meta de la corona fue frenar el poder de los nobles.

La elección como emperador del rey de Castilla y Aragón, colocaba ahora bajo su jurisdicción gran parte del centro y norte de Italia, además del sur que ya lo controlaba con todos los derechos legales en Nápoles y Sicilia, lo que nos permite comprender la actitud del Papa León X de Medici en el proceso electoral y que apoyara sin recato alguno al candidato francés.

En el reino de Sicilia *ultra farum*, el proceso sucesorio fue más complicado, con graves alteraciones. Desde 1509 era su virrey y capitán general el noble valenciano Hugo de Moncada, reuniendo en él todo el poder, algo que no veían con buenos ojos los barones sicilianos, produciéndose levantamientos capitaneados por el conde de Golisano, Pedro de Cardona, primo del virrey de Nápoles, y por el conde de Cammarata. Al igual que había ocurrido en Nápoles, Moncada ocultó a los sicilianos la muerte de Fernando el Católico intentando ganar tiempo para acabar con la rebelión del Parlamento. El 5 de marzo de 1516, el Parlamento, guiado por Golisano, le ganó la partida, celebrando por su cuenta las exequias del difunto monarca y declarando que Hugo de Moncada ya no era nadie en Sicilia ya que según su costumbre antigua, a la muerte del monarca el poder pasaba al *Gran Giustiziere* que ocupaba el cargo hasta el nombramiento de un nuevo virrey o la confirmación del anterior por el nuevo monarca, es decir por Juana I de Sicilia y Carlos II de Sicilia.

El 6 de marzo de 1516, tras graves tumultos en Palermo, Hugo de Moncada huyó con sus más fieles servidores a Mesina. El Parlamento eligió como presidentes del reino a los marqueses de Geraci y de Licodia, hasta que la reina Juana eligiera un nuevo virrey. Finalmente llegó el nombramiento de Moncada como virrey, hecho por Carlos. Los sicilianos se negaron a aceptar el nombramiento y se dirigieron directamente a la reina Juana, dejando a la isla sumida en el caos. A diferencia de Ramón de Cardona, virrey de Nápoles, Moncada no había sabido ganarse a la nobleza siciliana por su carácter enérgico y poco dialogante. Los dos bandos fueron llamados a la corte, quedando a cargo de Sicilia el almirante Bernat Villamarí. Hugo de Moncada fue separado del cargo, siendo nombrado en 1517 lugarteniente y capitán general de Sicilia, el conde de Montemelone, Ettore Pignatelli, que en 1518 pasó también a ocupar el cargo de virrey, abusando al igual que Cardona de la política de pactos y entendimiento que por supuesto pareció dar mejor resultado, pero que en realidad no pudo evitar la sublevación dirigida en 1517 por Juan Lucas Squarcialuppo, siendo detenido Pignatelli y asesinados algunos de sus consejeros más cercanos. La negativa a intervenir del virrey napolitano con su ejército como estaba estipulado, obligó a que el rey claudicara y se viera obligado a conceder el perdón a los insurrectos a finales de 1517 con la condición de que retornara el orden. La inestabilidad en Sicilia se convirtió en crónica y perduró hasta 1523.

El reino de Cerdeña pertenecía a la corona de Aragón desde 1297, año en que fue investido su rey por el Papa con el título doble de rey de Córcega y de Cerdeña. Córcega no fue nunca realmente poseída por los reyes de Aragón, sino por la república de Génova y desde 1479 se prescindió de usar ese título. Cerdeña fue siempre parte indiscutida de la corona de Aragón. Desde 1515 ocupaba el cargo de virrey Ángel de Villanova, que en noviembre de 1516 envió embajadores a la Corte para realizar el juramento de Carlos I como rey de Cerdeña, sucediendo a Fernando el Católico. Uno de los primeros actos del nuevo rey fue el nombramiento de alcaides para las fortalezas de la isla. El 5 de diciembre de 1516, Ángel de Villanova fue confirmado también como virrey de Cerdeña por Carlos, cargo que ocuparía hasta 1529, manteniendo en paz este importante y estratégico reino intermedio entre la península y el reino de las Dos Sicilias. Cerdeña era un reino pobre y estéril, por lo que su Parlamento solo se reunía cada diez años, ya que la calidad de su tierra no permitía pedir servicios más a menudo.

1.4.7. Conquistando otras metas desde España: las tierras hereditarias austriacas y el título de rey de Romanos (1519-1520)

Seguramente que la voluntad de alcanzar el título de emperador del Sacro Imperio, siguiendo la estela de su abuelo Maximiliano y de sus antepasados Habsburgo, había latido en Carlos desde su juventud. Ese título y el poder moral que conllevaba, convertían a su poseedor en la cabeza de la cristiandad, en el rey de reyes, al que había que tratar con el título de majestad, muy superior al de los demás monarcas que solo recibían el de alteza. Es por ello que no se comprende cómo Maximiliano no intentó, hasta que ya fue demasiado tarde, situar a su nieto en una buena posición para intentar alcanzar el título imperial. Fue a mediados de diciembre de 1518, cuando Maximiliano propuso al Papa su coronación como emperador, primer paso ineludible para que pudiera ser elegido un rey de Romanos. La coronación, por motivos de salud, Maximiliano estaba viejo y enfermo, debía de celebrarse en la cercana ciudad de Trento y no en la lejana de Roma. Convencer al Papa fue misión imposible, ya que León X tenía otras ideas y otros candidatos, a su parecer mejores que el joven e inexperto Carlos de Habsburgo, a saber, el rey de Francia y el duque de Sajonia, por lo que en lugar de colaborar, puso todos los impedimentos posibles para evitarlo, consciente de que la vida de Maximiliano se iba acabando. El 12 de enero de 1519 fallecía Maximiliano en Wells, la segunda mayor ciudad de la Alta Austria, sin haber conseguido para su nieto ninguna seguridad en la elección imperial. Eso sí, su muerte le permitió a Carlos acceder a las

Bernardo van Orley. Carlos de Habsburgo en la época de su nombramiento como rey de Romanos, hacia 1519.

tierras hereditarias austriacas y alemanas de los Habsburgo, con los títulos principales de archiduque de Austria, duque de la Alta Austria, duque de la Baja Austria, duque de Estiria, duque de Carintia, duque de Carniola, conde del Tirol, señor de la Alta Alsacia y duque de Wurtemberg.

La corona ideal para este conglomerado alemán no podía ser otra que la imperial, deseo que junto a Carlos, compartía su émulo Francisco I, que desde hacia tiempo venía seduciendo a los príncipes electores para conseguir su meta. En enero de 1519, Francisco estaba convencido de poseer ya el voto de los príncipes electores de Maguncia, Brandemburgo y el Palatinado, acción en la que colaboraba descaradamente el Papa, que tras haber intentado aupar al elector de Sajonia, el más débil de los tres contrincantes, y tras su retirada oficial, se había decantado sin tapujos por el rey francés. El único apoyo oficial que en ese mes de febrero de 1519 recibía Carlos era el del nuncio papal en España, Egidio de Viterbo, entusiasta de la cruzada contra los turcos que proponía al Papa el joven rey de España, por ser en su opinión, el único monarca poderoso que reunía condiciones suficientes para ocupar el solio imperial.

Para Carlos la elección imperial era de capital importancia y una posibilidad de acrecentar su honor, reputación y estima. Por el contrario, su no consecución podía suponer un desprestigio y descrédito inusitados. A través de la corona imperial, Carlos veía también posible frenar el avance de Francisco I en Italia, e incluso forzarle a retroceder en los territorios italianos que había ocupado, Milán y Génova, con lo que unificaba en sí las políticas seguidas por sus dos abuelos: Maximiliano y Fernando el Católico. Carlos comenzaba a comprenderlos y empezaba a ser consciente de que su enemigo natural era el rey francés.

A pesar de todo ello y aún sin contar con el apoyo tácito de ningún elector, Carlos estaba mejor posicionado para la elección que Francisco. El francés era un enemigo demasiado cercano para los alemanes que sentían bastante recelo de él, aumentado por sus ansias expansivas en Italia. El mismo elector de Maguncia, en el que Francisco creía tener un aliado seguro, recelaba del amor por la guerra del monarca francés y opinaba que su elección podría acarrear una partición del Imperio, ya que las tierras propias de los Habsburgo tenderían a separase. La elección de Francisco podría incluso suponer el traslado del conflicto entre los Valois y los Habsburgo al interior de Alemania.

La situación se complicó bastante para Carlos con la aparición en la campaña de un tercer contrincante, esta vez de su propio bando y la persona más cercana a él, su hermano Fernando, al que su tía Margarita de Saboya, de forma inconsciente y sin haberlo consultado con el monarca, propuso el 5 de marzo de 1519 como solución intermedia al haber sido tan discutida la candidatura de Carlos por el Papa León X. Más aún cuando el Papa pocos días más tarde, el 14 de marzo, apoyando abiertamente al rey francés, intentó convencer al elector de Maguncia para que votara a Francisco a cambio de nombrarlo su nuncio perpetuo en Alemania.

La traición de su tía era incomprensible y la división de la casa de Austria el camino perfecto para que Francisco I alcanzara el título imperial. El 15 de febrero de 1519, Carlos escribió a su hermano Fernando exigiéndole lealtad total y asegurándole que una vez conseguida la corona imperial, él le aseguraría su parte de herencia como lo haría un verdadero hermano, mejorando en mucho su honor y sus bienes. Fernando no debía de hacer oídos a lo que los demás le dijeran, sino seguir a su hermano que era el que más lo apreciaba. Además le prohibió terminantemente que se moviera de los Países Bajos hasta que él llegara. En los mismos términos escribió a su tía Margarita, prohibiéndole que emitiera ni el más mínimo comentario sobre el tema. Para Carlos la elección imperial era una opción de vida o muerte, que le permitía emular a su abuelo y a sus antepasados. La elección no se podía perder bajo ningún concepto.

Carlos contó en esta batalla económica con la ayuda financiera de los Fugger, Welser y de los banqueros genoveses, ya que la cantidad necesaria para financiar las exigencias de los príncipes electores sobrepasaba los 850.000 florines de oro. La presión ejercida sobre esos príncipes no era meramente económica, a base de dádivas y donaciones, sino también una presión militar, de acoso y derribo, amedrentando a los electores. Francisco llevaba practicando el sistema hacía ya bastante tiempo, amenazando con invadir la Renania en caso de no colaboración. Carlos se proveyó también el 23 de abril de los servicios del ejército de la Liga de Suabia, dirigido por Francisco de Sickingen, para contrarrestar la presión militar francesa y ocupó demostrativamente un par de ciudades, acción que parecía ayudar a convencer a los electores.

Jean Clouet. Museo de los Oficios, Florencia. El rey francés Francisco I, émulo principal de Carlos, a caballo.

Aún antes de la elección, Carlos tuvo que aceptar una capitulación, la llamada *Wahlkapitulation*, impuesta por los electores, con unos requisitos que debía de jurar antes de ser elegido. Entre los requisitos se exigía la creación de un *Reichsregiment*, órgano de gobierno formado por el césar o su representante, más 20 miembros de los estamentos imperiales, cuya misión era la de regir el Imperio en las ausencias del emperador, estableciéndose su sede en la ciudad de Nuremberg; se le exigió también que sin la aceptación de los electores no hiciera ningún pacto con otras naciones, ni permitiera entrar a ningún ejército extranjero en el Imperio; los cargos y oficios imperiales debían de ser cubiertos solamente por alemanes; los ciudadanos del Imperio no podían ser juzgados por otros jueces sin el permiso explicito de los jueces imperiales; el emperador no podía organizar ningún tipo de herencia para sus sucesores en el Imperio. Como veremos más adelante, a la larga no todas las cláusulas de esa capitulación fueron respetadas por Carlos.

El 9 de junio de 1519 entraron los príncipes electores con sus coloridos séquitos en la ciudad de Frankfurt a orillas del río Main. El 17 de junio se produjo la primera elección en la que obtuvo mayor número de votos Federico de Sajonia, aunque no suficientes para gobernar, quedando por ello anulada. El 26 de junio, Francisco retiró su candidatura por falta de apoyos y el 28 de junio de 1519, martes, a las once de la mañana, en la iglesia de San Bartolomé de Frankfurt fue elegido

Carlos por unanimidad como nuevo rey de Romanos y futuro emperador del Sacro Imperio Romano Germánico. Incluso el mayor aliado francés, el duque de Brandemburgo, había apoyado su candidatura. Hasta su coronación por el Papa, Carlos solo podría usar, con permiso papal, el título de emperador electo.

Su nombramiento supuso un pequeño problema legal ya que estaba estipulado que ningún rey de Nápoles pudiera ser a su vez emperador, evitando que los Estados Pontificios quedaran completamente rodeados por las tierras de un único monarca. El problema se solucionó por medio de una dispensa concedida por León X, a cambio de un pago anual de 7.000 escudos y una hacanea o jaca blanca.

La consecución del título de rey de romanos, empujó a Carlos a dirigir sus pasos hacia Alemania para hacerse coronar como emperador electo en la ciudad de Aquisgrán, lugar donde se conservaba además del trono del primer emperador Carlomagno, los atributos imperiales que el emperador habría de usar en las ceremonias oficiales: cetro, corona, globo terráqueo y hábitos y manto imperial. Sin embargo, antes había que concluir de alguna forma con los asuntos hispano-italianos, obtener fondos para la empresa y organizar y llevar a cabo el temido viaje marítimo de retorno, ya que ahora más que nunca el camino francés quedaba definitivamente cerrado. Lo más difícil de los tres era concluir los asuntos hispánicos ante el cariz que estaban tomando. En Valencia, pero también en Castilla y en otros lugares, la rebelión no esperó ni tan siquiera a que partiera el joven monarca. Carlos intentó frenar como pudo la extensión de los levantamientos populares, pero tampoco quiso dejarse frenar él por ellos. Su primera meta era su coronación y todo lo demás tendría que esperar. Se conserva a este respecto un interesante aviso dado por el doctor Galíndez Carvajal al recién nombrado rey de Romanos de cómo debería de actuar para dejar las tierras castellanas y aragonesas pacificadas antes de partir hacia Aquisgrán para su coronación. Carvajal, que antes había trabajado también muchos años para los Reyes Católicos, le aconsejó que se casara con la infanta Isabel de Portugal con lo que conseguiría calmar a sus súbditos, asegurándoles un pronto heredero, que a continuación la hiciera nombrar reina por las Cortes y que la dejara como gobernadora en su ausencia con unas instrucciones que aseguraran el buen funcionamiento de la justicia. Carlos hizo caso omiso del viejo y experimentado consejero.

Una de las primeras medidas que tomó en **1520**, año de su retorno a los Países Bajos, fue ordenar al marqués de Denia, encargado de la ciudad de Tordesillas y del cuidado de su madre, cómo debía de llevarse a cabo la custodia de la reina Juana y de la infanta Catalina. Los primeros levantamientos registrados en tierras castellanas, aragonesas o italianas habían intentado usar como argumento a la reina, dueña propietaria de todos los territorios, en los que Carlos debía de actuar como rey gobernador en su nombre y no como rey propietario. Ante cada

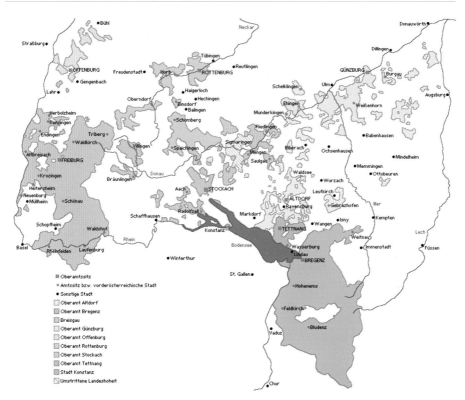

Mapa de la Austria Anterior en el siglo XVIII, tomado del usuario Voyager. Este conjunto de territorios pertenecientes a la casa de Austria se extendía por el sur de Alemania, especialmente por los ducados de Würtemberg y Baviera, así como por Suiza y Austria.

discordia con las directrices dadas por el joven rey, los nobles y el pueblo intentaban contactar con la reina para que ella les concediera lo que él les negaba. Ese contacto de la reina con el exterior era doblemente peligroso, por un lado, para los intereses de Carlos que se veía devaluado ante el imperioso legal de estar oficialmente supeditado a ella, perdiéndole el respeto sus súbditos, y por otro lado, a la reina no le venía nada bien ese contacto que la hacía entrar en un estado de excitación y que la ponía más nerviosa, acrecentando su enfermedad. El 14 de enero, estando aún en Barcelona, ordenó al marqués que excusara todo tipo de contacto de la reina con el exterior, haciéndolo por supuesto con todo el respeto que la reina propietaria merecía, evitando que nadie pudiese hablar con ella. Se prohibían las licencias a las servidoras para salir del palacio. El marqués debía constantemente informarle del estado de salud de ambas, madre y hermana. Toda comunicación epistolar entre el rey y el marqués se hacía por medio de cartas cifradas para que esa información tan sensible no pudiera caer en manos de nadie. Las claves de las cifras las iba cambiando el propio monarca en cada carta.

La situación política se hacía cada vez más tirante, especialmente en Valencia donde la lucha entre los nobles, apoyados por los moriscos que protegían en sus tierras y usaban como mano de obra barata, y los artesanos junto al pueblo llano valenciano, era cada vez más radical. Carlos, como ya vimos, había enviado a Adriano de Utrecht a poner paz entre caballeros y artesanos, pero nada consiguió de la nobleza del reino que seguía sin querer jurar al rey Carlos. En abril de 1520 nombró virrey de Valencia a Diego Hurtado de Mendoza, conde de Mélito que a la sazón era lugarteniente general de la corona de Aragón, pero sin éxito.

El 23 de enero de 1520 abandonó Carlos Barcelona y vía Molins del Rey, Montserrat, Igualada, Cervera, Bellpuig, Lérida, Fraga, Bujaraloz, Pina, la Aljafería, Alagón, Mallén, Tudela y Corella, llegó a Calahorra, donde el 12 de febrero mandó información a todas las ciudades con derecho de voto para reunir las Cortes castellanas en Santiago de Compostela. Vía Logroño, Nájera, Santo Domingo de la Calzada y Belorado llegó a la Cartuja de Miraflores desde donde intentó frenar la rebelión comunera que estaba ya iniciándose en la ciudad de Toledo, escribiendo a los levantiscos e intentando que no se trasmitiera a ninguna otra ciudad del reino. Tras pasar seis días en Burgos, donde el 21 de febrero juró los fueros y privilegios de esa ciudad, y tras recibir la información de que el cabildo de Toledo se había sumado a la rebelión, prosiguió sin dejarse perturbar por los acontecimientos, por Santa María del Campo, Torquemada, Dueñas hasta Valladolid. El 5 de marzo de 1520, cumpliendo lo prometido, visitó a su madre y a su hermana en Tordesillas, donde estuvo cuatro días, para seguir el día 9 de marzo por Villar de Frades, Villalpando, Benavente, La Bañeza, Astorga y Rabanal del Camino hasta Ponferrada, donde hizo oficial el nombramiento del cardenal Adriano de Utrecht como su regente en España. Poco parecía haber aprendido Carlos de sus tres primeros años españoles, ya que a pesar de la situación de abierta rebelión del pueblo y de la baja nobleza contra los flamencos, imperturbablemente mantenía el rey al odiado regente flamenco a cargo de Castilla en su ausencia. Su camino, hecho a grandes marchas e ignorando lo que en torno a él acaecía, prosiguió por Villafranca del Bierzo, Vega de Valcarce, Triacastela, Sarria, Puerto Marín, Ligonde, Mellid, Dos Casas, entrando el 26 de marzo de 1520 en Santiago de Compostela, cumpliendo con la promesa hecha durante las tribulaciones sufridas en su primer viaje por mar a la península.

Tras los servicios religiosos celebrados ante la tumba del apóstol Santiago, se iniciaron los preparativos para la reunión de las Cortes. La razón principal de la reunión de las Cortes castellanas de Santiago era solicitar un cuantioso servicio para financiar su coronación en Aquisgrán y el traslado de la corte hasta esa ciudad alemana. De forma diferente a lo acaecido en las Cortes de Valladolid de 1518, Carlos exigió esta vez, sin excesivas formas, ni discusiones, ni explicaciones, ni demás pérdidas de tiempo, la concesión del servicio, por lo que en la

El nuevo rey de Romanos, Carlos de Habsburgo, con su sempiterno collar de la orden de caballería del Toisón de Oro.

llamada a cortes había ordenado a las ciudades que mandaran procuradores con poder cumplido y total para aceptar lo que solicitara el monarca y que en ningún caso vinieran procuradores con poderes especiales o limitados. El proceso debía de ser rápido y efectivo. Saltándose toda la costumbre, Carlos reunió a las Cortes fuera de Castilla, en Galicia, lugar donde ninguna ciudad tenía derecho a mandar procuradores, lo que fue tomado por las ciudades castellanas como una primera ofensa, unida a la obligación de llevar poder cumplido, segunda ofensa que coartaba las libertades castellanas, más muchas otras como el no haber aprobado aún lo solicitado en las Cortes de Valladolid y el hecho de que el monarca pidiera el servicio para irse fuera de Castilla, cuando en Valladolid se le había solicitado que se quedara en Castilla. Dos de las ciudades principales en Cortes, Toledo y Salamanca, en clara rebeldía solo dotaron de poderes limitados y especiales a sus procuradores.

Las Cortes de Santiago se iniciaron el 31 de marzo de 1520 en la sala capitular del convento franciscano de San Lorenzo, extramuros de la ciudad de Santiago, en presencia del flagrante rey de Romanos, de Mercurino Gattinara, de Pedro Ruiz de la Mota, obispo de Badajoz, presidente de las Cortes, de García de Padilla, Luis Zapata, Lorenzo Galíndez de Carvajal y el doctor Jos. Nada más solicitar el monarca el servicio, los procuradores de Salamanca y Toledo se negaron a ello hasta que el rey no prometiera no irse de Castilla, no dar oficios a extranjeros y prohibir la saca de moneda, oro y cosas vedadas del país, según había prometido en Valladolid. El rey por medio del obispo de Badajoz hizo un alegato recordando que él había determinado *vivir e morir en estos Reynos, en la cual determinación está e estará mientras viviere, e así aprendió vuestra lengua, vestió vuestro hábito tomando vuestros gentiles ejercicios de caballería.* Ahora bien, para poder acceder a la corona de Aragón se vio obligado a ir a ese reino y ahora que retornaba a Castilla le hubiera gustado quedarse y conocer sus ciudades y súbditos, pero las necesidades políticas le obligaban a proseguir. Carlos se quejaba de *no ver en sus rostros aquella alegría y biveza con que lo rescivystes, ni siente en vuestras personas aquel regocijo que suele tener él* cuando los veía... *crée que sea la causa desto que su partida os es tan grave como fue alegría su bienaventurada venida.* Pero el Imperio solo lo podía tener *yendo personalmente a rescibir su corona, sin la qual en el Inperio no se puede administrar justicia... y así os lo hace saber que su determinada voluntad es de partir con toda presteza... y vos promete e da su fée y palabra real, que dentro de tres años al más tardar, contados desde el día que partiere destos Reynos, volvería.* Prometiendo además que en ese tiempo que estuviera fuera, no concedería ningún oficio a extranjero.

Los procuradores se escindieron en dos grupos, los que apoyaban la otorgación del servicio, encabezados por los procuradores de Granada, Francisco de los Cobos y Gonzalo de Salazar, y los que apoyaron a los procuradores de León que exigían primero que el rey aprobara los capítulos para luego otorgar el servicio. De nada sirvió intentar convencer a los procuradores, ya que muchos de ellos se sintieron tratados con desdén, y más aún cuando tras exigir los procuradores de Salamanca y Toledo que el rey cumpliera con lo prometido en Valladolid, los de Toledo fueron desterrados, lesionando la inmunidad que les protegía, y los de Salamanca no fueron aceptados en la reunión. Las Cortes de Santiago fueron un verdadero fracaso. Tanto, que el rey de romanos abandonó la reunión de Cortes y Santiago, retirándose a la Coruña a donde llegó el 14 de abril. La alegría que Carlos sentía por su elección como rey de Romanos, no era en absoluto compartida por sus súbditos, que lo veían más como un desprecio a Castilla, que pasaba a ocupar un segundo lugar en las intenciones del monarca, y ese título solo sería a la larga una carga económica que recaería solo sobre Castilla. Carlos cometía el error de permitir que sus cortesanos flamencos fueran ocupando los cargos más importantes y más productivos del reino, sin conocer el país ni preocuparse de sus gentes. Sus continuas ansias y sus exigencias ofendían a los ya de por sí orgullosos castellanos.

El 22 de abril, Carlos reanudó la reunión de Cortes pero esta vez en la Coruña, en la ermita del *Sancti Spiritus*, cercana al convento de San Francisco, donde no estuvieron presentes ni los procuradores de Toledo, ni los de Salamanca. En esta reunión los procuradores habían comprendido la voluntad real y dejaron de oponerse a sus deseos aceptando el servicio que les solicitaba. En el convento de San Francisco donde se alojaba el monarca fueron recibidos el 25 de abril, comunicándoseles que quedaría a cargo del reino Adriano de Utrecht, obispo de Tortosa. Tras presentar los procuradores 61 peticiones al rey, muchas de las cuales eran idénticas a las pedidas en Valladolid, las Cortes fueron definitivamente clausuradas el 25 de abril de 1520.

Las Cortes de Santiago-La Coruña fueron una batalla entre defensores de una monarquía nacional que aborrecían a los extranjeros y profesaban una amor especial a la reina Juana, y los que preferían una monarquía europea o internacional, aceptando que el mundo había evolucionado y que sería positivo para todos pertenecer a esa unión multinacional, multiétnica y plurilingüe en la que se había convertido el reino encabezado por el rey de Castilla.

Muchos de los procuradores sufrieron a posteriori las consecuencias de su acatamiento al monarca. Cuando retornaron a su ciudades sufrieron ataques corporales, en algunos casos incendiaron sus casas, y se desató contra ellos la furia del pueblo. El procurador de Segovia, Rodrigo de Tordesillas, fue ahorcado por los pies hasta morir.

1.5. Coronación en Aquisgrán: Carlos V emperador electo del Sacro Imperio (1520)

Conseguido su objetivo económico en las turbulentas Cortes de Santiago-La Coruña, Carlos retomó los preparativos para su retorno a los Países Bajos, organizando esta vez el viaje en dos etapas, la primera hasta Inglaterra, la segunda hasta Flandes. Carlos había decidido visitar a su tío Enrique VIII, conocedor del acercamiento que se estaba produciendo entre él y Francisco I, para intentar evitar que esa aproximación pudiera conllevar una alianza política entre ambos que hubiera sido fatal para sus intereses. Con tal fin envió embajadores a Inglaterra a informar de su inminente visita para dialogar con Enrique VIII antes del viaje que el monarca inglés había planeado para ir a Calais a entrevistarse con el rey francés. Sabedor Carlos de que la fecha del encuentro con Francisco I estaba ya acordada y de que el rey de Inglaterra había hecho ya sus preparativos, le aseguró que estaría en Sandwich para el 20 de mayo, *si Dios quiere, y que no se impacienten si se retrasara a causa de algún tempora*l.

A la espera del inicio de su viaje, Carlos conoció ya la definitiva rebelión comunera de la ciudad de Toledo, embarcando en La Coruña el 20 de mayo de 1520, iniciando su viaje de regreso a Flandes, es decir a Alemania, vía Inglaterra. Sin grandes incidentes, el día 25 de mayo avistó el navío real la costa inglesa, esperando anclado ante ella a la llegada del resto de la flota que venía algo retrasada. Tras comer a bordo, el 26 de mayo por la tarde desembarcó en la ciudad inglesa

Escudo del emperador Carlos V con corona imperial, águila bicéfala, collar del Toisón de Oro, bastos de Borgoña y las columnas de Hércules. En su interior: Castilla, León, Aragón, Navarra, Sicilia, Nápoles, Granada, Austria, Franco Condado, ducados de Borgoña y Brabante, y condados de Flandes y Tirol.

de Dover donde le esperaba el monarca inglés Enrique VIII y luego, en su compañía, se trasladó hasta el monasterio de Santo Tomás de Canterbury, pasando después a Sandwich. La entrevista con sus tíos no produjo el efecto deseado, a excepción de un pequeño tratado de amistad conocido como tratado de Canterbury que estrechaba la amistad entre Inglaterra y los Países Bajos, firmado el 28 de mayo, y el compromiso de volver a entrevistarse de nuevo ambos monarcas, tras la entrevista con Francisco I, en el continente. El 31 de mayo partieron ambos monarcas cada cual con su flota hacia el continente. Enrique VIII salió del puerto de Dover hacia Calais para entrevistarse con Francisco I, mientras Carlos lo hacía desde Sandwich, llegando el 1 de junio de 1520 al puerto de Flesinga en sus tierras zelandesas, desde donde vía Loo entró en Gante, entrevistándose en esa ciudad con su tía Margarita y su hermano Fernando el 6 de junio, retomando nuevamente el control político directo de los Países Bajos. De Gante pasaron a Aalst, retornando tras casi tres años de ausencia a la capital brabanzona, Bruselas, el 12 de junio de 1520.

La entrevista tenida por Enrique VIII con Francisco I en junio de 1520 en un prado sito entre Guînes y Ardres, dentro del territorio inglés de Calais, llamada del Prado del Paño Dorado, pasaría a la historia por el esplendor, refinamiento y sofisticación de ambos monarcas y de sus cortes, que intentaron mutuamente impresionarse, montando en medio de un prado sus bellísimos pabellones decorados con paños dorados. La razón de la reunión era intentar poner fin a sus discrepancias políticas y efectuar un tratado de amistad y colaboración que naturalmente marginaba al rey de Romanos, razón por la que Carlos había estado en Inglaterra intentando apagar el fuego antes de que se originara. En esa entrevista se produjo una doble derrota de la reina Catalina de Aragón, hija menor de los Reyes Católicos y esposa de Enrique VIII, que acompañó a su marido en la jornada. En primer lugar su política de acercamiento a su sobrino Carlos sufrió un vuelco radical, iniciándose un acercamiento entre Enrique VIII y Francisco I, y en segundo lugar, durante esa entrevista conoció Enrique VIII a una joven dama de la corte de la reina Claudia, mujer de Francisco I, llamada Ana Bolena, que le costaría al poco tiempo la pérdida de la corona, el encierro, el abandono y la muerte.

Por su parte el joven rey de Romanos Carlos, retornaba de su aventura española a sus tierras ancestrales con todos los honores posibles, cargado de coronas y de nuevas tierras y de camino a una meta aún mayor su coronación como emperador. El séquito de flamencos que le había acompañado también había sabido enriquecerse a la sombra de su señor, acaparando oficios, cargos eclesiásticos y riquezas de todo tipo. La jornada española había sido un gran éxito para todos.

En el periodo pasado por Carlos en tierras españolas, desde septiembre de 1517 a junio de 1520, los Países Bajos habían sido gobernados en una primera fase por un consejo que se ocupó exclusivamente de los asuntos internos neerlandeses, mientras que Carlos siguió dirigiendo desde España personalmente la política internacional. Desde al menos el verano de 1518, Carlos inició un nuevo proceso de acercamiento a su tía Margarita, a la que poco a poco fue aumentando sus poderes, confiándole la firma de todas las actas emitidas en su nombre por el consejo y la de los documentos de Finanzas, así como el derecho a nombrar algunos empleos. Coincidía ese cambio de actitud hacia su tía con el ascenso de Mercurino Gattinara, servidor personal de Margarita, y seguidor de su política anti francesa, que tras la muerte de Juan le Sauvage, había pasado a convertirse en el canciller, tomando posesión del cargo el 15 de octubre de 1518. Carlos, tras alcanzar todas sus metas dinásticas, comenzaba a sentirse oprimido por la ingente herencia recibida, y pensando que su regreso a los Países Bajos se prolongaría más de lo planeado, nombró a su tía en Barcelona, el 1 de julio de 1519, cinco días antes de la llegada de la noticia de su elección imperial, su regente y gobernadora en esas tierras. Margarita recibió el derecho a firmar todos los documentos emanados del Consejo Privado y a realizar los nombramientos de oficios y beneficios reservados a ese consejo, en nombre del rey, así como dirigir y controlar sus actividades. A su vez, se convirtió en superintendente de las finanzas, de la justicia, del ejército y de los gobernadores provinciales. Podía reunir a los Estados Generales, conceder la gracia a delincuentes y reunir ayudas o servicios. El nombramiento fue aceptado oficialmente por Margarita el 28 de julio de 1519 en Malinas.

En este período de ausencia de Carlos de los Países Bajos se produjeron avances importantes en temas internacionales muy relacionados con esas tierras. En 1518 se firmó un acuerdo de amistad con Erard de la Marck, príncipe-obispo de Lieja, que incluso se convirtió en miembro del Consejo Privado de Margarita desde el 19 de octubre de 1519. Otro tema vital para los Países Bajos fueron las negociaciones llevadas a cabo entre Margarita y el duque de Güeldres, acerca de los derechos sobre ese ducado y sobre Frisia, territorio disputado por ambos, acuerdo en el que Carlos participó vía epistolar y que sentaron las bases para la posterior anexión del ducado de Güeldres por el emperador. Carlos de Egmont fue investido con todos los derechos en ese ducado, con la condición de que reconociera que Güeldres era feudo (*fief arriere*) de Brabante, lo que suponía que en caso de no tener herederos legítimos masculinos, Güeldres sería heredado por el duque de Brabante, Carlos.

La noticia del nombramiento de Carlos como rey de Romanos llegó a los Países Bajos mucho antes que al propio rey, el 30 de junio, dos días tras la elección, siendo llevada a la gobernadora por embajadores que ella había destinado en Frankfurt para tal fin. La noticia fue difundida por Margarita a los súbditos flamencos el mismo día, en una carta en la que solicitaba de ellos la celebración de *procesiones, sermones, devotas plegarias y oraciones,... y que hicieran ostentación de su alegría con todo tipo de actos requeridos en esas circunstancias.*

El regreso de Carlos a los Países Bajos en junio de 1520 fue celebrado por sus súbditos flamencos a pesar de saber que no sería por mucho tiempo, conscientes de que la meta principal de su señor era su coronación imperial. Antes de dirigirse a Aquisgrán a cumplir esa meta, Carlos estaba interesado en saber que había pasado en la entrevista celebrada entre Francisco I y Enrique VIII en el Campo del Paño de Oro, entrevista que se prorrogó hasta el día de San Juan, 24 de junio, felizmente sin apenas éxito. Por el contrario Carlos si pareció entenderse mejor con Enrique VIII y cumpliendo con lo prometido en Sandwich, a mediados de julio fue a Calais, donde se entrevistó cuatro días con el monarca inglés, llegando a un acuerdo de paz, amistad y unión por el que Enrique se comprometía a no establecer ninguna alianza con Francia en los próximos dos años. Controlado a tiempo este acercamiento tan peligroso, de nuevo pasó a ocupar su coronación el puesto principal en la lista de sus prioridades. Para llevarla a efecto, falto de fondos, negoció con sus súbditos neerlandeses un servicio (*Bede*) de 150.000 florines *carolus* anuales, a pagar durante los tres siguientes años. Este acta de consentimiento, dada en Mons por los Estados Generales, el 29 de septiembre de 1520, fue una de sus últimas actuaciones en política interna antes de abandonar de nuevo los Países Bajos rumbo esta vez a Alemania para recibir la corona imperial en Aquisgrán, así como para poner en orden los asuntos del Im-

Campo del Paño de Oro, encuentro diplomático celebrado en mayo o junio de 1520 entre el rey Francisco I de Francia y el rey Enrique VIII de Inglaterra, en los prados del territorio francés ubicados entre Guînes y Ardres, cerca de Calais.

perio y tomar posesión de su archiducado de Austria y demás tierras patrimoniales austríacas recibidas a la muerte de su abuelo Maximiliano.

Poco antes de abandonar los Países Bajos, desde la ciudad de Maastricht, Carlos nombró el 19 de octubre de 1520, a su tía Margarita, nuevamente su gobernadora y regente en su ausencia, otorgándole los mismos poderes que ya había poseído con anterioridad. Para apoyarla y asesorarla, constituyó Carlos, el mismo día, un Consejo Privado cercano a la archiduquesa y organizó la administración de sus finanzas. Las relaciones con su tía, deterioradas primeramente tras el acceso al poder de Chièvres y su cambio de política pro francesa, habían pasado por mínimos desde la presentación de la candidatura de su hermano al Imperio. Ahora que Carlos había conseguido su meta imperial y que iniciaba una política anti francesa, influenciado por Mercurino Gattinara, su *bonne tante* volvía a ocupar el puesto que había tenido en sus años jóvenes. Dentro de esas buenas relaciones entre tía y sobrino, Carlos hizo cumplir a mediados de septiembre de 1520 el testamento del emperador Maximiliano, su abuelo y padre de Margarita, en el que le dejaba a ella una serie de bienes que se estipulaban en la cantidad de 200.000 florines de oro *philipus*, lo que equivalía a 250.000 libras de a 40 gruesos, que se le pagarían en los próximos diez años sobre rentas situadas en Flandes, Lila y el Henao; además le correspondía la tercera joya más valiosa que hubiera dejado el emperador, así como otra cualquiera que ella escogiera a su voluntad; y para que pudiera vivir en tranquilidad en su palacio en Malinas, le cedió Carlos de por vida la villa y el territorio de Malinas, con todas las rentas y derechos que pertenecieran a la corona.

El 22 de octubre de 1520, hacia las tres de la tarde, hizo Carlos su entrada triunfal en la ciudad imperial de Aquisgrán, escoltado por sus arqueros de corps, acompañado de los príncipes electores de Colonia, Maguncia y Tréveris, carde-

Copia de un cuadro de Hans Holbein sita en el Walker Gallery de Liverpool. El rey inglés Enrique VIII mantenía, en la época de la coronación de Carlos como emperador electo, una excelente relación con su imperial sobrino.

nales, embajadores, obispos, la nobleza española, alemana, borgoñona y neerlandesa, con los caballeros del Toisón de Oro, escoltados por soldados españoles, húngaros, albaneses, del duque de Juliers, de los electores del Palatinado, Colonia y Tréveris, del obispo de Lieja, del conde de Nassau y otros nobles neerlandeses, junto a heraldos, trompetas y clérigos, en tal número que la procesión tardó en pasar cinco horas ininterrumpidas. Ese día el emperador rezó solo junto a los electores en acción de gracias en la iglesia de Nuestra Señora. Al día siguiente, 23 de octubre de 1520, a las siete de la mañana se inició la ceremonia de coronación como rey de Romanos, siendo uncido y coronado con la corona de Carlomagno, llevando el globo terráqueo en su mano izquierda y el cetro en la derecha. La misa fue cantada por los arzobispos de Colonia, Maguncia y Tréveris. Presentes en la ceremonia estuvieron Germana de Foix, Margarita de Austria y la marquesa de Arschot, así como el duque de Alba y el príncipe de Orange entre los nobles más destacados. Tras la coronación, juramento y otras ceremonias, el rey de Romanos se sentó en el trono de Carlomagno y con la espada de ese emperador nombró un gran número de caballeros. A continuación disfrutaron de un sabroso ágape en el ayuntamiento de Aquisgrán, bien regado por dos fuentes de vino y amenizado por músicos. Tras el banquete retornaron a la iglesia, siendo entonces publicado que desde ese momento se le denominaría emperador electo y rey de Romanos, Carlos V. La ceremonia, según contaban los presentes, había superado con creces en esplendor a las de los demás emperadores que lo había precedido. Aún en la ordenanza dada en los Países Bajos dos días más tarde, el 25 de octubre, aparece Carlos con el título de rey de Romanos, pero desde el día 8 de noviembre de 1520, las ordenanzas dadas en Flandes se hicieron ya en nombre del emperador. Hasta el día 27 de octubre el emperador estuvo en Aquisgrán, acompañado por todos los príncipes de su sangre y casa, y en una entrevista habida con los príncipes electores decidieron verse nuevamente en la ciudad de Colonia y comenzar a tratar acerca de temas relevantes para la administración del Imperio. El 27 de octubre partió el emperador de su ciudad imperial de Aquisgrán, durmiendo en Juliers la antigua capital del ducado del mismo nombre, llegando al día siguiente, 28 de octubre hasta la ciudad de Brühl, donde el príncipe elector de Colonia tenía un palacio de recreo y caza. El emperador cenó y pasó la noche en la sencillez de su monasterio franciscano. El 29 de octubre de 1520 entró en la ciudad imperial de Colonia, la mayor del Imperio, y lo hizo acompañado por un séquito de más de 2.000 personas, formado en gran parte por la nobleza española, encabezada por el duque de Alba, y la nobleza neerlandesa. En Colonia descansó el emperador 15 días, hasta el 15 de noviembre, manteniendo reuniones con los príncipes electores, visitando además de su catedral, donde se custodiaban las reliquias de los tres Reyes Magos, la iglesia de Santa Úrsula y las 10.000 Vírgenes, patronas de la ciudad.

1.6. Un nuevo Imperio. Hernán Cortés y la conquista del imperio azteca (1518-1530)

Junto a la corona de Castilla, Carlos había heredado unas lejanas y exóticas tierras aún poco conocidas, las Indias, sitas en el extremo occidental del Mar Océano. Desde 1492, esas tierras, descubiertas por Cristóbal Colón, formaban parte oficialmente de la corona española y habían ido sufriendo continuas convulsiones en el intento de adaptar sus instituciones de gobierno y sus habitantes a sus nuevos señores, tan lejanos y tan sedientos de riquezas. El principio esgrimido para su conquista y colonización, el derecho sobre la *tierra de nadie*, considerando por tanto al indio como nadie, unido a la misión de cristianizarlo, no fue siempre respetado, primando más la codicia, los anhelos de riqueza y la necesidad de oro y plata con los que financiar las necesidades europeas. Había ciertamente un oscuro y secreto acuerdo entre los monarcas, interesados en los beneficios que esas tierras producían, y los aventureros que se adentraban por tierras ignotas y peligrosas buscando fortuna. Su falta de escrúpulos y de principios morales les hicieron cometer abusos extremos, haciendo sonar la alarma de la conciencia real, que muy de vez en cuando sustituyó a alguno de esos asesinos que abusaban de los indios como de seres inferiores, esclavos o semianimales, a los que había que explotar hasta la extenuación o la muerte. El control real no llegaba tan lejos, y en la conquista y colonización primó, con honrosas excepciones, la impunidad y la avaricia. Hasta 1500, el almirante Cristóbal Colón, gobernó los primeros territorios aún insulares y carentes de excesivas riquezas. La población indígena sufrió la presión de los conquistadores, siendo diezmada y llegando a desaparecer de algunas islas. Colón fue radicalmente separado del cargo de las Indias en 1500 sustituido por Francisco de Bobadilla, siendo además conducido junto a sus hermanos, encadenados, a la Alhambra de Granada, donde a la sazón residían los monarcas. Ni Colón, ni sus descendientes, recuperarían más el poder que en origen habían tenido. Tras un corto interregno de Bobadilla, los Reyes Católicos designaron en 1501 a Nicolás de Ovando como gobernador de esos territorios que aún se conocían como las Islas y Tierra Firme de la Mar Océana. Una de sus tareas fundamentales fue hacer retornar al orden europeo a los primeros conquistadores que se habían tornado casi caciques y explotaban a los indios a su antojo y sin control ninguno. Ovando estableció, con la conformidad de la corona, un novedoso sistema de explotación: la encomienda, por la que se entregaban a los conquistadores un número de indios a los que tenían que educar y convertir en cristianos, pero que en realidad solo servía para hacerlos trabajar hasta la extenuación, dándole un mínimo salario no suficiente para subsistir. La necesidad de oro y bienes movió a la corona a cerrar no solo uno, sino a veces los dos ojos, ante el atropello que continuamente sufrían los pobres aborígenes americanos. En 1509, Ovando fue sustituido por el hijo del descubridor, Diego Colón, como gobernador de las Indias. Diego, que había casado con la hija del duque de Alba, María Álvarez de Toledo, conseguiría aún en 1511 que se le reconociera como almirante y virrey de las Indias, aunque el segundo solo fuera un título honorífico, recuperando, meramente de forma nominal, algunos de los derechos paternos. Durante su gobierno prosiguió la explotación generalizada del indio, ya fuera por medio de la encomienda, si era un indio pacífico o *de razón*, o por medio de la *guerra justa* si era un *indio de guerra* que no aceptaba los dictados de la corona y se rebelaba contra ellos. Debido a las tensiones causadas en su periodo de gobierno, el rey Fernando le hizo regresar a España en 1515, encargando el cardenal Cisneros a tres religiosos jerónimos el control de las Indias. Tras la desfavorable sentencia de la Coruña de 1520, Colón retornó a su virreinato en Santo Domingo, recibiendo la merced de 36.500 maravedís anuales, pagados en la Española, para recuperar lo mucho que había gastado en su estadía en Castilla. En 1523 fue definitivamente llamado a España, residiendo en la corte, e intentando como su padre recuperar sus derechos. Su hijo, Luis Colón, recibiría en 1537, para compensar la pérdida de privilegios sufrida por la familia, el título de duque de Veragua y el de almirante de las Indias, aunque sin ir unidos a grandes beneficios económicos. Ese mismo año, el 2 de junio de 1537, se concedió permiso a María Álvarez de Toledo, mujer de Diego y madre de Luis Colón, para sacar los restos de Cristóbal Colón del monasterio de las Cuevas de Sevilla y trasladarlos a la capilla mayor de la catedral metropolitana de Santo Domingo en la isla Española.

Apartir de 1510, se iniciaron nuevos descubrimientos y conquistas, extendiéndose la dominación hacia la Tierra Firme, dejando atrás las Antillas, aunque la isla Española siguió siendo el centro de la dominación española, estableciéndose en ella el 5 de octubre de 1511, la primera Audiencia y Chancillería americana, la de Santo Domingo. Desde ese año se comenzaron a organizar los temas jurisdiccionales en materia de comercio y navegación en las Indias, fijándose algunas ordenanzas en ese sentido. También en 1511 se amplió el permiso para acceder a las Indias, reservado hasta entonces a los castellanos, permitiendo también el paso a los súbditos aragoneses. El 27 de diciembre de 1512 se fijó el primer corpus legal americano, las *Leyes de Burgos,* que intentaba abortar los abusos, organizando con principios más justos las encomiendas, aunque su aplicación no llegara a realizarse completamente. El 26 de julio de 1513 se designó un patriarca para las Indias en el arzobispo de Sevilla. En 1517, por medio del regente cardenal Cisneros, se produjo una de las primeras controversias acerca de la calidad de los indios y del trato que recibían, en la que participaron todas las órdenes religiosas establecidas en las Indias: jerónimos, franciscanos y dominicos, ordenando el cardenal al monje dominico las Casas que viniera a España a relatar acerca de la opresión de los indígenas. Bartolomé de las Casas fue nombrado por Cisneros, *defensor de los indios.* Con la llegada del nuevo monarca, Carlos I, a España, pareció que, además de producirse una relativa organización administrativa de las nuevas tierras siguiendo moldes borgoñones, se iba a tomar conciencia de la valía de sus habitantes. El 14 de enero de 1518, promulgaba Carlos unas nuevas *Ordenanzas reguladoras del gobierno de las Indias,* compuestas por cuarenta capítulos, prohibiendo desde finales de ese año que fueran dados en encomienda los indios que pudieran subsistir por sí mismos.

También desde 1510 se inició la conquista y descubrimiento de la Tierra Firme, ya que la dominación se había visto circunscripta hasta entonces prácticamente a las Antillas. En 1510 se fundó el primer asentamiento en Tierra Firme, Santa María de la Antigua de Dairén, en el golfo de Urabá. En 1512, Ponce de León descubrió la Florida y en 1513, el extremeño Vasco Núñez de Balboa conquistó los territorios de Panamá, descubriendo el océano Pacífico o mar del Sur. Su sistema de conquista basada en el respeto al indio, dio unos resultados extraordinarios, incluso en oro, aunque no fuera proveniente de la región, y se tardaría bastante tiempo en descubrir de donde lo obtenían. Sin embargo la corona decidió nombrar en su lugar como gobernador de ese nuevo territorio denominado Castilla del Oro a un anciano hidalgo, Pedro Arias Dávila, brutal y avaricioso, que en 1519 ejecutaría, degollándolo, a Núñez de Balboa.

Los descubrimientos de Balboa animaron a otros exploradores, en 1515 Juan Díaz de Solís, siguiendo la costa oriental americana, descubrió el río de la Plata, al que llamó el Mar Dulce, muriendo en el intento. En 1519 dos portugueses al servicio de la corona española, Fernando de Magallanes y el cosmógrafo Ruy Faleiro, organizaron un viaje para descubrir la conexión con el mar del Sur. Faleiro desertó pocos días antes de la partida, descubriendo Magallanes el estrecho que lleva su nombre, que comunica el Atlántico con el Pacífico, al sur del continente americano. Magallanes alcanzó las islas Filipinas, donde murió, siendo la expedición proseguida por Juan Sebastián Elcano que prosiguió hasta las islas Molucas, cargando su barco de especias e iniciando un problema jurisdiccional con Portugal. Elcano consiguió la primera vuelta al mundo, demostrando su esfericidad, llegando el 7 de septiembre de 1522, cargado de especias y tras haber realizado 14.460 leguas marinas, al lugar de partida de la expedición, Sanlúcar de Barrameda. Juan Sebastián Elcano falleció durante su segunda travesía del Atlántico el 14 de septiembre de 1526.

Con Portugal hubo bastantes roces para la fijación de los límites de los posibles territorios de cada país, siendo famosos los desmanes y atentados que los portugueses infligían a los barcos españoles que osaban acercarse a las aguas africanas o a su ruta a las islas de la Especias. Las capitulaciones entre ambos países habían sido renovadas por Carlos I en 1518, pero no estaba claro si el territorio de las islas Molucas era área de expansión portuguesa o española. Finalmente y a pesar de haberle prometido lo contrario a las Cortes castellanas de 1523, en 1524, necesitado por la guerra contra Francia, Carlos aceptó una ayuda de 350.000 ducados de oro del rey de Portugal, con la condición de no acercarse los marinos españoles a las Molucas hasta que se hubiera devuelto el préstamo, controlando desde entonces los portugueses el rico comercio de las especias. El 13 de abril de 1529 fue ratificado el acuerdo en Zaragoza, abandonando Castilla definitivamente las islas del clavo y de las especias en 1532.

Después de una primera expedición a las costas del Yucatán, organizada desde la gobernación de Cuba y llevada a cabo en 1517 por Francisco Hernández de Córdoba, se realizó otra segunda al año siguiente de 1518, recorriendo las costas del Yucatán y Tabasco, a cargo de Juan de Grijalva. La tercera expedición, organizada por Diego de Velázquez, gobernador de Cuba, comandada por el alcalde de Santiago de Cuba, Hernán Cortés, sería la más exitosa. Tras unas discusiones surgidas entre el gobernador y Cortés, Velázquez ordenó al alcalde de Trinidad, Verdugo, a principios de 1519, que lo detuviera, aunque este prefirió unirse a la aventura que organizaba Cortés. La expedición formada por once naos, 550 españoles y doscientos auxiliares indios y negros, desembarcó en primer lugar en la isla Cozumel, llegando después a Tabasco donde se dio la primera gran batalla con los mayas, la de Centla, en marzo de

Galeón español bien armado de artillería en el que se observa cómo su piloto mide
con el astrolabio la altura del sol.

1519, utilizando por primera vez en esas nuevas tierras en batalla a los caballos
y a los perros dogos. Tras su victoria, recibió Cortés veinte mujeres mayas, una
de ellas llamada Malinche, bautizada con el nombre de doña Marina, se convertiría en su intérprete y amante, teniendo un hijo con ella, Martín Cortés. En
julio de 1519 fundó la Villa Rica de la Veracruz, desligándose de la misión que
le había encomendado Velázquez, iniciando una nueva, ordenada por el cabildo
de la nueva ciudad de Veracruz, en nombre del rey de España, la conquista del
imperio azteca. Moctezuma, el emperador de los aztecas estaba convencido de
que Cortés era el dios Quetzalcoatl que, siguiendo una vieja profecía, venía a
tomar posesión de las tierras, aunque luego por su forma de actuar, creería que
se trataba del más peligroso dios de la guerra, Huitzilopochtli. Antes de iniciar
su expedición hacia la capital azteca, se produjo un intento de rebelión de algunos de los seguidores de Velázquez que fueron rápidamente apresados. Para
evitar que nadie pudiera regresar a Cuba, Cortés mandó barrenar los barcos,
inutilizándolos. Solo quedaba un camino, vencer o morir. En agosto de 1519
Cortés inició su marcha hacia Tenochtitlán, capital del imperio azteca y residencia de Moctezuma, firmando primero un acuerdo con los indios totonacas

en su ciudad de Cempoala, comprometiéndose a liberarlos del yugo azteca, para lo que recibió mil trescientos soldados totonacas de ayuda. En septiembre venció a los tlaxcaltecas, entrando en su capital Tlaxcala, donde firmó un acuerdo similar al hecho con los totonacas, para liberarlos del yugo azteca, recibiendo también dos mil nuevos soldados auxiliares tlaxcaltecas. Siguió hacia Cholula siendo bien recibido y alojado en esa ciudad, consiguiendo adelantarse a una traición que se le estaba organizando, haciendo una gran matanza, cerca de cinco mil hombres, entre los traidores cholultecas, que al final tuvieron que aliarse con Cortés. Con todos ellos marchó en noviembre sobre la capital Tenochtitlán, donde entró, entrevistándose con Moctezuma. El asesinato de algunos de los soldados españoles de la guarnición de Veracruz por soldados aztecas, hizo que Cortés detuviera a Moctezuma y ejecutara a los autores, manteniendo desde entonces a Moctezuma engrillado, como rehén. Se exigió la entrega de todo el oro existente, lo que mandó hacer Moctezuma con la esperanza de que después partieran los españoles.

En paralelo, desde Veracruz, Cortés había enviado a Alonso Hernández Portocarrero y a Francisco Montejo a informar al emperador Carlos de sus conquistas con una primera carta de relación, enviándole abundantes muestras de oro y algunos indios. Diego de Velázquez había hecho lo mismo solicitando que Cortés y los suyos fueran declarados rebeldes y traidores. En paralelo y desatendiendo las peticiones de la corona de que no se enfrentaran ambos y menos con el enemigo en medio, Velázquez envió una expedición a Veracruz con quince navíos para detener y asesinar a Cortés, dirigida por Pánfilo de Narváez. Para hacerle frente, Cortés abandonó Tenochtitlán con sus soldados, dejando solo ochenta con Pedro de Alvarado al frente, que durante una fiesta dedicada al dios de la guerra Huitzilopochtli, llevó a cabo una terrible masacre en el templo mayor. Por su parte, el astuto Cortés venció rápidamente a Narváez, recibiendo la noticia del levantamiento general en Tenochtitlán tras la masacre hecha por Alvarado. Con nuevas y poderosas fuerzas regresó Cortés a la Tenochtitlán levantada. Con él iban 1.300 soldados españoles, 97 caballos, 80 ballesteros, 80 escopeteros, abundante artillería y 2.000 guerreros tlaxcaltecas. A su llegada murió Moctezuma y Cortés se vio obligado a abandonar la capital, llevándose todo el oro existente, transportado a cuestas por 80 porteadores *tamemes* tlaxcaltecas. Fue la llamada Noche Triste del 30 de junio de 1520 en la que murieron 800 españoles, abundantes tlaxcaltecas, cuarenta caballos y se perdió parte de la artillería. Seguidos por los aztecas y sus aliados, los españoles tuvieron que luchar a muerte en la batalla de Otumba, donde vencieron a los aztecas. De regreso a Tlaxcala y Veracruz, Cortés tuvo que esperar casi un año para retornar a Tenochtitlán, donde mientras tanto se desarrolló una virulenta epidemia de viruela que mató a muchos mexicanos.

Ya en noviembre de 1520 ad-
quirió Cortés nuevas armas, cañones
y soldados en Santo Domingo y en Ja-
maica, e inició un ataque en unión de
los tlaxaltecas, a las vías de abastecimiento de Tenochtitlán, utilizando
métodos brutales y permitiendo a sus
aliados asesinar a quien quisieran. A
su vez comenzó a construir bergantines en Texcoco, en el lago de Tenochtitlán. Cortés escribió una segunda
carta de relación al emperador, que
no mandaría hasta marzo de 1521.
Entre abril y junio de 1521 se botaron
los bergantines en el lago de México,
acercándose las fuerzas unidas de
Cortés, de los tlaxcaltecas y demás
pueblos aliados a los arrabales de la
capital azteca. Tras conquistar durante varios meses sus entornos, y tras
morir cerca de 50.000 aztecas, el 21
de agosto era tomada y asaltada brutalmente Tenochtitlán, a pesar de la
valiente defensa del último caudillo
Cuauhtémoc, al que para sacarle información de donde guardaban el
oro, se le martirizó abrasándole los

Hernán Cortés fue uno de los más arriesgados
conquistadores, derrotando a las muy superiores
en número fuerzas aztecas. El 21 de agosto de
1521, tomó brutalmente la capital de ese imperio,
Tenochtlitán, saqueándola. Sus conquistas produjeron ingentes beneficios a la corona que se los
premió con la concesión del cargo de gobernador
de la Nueva ESpaña y el título de marqués del
Valle de Oaxaca.

pies. Pagaba con ello la costumbre azteca de arrancarles la piel y el corazón a los
prisioneros vencidos. A continuación, se repartió el botín de forma bastante des-
proporcional entre los vencedores, quedando una mínima parte, setenta pesos,
para cada soldado. Antes de ello se habían separado inmensas cantidades para
Cortés y para los capitanes, además del quinto perteneciente a la corona, en el
que se incluían 44.979 pesos de oro, más 3.689 pesos de oro bajo, perlas, 35
marcos y 5 onzas de plata (8.139 kilogramos), ídolos de oro, ropas, plumas y
aves exóticas, tres jaguares vivos que hubo que sacrificar durante la travesía,
huesos de animales gigantes, quizá de un mamut, y esclavos. El quinto real fue
embarcado en tres carabelas comandadas por Alonso de Ávila y Antonio de Qui-
ñónez. Los tres barcos que formaban parte de la expedición fueron asaltados entre
las islas Azores y la península por el famoso pirata francés Juan Fleury o Florín,
con seis naves, con las que asaltaría más de 100 embarcaciones españolas. Una

sola de las tres carabelas, la Santa María de la Rábida, capitaneada por Juan de Ribera, consiguió escaparse, refugiándose con su carga en la isla de Santa María, la isla más oriental de las Azores, a donde fueron dos barcos desde Sevilla para llevarla escoltada. El mismo Fleury asaltó ese año otro navío procedente de Santo Domingo cargado con 20.000 pesos de oro. El quinto real incautado fue llevado a la Rochelle, donde el capitán Ávila pasó dos años encarcelado, esperando su rescate. Gran parte del botín acabó en manos de Francisco I, lo cual desagradó al emperador, a la par que se alegraba de que su contrincante viera lo que le llegaba de las Indias y lo temiera. Juan Fleury fue finalmente atrapado en una de sus fechorías, siendo llevado primero a la Casa de Contratación y después ahorcado en el Pico del Colmenar de Arenas en Mombeltrán.

Tras la conquista de la capital Tenochtitlan y su entorno, Cortés pasó a residir en Coyoacán, donde recibió el nombramiento, hecho por el emperador en octubre de 1522, como adelantado, repartidor de indios, capitán general y gobernador de la Nueva España, nombre que el propio Cortés había dado al territorio por su similitud climática con la península.Velázquez, gobernador de Cuba no debía de inmiscuirse más en los asuntos mejicanos. La capital Tenochtitlán recibió el nombre de México, siendo reconstruida por Cortés siguiendo los cánones renacentistas. En junio de 1523 recibió Cortés también unas instrucciones para organizar la población y conversión de los nuevos territorios, repartiéndolos entre los que habían participado en la conquista y sus herederos. La conquista del resto de territorios aztecas, o de sus aliados del actual México y Guatemala, prosiguió durante los años 1522 y 1523, llevada a cabo por los capitanes de Hernán Cortés: Gonzalo de Sandoval, Francisco de Orozco, Francisco de Garay, Pedro y Gonzalo Alvarado y Cristóbal de Olid, que traicionó a Cortés aliándose con Velázquez, siendo ajusticiado. En esa misma expedición contra los seguidores de Olid, fue ajusticiado el 28 de febrero de 1525, el último caudillo azteca, Cuauhtémoc, que siempre acompañaba a Cortés, aludiendo que sospechaba una traición suya.

Una vez pacificado parcialmente el territorio se inició su evangelización, llegando en mayo de 1524 a San Juan de Ulúa, los llamados 12 apóstoles franciscanos que venían a evangelizar a los indios mexicanos. En 1528 se nombró el primer obispo de Nueva España en Juan de Zumárraga. En 1527 se fundó la nueva Audiencia y Chancillería de Nueva España, presidida por Beltrán Nuño de Guzmán y cuatro oidores que, en las continuas venidas de Hernán Cortés a España, se encargaría del control político y administrativo de Nueva España. En 1529, Carlos V ordenó a Hernán Cortés regresar a España, nombrándolo marqués del Valle de Oaxaca. En su lugar fue nombrado gobernador de Nueva España, Nuño de Beltrán, que al poco inició una persecución de los indígenas, quebrantando los tratados de paz vigentes, asesinando a sus autoridades y conquistándoles sus tierras y ciudades, creando el reino de la Nueva Galicia. Las quejas fueron tantas que Nuño acabó preso con grilletes en la península. Hernán Cortés moriría el 2 de diciembre de 1547 en Castilleja de la Cuesta.

En paralelo a esas brutales conquistas ocurridas desde 1518, se fueron fijando también por la corona medidas de protección para los indios, intentando mejorar su calidad de vida. Se importaron semillas desde España, entre ellas el arroz, ordenándose que todos los barcos que fueran a Indias llevaran consigo semillas y plantas castellanas, trasladando también a familias completas de campesinos castellanos para enseñarles a los indios las nuevas técnicas en especial en los plantíos, en el regadío y en el cultivo de la seda. En 1529 se ordenó fomentar la creación de ingenios de azúcar y en 1538 se hicieron grandes concesiones a los que plantaran cereales en México. También se fomentó el cultivo de las especias, la plantación de lino y cáñamo, enseñando a los indios a hilarlos y a tejerlos. A todos los repobladores en general se les solicitó que plantaran árboles en sus tierras, y a los encomenderos incluso se les obligó a dedicar parte de la encomienda a esas plantaciones arbóreas, para contar con leña propia.

Desde septiembre de 1521 se liberó el comercio entre indios y españoles, a contento de ambas partes, prohibiendo tomarle nada a los indios sin pagarle, estipulándose que los indios eran libres, sin servidumbre alguna. Se les permitió, equiparándolos con los castellanos, descubrir y explotar minas, alentando la búsqueda de metales, en especial oro y plata, y se organizó también el sistema de pesquerías de perlas. A las indias que tuvieran hijos con castellanos, se les permitía pasar a España.

Sin embargo, los encargados de velar y castigar el incumplimiento de estas ordenanzas, los justicias, permitieron muy a menudo su incumplimiento. La corona insistió en ordenar que se respetasen, recordando que los indios no podían ser cargados contra su voluntad y nunca con un peso superior a dos arrobas, estando además liberados de ello hasta los 18 años de edad. Tampoco podían ser movidos del lugar donde vivían y sus jornadas de trabajo tenían que ser limitadas, pudiendo trabajar voluntariamente en lo que quisiesen. Se construyeron nuevas poblaciones para indios y se fijaron días y horarios para su aprendizaje de la religión cristiana, obligando a los encomenderos que los dejaran ir los domingos y días de fiesta a misa. Se les permitieron sus mercados o *triangues*, y muchos años más tarde se les dejó tener ganados. En contra de sus costumbres se les obligó a andar siempre vestidos, se les prohibió adorar a sus ídolos, casarse con varias mujeres, comer carne humana o añadir cal a su bebida de *pulque*, algo común en la Nueva España, que les hacía perder el sentido.

Los caciques, por su importancia en la estructura social indígena, recibieron un trato más favorable, siendo en la mayoría de los casos colaboradores sistemáticos de los españoles en la opresión de los demás indios. Así se crearon colegios

Hernán Cortés se entrevista en Xaltelolco con caciques indígenas, acompañado de Malinche, su traductora y amante, con la que tuvo un hijo, Martín Cortés.

especiales para la educación de sus hijos, recortándole a su vez muchos de sus derechos ancestrales, por ejemplo recibir a las hijas de sus súbditos como parte del pago de tributos, usar el título de señor, tener esclavos entre los indios de su jurisdicción, el derecho a imponer la pena de muerte o la mutilación de miembros, o el derecho de que sus mujeres o servidores fueran enterrados con ellos.

En temas de gobernación, las Indias fueron incorporadas completamente al reino de Castilla, aunque como vimos desde 1511 se permitió el acceso a los aragoneses y en 1533 se confirmó el permiso a los navarros. Desde 1518 se controló con mayor dureza el paso a Indias de reconciliados o hijos y nietos de quemados, convertidos moriscos o judíos, o de sus hijos, esclavos *gelofes* o de Levante, moros, ladinos o negros, si no eran esclavos. En 1530 se prohibió también el paso de religiosos extranjeros a las Indias. Desde la corona se fomentó en todo momento el paso de castellanos, de raza y pasado religioso correcto, ejercitándose un estricto control en los puertos de partida estipulados, favoreciendo a los que se les permitía el paso, con tierras, casas, solares y encomiendas. En 1539 se estipuló el orden en que se habían de hacer las concesiones a los repobladores

Los sacrificios humanos de los pueblos vencidos por los aztecas eran abundantes, lo que ayudó a
Cortés a conseguir ayuda militar de múltiples tribus sojuzgadas por ellos, que vieron
al conquistador como un libertador.

blancos: primero serían los descendientes de los descubridores, después los de
los pacificadores, y a continuación los pobladores que hubiesen nacido en esas
provincias. A los hidalgos que pasaban a las Indias se les reconocían los mismos
privilegios, aunque los caballeros de las órdenes religiosas de caballería estaban
obligados a pagar el diezmo a su iglesia local.

Los más perjudicados de todos fueron los negros, que llegaban por lo general
como esclavos, en las peores condiciones imaginables y a realizar los trabajos más
duros y peligrosos. Cualquier reacción agria contra sus amos o cualquier agresión
a los indios, que también los consideraban infrahumanos, era penada con azotes
en la picota pública o mutilaciones. Su misión era aliviar el trabajo de los indios,
súbditos protegidos de la corona, y aliviar la conciencia de la corona. Los negros
no poseyeron oficialmente alma hasta 1868, aunque que se les obligaba a bautizarse y a aprender las reglas básicas de la fe católica. Solo se les permitía casarse
entre ellos, prohibiéndose terminantemente los matrimonios mixtos, aunque los
mulatos abundaban sin necesidad del santo sacramento. A partir de 1540 se prohibió su castración si se les sorprendía en rebeldía.

Desde 1523, las nuevas poblaciones fueron construidas siguiendo un modelo estipulado por la corona, obligándoseles a tener archivos de cédulas y escrituras, ayuntamiento, iglesia y cementerio. Se prohibió que españoles, mestizos, indios e incluso clérigos, vagabundearan, obligándolos a reducirse a pueblos y a aprender un oficio. Se dotaron las ciudades de colegios para huérfanos y desamparados. A los españoles solteros asentados en las Indias se les concedió un plazo para casarse, y a los casados que habían dejado a sus mujeres en España, se les conminó a traerlas o retornar a España a la vida marital. Las mujeres solteras no pudieron pasar solas a Indias hasta bien entrada la década de los cincuenta, el único camino para llegar para una mujer era con su marido. Se prohibió el lujo y la ostentación en el vestir y andar en hamacas o andas, si no se estaba impedido.

Desde 1526 se fijaron ordenanzas para los descubrimientos, que solo se podían hacer con el permiso específico de la corona, estableciéndose como prioridad que los capitanes de esas expediciones se encargaran de predicar entre los nuevos súbditos la Santa Fe Católica. El sistema de conquista de los nuevos territorios se basó en el principio del *requerimiento*, un pregón hecho en castellano a los indígenas en el que se les informaba de que esas tierras habían sido adjudicadas por el Papa a Castilla y que por tanto eran súbditos del rey de Castilla y tenían que ser cristianos. Aunque los pobres indígenas no comprendieran nada, se les daba un cierto tiempo para que lo aceptaran y si no lo hacían, se iniciaba la llamada *guerra justa* que permitía quitarle todo, mujeres, bienes, casas, tierras y sobre todo oro y joyas, declarándolos rebeldes. Tras la conquista, las nuevas tierras se repartían entre los conquistadores, fijándose una estancia ininterrumpida mínima de cuatro años para poder ser considerados propietarios de los bienes recibidos, así como la obligación de ocupar y cultivar las tierras en el plazo máximo de seis meses. El sistema más usado fue el de la encomienda de un número de indios a un castellano, encargado de organizarles el sistema de trabajo, obligándoles a producir por un salario mínimo, con la misión de protegerlos de los posibles ataques de otros. Por ello a los encomenderos se les obligaba a estar bien armados, a traer caballo, lanza, espada y otras armas ofensivas, según la calidad del repartimiento. Algo muy parecido al antiguo sistema feudal. Estas encomiendas no las podían recibir ni ministros de la corona, ni eclesiásticos.

El paso del tiempo y el aumento de territorios y súbditos hizo que el gobierno de las Indias evolucionara rápidamente, adquiriendo una organización administrativa propia. En época de los Reyes Católicos las Indias eran controladas por Juan Rodríguez de Fonseca, obispo de Burgos, y el secretario Conchillos, en temas jurídicos decidía el Consejo de Castilla. En 1518 se creó un nuevo organismo dedicado en exclusiva a esas tierras, la Junta de Indias, de la que de nuevo fue presidente Fonseca, que solo funcionó hasta el 1 de agosto de 1524, en que se fundó el Consejo de Indias, en el que pasó a residir el control de todos los temas americanos, asumiendo también los temas jurídicos que hasta entonces habían dependido del Consejo de Castilla. Para financiar todas estas instituciones se estableció en 1528, un arancel sobre los productos y mercancías que entraban en los puertos, llamado el almojarifazgo de las Indias, que perduró hasta 1783. También se crearon hospitales, en especial desde 1541, aunque con anterioridad ya hubieran sido construidos algunos, como el fundado por el monje franciscano Pedro de Gante, hijo natural del emperador Maximiliano I en la ciudad de México. A los médicos, cirujanos y boticarios se les prohibió intitularse doctores, maestros o bachilleres, sin haberse graduado en una universidad, y a los boticarios se les visitaba a menudo sus boticas, para evitar que guardaran medicamentos caducados o en mal estado. Dentro de ese orden administrativo se fijaron en 1534 los límites exactos de los obispados y de las instituciones de gobierno en Indias. A partir de 1535 se crearon también Casas de Moneda, primero en México, y más tarde en Santa Fe y en Potosí.

Al descubrir los demás países europeos la riqueza de esas tierras y la ruta utilizada por las flotas españolas para acceder y retornar de las Indias, se originó el grave problema de defender las tierras del ataque o colonización de otros países europeos, así como de los muchos piratas y corsarios franceses, ingleses o escoceses, estipulándose en 1526 que los barcos fueran obligatoriamente en flotas y que nadie de su tripulación pudiera ser extranjero. Se ordenó también que los navíos no fueran sobrecargados, sino desembarazados en sus cubiertas, ganando en velocidad y defensa. Desde 1529, solo se podía pasar a Indias desde determinados puertos, donde ejercer un mejor registro y control sobre los que accedían a las nuevas tierras. Se fijaron los puertos de La Coruña, Bayona, Avilés, Laredo, Bilbao, San Sebastián, Málaga y Cartagena, además de Sevilla. Este último era el punto obligatorio de retorno de todos los barcos americanos, que tenían que someterse al control y al gobierno de la Casa de Contratación de Indias. Con el tiempo se construyeron nuevos puertos seguros y fortificados en Indias, abandonando los primitivos caladeros. El asalto en 1536 por piratas franceses de la flota de Indias, hizo pensar en la creación de una armada dedicada en exclusiva a vigilar esas flotas tan importantes para la economía real.

2. ALCANZANDO NUEVAS METAS (1520-1532)

2.1. Sofocando los primeros conflictos internos (1520-1523)

2.1.1. Comunidades y Germanías (1520-1523)

En mayo de 1520, abandonó Carlos precipitadamente las tierras peninsulares ansioso por alcanzar su más alta meta, la de hacerse coronar *emperador electo* del Sacro Imperio. No pareció importarle demasiado que los reinos peninsulares quedaran en un estado de descontrol, divididos y enfrentados en una pugna entre ricos y pobres, entre internacionalistas y localistas. Antes aún de abandonar España y a pesar de su presencia, en Valencia, Zaragoza y Toledo ardía ya la llama de la rebelión, azuzada por medidas tan desgraciadas como el nombramiento de un regente extranjero, Adriano de Utrecht, o por permitir a sus compatriotas flamencos rapiñar lo que pudieran, llevándose consigo moneda, oro y todo tipo de cosas prohibidas, recibiendo además del monarca los mejores oficios, las mayores rentas y lo poco que restaba de valor en el país.

Nada le hizo mirar hacia atrás, su meta era la coronación y no podía comprender como sus súbditos no se alegraban con él por haber conseguido obtener tal dignidad que le convertía en rey de reyes, en cabeza de la cristiandad. Incluso parecía afectarle mucho más que esa rebelión, el acercamiento que Francisco I y Enrique VIII promovían. Alianza que podía ser fatal para sus intereses, por lo que decidió hacer su viaje a Flandes vía Inglaterra y entrevistarse con sus tíos, Enrique y Catalina, intentando ganarlos para su causa, aunque sin demasiado éxito.

Llegado a los Países Bajos, mientras se iban concluyendo los preparativos para su coronación en Aquisgrán, ciudad aún afectada por la peste, Carlos tornó sus ojos a España y mantuvo una abundante relación epistolar con los encargados de aplastar la rebelión, e incluso con los rebeldes, que le hicieron saber sus quejas y anhelos. Cuando tras la coronación, el emperador electo despertó de su sueño imperial, ya no quedaba otro camino para solucionar el problema español que el de la violencia, el de la mano dura.

Tres fueron los focos de los levantamientos: los comuneros castellanos y los agermanados valencianos y mallorquines, pareciendo tener todos ellos, con sus diferencias propias, las mismas causas básicas, la confrontación entre una alta nobleza rica, poderosa y orgullosa, y una baja nobleza sin futuro, aliada con unos artesanos temerosos de perder sus viejos derechos gremiales, y con un común empobrecido y marginado. Esa mezcla explosiva estalló favorecida por el vacío de poder central existente, por la falta de un rey que fuera consciente y que estuviera presente. Los rebeldes que, según las leyes de la época, cometían delito de lesa majestad al levantarse contra su señor natural, arguyeron razones de peso para justificarse. El rey había roto el pacto al permitir que los extorsionaran los extranjeros, al no cuidar de que la justicia se cumpliera, al permitir los

Los comuneros castellanos pretendieron usar a la reina Juana como estandarte de su rebelión, estableciendo su cuartel general en Tordesillas, cerca de ella. Finalmente Juana se negó a colaborar con ellos contra los intereses de su hijo.

desmanes. Ambos grupos, comuneros y agermanados, echaron mano de la extraña situación política que vivía la monarquía española. En Castilla, donde el rey regía en nombre de su madre que estaba encerrada en Tordesillas, los rebeldes, descontentos con lo que el rey gobernador hacía, buscaron la cercanía de la reina propietaria, Juana. En Valencia, los agermanados nunca renegaron de su rey, pero sí sembraron la confusión con la aparición en escena de un encapuchado que decía ser el príncipe Juan, que representaba la verdadera herencia real, para justificar sus hechos. Los napolitanos sin intentarlo, hubieran podido llegar aún más lejos, ya que existía un heredero vivo del rey de Nápoles, encerrado en el castillo valenciano de Xátiva, el duque de Calabria, Fernando de Aragón, al que se podría recurrir si el poder real los abandonaba. Las causas fueron muchas y las afrentas fueron sin lugar a duda en gran parte reales. El camino tomado por ambos bandos sin embargo, sirvió solo para llenar al país de sangre y ruina.

En Castilla, el levantamiento comunero exhibió como bandera la fidelidad a la corona, representada en la persona de la reina propietaria de Castilla, Juana, y junto a ella, la lucha contra el extranjero que sin ser natural, ni hablar el idioma, gobernaba el país, representado en Adriano de Utrecht, cardenal de Tortosa. Para anular esos argumentos, Carlos nombró a otros dos corregentes naturales: el condestable de Castilla, Iñigo de Velasco, y el almirante de Castilla, Fadrique Henríquez.

Toledo fue la ciudad que inició el levantamiento, situándose su regidor Juan de Padilla al frente de las protestas. Los gastos extras que la elección y coronación imperial habían producido y que Carlos había solicitado de sus súbditos castellanos, fue quizá la mecha que incendió el país. Los procuradores de Toledo fueron desterrados de las cortes de Santiago-La Coruña de 1520, y a los de Salamanca no se les permitió acceder a ellas por negarse a la petición real. El patriciado urbano se rebeló contra la nobleza y su aliada la corona, convirtiéndose el conflicto en una guerra civil, a la que Tierno Galván definió como una *guerra de intolerantes*, que no aportó nada a la historia más que rencor. Un rencor que se manifestaría especialmente tras el conflicto, al pasarse al enemigo francés un gran número de desilusionados castellanos vencidos a los que el rey no tuvo el valor de perdonar a tiempo, que trabajarían como espías al servicio de Francia, vendiendo por despecho a su patria.

Aunque desde el mes de abril la ciudad de Toledo se encontraba ya en abierta rebeldía, fue al regreso de los procuradores participantes en las cortes de Santiago-La Coruña cuando comenzaron los desmanes. A la rebelión toledana se unieron Salamanca, Madrid, Ávila, Segovia, Guadalajara, Cuenca, Zamora, Toro, Medina del Campo, Valladolid, Palencia, León, Soria, Murcia y en un principio Jaén. Toledo consiguió que se reunieran las ciudades con derecho a voto, a principios de agosto de 1520, en la llamada Junta Santa de Ávila, a la que asistieron Ávila, Toledo, Segovia, Salamanca, Toro y Zamora, insistiendo, sin éxito, ante la reina Juana para que se uniera a ellos y encabezara la rebelión. Por su lado, los seguidores reales incendiaron Medina del Campo, donde se encontraban los almacenes de la artillería real y de la pólvora, para que no cayera en manos de los rebeldes. Esa terrible acción arrastró a otras ciudades castellanas a auto defenderse del regente y su consejo, entre ellas Valladolid, residencia de la Audiencia-Chancillería. A finales de agosto, la junta creada en Ávila se trasladó a Tordesillas, cerca de la reina, aumentando hasta catorce el número de ciudades que se integraron en ella, es decir todas las ciudades con derecho a voto, menos las andaluzas: Sevilla, Córdoba, Granada y Jaén, donde, gracias a sus oligarquías locales, no triunfaron los comuneros.

La Junta de Tordesillas rigió Castilla obviando al regente y a su consejo, aunque sin contar con la voluntad de la reina Juana que se negó a firmar ningún documento. Se escribió al rey Carlos explicándole sus pretensiones y los agravios sufridos, pero sin éxito. A primeros de noviembre de 1520, Burgos se retractó y se desligó de la Junta. Los comuneros pidieron ayuda a Portugal, pero el efecto fue el contrario, el rey de Portugal aportó 50.000 cruzados de oro para organizar el ejército real. Carlos ordenó a finales de noviembre a los regentes que aplastaran el movimiento. El almirante intentó aún convencerlos para evitar la represión armada, pero sin éxito, por lo que la guerra estalló abiertamente a principios de diciembre. Los comuneros conquistaron Villalpando, localidad del condestable,

Tras la derrota definitiva de las fuerzas comuneras el 23 de abril de 1521 en la batalla de Villalar, al día siguiente, 24 de abril, fueron decapitados en la Plaza Mayor de esa localidad, conocida hoy como Villalar de los Comuneros, sus tres dirigentes principales: Juan de Padilla, Juan Bravo y Francisco Maldonado.

mientras que los realistas conquistaban Tordesillas y les quitaban a la reina Juana, apresando además a muchos procuradores. A pesar de ello, la Junta se reorganizó en Valladolid y las acciones militares prosiguieron. Las fuerzas comuneras obtuvieron una victoria en Torrelobatón e incluso nombraron un nuevo arzobispo de Toledo a la muerte del joven Guillermo de Croy, Antonio de Acuña, posesionándose del arzobispado el 29 de marzo de 1521, apoyado por la ciudad de Toledo, regida por la mujer de Padilla, María Pacheco, hija del conde de Tendilla y hermana del alcaide de la Alhambra, Luis Hurtado de Mendoza. Al poco, fueron vencidos los comuneros por los realistas definitivamente en la batalla de Villalar, siendo ejecutados sus tres dirigentes principales, Padilla, Bravo y Maldonado, en la plaza Mayor de esa localidad. A primeros de mayo, la mayor parte de ciudades habían prestado ya lealtad a la corona, quedando solo en rebeldía Madrid y Toledo. Madrid se rindió el 7 de mayo, y Toledo se quedó sola en la rebelión, dirigida por María Pacheco. Aprovechando la invasión de Enrique de Albrit de Navarra y la desviación de las fuerzas realistas hacia la defensa de ese territorio, Toledo consiguió mantenerse en rebeldía hasta el 31 de octubre de 1521, entregándose entonces a las autoridades reales. María siguió en Toledo hasta febrero de 1522 en que se exilio definitivamente a Portugal.

Al regreso de Carlos a España en junio de 1522, se aumentó la persecución de los comuneros, siendo finalmente concedido un perdón real general, del que se exceptuaron a 293 de entre los más destacados, entre ellos María Pacheco y Antonio de Acuña, que fue encerrado en el castillo de Simancas. La consecuencia primera de esa guerra civil fue la pérdida de las élites ciudadanas que habían apoyado al movimiento comunero, más el empobrecimiento general de esos lugares que tuvieron que afrontar durante veinte años el pago de una altísima indemnización por las pérdidas causadas a los grandes nobles, especialmente al almirante de Castilla, al condestable y al obispo de Segovia.

La rebelión de las Germanías en el reino de Valencia fue paralela a la de los comuneros castellanos y como ella fue una rebelión social protagonizada por los gremios valencianos que, aprovechándose de la huida de la alta nobleza debido a una epidemia de peste, y del hecho de estar armados por orden real para defenderse de los ataques de los piratas berberiscos, iniciaron una rebelión abierta contra la pérdida de sus derechos. Se puede considerar también en este caso al propio monarca como culpable principal de la rebelión, al no haber querido ir a Valencia para hacerse jurar, aludiendo la epidemia de peste y la inseguridad social existente en la ciudad, acción que fue tenida como un agravio por los agermanados. Los alterados se organizaron políticamente en la llamada Junta de los Trece, formada por un representante de cada gremio, y sus fines fueron de un marcado carácter laboral. Su primer líder, e ideólogo del movimiento, fue Juan Llorens, del gremio de los *pelaires*, burgués moderado, cuyo objetivo era la restauración del monopolio gremial en la manufactura textil. Llorens falleció en 1520 y el liderazgo de la revuelta pasó a Vicent Peris, mucho más radical, transformándose entonces en un movimiento de lucha política y comercial de la burguesía valenciana, a la que se unieron todas las clases sociales del reino de Valencia. Los mudéjares se convirtieron en las primeras víctimas propiciatorias ya que trabajaban para los grandes señores que los protegían. Esa fue la razón esgrimida para una de sus primeras acciones punitivas, el asalto de los agermanados a la morería de Valencia, obligando Peris a los mudéjares, el 14 de agosto de 1521, a bautizarse masivamente. La rebelión se extendió por la huerta valenciana y por otras ciudades del reino de forma más violenta que en la capital, creándose juntas revolucionarias por doquier, iniciándose un asalto incontrolado a las tierras y propiedades de los nobles huidos. Estando aún el rey en Santiago, nombró el 10 de abril de 1520 a Diego Hurtado de Mendoza, conde de Mélito, como virrey y lugarteniente de Valencia para que acabara con la rebelión. También envió el rey a micer Garcés y, desde septiembre de 1520, a mosén Juan González de Villasimpliz, a intermediar entre los rebeldes, que en ningún momento pusieron como los comuneros en duda el poder real.

En julio de 1520 comenzó a dibujarse más claramente el mapa de la rebelión, lugares como la Plana y Castellón quedaron pacificados. Lo mismo ocurrió con el Maestrazgo, el valle de Segorbe y el valle de Bocariente. Las victorias y derrotas de ambos partidos se sucedieron de forma anárquica, viéndose obligado el virrey a abandonar la capital y tras nuevas derrotas a refugiarse en Peñíscola. Intervino también de forma notoria en el conflicto el hermano del virrey, Rodrigo Díaz de Vivar, marqués del Cenete, mediando entre su hermano y los rebeldes, acabando siendo hecho prisionero de los agermanados. Finalmente, la clara victoria de los realistas en Orihuela en agosto de 1521, el asesinato de Vicent Peris en febrero de 1522, y el retorno del virrey a la ciudad de Valencia en marzo de 1522, aclararon poco a poco la situación con los agermanados divididos y refugiados en las ciudades de Xátiva y Alcira. Apareció entonces en escena un misterioso personaje llamado el *Encubierto* que se hacía pasar por el príncipe Juan, hijo mayor de los Reyes Católicos, que finalmente sería asesinado por sus propios compañeros de aventura para cobrar la recompensa. En diciembre de 1522 cayeron también Xátiva y Alcira, siendo finalmente derrotados los agermanados en Almansa, concluyendo así el conflicto.

Felizmente para él, el duque de Calabria, Fernando de Aragón, heredero del reino de Nápoles, que estaba prisionero en Xátiva y al que los agermanados solicitaron que se uniera a ellos y los dirigiera, se negó a hacerlo. Tras el conflicto, en 1523, el emperador por su demostrada fidelidad, le devolvió la libertad. Murieron cerca de 12.000 valencianos y se produjeron graves pérdidas económicas entre los perdedores. Desde 1523 hasta 1528 la represión política fue grande, encausándose a unos 800 rebeldes, siendo algunos ajusticiados, destacando en esa labor la mano excesivamente dura de la virreina Germana de Foix, junto a la de su marido Juan de Brandemburgo, capitán general del reino de Valencia, que rigieron entre 1523 y 1526. Entre confiscaciones de bienes de agermanados y penas impuestas a los lugares sublevados, a los gremios y a los individuos en particular, la corona recaudó unos 500.000 ducados. A la muerte de Juan de Brandemburgo en 1526, Germana casó con Fernando de Aragón, duque de Calabria, siendo nombrados ambos virreyes *simul et in solidum*, ocupando el cargo entre 1526 y 1536, año en que murió Germana, continuando como virrey en solitario

Marcelino Unceta y López. La paz de las Germanias. A principios de 1523 la rebelión de los agermanados valencianos fue definitivamente sofocada, interviniendo en ello la mano excesivamente dura
de los virreyes Germana de Foix y su marido Juan de Brandemburgo.

el duque de Calabria hasta su muerte en 1550. Ambos recrearon un ambiente de corte estable en Valencia, cuyo funcionamiento, así como el movimiento cultural que aglutinó, evocaba en muchos aspectos el de una corte real.

En paralelo a la rebelión valenciana, se produjo también un levantamiento llamado de las germanías del reino de Mallorca, originado tras el encarcelamiento por el gobernador Gurrea de siete menestrales en 1521. Siguiendo un proceso similar al valenciano, los rebeldes crearon una junta para dirigir la rebelión, llamada de la *Tretzena*, y al grito de *Visca el rei*, exigieron del gobernador la liberación de sus compañeros, lo que tuvo que hacer Gurrea, siendo nombrado Joan Crespí, uno de los menestrales arrestados, como cabeza del levantamiento, haciéndose con el control de la ciudad de Mallorca y de la isla, destituyendo al gobernador Gurrea, que tuvo que huir a Ibiza. El 30 de abril de 1521, el emperador desde Worms les conminó a aceptar la autoridad de Gurrea, amenazándolos con estatuir un castigo ejemplar. Los agermanados asaltaron el castillo de Bellver y asesinaron a sus defensores. Los nobles y los *mascarats*, es decir los que aceptaron la orden real y cesaron en la rebelión, se refugiaron en Alcudia, única población amurallada que permaneció fiel a la corona durante el año y medio que los agermanados dominaron la isla. Joan Crespí fue detenido y ajusticiado por sus propios compañeros agermanados, siendo elegidos Pau Casesnoves y Jordi Moranta. Se intentó trasladar el levantamiento a Ibiza y Menorca, fracasando estrepitosamente, acabando por tomar el mando de los sublevados Joan Colom, más cruel y drástico que los anteriores. Finalmente, el arzobispo de Tarragona, Gurrea y los nobles mallorquines huidos a Ibiza, Valencia y Barcelona, organizaron un ejército para ayudar a los refugiados de Alcudia. A ellos se unieron en 1522 ochocientos soldados enviados por el emperador, recuperando Gurrea el control de la isla, rindiéndose Palma en marzo de 1523, siendo ajusticiados más de 200 agermanados y sus bienes confiscados, mientras que otros consiguieron huir a Cataluña. Al igual que en los otros territorios peninsulares, la represión continuó y los pagos que tuvieron que hacer los rebelados se prorrogaron hasta mediados del XVI.

2.1.2. El problema religioso en el Imperio: Lutero y la Dieta de Worms (1521)

Desde 1517, el monje agustino alemán del monasterio de Erfurt, Martín Lutero, doctor en teología y profesor de la Universidad de Wittenberg, se había declarado en abierta rebeldía contra la iglesia tradicional que representaba el Papa, clavando el 31 de octubre de 1517, en la puerta de la iglesia de Wittenberg, sus famosas 95 tesis. Sus ideas calaron rápidamente en el pueblo, sometido en lo espiritual y en lo material a una estructura eclesiástica corrupta, insaciable, incumplidora de los preceptos mínimos de la fe, acaparada por los poderosos que la usaban para el beneficio económico de los suyos. Lutero supo aprovechar el vacío de poder central existente en el Imperio, decantándose por una alianza con la nobleza, dejándose proteger por ella. Roma reaccionó excesivamente tarde, amenazando a Lutero con la excomunión (*Bula Exurge Domine* de 15 de junio de 1520) si no se retractaba en el plazo máximo de 60 días de los 43 graves errores que incluían sus tesis. Finalizado el plazo sin haberse retractado, Lutero fue excomulgado el 3 de enero de 1521 (*Bula Decet Romanum Pontificem*).

La primera estancia de Carlos en el Imperio, tras su coronación, estuvo marcada por esa confrontación religiosa, tema estrella de la época, y por la necesidad de obtener fondos de sus súbditos alemanes para alcanzar su nueva meta, la coronación imperial en Roma. Carlos, tan joven y tan atento, era visto por sus súbditos imperiales, incluso por Lutero, como la solución idónea a los problemas que afectaban al país. Sin embargo, para Carlos el Imperio era solo una más de sus muchas posesiones, quizá con algo más de prestancia que las otras, pero nada más. El Imperio era un rompecabezas imposible de gobernar, una estructura política obsoleta incapaz de competir con los demás estados modernos europeos que cada vez tendían más hacia el absolutismo, lo que les permitía tomar decisiones rápidas y aprovechar las circunstancias políticas y militares. El Imperio era un inmenso monstruo en el cada decisión tenía que ser discutida con sus príncipes, que en sus tierras propias poseían un poder casi total.

Desde la llegada de Carlos a tierras imperiales y especialmente durante su estadía de dos semanas en la ciudad imperial de Colonia, Lutero había sido el cansino tema estrella de sus reuniones con los príncipes electores, especialmente con el duque Federico III el Sabio de Sajonia, de quien dependía directamente el insurrecto heresiarca. En esa entrevista colonesa, Federico pidió al emperador que oyera a Lutero, si fuera posible acompañado por especialistas en temas de fe. Lutero veía al joven césar como una tabla de salvación para Alemania, *Dios nos ha dado un joven de sangre noble como cabeza y con ello ha despertado la esperanza*

A pesar de los argumentos esgrimidos por Lutero ante la Dieta Imperial en Worms el 18 de abril de 1521, el joven emperador Carlos V reafirmó querer seguir fiel a la fe de sus predecesores, permitiendo salir impoluto de Worms al heresiarca, que fue proscrito en el Imperio.

en muchos corazones. Carlos, por su parte, se debatía entre una necesaria reforma de la iglesia y la defensa de la fe de sus antepasados. Para dejar a todos contentos, decidió invitar a Lutero a hablar en la próxima Dieta imperial que se celebraría en la ciudad de Worms. La idea de Carlos era dejarlo hablar, mostrando su magnanimidad, y pedirle que se retractara y abandonara definitivamente la herejía, trayendo la paz al Imperio. Él, como emperador, era la persona adecuada para reformar la iglesia desde dentro, por medio de un concilio y sin ánimo de destruir lo heredado de sus antecesores.

Tras partir de Colonia, el flamante emperador siguió, a finales de noviembre de 1520, remontando en barco el Rin, visitando Bonn y Maguncia, hasta llegar a Worms, donde se celebraría su primera dieta imperial, que se inició el 27 de enero de 1521, y en la que, a pesar de los muchos temas a tratar, Lutero acaparó de nuevo gran parte de la atención. Lutero entró en Worms el 17 de abril, mostrando un valor extraordinario ya que se aventuraba en un lugar del que podría no salir vivo, al menos así era el deseo de muchos de los consejeros imperiales y eclesiásticos que opinaban que *muerto el perro se acabaría la rabia*. Había ejemplos anteriores en el Imperio de reformadores que se habían atrevido a cometer idéntica torpeza, por ejemplo el reformador checo Jan Hus que, invitado por el emperador Segismundo a hablar ante el concilio de Constanza, fue hecho prisionero y quemado en la hoguera en 1416. Lutero no se arredró y creyendo en la promesa de inmunidad dada por el emperador, habló ante la Dieta el 18 de abril, concluyendo que *prisionero de la palabra de Dios, ni podía, ni quería retractarse*. El 19 de abril quedó clara la ruptura con el emperador que en su célebre discurso ante la Dieta, confirmó su intención de seguir *determinado de guardar la fe católica y los sacros cánones, decretos y ordenamientos y loables costumbres, de mis predecesores... emperadores cristianísimos de la noble nación de Alemania y de los Reyes Católicos de España y de los archiduques de Austria y duques de Borgoña, los cuales fueron hasta la muerte hijos fieles de la Santa Iglesia Romana, considerando una gran vergüenza y afrenta que un solo fraile, contra Dios, errado en su opinión contra toda la Cristiandad, así del tiempo pasado de mil años ha, y más como del presente, nos quiera pervertir y hacer conocer, según su opinión, que toda la dicha Cristiandad sería y habría estado todas horas en error... Ya oísteis la respuesta pertinaz que dio Lutero ayer en presencia de todos vosotros. Yo os digo, que me arrepiento de haber tanto dilatado de proceder contra el dicho Lutero y su falsa doctrina. Estoy deliberado de no le oír hablar más, y entiendo juntamente dar forma en mandar que sea tornado, guardando el tenor de su salvoconducto, sin le preguntar ni amonestar más de su malvada doctrina, y sin procurar que algún mandamiento se haga de como suso es dicho; e soy deliberado de me conducir y procurar contra él como contra notorio herege.*

El 4 de mayo de 1521 en su viaje de regreso, Lutero fue secuestrado por su propio señor, el príncipe elector de Sajonia y, camuflado como un joven caballero, el Junker Jörg, se refugió en el castillo de Wartburg cerca de Eisenach, donde tradujo la Biblia al alemán y selló la ruptura de la iglesia alemana. Su traducción de la Biblia, difundida por doquier gracias a la imprenta, fue la base del moderno idioma unificado de los alemanes, estableciendo cánones de cómo se había de escribir ese idioma.

El caso Lutero concluyó con el edicto imperial contra el hereje y su proscripción en el Imperio, publicado el 25 de mayo de 1521 por el emperador y por el cardenal Girolamo Aleandro, nuncio papal, prohibiendo la evangelización o divulgación de esas ideas heréticas. No obstante, la Reforma se iría expandiendo fácilmente, primero gracias a la imprenta, y segundo por la ausencia imperial y la colaboración entre los reformados y los enemigos del césar. A pesar de que Carlos solicitó reiteradamente la celebración de un concilio, ni León X, ni Clemente VII, lo permitirían, en un intento de debilitar el poder del emperador.

Para evitar que las ideas luteranas pudieran afectar a los Países Bajos, Carlos selló la entrada a sus tierras hereditarias, sin contemplaciones. El 20 de marzo de 1521 una ordenanza prohibió la impresión, venta, compra o posesión de libros y escritos luteranos, o de cualesquier otros que atacaran al Papa, así como su quema en las plazas públicas. El 8 de mayo del mismo año, se emitió en los Países Bajos un edicto contra Lutero, sus seguidores y sus escritos.

El tema de Lutero dejó en la sombra a los demás temas importantes que se querían resolver en esa Dieta. De los pocos que se trataron, destacaron la creación del *Reichsregiment*, institución de gobierno que en nombre del emperador se encargaría de regir en el Imperio durante sus ausencias, quedando a su cabeza como su representante su hermano Fernando que a la sazón residía ya en Austria, casado con Ana de Hungría. Se solicitó también a los estamentos la concesión de una ayuda para defender al Imperio de la amenaza turca que ascendía sin freno por el Danubio, ocupando el 31 de marzo la capital serbia, Belgrado, amenazando ya al reino de Hungría. También se solicitó una ayuda para defenderse de las agresiones francesas, que fue denegada. Se quedaron sin tratar temas tan relevantes como la reforma del Alto Tribunal de Justicia Imperial, el *Reichskammergericht*, máximo tribunal de apelación del Imperio, así como el proyecto aduanero, *Zollprojekt*. A pesar de que la Dieta concluyó con el *Reichsabschied* o conclusiones el 26 de mayo, Carlos siguió en Worms hasta el 31 de mayo, resolviendo otros temas de gran interés para su familia. A principios de junio inició su regreso a los Países Bajos, haciéndolo en barco por el Rin hasta la ciudad de Colonia, donde Carlos poseía varios palacios que había heredado de sus antepasados brabanzones, así como varios castillos y lugares sitos entre 10 y 20 kilómetros al oriente de Colonia, lugar geoestratégico por excelencia para controlar el Imperio. Estos lugares eran los señoríos de Kerpen, Lommersum y Hürth, situados sobre el llamado Camino Brabanzón, ruta que desde Colonia, vía Hürth, Kerpen, Düren, Aquisgrán, Rolduc, Falquenburgo, Maastricht y Lovaina, llevaba directamente a Bruselas. El camino pertenecía íntegramente a los duques de Brabante y por él podían circular mercancías, viajeros y ejércitos propios. En Colonia, visitó Carlos junto a Francisco de los Cobos, la iglesia de Santa Úrsula, regalándole al secretario cuatro cabezas de las 10.000 vírgenes, con certificado de autenticidad, para su capilla privada en Úbeda.

2.1.3. Algunos temas familiares. Cesiones de Carlos a su hermano Fernando (1520-1522)

El emperador había prometido a su hermano Fernando en su despedida castellana en Aranda de Duero en 1518, reiterándolo durante el proceso de acceso al título imperial en 1519, proveerle de un patrimonio propio que pudiera en el futuro transmitir a sus hijos. Esa trasmisión comenzó a tomar forma durante la estancia de Carlos en los Países Bajos en 1520, donde desde 1518 residía, lejos de Castilla, Fernando, cediéndole primero el título de archiduque de Austria, dotándolo con ello de un patrimonio y una prestancia especial. Al poco de su coronación como emperador electo en Aquisgrán, dio Carlos un segundo paso, poniendo en marcha el proceso matrimonial de Fernando, que había sido apalabrado en 1515 por Maximiliano con Ana, hija del rey Ladislao de Bohemia, el Aargau y Hungría. Estando el emperador en la ciudad de Bonn, camino de Worms, en noviembre de 1520, ordenó a Fernando su traslado a Austria para casar con Ana de Hungría, celebrándose la boda el 23 de mayo de 1521 en la capital de la Alta Austria, Linz. Algo más tarde, se casaron en Praga, María, la hermana del césar, con Luis II, rey de Hungría, Bohemia y Croacia, el 13 de enero de 1522.

Hans Maler zu Schwaz. El archiduque Fernando, hermano del emperador Carlos V en 1524 a los 21 años de edad. Fernando, el que más se parecía a su abuelo Maximiliano, heredó de su hermano Carlos, el archiducado de Austria, las tierras de la Austria Anterior, los ducados de Estiria, Carintia y Carniola, el condado del Tirol, así como la lugartenencia imperial y la dirección del Reichsregiment.

Durante la reunión de la dieta de Worms, el 28 de abril de 1521, Carlos realizó una segunda cesión de bienes a su hermano Fernando, en un acuerdo mantenido en secreto por deseo del emperador, por el que le donaba gran parte de la herencia austriaca de Maximiliano: la Alta y la Baja Austria, los ducados de Estiria (*Steiermark*), Carintia (*Kärnten*) y Carniola (*Krain*), este último sito en la actual Eslovenia, en torno a su capital Liubliana. Con esta carga de tierras imperiales, la figura de Fernando como lugarteniente de Carlos en el Imperio, cargo concedido por el césar el mismo día, ganaba en prestancia y en capacidad de decisión. Fernando pasaba a convertirse en la cabeza del *Reichsregiment*, institución en la que también estaban representados los príncipes electores y los estamentos del Imperio en general, institución encargada del gobierno del país durante las ausencias del emperador.

Finalmente, tras el regreso de Carlos a los Países Bajos, entre enero y marzo de 1522, se llegaron a nuevos acuerdos conocidos como los convenios de Bruselas, de entre los que destacaron los del 7 de febrero y el 10 de diciembre de 1522, en el que el emperador hizo una tercera cesión de tierras a su hermano

Fernando, entregándole el resto de tierras austriacas, las llamadas *Vorderösterreich*, *Vorlande* o también Austria Anterior, que reunían las antiguas posesiones de los Habsburgo en la Suabia: el Burgau en la zona de Augsburgo y Ulm; Günzburg-Ehingen, Rottenburhg, Stockach, Altdorf y Sigmaringen (esta última discutida) en el ducado de Wurtemberg; el Sundgau en la Alsacia; la Brisgovia al este del Rin en torno a Friburgo; el valle de Frick en el Aargau en Suiza; parte del Vorarlberg con la ciudad de Bregenz; y el condado del Tirol. Carlos cedía a su hermano Fernando, la mayor parte de esas tierras patrimoniales austríacas, alpinas, balcánicas y sur alemanas (Alta Renania) a perpetuidad, para él y para sus herederos, a excepción de la Alsacia, Pfirt y Hagenau, que solo los cedía de por vida, sin carácter hereditario, debiendo reintegrarse a su muerte al ducado de Borgoña a donde siempre habían pertenecido. Se creaban con ello las dos líneas de los Habsburgo que regirían Europa, la casa española gobernada por un neerlandés que hablaba poco y mal el español, Carlos V, y la casa austriaca, regida por un español que hablaba poco y mal el alemán, Fernando. También se estableció un proyecto para conseguir que Fernando fuera elegido rey de Romanos, camino que pasaba por la coronación papal de Carlos.

Su otra hermana, Leonor, que durante la primera estancia en Castilla había casado con el rey de Portugal, su tío Manuel el Afortunado, retornó al estado de viudedad el 13 de diciembre de 1521, regresando al poco al lado de su hermano Carlos, dejando en Portugal a sus dos hijos Carlos y María.

En esta estancia neerlandesa, en la que el césar pasó desde finales de octubre hasta el 12 de diciembre de 1521, un mes y medio, en la ciudad de Oudernade, observando de cerca el sitio que Enrique de Nassau hacía sobre la ciudad de Tournai, el amor volvería a llamar a su puerta, enamorándose de una bella joven flamenca Juana María van der Gheynst, sirvienta de Carlos de Lalaing, señor de Montigny, gobernador y bailío de la ciudad de Oudernade, en cuyo palacio se alojó repetidas veces el emperador en 1521. Además de disfrutar de ese nuevo amor, también disfrutó Carlos de la caza en las cercanías de Oudernade, donde el duque de Cléves poseía una magnifica reserva de caza en Winnendale. Fruto de esos placeres amorosos proseguidos hasta su partida a España en el verano de 1522, fue la concepción con Juana de una hija, Margarita de Austria, después duquesa de Parma, nacida en Oudernade el 28 de diciembre de 1522.

Curiosamente, aunque las relaciones de Carlos con el Papa León X habían sido siempre nefastas, desde la prescripción del común enemigo Lutero, mejoraron bastante. El 8 de mayo de 1521, estando en Worms, se establecía con el Santo Padre una alianza de mutua defensa contra quien osara atacar en Italia, ratificada el 28 de mayo del mismo año por el césar y el Sumo Pontífice, en el llamado tratado de Roma. El 4 de junio de 1520, León X invistió a Carlos V con el reino de Nápoles, algo a lo que se había negado hasta entonces. La amistad sin embargo no duró demasiado, León X murió en diciembre de 1521, abriéndose una puerta al emperador para poder colocar a su maestro Adriano en el solio pontificio.

2.2. Primera guerra con Francia: Francisco I versus Carlos V (1521-1526)

2.2.1. Inicio de la guerra: Enrique de Navarra, Roberto de la Marck y Carlos de Güeldres (1521)

Las relaciones entre Carlos V y Francisco I no pasaban en 1521 por sus mejores momentos. Carlos había ido madurando y ya no se dejaba deslumbrar por la idea de conseguir una eterna amistad con Francia tal y como promovía Chièvres. El joven césar comenzaba a sentir a Francia como un país émulo e incluso enemigo. Ambos monarcas tenían razones suficientes

Las relaciones entre León X y Carlos V no fueron excesivamente buenas y solo un año antes de su muerte aceptó el Sumo Pontífice investir al emperador con el reino de Nápoles. León X murió en diciembre de 1521.

para sentirse así y se acusaban mutuamente de incumplir lo pactado en Noyon, Bruselas y Cambray. Además Francisco I estaba muy descontento por el fracaso de las negociaciones sobre Navarra y por el triunfo de Carlos en la elección imperial. El rey francés parecía ser el más belicoso de los dos, aunque aún no lo suficientemente decidido a iniciar las hostilidades, lo cual le hubiera supuesto la intervención en su contra de Enrique VIII, que había prometido aliarse con el primero de los dos que fuera atacado. Francisco organizó por ello otro sistema consistente en ataques de desgaste contra Carlos llevados a cabo por terceros, a los que apoyó militar y económicamente. Tales fueron las agresiones llevadas a cabo en los Países Bajos por Roberto de la Marck y por Carlos de Egmont, duque de Güeldres, además de la invasión de Navarra que presuntamente había organizado por su cuenta y riesgo Enrique de Albrit, que seguía llamándose Enrique II de Navarra.

El primero en iniciar las hostilidades fue Roberto de la Marck, señor de Sedán y Fleuranges, duque de Bouillon, compañero íntimo de juventud de Francisco I, que inició los ataques en abril de 1521, estante el emperador aún en la Dieta de Worms. En esa misma reunión, el embajador francés, Barroy, afirmaba el 22 de abril que Francia nada tenía que ver con ello, que Roberto actuaba de su propia iniciativa, aunque al poco fueran interceptados documentos que comprometían sin duda alguna a Francisco I en la acción. El éxito de Roberto de la Marck fue mínimo y solo basado en el efecto sorpresa, asaltando la región del Mosa. La reacción de Enrique III de Nassau no se dejó esperar, venciendo a Roberto que no solo se tuvo que retirar sino que sufrió graves pérdidas en sus tierras patrimoniales. Nassau prosiguió la acción de castigo por el norte de Francia, Mouzon, Mezieres y Valenciennes, asediando a su vez el enclave francés de Tournai, que se rendiría definitivamente en diciembre de 1521. Carlos V nombró gobernador de tan importante lugar a Felipe de Lannoy, e incorporó la ciudad y su tierra al condado de Flandes, dotándola de nuevos reglamentos y leyes.

En paralelo al ataque de Roberto de la Marck, Andrés de Foix, señor de Asparrots, aprovechando el caos reinante en Castilla con la sublevación de los comuneros, inició una ofensiva para recuperar el reino de Navarra para su señor Enrique II, a la par que los navarros se levantaban a su favor y contra la ocupación española en Pamplona, Tafalla, Estella y Tudela. De nuevo Francia volvió a negar cualquier tipo de colaboración con ellos, aunque a su vez abasteció sin tapujos al ejército navarro-gascón. Las fuerzas españolas faltas de fondos en ese momento e interesadas principalmente en sofocar el levantamiento comunero, se retiraron de Navarra que quedó en poder de Andrés de Foix. No contento con ello, invadió también la Rioja, sitiando Logroño. Tras aplastar el movimiento comunero, Castilla organizó un fuerte ejército formado por 30.000 soldados, entre los que se encontraban muchos de los vencidos comuneros que así pagaban parte de la deuda contraída, que obligó a los invasores a retroceder hacia Navarra, venciéndoles de forma contundente el 30 de junio de 1521 en las Salinas, cerca de Noaín, siendo herido gravemente y hecho prisionero Andrés de Foix, un gran número de nobles navarros y toda la artillería que llevaban, recuperando Castilla para siempre el control del reino de Navarra, al sur de los Pirineos. Solo quedaron en poder de los rebeldes navarros por poco tiempo algunos puntos de la Baja Navarra: el valle de Baztán, el castillo de Maya y la poderosísima fortaleza de Fuenterrabía que había sido conquistada por tropas francesas dirigidas por el duque de Guisa y el señor de Bonnivet en octubre de 1521, y que aún se mantendría más tiempo en su poder.

Por su parte, abriendo un tercer frente, el duque de Güeldres, Carlos de Egmond, reinició las hostilidades en la región oriental de los Países Bajos. Margarita reunió en julio de 1521 a los Estados Generales en Gante, consiguiendo a principios de septiembre una ayuda (*Bede*) por valor de 150.000 coronas para defender el país.

A través de su tío, Enrique VIII, Carlos consiguió firmar una suspensión de hostilidades con Francisco I, denominado compromiso de Argilly, y poco más tarde, el 25 de agosto, un tratado de amistad entre Carlos y Enrique VIII de Inglaterra, firmado por el cardenal Wolsey durante la visita que hizo al emperador en Brujas. Auspiciada por Enrique VIII, se reunió una conferencia por la paz en la ciudad inglesa de Calais, a la que asistieron la delegación imperial, encabezada por Mercurino Gattinara, la francesa presidida por el canciller Antonio de Prat, la inglesa con Wolsey a su cabeza, y la de la Santa Sede presidida por el obispo de Ascoli, Girolamo Ghinucci. En esa reunión se llegó, al margen del tema principal, en una negociación a dos bandas entre Carlos y Enrique VIII, al acuerdo de casar al césar con María Tudor que a la sazón solo contaba 5 años. En esas conversaciones, dentro de un clima pacífico, tanto Francisco como Carlos exigieron para firmar la paz, cesiones imposibles. Carlos por ejemplo exigía la devolución de las tierras borgoñonas ocupadas: el ducado de Borgoña, Auxonne, Mâconnais, las ciudades de Péronne, Montdidier y Roye, sitas en el Somme, además del cumplimiento estricto del tratado de Arrás. También exigía la devolución de Narbona, Montpellier, Tolosa y el Languedoc, territorios según él pertenecientes a su herencia aragonesa, el Arelat, la Provenza, el Delfinado, el Lionesado y el Beaujolais, pertenecientes al Imperio, y finalmente Milán, Génova y Asti. Ante esas solicitudes quedaba claro que Carlos no deseaba fehacientemente la paz, sino la guerra. Gattinara, el viejo erasmista siempre defensor de la paz, también apoyaba esta vez la guerra abiertamente. Para ser respetado por los demás países, Carlos tenía que mostrarse al mundo como guerrero victorioso, demostrando su capacidad al mando de un ejército, como ya lo había hecho Francisco I durante su invasión del norte de Italia en 1517. Además, en ese momento Carlos contaba con un ejército reclutado, al que había que pagar por fuerza varios meses, por lo que, en lugar de perder el dinero, lo mejor sería actuar ya, demostrando poder, fuerza y decisión. Había aún un argumento más por parte de Gattinara. Tras el acuerdo firmado entre Carlos y León X, el emperador no podía permitirse pactar nada con el rey francés sin la aquiescencia del Papa, ya que su investidura del reino de Nápoles podía estar en peligro. Desde agosto a noviembre se prolongaron las conversaciones en Calais sin éxito, retirándose la delegación francesa el 22 de noviembre. Dos días más tarde, el 24 de noviembre, los delegados de Enrique VIII, Carlos V y León X firmaban un tratado secreto entre ellos, al que se unían Portugal, Polonia, Hungría, Dinamarca y Saboya, todos contra Francia.

El emperador aprovechó el momento histórico y se liberó del vasallaje francés en Flandes y en el Artois. El 24 de julio de 1521 ordenó al Consejo de Flandes, que no permitiera más ejercer ningún tipo de jurisdicción al Parlamento de París en el condado, ni en sus dependencias, y el 2 de enero de 1522 nombró al Gran Consejo de Malinas como sustituto del Parlamento parisino en todas las apelaciones hechas por causas juzgadas en Flandes y Artois. En febrero de 1522 se atrevió a más, y se anexionó oficialmente la ciudad de Tournai y su tierra, el

Hans Holbein el Joven. Aún en 1521 las relaciones entre Carlos V y Enrique VIII eran extraordinarias, fijándose por ello el matrimonio del césar con María Tudor, hija del rey inglés.

Tournésis, que había conquistado el año anterior, confirmándoles todos los derechos y privilegios que habían poseído bajo los reyes de Francia, y reorganizando su administración.

2.2.2. El Papa Adriano VI (1522-1523)

Poco pudo disfrutar León X de la recuperación de los territorios de Parma y Piacenza, tras la reconquista por Próspero Colonna del ducado de Milán, ya que murió a principios del mes de diciembre de 1521. Al enterarse de la noticia, el emperador intentó cumplir con la palabra dada al cardenal de York, Wolsey, durante su estancia en Brujas en agosto de 1521, comprometiéndose a apoyarlo para conseguir el solio. Enrique VIII y Wolsey confiaban plenamente en la palabra del emperador, al que Wolsey reconocía como uno de sus *dos señores*, y enviaron a Ricardo Pace como embajador especial a Roma, vía Gante para entrevistarse con Carlos. Su idea era conseguir que el césar mandara al ejército imperial acercarse a Roma para presionar al colegio cardenalicio y conseguir que lo votara. Carlos envió a través de Pace información en ese sentido a su embajador en Roma, Juan Manuel, pero cuando Pace llegó a la ciudad eterna, el cónclave había ya elegido a Adriano de Utrecht, regente de España y maestro del emperador, como nuevo Papa, 9 de enero de **1522**. Solo nueve cardenales habían votado a Wolsey, al que la mayoría consideraba excesivamente joven, solo contaba 44 años, además de excesivamente reformista.

De la elección de su antiguo maestro como nuevo Papa se enteró Carlos V en Bruselas el 20 de enero de 1522, quedando completamente sorprendido de ello ya que nadie contaba con esa posibilidad. Naturalmente se alegró de que fuera una persona tan conocida y tan querida por él, *una persona que había comido de él en su casa*. Para felicitarlo envió a España al comendador Lope Hurtado de Mendoza, llevándole una carta en la que Carlos expresaba su alegría por que fuera su maestro el elegido por Dios para investirlo con la corona imperial, meta que en ese momento perseguía y veía más cerca que nunca. Adriano VI era además *de su propia nación*, flamenco, y lo había educado en su niñez. Dios los había designado para unificar la cristiandad y combatir juntos todo tipo de herejía, y Carlos estaba dispuesto a hacer suya la fortuna del Santo Padre y a obedecerlo como siempre lo había hecho. El 14 de febrero, Adriano aceptó su elección como Santo Pontífice.

La relación de Adriano VI con el emperador parecía ser aún la misma de siempre, la de un padre con su hijo, prometiéndole preocuparse de sus asuntos y de los de su hermano Fernando como siempre lo había hecho. Carlos le mostraba su alegría y felicidad por el nombramiento y proponía que era el momento soñado para llevar a cabo juntos grandes hechos. Le pedía que tuviera cuidado con los franceses y que su viaje a Roma lo hiciese en barco y no por tierra, donde seguramente el rey francés pretendería obtener algún beneficio suyo. Las galeras de España, Nápoles y Sicilia se dirigían ya a Barcelona para pasarlo con total seguridad a Roma. Carlos pretendió renovar con Adriano VI el tratado que León X había pactado con él, un tratado que Carlos pretendía ampliar al rey Enrique VIII de Inglaterra y que sería meramente defensivo para mantener el *status quo* vigente y solo agresivo en caso de un ataque del francés a cualquiera de los tres. Adriano prometió hacer más de lo que nunca un Papa hubiera hecho por él, pero se negó a firmar un acuerdo que, según él, lo enfrentaría al rey francés. El Papa debía de mostrarse y comportarse de forma neutra para poder servir de mediador entre los príncipes cristianos.

Carlos había animado a Adriano a que le aguardara, antes de su viaje a Roma, para despedirse personalmente de él, pero el Santo Padre se excusó, alegando no poder demorar más su traslado, embarcando en Tarragona el 7 de agosto, llegando a Génova el día 17. La ciudad había sido liberada hacía poco, el 30 de mayo, de la ocupación francesa por el marqués de Pescara, que había devuelto su mando al antiguo Dogo, Antoniotto Adorno. La recepción que hicieron al Papa los hermanos Adorno fue extraordinaria y en ella estuvieron presentes también para saludarlo, el duque de Milán, Francisco Sforza, Próspero Colonna y el propio marqués de Pescara. Pasando por Livorno y Civita Vecchia, desembarcó Adriano en Ostia e hizo su entrada oficial en Roma el 29 de agosto, siendo coronado como Papa el 1 de septiembre de 1522.

Las relaciones entre ambos, antes padre e hijo, señor y vasallo, sufrieron un vuelco tras su coronación y además, desde la partida de Adriano de España sin entrevistarse con Carlos, comenzaron a correr todo tipo de rumores e hipótesis acerca de la relación entre ambos, más cuando el césar se vio obligado a retirar de la corte papal a su antiguo embajador, Juan Manuel, caído en desgracia ante el Papa, sustituyéndolo por el duque de Sesa. Los intereses de Carlos y Adriano parecían haberse convertido en intereses divergentes. Carlos pretendía ganarse al Papa como aliado para luchar contra Francia, Adriano pretendía convencerlo de que llegara a una tregua y a una posterior paz con Francisco I, deseando unir a la cristiandad para luchar contra el grave peligro otomano. En el mismo sentido se dirigió el Papa a Francisco I y a Enrique VIII, los intereses particulares de ningún rey cristiano podían dejar abandonada a la cristiandad en manos de los turcos que cada día esclavizaban a más y más países cristianos. Antes que la guerra contra Francia, el emperador debía de tener miras más altas y fijarse como meta evitar que los turcos acabaran de conquistar Hungría y Rodas. Claramente, el más neutro de todos, el único que conservaba una visión política centrada en el bien general de los cristianos era Adriano VI, cuyo objetivo era ser el Papa de todos y no exclusivamente de los súbditos de Carlos.

Adriano prosiguió en su intento de convencer a todos para conseguir la paz y el abandono de las hostilidades que se habían ido generalizando. La paz entre los cristianos era aún posible. La guerra tomó un curso negativo para Francia que sufrió varias derrotas en Navarra, en los Países Bajos, en el norte de Francia y en Italia, donde además de expulsarlos de Milán y Génova, se había frenado radicalmente un nuevo intento de ocupación galo, aniquilando al ejército invasor francés en las cercanía de la Bicoca. Todo esto hizo que Carlos y Enrique se envalentonaran y, haciendo oídos sordos a los deseos del Papa, concertaran una invasión paralela de Francia por el norte y por el sur. Francisco I, acosado por todos los frentes, accedió a los deseos papales y se ofreció a llegar a una tregua, aunque de nuevo exigió condiciones tan altaneras que ni Enrique, ni Carlos se mostraron dispuestos a aceptarlas.

Mientras los cristianos se debatían entre la continuación de las hostilidades o el inicio de una tregua, los turcos, mejor organizados, dieron un golpe mortal en el Mediterráneo, obligando a los caballeros de San Juan de Jerusalén con su maestre Villiers de l'Isle-Adams a rendirles la isla de Rodas el 20 de diciembre de 1522. Solimán entró personalmente en Rodas tres días más tarde. Rodas se convertía en una base desde donde los turcos podían amenazar directamente a Italia y especialmente a Sicilia y Nápoles.

Adriano VI siguió pidiendo la paz entre cristianos, aunque fuera solo por tres o cuatro años y la creación de una flota común para atacar a los turcos. Francisco I se avino a principios de febrero de 1523 a dialogar y también Carlos, aunque secretamente sabía que Francisco estaba organizando un gran ejército para invadir Italia y que lo único que pretendía era ganar tiempo para que los turcos atacaran Nápoles o Sicilia y cuando el emperador fuera en su defensa, adueñarse del ducado de Milán. En abril de 1523 se iniciaron conversaciones en Roma, auspiciadas por el Papa. El más perjudicado por lo acaecido era Carlos V que se veía obligado a afrontar una guerra a dos bandas, contra el francés y contra los turcos, por lo que incitó a Enrique VIII a que participara apoyando una intervención contra los turcos en la que Francia e Inglaterra participarían con armas y soldados, exigiendo además que la tregua que se pactara durara al menos tanto como la campaña contra los otomanos y seis meses más para recuperarse. Su idea era la de una cruzada general de la cristiandad en la que la iglesia tendría que aportar al menos una cuarta parte de sus ingresos en los reinos participantes. Los intentos de paz se desvanecieron en junio de 1523 al ser sorprendido un correo entre Francia y el cardenal Soderini, descubriéndose un complot organizado por Francia para levantar a la población de Sicilia contra Carlos, a la vez que invadir con su flota la isla. Soderini fue encarcelado por Adriano VI y como represalia Francisco I encarceló al nuncio papal, arzobispo de Bari.

Como consecuencia de ello, Carlos V y Enrique VIII decidieron invadir Francia por tres partes a la vez y pidieron al Papa que se uniera a ellos en una liga, enviando para convencerlo a un buen amigo suyo que acababa de ser nombrado virrey de Nápoles a la muerte de Ramón de Cardona, Carlos de Lannoy, que consiguió el 3 de agosto de 1523 que Adriano VI se adhiriera a la coalición de la que también formaban parte el lugarteniente imperial Fernando, hermano del césar, el duque de Milán y las repúblicas de Florencia, Génova, Siena y Lucca. El propio Carlos de Lannoy fue nombrado general de esa nueva liga que solo tenía un carácter defensivo. Venecia se unió también a la coalición, abandonando a Francia. El 8 de septiembre se pasaba también al bando imperial el condestable de Borbón, al que el rey francés había desposeído de la mayor parte de sus propiedades. La coalición era una victoria política increíble del emperador, pero era solo defensiva, y Carlos necesitaba que pudiera actuar también, por lo que pidió de nuevo a Lannoy y al duque de Sesa que intervinieran ante el Papa para conseguirlo. Antes de que lo pudieran conseguir, el 14 de septiembre de 1523, el mismo día que los franceses atravesaban el Tesino para invadir la Lombardía, falleció Adriano VI. Los romanos quedaron contentos con la noticia de su muerte porque este Papa flamenco había sido demasiado sencillo, austero, defensor de la paz, poco amante de los fastos y había pretendido controlar las cuentas, los gastos superfluos que se realizaban en la Santa Sede, de los que se beneficiaban los patricios romanos, e incluso establecer una cierta disciplina en la forma de vida de los eclesiásticos. A su muerte uno de ellos escribió sobre la puerta de la casa de su médico privado: *Al defensor de la Patria.*

2.2.3. Regreso a España de Carlos V. Conversión española del emperador (1522-1523)

Al llegar la primavera de 1522, Carlos decidió retornar a sus reinos españoles cumpliendo la promesa que había hecho a sus súbditos antes de partir hacia su coronación imperial. El 15 de abril nombró nuevamente a su tía Margarita como gobernadora y regente de los Países Bajos en su ausencia. Margarita quedaba con los mismos poderes que ya había tenido en las dos últimas regencias, que tan buen resultado habían dado. Para evitar la expansión de los problemas heréticos luteranos nombró el 23 de abril al consejero Van der Hulst como inquisidor de todos los Países Bajos. El 29 de abril dejó organizada la defensa del país con un ejército formado en su núcleo principal por ocho compañías bajo el mando supremo del señor de Ijselstein, conde de Büren. Para asesorar a Margarita creó un Consejo formado por el señor de Ravenstein, el príncipe de Orange, los condes de Büren, Grave, Hoogstraeten y los señores de Beveren, Berghes y Roeulx, junto al arzobispo de Lieja, Erard de la Marck, que seguía comportándose como un aliado. En el Imperio dejaba durante su ausencia a su hermano Fernando, como su lugarteniente al frente del *Reichsregiment*.

Tras realizar todos los preparativos, el 26 de mayo de 1522, los Países Bajos vieron alejarse nuevamente a su soberano, esta vez por bastante tiempo, hasta 1531. Cuatro días antes de su partida, el 22 de mayo de 1522, estando en Brujas, ante los muchos peligros que le acechaban en un viaje de ese calibre y en medio de una guerra, Carlos V decidió hacer su primer testamento, que sería transcrito y firmado el 3 de julio de 1522 en el castillo de Waltham Bishop, cerca de Southampton. En él dejaba estipulado tres lugares de enterramiento diferentes dependiendo de cómo se desarrollaran los acontecimientos políticos o del lugar donde muriera. El primer lugar y el más deseado era la Cartuja de Dijon, cerca de sus antepasados borgoñones, si se había recuperado de manos francesas; si su deceso ocurría estando en Alemania o en los Países Bajos, la iglesia de Nuestra Señora de Brujas, cerca de María de Borgoña; y si la muerte le llegaba en España la Capilla Real de Granada, cerca de los Reyes Católicos.

Al igual que en su viaje desde Castilla a Flandes para su coronación en 1520, Carlos decidió visitar también a sus tíos, Enrique VIII y Catalina, en Inglaterra. Desde Brujas, vía Nieuport y Dunkerque, llegó hasta Calais, embarcando el 26 de mayo de 1522 para llegar, tras cuatro horas de navegación, a Dover, donde fue recibido por Wolsey y al día siguiente por Enrique VIII. A continuación, acompañado por el monarca inglés visitó Canterbury, Sittingbourne, Rochester, Stove, descansando un par de días en Greenwich antes de hacer su entrada oficial en Londres el 6 de junio de 1522, en compañía de Enrique VIII, yendo ambos vestidos con trajes idénticos. En Londres, ambos mo-

Anton van den Wijngaerden. El castillo de Richmond a mediados del siglo XVI, lugar que visitó Carlos V en compañía de Enrique VIII en su segunda estancia inglesa de 1522.

narcas firmaron una alianza defensiva, y Carlos presumió de rarezas mostrando a Enrique algunas de las piezas enviadas por Hernán Cortés desde el recién conquistado reino de México. Desde Londres prosiguió por Richmond, Hampton Court y Windsor, donde se detuvo 8 días tomando parte en el capítulo de la orden de la Jarretera a la que pertenecía desde su juventud. Antes de partir de Windsor firmó un préstamo con los Welser para financiar sus necesidades bélicas y siguió su camino vía la Thour du Roy, Farnham, Alesdorf, hasta Winchester, donde se despidió de Enrique VIII, retornando el rey inglés a Windsor, prosiguiendo Carlos vía Waltham Bishop hasta Southampton, donde embarcó. Desde el 7 al 15 de junio atravesó Carlos la mar, travesía en la *que Nuestro Señor me ha dado tan buen tiempo que yo con mi real armada llegué en salvamento a esta villa de Santander* el 16 de julio de 1522.

Desde Santander, atravesando los montes cántabros, llegó a Aguilar de Campóo. Antes de partir de ese lugar, ya en el mes de agosto, recordando que en pocos días nacería su segunda hija, fijó una pensión de 80 florines de oro para su amante neerlandesa, Juana van der Gheynst, que en ese mismo mes de agosto de 1522 daría a luz en Waloin cerca de Oudernade a la segunda hija ilegítima del emperador, Margarita de Parma. Juana van der Gheynst casaría en octubre de 1525 con Juan van der Dycke, procurador fiscal del Consejo de Brabante.

En pleno mes de agosto atravesó el emperador Castilla haciendo un descanso de 18 días en Palencia, llegando el 27 de agosto a Valladolid, dirigiéndose tras otro breve descanso, a Tordesillas a pasar tres días con su madre, la reina Juana, y con su hermana Catalina. Como ya hemos visto no pudo llegar a despedirse de su querido maestro y regente de España, Adriano de Utrecht, elegido Papa, que sobre esa época partió desde Barcelona a recoger la tiara a Roma.

Durante esta larga estancia española de siete años, hasta agosto de 1529, Carlos que hasta entonces había sido exclusivamente un neerlandés incomprendido por sus súbditos peninsulares, sometido a la voracidad de sus compatriotas neerlandeses, comenzó a aprender a ser español, recuperando con ello una parte importante de su propia esencia materna perdida por el abandono paterno-maternal sufrido en su niñez. De una política de sumisión a Francia, pasó a transformar lo gálico en diabólico, inaugurando una época de guerras y confrontaciones con Francisco I. Durante muchos años, Europa y la cristiandad se verían asoladas por el enfrentamiento casi enfermizo entre ambos, llevando la ruina y la muerte a los cristianos e increíbles beneficios a los enemigos turcos.

La relación con los reinos castellanos comenzó a cambiar a partir de la publicación del perdón casi general para los amotinados comuneros, el 1 de noviembre de 1522. 293 de los amotinados, es decir la mayoría de sus dirigentes, pertenecientes a todas las clases sociales y entre los que se incluían a María Pacheco y al obispo de Zamora, Antonio de Acuña, fueron excluidos de ese perdón. Se estima que pudieron ser cerca de cien los comuneros ejecutados al retorno del rey a Castilla. María Pacheco, mujer de Juan de Padilla y dirigente del último motín en Toledo, consiguió huir a tiempo a Portugal. Los problemas valencianos también entraban en vía de solución con el nombramiento en marzo de **1523** de la reina Germana de Foix como lugarteniente y virreina del reino de Valencia y de su marido Juan de Brandemburgo, como su capitán general. Con mano dura y sin piedad, acabaron por apagar el fuego agermanado, retornando la paz al reino. Los motines mallorquines concluyeron también el 8 de marzo de ese mismo año, rindiéndose a las tropas reales los últimos amotinados.

El 22 de mayo de 1523, Carlos convocó una reunión de las Cortes de Castilla en Valladolid a celebrar en el mes de julio. Ese verano volvió a visitar a su madre y a su hermana Catalina en Tordesillas, reuniéndose las Cortes programadas en Valladolid en julio de 1523. A pesar de que aún se estaba pagando el servicio pactado hacía tres años en las cortes de Santiago-La Coruña de 1520, el emperador volvió a solicitar, en virtud del estado bélico que reinaba en Europa, un nuevo servicio extraordinario similar al anterior, de 400.000 ducados a pagar en tres años. A estas Cortes concurrieron de nuevo los representantes de las ciudades con derecho a voto, exceptuando Soria, y fueron presididas por el gran canciller Mercurino Gattinara, García de Padilla y Lorenzo Galíndez de Carvajal. Gattinara aludió a la imperiosa necesidad de solicitar el servicio debido al estado de guerra vigente, a la necesidad de preparar y armar un ejército para tal fin, así como para recuperar lo más pronto posible la villa de Fuenterrabía, aún en manos de los franceses. En estas Cortes se impuso el monarca, exigiendo a los procuradores primero la concesión del servicio, prometiéndoles a continuación no retirarse hasta haber oído y contestado todas sus peticiones. Entre las peticiones hechas por los procuradores destacaron: *que su majestad tomara mujer y casase* para asegurar de una vez la sucesión; que residiera en los reinos castellanos; que procurase estar en paz con los príncipes cristianos y hacer la guerra a los infieles; que moderara los gastos de su casa real y que incorporase a ella a naturales de estos reinos; que no vendiera ni diera oficios a personas no capacitadas ni naturales; que velara por que la administración de justicia funcionara correctamente, así como que los cargos eclesiásticos residiesen en sus iglesias. Se quejaron de la cantidad de dinero que salía del reino hacia Roma, de las extorsiones que se producían en la predicación y cobranza de las bulas de la Cruzada y de que se usaran esos fondos para otros fines y no para el planeado: la guerra contra el infiel. Pidieron que se preocupase de asegurar la defensa de los reinos castellanos, reforzando especialmente las defensas de la costa del reino de Granada y del Andalucía, limpiando los mares castellanos de corsarios moros, turcos y franceses, así como asegurando las defensas de los presidios africanos. También se le demandó que no diera tenencias de fortalezas a extranjeros, un tema que seguía siendo uno de los temas estrellas. Si el emperador se mostró algo reticente a confirmar a las cortes que no daría más beneficios a extranjeros ni los naturalizaría, al mismo tiempo intentó evitar naturalizar a nadie, a pesar de la continua petición del Papa para que naturalizase a muchos de sus servidores, con el fin de dejarles asegurados algunos beneficios en España para el caso de que él muriera. Carlos era cada vez más consciente de que esa naturalización de flamencos había sido una de las causas básicas de la rebelión comunera. Una de las últimas solicitudes que los procuradores hicieron al césar fue que reconquistara la villa de Fuenterrabía lo más pronto posible por ser vital para la seguridad del país en el estado de guerra que se vivía con Francia.

Justamente por esa razón había determinado Carlos *venir de Flandes a estos dichos reynos para recobrar lo que dellos estoviese perdido y a procurar de ganar y ofender a los enemigos y a entender en otras cosas cumplideras a mi servicio y al bien destos reynos.* Una de las cosas cumplideras era el deseo de poner punto final a la etapa de motines sociales habidos en su ausencia y un acercamiento a sus súbditos castellanos a los que cada vez más veía como factores principales de sus ideas políticas y militares.

En el orden privado, un molesto problema familiar surgió en la primavera de 1523, cuando su cuñado el rey de Dinamarca, Noruega y Suecia, Christian II, casado con su hermana Isabel, perdió la corona al rebelarse sus pueblos contra sus formas tiránicas y crueles de gobierno. El 13 de abril tuvo que abandonar Copenhague, exiliándose en los Países Bajos a donde llegó vía Amberes el 1 de mayo de 1523. La relación entre ambos cuñados no era nada buena, Christian había tratado siempre mal a su hermana, vivía abiertamente en concubinato con otra dama y tendía abiertamente al luteranismo. A pesar de ello, Carlos lo aceptó como exiliado, más por su hermana que por él, confinándolo en Gante, en su palacio de Genappe, *por ser lugar más propicio para ellos.* En ese castillo, Carlos poseía una reserva de caza y de ello mostraba sus temores a Margarita diciéndole: *je fais doubte que le dict Seigneur Roy me gastera toute ma chasse*. Ciertamente, gran parte del tiempo pasado en Gante por Christian II fue dedicado al noble deporte de la caza, con el consecuente dolor de Carlos, que consideraba esa reserva como una de sus favoritas y ahora tenía que ver como se la diezmaba el odiado cuñado. Christian intentaría en 1531 recuperar su reino, siendo vencido y encarcelado hasta su muerte en 1559.

A lo largo del verano de 1523 el emperador reorganizó un fuerte ejército para cumplir con el deseo sus súbditos de recuperar Fuenterrabía. Las fortalezas de Orzorrotz en la peña de Ekaitza, sobre las localidades de Ituren y Zubieta, y la de Maya (*Amaiurko gaztelua*) en el valle de Baztán, habían sido reconquistadas en el verano de 1522. A finales de agosto de 1523 inició el césar su camino hacia Navarra, su primera visita a este reino en un momento desgraciado en el que lo primero que primaba era el retorno al orden y el castigo a los sublevados. Males inicios para recuperar la voluntad de sus súbditos. Por Logroño, Los Arcos, Estella y Puente la Reina, entró en Pamplona el 12 de octubre de 1523. Al igual que había hecho en Castilla, Valencia y Mallorca, Carlos había emitido ya un amplio perdón casi general para los amotinados navarros que hubieran colaborado con los franceses en la ocupación del reino en 1521. En ese perdón se habían exceptuado a 500 nobles, hijosdalgo y eclesiásticos que en virtud de su juramento de fidelidad personal al rey, habían cometido crimen de lesa majestad, lo que les suponía la pena de muerte y la pérdida de sus bienes. Durante su estancia navarra de 1523, el 15 de diciembre amplió aún más su perdón, dejando fuera de él a solo 152 de los cabecillas, fue esta la llamada amnistía de Hondarribia (Fuenterrabía). El perdón exigía la presentación de los huidos ante el virrey, conde de Miranda, y la realización de un juramento de fidelidad. Navarra quedaba unida a Castilla y pacificada, por lo que el emperador abandonó ese reino a principios de **1524**, dirigiéndose a Vitoria donde pasó dos meses, asistiendo desde una posición no excesivamente lejana al cerco de Fuenterrabía, villa que fue reconquistada por el condestable de Castilla, Íñigo Fernández de Velasco, a finales de febrero de 1524.

2.2.4. Final de la primera guerra con Francia. Victoria de Pavía (1521-1525)

Tras la expulsión por Próspero Colonna del general Lautrec de Milán, la extraordinaria victoria de Bicoca, y la liberación de Génova en 1522, Italia había quedado libre de franceses. El Papa pudo con ello crear en 1523, una gran coalición a la que también se unió Venecia, bajo el mando de Carlos de Lannoy, virrey de Nápoles. A la vez Enrique VIII y Carlos V habían decidido invadir

Francia por tres puntos, los dos primeros por el norte desde Calais y desde los Países Bajos y el tercero desde el sur a través de los Pirineos. La expedición del emperador por el sur consiguió recuperar Fuenterrabía en 1524, llegando hasta Bayona que fue defendida por Lautrec con éxito. Un gran ejército inglés comandado por el duque de Suffolk entró en Francia desde Calais, traspasando sin oposición el río Somme, llegando a 80 kilómetros de París, pero al no recibir ayuda desde los Países Bajos, ni desde el sur, no se atrevió a proseguir, retornando a Calais.

Sebastiano del Piombo. Julio de Medici, elegido Papa con el nombre de Clemente VII en noviembre de 1523.

El ejército francés, apoyado por infantes suizos y dirigido por Bonnivet, contraatacó en la Lombardía en octubre de 1523, sitiando a Próspero Colonna en Milán, coincidiendo esta ofensiva francesa con la muerte del papa Adriano VI.

En noviembre de 1523 fue elegido Julio de Medici, sobrino de León X, como Papa con el nombre de Clemente VII. El nuevo Santo Padre, Florencia y Venecia abandonaron directamente la coalición, mientras que Colonna, enfermo de muerte, era sustituido por Carlos de Lannoy, virrey de Nápoles, al mando de las tropas imperiales, y Bonnivet, al desertarle los suizos, y ser vencido en Sessia en abril de 1524, se vio obligado a retirarse tras los Alpes. Francisco de Ávalos y el condestable de Borbón cruzaron también los Alpes e invadieron la Provenza en julio de 1524. El 9 de agosto se tomó su capital Aix-en-Provence, adoptando el condestable el título de conde de Provenza y prometiendo lealtad a Enrique VIII en agradecimiento por su apoyo contra Francisco I. Más tarde, entre agosto y septiembre, sitiaron ambos Marsella pero sin éxito, retirándose a Italia en septiembre de 1524.

Las hostilidades prosiguieron y en octubre de 1524, el propio Francisco pasó los Alpes a la cabeza de un gran ejército acompañado de 40.000 soldados. Carlos de Lannoy se retiró a Lodi, tomando Francisco I de nuevo la ciudad de Milán sin oposición, dejando a su cargo al señor de la Tremoille. Luego prosiguió contra Pavía, defendida por Antonio de Leyva y unos 7.000 soldados. Al cerco del monarca francés se unieron en noviembre de 1524 las fuerzas de Montmorency. A inicios de **1525**, el ejército imperial fue reforzado con 12.000 lansquenetes de Jorge de Frundsberg, reclutados en Innsbruck por el archiduque Fernando, y la lucha se centró en el entorno de Pavía. El 24 de febrero de 1525, en un acción arriesgada, el rey francés fue vencido y hecho prisionero por Leyva, junto con Anne de Montmorency y Roberto de la Marck, muriendo en la batalla Bonnivet, Jacques de la Palice, La Trémoille y Richard de la Pole. En la noche tras la batalla, el rey francés entregó a Carlos de Lannoy una carta para su madre en París, en la que le contaba que todo estaba perdido, menos el honor y la vida que estaban a salvo. Los últimos restos del ejército francés que había intentado conquistar Nápoles y los que quedaban en el castillo de Milán se retiraron a Francia en marzo de 1525. La gloriosa batalla había ocurrido casualmente el veinticinco aniversario del emperador, 24 de febrero de 1525. En palabras del secretario para la correspondencia latina, Alfonso Valdés: *Parece que Dios milagrosamente ha dado esta victoria al emperador para que no pueda solamente defender la cristiandad y resistir a la potencia del turco... sino también para cobrar el imperio de Constantinopla y la Casa Santa de Jerusalén... y se cumplan las palabras del Redemptor: Fiet unum ovile et unus pastor.* Algo más tarde al liberar Carlos al rey francés, Pedro de Mexía, su cronista contaba que le dijo: *es de creer que para remedio de la cristiandad permitió Nuestro Señor que vos viniésedes en mi poder.*

La extraordinaria victoria producía un giro total en los acontecimientos italianos, pero quedó algo deslucida por el hecho de que Carlos no hubiera estado presente en el lugar a la cabeza de sus tropas. Carlos había conseguido la victoria gracias a la habilidad de sus generales, demostrando que no solo el saber mandar y luchar era importante, sino también el saber delegar en los suyos, algo en lo que el emperador, por la magnitud de su Imperio, había aprendido bastante pronto.

2.2.5. Concordia o Paz de Madrid (1525–1526)

Las noticias de la victoria en Pavía y del prendimiento de Francisco I, llegaron a Madrid el 10 de marzo de 1525. Pedro Mártir de Anghiera lo resumía diciendo: *El águila ha cogido al gallo,* aunque a su vez opinaba que el águila (Carlos V) era excesivamente blanda y que con sus tretas, el gallo (Francisco I) conseguiría evitar que el emperador tuviera beneficio de ello. Gattinara aconsejó a Carlos que el rey francés quedara encerrado en el castillo de Milán o en el de Nápoles hasta que no devolviera el ducado de Borgoña, *conditio sine qua non* que exigía el emperador. Creía también el canciller que era llegado el momento de cumplir varias metas entre las que destacaban la boda imperial, la coronación papal, la devolución del ducado de Milán a su duque a cambio de una aportación económica

Tapiz que representa la batalla de Pavía, según cartón de Bernardo van Orley. Francisco I excesivamente ufano de sus fuerzas militares arriesgó en exceso durante el sitio de la ciudad de Pavía, defendida por Antonio de Leyva, siendo hecho prisionero junto a Anne de Montmorency y Roberto de la Marck el 24 de febrero de 1525.

de 600.000 ducados, y sobre todo la organización de una cruzada contra los turcos. Siguiendo órdenes del emperador, Carlos de Lannoy trasladó a Francisco I a España. La armada que lo traía formada por 20 galeras, de las que seis eran francesas ocupadas por arcabuceros y tercios viejos españoles, partió del puerto de Génova el 8 de junio, arribando a Palamós el 17 y alcanzando el puerto de Barcelona el 19 de junio de 1525. Desde la capital catalana la flota prosiguió hasta Valencia a donde llegó el 21 de junio, siendo encerrado el monarca francés en el castillo de Benicasim. En esa fortaleza, bajo el cuidado de Alarcón, estuvo Francisco I hasta el 21 de julio, siendo entonces trasladado a Madrid, a donde llegó el 12 de agosto, estando preso primero en el Alcázar y luego en la casa-torre de los Lujanes. Este traslado desde Italia lo hizo Lannoy contra la voluntad del canciller Mercurino Gattinara y sin informar de ello a los comandantes del ejército imperial italiano, el condestable de Borbón y el marqués de Pescara. Se inició con ello una disputa entre Lannoy y Gattinara que concluiría con la renuncia del canciller a su cargo, a la vez que una disputa entre Lannoy y el condestable de Borbón que se trasladó a España para quejarse ante el monarca, acusando a Lannoy de *ser francés de corazón tanto como él lo era de naturaleza.*

Durante su estancia en Madrid, Francisco fue presionado para que devolviese el ducado de Borgoña y conseguir así su liberación. Tanta presión llevó al rey francés, a mediados de agosto, a hacer en secreto un protocolo notarial que utilizaría tras su liberación, en el que afirmaba que todo lo que le obligaran a hacer o a firmar sería contra su voluntad y contra su honor, obligado por su situación de prisión.

En septiembre, Francisco cayó enfermo y se permitió a su hermana, Margarita de Navarra, que viniera a acompañarlo. Aconsejado por los médicos y contra la voluntad de Gattinara, el emperador que hasta entonces se había negado a visitarlo, lo visitó el 18 de septiembre. Era la primera vez que ambos monarcas se veían cara a cara, tras lo cual Francisco pareció reanimarse, organizando al poco una treta para huir. Su intento falló y solo sirvió para obligar a su hermana Margarita a regresar a Francia. La resistencia del rey francés se fue mermando con el tiempo. Así en octubre aceptó rescindir sus derechos vasalláticos sobre Flandes y el Artois y estar dispuesto a pagar tres millones de soles de oro por su liberación, aunque aún se negaba en rotundo a aceptar la devolución del ducado de Borgoña. En noviembre siguió ofreciendo el mismo rescate económico, aceptó también casarse con la hermana del césar, Leonor, llevando como dote los derechos sobre Borgoña y los demás territorios disputados. Cansado de la presión y de la larga prisión, Francisco aceptó finalmente el 19 de diciembre devolver el ducado de Borgoña, aunque tal acción no tendría valor alguno si no era ratificada por el parlamento francés.

Enrique VIII temeroso del fortalecimiento de su sobrino Carlos y habiendo decidido ya separarse por las buenas o por las malas de Catalina de Aragón, pactó un acuerdo de ayuda mutua con Luisa de Saboya, la madre de Francisco I, regente de Francia en su ausencia. A su vez Luisa de Saboya estableció un pacto contra natura con Solimán de Turquía, argumentando que de no hacerlo Carlos V acabaría por convertirse en amo del mundo. Como consecuencia de ese pacto los turcos atacaron Hungría, jornada que acabaría con la malograda batalla de Mohacs en 1526 y la muerte a mano de los turcos del rey de Hungría, Luis, cuñado del emperador Carlos V.

El 14 de enero de 1526 se firmó definitivamente la llamada paz de Madrid. Francisco I renunciaba al ducado de Milán y al ducado de Borgoña, dejando a sus hijos como rehenes, y prometía ratificar personalmente esa decisión estando libre en un plazo de seis semanas tras su liberación, comprometiéndose también a que el parlamento la ratificara en un plazo máximo de cuatro meses desde la liberación. Incluía además esta paz, la boda de Francisco I con Leonor, hermana de Carlos, viuda del rey Manuel de Portugal; la renuncia de Francisco a sus pretensiones territoriales en Italia, en Flandes y el Artois; y la devolución de los bienes secuestrados al condestable de Borbón. El gran artífice de esta paz había sido Carlos de Lannoy, que defendía la necesidad de dejar en libertad al monarca francés, mientras que por el contrario, el canciller Gattinara, seguro de que el rey francés estando en libertad incumpliría lo pactado, se negó a firmarla y devolvió su sello de canciller al emperador, presionándolo e intentándolo convencer de que su pretendido y deseado paso a Italia para la coronación, sería más seguro con el rey francés en la cárcel. El césar hacía oídos sordos al canciller y parecía preferir dejarse convencer por el grupo de Lannoy, como si quisiera

I. Segrelles. Romántica visión de la firma de la concordia de Madrid, el 14 de enero de 1526. Por esta paz, Francisco retornaba a Francia, a la libertad, comprometiéndose a devolver el ducado de Borgoña y a renunciar a todos sus derechos en Flandes e Italia. Sus hijos quedaban en Castilla como rehenes hasta que el rey francés cumpliera su palabra.

acabar definitivamente con el problema y dedicarse en cuerpo y alma a disfrutar de los acontecimientos futuros, su boda y su ansiado paso a Italia para la coronación imperial. El emperador estaba cansado de soportar los continuos problemas que el rey francés le causaba desde su arresto, intentos de fugas, enfermedades reales e imaginarias, pero sobre todo quería evitar el enfrentamiento con los demás príncipes. Francisco I iba adquiriendo una imagen de monarca oprimido, atrapado en las garras del malvado emperador, que lo quería controlar todo. La paz incluía un apartado, el noveno, por el que el rey francés se comprometía a correr con gran parte de los gastos que el traslado a Italia del emperador ocasionara, estipulando *que para el primer viaje que el emperador querrá pasar a Italia, el dicho señor Cristianísimo, dentro de dos meses después que de ello fuere requerido, enviará a su costa y expensa, al puerto o lugar que será para esto señalado y donde el dicho señor emperador querrá embarcar para el dicho viaje a Italia, todas las naos, galeras, galeones y otros vasos cualesquier de su armada de mar, es a saber, doce galeras... más cuatro galeones, todas las cuales bien artilladas y fornidas solamente de artillería y munición para ello necesario y marineros y remeros y oficiales necesarios ... sin poner en ellas alguna gente de guerra... y esto por el término y espacio de diez meses, que contarán desde el mismo día que el dicho señor emperador embarcara y se hiciere a la vela para el dicho viaje.* Carlos se creyó todo lo que le prometió Francisco, es más, estaba loco por creérselo, necesitaba confiar en que sería verdad siendo palabra de rey. La concordia o paz fue publicada por el emperador en Amberes, Florencia y Roma.

Aún con Francisco, ya en estado de semilibertad, todavía en Castilla, Carlos comenzó a organizar su paso a Roma, ordenando a Lope de Soria que enviase las carracas y galeras de Génova al puerto de Xalo (Salou), también ordenó a las galeras sicilianas y a las de los reinos de Aragón y Nápoles que se reunieran en Barcelona con el fin de llevar y acompañar a su persona hacia el mes de abril a Italia. Seiscientos hombres de armas y seis mil infantes acompañarían al emperador a su coronación en Roma. Los gastos de ese ejército durante seis meses serían pagados por el rey francés, según quedaba estipulado en esa concordia de Madrid.

Carlos y Francisco se mostraban como dos personalidades antagónicas, dos visiones opuestas del quehacer político en la época. Carlos vivía aún en su mundo de caballeros borgoñones, fieles a la palabra dada y a la religión, defensores del honor. Francisco I no dudaba en seguirle la corriente, deseoso de recobrar la libertad, pero su actitud real nada tenía que ver con lo que de él esperaba Carlos. Sus formas se parecían más a las de su antecesor Luis XI: el fin justifica los medios. En este contexto hay que comprender que Francisco aceptase casar con Leonor. La boda se celebró en secreto y por poderes, a finales de enero, en Madrid y en Torrijos, y fue ratificada en febrero por ambas partes ante el emperador en Illescas, siendo a continuación desposados por palabras de presente (19 de febrero de 1526). Carlos, desconfiando del rey francés, no permitió en ningún momento que Francisco se acercase a su hermana, por si a su regreso a Francia negara lo hecho, dejándola sin honor. Tras la boda, Francisco, acompañado de su séquito y de Lannoy, se dirigió a principios de marzo de 1526 hacia el norte, hacia la libertad. En Vitoria quedó Lannoy

Jean Clouet. Museo del Louvre, París. Francisco I hacia 1525, con la cadena de la orden de caballería de San Miguel. El monarca francés fue el émulo principal de Carlos en la carrera para acceder al solio imperial.

con Leonor, esperando la ratificación del acuerdo por Francisco I. El 8 de marzo llegó a Fuenterrabía donde se vio obligado a esperar once días hasta que llegaron sus hijos para quedarse como rehenes en su lugar. El 18 de marzo de 1526 cruzó el Bidasoa, entrando en Francia tras más de un año de prisión. Nada más abandonar España, Francisco comenzó a renegar de lo firmado, ya que había sido hecho sin su voluntad y bajo presión. A principios de abril de 1526, Carlos de Lannoy, viendo peligrar su obra, informaba al emperador de que el monarca francés dilataba a propósito el cumplimiento de la concordia. No tardaría demasiado el nuevo Papa Clemente VII en certificar que lo firmado por Francisco carecía de valor alguno por estar hecho bajo presión. El canciller francés Du Prat confirmaba el 6 de mayo que Francia no estaría nunca dispuesta a prescindir del ducado de Borgoña. Nada más declararse la paz, nuevos nubarrones acechaban a las relaciones entre ambos monarcas

2.2.6. Otros hechos ocurridos en 1525

En Alemania, como consecuencia de la fuerte división religiosa producida en el país, se produjeron también algunos altercados importantes en 1525. Los campesinos, dirigidos por Tomás Münzer e influenciados por las doctrinas luteranas y las aún más extremas anabaptistas, creyeron llegado el momento de su liberación del yugo señorial y se levantaron en el sur del país, entre otros lugares en muchas de las regiones que Carlos había cedido en 1522 a su hermano Fernando, poniendo en grave peligro la paz del Imperio. El levantamiento se inició en junio de 1524 con un ímpetu brutal, y entre febrero y marzo de 1525 elaboraron los levantados un manifiesto con doce solicitudes para mejorar sus condiciones de vida y para liberarse del yugo señorial. En mayo de 1525, Lutero, presionado por la nobleza, tuvo que mostrar su desacuerdo con ellos y escribió un libelo titulado: *Contra las bandas salteadoras y asesinas de campesinos*, en el que justificaba que fueran masacrados, apelando a las autoridades y príncipes a sofocar la revuelta. Dos luteranos convencidos, el duque de Sajonia y el landgrave de Hesse, acabaron en tres meses con la vida de más de 50.000 campesinos. El cronista imperial Mexía resumía la actuación de la nobleza de la siguiente forma: *y ansí se curó esta grave enfermedad y plaga, aunque con dura y fuerte medicina*.

En Castilla, al par que el rey francés era trasladado prisionero a España, el 1 de junio de 1525, se inició una nueva reunión de las Cortes castellanas, presididas por el rey, en la ciudad de Toledo. Carlos V necesitaba nuevamente fondos para proseguir la guerra y solicitó de ellos un nuevo servicio extraordinario de 200 millones de maravedís, a pesar de que el servicio concedido en las Cortes de Valladolid de 1523 aún no se había pagado completamente, por lo que por primera vez en la historia, Castilla afrontaba al mismo tiempo el pago de dos servicios diferentes. Las Cortes fueron presididas por el arzobispo Juan de Tavera. Tras la concesión del servicio, los procuradores suplicaron nuevamente al emperador que tomase mujer, teniendo por muy acertada a la infanta Isabel, hermana del rey de Portugal, *una de las personas excelentes que hoy hay en la cristiandad*. Pidieron a continuación que cumpliendo con lo prometido en 1523, mandase enmendar y compilar las leyes, ordenamientos y pragmáticas castellanas, e imprimirlas en un solo volumen, y asimismo las historias y crónicas de estos reinos. Todos los demás capítulos del cuaderno, que pasaban de setenta, versaban sobre distintas materias de gobierno, cuya parte principal se refería a la administración de la justicia, a la disciplina de la Iglesia, a los oficios públicos y a los tributos. Como en cada reunión, los procuradores volvieron a solicitar que no diese a extranjeros oficios, beneficios, encomiendas, gobernaciones, tenencias, embajadas, ni pensiones sobre obispados. También le rogaron que no concediese a extranjeros cartas de naturaleza y revocase las concedidas. En los cuadernos de estas Cortes toledanas se aprecia ya como las Cortes comenzaban a perder parte de su contenido, ya que los procuradores apenas si se enfrentaban a la voluntad real, actuando de forma sumisa y preocupados fundamentalmente por mejorar sus emolumentos y beneficios propios.

El 15 de diciembre de 1525, a medio día, era depositado en la bóveda de la Capilla Real de Granada, cerca de los cadáveres de los Reyes Católicos, el cadáver de Felipe el Hermoso, padre del emperador, que había sido transportado por orden imperial desde Tordesillas, sin que la reina Juana supiera nada de ello. Todas las personalidades de la ciudad y del reino se reunieron con el encargado del traslado, el marqués de Denia, Bernardo de Rojas, mayordomo mayor de la reina Juana. Luis Hurtado de Mendoza, capitán general del reino de Granada, Iñigo Manrique, corregidor de la ciudad, oidores de la Audiencia y caballeros veinticuatro, los capellanes de la Capilla Real con su capellán mayor Pedro García de Atienza, el alcalde de corte López Oñate y el escribano Jorge de Baeza, testificaron el depósito del cadáver del monarca.

2.3. Boda imperial (1526)

2.3.1. Capitulaciones matrimoniales de Carlos V

En 1525, el emperador estaba oficialmente prometido a su prima hermana María Tudor, hija de sus tíos Catalina y Enrique VIII de Inglaterra. Debido a ese compromiso, las primeras negociaciones matrimoniales entabladas entre el rey de Portugal y el césar no obtuvieron el resultado apetecido. Juan III de Portugal había planeado una doble boda, él casaría con Catalina, la hermana menor del emperador que tantos años había vivido con la reina Juana en Tordesillas, y Carlos casaría con su hermana Isabel de Portugal. En las negociaciones iniciadas por el rey portugués en 1522, solo se pudo conseguir la boda de Juan y Catalina, celebrada en 1524, que supuso un primer paso, ya que Catalina sirvió de intermediaria e informó en repetidas ocasiones de las cualidades y virtudes de Isabel al césar. Si en 1522 Carlos aún no estaba demasiado interesado en la boda portuguesa, en 1525, y ante la fuerte dote que de ese enlace se prometía, cerca de dos millones de ducados de oro, su interés aumentó. Antes de comenzar las negociaciones había que buscar algún método para desembarazarse pacíficamente del compromiso inglés, sin por ello enemistarse con su tío. Aconsejado por sus asesores, envió una embajada a Enrique VIII, encabezada por el comendador Peñalosa, solicitando el envío de la jovencísima María, a lo que, tal como había sido previsto, se negó el rey inglés, que en esos momentos estaba en la órbita francesa. Carlos V dio por deshecho su compromiso y se sintió libre para actuar. En la primavera de 1525 envió a Portugal a su consejero y sumiller de corps, el señor de la Chaulx, a negociar y a concertar la posible boda y su dote. En junio, las cortes castellanas apoyaron al emperador y solicitaron la pronta realización de la boda portuguesa.

Tras algunas negociaciones, las capitulaciones matrimoniales quedaron fijadas el 17 de octubre de 1525 en Torresnovas. En ese documento se estipulaba que a la llegada de la dispensa papal, Carlos e Isabel casarían por palabra. El día de San Andrés, último de noviembre, el rey de Portugal enviaría a la raya entre ambos países a Isabel, donde sería recogida por el emperador o su representante. La dote a pagar por el rey de Portugal se fijaba en 900.000 doblas de oro castellanas, descontando de ellas, 23.076 doblas que ya había usado Isabel de la dote de su madre María, 165.732 doblas que el emperador adeudaba a Juan III de la dote de Catalina, y 51.369 doblas que Carlos adeudaba al rey Manuel de Portugal, padre de Juan, por la ayuda prestada en la guerra de las comunidades. El total a pagar, descontado lo anterior, sería de 682.898 doblas de oro, y se haría de la siguiente forma: 250.000 a finales de diciembre de ese año, en Medina del Campo u otro lugar de Castilla, 100.000 a pagar en Flandes en dos mitades, una en San Martín y la otra en la feria de Pascua, 100.000 serían pagadas en Castilla o Italia a finales de marzo de 1526, y el resto de 182.898 doblas se pagarían en los dos siguientes años, descontando de ello el total del valor de las joyas que Isabel se llevara.

En caso de separación o disolución del matrimonio, el emperador retornaría lo recibido en cuatro años. En caso de muerte de Isabel sin hijos, podía testar un tercio del total, parte considerada como sus arras y que le correspondía a ella y a sus herederos, devolviendo el resto. Si era el emperador el que moría sin hijos, la dote sería devuelta a Isabel, y si esta también muriese, al rey de Portugal, que además estaba obligado a vestir y ataviar a Isabel y a su cámara dignamente *según cuya hermana es y con quien casa.*

Peter Paul Rubens. Desde su primer encuentro en Sevilla en marzo de 1526, Carlos e Isabel quedaron mutuamente prendados el uno del otro. Su amor perduró hasta la muerte de Isabel a la joven edad de 36 años. En ese periodo de trece años no se conoce ningún desliz matrimonial del césar, que realmente parecía estar totalmente enamorado.

El emperador había de fijar a Isabel una renta anual para su casa y persona de 40.000 doblas de oro, a tomar de las rentas de ciudades en Castilla y León. Isabel sería considerada la reina desde el momento de casarse, con todos los privilegios, honras y libertades de los reyes de estos países. Los miembros de su séquito serían tenidos desde ese momento por naturales del país.

En caso de morir Carlos, Isabel podría regresar a Portugal con su séquito, llevándose con ellos lo que poseyeran, considerándose los bienes muebles o raíces que poseyera Isabel como suyos propios. Además se habría de pagar a Isabel una renta anual de 20.000 doblas de oro de por vida. Como seguridad y fianza de este acuerdo se ponían los bienes muebles y raíces del emperador, y las rentas de sus reinos. El acuerdo tendría validez desde la ratificación del documento por los reyes de su puño y letra.

Las capitulaciones fueron juradas por Juan III al día siguiente, 18 de octubre de 1525. En ese acto los embajadores imperiales aumentaron graciosamente la renta de Isabel hasta 50.000 doblas, colocando las diez mil doblas nuevas en las rentas que produjera el almojarifazgo de Sevilla. Carlos V lo ratificó y juró en Toledo el 24 de octubre de 1525, en presencia, entre otros, del embajador portugués, Antonio Acevedo, de Jean Lallemand su secretario, tesorero y notario público y general de sus reinos, del canciller Mercurino de Gattinara y de Carlos de Lannoy, virrey de Nápoles.

La dispensa papal llegó el 1 de noviembre de 1525 y la boda por poderes se celebró en la corte portuguesa, aunque sin valor, ya que la dispensa dada no era completa y hubo que repetir la ceremonia el 20 de enero de 1526 al llegar la segunda dispensa papal. Carlos, aún sin conocer directamente a la novia, estaba entusiasmado con la boda, fundamentalmente porque con el dinero de la dote podía organizar su coronación en Italia. En carta escrita en junio de 1525 a su hermano Fernando, le explicaba ese interés por poder acceder a la dote del rey de Portugal, que el estimaba cercana al millón de ducados, en dinero contante, y con la que se podría costear el viaje a Italia para su coronación, dejando además a su mujer Isabel como regente en Castilla, apoyada por un buen consejo.

2.3.2. Boda imperial en Sevilla (1526)

Siguiendo lo pactado en las capitulaciones, pero con algo de retraso, Carlos envió a Badajoz, el 2 de enero de 1526, a los encargados de recoger a la emperatriz en la raya de Portugal. La delegación iba encabezada por Fernando de Aragón, duque de Calabria, Alonso de Fonseca, arzobispo de Toledo y Álvaro de Zúñiga, duque de Béjar. Él no podía hacerlo, ocupado como estaba en las negociaciones con su prisionero Francisco I.

El 7 de febrero de 1526, era entregada la emperatriz en la raya, cerca de Elves, a los enviados españoles que llevaban la consigna de ralentizar la marcha. Una semana completa se detuvieron en Badajoz, donde Isabel fue agasajada con bellas fiestas y regocijos. El sábado 3 de marzo la emperatriz era recibida a tres millas de Sevilla, en la iglesia de San Lázaro, por el duque de Arcos, alcalde mayor de Sevilla, el regimiento y caballeros de la ciudad. En un caballo ricamente ataviado hizo su entrada en la ciudad hispalense por la puerta de la Macarena, desde donde continuó bajo palio hasta la catedral, donde le esperaba el arzobispo Alonso Manrique con los canónigos, siendo a continuación acompañada hasta el Alcázar Real, donde fue aposentada con sus damas.

Carlos, una vez terminada su misión ante Francisco I, dirigió sus pasos hacia Sevilla. En largas etapas, desde el 21 de febrero, pasando por Santa Olalla, Talavera de la Reina, Oropesa, Valparaíso, Almaraz, Cesaruejo, Trujillo, Salvatierra, Mérida, Almendralejo, Los Santos de Maimona, Fuente de Cantos, Realejo, Almadén de la Plata y Alcalá del Río, llegó a Sevilla el día 10 de marzo de 1526.

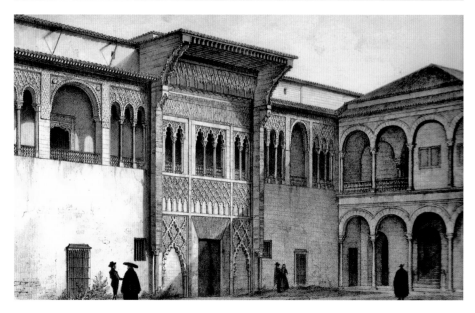

Nicolás de Chapuy. Vista decimonónica de la fachada del Alcázar de Sevilla, lugar donde se celebró la boda del emperador Carlos con su prima hermana Isabel de Portugal en la noche del 10 al 11 de marzo de 1526.

Ese mismo día, siguiendo lo estipulado por la concordia de Madrid, debía de haber abandonado Castilla Francisco I, aunque este proceso también sufriría una demora, saliendo el 19 de marzo.

El recibimiento dado al emperador y a su séquito, entre el que destacaba el cardenal Salviatis, nuncio papal, que traía la dispensa para la boda, no fue inferior al recibido por la emperatriz. Dos leguas antes de la ciudad era esperado por el alcalde mayor, duque de Arcos. Al llegar a la puerta de la ciudad le esperaba el arzobispo, y allí juró respetar todos los privilegios, usos y costumbres de Sevilla. A caballo, bajo palio, a través de los arcos de triunfo levantados por la ciudad, se dirigió primero a la catedral a dar gracias y después al Alcázar, donde le esperaba la emperatriz, acompañada de la reina Germana, de la duquesa de Medina Sidonia y de la marquesa del Cenete, esposa desde 1524 de Enrique de Nassau. Con ellas estaba el señor de la Chaulx, que venía con la comitiva real, pero que se había adelantado a ella desde Alcalá del Río, el arzobispo de Toledo, el duque de Alba y el duque de Béjar.

Esa misma noche, y delante de los antes nombrados y otros testigos de menor importancia, el cardenal Salviatis desposó por palabras de presente a la pareja en la *quadra grande llamada de media naranja del alcázar sevillano. El señor de la Chaulx inició un baile, tras el cual cenaron todos juntos y se retiraron los novios cada cual a sus apartamentos. Poco después de la media noche, hacia las dos de la ma-*

En la bellísima sala del Alcázar de Sevilla, denominada de la Media Naranja por la forma de su cúpula de lacería, casaron por palabras de presente Isabel de Portugal y el emperador Carlos V en la madrugada del 10 de marzo de 1526.

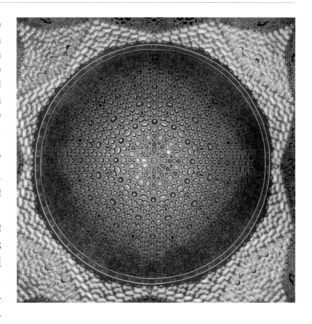

drugada queriéndolo el rey por su honestidad y religión, fue aderezado un altar en una cámara del Alcázar y el arzobispo de Toledo dijo una misa rezada, basse messe, y los veló. Fueron sus padrinos el duque de Calabria, Fernando de Aragón y la camarera mayor de la emperatriz, Ángela de Fabres y Centelles, condesa de Odenura y Faro, por la que la emperatriz profesaba un especial cariño. Después, la pareja se recogió en el aposento de la emperatriz.

La alegría en el reino era grande y *la emperatriz paresçió a todos una de las más hermosas princesas que a avido en el mundo, como ella lo hera en verdad, e dotada de singular hermosura e bondad de ánimo.* Una de las descripciones más interesantes de lo acaecido es el testimonio de un testigo de la boda, Guillermo des Barres, enviado por la archiduquesa Margarita, tía del emperador y gobernadora general de los Países Bajos, con el fin de informar al emperador y de llevar un regalo nupcial a Isabel. Guillermo narra los hechos de forma detallada para su dueña y dice: *Yo estuve presente la primera vez que el emperador se acercó a Isabel, en la cena y en los desposorios, y nunca había visto dos recién casados más contentos el uno con el otro que ellos, parecía como si se hubieran criado juntos ... si ya os han contado algo de sus bellezas, virtudes y buenas maneras, estoy seguro de que si la vierais encontraríais muchas más, sobre todo el placer de ver la felicidad que tienen de poder estar el uno con el otro. Ruego a Dios que les conceda la gracia de vivir juntos largo tiempo. No os cuento nada de las celebraciones de las nupcias, ya que solo se han celebrado bailes, además su Majestad estaba constantemente ocupado en hacer de buen marido y solo se preocupaba de los portugueses que habían acompañado a la emperatriz, no ha tenido tiempo para negociar ningunos otros asuntos. No quiero olvidar de deciros que el día de los esponsales, la Emperatriz llevaba vuestra joya* (el regalo que había traído él) *colgada del cuello y que la tenía en gran estima.* La belleza y los modales de la emperatriz fueron una sorpresa para todos, y en los cronistas de la época se encuentran infinidad de semblanzas; una de las más interesantes y más detallada nos la da el cosmógrafo real Alonso de Santa Cruz: *La Emperatriz era blanca de rostro, mirar honesto, poca habla y baja, nariz aguileña, pechos secos, buenas manos, garganta alta y hermosa, de condición mansa y retraída, callada, grave, devota, discreta y no entrometida.* También el mismo cosmógrafo nos ofrece una descripción del emperador: *Don Carlos era mediano de cuerpo, de ojos grandes y hermosos, la nariz aguileña, los cabellos rojos y muy llanos, la barba ancha y redonda y bien proporcionada, la garganta recia, ancho de espaldas, los brazos gruesos y recios, las manos medianas y ásperas, las piernas proporcionadas. Su mayor fealdad era la boca, porque tenía la dentadura tan desproporcionada con la de arriba que los dientes no se encontraban nunca, de lo cual se seguían dos daños: el uno tener el habla en gran manera dura, sus palabras eran como belfo, y lo otro tener en el comer mucho trabajo.* El idioma de comunicación entre la pareja imperial pudo suponer algún problema, Carlos aún no dominaba totalmente el español, que Isabel podía comprender fácilmente, mientras que Isabel no comprendía el francés, la lengua materna del emperador, pero quizás ese no fuera en ese estadio de sus vidas un problema demasiado grave.

Las celebraciones, como ya había dicho Des Barres, no se prolongaron demasiado tiempo, ya que dos noticias vinieron a empañarlas. La primera fue la muerte de Isabel, la hermana del emperador, en el exilio, en el castillo de Swinarde, cerca de Gante. Los cronistas dicen que *a los cuatro o cinco días de la boda recibió el emperador la noticia por lo qual uvo de traher luto çiertos días y las fiestas fueron pospuestas.* La realidad, sin embargo, fue diferente; la noticia de la muerte de su hermana Isabel se la trajo el enviado de Margarita, Guillermo des Barres, y se la comunicó al emperador en el pueblo de Almadén de la Plata, el día 8 de marzo, dos días antes de su entrada triunfal en Sevilla. La noticia estremeció al emperador, pero para evitar posponer la boda y su planeado y deseado viaje a Italia, mandó al mensajero que no dijera a nadie nada de ello hasta después de los esponsales, lo que este hizo.

La segunda noticia que turbó la paz de la boda fue el ajusticiamiento del obispo de Zamora, Antonio de Acuña, uno de los cabecillas de las comunidades castellanas que, durante el levantamiento se había autonombrado arzobispo de Toledo. Tras la derrota comunera, Acuña intentó escapar a Francia siendo hecho prisionero y encerrado en la fortaleza de Navarrete, pasando de ahí por orden del emperador al castillo de Simancas. Intentando escapar de esa prisión, Acuña asesinó a su vigilante, el alcaide Mendo de Nogueroa. La noticia del asesinato llegó al emperador también en el camino a Sevilla el día 1 de marzo en la ciudad de Trujillo. Para hacer justicia, y con mano libre para actuar, envió el emperador a Simancas al alcalde de corte, el licenciado Ronquillo, que, siguiendo las instrucciones de su señor, dio garrote vil al obispo y después lo mandó ahorcar de las almenas del castillo. Carlos era consciente de lo que sus actos suponían, *no es liçito a los rreyes ni potençias seglares tocar ni castigar a los ungidos e consagrados a Dios* anotaba su cronista Mexía, la consecuencia era la excomunión directa. El día 11 de marzo, el día después de la boda, llegó la noticia a Sevilla de la excomunión del emperador. Junto con el césar eran también excomulgados el licenciado Ronquillo, como autor material, y el secretario Francisco de los Cobos, como participe en los hechos. Desde ese momento el emperador *se abstuvo de oyr misa, ni los ofiçios divinos* y envió directamente emisarios a Roma para solicitar la absolución papal, que llegó el último día del mes de abril y no con poca dificultad, absolución que solo era válida para el emperador, los otros dos, Cobos y Ronquillo, siguieron excomulgados.

Hasta el 12 de abril, día en que la pareja recibió los regalos, se mantuvo el luto en la corte. Acto seguido se celebraron las fiestas en Sevilla, donde hubo toros y juegos de cañas. El emperador casó a su abuela Germana de Foix, viuda de Juan de Brandemburgo, con Fernando de Aragón, duque de Calabria, renovándoles su nombramiento de virreyes de Valencia. Más tarde, a principios de mayo, organizó el emperador una justa de once por once en el Arenal, donde entraba su propia persona y en la que estuvo presente el hermano de la emperatriz, Luis de Portugal, que había venido a visitarlos. A esta siguieron un sinfín de fiestas y saraos en honor de los monarcas.

A mediados de marzo, el emperador había vuelto a fijar sus planes para el futuro próximo y ordenado los preparativos. Deseaba abandonar Sevilla a finales de abril para ir a Granada, donde apenas si permanecería unos días, y de ahí continuar hacia Valencia, donde pensaba reunir las Cortes de Aragón, Cataluña y Valencia, y después a Barcelona, embarcando en su puerto en septiembre rumbo a Roma. El viaje a Italia y su coronación por el Papa seguían siendo el objetivo principal de Carlos, que reiteraba a Margarita no estar dispuesto a retrasarlo bajo ninguna circunstancia. En su ausencia, su esposa quedaría como gobernadora. Los planes no se cumplieron como habían sido previstos, y de ello una gran culpa correspondió a Francisco I, del que comenzaban a llegar noticias sobre sus largas, tras recobrar la libertad. Al pasar la frontera, y como estaba previsto en la concordia, Francisco tenía que haber ratificado la paz ante el señor de Praet, pero se negó a ello alegando que antes tenía que procurar que los estados de su reino en París aceptaran lo firmado. Las noticias enviadas por Lannoy, que veía como su gran obra se derrumbaba, llegaron a Sevilla a principios de abril. Carlos V ordenó que Leonor no pasara a Francia, hasta que los negocios estuvieran más claros. El 30 de abril, decidió enviar a Hugo de Moncada con unas instrucciones para Lannoy. Ordenaba al virrey de Nápoles que, acompañado por el señor de Praet, se entrevistara con el rey francés, usando de toda la dulzura posible, e intentando no darle oportunidad para la ruptura. Lannoy tenía libertad para hablar de lo que fuera necesario, siempre que no perjudicara los intereses del emperador. Carlos fijó como fecha última para que Francisco I y el parlamento francés ratificaran la devolución del ducado de Borgoña, el 14 de mayo de 1526. Hugo de Moncada, tras entregar las instrucciones a Lannoy, debía de atravesar Francia e ir a negociar la amistad del Papa a Roma, intentando asegurarse la coronación imperial. El camino de Moncada, que partió de Sevilla el 8 de mayo, fue harto difícil, hostigado constantemente por el rey francés para que no alcanzara su objetivo. Lo mismo le ocurrió al embajador Iñigo de Mendoza, que fue hecho prisionero por el rey francés, cuando atravesaba Francia enviado a Inglaterra por el emperador a tantear a su tío Enrique VIII.

Desde marzo, el emperador había decidido claramente ir a Granada, y por ello las peticiones hechas por representantes de la ciudad para que el césar les favoreciese y honrase con su real persona y corte, fueron rápidamente aceptadas. Recibida la absolución papal, Carlos se retiró a rezar los dos primeros días de mayo de 1526 al convento de los Jerónimos en las afueras de Sevilla. Debido a la excomunión, ese año había sido el primero en el que el emperador no se retirara a orar la Semana Santa. Junto a la absolución, recibió Carlos del Papa una misiva en la que le pedía que se contentase con los dos millones de escudos que Francisco I estaba dispuesto a pagar para solucionar el problema de la Borgoña, y que no exigiera del rey francés más de lo que pudiera dar. A ello respondió Carlos con dos cartas escritas de su propia mano y llevadas por el comendador Herrera al Papa, mostrándose deseoso de conseguir la paz.

El día 3 de mayo estaba de nuevo de regreso en Sevilla, en el Alcázar, donde permaneció hasta el día 14 en que partió para Granada. En una carta al duque de Borbón, escrita el mismo día de la partida, le decía: *me voy a Granada a buscar el fresco*; huía con su mujer y su corte de los primeros calores estivales sevillanos hacia la primavera granadina.

2.3.3. Luna de miel del emperador en Granada (1526)

Al abandonar Sevilla, el emperador siguió el camino de Carmona, Fuentes de Andalucía, Écija, Guadalcázar, hasta Córdoba, donde descansó la pareja desde el 19 al 23 de mayo. El mismo día 19, visitaron la mezquita-catedral, quedando el emperador sorprendido por las obras, que con su permiso, se habían hecho en su interior. Su descontento fue grande, y dijo que de haber sabido lo que planeaban no se las hubiera permitido, *ya que habían hecho lo que se puede hacer y habéis deshecho lo que era singular en el mundo*. Estando en Córdoba, el 22 de mayo de 1526, se firmó la llamada Liga Clementina, Liga de Coñac o *Fedus Santissimun*, que fue proclamada y festejada justamente bajo los apartamentos de los embaja-

Anton van den Wijngaerden. Vista de Córdoba con su puente sobre el Guadalquivir y la mezquita-catedral al fondo, a mediados del siglo XVI. Durante su estancia en Córdoba, entre el 19 y el 23 de mayo de 1526, el emperador acompañado por Isabel de Portugal visitó la catedral, quedando sorprendido por los daños que su construcción habían causado a la antigua mezquita omeya.

dores imperiales, Lannoy, Praet y Granvela, a los que además se les negó el salvoconducto para regresar a Castilla. La liga creaba un ejército defensivo de 30.000 infantes, 3.000 caballos ligeros y artillería, y a su cabeza se puso al duque de Urbino. En el mar se creó una escuadra de 37 galeras y otros navíos. Oficialmente, a la liga pertenecían casi todas las potencias europeas, encabezadas por el Papa, al que se unían Francia, Venecia, Escocia, Florencia, el duque Francisco Sforza de Milán, el duque de Mántua, el rey de Navarra, el duque de Saboya, el duque de Lorena, el duque de Güeldres y trece cantones suizos. Decían contar también con la colaboración de Enrique VIII de Inglaterra y con la de Segismundo, rey de Polonia. Para darle realmente un carácter pacífico, se invitó oficialmente a entrar en ella al emperador, a condición de que hiciera una paz justa con Francia, devolviera a los rehenes y restituyera en su cargo al duque de Milán. Francisco I llegaba a ofrecer hasta tres millones de escudos de oro por la renuncia del emperador a la Borgoña y la liberación de sus hijos. El Papa por su parte ya había relajado a Francisco del cumplimiento de la paz de Madrid por haber sido hecha sin libertad. Para facilitar el entendimiento con Carlos, la liga le ofrecía permitirle y asegurarle el paso a Italia a coronarse, acompañado de un reducidísimo número de soldados, si aceptaba sus condiciones y entraba en ella. Si por el contrario se obstinaba y se negaba, se le haría la guerra hasta expulsarlo de Italia, tanto de Milán como de Nápoles. De la formación y condiciones de esa liga se enteró el emperador en su camino desde Córdoba a Granada por cartas que le envió urgentemente el embajador, Luis de Flandes, señor de Praet.

A través de Castro del Río, Alcaudete y Alcalá la Real, entró Carlos el día 29 de mayo de 1526 en el reino de Granada, dirigiéndose a la ciudad de Santa Fe, cargado con una cierta pesadumbre originada por la confabulación internacional organizada contra su persona. Además de esos graves problemas de política exterior, llevaba consigo otros de política interior, entre los que destacaba su relación con su canciller Mercurino Gattinara, que pasaba por momentos difíciles y que en Sevilla le había llevado a concederle un descanso, permitiéndole que se retirara por un tiempo de la corte. Gattinara se quejaba de su pérdida de importancia en el entramado político cortesano, a favor de otros considerados por él de menos valor, como Carlos de Lannoy o Francisco de los Cobos. La situación parecía algo irreal, en ese momento en que se hundía la gran obra de Lannoy con la ruptura definitiva de la concordia, Gattinara, que siempre se había negado a creer en el rey francés y se había opuesto radicalmente a ella, así como a la puesta en libertad de Francisco I, debería de haberse ganado la confianza imperial, pero, en lugar de ascender, perdía poder en la corte. Seis meses estuvo Gattinara alejado del monarca, regresando a Granada, a la corte, en el otoño. A pesar de la imparable ascensión de Francisco de los Cobos, Gattinara mantuvo su cargo de canciller y los sellos reales hasta su muerte, acaecida el 5 de julio de 1530.

En su estancia en Santa Fe, se presentó ante Carlos el embajador del rey de Francia, Comacro o Cromacio, que traía consigo capítulos nuevos para un acuerdo, muy diferentes a los establecidos en la concordia de Madrid. Esta vez, al menos, era el francés definitivamente claro: Francia que se negaba en rotundo a devolver el ducado de Borgoña, sí estaba dispuesta a realizar un alto pago económico por él. El emperador nada quiso saber de ello; le ordenó que informara a su dueño de su obligación como caballero de cumplir con la palabra dada, y en caso de no poder hacerlo, de regresar a Castilla y entregarse como prisionero.

Tras la entrevista con Comacro la pesadumbre del emperador aumentó; sus planes para la coronación comenzaban a hacer agua el mismo día de su entrada en Granada. Hacía un tiempo espléndido y la ciudad había organizado un solemne recibimiento. Desde muy temprano se habían ido ocupando todos los lugares por donde iba a pasar el séquito imperial; a lo largo del camino, los moriscos de las alquerías y pueblos de la Vega se instalaron incluso sobre los árboles para ver mejor a la pareja imperial, que llegó bastante después del medio día a las cercanías de la ciudad, ya que se habían quedado a almorzar en Santa Fe. Granada salió casi media legua a recibir a la comitiva. Luis Hurtado de Mendoza, marqués de Mondéjar fue el encargado de hacer el habla en nombre de la ciudad y del reino de Granada, dando la bienvenida a la pareja imperial. A continuación, el regimiento y la justicia besaron la mano a sus majestades. La puerta de Elvira se decoró con un arco triunfal y otros varios se instalaron en las calles de Granada. Hacia las cinco de la tarde de ese 4 de junio de 1526, cerca de la puerta de Elvira, donde se había montado un altar con un valioso crucifijo y los santos evangelios, el emperador juró sobre la cruz y los evangelios, guardar y cumplir los privilegios, usos y buenas costumbres de Granada. Tras la jura, los caballeros veinticuatro cubrieron a los monarcas con un bello palio de brocado y en procesión fueron a la catedral, realizando una ceremonia de acción de gracias, continuando entonces los monarcas hacia la Alhambra; las calles se llenaron de hachones para mejor iluminar el camino. Toda la noche mantuvo Granada luminarias y luces encendidas en las casas y murallas para agasajar al emperador, que desde la Alhambra disfrutó del espectáculo. A la mañana siguiente, Carlos madrugó para ver la fuerza de la Alhambra, admiró su edificio, la curiosidad de sus fuentes y la abundancia de agua en lugar tan alto.

Carlos residió en la Alhambra, en las habitaciones en torno al patio de los Leones, acompañado de su numerosa corte entre la que destacaba un viejo amigo flamenco que en ese momento gozaba de su total confianza política, Enrique III de Nassau-Breda, disfrutando de ese palacio de ensueño que había sabido sobrevivir a la conquista cristiana. La emperatriz también pasó un tiempo residiendo en la Alhambra, en las habitaciones en torno al Mexuar, trasladándose después con su séquito al monasterio de San Jerónimo, alojándose en el segundo claustro del monasterio, que había sido construido en 1520.

Carlos V vivió en Granada algo más de medio año, seis meses y una semana, 190 días, disfrutando de su larga luna de miel con su amada mujer Isabel, de la que parecía estar tiernamente enamorado. Fruto de ese amor fue el embarazo de la emperatriz, calculado por Bermúdez de Pedraza en el día 21 de agosto de 1526, anunciado a bombo y platillo por la corte el día 15 de septiembre. En esa estancia alhambreña, el césar fue agasajado con gran número de fiestas, corridas de toros, saraos, justas (en las que participó) y banquetes. Pero de lo que quizá más disfrutó fue de la caza, su deporte favorito, del que sabemos a ciencia cierta que al menos 24 días de su estadía granadina fueron dedicados a ello. Amor y caza eran en Garcilaso de la Vega metas perfectas: *Con otra caza d'esta diferente, aunque también de vida ociosa y blanda, pasábamos el tiempo alegremente...* En algunos de sus poemas se describe quizá el embarazo de Isabel: *Aconteció en un' ardiente siesta, viniendo de la caza fatigados....* Además de las cercanías de la Alhambra, el lugar principal de caza del emperador fue el Soto de Roma, propiedad real a donde el césar se retiraba en compañía de sus más íntimos, a degustar y disfrutar de ese ejercicio, que no estaba exento de riesgo. Durante la estancia granadina le ocurrió un percance relacionado con esa actividad cinegética. En una de sus cacerías por la sierra cercana a la vega, Carlos siguió con tanto empeño a un jabalí que se perdió del resto de acompañantes, alejándose tanto de ellos que nadie pudo oír el sonido de su cuerno pidiendo ayuda. Deambulando desorientado por lugares ásperos y montuosos, vino a dar a un lugar de moriscos, donde no se dio a conocer por temor a ser secuestrado, diciendo ser un mercader perdido en el camino a Málaga. Uno de los moriscos lo guió y acompañó hasta Granada de noche, mientras que la ciudad mantenía sus puertas abiertas y se hacían fogatas y luminarias en las murallas y torres, repicando las campanas incesantemente para orientar al emperador.

Pero no todo fue placer en la estadía granadina, un tema que en esos momentos acaparaba la atención del monarca era el de los moriscos del reino de Granada y de la corona de Aragón. Los moriscos aragoneses habían recibido como límite para su conversión hasta el mes de diciembre de 1525. Tras arduas negociaciones con los cristianos, consiguieron en enero de 1526, por medio de un servicio de 40.000 ducados, quedar exentos del control de la inquisición, y se les dio aún un plazo de diez años para seguir usando sus vestidos. Como era de esperar se produjeron algunos levantamientos armados en Almonacid, Benaguacil, la sierra del Espadán y la Muela de Cortes. Los que más persistieron fueron los de la sierra del Espadán, donde se tuvieron que enviar a 5.000 soldados españoles dirigidos por el comendador Herrera, y 3.000 alemanes traídos de Flandes al mando de Roghendorf. La lucha numantina de esos moriscos y lo accidentado del terreno mantuvieron en vilo hasta finales de septiembre a los soldados cristianos. Tras su rendición, acaecida el 18 de septiembre, Lannoy recibió la orden de embarcar en Cartagena con esa tropa y trasladarse a Nápoles. Los preparativos y la espera de buenas condiciones marítimas para la travesía, frenó aún su partida de Cartagena hasta el 24 de octubre.

Los moriscos granadinos aprovecharon la estadía imperial para presentar al césar un memorial con los múltiples atropellos que a diario sufrían a manos de los nuevos repobladores y de la iglesia. El memorial fue entregado al emperador por Fernando Venegas, Miguel de Aragón y Diego López Benaxarra, regidores moriscos de Granada y descendientes de los antiguos reyes granadinos. Carlos reunió a su consejo el 29 de septiembre y ordenó diputar a personas de ciencia y conciencia que se encargaran de visitar el arzobispado e informasen de esos abusos y de si los musulmanes realmente se habían convertido en cristianos o seguían fieles a la secta de Mahoma. Las conclusiones de los visitadores fueron lamentables, los moriscos sufrían continuas exacciones por parte de los cristianos viejos, que los injuriaban, expoliaban y agredían. La fortuna acumulada por el clero y los funcionarios del reino de Granada provenía en gran parte de ello. Se les cobraban más impuestos de los debidos; pagaban más por la sal que los cristianos viejos; los alguaciles entraban en sus casas sin mandatos judiciales, aprovechándose de ellos. La investigación concluía que, quizás debido a ello, a pesar de que todos los moriscos hubieran sido bautizados, la mayoría no solo no practicaba la religión católica, sino que, en privado, seguían fieles a la vieja secta musulmana.

Las conclusiones de esta comisión llevaron a ordenar al rey la reunión de una *Cathólica Congregación* en la Capilla Real de Granada, a la que asistieron, comisionados por el emperador, el arzobispo de Sevilla; el licenciado Valdés; Juan de Tavera, arzobispo de Santiago; Pedro de Alva, arzobispo electo de Granada; García de Loaysa, obispo de Osma; Diego de Villalón, obispo de Almería; Gaspar de Ávalos, obispo de Guadix; el doctor Hernando de Guevara; Juan Juárez, obispo de Mondoñedo; el doctor Lorenzo Galíndez de Carvajal; el licenciado Luis de Polanco; García de Padilla, comendador mayor de Calatrava, y el secretario Francisco de los Cobos. Por todos ellos fueron vistas las conclusiones y tras escuchar a los visitadores y oidores sobre sus pareceres durante siete sesiones, a las que siguieron otras tres sesiones más, en las que cada uno dio su voto y parecer, acordaron lo siguiente. Se reconocía que los moriscos realizaban prácticas prohibidas, aunque no se les consideraba responsables de su apostasía. Se perdonaron todos los delitos de apostasía cometidos hasta ese momento y se prohibió llevar al cuello amuletos musulmanes tales como la mano de Fátima, obligándolos a que los sustituyeran por cruces y a vestir como cristianos. Se prohibió también hablar o escribir el algarabía, obligando al uso del castellano, usar nombres o sobrenombres árabes, la circuncisión. Se estipuló como obligatoria la presencia de una cristiana vieja en los partos de cristianas nuevas, para evitar que encomendaran sus hijos a Mahoma. Se decidió el traslado del tribunal de la inquisición de Jaén a Granada y la fundación de colegios para educar a los hijos de los moriscos desde niños en la doctrina católica. Antes de que esos acuerdos, que habían sido propuestos al emperador, fueran puestos en práctica, los moriscos hicieron junta entre ellos y ofrecieron al emperador un servicio extraordinario de 80.000 ducados, allende los tributos ordinarios, pidiéndole que se les permitiera usar sus trajes, ceremonias y costumbres. Al mismo tiempo ofrecieron otra cantidad cercana a los validos del césar para que lo convencieran. Carlos, necesitado de fondos, aceptó la oferta y ordenó que la inquisición no secuestrase sus bienes aunque reincidieran y que se suspendiesen los decretos de mudanza de trajes moriscos.

También durante su estancia en Granada, el emperador instauró la Santa Hermandad en el reino de Granada a imagen y semejanza de las existentes en las demás partes del país; concluyó la primera fase de un gran hospital extramuros de Granada, el Hospital Real, que habían iniciado los Reyes Católicos; construyó otro hospital para niños expuestos; fundó el Colegio Imperial de la Santa Cruz de la Fe; refundó la Universidad de Granada, como Estudio General, siendo dotada con los mismos privilegios que Bolonia, París, Salamanca y Alcalá de Henares, llegando las bulas papales el 14 de julio de 1531; mandó construir un gran palacio renacentista en la Alhambra, la llamada Casa Real Nueva, quizá el único edificio mandado erigir por el emperador en toda su vida; y prosiguió la construcción de la catedral granadina que había sido iniciada por los Reyes Católicos y que el césar había elegido como su lugar de enterramiento.

2.3.4. Política europea hecha desde Granada (1526)

El triunfo imperial en Pavía y el restablecimiento de la paz entre cristianos, habían sido solo un espejismo deseado fervientemente por Carlos. La realidad a su llegada a Granada era la cruda verificación de un engaño, sino de un terrible error al creer en Lannoy y no en Gattinara, y la posibilidad cada vez más real de un nuevo conflicto armado entre cristianos. Tres días después de su entrada en la ciudad, Martín de Salinas, embajador del infante Fernando, escribía a su señor informándole del fracaso de su petición de fondos monetarios para ayudar a su

Louise Mary Tenisson y Anne Anson. Vista general, desde el Albaicín, de la fortaleza de la Alhambra, en cuyo interior destaca el palacio mandado construir por el emperador Carlos durante su estadía granadina de 1526. Delante de la fortaleza hay un pequeño bosque que servía como reserva de caza a los monarcas y al fondo aparecen las altas cimas de la Sierra Nevada cubiertas de nieve.

cuñado Luis de Hungría en su lucha contra los turcos. El emperador, claramente contrariado por lo acontecido con el francés solo le había respondido enojado que *harto turco tenía él entre las manos del rey de Francia*. Cada vez se veía más claro que el emperador no podría cumplir con su plan fijado de partir de Granada para hacerse coronar por el Papa, y aunque no se pensaba suspender definitivamente el viaje, sin embargo se aplazaba oficialmente *sine die*, hasta que se solucionaran los problemas italianos.

Tras la negativa del emperador a modificar ni un solo punto de la concordia de Madrid, tal como le había confirmado a Francisco I en carta escrita de su propia mano desde Granada, el 7 de junio, el rey francés cambió de embajador en Granada, enviando al maestre Juan de Cabilmonte, presidente de Burdeos, que llegó el 20 de junio de 1526. Cabilmonte era considerado como un hombre astuto, y su misión era dar esperanzas al emperador y entretenerlo mientras se aceleraban los preparativos militares. En su primera entrevista oficial con el emperador, en el salón del Trono del palacio de la Alhambra, el 22 de junio, se hizo acompañar por los embajadores de todos los príncipes comprometidos oficialmente en la liga de Coñac, entre los que destacaban Baltasar Castiglione, en nombre del Papa, Andrés Navagero, representando a Venecia, Eduardo Leo, representante de Enrique VIII, y Jorge Dantisco, embajador de Segismundo de Polonia. En nombre de todos ellos,

Castiglione, gran orador, solicitó la devolución de los hijos de Francisco mediante un honesto rescate, el perdón para Francisco Sforza y su consecuente restitución del ducado de Milán, y el abandono de la Lombardía y Nápoles por las fuerzas españolas, ofertando al emperador generosamente el plazo de un mes para que se decidiera antes de comenzar las hostilidades.

La tristeza dejo pasó a la ira, pero consciente del grave peligro, intentó descubrir la consistencia real de aquella liga, entrevistándose en privado con el embajador inglés Eduardo Leo, al que pidió que hiciera saber a Enrique VIII sus deseos de paz y buena amistad, y ello a pesar de que el monarca inglés estuviera parlamentando en secreto con el Papa acerca de la disolución de su matrimonio con Catalina de Aragón. En entrevista con el embajador de Segismundo I de Polonia y Lituania, Juan Dantisco, recibió el emperador la confirmación de contar con su ayuda en caso de necesidad. Por el contrario, al embajador francés le comunicó que dijera a su señor que viniera él personalmente a tomarle a sus hijos por la fuerza y que era *un lachemechant que en español suena muy rruinmente e villanamente y que eso se lo mantenía de persona a la suya*.

Si la situación empeoraba en Italia, en Alemania parecía poder vislumbrarse una cierta esperanza de conseguir la paz entre luteranos y católicos. El 25 de junio de 1526 comenzó la Dieta imperial de Espira, con la proposición imperial del perdón general a los luteranos y la solicitud de colaboración de todos los alemanes con su emperador. Los estamentos que componían la Dieta estaban profundamente divididos. Carlos solo podía contar decididamente con el elector de Maguncia, el duque de Sajonia y Enrique de Braunschweig-Wolfenbüttel. Neutrales podían ser considerados los electores de Tréveris, Colonia y del Palatinado, mientras que la oposición era encabezada por el elector de Sajonia y el landgrave de Hesse. El emperador levantó en julio el castigo impuesto a los simpatizantes de Lutero, bajo la condición de que aceptasen someterse a un concilio general y que unieran sus fuerzas a las del emperador para luchar contra los turcos. Sin embargo, Francisco I no estaba dispuesto a que las concesiones imperiales cerraran el frente luterano contra el emperador, y mandó hacer una apología contra la concordia de Madrid, que imprimió y envió a todos los príncipes de Alemania y de Italia, pidiéndoles su ayuda contra las exigencias de Carlos, al que acusaba de haber abusado de su prisionero. La propaganda comenzaba ya a jugar un papel importante, especialmente a la hora de justificar un ataque, haciéndolo ver como una guerra justa. Esta apología fue llamada por Luis Vives: *colmo de impudencia y necedad*. Alguna mella hizo sin embargo entre los príncipes alemanes, ya que al concluir la Dieta, contra los deseos del emperador, no se ratificaron los acuerdos de Worms, quedando todo en una especie de equilibrio inestable, a la espera del concilio general. Las alarmantes noticias que se recibían de Hungría fueron la causa precipitada de su conclusión y, por medio de ellas, consiguió Fernando una ayuda económica de la Dieta para crear un ejército y correr en ayuda del rey de Hungría, aunque llegaría tarde.

El 17 de septiembre citó el emperador al nuncio papal, Baltasar Castiglione, en la residencia del canciller Gattinara, que ya había retornado a Granada, para entregarle oficial y públicamente una respuesta a las acusaciones del Papa. El emperador refutaba y revocaba todos los argumentos papales, considerándolos indignos de un verdadero pastor, y le recordaba la pensión de 10.000 ducados que aún recibía de las rentas del arzobispado de Toledo y todo lo que había hecho por sus familiares y allegados. La carta, según Brandi, provenía de la pluma de Alfonso Valdés, que se manifestó en ella como un publicista de primer orden, y sería más tarde impresa en Alcalá y derramada en copias por toda la cristiandad como contrapartida a la apología de Francisco I. En Alemania fue traducida e impresa en Maguncia, y en ella se desmontaba la idea de una gran liga contra el emperador, demostrando la no participación en la conjura de Hungría, Bohemia, Portugal, Dinamarca y Polonia, como habían defendido los coaligados. Carlos amenazaba con la reunión de un concilio general sin contar con el Papa.

El 4 de julio regresó a Granada Carlos de Lannoy, tras su larga y obligada estancia en la corte francesa. Reconfirmó nuevamente la voluntad de Francisco I de no cumplir lo pactado. La guerra parecía ser la única salida posible, guerra que ya comenzaba camufladamente con las primeras hostilidades en Italia. La liga, en defensa de uno de sus miembros, Francisco Sforza, que estaba sitiado en el castillo de Milán, decidió sitiar a los españoles que enseñoreaban la ciudad. El 24 de julio, Sforza entregaba la fortaleza a los españoles y salía libre. La posesión de ese conflictivo ducado supuso unos gastos inmensos que sangraban las vacías arcas castellanas y el emperador le hacía saber a su capitán general, el condestable de Borbón, que cuidara del dinero, *que l'argent m'est court et difficile a trouver*, exigiéndole la mayor moderación posible.

El comienzo de las hostilidades y la necesidad de ahorrar fondos, obligaron al emperador a desmontar el gran ejército de fieles borgoñones que, poco después de la concordia de Madrid, había organizado bajo la dirección del príncipe de Orange y del mariscal de Borgoña, Lorenzo de Gorrevod, en el Franco Condado, cuya misión hubiera sido sustituir a los franceses en el momento de la cesión del ducado de Borgoña al emperador. Ahora, ante la negativa gala a devolver esa tierra, mantener ese ejército suponía un gasto inútil. Además, Carlos pretendía por todos los medios que los Países Bajos, pero sobre todo el Franco Condado, no se vieran envueltos en la guerra con los coaligados. Así se lo ordenó a Margarita, exigiéndole que respetara escrupulosamente la paz de Madrid y se abstuviera de hacer la guerra al francés, defendiéndose solo de las agresiones.

Para entonces, Francisco I consiguió definitivamente romper la amistad entre Carlos V y Enrique VIII, al firmar Thomas Wolsey y el embajador francés, el 8 de agosto de 1526, el tratado de Hampton Court. En ese tratado ambos monarcas exigían la liberación de los hijos de Francisco que estaban como rehenes en Castilla. El tratado fue ratificado por una delegación francesa en Greenwich, en abril de 1527.

El 21 de septiembre de 1526, se produjo el primer sacco de Roma y el Vaticano por fuerzas descontroladas y faltas de pago de Hugo de Moncada, siendo contemplado el asalto por Clemente VII sin posibilidad de defenderse, desde el castillo de *Sant' Angelo*. Tras el espolio, el Papa se avino a negociar una tregua de cuatro meses con Moncada y envió al general de los franciscanos, fray Francisco de los Ángeles, para que informara de sus buenas intenciones al emperador. El viaje del enviado papal fue una aventura, ya que fue hecho cautivo por piratas berberiscos y tuvo que pagar un fuerte rescate, 4.000 ducados, para recobrar la libertad. A la llegada del embajador papal a Granada, Carlos ya conocía lo del asalto a Roma, como detectamos en una carta escrita al secretario Juan Pérez el 16 de noviembre, donde manifestaba su disgusto por los excesos cometidos por la gente de Hugo de Moncada; y también por el escrito a Lannoy del 23 de noviembre, donde Carlos justificaba lo ocurrido por la traición papal, diciendo que había enviado a César Ferramosca a negociar con el pontífice y a pedirle que viniera a España como invitado del emperador a parlamentar. El general de los franciscanos, hermano del conde de Luna, alegró con su visita al emperador, que no acabó de creerse los repetidos deseos de paz que le enviaba el Papa. De hecho, en la corte inglesa, y auspiciadas por Enrique VIII, se llevaban a cabo negociaciones por la paz, que eran propagadas por los embajadores de la liga en Granada, expresando sin reparos sus deseos de paz, mientras seguían con la guerra.

El valenciano Hugo de Moncada fue uno de los grandes generales imperiales, consiguiendo llegar a ser virrey de Nápoles y de Sicilia. Alardeaba siempre de ser descendiente de los duques de Baviera. En la imagen aparece con las armas de los caballeros de San Juan de Jerusalén de la que formaba parte por la lengua castellana.

El 29 de agosto de 1526, era vencido y muerto el rey Luis II de Hungría en la batalla de Mohacs, 170 kilómetros al sur de Budapest, por las fuerzas de Solimán el Magnífico. En poco tiempo cayeron casi dos terceras partes del país en manos turcas. Fernando, el hermano del emperador era el que más derechos tenía para heredar el trono, ya que Luis había muerto sin descendencia. El voivoda de Transilvania,

Juan Zapolya, se hizo nombrar por su cuenta rey de Hungría, mientras que los estados de Bohemia eligieron el 22 de octubre de 1526 a Fernando. Su coronación oficial no se haría hasta el día de San Matías, 24 de febrero de 1527.

2.4. Segunda guerra con Francia (1527-1528)

La llegada de la noticia de la muerte de Luis II de Hungría a la corte granadina, el 13 de noviembre de 1526, supuso el fin de la luna de miel imperial y el comienzo de los preparativos para abandonar Granada. Las tierras familiares y hereditarias de los Habsburgo estaban ahora en peligro y a merced del turco, del que se pensaba que no atacaría durante el invierno, pero del que se temía un ataque masivo llegada la primavera. La idea de la coronación imperial quedaba definitivamente pospuesta, así como el empeño de recobrar el ducado de Borgoña. Ahora se abrían de golpe otras metas que había que aprovechar, Fernando había sido ya elegido rey de Bohemia y tenía que luchar para hacerse nombrar rey de Hungría, ampliando en mucho sus tierras y asegurando el poder de los Habsburgo en el Imperio. Esa codiciada fruta llevaba también su dosis de veneno, el problema de la confrontación directa con los turcos en Hungría y con el otro émulo que se había auto entronizado Juan Zapolya. Pero no había mal que por bien no viniera, el emperador podía convocar ahora a sus súbditos imperiales y a la cristiandad completa a la defensa contra la invasión turca.

Al poco de recibir la noticia de la muerte de su cuñado, Luis II de Hungría, Carlos hizo reunirse en Granada el recién creado Consejo de Estado, que emitió uno de sus primeros informes, aconsejando al monarca que reuniera Cortes Generales en Castilla para solicitar una ayuda para socorrer urgentemente a Fernando y que todas las fuerzas militares disponibles se dirigieran hacia esa región.

A pesar de la decisión adoptada por el Consejo, la realidad funcionó en sentido inverso. Fernando había creado un fuerte ejército de soldados alemanes en el Imperio a solicitud de su hermano para intervenir en Italia y hacia allí los mandó, produciendo un vuelco en la crisis italiana a favor del bando imperial. Esas fuerzas dirigidas por Jorge Frundsberg, obtuvieron rápidamente claras y contundentes victorias en el norte de Italia, sembrando el pánico entre los enemigos del emperador.

Siguiendo las indicaciones del Consejo de Estado, Carlos convocó el 5 de diciembre de 1526, urgentemente, Cortes Generales en Valladolid para el 20 de enero de 1527, con la idea de solicitar una ayuda económica para financiar al ejército y poder apoyar a su hermano. Mientras esa ayuda llegaba, solicitó también la colaboración urgente de los grandes y potentados eclesiásticos del país, que se vieron obligados a colaborar aunque en muy pequeña cuantía. Tan parca fue la ayuda recibida y tan grandes eran los gastos militares, que el emperador se vio obligado a empeñar y vender gran cantidad de sus dominios para continuar la guerra. Desde Granada, Carlos despachó cartas también a los príncipes alemanes, justificando la necesidad de la guerra contra la liga, y pidiéndoles ayuda para defender al Imperio del avance turco, conminándolos a tomar las armas para ello. Escribió cartas con el mismo fin a los reyes de Dinamarca y Polonia, y a algunos príncipes italianos, e incluso tendió un primer puente de plata a Francisco I, al que estaba dispuesto a perdonar todas las injurias, si mudase de propósito. Fernando mientras tanto era coronado como rey de Bohemia en Praga el 24 de febrero, y a finales del mismo año, el 17 de diciembre de 1527, sería también coronado en Presburgo como rey de Hungría.

Después de las agotadoras jornadas vividas en los últimos días de estancia en Granada, salió el emperador de esta ciudad al mediodía del 10 de diciembre de 1526. El invierno ese año fue durísimo y la travesía hasta Castilla fue una verdadera epopeya para la comitiva imperial, con abundante nieve, ríos desbordados y caminos intransitables. El emperador se despertaba tarde y tras almorzar, continuaba la marcha hasta la hora de cenar. La primera etapa fue Pinos Puente, donde descansó la noche del 10 de diciembre, continuando por Alcalá la Real y Martos hasta Jaén, donde la comitiva descansó los días 13 y 14 de diciembre. Por Baeza pasó hasta Úbeda, honrando con su presencia, el día 16 de diciembre, la casa de su secretario Francisco de los Cobos. Continuó por Vílchez, Venta de Palacios, Santa Cruz, Almagro, Malagón y Yébenes, hasta Toledo, donde pasó la Navidad. Por Aranjuez, Ocaña, Valdemoro, Madrid, El Pardo, San Agustín, Buitrago, Somosierra, Cantalejo, Hontalbilla, San Miguel del Arroyo, fue a Tordesillas, quedando con su madre quince días. Siguió por Simancas y entró en Valladolid el 8 de febrero. Las Cortes Generales de Valladolid comenzaron el 11 de febrero de 1527, siendo uno de los mayores fracasos del emperador en su relación con Castilla. La reunión se hacía para solicitar un nuevo servicio para financiar la guerra contra Francia y para defender a Hungría de los turcos. Esta vez sí se reunieron los tres estados y ante la petición del césar, los nobles dijeron que bajo ningún concepto pagarían ningún servicio que pareciera tributo ya que eso iba contra su nobleza. Sí estaban dispuestos a salir a campaña con su rey, a cargo de su hacienda. La iglesia dijo lo mismo y los únicos que se aprestaron a ayudar fue la orden de San Benito que aportó 12.000 doblones de oro. Los procuradores de las ciudades se negaron también alegando la pobreza y miseria existente y el que aún no se hubiera recogido el servicio anterior. El emperador malhumorado y enojado levantó las Cortes sin permitir que se tratara ningún otro negocio.

Según nos cuenta Alonso de Santa Cruz la emperatriz no abandonó Granada con el emperador, quedándose en la ciudad hasta finales de diciembre. El invierno era excesivamente frío y los caminos estaban en muy mal estado para arriesgar ante el avanzado estado de embarazo en que se encontraba Isabel. Pasadas las Pascuas, al mejorar el tiempo, la emperatriz partió hacia Jaén, desde donde continuó a Toledo, para unirse con su marido en Valladolid. En carta de Martín de Salinas al rey de Bohemia, Fernando, escrita el 16 de febrero de 1527 desde Valladolid, le informaba de que ese día el emperador había salido de Valladolid hacia Segovia, para recibir a la emperatriz que iba a hacer su entrada en esa ciudad. Desde Segovia, acompañada por el emperador, llegó a Valladolid el 22 de febrero.

En Italia mientras tanto la situación había mejorado mucho para las fuerzas imperiales desde la llegada de Frundsberg con sus lansquenetes. Las victorias militares se sucedían, pero la escasez de fondos inquietaba a los soldados cada vez más ansiosos por cobrar como fuese. El condestable de Borbón y Jorge de Frundsberg unificaron sus tropas y se dirigieron hacia el sur, cobrando un fuerte impuesto militar a la ciudad de Florencia, 220.000 ducados, para evitar ser asaltada; Monte Fiascone que se negó al pago del impuesto fue violentamente saqueada; el monasterio *della Madonna de la Quercia*, cerca de Viterbo fue también saqueado, siendo sus frailes acuchillados; Ronciglione también fue tomada al asalto. El ejército imperial iba dejando tras de sí un reguero de sangre y ruina. Especialmente los soldados alemanes, influidos por las doctrinas luteranas, solicitaron saquear Roma donde se prometían riquezas sin fin y sobre todo el honor de vencer y asesinar al anticristo. Llegados ante la ciudad imperial, el Papa, sin apenas defensores, se avino a pagar a las tropas lo que se le debía, pero eso ya no era suficiente. El 6 de mayo de 1527, los soldados de Frundsberg, del condestable de Borbón, de Alfonso de Ávalos, de Filiberto de Chalón, príncipe de Orange y de Ferrante Gonzaga, asaltaron la ciudad, sometiéndola a un brutal pillaje. Frundsberg no participó en el asalto por haber caído con anterioridad enfermo de apoplejía, quedando en Ferrara en grave estado; nada más iniciarse el ataque, el condestable de Borbón fue asesinado. Benvenuto Cellini se jactaría de haber sido él el autor. Filiberto de Chalón fue también herido gravemente. El Papa se refugió en el castillo de *Sant Angello*, donde capituló el 7 de junio. Además de las infinitas violaciones, profanaciones y demás brutalidades, en la semana que duró el *sacco* murieron cerca de diez mil personas y se robaron más de diez millones de ducados. La iglesia de San Pedro y el palacio papal quedaron a merced de los saqueadores, que arrasaron todo lo que pudiera tener algún valor, incluso bibliotecas íntegras, que fueron trasladadas a la península ibérica. El príncipe de Orange, nombrado capitán general ordenó el cese de la violencia por parte de los soldados imperiales, permitiendo entonces que los miembros de la familia Colonna, con sus fuerzas italianas, vengaran los agravios de la persecución que habían sufrido por parte del Papa. La imagen que las fuerzas imperiales dieron a la cristiandad no fue nada positiva para el

6 de mayo de 1527. Clemente VII, refugiado en el castillo de Sant Angello, observa impotente el saqueo de la ciudad por las fuerzas imperiales formadas en gran número por soldados luteranos deseosos de acabar con el Antichristo.

césar y solo consiguieron unir más y mejor a sus enemigos. Gattinara solicitó de Carlos que enviara una misiva a los reyes cristianos informándoles de lo acaecido, y de que la solución sería la convocatoria de un concilio que acabara con todos los heréticos y consiguiese la paz entre cristianos, pudiendo unir todas las fuerzas contra el común enemigo turco. Entre otros recibieron esta misiva el rey de Portugal y el de Inglaterra. Para el Santo Padre el *Sacco* supuso una experiencia inolvidable que le hizo ser algo más temeroso. A principios de diciembre de ese año se le devolvió el castillo de *Sant Angelo* que había sido ocupado por soldados españoles y alemanes bajo la dirección de Hernando de Alarcón. Consecuencia de lo ocurrido en Roma fue la firma el 18 de agosto de 1527 de un acuerdo entre Francisco I y Enrique VIII para rescatar al Papa de las manos del emperador, comprometiéndose a no apoyar ningún concilio mientras el Papa estuviera prisionero. La paz entre ambos monarcas solo fue posible tras la renuncia de Enrique VIII a sus derechos dinásticos sobre Francia. Graves motines también se dieron en Florencia en mayo de 1527, siendo expulsados de ella los Medici, la familia del Papa, y proclamada la república de Florencia. Tras el brutal saqueo, Roma sufrió además una epidemia de peste, razón por la que muchos soldados abandonaron, para alegría de los supervivientes, la ciudad, aunque por poco tiempo, ya que regresaron a finales de septiembre y llevaron a cabo nuevos saqueos y violaciones. Finalmente, Clemente VII, para verse definitivamente liberado, tuvo que avenirse a firmar una tregua con el emperador el 26 de noviembre, y un tratado de amistad el 28 del mismo mes, siendo entonces trasladado con un buen camuflaje fuera de la ciudad, a Orvieto.

En este año de 1527 el general francés Lautrec reanudó las hostilidades militares en Italia, sitiando con una gran flota Génova, sin saber que en la ciudad se encontraba el canciller Mercurino Gattinara que en nombre de Carlos negociaba con Andrea Doria su paso a las filas imperiales, asegurándole una importante remuneración económica, así como la protección de su familia. Gattinara que había argumentado padecer un ataque de gota para permanecer tanto tiempo en esa ciudad, pudo abandonarla en el último momento, poco antes de ser invadida por los franceses. No solo los éxitos habidos en Italia marcarían ese año de 1527, sino también la muerte de algunos de los más importantes personajes que habían dirigido el bando imperial, primero fue el condestable de Borbón muerto al asaltar la ciudad de Roma, al que siguió el virrey de Nápoles, Carlos de Lannoy, que falleció en Aversa el 23 de septiembre, falleciendo su sucesor en el puesto de virrey de Nápoles, Hugo de Moncada, en mayo de 1528. Y a su vez y curiosamente, tras gran número de victorias imperiales y saqueos, el año acababa con un reforzamiento del poder de la Santa Liga, en la que además del Santo Padre, Francia, Inglaterra, Venecia, Milán y Florencia, a fin de año se unieron también el duque de Ferrara y el marqués de Mantua.

En otro orden de cosas, a finales de mayo de 1527, desde Valladolid, informaba el emperador a su amigo Rodrigo Mexía: *Porque sé el plazer y alegría que avréis, os hago saber que ha plazido a Nuestro Señor de alumbrar a la Emperatriz y Reina my muy cara y muy amada mujer. Parió oy martes XXI del presente un hijo.*

Espero en Dios que será para su servicio y grand bien destos reinos. A Él plega que sea para que mejor yo le pueda servir pues para este fin lo he deseado. El parto se produjo en el palacio de Pimentel de Valladolid, donde se alojaba la familia real, no fue nada fácil y se prolongó durante dieciséis horas. El niño sería bautizado por el arzobispo de Toledo el 5 de junio de 1527 en la iglesia de San Pablo, con el nombre de Felipe, recordando a su real abuelo de tan corta vida. A los pocos días del parto le llegaba al emperador la noticia del *Sacco* de Roma.

En 1528 prosiguió la guerra en Italia, dirigiéndose en el mes de enero un fuerte ejército bajo el mando del mariscal Lautrec contra Nápoles. Estando el emperador en Burgos, fueron enviados a esa ciudad por los reyes de Inglaterra y Francia, heraldos para declararle oficialmente la guerra. Carlos no podía dar

Versión romática e idealizada del bautizo de Felipe II, celebrado por el arzobispo de Toledo el 5 de junio de 1527 en la iglesia de San Pablo de Valladolid.

crédito a lo que oía, el heraldo del rey francés que llevaba ya varios años batallándolo venía ahora con esas formas honorables a declararle la guerra ¿Cómo se atrevía a declararle la guerra, si el rey de Francia era aún su prisionero y no había cumplido su palabra? Lo que tenía que hacer ese *malemechant* era entregarse de nuevo como un caballero o cumplir la palabra dada, restaurando su honor perdido. Ni era caballero, ni era nada. En otra carta a su amigo Mexía le describía lo ocurrido: *la principal causa por que yo ove por bien de soltar al Rey de Francia teniéndole en estos reynos preso fue pensando que de lo que con él se asentó e capituló se syguía paz universal en la cristiandad, que es lo que yo siempre más he defendido por poderme mejor emplear en guerra contra los ynfieles, y él no mirando la buena obra que de mí recebió y la fee e juramento que hizo de guardar e cumplir lo capitulado o de tornar a la prisión en que estaba, luego como se vio libre fizo ligas e confederaciones y potentades para nos hazer guerra como después nos la ha hecho e me envió sus embaxadores pidiendo otras nuevas capitulaciones. Y como quier que no avía cabsa para alterar las hechas, como mi principal fin ha sido querer siempre la paz así con el dicho Rey de Francia como con los otros príncipes cristianos con quien él se a aliado, ove por bien de tornar a tratar de nuebo y dexar mucho de lo que antes estaba asentado e avía venido en conseder a sus embaxadores lo que pedían de manera que ellos estarían contentos segund la comisión que trayan, pero el Rey de Francia ni ellos no quisieron dar seguridad de lo que se asentaba ni sacar sus exércitos que tiene en Italia, guerreando nuestras tierras e tomando y ocupando algunas dellas, antes me pedían que primero yo les mandase entregar los hijos del dicho Rey de Francia que acá están en rehenes para que los llevasen libremente a Francia, lo cual no era cosa que convenía ni se debía hazer pues si él toviese libres sus fijos ques lo que desea más, en su mano estaría la guerra, y abiendo faltado en juramento e fee teniéndolos acá en rehenes, menos seguridades podía tener para en lo de adelante no los teniendo... e oy día de la fecha desta (22 de enero de 1528) con reyes de armas en nombre del dicho Rey de Francia y del de Inglaterra, que con malas informaciones y engaños le traxo a su propósito, han desafiado nuestra persona real ofreciéndonos guerra a fuego y a sangre a nos y a nuestros súbditos.*

Cinco días más tarde, el 27 de enero, al no avenirse Carlos a sus solicitudes, Enrique VIII, su tío y antiguo amigo, y Francisco I, le declararon oficialmente una guerra que llevaba asolando Italia desde hacía varios años. A principios de febrero, Lautrec se aproximó con un inmenso ejército a la frontera napolitana, a la vez que las tropas imperiales, tras ocho meses de escarnios, abandonaban una Roma arrasada, que aún tendría que sufrir algo más, ya que a su salida penetraron nuevos buitres en la ciudad, encarnados en las bandas de bandoleros del abad Farfa y de Amico d'Ascoli, que cometerían también un sinfín de atrocidades, aún mayores si cabe. Hasta el 27 de febrero, en que tropas pontificias al mando del capitán Mattei entraron en Roma, empleando la mayor mano dura posible, no se consiguió devolver la tranquilidad a la desolada y destruida ciudad que tardaría tiempo en recuperarse, no pudiendo regresar el Papa a ella hasta el 5 de octubre de 1528.

Andrea Doria atacó a principios de 1528 con su flota Cerdeña, aunque sin demasiado ímpetu por estar ya organizando secretamente su paso a las filas imperiales, que desde mediados de marzo, se vieron reforzadas por otros 10.000 lansquenetes bajo la dirección del duque Enrique el Joven de Braunschweig Wolfenbüttel, que tras cruzar el Adigio, se dirigieron a Milán para unirse a las fuerzas de Antonio de Leyva. Lautrec apoyado por los venecianos comenzó el ataque al reino de Nápoles por la costa adriática sin excesivos impedimentos, prosiguiendo con la expulsión de las tropas españolas asentadas en los Estados Pontificios. En marzo conquistaron la Apulia y en abril iniciaron el asedio de la ciudad de Nápoles.

Las hostilidades no solo se centraron en Italia. Con apoyo inglés, se iniciaron los ataques a los Países Bajos, a pesar del interés que Carlos siempre había mostrado por que esos territorios se mantuvieran neutrales. La gobernadora Margarita de Austria, anglófila convencida, vio como ahora, por temas de faldas, su aliado de siempre, Enrique VIII, se convertía en su enemigo. Las hostilidades se iniciaron como casi siempre a través del aliado francés en la región, Carlos de Egmond, duque de Güeldres, que envió a su general Maarten van Rossum a atacar La Haya, ciudad que se encontraba sin defensas en esos momento, saqueándola. A lo largo del verano, y ante la presión comercial ejercida por Margarita sobre la importación de las lanas inglesas, se llegó a un acuerdo firmado en Hampton Court a tres bandas, entre los reyes de Inglaterra y Francia con el duque de Borgoña, retornando la paz a los Países Bajos. El conde de Büren, capitán general de esas tierras, apoyado por Jorge Schenk, pudo entonces iniciar una campaña contra los insurrectos de Utrecht y Güeldres, consiguiendo incluso la firma del tratado de Gorkum por el que Carlos de Güeldres reconocía la soberanía de Carlos V sobre Utrecht y Over-Ijssel (3 de octubre de 1528). A su vez Carlos concedía la investidura del ducado de Güeldres y del condado de Zutphen a Carlos de Egmond, concluyendo con ello las disputas que desde hacía muchos años enfrentaban a este duque con los Países Bajos.

El día 19 de abril de 1528 se reunieron de nuevo las Cortes de Castilla en la ciudad de Madrid en el convento de San Jerónimo el Real o de Paso, tras el estruendoso fracaso de las anteriores tenidas en Toledo. El rey solicitó un servicio de 200 millones de maravedís que esta vez sí fue concedido por los procuradores, que a su vez solicitaron que esos fondos fueran exclusivamente usados para la defensa de las tierras castellanas, especialmente las del sur, amenazadas por los ataques de los piratas turcos y berberiscos. Las quejas más abundantes hechas por los procuradores en estas cortes se refirieron a los abusos que jueces, tanto civiles como eclesiásticos, y oidores cometían. Los procuradores defendieron a los labradores sometidos a todo tipo de impuestos, cargas y gabelas, así como al secuestro de sus animales cuando más los necesitaban para trabajar, temerosos de que no siguieran cultivando la tierra y abandonaran los campos. Sin su aportación se hacía imposible el mantenimiento de los demás estados de la sociedad. La grandeza de las armas españolas contrastaba con la miseria interior y con el desencanto que la figura de Carlos V producía en sus súbditos castellanos. Ocupado con sus múltiples guerras, despreció solucionar los problemas administrativos internos, engañando a menudo a las Cortes a las que prometía lo que los procuradores quisiesen

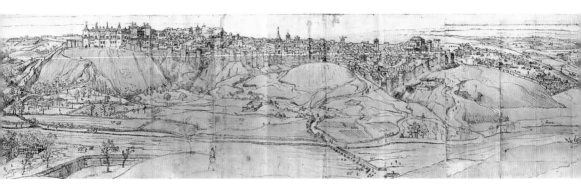

Anton van den Wijngaerden. Vista de Madrid a mediados del siglo XVI. A la izquierda sobre el corte en el terreno aparece el antiguo Alcázar Real, edificio ya obsoleto en época del emperador que apenas era usado por la corona por sus incomodidades, especialmente en invierno.

oír, sin cumplir nada, o poco. El acto principal de las Cortes de Madrid de 1528 fue el nombramiento como heredero del príncipe Felipe que aún no había alcanzado su primer año de edad. En ese juramento estuvo presente Leonor, hermana del emperador y reina de Francia tras el matrimonio con Francisco I, así como la mayor parte de grandes y prelados del reino, que hicieron oficialmente el juramento y pleito homenaje correspondiente. Los nobles que no estuvieron presentes por diversas razones, tuvieron que hacer luego el juramento y pleito homenaje en privado, ante representantes del emperador.

Al partir de Castilla para la reunión de las Cortes de la corona de Aragón, Carlos dejó por primera vez a su esposa Isabel como regente de Castilla, entregándole el 23 de abril unas escuetas instrucciones de cómo había de gobernar en su ausencia ese reino, reforzadas por otras dadas el 17 de mayo desde Valencia. Carlos le encarecía que estuviera presente en todas las reuniones de los viernes del Consejo de Estado y que siguiera los consejos de su presidente, Juan Pardo de Tavera, arzobispo de Santiago, la persona en la que más parecía confiar el emperador. Si Isabel era la fachada exterior de esa regencia, Pardo de Tavera era sin duda el gobierno en la sombra. En el tema de vacantes de oficios, beneficios, encomiendas y fortalezas, debía de seguir las indicaciones del licenciado Polanco o de Juan Vázquez, sobrino de Cobos, que ocupaba la secretaría en su lugar, al acompañar él al emperador a Aragón. El mes de mayo lo pasó el emperador en el reino de Valencia, conociéndolo, disfrutando de la caza en Bujaraloz y dejándose jurar en la capital de ese reino, en su ciudad de Valencia, que además visitaba por primera vez.

El 27 de marzo de 1528 habían sido convocadas, en nombre del emperador Carlos y de su madre la reina Juana, Cortes de la corona de Aragón en Monzón,

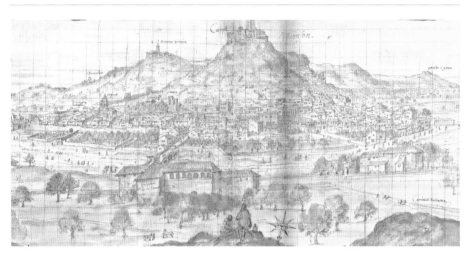

Anton van den Wijngaerden. Vista de la villa de Monzón a mediados del siglo XVI. La villa de Monzón era el lugar establecido para las reuniones de las Cortes de Aragón por ser un punto intermedio entre los tres territorios que lo constituían: Aragón, Valencia y Cataluña. En la iglesia de Santa María, visible a la izquierda de esta imagen se celebraban las reuniones de los procuradores de esos tres territorios.

inaugurándose solemnemente en la iglesia de Santa María de la villa de Monzón el 1 de junio de 1528, en presencia del emperador y de representantes de los tres territorios, prolongándose estas Cortes con unas especiales para el reino de Aragón, celebradas desde el 23 de julio en la ciudad de Zaragoza. Las cortes fueron presididas por Fernando de Aragón, duque de Calabria, asistiendo 26 representantes del brazo eclesiástico, 31 nobles, 107 del brazo de caballeros e infanzones y 35 de las universidades del reino. Las Cortes se caracterizaron por la necesidad de concluirlas lo más pronto posible para que el emperador pudiera asistir a todas sus sesiones y proseguir con sus normales actividades de gobierno. Las Cortes aragonesas podían demorarse durante meses debido a la necesidad imperiosa de que cualquier decisión se tomara por unanimidad y eran dentro de las Cortes europeas las más prolongadas, aburriendo a veces a los monarcas que las abandonaban antes de concluir. En ellas se pidió un servicio extraordinario para hacer frente como todos los demás reinos del emperador a los gastos bélicos y las Cortes aprobaron uno de 200.000 libras. En la reunión también se reestructuró la Real Audiencia aragonesa, estableciendo en ella un consejo de cuatro letrados, sin cuyo dictamen no se podían pronunciar ni las causas civiles ni las criminales. También se decidió que en la acuñación de monedas de oro se tenía que seguir la ley y el peso de las monedas de Castilla.

Las en parte tediosas reuniones se vieron sorprendidas por la aparición del heraldo del rey francés, retando a duelo al césar. El 8 de junio de 1528, por medio de un *faraute*, llamado Guena, rey de armas del rey de Francia, presentó Francisco

I al emperador un cartel de desafío, retándolo a duelo para luchar por su honra. Francisco llamaba al emperador mentiroso por todo lo que había dicho e insinuado contra él cuando los heraldos del rey de Inglaterra y el suyo le declararon la guerra en Burgos: *nos dezimos que vos aveys mentido por la gola... siendo deliberado de defender nuestra honra hasta el postrer cabo de nuestra vida... de aquí adelante no nos escrivays alguna cosa, antes nos asegurareys el campo y nos llevaremos las armas... protestando que la dilaçión del combate será vuestra.* Carlos dispuesto a defender su honra le respondió desde la misma villa de Monzón el 23 de junio, llevándole el mensaje su rey de armas de Borgoña, diciéndole que lo que había hecho no cumpliendo su palabra dada en el tratado de Madrid, firmado de su mano, era típico de *un ruin bellaco que no ha guardado su fe dada.* Por ello *yo acepto de vos librar el canpo e soy contento por mi parte, os lo aseguraré por todos los medios razonables que sobre esto serán avisados agora el lugar de dicho conbate, sobre el río que pasa entre Fuenterravía y Andaya en tal parte e de la manera que de común consentimiento será avisado más seguro e más conveniente, e me paresçe que por razón no lo podéys en ninguna manera rehusar ni dezir de no ser bien asegurado pues que allá fuiste entregado en reçibiendo vuestros hijos por rehenes... e para que no aya largura ni dilaçión en la colusyón podremos enviar sobre el dicho río lugar cavalleros de cada parte con suficientes poderes para tratar e concluyr así de la seguridad egual del dicho canpo, como de la eleçión de las dichas armas, día de conbate e de lo demás tocante a este caso. E si dentro de quarenta días después de la presentación d'esta no me respondeys e no me avisays de vuestra intençión sobre eso, bien se podrá ver que la dilaçión del conbate será vuestra que vos será inputado e annadido con la falta de no aver cumplido lo que prometistes en Madrid.* Brillante la reacción del emperador, emplazándolo al lugar donde había sido liberado tras dar su palabra de caballero, para que no pudiera nunca negar lo hecho. En el ámbito privado, el emperador volvió a ser padre el 21 de junio de 1528 durante su estancia en las Cortes de Monzón, al dar a luz la emperatriz a su primera hija, bautizada con el nombre de María, futura emperadora del Sacro Imperio Romano Germánico.

El 26 de abril de 1528, Lautrec acabó de encerrar por tierra a la ciudad de Nápoles, a la par que una fortísima escuadra bajo la dirección de Filippino Doria establecía también un cerco marítimo sobre ella. En el intento de romper ese cerco, el 28 de abril, la escuadra española dirigida por Hugo de Moncada, virrey de Nápoles, fue completamente derrotada cerca del cabo de Orso en el golfo de Salerno, muriendo Moncada y siendo hechos prisioneros el marqués del Vasto, sobrino del marqués de Pescara, y Ascanio Colonna, quedando al mando de la cercada ciudad de Nápoles Filiberto de Chalón, príncipe de Orange que a la sazón contaba 25 años de edad. El 10 de junio, las galeras venecianas aumentaron el cerco sobre Nápoles, que sería definitivamente sellado con la llegada de la flota francesa dirigida por Barbesieux, apoyado por soldados del rey de Navarra. Sin embargo a mediados de ese mismo mes, el capitán general de las fuerzas imperiales en Italia, el príncipe de Orange, había llegado ya a un acuerdo con Andrea Doria, que pasaba con su flota al servicio del emperador con la célebre *condotta* de sus naves. El 10 de agosto en Madrid, el emperador Carlos V firmó esa *condotta* con Andrea Doria, por la que Carlos V se convertía en protector de Génova, se liberaban los soldados imperiales presos, se le fijaba una soldada de 60.000 ducados anuales y se le concedía el título de almirante y príncipe de Melfi. El príncipe de Orange sería nombrado en julio de 1528, virrey de Nápoles, en una situación algo complicada en la que los lansquenetes del duque de Braunschweig, faltos de paga se amotinaron en un número cercano a los 8.000, junto a su duque. Sin embargo, de repente un nuevo invitado irrumpió en escena aliándose con los sitiados españoles, la peste, que comenzó a hacer mella en el ejército sitiador francés. A mediados de agosto falleció el mariscal Lautrec, haciéndose cargo del ejército francés el marqués de Saluzzo, que se vio obligado a levantar el cerco a finales de agosto: el ejército enemigo *que sitiaba Nápoles por mar e por tierra fue remediado con una gran victoria, reputación y honra nuestra y de nuestros contrarios,* según relataba el propio emperador el 13 de octubre de 1528, estante en Madrid, al señor de Santofimia, Rodrigo Mexía, en un carta: *porque siendo muerto Monsieur de Lautrec capitán general del ejército de los enemigos, estando el dicho ejército sobre la dicha ciudad de Nápoles fue nescesitado a se levantar así porque de más gentes después del socorro que les aviamos embiado con la armada de las galeras de micer Andrea Doria que recibimos en nuestro servicio, como de gente e bastimentos que pasaron desde Sicilia y otras del mismo reyno de Nápoles. Recebían continuamente mucho daño porque tenía falta de bastimentos, pestilencia y enfermedades y así se levantaron a veinte y ocho de agosto último pasado (1528) con fin de meterse en la ciudad de Aversa que es cerca de allí y saliendo de Nápoles, nuestros capitanes e gente los siguieron y antes que se pudiesen retirar fueron rotos y desbaratados y muertos muchos capitanes e personas principales y otra mucha gente del dicho ejército y perdieron el artillería que traían que era mucha e muy buena y después retraído el marqués de Saluces que por fallecimiento del dicho Monsieur de Lautrec que era capitán general del dicho exército con la gente que le quedó en la dicha ciudad de Aversa allí fue cercado por nuestro exército y batida e combatida la ciudad fueron constreñidos a rendirse e se rindieron con partido muy provechoso a nuestro servicio. La vitoria fue muy cumplida y de los enemigos murió gran número de gente y muchos capitanes e personas principales y fueron presos el dicho marqués de Saluces y un hermano de don Enrique de La Brit y el conde Pedro Navarro y otras personas principales y en el mismo tiempo el armada de mar de los enemigos que estaba sobre Nápoles, sabida esta victoria, salió del puerto para irse e las galeras venecianas se fueron a Venecia y el dicho Micer Andrea Doria nuestro capitán general de nuestras galeras siguió las galeras de Francia e las alcanzó e desbarató e tomó algunas dellas e las otras fuyeron y él se fue a la ciudad de Génova que el dicho Rey de Francia tenía usurpada e la reduzió e pasó a nuestro servicio de manera que ya el dicho Reyno de Nápoles y todo lo demás que tenemos en aquellas partes y la mar están libres de los enemigos.*

Al mismo tiempo que Orange derrotaba y hacia prisionero al ejército francés comandado por Saluzzo en Aversa, moría en el castillo de Petertem cerca de Innsbruck, como consecuencia de la apoplejía que había sufrido en Ferrara, Jorge Frundsberg, capitán de los lansquenetes. El 9 de septiembre de 1528, como comentaba el emperador, Andrea Doria conquistó Génova y la puso, como su propia persona, bajo la protección del emperador. Los franceses no cesaron en su intento y pretendieron recuperarla, siendo nuevamente sitiada por el conde de Saint Pol con un importante ejército francés a principios de octubre de 1528. Antonio de Leyva liberó nuevamente a Génova de la amenaza francesa. Poco después, el 21 de octubre se rendía a Andrea Doria la ciudad de Savona, aún en manos francesas. Las instituciones genovesas fueron radicalmente renovadas por Andrea Doria y Carlos V, consiguiendo que desde entonces siempre se mantuviera fiel al emperador, defensor de su libertad. Francisco I durante el periodo de posesión de la república genovesa, la había anexionado sin más a Francia, intitulándose señor de Génova. El rey francés nombró un gobernador galo para el nuevo territorio, aplicando impuestos despóticos, interfiriendo en la justicia local, haciendo cesiones de tierras a señores feudales y dividiendo el territorio según el criterio real. Durante el periodo francés de ocupación se prohibieron sus costumbres y órganos administrativos ancestrales. Por el contrario, por el sistema pactado con los españoles, los genoveses se autogobernaron y tuvieron libertad para elegir a su propio *dux*. Además, la entrada en la esfera española, permitió a los genoveses comerciar libremente con los enclaves piamonteses y lombardos, comprar e importar cereales en Nápoles y Sicilia, y negociar con sus nuevos socios catalanes. Los genoveses recibieron, como todos los demás territorios pertenecientes al emperador, las mismas libertades que los residentes en todos sus reinos.

Las hostilidades perdurarían hasta 1529, manteniéndolas vivas el rey de Francia que se negaba a aceptar su derrota y que ya pactaba sin ningún escrúpulo y abiertamente con el sultán turco, al que con el fin de debilitar al emperador, invitaba a invadir las tierras italianas. El gran artífice de la definitiva victoria italiana fue el gran canciller Mercurino Gattinara que conseguiría a finales de 1529 firmar un acuerdo con las ciudades y príncipes italianos, por la que todos se comprometían a mantener la paz, mejorando el comercio y sus economías, comprometiéndose a declarar la guerra al primero que iniciara cualquier tipo de hostilidades militares en la península italiana. Milán y Venecia serían también fuertemente castigadas a finales de ese año, por su colaboración con Francia. El príncipe de Mónaco, Agustín Grimaldi, renunció en junio de 1529 al cobro de los préstamos hechos al emperador durante las últimas guerras, a cambio de un título de marqués en el reino de Nápoles y un señorío de 5.000 escudos de renta anual. Florencia, último bastión incontrolado defendido por unos modernos bastiones en parte creados por Michelangelo, sería sometida a un duro asedio desde junio de 1529, capitulando tras once meses en 1530, retornando al poder de los Medici.

Jan van der Straet, llamado Giovanni Stradano. El asedio de la ciudad de Florencia, iniciado en junio de 1529, se prolongó durante once meses, finalizando a mediados de 1530, concluyendo entonces el gobierno republicano y retornando la ciudad a manos de los Medici.

2.5. Últimas metas

2.5.1. Coronación imperial en Bolonia. Primer viaje a Italia del emperador (1529-1530)

Tras la derrota del ejército francés, el camino quedó casi expedito para el paso del emperador a Italia y su coronación imperial. Tras celebrar las fiestas de Navidad con su familia en el convento de San Jerónimo de Toledo, el 20 de enero de **1529** inició el emperador sus primeros preparativos para abandonar el país, en el que llevaba ya seis años y medio, y en el que había iniciado un acercamiento a lo español que convertía a Castilla en el corazón de su Imperio. Antes de partir hacia Italia, organizó un grupo de cuatro consejeros, elegidos entre sus más fieles seguidores, para ayudar a su mujer durante su ausencia, en la que sería la segunda regencia de Isabel en el gobierno de los reinos peninsulares. El grupo lo formaban Juan Pardo de Tavera, arzobispo de Santiago y presidente del Consejo de Estado; Alonso de Fonseca, arzobispo de Toledo; Juan de Zúñiga, señor de Peñaranda de Duero y conde de Miranda; y Juan Manuel, señor de Belmonte. Pidió el césar además encarecidamente a los castellanos, sobre todo a su nobleza, que en su ausencia obedecieran fielmente a la emperatriz. Curiosamente Castilla no se quejaba esta vez de su partida ya que dejaba en ella a las personas que más quería, su mujer y sus dos hijos, Felipe y María, y por ello los castellanos sospechaban que su ausencia sería mínima y que el enamorado regresaría rápidamente al nido de amor. El día 8 de marzo dio instrucciones a Isabel de Portugal de cómo había de regir los reinos, junto a un poder, esta vez general, para llevar a cabo *la buena gobernación y administración de la justicia y de lo demás que tocare al bien y defensa dellos*. El monarca parecía ya confiar más en las capacidades de su mujer como regente y por ello, aunque en esas instrucciones volvía a recordarle la necesidad de asistir a las reuniones del Consejo de Estado los viernes y la de dejarse aconsejar por ellos en temas de justicia y gobernación y por los del Consejo de Guerra en temas bélicos, le permitía ya nombrar determinados cargos, recomendándole que los eligiera de entre los mejores y más capacitados y que en el caso de oficios de corregimiento o de justicia lo consultase, al menos, con Tavera. También le pidió que velase por que los consejos y las audiencias fueran eficaces, estableciendo que todas las cédulas y provisiones que emanaran de los contadores mayores o del Consejo de Hacienda fueran firmadas por Juan Vázquez, sobrino de Cobos, y las relacionadas con Indias por Juan de Sámano. Las restricciones que ponía a Isabel en su regencia estaban relacionadas con la escasez crónica de dinero, prohibiéndole que enajenase bienes o beneficios de la corona, o que concediera mercedes u oficios por ser excesivos los existentes y estar el césar implicado en un intento de reducirlos, así como el número de fortalezas. Pero la restricción más interesante era la referida a la concesión de oficios vacantes en las ciudades de Toledo, Sevilla, Burgos, Granada, Córdoba, Valladolid y Segovia, y en los obispados o arzobispados del reino, en la Casa de Contratación de Sevilla, o en los cargos de fundidor, marcador o escribanos de juzgado, que se reservaba para concedérselos a aquellos fieles que le acompañaban en la jornada que el mismo dirigía a Italia y Alemania. Curiosamente ni los consejeros dejados por el monarca ni la propia regente tenían demasiado claro si tras la partida del emperador a Italia, la regencia se extendía también a la corona de Aragón.

Isabel y sus hijos, Felipe y María, quedaron en Castilla con una salud algo débil, por lo que el emperador en un primer momento no se atrevió a decirle a su mujer claramente que iba a pasar a Italia, asegurándoles que en un primer momento solo pretendía ir a Barcelona y una vez allí ya se pensaría si su presencia en Italia o en el Imperio era necesaria. Temeroso Carlos de *que en esta jornada pudiera subçeder lo que Dios no quisiera*, entre otras cosas su propio *fallecimiento*, el 3 de marzo de 1529 dio un poder dejando estipulada su sucesión. En esa especie de testamento nombraba *por rey y señor natural de nuestros reynos y señoríos, en lugar de mi el Rey, y como hijo primogénito y subcesor universal de ellos, al dicho illustrísimo prínçipe don Felipe, y que sea alçado e intitulado y nombrado y obedeçido e tenido por rey*, nombrando como *teniente general*, hasta que Felipe cumpliera la edad legal de 14 años, a Isabel de Portugal, con la condición de que permaneciera *en su hábito y estado viudal*, i.e. que no se volviera a casar. En caso de que falleciera Felipe, el siguiente hijo varón sería el heredero, y si este también muriera, le sucederían sus hijas en orden de edad. Una copia de ese poder fue enviada a su tía Margarita de Austria a los Países Bajos, aunque algo más tarde esta especie de testamento sería anulado por el propio césar.

Vía Alcalá de Henares, Zaragoza, Lérida y Montserrat, se trasladó el emperador a Barcelona, a donde llegó a finales de abril de 1529, quedándose en la capital catalana hasta el 27 de julio. La emperatriz, apesadumbrada por la pesada carga que recaía sobre sus espaldas como gobernadora de los reinos y por la ausencia de su marido, quedó deshecha en llanto y al poco cayó enferma con unas calenturas que, gracias a Dios, no duraron demasiado, aunque la salud de los tres, Isabel, Felipe y María, siguió siendo durante gran parte de la ausencia imperial bastante mala. El 25 de abril, el cardenal Tavera escribía al césar informándole que desde hacía varios días la emperatriz tenía fiebre: *esperemos en Dios que no será nada y así lo dizen también los médicos, porque les paresçe que todo esto son rebatos de la preñez, pero todavía nos paresçió que vuestra Majestad lo supiese.* Los propios médicos encargados de la familia real, los doctores Alfaro y Villalobos informaban también el 28 de abril a Cobos y al emperador diciendo: en un principio se pensó que sería *un catarro y sospechamos que fue entrada del tercero mes de su preñez en que suelen a las preñadas venir calenturas y otros accidentes... creemos que la enfermedad no durará de otros quatro días adelante.* El 30 de abril confirmaban los médicos definitivamente al emperador que *la emperatriz iba procediendo de bien en mejor, a Dios gracias, con muy buena convalesçencia y buena preñez. No cessaremos ahora de tener gran vigilancia, así en lo que toca a su disposiçión... como a la conservaçión de lo que está en su vientre.* Superada esta crisis, Isabel decidió también hacer testamento como lo había hecho pocos meses antes su marido. En paralelo a la emperatriz, la infanta María pasó también unas calenturas, e incluso el príncipe Felipe enfermó de viruelas, epidemia que se expandía por la ciudad de Toledo, razón por la que los médicos aconsejaron a la emperatriz *que, como hay señora preñada y niños tiernos y de tan alta calidad, no querían que esperasen a las estremas neçesidades*, aconsejándole que se trasladaran a Madrid, de clima algo más sano, y no afectada por la epidemia. Al ser el invierno madrileño tan crudo y el alcázar madrileño tan frío en esa estación, se establecieron en la casa que

Pero Lasso tenía en esa villa. De todo lo que iba ocurriendo a la familia real, así como de lo que acaecía en la corte, iba recibiendo a menudo información el césar por medio del arzobispo de Toledo o de los doctores encargados de los suyos, Alfaro y Villalobos.

En abril de 1529, Carlos solicitó a Clemente VII que entrara en firmar una paz con él, ya que ambos estaban destinados por Dios para guiar a la cristiandad y defenderla del peligro principal que eran los turcos. A través del nuncio papal, el emperador había oído que el Santo Padre jugaba incluso con la idea de venir a España en busca de esa paz, Carlos lo invitó cordialmente a ello, asegurándole que sería recibido como se recibe al vicario de Cristo en la tierra. En esa carta en la que el césar se mostraba extremamente respetuoso con el Papa, le pedía también perdón por el *Sacco* de Roma, asegurándole que se había hecho sin que él lo ordenara.

El 4 de mayo se inició, presidida por el emperador, la reunión de las Cortes catalanas, y a principios de mayo llegó a Barcelona el mayordomo de Clemente VII, el obispo Vaison, con el que tras negociaciones, dirigidas por parte imperial por Mercurino Gattinara, Luis de Praet y Nicolás Perrenot de Granvela, se llegó los días 10, 23 y 29 de junio a diversos acuerdos, y se asentó y juró *paz, liga, unión y amistad perpetua entre Su Santidad, el Emperador y el Serenísimo Rey de Ungría y de Boemya*, en el llamado tratado de Barcelona (29 de junio de 1529). En este tratado se acordó que Venecia devolviera al Papa las ciudades de Ravena, Reggio, Módena y Carvia; a la vez que Carlos se comprometía a prestarle la ayuda militar necesaria para hacer retornar al poder en Florencia a Alejandro de Medici, con el título de duque. Florencia, como ya hemos visto, había sufrido una grave revuelta durante el *Sacco* de Roma, en la que habían sido destituidos los Medici, erigiendo la república florentina. Como contrapartida a esa ayuda, Carlos exigió al Papa que el duque de Florencia casara con su hija natural Margarita, que aún era muy joven y a la que Carlos había legitimado el 9 de julio de ese mismo año. También se acordó que el Papa lo coronaría emperador y lo investiría con la corona de Nápoles, permitiéndole a él y a su hermano Fernando el uso de una cuarta parte de los ingresos o regalías de la iglesia en sus tierras, destinados a combatir la herejía luterana. Clemente VII incluso se avino a convocar un concilio, reiterada petición del emperador siempre desoída, y también recondujo el proceso de divorcio iniciado para separar a Catalina de Aragón de Enrique VIII. Este acuerdo fue celebrado el día de San Pedro, 29 de junio de 1529 con una gran misa de acción de gracias en la catedral de Barcelona, seguida de una gran procesión por la ciudad. Ese mismo día llegaban a la ciudad condal 40 mulos cargados de dinero, en parte procedente de Portugal, que conformaban el pago que el rey de Portugal tenía que hacer tras el acuerdo con Castilla por el que quedaba en posesión de las islas Molucas y de su comercio de especias; y en parte

Anton van den Wijngaerden. Vista de Barcelona a mediados del siglo XVI. El emperador pasó en el año 1529, tres meses en la ciudad condal preparando su pasaje a Italia para ser coronado por el Papa. Durante esa larga estadía firmó un tratado de paz con Clemente VII, comprometiéndose a expulsar a los republicanos de Florencia, sustituyéndolos por Alejandro Medici que como contrapartida casaría con su hija Margarita.

era también dinero procedente de Castilla enviado por Isabel. Esas cantidades eran fundamentales para financiar el paso del monarca a Italia y su retraso tenía que ver con ello. El camino para la deseada coronación imperial quedaba ahora expedito.

El 27 de julio de 1529 embarcó el emperador en la armada hispano-genovesa de su nuevo almirante Andrea Doria, que había reunido un total de 63 naves. Su tía Margarita de Austria no se cansaba de desaconsejarle el viaje, temiendo especialmente a lo que el Papa pudiera tramar contra su persona y al veneno con el gustaba de eliminar enemigos. El 28 de julio levó anclas en Barcelona, dirigiéndose a lo largo de la costa hasta Mataró, donde almorzó, continuando con el mismo proceso hasta Blanes y Palamós, bajando siempre a tierra para almorzar. Desde Palamós prosiguió hasta Mónaco y Savona, arribando a Génova el 12 de agosto, donde se entrevistó con los cardenales Farnesio y Medici, preparando como habría de ser la entrevista con el Papa en Bolonia, lugar donde había de ser coronado. La coronación era imposible en Roma donde aún se mantenía demasiado a flor de piel lo ocurrido durante el *Sacco* de 1527.

En paralelo a la guerra contra Francia en Italia, en la frontera entre los Países Bajos y Francia se desarrolló también un corto ptoceso bélico contra los franceses e ingleses. La guerra era muy impopular entre los habitantes de los Países Bajos que veían como su comercio se resentía y además Margarita de Austria, su gobernadora, prefería no proseguir las hostilidades contra su antiguo aliado, Inglaterra. El 15 de junio de 1528 se consiguió firmar el llamado armisticio de Hamptoncourt que suponía un primer paso importante para conseguir la paz definitiva. Este deseo de paz hizo que se iniciaran conversaciones con Francia, siendo enviado a

París por Margarita, como negociador principal, Guillermo des Barres, el mismo que había informado a la archiduquesa acerca de la boda y luna de miel del emperador. Por parte francesa destacó el obispo de Avranches, Gilberto Bayard. A lo largo de 1529 se mantuvieron esas negociaciones, llevándose desde el 15 de junio al más alto nivel, reuniéndose en Cambrai, Luisa de Saboya, madre de Francisco I, y Margarita de Austria, apoyada por un gran equipo de consejeros neerlandeses, llegándose a un acuerdo refrendado por ambas el 5 de agosto de 1529, en la llamada paz de las Damas o de Cambrai. El acuerdo tomaba como base lo estipulado en la concordia de Madrid, pero haciendo concesiones recíprocas para que el acuerdo fuera factible. Carlos retiraba su solicitud de restitución del ducado de Borgoña y Francisco I renunciaba a su soberanía sobre Flandes y el Artois, así como a los derechos sobre Milán, Génova y Nápoles. Francisco pagaba además una indemnización de dos millones de soles por la liberación de sus hijos mantenidos aún como rehenes en Castilla. Cantidad que en moneda española se traducía en 1.600.000 ducados de oro. De esa cantidad, Carlos recibiría al canje de los rehenes un millón, mientras los otros 600.000 serían enviados al rey de Inglaterra, por las deudas que en su juventud Carlos había hecho con él y sus antecesores. Naturalmente, el rey inglés venía obligado a devolver en ese momento las valiosas piedras preciosas y reliquias de de gran veneración empeñadas, sobre todo la valiosísima *flor de lis*. El millón de ducados, tras el canje de rehenes, fue depositado por orden del monarca en el castillo de la Mota de Medina del Campo, bajo la custodia de Álvaro de Lugo. También se ratificó el matrimonio del rey francés con Leonor, la hermana del césar. Incluso Francisco se comprometió a luchar contra los turcos, creando junto a Carlos V un gran ejército de 60.000 soldados destinado a atacarlos. La paz que no tenía validez sin las firmas de los dos monarcas fue ratificada por Francisco I, en la iglesia de Nôtre Dame de París, ante los embajadores de Inglaterra, Venecia, Florencia y Ferrara, el 20 de octubre de 1529. El emperador Carlos, a pesar de las reticencias que el acuerdo le producía, presionado por el avance turco en tierras austriacas, la firmó en la ciudad de Génova, también en octubre de 1529, haciéndola publicar en esa ciudad. Si hubiera sabido Carlos lo rápido que los turcos se iban a retirar del cerco de Viena, nada más llegado el otoño, hubiera exigido mucho más al francés. A esta paz se adhirieron también el rey de Inglaterra y el Papa. No pudo, ni quiso Carlos cumplir el deseo de su hermano Fernando de firmar una paz con el turco, a pesar de que no le hubiera venido nada mal.

Mientras tanto, Isabel de Portugal que había fijado su residencia en Madrid, cumplía como podía con su misión de conseguir fondos castellanos para pagar las deudas contraídas por el emperador en su aventura italiana, consiguiendo que la iglesia se involucrara en ello con una aportación de 420.000 ducados de oro con los que se finaron las deudas contraídas con Andrea Doria por el paso a

Italia y la que se mantenía con Agustín Grimaldi, obispo de Grassa y señor de Mónaco.

El 30 de agosto partió Carlos de Génova rumbo a Bolonia, pasando por Piacenza, donde se entrevistó con su gran capitán Antonio de Leyva, al que hizo grandes honores y donde recibió la noticia de la retirada del cerco de Solimán sobre Viena. En Piacenza permaneció hasta llegada la noticia de la entrada del Papa en Bolonia, prosiguiendo entonces, en compañía de Leyva, vía Parma, Reggio, Módena, Castel Franco, llegando a la Cartuja de Bolonia el 4 de noviembre, haciendo su solemne entrada oficial en esa ciudad el 5 de noviembre de 1529. Bolonia se había engalanado con una arquitectura efímera para recibir al emperador. Arcos de triunfo con imágenes alegóricas decoraban sus calles, las fachadas y balcones estaban engalanados. El césar fue recibido por veinte cardenales en la *Porta San Felice*, y acompañado por 400 soldados de la guardia papal, bajo baldaquín, vestido con su armadura, el cetro en la mano y un casco coronado por un águila, rodeado por sus fieles soldados italianos y españoles, entre los que destacaba Antonio de Leyva, accedió a la ciudad. Su residencia boloñesa estaba conectada por un puente de madera con el palacio papal, de forma que ambos pudieran tener reuniones secretas. Clemente VII le esperaba ya desde finales de octubre en Bolonia, llegando aún a mediados de noviembre el príncipe de Orange y Ferrante Gonzaga para tratar con el emperador acerca de la campaña florentina. Durante la estancia boloñesa las negociaciones fueron intensas y a pesar de que Francisco I hubiera mostrado ya sus primeras quejas contra lo pactado en Cambrai, el 8 de noviembre, Carlos autorizó a Margarita de Austria para que tratara con Luisa de Saboya una alianza entre ambos monarcas y la boda de sus hijos. El 21 de noviembre se entrevistó en secreto con el Papa, tratando de la devolución del ducado de Milán a Francisco II Sforza, que al día siguiente, 22 de noviembre, hizo su entrada en Bolonia, poniéndose en manos del emperador. Carlos V permitió a Francisco Sforza retornar al ducado de Milán con la condición de pagar 500.000 escudos por su traición y 400.000 por su investidura como duque.

El mismo día de la entrada de Sforza en Bolonia, el 22 de noviembre de 1529, nacía el tercer hijo del emperador, llamado Fernando. *A la una de la madrugada començó a sentir la emperatriz los dolores del parto que venían no muy espesos ni grandes y entonces vino aquella agua que suele preçeder a los buenos partos. Estos dolores procedieron así remissos hasta las siete de la mañana y en esta hora se començaron a esforçar y menudear y luego sintió la comadre que el parto estaba en las manos y que la criatura venía bien encaminada sin entropieços ni dificultades como suele haver en otros partos. Su magestad parió al punto de las ocho y purgó muy bien todo lo necesario y quedó, a Dios gracias, tan buena como si fuera otra la que había parido. Nació un infante grande y gordo y hermoso, con una voz tan formada y unos ojos tan abiertos como si fuese de tres meses naçido.* La noticia del alumbramiento de este ansiado niño no llegaría al emperador a Bolonia hasta el 11 de diciembre. Su tía Margarita de Austria que conoció la nueva hacia la misma fecha, escribió a Isabel felicitándola y recordándole *que según lo que prometió su magestad, yo tengo esperança que este será mi hijo y caña para mi vejez que me vendrá a consolar de la pena que yo tengo cada día.* Fernando había sido prometido por Carlos a su tía para que fuera educado en Bruselas, con el fin de que aprendiera a ser, desde su niñez, neerlandés y gobernador general de los Países Bajos. Esta brillantísima idea no pudo por desgracia cuajar ya que el infante moriría en Madrid poco antes de cumplir ocho meses de edad, el 13 de julio de 1530, sin que su padre lo hubiera podido conocer. Al infante *le dio una enfermedad que llaman las mugeres alferezía, que son unos temblores y desmayos que acaban con los niños en poco tiempo, y así hizo a este infante que no duró un día natural.* Carlos aceptó estoicamente lo ocurrido, por haber sido así *la voluntad de Dios*, y rogó a su querida mujer que también lo aceptara y que quitara de sí todo dolor como a una gobernadora correspondía.

El 6 de diciembre se fijó el tratado de Westminster con Enrique VIII, que mejoraba las muy perturbadas relaciones entre el inglés y el césar, y el 11 de diciembre escribía a los duques de Calabria confirmando el asentamiento de la paz con Milán y Venecia. Venecia, la mayor perdedora de la guerra, se vio obligada a devolver al Papa y al emperador los territorios ocupados en la guerra, obligándose a pagar una indemnización por los daños y perjuicios causados. El 23 de diciembre, Mercurino Gattinara consiguió uno de sus grandes éxitos italianos, firmando el llamado tratado de Bolonia, en el que con extrema destreza y habilidad sometía a todos los estado italianos al emperador. El tratado fue ratificado por el emperador y representantes de todos los estados, menos de Florencia, asediada por las tropas imperiales, en una vistosa ceremonia en la misma Bolonia, el 31 de diciembre de 1529.

En Bolonia el emperador pasó el tiempo bastante ocupado solucionando los problemas aún vigentes con el Papa y con los demás príncipes italianos, además de seguir muy de cerca el proceso de divorcio de sus tíos Enrique VIII y Catalina de Aragón. Entre otras cosas obtuvo del Santo Padre el permiso para disponer de parte de los ingresos de la iglesia española y de las órdenes, obtuvo la absolución por el *Sacco* de Roma, trató acerca del deseado concilio que pusiera fin a la herejía luterana, invistió a Francisco Sforza con el ducado de Milán y trató con Venecia a través de su embajador Contarini.

El emperador meditaba desde su llegada a Bolonia cómo realizar la coronación y qué hacer después de ella. Las posibilidades eran varias: la más fácil era hacerse coronar en Bolonia y proseguir rápidamente hacia el Imperio para ayudar a su hermano; la segunda consistía en hacerse coronar en Roma, que era la opción que más le agradaba, siguiendo hacia el mes de mayo hacia Alemania; la tercera opción pasaba también por la coronación en Roma, siguiendo a continuación hasta Nápoles y Sicilia, reorganizando su administración ya que su nobleza local había ido adquiriendo cuotas excesivas de poder. Eligiendo esta tercera opción el emperador, tras la Dieta imperial, podía pasar a los Países Bajos y desde allí retornar a España, donde su mujer y sus súbditos lo reclamaban. Finalmente, presionado por Fernando, Carlos se decidió por la primera opción, la más sencilla, pasar lo más rápidamente posible al Imperio. La defensa de los estados patrimoniales austriacos y de la fe católica pesaban más en el césar que todo lo demás. Una vez tomada la decisión, Carlos citó ya el 21 de enero de 1530 a los estamentos alemanes para la Dieta imperial a celebrar en Augsburgo. Al día siguiente, 22 de enero de 1530 el emperador sufrió una súbita inflamación de laringe que le impedía tragar alimento, respirando con dificultad, siendo asistido por un gran equipo de médicos pertenecientes a la Cámara Pontifica, a la Imperial y a la Universidad de Bolonia.

El martes, 22 de febrero de 1530, en la capilla del Palazzo Público de Bolonia, que imitaba la capilla privada del Santo Padre en Roma, vestido con toga de plata, manto purpúreo y muceta de armiño, Carlos recibió de manos del Papa, tras su juramento de fidelidad, la unción con los Santos Óleos, la corona de hierro hecha, según la tradición, con los clavos de Cristo, traída de la ciudad de Monza, junto con las demás insignias pertinentes, el título de rey de los Langobardos, *Rex Burgundiorum* o Rey de Italia. Tras lo cual se cantó un solemne *Te Deum*, y el césar hizo un ofrecimiento de monedas, saliendo con la corona en su cabeza para ser aclamado por el pueblo. En este acto de coronación se produjo un grave error de la cancillería imperial, al no haberse traído de Frankfurt, como exigía la tradición, el acta de la elección imperial hecha en esa ciudad, ni la de coronación hecha en Aquisgrán. El problema fue subsanado con la comparecencia de testigos que declararon haber estado presentes en ambos actos, así como con una bula emitida por el Papa el 1 de marzo de 1530 en la que confirmaba las coronaciones a pesar de las omisiones realizadas durante los actos.

Dos días más tarde, el jueves 24 de febrero de 1530, el día de su treinta aniversario, en una Bolonia completamente engalanada, en presencia de la más alta nobleza, recibió Carlos en la iglesia de San Petronio, la corona imperial. El Sumo Pontífice accedió en primer lugar al templo por una pasarela que conectaba con el Palazzo Público, siguiéndole la nobleza: el marqués de Monferrato, el duque de Urbino, el duque de Saboya y el conde de Nassau, portando con ellos las insignias imperiales. Insignias que habían sido hechas en la propia Bolonia en el taller del orfebre Dauson, trayendo únicamente el conde palatino desde Alemania, el *Reichsapfel* u orbe terráqueo coronado por la cruz. En la puerta del templo, en una pequeña capilla hecha para tal fin, Carlos juró fidelidad al Papa y a San Pedro, siendo investido como canónigo de la basílica de San Pedro en Roma y ungido

Carlos V, ataviado con los emblemas imperiales, se traslada bajo palio tras la ceremonia de coronación, en compañía del Papa Clemente VII y abundantes soldados, desde la iglesia de San Patronio en Bolonia hasta la de Santo Domingo. 24 de febrero de 1530.

con los Santos Óleos por el cardenal Farnesio. Ante el altar mayor, construido a imagen del de la basílica de San Pedro, el Papa le entregó la espada, el cetro, el orbe y la diadema de oro imperial. Tras lo cual fue entronizado, cantándose los *Laudes Reginae* y concluyendo la ceremonia con la ofrenda de treinta monedas, costumbre que mantendría el emperador, ofreciendo cada año en su aniversario el mismo número de monedas que de años cumplía. Se prosiguió con la comunión y el nombramiento de Adriano de Croy como conde del Sacro Imperio Romano.

A continuación, bajo palio, acompañado por el Papa, la nobleza y miles de soldados, se realizó una procesión hasta la iglesia de Santo Domingo, habilitada como si fuera la basílica de San Juan de Letrán, catedral de Roma, donde fue investido canónigo de la catedral romana, seguido por un suntuoso banquete celebrado en el Palazzo Público, compartido por el pueblo al que se le invitó a degustar multitud de bueyes cocinados en la misma plaza boloñesa y al que se le arrojaron 3.000 ducados de oro y de plata con la efigie del emperador, el último de la historia que tendría el honor de ser coronado por el Papa.

Aún en Bolonia, el 28 de febrero de 1530, el emperador sufrió un atentado, cuando en compañía de Alejandro de Medici, al que él solía llamar *mi hijo*, por estar prometido a su hija Margarita, aún demasiado joven para casarse, atravesaba la pasarela de madera que unía su capilla con la sala donde realizaba sus despachos. Alguien arrojó un gran tronco de madera desde el tejado sobre la cabeza del césar, cayendo a pocas pulgadas de sus pies.

Desde junio de 1529 se había puesto ya en marcha la reconquista de Florencia, encargándose de ello el príncipe de Orange, Filiberto de Chalón, al mando de un ejército compuesto por españoles, italianos y alemanes. Según el acuerdo pactado, el Papa se comprometía a pagar cada mes que durara el cerco de Flo-

ARMISQVE   MEIS

he haber de Pacus/en die Keyserlike Maesteyt actistsn stincker syde reden
ent thzoon teer risckelns toeghenaeet/ ghedzeyghé va die Ambassaten va
noch die andere groote theeré va Boulongien/en contôme heimluyde va
sers des Paeus en der Keyserticker Maesteyt/ende die hallebardies die be-
nder pzeste des volcz. En alle het volcke bele en onedele/manné bzonlbe en
n met tupverstôme/ leus en belna zen moet Kaerle dye bissite van dier na-
ter van Roomen/hem grotelijch pzisfenbeende extreernde.

El emperador y el Papa, tras la coronación imperial, acompañados de la nobleza y el alto clero, atraviesan
las calles de Bolonia, escoltados por miles de soldados españoles, alemanes, flamencos e italianos.

rencia, 80.000 ducados para mantener esas fuerzas. El acuerdo favorecía a Carlos
que mantenía su ejército sin deshacerlo, mientras el Papa corría con los gastos.
A lo largo del verano y otoño de 1529 las tropas imperiales fueron conquistando
las ciudades toscanas, negándose a pactar con las autoridades republicanas que
desde un primer momento pidieron ser aceptados como súbditos del emperador
y que estaban en todo momento dispuestos a rendirse tanto al emperador como
al Papa. El asedio de Florencia se inició el 29 de octubre de 1529, intentando
hacer el menor daño posible a los bienes patrimoniales florentinos, razón por la
que se fue prolongando excesivamente en el tiempo. La resistencia florentina dirigida por Francisco Ferruccio fue casi numantina, cometiendo ambas partes crímenes inenarrables. A principios de agosto de 1530 en unas escaramuzas militares cerca de Pistoya, fue asesinado Filiberto de Chalón, príncipe de Orange,
muriendo el mismo día en un combate en el que fue completamente derrotado
el ejército florentino, su líder, Francisco Ferruccio. En sustitución de Chalón, fue
nombrado Ferrante Gonzaga capitán general del ejército imperial que asediaba
la ciudad. Al poco de esas muertes se iniciaron conversaciones para rendir la
ciudad, encabezadas por el capitán florentino Malatesta Baglione. El 12 de agosto
se rindió Florencia, bajo condiciones, abandonando la ciudad las fuerzas floren-
tinas formadas por corsos y peruginos bajo el mando de Malatesta el 12 de septiembre de 1530, su lugar fue ocupado por una guarnición alemana dirigida por
el conde de Lodron y cinco banderas españolas al mando de Herrera. Más de

once meses había resistido la república florentina su lucha por la libertad, ejerciendo en ese tiempo el ejército español el papel de sicario del Papa, que recuperaba para su familia la Toscana. El 21 de octubre de 1530 restituiría Carlos V a Florencia sus privilegios, especificando que el gobierno recaía en Alejandro de Medici y sus sucesores, y el 28 concedía a los Medici una *Bulla Aurea Florentina*, garantizando sus derechos sobre la bella ciudad renacentista.

2.5.2. Lucha contra la herejía en la dieta de Augsburgo. Elección de Fernando como rey de Romanos (1530-1531).

Carlos estuvo en Bolonia hasta el 22 de marzo de 1530 y tras una entrevista secreta con Clemente VII, inició su camino a Alemania, atravesando los Alpes. Vía Castelfranco, donde cedió en feudo a los caballeros de la orden de San Juan de Jerusalén la isla de Malta, manteniendo su soberanía y su pertenencia al reino de Sicilia, prosiguió por Correggio, Gonzaga, Mantua, Trento, Bolzano, Klausen, Brixen, Sterzing, pasó el Brennero y siguió hasta Steinach e Innsbruck donde lo esperaba su hermano Fernando, su hermana María, reina viuda de Hungría, y el duque de Baviera. Con Fernando y María estableció el emperador en Innsbruck una especie de pacto familiar cuyos frutos veremos algo más adelante. Ambos hermanos parecían tener una fuerte influencia emocional sobre Carlos y así lo definía Francisco de los Cobos: *sobre el emperador cargan tanto sus hermanas y hermano que pienso harán dél mucho de lo que quisiesen*.

El suceso más importante ocurrido durante la estancia imperial de un mes en Innsbruck fue el fallecimiento el 5 de junio de 1530 de su gran canciller Mercurino Gattinara, artífice principal de su victoria italiana, defensor de las causas erasmistas e irenistas, y preconizador de la paz. A su muerte, el arzobispo de Toledo, Alonso de Fonseca, pretendió ocupar su cargo, pero Carlos prefirió prescindir de la cancillería tal como había funcionado hasta ese momento y encargó del cuidado y control de sus papeles a Nicolás Perrenot de Granvela, aunque sin que pudiera ejercer el cargo de canciller. Al día siguiente de la muerte de Gattinara, 8 de junio, abandonó Carlos Innsbruck en compañía de sus hermanos y del duque de Baviera en dirección Augsburgo, donde había sido convocada la Dieta imperial. Vía Schwaz, Kufstein, Rosenheim, llegó a Munich el 11 de junio siendo agasajado por su duque, entrando con su séquito el 15 de junio en la ciudad suaba de Augsburgo.

El emperador había estado ausente del Imperio desde la dieta de Worms, aunque dejando al mando del *Reichsregiment* a su hermano Fernando, rey de Bohemia y Hungría. Durante su ausencia de nueve años y con motivo de la guerra con Francisco I, los asuntos luteranos habían quedado relegados a un segundo plano, con lo que las reformas evangélicas habían ido creciendo en tierras imperiales, consiguiéndose asentar definitivamente. En las diversas Dietas celebradas entre 1521 y 1530, se había intentado buscar una solución pacífica al problema, evitando una definitiva división de los alemanes por razones de su creencia. Las Dietas celebradas en Nuremberg en 1522, 1523 y 1524, solo habían obtenido como resultado la prohibición de la celebración de un concilio nacional, como solicitaban los evangélicos, que denostaban de un concilio presidido por el Papa. En esos años además se habían producido graves altercados, la llamada guerra de los Caballeros, dirigida por el rebelde Franz von Sickingen, y la llamada guerra de los Campesinos, dirigida por Tomás Münzer, que fue sofocada con una terrible matanza de campesinos, crimen apoyado e instigado por el propio Lutero que se mostró tremendamente conservador y defensor a ultranza de la oligarquía que explotaba al pueblo bajo con sus viejos derechos feudales. Las siguientes Dietas celebradas en Espira en 1526 y 1529 tampoco sirvieron para allanar el camino. En 1526 Fernando solicitó una ayuda urgente a la Dieta para frenar el empuje turco en Hungría sin conseguirlo, ya que los estamentos evangélicos exigían antes que se solucionara el problema religioso interno. La aceptación por parte del emperador de la no aplicación del edicto de Worms, supuso la aceptación por la Dieta de las solicitudes de Fernando, tomando el 27 de agosto de 1526 la decisión de crear una unidad militar formada por 24.000 soldados que asistieran al rey de Hungría. Dos días más tarde era vencido y asesinado el rey Luis de Hungría en la batalla de Mohacs con lo que el envío de tropas quedó postergado. Los evangélicos comenzaron a organizarse en las regiones en que eran mayoría, fundando iglesias reformadas propias bajo la tutela de la nobleza local, las llamadas *Landeskirchen*, reservándose el poder político y religioso en sus territorios. En la Dieta de Espira de 1529, la presión del grupo católico, que era mayoritario, obtuvo la restitución del edicto de Worms, e intentó incluso que se votara la permisión de la libertad religiosa, conscientes de su mayoría absoluta. Estas medidas llevaron a graves protestas por parte del bando luterano, dando origen al nombre con que se les bautizó por parte católica a los seguidores de Lutero, los *protestantes*, que por supuesto se negaron a colaborar militarmente con Fernando contra los ataques de Juan Zapolya que se había nombrado rey de Hungría, con el apoyo de Solimán, durante la primera guerra turco-austriaca. El comportamiento extremo de ambas partes llevó a la separación confesional de los cristianos alemanes en dos grandes grupos, los católicos y los protestantes. A pesar de sus odios mutuos ambos colaboraron para acabar con los anabaptistas, herejía aún más extrema que propagaba la poligamia y el nombramiento de un rey de Jerusalén, ajeno a las instituciones imperiales.

La Dieta de Augsburgo prometía ser con todos esos antecedentes dura e interesante y Carlos se jugaba casi el ser o no ser en ella. La apertura de la Dieta se realizó el 20 de junio de 1530, y aunque la convocatoria se había hecho para intentar encontrar por medio del diálogo una solución a las desavenencias entre católicos y luteranos, en realidad la meta del césar fue la de acabar definitivamente con la herejía luterana. La paz con el francés y la retirada de los turcos de Viena le permitía actuar ahora con mayor libertad y energía. La primera impresión tenida de la dieta la trasmitía Carlos el 14 de julio diciendo: *yo hallé y conocí en los electores y príncipes y pueblos del Imperio que se muestran buenos en nuestra fe, mucha voluntad para servirme y muy grande floxedad y tibieza para el remedio de las herejías y sectas luteranas, y en los electores y príncipes y villas que están de otra opinión, tanta voluntad y ostinación para llevar adelante su mal propósito.* Para Carlos V solo existía una solución, el ansiado concilio que el Papa negaba.

El emperador estaba dispuesto a alcanzar un acuerdo, bajo la condición de que no fuera religioso, sino político. Los protestantes por su parte renegaban de la decisión acordada en Espira en 1529 y exigían que en temas de fe y creencias, la mayoría católica no aplastara a la minoría luterana, cada persona debía de ser libre para elegir su fe. Para conseguir el acuerdo, Carlos se postuló como árbitro, estando dispuesto a ceder algunos derechos no teológicos a los luteranos para pacificarlos, pero el campo luterano estaba dividido en tres bandos y era imposible llegar a un acuerdo con todos ellos. Por un lado Lutero no cedía ni un ápice en sus ideas y lo exigía todo. Por otro Melanchton estaba dispuesto a alcanzar un acuerdo teniendo como premisa la limpieza de la iglesia, la eliminación de costumbres improcedentes y la despolitización de los Papas. Y finalmente Zwinglio, que desde los discusiones religiosas habidas entre los evangélicos en Marburg, en el otoño de 1529, se había distanciado irreparablemente del resto de protestantes, y que dominaba en el sur de Alemania y en la Confederación Helvética. Según Carlos, a los evangélicos no les quedaba otro camino para solucionar su problema que aceptarlo a él como juez o convocar un concilio al que ambos bandos se oponían, los luteranos porque no aceptaban la autoridad del Anticristo, también llamado el Santo Padre, y porque su dirigente principal Lutero era el más intransigente de todos y no aceptaba ninguna condición, *entweder... oder*, o todo o nada. Ellos preferían la Dieta imperial o un concilio nacional para tratar sobre los temas de fe. El emperador por su parte se negaba en rotundo al concilio nacional y el Papa no estaba dispuesto de ninguna manera a renunciar a su poder político y a su forma de vida bastante separada de las enseñanzas cristianas, renegando de cualquier tipo de concilio, a pesar de las repetidas peticiones del emperador para que lo convocara, negándose en rotundo a oír hablar de ello.

Los evangélicos aportaron el 25 de junio de 1530, un documento redactado por Felipe Melanchton, la *Confessio Augustana*, basado tanto en las conclusiones del grupo de teólogos de Wittenberg que dirigía el elector de Sajonia, que había

La *Confessio Augustana* (1530) o Confesión de Augsburgo es, para muchos, el texto fundacional de la iglesia luterana. Redactada por Felipe Melanchton, auténtico representante público del pensamiento de Martín Lutero supone un intento de unión entre protestantes y católicos.

elaborado los llamados Artículos de Torgau, como en los Artículos de Schwalbach, en el que enunciaban los principios básicos de su fe con el fin de discutirlos con los católicos. Parecía ser un intento sincero de eliminar diferencias y de aproximarse en temas tan controvertidos como la comunión en las dos especies, el matrimonio de los sacerdotes, la eliminación de los conventos. Sin embargo, los católicos se negaron en rotundo a dialogar o a aportar ningún documento, a ellos les amparaba la verdad, la tradición y la historia. A pesar de ello, el emperador mandó hacer una *Confutatio* para contradecir lo esgrimido en la *Confessio*, pero nada funcionó y la Dieta se fue quedando estancada, atorada en un callejón sin salida. Ni tan siquiera funcionó una comisión creada por el emperador, formada por cuatro príncipes electores más tres teólogos católicos y tres evangélicos. El intento de llegar a un acuerdo iba a ser un verdadero fracaso.

Carlos intentó, por medio de las múltiples comisiones de trabajo creadas en la Dieta para discutir sobre temas específicos, alcanzar un acuerdo que le permitiera concluirla sin que fuera ese programado fracaso. Para ello incluso se entrevistó con Felipe Melanchton en privado, aunque las exigencias de Lutero lo hicieron imposible. Tampoco pudo el emperador alcanzar un acuerdo con los príncipes electores acerca del deseado nombramiento de su hermano como rey de Romanos, o acerca de la muy necesaria ayuda económica de los alemanes para defender el Imperio contra los turcos, *Türkenhilfe*.

La Dieta fue un fracaso total para ambas partes, que no auspiciaba tiempos de paz en el Imperio. En las conclusiones extraídas de sus capítulos a su finalización el 19 de noviembre de 1530, lo único que quedó claro fue que Alemania se veía inmersa en una irremediable división confesional: católicos y protestantes estaban avocados al enfrentamiento militar. Hasta la celebración de una nueva Dieta, se decidió por los votos de la mayoría católica, que los luteranos tendrían que adaptarse a las formas católicas, concediéndoseles para ello un plazo hasta el 15 de abril de 1531, pensando en que así habría algo más de tiempo aún para llegar a un acuerdo. La meta final de reunir un concilio que unificara las posturas existía aún pero sus enemigos eran ambos bandos: luteranos y papistas. La Dieta de Augsburgo supuso en lo político el fin del órgano de gobierno existente en el Imperio en las ausencias imperiales, el *Reichsregiment*, y el traslado del poder hacia los Círculos Imperiales, que desde esa época se encargaron de recolectar la ayuda contra los turcos, *Türkenhilfe*. También se estableció un lugar fijó de residencia al máximo tribunal de apelación del Imperio, el *Reichskammergericht*, que hasta entonces había acompañado al *Reichsregiment* en sus traslados y que ahora pasaba a residir en la ciudad de Espira. Otra conclusión de esta Dieta fue la creación, en el caso de que atacaran los turcos, de un ejército de 40.000 infantes y 8.000 jinetes por un plazo de entre 6 y 8 meses, financiado por el Imperio, y además el establecimiento de una unidad militar de 20.000 infantes y 4.000 jinetes que se mantendría viva durante los tres próximos años para evitar posibles ataques del *voivoda* Zapolya o de sus aliados turcos. Otro tema tratado en la Dieta fue el de la elección de Fernando como rey de Romanos, que no contaba con la aquiescencia de todo el colegio electoral. Para financiar algunos de los gastos de su coronación y la compra de la voluntad de los príncipes electores para que votaran a favor de su hermano Fernando, Carlos se había permitido sustraer 200.000 escudos de los fondos conservados en el castillo de la Mota de Medina del Campo, provenientes del rescate de los príncipes franceses, fondos que él mismo había catalogado como intocables ya que era de la opinión de que mientras Francisco I supiera que ese dinero existía no se atrevería a iniciar nuevas hostilidades militares. La compra de los electores no había sido nada fácil y ese dinero se había quedado corto. Su deseo de compensar a su hermano con la corona alemana era tal que tuvo que buscar otros métodos para financiar su elección como rey de Romanos, sin volver a tocar los fondos de Medina. Para ello obtuvo crédito rápido de los Welser de Augsburgo, teniendo que arrendarles por cinco años las rentas de los maestrazgos de las órdenes militares.

Concluido el cónclave, el emperador se dirigió hacia los Países Bajos, atravesando la Suabia hasta el Rin. Antes de llegar a la ciudad de Espira, estando el césar en el convento de Maulbronn, moría su fiel tía y gobernadora de los Países Bajos, Margarita de Austria, el 30 de noviembre de 1530. Carlos recibiría la noticia algo más tarde. Aquejada de una grave enfermedad y consciente de que su muerte era inevitable, hizo codicilo el 28 de noviembre ratificando su testamento en el que declaraba heredero universal a Carlos V, dimitiendo a continuación de su cargo de gobernadora, nombrando el día 29, provisionalmente hasta la llegada del emperador, al conde de Hoogstraeten como gobernador de los Países Bajos, escribiendo una *última carta* de despedida el mismo día de su muerte, 30 de noviembre de 1530, a su amado sobrino, quejándose solo de que no tuviera la posibilidad de despedirse de él en persona como lo hubiera deseado. En esta carta que ya no fue capaz de escribir de su mano, le recomendaba que mantuviera la paz con Francia e Inglaterra y que fuera piadoso con sus servidores personales que durante muchos años, en las prolongadas ausencias del emperador, le habían ayudado a engrandecer esos Países Bajos.

Desde Espira continuó el césar descendiendo el Rin, pasando por Oppenheim, Maguncia, Bacharach, Boppart, Bonn y Colonia a donde llegó el 18 de diciembre de 1530, pasando en ella las Pascuas de Navidad, hasta el 7 de enero de 1531. El año 1530 concluía aún con un problema añadido, la creación el 31 de diciembre de la llamada Liga de Esmalcalda, integrada en origen por Felipe I de Hesse y el elector de Sajonia, Juan Federico, y a la que se sumarían Anhalt, Bremen, Braunschweig-Luneburgo, Magdeburgo, Mansfeld, Estrasburgo, Ulm, y algo más tarde Constanza, Reutlingen, Memmingen, Lindau, Biberach an der Riss, Isny en el Allgäu y Lübeck. Como ejército defensivo de esa liga se fijaron 10.000 infantes y 2.000 caballeros. Aunque la liga no declaró la guerra directamente al emperador, apoyó constantemente al bando protestante en las confiscaciones de iglesias, tierras y expulsiones de príncipes y obispos católicos.

El colegio electoral solía reunirse en la ciudad de Frankfurt para elegir al rey de Romanos, pero dos circunstancias de peso decidieron el traslado de la reunión a la ciudad de Colonia. Una, la epidemia de peste que asolaba esa ciudad, y segundo, la mayoría luterana que la dominaba y la hacía insegura. Al poco de la llegada del emperador a la ciudad de Colonia, llegaron también los príncipes electores que habían sido convocados por el elector de Maguncia para el día 29 de diciembre de 1530, faltando a la reunión solo el elector de Sajonia que aduciendo enfermedad había enviado a su hijo. El emperador se reunió con ellos en varias ocasiones y finalmente el día 5 de enero de 1531, día anterior a la Epifanía de los Reyes Magos, reunidos en la catedral de Colonia, cerca de la reliquia de esos tres Santos Reyes, tras la celebración de la misa del Espíritu Santo, y a pesar de la negativa de Sajonia, fue elegido, por cinco de los príncipes electores, rey de Romanos el hermano del emperador, Fernando, rey de Bohemia y Hungría.

El 7 de enero, acompañado por el emperador y los electores, Fernando se trasladó a Aquisgrán, vía Bergheim, Juliers y Heuren, siendo coronado el día 11 de enero de 1531 como rey de Romanos en su catedral, en la capilla octogonal donde se conserva el antiguo trono de Carlomagno, siguiendo el mismo proceso y ceremonial visto para el emperador en 1520, por manos del arzobispo de Colonia, Hermann von Wied. Como también era costumbre, Carlos nombró ese día nuevos caballeros usando la vieja espada del emperador Carlomagno.

Acabadas las fiestas y solemnidades, el 15 de enero de 1531, Carlos prosiguió su camino hacia sus tierras natales de los Países Bajos, pasando por Maastricht, Lieja, Huy, Namur, Wawre, entrando a la capital de Brabante, Bruselas, el 24 de enero. Fernando, por su parte, rehízo el camino hacia el Imperio, siendo jurado y aclamado como nuevo rey de Romanos en la ciudad de Colonia. Desde el primer momento, algunos de los estados alemanes se negaron a reconocerlo como rey de Romanos, negándose a obedecer sus órdenes. Destacaron entre ellos

Armas del emperador Carlos V y de su hermano Fernando, rey de Romanos. A la izquierda con la corona imperial, el águila bicéfala y el Toisón, las ya conocidas armas de Carlos V. A la derecha, con la corona real, el águila del Tirol y el Toisón, las de Fernando I. En su interior se ven en los campos mayores las armas de Hungría y Bohemia, y en el centro las de Austria, Borgoña, Castilla, Aragón y aún más pequeñas las del Tirol y Flandes. Entre ambos el orbe imperial con dos cetros.

el príncipe elector de Sajonia, el duque de Hesse y el duque de Baviera, que a pesar de pertenecer al bando católico se alió contra los Habsburgo temeroso del poderío que éstos estaban alcanzando en el sur del Imperio.

2.5.3. Francisco Pizarro y el imperio Inca. Conquista del Perú (1530-1535)

La ciudad de Panamá, fue la base desde donde se inició el descubrimiento y conquista del imperio inca, partiendo de ella varias expediciones que intentaron adentrarse y adueñarse de las tierras peruanas. De entre ellas la que más éxito tuvo fue la organizada por el alcalde de Panamá, Francisco Pizarro, el capitán Diego de Almagro y el párroco de Panamá, Hernando de Luque. Los tres consiguieron a finales de 1524 un permiso del gobernador Pedro Arias Dávila para iniciar su descubrimiento, que en sus dos primeros intentos, en 1524 y 1526, solo produjeron sendos fracasos, acabando en el segundo los pocos supervivientes en la isla del Gallo frente a la costa colombiana. En esa isla, en agosto de 1527,

los que aún quedaban vivos tuvieron que tomar la determinación de seguir a Pizarro en la conquista o de retornar con los barcos del gobernador de Panamá a esa ciudad. Pizarro trazó con su espada una raya en la arena, pidiendo a los que le querían seguir que la cruzaran. Solo trece, llamados después *los trece de la raya*, lo hicieron. Recibidos refuerzos de Panamá por medio de Almagro, retomaron el viaje de exploración por la costa, llegando hasta el soñado imperio inca, visitando algunas ciudades, quedando impresionados por sus rígidas construcciones y por el alto nivel de vida que tenían, pero sin obtener apenas beneficios. La negativa del gobernador de Castilla del Oro a concederles un nuevo permiso, hizo que Pizarro marchara en 1528 a España a entrevistarse con el emperador y a solicitarle la autorización. Ayudado por la fama de su pariente Hernán Cortés, consiguió Pizarro una entrevista personal con el emperador

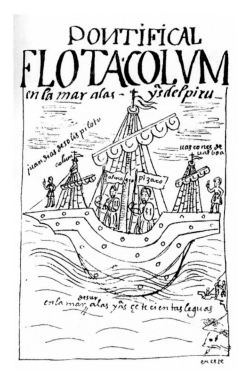

Conquista del Perú según la *Primer Nueva Crónica y Buen Gobierno* de Felipe Huaman Poma de Ayala.

en Toledo en 1529, delegando el césar la negociación en el Consejo de Indias. El 26 de julio de 1529, la regente emperatriz Isabel, firmó la capitulación establecida por el Consejo de Indias con el descubridor, por la que Pizarro sería nombrado gobernador y capitán general de las nuevas tierras conquistadas con un sueldo de 725.000 maravedís anuales; Diego de Almagro, que obtendría la hidalguía, sería nombrado alcaide de la fortaleza de Tumbes con un salario de 5.000 maravedís, más 200.000 de ayuda; Hernando de Luque sería nombrado obispo de

Tumbes y protector de los indios, con 1.000 maravedís de salario; los trece de la isla del Gallo pasarían todos a ser hidalgos, y si ya lo eran, recibirían la orden de la Espuela de Oro; Bartolomé Ruiz fue nombrado piloto mayor de la mar del Sur con un salario de 75.000 maravedís; y Pedro de Candía fue nombrado artillero mayor del Perú y regidor de Tumbes. Francisco Pizarro convenció además a sus tres hermanos, Gonzalo, Hernando y Juan para que le acompañaran en la expedición. Nada más regresar a las Indias se iniciaron los problemas con Almagro que se sintió terriblemente perjudicado en las negociaciones y que además directamente chocó con la altanería de Hernando Pizarro.

A pesar de ello se inició el tercer viaje de conquista y descubrimiento en enero de 1531. La primera ciudad conquistada fue Tumbes, en 1532, donde se llevaron una decepción al descubrir que no era tan rica como se pensaba. Tumbes había sido arrasada en la guerra civil entre Huáscar y Atahualpa. El 15 de agosto de 1532 fundó la primera ciudad española en el Perú, San Miguel de Tangarará, hoy llamada Piura, tierra adentro a 40 kilómetros del mar. El 15 de noviembre entró en Cajamarca cerca de donde estaba el inca Atahualpa haciendo el ayuno ritual. Hernán Cortés le había aconsejado a Pizarro que detuviera al Inca directamente, que los indios sin su jefe nada harían, y así se lo propuso Pizarro. Llegado Atahualpa a Cajamarca, Pizarro organizó una celada capturándolo el 16 de noviembre de 1532. Atahualpa ofreció para su liberación llenar un cuarto de oro. Estando en ello, en marzo de 1533, llegó Diego de Almagro con nuevos refuerzos a Cajamarca, asegurando la conquista. El 18 de junio se fundieron el oro y la plata que los incas habían ido trayendo, consiguiendo reunir 1.326.539 pesos de oro bueno, de lo que le correspondía a la corona 262.259 pesos. El reparto del oro y de la plata supuso el mayor punto de enfrentamiento. Pizarro ordenó repartir la mayor parte entre los participantes en la celada contra Atahualpa, dejó 20.000 pesos para Almagro y sus recién llegados soldados, y otros 15.000 pesos para los que se habían quedado en San Miguel de Tangarará. A cada soldado de a pie de los participantes le correspondió 3.438 pesos de oro y 143,4 marcos de plata, a los de a caballo, 9.386,60 pesos de oro y 396,90 marcos de plata. Almagro y sus soldados montaron en cólera y se inició un odio profundo entre ambos partidos. A pesar de haber cumplido con su palabra, Atahualpa fue condenado a muerte, siendo ejecutado a garrote y después quemado su cuerpo en la plaza de Cajamarca, el 26 de julio de 1533.

Antes de la ejecución, Hernando Pizarro había partió hacia España, vía Panamá, con el quinto real, consiguiendo llegar a Sevilla con la flota algo diseminada, entre el 5 de diciembre de 1533 y junio de 1534. La corona obtuvo de esa conquista casi 320 millones de maravedís de oro y 180 millones de maravedís de plata. Para poder realizar su hazaña, al igual que había hecho Cortés, Pizarro contó con la colaboración de muchas tribus incas, unas enfrentadas a Atahualpa y seguidores de su hermano Huáscar, otras que habían sido oprimidas por los incas y vieron en los españoles la posibilidad de liberarse de ese yugo.

Desde Cajamarca, Francisco Pizarro prosiguió hacia Cuzco, manteniendo diversos combates con tropas incas, uno de ellos en Xauxa. Tras la ejecución de Atahualpa, Pizarro hizo nombrar un nuevo inca títere, Túpac Hualpa, que murió en Xauxa misteriosamente. Antes de llegar al Cuzco mandó nombrar otro nuevo inca, Manco Inca Yupanqui, entrando en la capital pacíficamente el 15 de noviembre de 1533, manteniendo siempre al inca como rehén para manipular a los demás indios. En Cuzco saquearon el palacio del emperador, obteniendo otro grandísimo botín, 580.000 pesos de oro y 215.000 marcos de plata, correspondiendo al quinto real 116.460 pesos de oro y 43.000 marcos de plata. El 23 de marzo de 1534, Pizarro realizó la fundación de la ciudad española de Cuzco, estableciendo un cabildo y fundando la iglesia de Santo Domingo, repartiendo a continuación entre sus huestes, casas, solares, tierras e indios, favoreciendo de nuevo a los que le habían seguido, contra los almagristas. El 25 de abril del mismo año fundó la ciudad de Jauja, haciendo un reparto similar y el 18 de junio la ciudad de Santa María de los Reyes en el valle del río Rimac, que luego se conocería como Lima. La derrota final del aliado Manco Inca Yupanqui, que se había rebelado contra Pizarro, selló el control total del Perú por los españoles.

Desde 1534 comenzaron a llegar a España suculentas flotas cargadas de oro y plata proveniente del saqueo de los incas, liberando a la corona de la escasez de fondos existente. Al no ser el quinto real suficiente para cubrir los inmensos gastos, el césar ordenó secuestrar en la Casa de Contratación de Sevilla lo correspondiente a los particulares, obteniendo un dinero rápido, fácil y a bajo interés, ya que se les daba solo un 3%. El primer secuestro se hizo en diciembre de 1534, tratándose del tesoro enviado por Pizarro tras la conquista del Perú, generalizándose los secuestros desde entonces. Esa actitud de la corona, repetida en marzo de 1535 y en mayo de 1536, sembró el pánico entre los mercaderes, por lo que hubo que buscar un sistema más refinado para hacerlo. Cuando el quinto real no bastaba, se tomaba primero el oro de particulares, dejando hasta el último momento el de los mercaderes que eran los que mejor organizados estaban y los que más problemas podían causar al césar.

3. CONSERVACIÓN Y MANTENIMIENTO DE LO ADQUIRIDO

3.1. Época de triunfos

3.1.1. Un año de paz en los Países Bajos. Las tierras neerlandesas a la muerte de Margarita de Austria y el nombramiento de María de Hungría como gobernadora. La dieta de Ratisbona (1531-1532)

Desde el encuentro en Innsbruck con su hermana María, reina viuda de Hungría, había quedado claro que ella sería la sucesora de su tía Margarita, cuando falleciese, en la gobernación de los Países Bajos, eso sí obligándola a romper los lazos que la unían aún con algunos de sus servidores, marcados seguidores de las creencias luteranas. Poco antes del nombramiento de Fernando como rey de Romanos, estando en la ciudad de Colonia, el 3 de enero de 1531, Carlos había escrito a María informándole de su decisión de cederle el cargo de gobernadora de las tierras neerlandesas, bajo determinadas condiciones, destacando la de no traer con ella a los Países Bajos a los servidores más propensos a la herejía, evitando que esta pudiera posicionarse en sus tierras patrimoniales. Carlos le envió también unas instrucciones que habrían de facilitar su gobierno en las tierras neerlandesas. El 29 de febrero, María aceptó oficialmente las imposiciones de su hermano y falta de fondos para trasladarse ella y su corte, esperó a que le llegara una ayuda de 4.000 escudos que le enviaba el emperador a Linz por medio del señor de Bossu. Tras un veloz viaje fue recibida por el emperador el día 14 de marzo de 1531 en Lovaina, trasladándose ambos a Bruselas y desde ahí vía Malinas, hasta Amberes, donde se reunieron los Estados Generales el 22 de marzo de los que Carlos esperaba recibir una fuerte ayuda económica. Hasta la partida del emperador, María aprendería de su hermano directamente cómo gobernar esas tierras, labor en la que sería ayudada por los tres grandes consejos: de Estado, Privado y de Hacienda. A diferencia de María que se negaba en rotundo a volver a casarse y que finalmente conseguiría el permiso de su hermano para que nadie más le volviera a ofrecer un nuevo matrimonio, Leonor, la mayor de sus hermanas, conseguía alcanzar su meta matrimonial, casando el 5 de marzo de 1531 con Francisco I de Francia, con el que estaba ya casada por poderes desde 1525 cuando se firmó la concordia de Madrid. Hasta finales de 1530 Carlos no le había permitido pasar a Francia, desconfiando de la palabra de su émulo francés y había residido largo tiempo en la ciudad de Vitoria, esperando las condiciones idóneas para pasar la frontera. Su matrimonio fue muy desgraciado, ya que fue constantemente vejada por el rey francés, que en público y en privado se permitió todo tipo de devaneos amorosos.

Hans Krell. María de Hungría, hermana de Carlos V, en 1524. A la muerte de Margarita de Austria, el emperador la nombró gobernadora general de los Países Bajos, iniciando su gobierno a mediados de enero de 1532. Antes de ejercer el cargo, Carlos la obligó a separarse de un gran número de sus viejos servidores, acusados de simpatizar con las ideas reformadas luteranas.

El tiempo pasado por Carlos en los Países Bajos, comparándolo con los años anteriores, parecía tener el carácter de unas vacaciones bien merecidas, en las que tuvo de nuevo tiempo para realizar su deporte favorito, la caza, en sus reservas cinegéticas cercanas a Bruselas y a Gante. Se dedicó a poner en orden sus finanzas, misión que se antojaba casi imposible y para ello fue necesario solicitar nuevas ayudas de sus súbditos. En la abundante correspondencia de esos tranquilos días flamencos, destaca la mantenida con su anhelada y lejana mujer, presionándola para que consiguiera nuevas formas de financiación, o las cartas al cardenal Tavera, su mano derecha en Castilla, con idéntico fin. También se preocupó el emperador en estos días flamencos de que Andrea Doria recibiera su paga, conminando a la emperatriz a nunca olvidarla. La flota de galeras del genovés y su dominio del mar era para el emperador una de las armas fundamentales para frenar al francés, al turco y al temido Barbarroja, que ese año se atrevió a amenazar el Rosellón, donde las tropas de Salsas, Perpiñán o Colliure, llevaban ya tiempo sin recibir paga alguna. Carlos pidió al reino de Sicilia que aportara 20.000 ducados para pagarles algo de lo que se les debía, pero Sicilia se negó. El emperador tuvo que empeñar bienes en ese reino para afrontar el pago. Los lugares más amenazados en el Mediterráneo occidental eran las plazas fuertes norteafricanas castellanas, destacando Orán, defendida por el marqués de Comares, y Bugía, defendida por Jorge Ruiz de Alarcón y tras su jubilación por Pedro Afán de Ribera. El 24 de agosto de 1531, Álvaro de Bazán con una pequeña escuadra partida del puerto de Málaga, conquistó el puerto de Honeine (hoy inexistente) en tierras de Tremecén.

La flota genovesa, a pesar de su importancia, no podía ser suficiente para frenar al turco en el Mediterráneo, por lo que el césar decidió crear una nueva armada con la que ayudar a limpiar el Mediterráneo de piratas y proteger las ciudades marítimas, pensando en dirigirla en primer lugar contra el más temido de ellos, Barbarroja, asaltando su nido de Argel.

No parecía llevar Carlos mal la separación de su mujer, que a mediados de abril, temiendo ya la calor se decidió a pasar con sus hijos los puertos hacia Castilla, abandonando Ocaña un lugar excesivamente tórrido y desértico. Los tres, Isabel, Felipe y María mantenían un buen estado de salud y entre la madre y la hija, es decir entre Isabel y María se comenzaba a desarrollar una especial relación de intimidad. Carlos no se contentaba solo con las cartas que su mujer le escribía, sino que recibía a menudo información del estado de su familia por medio de Juan de Zúñiga, conde de Miranda, mayordomo del príncipe. Isabel vivía convencida del inminente regreso a España de Carlos y así se lo comentaba a Rodrigo Mexía en una carta: *de Aquisgrán* (tras la coronación de Fernando) *se volvió el dicho Serenísimo Rey a Flandes donde es ya llegado que es camino para su bienaventurada benida a estos reynos*. Sin embargo, desde mediados de julio de 1531, tuvo que resignarse y aceptar que la separación sería más prolongada, ya que Carlos le hacía ver en una dura carta, que su regreso a Castilla no sería tan inminente como en un principio lo habían imaginado. Los príncipes alemanes seguían alzados y sin reconocer a su hermano Fernando, el turco parecía comenzar de nuevo preparativos bélicos, el Papa y el colegio de cardenales se negaban rotundamente a reunir un concilio, y las relaciones con los franceses y los ingleses habían empeorado. Malos augurios para un rápido regreso, *aunque le pesare mucho de dilatar algo su bienaventurada vuelta a estos reynos que es la cosa del mundo que más desea*. Carlos no podía abandonar a su hermano en esta situación y se veía forzado a retornar al Imperio a reunir una nueva Dieta que buscara una solución definitiva al problema de la herejía luterana, ya que el ansiado concilio parecía que no podría llegar por ahora. Con mucha suerte Carlos podría retornar a España hacia finales de marzo de 1532 y eso solamente si todo funcionaba como planeado y sin saber si lo haría *por la mar de Lebante o por esta de Poniente*.

Giorgio Vasari. Alejandro de Medici, sobrino del Papa Clemente VII, fue introducido el 5 de julio de 1531, con la ayuda del emperador, como soberano de Florencia, recién liberada la ciudad de las bandas republicanas. En abril de 1532 fue nombrado por su futuro suegro, Carlos V, duque de Florencia. Alejandro estaba prometido con Margarita, hija natural legitimizada del césar, aún muy joven, por lo que la boda real tardaría aún en llegar.

También se preocupó Carlos durante esa estancia neerlandesa del estado de su madre, encerrada en Tordesillas bajo la vigilancia especial del marqués de Denia. A principios de mayo de 1531, recibía información de su buena salud, *a excepción de su enfermedad*. Juana había pedido que con su dinero se hicieran unas cruces de oro para su uso diario y se dedicaba entusiasmada a ensartar cuentas para hacer rosarios. El marqués decía que *la reina está ahora muy buena de servir*.

En la reunión de los Estados Generales celebrada en Bruselas el 5 de julio de 1531, Carlos informó ya a sus súbditos neerlandeses de su intención de pasar a Alemania, dejando como gobernadora a su hermana María de Hungría, asegurando antes todo en los Países Bajos, de forma que su hermana no tuviera dificultades al inicio de su gobierno. El traslado hubo por ello de esperar hasta principios de 1532, reformando mientras tanto un gran número de ordenanzas neerlandesas de orden interno entre las que destacó la orden de remitir a Bruselas todas las leyes consuetudinarias y costumbres ancestrales de los pueblos y ciudades neerlandesas para fijarlas por escrito en una gran recopilación. Esa acción supondría el fin de la legislación consuetudinaria que perdía con ello su característica principal de adaptarse a las circunstancias en una continua evolución. Sus principios pasaron a ser inmóviles y obsoletos, viéndose sustituida por leyes válidas para todos que unificarían el sistema jurídico del país.

Durante la estancia neerlandesa también se preocupó de los temas externos y así el 5 de julio de 1531, pudo entrar Alejandro de Medici, su yerno, en Florencia, como su soberano con carácter hereditario, transformando también su constitución el 12 de abril de 1532, elevándola a ducado. El 24 de julio firmaba en Bruselas un acuerdo de amistad con el rey Jacobo V de Escocia. El día 22 de septiembre moría la que había sido reina regente de Francia, Luisa de Saboya, madre de Francisco I, y el 24 de octubre, abandonaba los Países Bajos vía Holanda, su no muy amado cuñado Christian II de Dinamarca, a intentar reconquistar sus reinos perdidos de Dinamarca, Suecia y Noruega. Su expedición sería un fracaso y pasaría el resto de su vida encarcelado.

El deseo de crear su propia flota mediterránea, de acabar con los problemas religiosos imperiales y con la amenaza del turco, le obligó de nuevo a buscar fondos en Castilla, el reino que hasta entonces más había aportado a la causa imperial. Con tal fin solicitó de Isabel y del cardenal Tavera la convocatoria de Cortes Generales castellanas para solicitarles un nuevo servicio extraordinario, convocando a los procuradores, a los que previamente había que convencer con suculentas mercedes, para que obviaran que en las últimas Cortes Carlos se había comprometido a no pedirles ninguna nueva aportación hasta que no se cumpliera el servicio prometido, aún vigente. Eso sí, exigía que la ayuda no fuera inferior a 200.000 ducados y que estuviera cobrada a finales de mayo de 1532, obviando los cansinos cuadernos de peticiones y prohibiéndoles que los presentaran. Como esa cantidad aún no sería suficiente, pidió a Tavera que se esforzara por conseguir nuevos métodos para adquirir fondos, entre los que aconsejaba tomar 100.000 ducados, provenientes de la herencia del duque de Béjar, disputada por los herederos, algo que debía de hacerse secretamente con el consentimiento de los herederos y en forma de empréstito o juro.

Uno de sus últimos grandes actos tenidos en esa estancia en los Países Bajos fue la reunión del Capítulo General de la Orden del Toisón de Oro, celebrada en Tournai entre el 29 de noviembre y el 11 de diciembre de 1531. En esa reunión se nombraron 21 nuevos caballeros, entre ellos el rey Juan III de Portugal, el rey Jacobo VI de Escocia que había aspirado a casar con María de Hungría, el príncipe Felipe, aún de solo cuatro años de edad, el príncipe elector del Palatinado, el príncipe elector de Brandemburgo, Fernando de Aragón, duque de Calabria, Andrea Doria, Ferrante Gonzaga, Luis de Praet, Felipe Lannoy, Carlos de Lalaing, el duque de Frías, el duque de Alburquerque y Juan de Zúñiga, conde de Miranda.

A mediados de enero de 1532, vía Lovaina, Giest, Maastricht, abandonó de nuevo el emperador los Países Bajos, hacia el Imperio, en un estado de debilidad económica acuciante, *porque aunque para el camino voy con alguna provisión, los gastos que se han de hacer en el Imperio son muy grandes*. A cargo de los Países Bajos quedaba su hermana María que, desde el 1 de julio de 1531, ejercía, a la sombra del emperador, el cargo de gobernadora de esas tierras, cargo recibido oficialmente en una solemne ceremonia en presencia de los Estados Generales.

En el Imperio, al césar no le cabía otra meta que intentar solucionar los postergados problemas religiosos y algunos de rebeldía que se estaban dando, costara lo que costase. Ya desde octubre de 1531, se había organizado oficialmente el llamado *Wahlgegnerbund* (Unión de enemigos de la elección del rey de Romanos) en Saarfeld, al que se adhirieron Sajonia, Hesse y Baviera, y que más tarde, desde 1532, recibiría ayuda económica del rey francés para debilitar a sus enemigos Habsburgos. El turco por su parte amagaba con un nuevo ataque masivo contra Viena, donde quizá pudiera conseguir la colaboración, o como poco la pasividad, de los rebeldes luteranos. La situación era harto complicada. Desde Colonia prosiguió Rin arriba hasta Mannheim y Heidelberg, Stuttgart, Gmund, Dinkelsbuhl, Ansbach, Neumarkt para llegar a Ratisbona. En el camino se entrevistó con los electores de Colonia, Maguncia y Tréveris y con el conde Palatino, que le prometieron su apoyo y su asistencia a la dieta.

En las cercanías de Neumarkt en el Alto Palatinado, el 26 de febrero de 1532, el emperador fue invitado a cazar, y en medio de una cabalgada persiguiendo a una pieza sufrió un grave accidente. Su caballo se vino al suelo, con tan mala fortuna que cayó sobre su pierna. A pesar de lo extremo de la caída, del dolor y de la inflamación consecuente, Carlos se negó en todo momento a que se le hiciera una sangría y obstinado prosiguió, sin hacer caso a sus médicos, el camino hacia Ratisbona, donde debía de reunirse la Dieta imperial. *Y en el camino se sintió mal y túvolo en tan poco que no dexó de caminar con los fríos y nieves muy grandes que hazían, que se hizo tanto daño que la pierna se le hinchó y salía tanto fuego della que no bastaban todos los remedios que médicos muy sabios le hazían para que cada momento no cresciere el mal.* Entró en Ratisbona un miércoles 28 de febrero, lugar donde ya le esperaba desde el día anterior su hermano Fernando. Tras una corta *convalesçençia de tres o cuatro días en la cama* en la que *el humor que había cargado al lugar del golpe no estaba del todo consumido*, prosiguió sus actividades a pesar de los consejos del doctor Escoriazo, atreviéndose a *salir de su casa a la iglesya y andándose a pasear al campo.* Prosiguió las reuniones de la Dieta con un cierto cuidado, pero una noche *tuvo un fuerte começón en la pierna y se la rascó reciamente*, y a la mañana, cuando los médicos lo fueron a visitar, se la hallaron *colorada, con algunas ronchas en las partes adonde se havía rascado y más hinchada que antes*, por lo que los médicos le solicitaron que permaneciera *quedo, lo que hizo.* Por razón de esa erisipela se le prohibió comer aves, carnero, ternera y vino, y se le obligó a que aceptara de sus galenos los remedios convenientes, a lo que hasta entonces se había negado. *Y llegó la hinchazón a tanto que ovo votos de médicos que combenía cortarle la pierna por la rodilla, porque si subía, su persona y vida estava en peligro, mas el emperador se determinó antes a morir que a que le cortasen la pierna, y con su buen esfuerço y grandes remedios que los médicos le hiçieron... començó a estar mejor della, pero quedó con una llaga en ella que es mal hereditario, porque el emperador Maximiliano, su agüelo, lo tuvo, y el rey Felipe, su padre, fue tocado dello, y madama Margarita, su tía, murió dello*. Cuando remitió la hinchazón, volvió a andar aunque solo en su cámara, sin que se le permitiera salir de ella. Consecuencia de no haber tratado a tiempo la erisipela fue la trasmisión de la infección bacteriana a la sangre y con ello la aparición de *una comezón por todo el cuerpo que se rascaba de buena gana*. A eso sucedió un duro ataque de gota que lo hizo desesperar. Lo que en un principio se había guardado como un secreto, incluso sin informar a la emperatriz para que no se solivientara, al ser conocida la situación del emperador por filtraciones de sus servidores, se vieron obligados tanto Francisco de los Cobos como el doctor Escoriazo a informar el 8 de marzo, de primera mano, a Isabel, tranquilizándola y evitando que le llegara una información falseada: *Vuestra Magestad esté sin pena que de verdad su Magestad está muy bueno, qual plega a Dios que presto le veamos con Vuestra Magestad, que yo le prometo que después de Vuestra Magestad no hay ninguno que más lo desee que su Magestad*. El 22 de abril, el propio emperador se lo comentaba por primera vez a su mujer diciendo: *yo he estado con alguna indispusición de las piernas y comezón en ellas y en otras partes del cuerpo y vino a los ojos. Pero ya se va despidiendo de todo punto y estoy bueno, bendito Nuestro Señor*. El malestar y el dolor *lo estuvo trabajando* al césar durante todo el tiempo pasado en Ratisbona que se prorrogó hasta primeros de septiembre de 1532. El 11 de junio en carta a su mujer, Carlos decía *haber dejado de despachar sperando que estuviese libre de mi yndispusición, porque después que estaba bueno, me tornó y la he tenido de manera que, como quiera que no ha sido ny es peligrosa, ha sido trabajosa y larga y aún no está despedida del todo; espero que con unos baños que agora tomaré, con ayuda de Nuestro Señor, quedaré libre enteramente della*. El 4 de agosto, ya concluida la Dieta, recayó de nuevo y se lo contaba a su mujer: *tuve una calentura y quise dexar pasar los términos de la terciana y quartana para escribirle la certinidad de mi dispusición. La calentura fue efímera y, a Dios gracias, no subcedió otro ninguno accidente, y quedé bueno y asy lo estoy, que aunque haviendo ya dexado los vaños soy buelto a ellos, no ha sido sino para acabar de despedir de todo punto algunas reliquias que quedavan de la começón y quedar libre dellas*. A finales de agosto aún escribía Carlos a Isabel acerca del tema: *Todavía tomo algunos baños para acabar de despedir de todo el mal de las piernas y quedar mejor curado dellas*.

Si a su mujer tardó en informarle de lo acaecido, a su hermana María con la que parecía tener una relación confidencial especial, se lo contó en repetidas cartas desde principios de marzo, haciéndose el valiente ante ella e incluso permitiéndose chistes tales como decir que ante el dolor que tenía preferiría *tener las piernas de madera*, aunque reconociendo después que amaba demasiado a las suyas propias para dejárselas cortar. María le reconvenía que siempre corriera tanto a caballo, a lo que él respondía que siempre que habían salido juntos de cacería ella había pretendido ser más rápida que él.

Ese verano de 1532 también se vio afectado de calenturas el príncipe Felipe sin que quedaran restos de ellas a la llegada del otoño. Mayor fue el dolor sentido

La *Constitutio Criminalis Carolina*, promulgada el 12 de mayo de 1532, se convirtió en el único código penal válido en todas las tierras imperiales, unificando la jurisdicción criminal y aboliendo el resto de legislaciones consuetudinarias que convertían a la justicia en un inmenso puzzle incomprensible. Este código penal tuvo validez en Alemania hasta el siglo XIX.

por el emperador a mediados de agosto a la muerte de su sobrino, el príncipe Juan de Dinamarca, de 14 años de edad, hijo de su difunta hermana Isabel, al que Carlos apreciaba mucho y del que decía sentir tan gran dolor como de la muerte de su propio hijo Fernando. Carlos opinaba al respecto que hubiera sido mejor si hubiera muerto su padre, Christian II, que *el hijo era más querido en esas tierras por sus muchas bondades*.

Además de las conclusiones de la Dieta imperial, en su estancia en Ratisbona, Carlos promulgó el 12 de mayo de 1532 una de sus mayores obras jurídicas, la *Constitutio Criminalis Carolina*, código penal válido para todo el Imperio en el que se fijaban de forma unitaria las medidas a seguir en materia penal y en los interrogatorios. Este código tendría validez en toda Alemania hasta el siglo XIX.

En la Dieta de Ratisbona, iniciada el 17 de abril de 1532, los protestantes se mostraron muy exigentes y poco dispuestos al compromiso. Exigían la celebración de un concilio, al que en realidad no estaban dispuestos a asistir si lo dirigía el Papa, es decir utilizaban el argumento concilio para prolongar su situación y seguir avanzando en la expansión de sus ideas, exigiendo el mantenimiento del *status quo* existente en el tema religioso y la revocación de las conclusiones de la Dieta anterior de Augsburgo que les obligaba a comportarse como católicos.

La situación estaba tan polarizada que para evitar problemas se decidió establecer como punto de discusión la ciudad de Schweinfurt, donde desde finales de marzo se iniciaron unas conversaciones interreligiosas en las que ante la extremidad de las propuestas aportadas por ambos bandos, no produjeron a ningún resultado. A partir de junio las reuniones de los protestantes se trasladaron a Nuremberg bajo la dirección del duque de Sajonia *moço*, por estar su padre enfermo de una pierna, pero los puntos de desencuentro siguieron siendo los mismos. Finalmente y ante la presión que suponía un ejército turco de casi 250.000 hombres cerca de Belgrado, Carlos cambió de parecer y acordó una tregua con los protestantes, firmando una paz en temas religiosos en Nuremberg el 23 de julio, en la que se fijaba que el *status quo* religioso se mantendría como estaba,hasta que finalmente se convocara un concilio decisorio, garantizándose ambas partes en el *interín* un respeto a lo pactado. El 2 y 3 de agosto en la Dieta de Ratisbona, Carlos aseguró a los protestantes la libertad de religión, obteniendo a cambio una valiosa ayuda contra los turcos: 30.000 soldados luteranos, más otros 30.000 soldados de Bohemia aportados por su hermano Fernando, más otros 50.000 traídos por Carlos de los Países Bajos e Italia. Ante el avance turco no cabía otra posibilidad que la de luchar todos unidos contra el infiel. La marcha del emperador hacia Viena con ese ejército cristiano, unido a los avances de la flota imperial de Andrea Doria en el Mediterráneo que había vencido a la turca cerca de Patras, frenaron esa primera amenaza otomana, retirándose Solimán.

La colaboración luterana había dejado clara su solidaridad con la defensa del Imperio. Por si no se conseguía esa colaboración, Carlos había hecho sacar ya en el mes de abril del castillo de la Mota, en total secreto, otros 500.000 escudos, haciéndolos llevar a Barcelona, al palacio del virrey, para el caso en que hubieran sido necesarios para frenar al turco. El emperador parecía haber prescindido de la convocatoria de Cortes en Castilla y había iniciado la búsqueda de fondos por otros caminos, especialmente intentando obtenerlos de la herencia del duque de Béjar por medio de juros a buen interés y por la mayor cantidad posible, o por medio del dinero del rescate de los príncipes franceses. Finalmente con la duquesa de Béjar no se pudo obtener tanto como se deseaba pero suficiente para iniciar la creación de la flota en Génova que lo había de trasladar a España y atacar a Argel, así como 100.000 ducados para sus necesidades en Alemania que serían puestos en ese país por medio de factores de los Welser, con un crédito del 8%. Por otro lado el emperador obtuvo de banqueros genoveses, los Grimaldo, otros cien mil ducados de crédito sobre juros en Castilla a devolver en 1533. Sin el conocimiento del emperador, Isabel se permitió tomar 70.000 escudos del dinero de los príncipes franceses, por lo que a Barcelona solo llegaron 430.000. Carlos ordenó a su mujer que enviara con toda urgencia, de donde fuera posible, el resto, ya que los 500.000 escudos eran vitales para la defensa de los reinos alemanes y la creación de la flota y debían de ser trasladados en las galeras del príncipe de Melfi, Andrea Doria, a Génova. Al poco, el emperador ordenó en el mes de julio a Isabel sacar otros 300.000 escudos del castillo de la Mota y vía Cartagena, en las naves de Álvaro de Bazán, llevarlos también a Génova, dando orden que se mantuviera a Álvaro de Lugo en la Mota al cargo de lo poco que ya quedaba del dinero de los príncipes, para hacer creer a los franceses que el dinero estaba aún allí. También ordenó a la emperatriz que obligara a los del Consejo de Aragón a colaborar como lo estaban haciendo todos los demás para crear la gran armada que había de defender los reinos de Cerdeña, Sicilia y Nápoles del ataque turco, reinos que además pertenecían a la corona de Aragón.

La retirada turca no había sido total y destacamentos otomanos dirigidos por Ibrahim Bajá sitiaron la ciudad húngara de Güns que resistió tres semanas, un tiempo vital para reorganizar las fuerzas cristianas, consiguiendo que los turcos cambiaran de dirección entrando en tierras austriacas, en Estiria, en agosto de 1532, saliéndoles al paso tropas españolas a las órdenes del marqués del Vasto y tropas italianas dirigidas por Fabrizio Maramaldo. El Papa Clemente VII, ante el peligro turco, se unió a la lucha común contra el infiel aportando un subsidio económico a finales del mes de agosto. También el rey de Portugal que combatía al turco en la India, disputándole la ciudad de Diu, tenida por llave de la posesión de ese país, decidió aportar 100.000 ducados a la causa con la condición de que Carlos personalmente fuera a repeler a los turcos a la cabeza del ejército.

Finalmente Carlos se decidió por reunir a las Cortes de Castilla en Segovia. Estas Cortes iniciaron sus sesiones el 1 de septiembre de 1532, dirigidas por el arzobispo Tavera y en ellas la emperatriz Isabel hizo una alocución a los procuradores solicitándoles una ayuda de 300 millones de maravedís a pagar en tres años, o una de 200 millones de maravedís a pagar en dos años. Ninguna de las múltiples solicitudes que hicieron los procuradores fue respondida por Isabel, teniendo que esperar para su respuesta a la próxima convocatoria celebrada en 1534 con el emperador ya presente en ellas.

El 2 de septiembre de 1532, abandonaron Ratisbona el emperador y el rey de Romanos, dirigiéndose hacia Austria para repeler el ataque otomano. Antes de su llegada, el conde Palatino había derrotado ya el 9 de septiembre a la caballería turca cerca del río Enns. Poco después de la llegada de Carlos a Linz, el 14 de septiembre, parte del ejército imperial liberó la ciudad de Gratz, dirigiéndose a continuación el césar a Viena, donde hizo su triunfal entrada el 23 de septiembre de 1532, liberando la ciudad de la agresión turca sin necesidad de lucha. La sola presencia de su ejército cosmopolita había obligado a Solimán a retirarse.

3.1.2. El deseado regreso al hogar familiar (1532-1533)

Una semana y media nada más pasó el emperador en Viena, deshaciendo el costoso ejército que le había acompañado. Una de las razones principales de su partida fue la epidemia de peste que comenzó a asolar la ciudad y los campamentos militares de su entorno, que se llevó como víctima a su secretario de cartas

La islas de Malta y Gozo, pertenecientes al reino de Sicilia, habían sido cedidas por el emperador en 1530, sin ceder la soberanía, a los caballeros de la orden de San Juan de Jerusalén, que en 1522 habían sido expulsados por los turcos de Rodas. Los caballeros, llamados desde entonces de la orden de Malta, pagaban de arrendamiento anual un halcón al rey de Sicilia y su misión fue la de proteger la isla de los ataques turcos. En esta imagen se representa el asedio turco de 1565.

latinas, Alfonso Valdés. El 4 de octubre de 1532, inició su camino de retorno a España, atravesando los Alpes, retornando a la península italiana a finales de ese mismo mes de octubre. Vía Mantua, Gonzaga, Correggio y Módena, llegó el 13 de noviembre a Bolonia donde le esperaba Clemente VII, entrevistándose en repetidas ocasiones con el Santo Padre en el palacio del Podestá, consiguiendo firmar el 24 de febrero de **1533** un tratado secreto con él, en el que inoficialmente el Papa parecía querer comprometerse a convocar el concilio. Ese mismo día se estableció una Liga defensiva por la paz en Italia en la que entraban todos los príncipes italianos, menos Venecia. El pacto que era dirigido fundamentalmente contra Francia, creaba un ejército defensivo bajo la dirección de Antonio de Leyva, al que Roma aportaba barcos y fondos económicos con la condición de que fueran para defenderse de los turcos, especialmente para apoyar y defender a los caballeros de la orden de de San Juan de Jerusalén que desde 1530 defendían las islas de Malta y Gozo. A pesar de todos estos acuerdos el Papa siguió pactando a doble banda, haciéndolo también en secreto con Francisco I, con el que organizaba la boda de su sobrina, Catalina de Medici, con el duque de Angulema, Enrique de Valois, segundo hijo de Francisco I. Otro hecho importante ocurrido en esa estancia boloñesa del emperador fue la boda secreta de su antiguo aliado y tío, Enrique VIII con Ana Bolena, celebrada el 23 de enero de 1533 en el palacio de Whitehall. Enrique tras no poder conseguir de Clemente VII el deseado divorcio de Catalina de Aragón, había traspasado definitivamente la línea que le separaba de la iglesia católica, casando secretamente con Ana Bolena. Un año más tarde, esa separación del bando católico se haría ya definitivamente irre-

Marcus Stone. Enrique VIII y Ana Bolena cazando en el bosque de Windsor. Enrique había conocido a Ana en la entrevista del Campo del Paño Dorado, a donde ella había asistido con el séquito de la reina Claudia de Francia. Tras no conseguir el permiso papal para divociarse de Catalina de Aragón, el 23 de enero de 1533 sa casó con ella en el palacio de Whitehall, rompiendo definitivamente con la iglesia romana.

versible con la firma de las actas de Supremacía y de Traición.

El 28 de febrero, concluidas las entrevistas con Clemente VII, Carlos inició su regreso a España vía Módena, Reggio, Parma, Bussetto, Cremona, haciendo una interesante parada en Pizzighettone, el castillo en el que en un principio había sido encerrado Francisco I tras su rendición en Pavía. Prosiguió cual si de una marcha triunfal se tratara vía Lodi hasta la misma Pavía, donde visitó los lugares en los que había tenido lugar la batalla y donde había sido hecho preso el rey francés. A continuación entró triunfalmente en Milán, visitando al restituido duque Francisco II Sforza, su vasallo, que un año más tarde, en mayo de 1534, casaría con la sobrina del emperador, Cristina de Dinamarca, en una boda muy criticada por su hermana María de Hungría que no podía comprender como Carlos casaba tan brutalmente a su sobrina de 12 años con un hombre de 38. Más tarde comprendería que esa mujer tan joven no podría darle hijos al odiado duque que además moriría un par de años más tarde sin descendencia, como lo deseaba el emperador. Desde Milán pasó a Vigevano donde se encontró con su hija Margarita que era llevada a Nápoles hasta que tuviera edad suficiente para casarse con Alejandro de Medici. Luego vía Alessandria y Borgo, llegó a Génova, el 28 de marzo de 1533. Isabel lo esperaba ya ansiosamente en Barcelona desde mediados de febrero, a donde había ido en compañía de sus hijos y de María de Mendoza, mujer de Francisco de los Cobos con sus hijos, todos ansiosos por ver a los suyos.

Navegó el césar desde Génova el 9 de abril, llevando con él en su galera real a su cuñada Beatriz, duquesa de Saboya, hermana de la emperatriz, que sintiéndose mal en la navegación descendió en su ciudad de Villafranca de Niza. Hizo escala en Marsella, sin bajar a tierra, donde si descendieron el marqués del Vasto y Francisco de los Cobos, siendo agasajados por su gobernador. El 20 de abril prosiguió por barco hasta Rosas, a donde llegó el día 21, siguiendo por postas lo más rápidamente posible hasta Barcelona, donde le esperaban su amada mujer y sus hijos Felipe y María, para cerrar una separación de tres años y nueve meses. El emperador entró en Barcelona el 22 de abril de 1533, *martes a las nueve o a las diez de la mañana en compañía del marqués del Vasto. Halló a la emperatriz en la cama, que aún no era levantada, donde el emperador también se echó y estuvo hasta las dos que se levantaron y comieron.*

La primavera barcelonesa de la pareja imperial fue una especie de segunda luna de miel, pero en compañía de sus hijos. En esos días de intimidad y de amor, alternaron también algunos actos oficiales con los que contentar a la nobleza que los acompañaba y a los habitantes de la ciudad condal que disfrutaba con la presencia de sus monarcas, que no con la del abundante número de soldados imperiales que inactivos, se habían lanzado a cometer todo tipo de atropellos y tropelías, levantándose la población y acabando todo en un serio tumulto. Entre las ceremonias celebradas en Barcelona destacaron las festividades del día de San Jorge, su patrón, entre las que sobresalió el magnífico baile y sarao ofrecido en la Lonja; la gran justa organizada por el marqués de Astorga; y las reuniones del césar con las autoridades barcelonesas y con sus *consellers*.

En esa estancia barcelonesa, también se preocupó Carlos de los problemas surgidos en los Países Bajos, que acabarían por deprimir a la nueva gobernadora María de Hungría. El primer año de gobierno en solitario de María, 1532, se vio envuelto en graves altercados populares, en parte consecuencia de las dificultades surgidas para reunir un fuerte ejército que ayudara a sus hermanos en el conflicto contra el sultán turco, y en parte consecuencias de los abundantes problemas económicos. Los tumultos habían sido tan fuertes en Bruselas que Carlos le aconsejó organizar un ejército y acabar con toda esa canalla. El tiempo tampoco favoreció ese año, con fuertes lluvias e inundaciones en todo el litoral, pero especialmente en Holanda, Zelanda y Frisia, donde el mar rompió los diques inundando el 90% de sus campos. En la primavera de 1533, María escribió a su hermano informándole de que no se sentía capacitada para soportar tal peso y pedía ser sustituida. Carlos le escribió desde Barcelona y luego desde Monzón, intentando levantarle la moral y enviando en su ayuda a Carlos Poupet, señor de la Chaulx, que consiguió tranquilizarla y estabilizarla. El 10 de junio se firmaron

Vista del castillo de Monzón, villa en la que se realizaban las reuniones de las Cortes aragonesas.
El castillo, situado en un lugar estratégico, había pertenecido a los caballeros del Templo de Jerusalén
hasta su disolución en 1309, y fue restaurado en la Edad Moderna,
manteniéndose activo hasta el siglo XIX.

también en Barcelona las capitulaciones para la boda de Francisco II Sforza, duque de Milán, con Cristina de Dinamarca.

Barcelona disfrutó de esa estancia imperial que concluyó el 10 de junio con el traslado del emperador a la villa de Monzón donde había mandado reunir Cortes Generales de la corona de Aragón. En ese viaje de trabajo, Isabel prefirió no acompañarlo y quedó en Barcelona algo enferma. El 18 de junio de 1533 se inauguraban las Cortes en la villa de Monzón, dirigiéndose el emperador en persona a sus representantes, pidiéndoles que para la próxima ocasión en la que él no pudiera estar presente, aceptaran la presencia de su mujer como su representante, algo que las estructuras aragonesas no permitían. Recién inauguradas las cortes, el 19 de septiembre, llegó un mensajero de Barcelona, solicitando el inmediato regreso del emperador por encontrarse la emperatriz en muy mal estado. A base de postas, el emperador se trasladó en dos días hasta la ciudad condal, cruzando 43 leguas (casi 234 kilómetros) sin parada, llegando el día 20 a Barcelona, donde encontró a Isabel en tan mal estado, *con recias calenturas y un apostema en el oído*, que los médicos no le daban más de dos horas de vida. Hasta el 12 de julio, el emperador estuvo al lado de su mujer, cuidando de ella y de sus hijos. Recuperada milagrosamente, Carlos retornó a Monzón, haciendo esta vez el viaje en silla de postas, tardando cuatro días en llegar al lugar donde aún le esperaban los procuradores aragoneses. Las Cortes se retomaron el 29 de julio y se prorrogaron, como era típico del régimen aragonés, hasta el 20 de enero de 1534, abusando del sistema de cansar a los monarcas. Y así fue que el emperador no pudo arrancar ningún servicio de los tozudos súbditos aragoneses.

Durante esas cortes se interesó Carlos por la fortaleza de Corón en el extremo suroccidental del Peloponeso. Esa antigua colonia veneciana en Grecia, había sido conquistada por los turcos en 1500 y reconquistada por Andrea Doria en 1532, estableciendo en ella un contingente militar imperial que controlara los movimientos de los infieles. La pérdida de Corón suponía para la Sublime Puerta una de las mayores afrentas históricas y puso completamente furioso a Solimán, hasta tal extremo, que a través del entonces embajador imperial en Turquía, el humanista y erasmista Cornelio de Schepper, amenazó Solimán con destruir la iglesia del Santo Sepulcro de Jerusalén y construir en su lugar una mezquita como represalia, si no se le devolvía Corón. El turco ofreció a cambio de la devolución de ese estratégico baluarte griego, la entrega de Argel al emperador, garantizando a los habitantes de Corón sus vidas y sus bienes. Al no recibir respuesta, Solimán ordenó la conquista de Corón con todos los medios disponibles. El lugar fue sitiado sin que los turcos pudieran conquistarlo. En agosto de 1533, Andrea Doria acudió en su ayuda con una fuerte armada, venció a los turcos que tuvieron que levantar el sitio, pero ante la imposibilidad de poder mantener por mucho tiempo el lugar, desmanteló sus defensas y se llevó a sus defensores de regreso a Italia.

Durante la celebración de las Cortes de Monzón recibió Carlos un nuevo golpe de Clemente VII que, reunido en Marsella con Francisco I, el 27 de octubre de 1533, celebró el deseado matrimonio de su sobrina Catalina de Medici con el duque de Angulema, Enrique de Valois, que a la muerte de Francisco I y del Delfín, se convertiría en el nuevo rey de Francia. A principios de noviembre, en esa misma ciudad pactaron, el Papa y los franceses, prescindir de la convocatoria de un concilio, permitiéndose el Santo Padre nombrar cuatro cardenales franceses por uno solo español.

Durante la estancia en Monzón recibió Carlos el 9 de septiembre la visita de su mujer, embarazada, que no queriendo permanecer demasiado tiempo en esa incomoda villa, fue acompañada por el emperador hasta Zaragoza donde pasaron quince días juntos.

A finales de enero de 1534, concluidas las Cortes de Monzón, Carlos e Isabel abandonaron la corona de Aragón, retornando a Castilla vía Medinaceli, Sigüenza, Jadraque, Hita, Guadalajara y Alcalá de Henares, donde visitaron al arzobispo de Toledo que estaba enfermo y que moriría poco más tarde, el 4 de febrero. Siguieron por El Pardo, Valdemoro, Aranjuez y Villaseca, disfrutando en esos días de bellas jornadas de caza organizadas en su honor, arribando a Toledo el 12 de febrero de 1534, donde invernaron hasta el mes de abril. El 1 de abril nombró a Juan Pardo de Tavera, arzobispo de Toledo y la Semana Santa la pasó en el monasterio jerónimo de la Sisla, disfrutando también de un bello torneo hecho en su honor en la vega toledana. A finales de mayo inició un largo peregrinar por Castilla, rogando a sus súbditos que los recibimientos y gastos que se

La fortaleza de Corón en la costa griega fue un punto estratégico para el control del Mediterráneo oriental. En origen había sido una colonia veneciana, conquistada por los turcos en 1500 y reconquistada por Andrea Doria en 1530. Para el sultán turco el lugar tenía una importancia especial por lo que solicitó del emperador su devolución a cambio de Argel, o por el contrario como represalia destruiría la iglesia del Santo Sepulcro de Jerusalén. Los turcos no consiguieron reconquistarla a pesar de cercarla y finalmente en el verano de 1533, Andrea Doria desmanteló sus defensas y retiró a sus defensores, abandonándola.

hicieran por su visita fueran lo más parcos posibles. Su ruta, en compañía de la emperatriz embarazada, se inició el 22 de mayo, pasando dos días en Madrid y una semana en la ciudad de Segovia, desde donde retornó Isabel a Toledo. Solo, prosiguió el césar pasando cinco días, incluyendo el Corpus, en Ávila; tres en Alba del Tormes, junto al duque de Alba, Francisco de Toledo; seis en Salamanca, donde visitó el Estudio Salmantino y asistió a sus clases; tres en Zamora; dos en Toro, visitando también Villalar, lugar donde habían sido vencidos los comuneros.

El 29 de junio de 1534 por la tarde, dio a luz la emperatriz Isabel un hijo muerto. Según algunos de los médicos que la atendieron, el niño había muerto por haberse quedado embarazada la emperatriz en Barcelona estando bastante enferma, mientras que otros decían que la causa había sido el haberse caído durante una visita que hizo al príncipe Felipe, *al torcérsele el chapín*. A la noche siguiente llegó el emperador a la posta, tomando el deceso de su hijo como lo debía de hacer un príncipe cristiano, es decir como *la voluntad del Creador*. En Valladolid pasaron veintiún días, prosiguiendo debido a la peste hasta Palencia, donde residieron un mes y nueve días, entre el 27 de julio y el 4 de octubre, y a continuación fueron a Mojados, donde estaba su madre, la reina Juana, acompañada por el marqués de

Denia. Estando en Palencia recibió la noticia de la conquista de Túnez por Barbarroja. El rey de Túnez, Muley Hassan, era feudatario de Carlos V, por lo que el ataque del almirante de la flota turca, Barbarroja, era un ataque contra él. El reinado de Muley Hassan no había sido especialmente digno de elogio, primando la injusticia y las continuas luchas civiles entre él y su hermano Raschid que también aspiraba al trono, y es por ello que la oposición popular a la conquista de Barbarroja había sido mínima. En un primer momento, consciente de las conexiones existentes entre Francia y Turquía, Carlos envió un emisario a dialogar con el depuesto sultán Muley Hassan. El emisario era Luis de Presendes, criado genovés del emperador que había vivido largo tiempo en Fez y hablaba árabe. Acompañándolo iba un morisco español al que Carlos también tenía bastante aprecio. Una vez llegados a Túnez, el morisco traicionó a Presendes, informando a Barbarroja de su misión ante el depuesto sultán. Luis de Presendes fue decapitado, su cuerpo arrastrado por las calles de Túnez y quemado extramuros de la ciudad, *de lo qual el emperador recibió pena porque estimaba los buenos servicios que le hacía.* Esos hechos, así como los daños producidos antes por el mismo pirata, Khair ad-Din Barbarroja, en la costa italiana, en Fondi, tierra de Nápoles cerca de Gaeta, y en otras poblaciones romanas, encendió al emperador, que vio llegado el momento de movilizar a la cristiandad contra la amenaza del infiel y limpiar el Mediterráneo occidental de piratas que destruían el comercio y secuestraban y mataban a cristianos, esclavizándolos en el norte de África. El césar ordenó el reforzamiento de las fortalezas mediterráneas, obligando a sus tenientes a residir en ellas y a cuidarlas, manteniendo su guarnición íntegra. Convocó además las Cortes Generales de Castilla para el mes de diciembre en Madrid, donde tratar de la posible ayuda de los castellanos a su rey en esa jornada mediterránea. En septiembre ordenó a Andrea Doria y a los virreyes de Nápoles y Sicilia *que hicieran todas las más galeras que ser pueda, que se hagan y armen con diligencia hasta XX en Barcelona y Tortosa, y así mismo galeones y navíos gruesos y se aderecen las provisiones y otras cosas necesarias para que a la primavera se pueda hacer una armada gruesa para resistir a la de los enemigos y ofenderla y echarla de los mares de la Cristiandad... y a su Santidad y al Sacro Colegio de los Cardenales y a las repúblicas de Génova, Florencia, Lucca y Siena escrebimos que, por lo que toca al bien de la Cristiandad generalmente y a la conservación de sus propias tierras, ayuden para el dicho effecto, cada huno por su parte, con algún número de galeras.* Si la república de Venecia *quisiese juntar sus fuerzas con las nuestras, finalmente se podrían deshacer los enemigos y echallos de los mares de la Cristiandad.*

A lo largo del verano de 1534, Carlos se esforzó en mejorar las relaciones con Francisco I, enviando al señor de Santa Algonda y a Enrique de Nassau a la corte francesa, intentando llegar a un acuerdo amigable con el monarca francés que pusiera fin a sus disputas y creara un espacio duradero de paz en Europa de forma que la cristiandad se pudiera unir en la lucha contra el turco. Francisco no estaba por la labor, al menos en la situación en que su país se encontraba en ese momento. La lucha contra el turco debía de continuar pero a una banda, la de Carlos V, debilitándose militar y económicamente en ella. De esa postura o muy cercana a ella era incluso el Santo Padre. La traición al pueblo cristiano partía claramente de su propia cabeza. Es por ello que las exigencias que proponía Francisco para conseguir la paz eran inaceptables: la devolución del ducado de Milán, de la república de Génova, y de los condados de Asti y de Monferrato. A cambio de ello, Francisco I estaría dispuesto a una unión dinástica en forma de una doble boda entre el Delfín y una de las hijas de Carlos, y de Felipe con alguna de las hijas de Francisco. Ni Carlos, ni su consejero Granvela estaban por la labor ¿quién podría creerse una sola palabra de los franceses acostumbrados a mentir donde hiciera falta y a nunca cumplir los acuerdos firmados?

En Alemania las cosas no iban mejor para los intereses del emperador. El conde Felipe de Hesse y el antiguo duque Ulrich de Wurtemberg se unieron para anexionarse *manu militari*, en el verano y otoño de 1534, los territorios disputados con la casa de Austria que se encontraban dispersos en tierras de Wurtemberg. Carlos, ocupado en esos momentos con los temas del sur, dejó pasar un tiempo precioso a pesar de las urgentes peticiones de ayuda hechas por el rey de Romanos. Por primera vez en su historia, Carlos veía disminuidos los territorios que había heredado de sus antecesores, aunque esas tierras en realidad nada tenían que ver con él personalmente, sino que correspondían a la parte de herencia que había encomendado a su hermano Fernando. La casa de Habsburgo perdía por primera vez, aunque de forma muy ínfima, territorio.

También en esa estadía palentina recibió Carlos noticias, primero de la grave enfermedad del Papa, y después de la muerte de Clemente VII, acaecida el 25 de septiembre de 1534. El 11 de octubre retornaron a Madrid donde permanecieron hasta primeros de marzo de 1535. En esa villa recibió la información del nombramiento del cardenal Alejandro Farnesio, su favorito al cargo, como nuevo Papa con el nombre de Paulo III, acaecida el 13 de octubre de 1534.

El 21 de octubre de 1534 se iniciaron las Cortes Generales castellanas de Madrid en las que el emperador presentó oficialmente su proyecto de armada contra Barbarroja, consiguiendo una ayuda extraordinaria de 200.000 ducados. La forma más sencilla de obtener esos fondos de las Cortes pasaba por la concesión de mercedes a los procuradores, lo que hoy llamaríamos soborno. Un ejemplo de lo acaecido en estas Cortes Generales lo transmite el propio emperador dando órdenes a sus contadores mayores para que pagaran a *Alonso Pérez de Arquellada, vecino y veinticuatro de la ciudad de Jahén, procurador que fue della en las Cortes que este presente año de quinientos y treinta y quatro años tuvimos y celebramos en esta villa de Madrid, nos ha servido especialmente en dichas Cortes y en alguna enmyenda, y en remuneración dello nuestra merced e voluntad es que haya e*

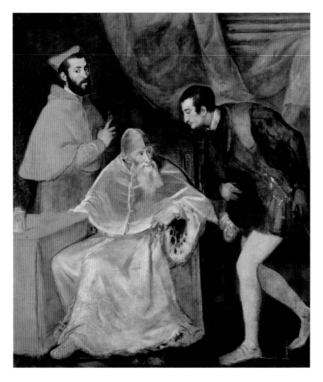

Tiziano. Galeria Nazionali di Capodimonte, Nápoles. El Papa Paulo III con sus sobrinos Alejandro y Octavio Farnesio. Alejandro fue nombrado cardenal, mientras que Octavio casaría con la hija del emperador, Margarita, al enviudar de Alejandro de Medici.

tenga de nos por merçed veinte mil maravedís en cada un año para en toda su vida. El 25 de noviembre se reunió en Madrid el Capítulo General de las Órdenes de caballería de Santiago, Alcántara y Calatrava, presidido por Carlos que había conseguido del Papa que los comendadores de las órdenes de Alcántara y Calatrava pudieran casarse. Los de Alcántara lo aceptaron, mientras que los de Calatrava se negaron en rotundo y nunca se pudo conseguir.

La suerte en temas económicos cambiaría para el emperador a finales de 1534, al llegar una armada de Indias cargada con la parte real del oro que Pizarro había obtenido en su conquista del Perú, cantidad que superaba en mucho a lo hasta entonces enviado por Hernán Cortés. La parte perteneciente a la corona del oro que había sido obtenido por la liberación del Inca Atahualpa en 1533, era trasladada a España bajo la custodia de Hernando Pizarro. Desde 1535 la entrada media anual de oro de Indias sería de unos 300 millones de maravedís, dando una cierta libertad de acción al emperador. Para su aventura norteafricana, Carlos consiguió reunir 800.000 ducados, oficialmente prestados por particulares, pero que en realidad eran en su mayoría cantidades secuestradas en la Casa de Contratación de Sevilla del oro y plata de la flota peruana pertenecientes a particulares, tomándolos en forma de juro, sin consultar la voluntad de los propietarios, a cambio de un interés anual del 3%. De esa forma, Carlos evitaba tener que pedir nuevos préstamos a banqueros que no solían bajar del 8% de comisión. También se consiguieron cantidades provenientes de otros fondos, por ejemplo 200.000 ducados del servicio extraordinario concedido por las Cortes, más una aportación del clero, siempre remiso a colaborar, pero que esta vez cooperaba con 200.000 ducados de los frutos de sus beneficios, más una aportación de la Mesta, más lo proveniente del impuesto de la seda del reino de Granada. En total se reunieron cerca de dos millones de ducados, dinero suficiente para lanzarse a la aventura y conseguir lo que hasta ese momento siempre se le había negado a pesar de anhelarlo de corazón, participar presencialmente en un hecho militar de prestancia, ganándose una merecida fama de general, guerrero y valiente, pero sobre todo, si era posible, de vencedor en el campo de batalla, el nuevo Marte borgoñón o quizá ya el Marte hispánico. Ese deseo de participar personalmente en la batalla no era en absoluto compartido por sus más íntimos colaboradores, especialmente por el cardenal Tavera, presidente de su Consejo de Estado, que lo veía como una temeridad similar a la llevada a cabo por Francisco I en Pavía. ¿Qué ocurriría si al emperador le pasaba algo en la batalla y su único hijo y heredero, Felipe, quedaba huérfano a los 7 años de edad?

El 1 de febrero de 1535, retornó a la carga el rey francés, abiertamente y en la forma más agresiva posible. Francisco dirigió un manifiesto a los príncipes alemanes, exhortándolos a liberarse de la opresión doble del emperador y de su hermano el rey de Romanos, a los que acusaba de perseguir la monarquía total, sometiendo a todos los demás reyes y príncipes de la cristiandad. Francisco, el gran saboteador de cualquier tipo de concilio, acusaba incluso a Carlos de frenar constantemente la celebración del sínodo que resolviera el problema religioso inter alemán. Negaba además que el hubiera hecho algún pacto con los turcos o que en Francia los herejes no fueran perseguidos por la corona. La falsedad de las aseveraciones francesas solo confirmaban los argumentos esgrimidos por Granvela. El rey francés no conocía el honor, era capaz de aliarse con el diablo para conseguir sus metas.

El 19 de abril, Carlos envió a Adrian de Croy a contestar personalmente, ante los príncipes alemanes, esos argumentos franceses. Carlos había demostrado claramente que los príncipes alemanes se autorregían por medio de las instituciones y ordenanzas imperiales a las que el emperador respetaba y protegía en su integridad. Las muchas tierras que poseía las había heredado honradamente de sus antepasados y en ningún momento pretendía modificar el *status quo* a su favor. Muy al contrario, el rey francés ocupaba tierras que habían sido de sus antepasados, el ducado de Borgoña, de cuya recuperación incluso el emperador había prescindido para conseguir la paz de la cristiandad, y no conforme con ello solicitaba ahora Francisco I el ducado de Milán, echando a su verdadero duque, o el sometimiento de la república libre de Génova a su voluntad. Comparando los actos del rey francés con los suyos propios, Carlos solo podía utilizar la palabra *tiranía* para los deseos de Francisco, que aún pretendía que se le entregara Asti, Monferrato e incluso Florencia. No había nada más que decir acerca de su pacto con los turcos contra los cristianos, o de haber presionado al embajador otomano, Gritto, para que Barbarroja fuera nombrado almirante de la flota turca.

A pesar de todo, Carlos siguió persiguiendo la paz, pero fue preparando en paralelo sus múltiples territorios para la muy previsible confrontación contra Francia y sus aliados turcos, y sobre todo aceleró el proceso para iniciar su expedición africana. Las fortalezas mediterráneas y las fronterizas con Francia: San Sebastián, Fuenterrabía, Pamplona y Logroño, fueron reparadas y fortificadas con tal fin. Se hizo venir artillería y pólvora de Flandes, tarjas o escudos grandes, así como otro armamento.

3.1.3. La triunfal jornada de Túnez (1535)

El 1 de marzo de 1535 puso en marcha el emperador la ansiada expedición punitiva contra Barbarroja, organizando primero su paso a Barcelona para poner en orden la flota, planeando embarcar en ella *en caso de que convinientemente no se pudiera excusar*. Carlos intentaba esconder ante su mujer sus verdaderos deseos, madurados ya muchos años, de participar personalmente en la liberación del Mediterráneo de los piratas berberiscos y de sus aliados turcos. Presumiendo que tendría que acompañar a la armada, concedió a su mujer Isabel, embarazada de cinco meses, un nuevo poder general para gobernar en su ausencia, con el título *de lugarteniente general y gobernadora* de esos reinos. Las únicas restricciones que le imponía eran las mismas que él se había impuesto a sí mismo en su gobierno: no enajenar nada perteneciente a la corona; *no conceder hidalguías, ni caballerías, ni naturalezas, como yo no las doy*; que para los nombramientos más importantes tuviera en cuenta la opinión del cardenal Tavera, presidente de su Consejo de Estado; no aumentar el número de oficios o asientos en la Casa Real; no renovar las alcaidías de las fortalezas cuando vacaren para ver si eran realmente necesarias o sería mejor su derribo, ni las capitanías de las guardas; y dejar determinados puestos importantes del reino, de las chancillerías, eclesiásticos, obispados, arzobispados, los de la Casa de Contratación de Sevilla, los de fundidor, marcador o escribano de juzgado, para que el monarca pudiera conceder algunas mercedes a los que esforzadamente destacaran en la jornada norteafricana. Para ayudarla y aconsejarla en el gobierno dejaba a su Consejo de Estado que también trataría las cuestiones de Guerra, formado por el cardenal Juan Pardo de Tavera, el cardenal Juan García de Loaysa, el conde de Osorno y Juan de Zúñiga, conde de Miranda. Como secretario dejaba de nuevo a Juan Vázquez, llevando consigo a Francisco de los Cobos. Al día siguiente, 2 de marzo, antes de iniciar su camino hacia Barcelona, convocó a todos los caballeros asentados en sus libros de Flandes para que a finales de marzo estuvieran con sus caballos y mesnadas en el puerto de Barcelona.

Carlos hizo su entrada oficial en la capital catalana el 3 de abril de 1535, visitando en primer lugar en las atarazanas las galeras que iban a formar parte de la

Posible imagen de autor anónimo de la emperatriz Isabel de Portugal. Antes de iniciar su expedición a Túnez en 1535, el emperador la dejó como su lugarteniente y gobernadora de las tierras peninsulares. Isabel estaba embarazada de cinco meses cuando el emperador partió rumbo a Barcelona para embarcar en la gran flota que había de limpiar el Mediterráneo occidental de piratas y corsarios musulmanes.

expedición a Túnez. En Barcelona esperaba ya la armada de Portugal, comandada por el príncipe Luis, y el 1 de mayo se unieron otras quince galeras que traía Andrea Doria de Génova, y las galeras españolas, faltando aún por llegar las que Luis Hurtado de Mendoza, marqués de Mondéjar, capitán general del reino de Granada, debía de traer de Málaga donde al parecer algunos de los grandes del reino habían incumplido su obligación de aportar un determinado número de soldados para la expedición. Durante la espera se celebraron abundantes misas en la catedral, así como rogativas y procesiones invocando la protección divina. A través de espías se sabía ya que Francia había informado al turco y a Barbarroja acerca de la expedición. También a través de su embajador Lope de Soria, Carlos, sin aportar excesivos datos, informó continuamente a Venecia de los acontecimientos, invitándola en todo momento a participar en ella.

Carlos partió el 31 de mayo, a bordo de su galera capitana. Al principio los barcos costearon hasta Badalona donde bajó a almorzar, haciéndose a la mar después de oír misa. Los primeros días el viento fue escaso, viéndose obligados a remar, refugiándose por ello el 3 de junio en Mallorca, en la bahía de Alcudia. El 5 de junio entraron a la protección de la bahía de Mahón (Menorca). Era la primera vez que el césar veía sus islas Baleares. La calma siguió haciendo de las suyas y la expedición se fue separando en dos grupos, delante las galeras y algo después los navíos más pesados y los galeones. El 10 de junio entró en el golfo de Cagliari en

Frans Hogenberg. Ataque conjunto de la armada y de la infantería al fuerte de la Goleta que protegía el acceso a la laguna de Túnez, iniciado el 16 de junio de 1535. La Goleta estaba defendida por siete mil infantes y mil jinetes turcos y genízaros. En ese asalto fueron heridos de sendas lanzadas Luis Hurtado de Mendoza, marqués de Mondéjar, y Garcilaso de la Vega. La Goleta fue tomada el 14 de julio de 1535.

Cerdeña, donde le esperaban abundantes galeras, galeones, carracas y fustas, provenientes de Génova, cargadas con infantería alemana e italiana, comandadas por el marqués del Vasto. Junto a ellas estaban también las provenientes de los reinos de Nápoles y Sicilia, cargadas de infantes españoles, que llevaban ya seis días en el lugar, y que habían venido en compañía de seis galeras que aportaba el Papa, más otras tres armadas por Génova y cuatro de la Religión. En total, incluyendo las naos, carabelas y galeones especialmente bien artillados aportados por Juan III de Portugal, se habían reunido 300 navíos, en algunos textos se habla de 330, prestos a iniciar el asalto. Durante ese tiempo de espera, el emperador descendió a tierra, visitando Cagliari que era la cabeza del reino de Cerdeña, realizándose seguramente la ceremonia de juramento de las costumbres del reino por parte del monarca. Era la primera vez que Carlos visitaba Cerdeña y aún le quedaban dos importantes reinos italianos sin visitar, Nápoles y Sicilia.

A través de cautivos cristianos huidos hacía pocos días de Túnez, se pudo saber de los preparativos y fortificaciones que Barbarroja hacía en la Goleta y en otros puertos cercanos, entre los que había repartido su flota, para impedir la invasión. En Cagliari la armada se abasteció de agua y leña y de todo lo necesario, abandonando la protección de esa bahía el 13 de junio, domingo, dirigiéndose directamente hacia la costa africana, llegando el día 15 al puerto de Farina (Ghar el Mehl), cerca del golfo de Túnez, prosiguiendo hasta la entrada de la gran bahía tunecina a tres millas de la Goleta. Algunos de los barcos se acercaron excesivamente a esa fortaleza para reconocer el lugar, iniciándose un intercambio de cañonazos entre los defensores y los barcos imperiales.

Mientras que la mayor parte de súbditos de su majestad, organizaba procesiones, misas y rezos, pidiendo por la victoria del emperador sobre el pirata argelino, otros, los menos, los moriscos, especialmente los aragoneses, incitados por sus alfaquíes y predicadores musulmanes, ayunaron *seys dias e hazían otras oraciones y ceremonias para que Alá diese victoria a Barbarroja contra el Emperador, cometiendo crimen de lese maiestatis contra Su Magestad*, siendo condenados por la Inquisición a la confiscación de sus bienes, a una larga prisión y a una fuerte multa. Estos infieles sobrevivían en sus ritos y prácticas religiosas protegidos por la alta nobleza que se beneficiaba de sus extraordinarias cualidades laborales.

El 16 de junio de 1535, al amanecer, descendió en primer lugar la infantería española, seguida de la alemana, entre la que bajó también el emperador acompañado por los grandes y los cortesanos, tomando un monte con una pequeña torre donde se creía que antiguamente había estado la ciudad de Cartago. En los días siguientes descendieron el resto de infantes, así como la caballería y la artillería. El primer objetivo fue la fortaleza de la Goleta, muy bien provista de gente y artillería, con 7.000 turcos y genízaros y 1.000 jinetes, iniciándose el ataque el 19 de junio, aunque con pequeñas escaramuzas. (3 018) Durante el asalto al arsenal de la Goleta, dirigido personalmente por el emperador, el 29 de junio fue herido de una lanzada que le dieron *por encima de los riñones, atravesándole la coraza*, Luis Hurtado de Mendoza, marqués de Mondéjar, jefe de la caballería, al que consiguieron *sacar de la priesa*. El emperador viendo la gravedad de la herida ofreció a sus hermanos e hijos *largas merçedes si el marqués muriese*. A la segunda cura fue personalmente el emperador a verlo *y se halló presente a verle curar y paresçió que la herida no era tan peligrosa*, que *ha sido muy bien curado y no se teme peligro de su vida*. En esas escaramuzas también fue herido de una lanzada en la boca y otra en el brazo el mítico Garcilaso de la Vega, por lo que el emperador decidió variar la estrategia, organizando un cerco correcto, construyendo buenas defensas artilleras en su entorno, trabajos que duraron un par de semanas. Mientras el cerco se cerraba, nuevos barcos cristianos fueron llegando a Túnez provenientes de Italia y de España, cargados con soldados, nobles, armamento y abastecimiento para la tropa. En total el número de navíos implicados en la operación sería de unos cuatrocientos y el de soldados superaba los 30.000, predominando los españoles, portugueses, italianos, alemanes y albaneses, junto a unidades de caballería de los caballeros que acompañaban al rey y de caballeros de la orden de San Juan de Jerusalén.

En medio de esa campaña, el 23 de junio, entre las doce y la una, dio a luz en Madrid la emperatriz Isabel a una niña sin ningún tipo de complicaciones. A la nueva infanta la bautizó el 30 de junio el arzobispo de Toledo, Tavera, con el nombre de Juana, *en una alcova sita en el entresuelo de la casa de Alonso Gutiérrez, donde su majestad tenía un oratorio.* Actuaron de padrinos el príncipe Felipe y Luis de Saboya, príncipe del Piamonte, su primo hermano, hijo de Beatriz la hermana de Isabel, que se criaban juntos en la corte española; y de madrinas, la condesa de Osorno y la marquesa de Lombay. Al poco la reina recibió las felicitaciones de sus súbditos y entre ellas las del marqués de Denia que lo hacía en su nombre y en el de la reina Juana, que decía *haber holgado mucho de haverse llamado a la señora infanta, Juana.* El marqués de Denia proseguía diciendo: *Y en verdad que vuestra majestad tiene gran razón de querer mucho a su alteza y desealla servir, porque su alteza ama verdaderamente a vuestra majestad y con toda su enfermedad no dexa de tener cuidado de madre y asy me pregunta siempre sy sé nuevas del emperador y de vos... quando vuestra majestad tuviere nuevas de su majestad, supplico a vuestra majestad las haga saber a su alteza porque en verdad la dará en esto gran contentamiento.*

A muchas leguas de distancia, en las cercanías de Túnez, el emperador holgó también mucho al conocer el nacimiento de su segunda hija, prosiguiendo con el cerco de la Goleta. Estando en ello, apareció en el campo cristiano el rey Muley Hassan de Túnez a ponerse, con sus pocos seguidores y su familia, al servicio del emperador. El 14 de julio se cerró definitivamente el cerco y desde el amanecer se inició un bombardeo masivo de la Goleta tanto *por tierra como por mar y se continuó syn cessar muy reziamente por seys o siete horas; en cabo de las quales se entró y ganó la dicha fuerça por los nuestros por combate y batalla de manos, y los enemigos fueron constreñidos y forçados a desamparalla y huir quien más podía, syn ninguna orden.* La Goleta fue tomada al asalto hacia las dos de la tarde, falleciendo del bando enemigo más de dos mil soldados, tomándose entre setenta y ochenta navíos y *muy grand cantidad de artyllería.* Del bando imperial solo murieron treinta hombres. Era este el bautizo de fuego del césar. Tras unos días de descanso para los soldados, el 19 de julio se inició la marcha hacia Túnez que estaba a unas doce millas de la Goleta, con el problema añadido de la falta de vituallas, de la calor extrema y de la escasez de agua que afectaba a la región. Los únicos pozos cercanos a la ciudad de Túnez eran protegidos por cerca de 10.000 soldados con recia artillería, dirigidos por el propio Barbarroja. La armada quedó a la espera cerca de la Goleta a cargo de Andrea Doria.

En la llamada llanura de l'Ariana, cerca de esos deseados pozos, se dio una violenta batalla por el control del agua, siendo destruidas las fuerzas de Barbarroja que huyeron a protegerse al interior de las murallas de Túnez. Al amanecer del

Jan Cornelisz Vermeyen. El 19 de julio de 1535 las fuerzas imperiales tras haber tomado la Goleta, avanzaron por la llanura de l'Ariana intentando conquistar los únicos pozos existentes en la región, y acercarse a la ciudad de Túnez.

día siguiente, 21 de julio de 1535, inició el campo cristiano su acercamiento a la ciudad de Túnez, descubriendo que durante la noche el enemigo había huido de la ciudad y que los cautivos cristianos que en número de 5.000 estaban presos en su Alcazaba habían conseguido abrir sus prisiones y se habían apoderado de ella. A pesar de ello los habitantes de la ciudad se negaron a abrir las puertas, dándose entonces permiso durante tres días para el saqueo de la ciudad. Las primeras fuerzas cristianas entraron por el barrio de Bab Souika efectuando un repugnante pillaje en su interior. La falta de botín que en gran parte había sido ya tomado por los soldados de Barbarroja antes de partir, dio paso a que las tropas frustradas violaran y masacraran a la población, se pegaron fuego a las mezquitas y a las bibliotecas, se profanaron antiguas tumbas de santones musulmanes, entre otras el morabito de Sidi Mahrez, patrón de la ciudad. El cronista Paolo Govio que acompañaba a la misión, contaba la desesperación del rey Muley Hassan ante la visión de los destrozos y crímenes hechos por los imperiales, especialmente ante la visión de los libros destruidos. En paralelo a esos crímenes, también se liberaron a 20.000 cautivos cristianos, se encontró abundante cantidad de bizcocho y pólvora, y además se hizo un gran número de cautivos entre los defensores.

Si la expedición había sido un éxito, al menos parcial, ya que Barbarroja había salido ileso y había conseguido retornar a su base en Argel, las noticias que llegaban de casa eran bastante negativas. Se informaba de la formación de un gran ejército francés en la zona de Marsella dirigido por el duque de Albany, compuesto por cerca de 10.000 suizos y 40.000 alemanes, cuya primera meta sería Génova. Los venecianos, que definitivamente se habían negado a participar en la expedición, le informaban tras apresar al espía castellano al servicio de la Gran Puerta, Rincón, de los movimientos turcos, cuyo sultán iba hacia Belgrado y según se creía pretendía atacar de nuevo a Viena. Carlos no dio demasiada credibilidad a esas noticias, que a su parecer solo pretendían distraerle de su campaña contra Barbarroja. Tampoco quiso el emperador permanecer demasiado tiempo en la alcazaba tunecina, ante la visión de ruina y destrucción dejada por sus fuerzas, pero especialmente ante la peste que la putrefacción de los cadáveres producía en la ciudad y su entorno. Por ello el 27 de julio se trasladó el emperador a Radès (la Rada) donde estuvo cinco días y donde creó una nueva orden militar llamada Orden de la Cruz de Túnez, cuyos collares repartió abundantemente entre los participantes en la jornada.

El 1 de agosto se trasladó a la Goleta, mejor ventilada y más segura que Túnez, cerca de su flota, asentándose en la llamada Torre del Agua, el primer punto donde había desembarcado en el golfo de Túnez. Hasta allí vino el 6 de agosto el rey Muley Hassan a jurar su lealtad al césar y allí firmó la capitulación, quedando nuevamente instaurado en el gobierno de su reino. El asiento, tratado por Nicolás Perrenot de Granvela y Hernando de Guevara con el sultán, contenía condiciones consideradas por la historiografía musulmana como deshonrosas, ya que convertía al reino de Túnez prácticamente en un protectorado español. Así se le exigía a Muley Hassan que cediera a las fuerzas cristianas las fortalezas de Bona, Bicerta y la Goleta, la liberación inmediata de todos los cautivos cristianos que estuvieran prisioneros en su reino, el pago de un tributo con que financiar las fuerzas cristianas establecidas en esas fortalezas, su compromiso tácito de no alinearse con los turcos, ni de albergar corsarios o permitir tales actividades en su reino, y finalmente el respeto al culto católico. Esta situación de vasallaje con respeto a la monarquía católica se mantuvo hasta 1574, cuando Túnez fue *liberado* del yugo español por Sinan Pachá.

En la Goleta se deliberó acerca de proseguir la expedición, atacando Argel, hasta destruir definitivamente a Barbarroja y a su flota, liberando definitivamente al Mediterráneo occidental de los piratas que entorpecían el tráfico comercial y su vida diaria. El momento era el idóneo, pero el Consejo no estaba por la labor.

Alejandro Mayner. Frescos del Peinador de la Reina, en la Alhambra de Granada. La flota imperial concentrada ante la torre del Agua, lugar donde residió el emperador tras la conquista de Túnez, evitando los olores putrefactos y la ruina que sus fuerzas habían realizado al asaltar Túnez.

El verano y la calor no ofrecían, según ellos, las condiciones idóneas para tal campaña. Las vituallas y el agua escaseaban, a pesar de que los alimentos siguieran llegando continuadamente desde España, Nápoles, Sicilia, Cerdeña y Génova. El gran número de cautivos cristianos liberados hacía muy difícil poder alimentar a todos.

Finalmente se decidió fortificar en las mejores condiciones posibles la Goleta, trayendo para ello maestros y albañiles sicilianos, dejando al cargo de esa fortaleza al hermano del capitán general de Granada, Bernardino de Mendoza, con abundante artillería y mil soldados. Mientras se construían las nuevas fortificaciones, quedarían estacionadas en la Goleta diez galeras de refuerzo. Lo mismo se hizo con la ciudad de Bona, lugar donde se habían refugiado muchas galeras de Barbarroja y que durante la toma de Túnez había sido ganada por las galeras de Andrea Doria, a pesar de que habían conseguido huir los corsarios con sus barcos, desamparando la ciudad. En Bona quedaría como alcaide Alvar Gómez Zagal, con 600 infantes y gran provisión de vituallas, artillería y munición, con el derecho de repoblar la ciudad con cristianos para mejor asegurarla. Los tremendos gastos que el mantenimiento de la flota producían era necesario finalizarlos, por lo que el emperador decidió deshacerla, enviando la mayor parte de soldados españoles con el marqués de Mondéjar al reino de Granada, dejando otra parte, sin tener que pagarlos, en los presidios de la costa de Tremecén, acompañados y protegidos por las 15 galeras de España, comandadas por Álvaro de Bazán, atentos a los movimientos de Barbarroja que aún disponía de unas 30 galeras, pero del que se suponía que las utilizaría antes para defenderse que para atacar.

El emperador acompañado por las galeras italianas de Génova, Nápoles, Sicilia, del Santo Padre y demás países participantes, decidió pasar a Italia a visitar los reinos donde aún no había hecho su juramento, comenzando con Sicilia, *para tener en ella parlamento, proveer en las cosas de su buena gobernación y administración de la justicia*, prosiguiendo hasta el reino de Nápoles, repartiendo a continuación todas sus galeras por las islas y costas de sus reinos para asegurarlos.

La jornada, sin la derrota final de Barbarroja, no había sido el deseado éxito en el que se había invertido tan inmenso capital. La misma emperatriz no comprendía como se había abandonado la expedición sin atacar Argel, el nido principal de piratas de la región. Según ella el emperador tenía que haber continuado su ruta a Italia y haber dejado que sus generales hubieran continuado eliminando definitivamente el peligro de turcos, corsarios y piratas en el Mediterráneo occidental. Al poco de partir Carlos para Sicilia, el 1 de septiembre de 1535, Barbarroja, sacando pecho, atacó la bahía de Mahón, produciendo graves daños y secuestrando barcos, entre ellos portugueses, y abundantes cautivos. Al poco, se permitió incluso atravesar el Mediterráneo con su flota hasta Constantinopla, visitando a la Sublime Puerta. Esta muestra del orgullo y del valor de Barbarroja, encendió de nuevo al emperador que decidió organizar una nueva expedición, en la primavera siguiente, contra Argel, si era posible antes de que Barbarroja retornara del turco con nuevos refuerzos. Con tal fin, durante su estancia napolitana, Carlos ordenó que se reparasen todas las galeras y demás navíos en todos sus reinos y que se prepararan vituallas y munición suficiente para una vez llegada la primavera, lo más tardar a principios de marzo, iniciar el ataque contra Argel.

3.1.4. Conociendo a los súbditos italianos: Sicilia, Nápoles, Roma, Siena, Florencia y Lucca. El discurso español ante el Papa (1535-1536)

El 17 de agosto inició el emperador la travesía del Mediterráneo, arribando el 21 de agosto a Relibia en la costa siciliana, prosiguiend de hasta Trapani donde desembarcó por primera vez en su reino de Sicilia, el 22 de agosto de 1535. El césar hizo su solemne entrada en Palermo el 12 de septiembre del mismo año, siendo coronado como rey de Sicilia y jurado por su parlamento. En esa ciudad, el 12 de octubre, nombró virrey de Sicilia al príncipe de Molfetta, Ferrante Gonzaga. En esta primera visita imperial a Sicilia que duró casi 100 días, Carlos recorrió sus ciudades principales en una especie de recorrido turístico: primero Trapani, donde pasó una semana, prosiguiendo por Inici, Alcamo, el monasterio de Monreale donde descansó otros siete días, luego Palermo, la capital de la isla, donde residió un mes completo, finalmente Termini, Polici, Nicosia, Traina, Randazzo,

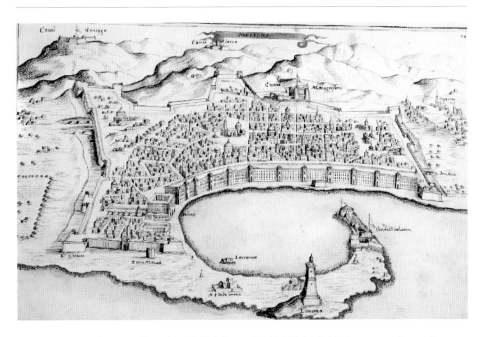

Gabrielle Merelli. Biblioteca Francisco de Zabálburu, Madrid. Vista de Mesina, su puerto y su famoso faro en el siglo XVII. Mesina fue la última etapa de la estancia siciliana del emperador en la que, desde el 22 de agosto hasta el 2 de noviembre de 1535, conoció en detalle su reino más meridional.

Taormina, el monasterio de San Plácido y Mesina donde pasó sus últimos doce días sicilianos.

El 2 de noviembre, pasaba el emperador el Faro Superiore, frontera natural entre las dos Sicilias, lugar que separaba los reinos sículo y partenopeo, cruzando el estrecho de Mesina, arribó a su reino de Nápoles. Su primera parada en este reino la hizo en Seminara, recordando las hazañas de aquel Gran Capitán que tanto había hecho por su abuelo y al que se le pagó con villano destierro en la ciudad de Loja en el reino de Granada. Vía Salerno llegó a la ciudad de Nápoles el día de Santa Catalina, 25 de noviembre de 1535, siendo jurado y coronado como rey del reino partenopeo.

En el camino hacia Nápoles recibió Carlos la noticia del fallecimiento del duque de Milán, Francisco II Sforza, acaecida el 2 de noviembre de 1535, noticia que levantaba negros nubarrones en las relaciones con Francia. Por si esa muerte no hubiera sido suficiente, el 29 de noviembre, moría aún en Florencia Juan Pablo Sforza, hijo ilegítimo de Ludovico el Moro, antiguo duque de Milán, y la persona que más razón poseía para heredar ese ducado. Juan Pablo Sforza iba camino del emperador para postular ante él sus derechos a Milán. El conflicto entre Francia y España por la herencia de ese ducado estaba servido. Francisco I nunca había aceptado la pérdida del control de Milán y Génova, puntos fundamentales para controlar Italia y ya desde la misma firma de la paz de las Damas, había presentado los primeros impedimentos a la pérdida de esos territorios. Además de ir armándose en la sombra, intentó conseguir en paralelo, de forma diplomática, el ducado de Milán. Con tal fin, aunque camuflado como embajador del rey de Navarra, envió en 1531 a un milanés, Alberto Maraviglia, que trabajaba a su servicio, para intentar convencer a Francisco II Sforza que casara con la hermana del rey de Navarra, Isabel de Albrit. Aún en 1533 este individuo seguía intentando convencer al duque, viéndose envuelto en una disputa amorosa, en la que se cree que mandó asesinar a su émulo, un noble milanés. Apresado por la justicia fue condenado a muerte y ajusticiado. Francisco I utilizaría esa muerte como argumento para iniciar las hostilidades contra Carlos V, argumentando que no hubiera respetado ni a su embajador, ni a las formas diplomáticas vigentes. La herencia del ducado liberó una guerra diplomática entre Carlos V y Francisco I, ya que ninguno de los dos estaba dispuesto a renunciar a ese geoestratégico lugar. Otra importante muerte italiana se produjo el 25 de diciembre de 1535, la de Luis, príncipe del Piamonte, hijo de Carlos III de Saboya y de Beatriz de Portugal, hermana de la emperatriz, que murió de un dolor en el costado que acabó con él en siete días. Luis fue enterrado al día siguiente, siguiendo la costumbre del ducado de Saboya de enterrar a los muertos en un plazo de 24 horas, declarándose el luto en la corte.

Durante su estancia en Nápoles, el 7 de enero de 1536 fallecía también su tía Catalina, reina de Inglaterra, que llevaba ya desde hacía tiempo encerrada y desdechada por su marido Enrique VIII, primero en el castillo de Buckden y desde 1534 en el de Kimbolton, ambos a pocos kilómetros al oeste de Cambridge. Acerca de las causas de su muerte el emperador parecía estar lleno de dudas. *Su enfermedad scriven variamente unos que fue de dolor de estomago y que duró más de diez o doze días, otros que el mal tuvo prinçipio de una vez que bevió, no sin sospecha de haver havido en ello lo que en tales casos suele. Algunos dijeron que le fue dado tósigo por mandado del rey y otros que murió de dolencia natural.* Carlos pensaba en ese momento en el abandono que quedaba su pobre sobrina María. *Yo me he puesto luto y los grandes y personas prinçipales que están cerca de mí y los que me sirven en mi cámara y mesa, y no lo dexaré hasta llegar a Roma. Las obsequias se han acá hecho como se acostumbra en semejantes casos. Allá será justo y devido assymesmo se hagan.* A la muerte de Catalina, las exequias funerarias en Inglaterra fueron mínimas y su cuerpo fue trasladado en procesión a la abadía de Peterborough, hoy catedral, situada no muy lejos, al noreste del castillo de Kimbolton. En esa misma abadía sería enterrada años más tarde la católica reina María de Escocia tras su ejecución por la sangrienta reina Isabel I.

En el tiempo pasado en Nápoles le visitaron multitud de nobles italianos: Pedro Luis Farnesio, hijo del Papa; cuatro embajadores de la república de Venecia con la que las relaciones iban mejorando; el duque de Ferrara, Hércules II de

Caspar van Wittel. Vista de la dársena de las galeras en el puerto de Nápoles en el siglo XVII. El emperador visitó su reino de Nápoles desde el 2 de noviembre de 1535 hasta el 22 de marzo de 1536, durante casi cinco meses, pasando la mayor parte del tiempo en su capital, la segunda mayor ciudad de Europa, tras Cosntantinopla.

Este; el duque de Florencia, Alejandro de Medici, prometido de Margarita, la hija del emperador; el duque de Urbino, Francisco María della Rovere, que trató sobre el ducado de Camerino; así como la mayor parte de nobles y barones napolitanos. También se reunió con el Parlamento napolitano en enero de 1536, intentando poner en orden, los temas de hacienda, patrimonio real, gobierno y justicia de ese reino. En esa reunión consiguió el emperador un servicio de 500.000 ducados a pagar en ese mismo año, más un millón de ducados más a pagar en los años venideros, provenientes de la redención y desempeño de bienes del patrimonio real napolitano. El hecho privado más interesante de los acecidos en la estancia napolitana del emperador fue el matrimonio de su hija Margarita con Alejandro de Medici, ocurrido el 29 de febrero.

Hay una anécdota curiosa acerca de la coquetería del césar ocurrida en esta estancia napolitana, anécdota que Carlos contó muchos años más tarde al almirante francés Coligny durante la firma de la tregua de Vaucelles de 1556: *Vos conocéis la belleza de esta ciudad y la gracia de las damas que allí viven. Yo quise complacerlas, como los otros, y merecer su favor. Al día siguiente de mi llegada a Nápoles hice llamar a mi barbero para arreglarme mi cabellera, rizarme el pelo y perfumarme. Al mirarme al espejo descubrí varios cabellos blancos... Quíteme esos pelos de aquí, le dije a mi barbero, y no deje ninguno, lo que él hizo. ¿Pero sabéis que sucedió? Algún tiempo después, al mirarme de nuevo al espejo, encontré que por cada pelo blanco que me había quitado, habían nacido tres. Si los hubiera hecho quitar de nuevo, me hubiera vuelto en menos de nada blanco como un cisne.*

Al comprender Carlos que para Francisco I la posesión del vacante ducado de Milán era causa bélica, para rehuirla, pensó en cedérselo al francés si de esa forma evitaba la guerra. Antes de hacerlo, como era su costumbre, recabó información del Consejo de Estado, que había dejado junto a la emperatriz en Castilla. A diferencia de los embajadores reales distribuidos por Europa, el Consejo veía con buenos ojos que se cediera Milán al tercer hijo de Francisco I, al duque de Angulema, si con ello se evitaba la confrontación. Aunque en realidad no se tuvo que llegar a pensarlo demasiado, ya que Francisco inició un gran acopio de soldados en las cercanías de Lyon, mostrando claramente que sus intenciones eran atacar al ducado de Saboya. Para contrarrestar esas acciones, Carlos comenzó a movilizar soldados italianos en la Lombardía y a reclutar otros en Alemania. Todos los preparativos que se estaban haciendo para la jornada de Argel quedaron suspensos y las fuerzas, artillería y armada que se estaba organizando, fueron redirigidas a la defensa de Italia. Se ordenó a Álvaro de Bazán que con su flota de quince galeras y otras diez de Sicilia que estaban a su cargo, transportara el armamento y vituallas almacenadas en Málaga, más 3.000 soldados que habían sido reclutados en Cartagena, *aunque sea mucha gente e venga apretada*. Junto a ello se traería también desde Cartagena los ducados nuevos que se habían hecho con el oro del Perú en la Casa de Contratación, que podrían ser fundamentales para disponer de fondos rápidos en el caso del inicio de hostilidades. A su vez pidió a la emperatriz que proveyera otros cinco mil infantes y reforzara las fortalezas fronterizas con Francia, las de Guipúzcoa, Navarra y Perpiñán, sin olvidar las del reino de Aragón y Cataluña.

De nuevo las perspectivas de una inminente guerra, hacía difuminarse el prometido rápido regreso del emperador a su mujer. Una sola cosa buena tenía ese retraso acumulado por el emperador, y era que el inicio de la confrontación le sorprendía ya en territorio italiano, lugar al que hubiera tenido que ir urgentemente y con dificultades, de haber estado en España. Carlos se disculpaba ante su mujer a finales de febrero desde Nápoles, de no haber cumplido su palabra: *Dios sabe cuanto me pesa y querría lo contrario* pero, conociendo al rey de Francia, estoy seguro de que iniciará pronto las hostilidades, *y por eso señora no son mester aquí soledades ni requiebros. Ensanche ese coraçón para sufrir lo que Dios ordenare que espero que será todo bien, y provea con toda diligençia las cosas de allá... Busque dineros de todas partes y si Dios nos visita con unos de Perú, aunque sean de particulares, aprovechémonos dellos... Si Dios da en esto el fin que espero, aunque será más larga la ausencia de lo que pensaba, todabía será entonces con mayor reposo y descanso, y si las cosas no van a mal y toman el camino de la paz, no alargaré la vuelta tres meses más del año que le tengo prometido.* Al dolor de la ausencia del marido se unía en Isabel los últimos acontecimientos trágicos que había vivido: la muerte de su sobrino, Luis de Saboya, que había fallecido en Madrid, donde se educaba en la corte imperial; y aún en el mes de abril la muerte de su otro sobrino, el joven príncipe Manuel de Portugal de tan solo 4 años de edad. Como si eso no hubiera sido suficiente, Francisco I, aliado a los suizos, había iniciado la invasión de Saboya. En menos de dos meses, Francia había engullido el ducado, quedándole a los duques solo unas pocas ciudades, entre ellas Vercelli, donde fijaron su residencia. Otro acontecimiento familiar vino a sembrar alguna inseguridad en el emperador. El marqués de Denia, Bernardo Gómez de Sandoval y Mendoza, que con tanto esmero cuidaba a su madre, la reina Juana, falleció durante la estancia imperial en Nápoles, *lo cual nos ha desplazido mucho por ser la persona que hera y tan buen servidor nuestro, y por lo bien que sirviera a la Reyna, mi Señora, y falta que hará en su serviçio;* alegrándose al cabo, *pues quedó allí la marquesa y el marqués, su hijo, que tiene tanta experiencia del serviçio de su alteza y son tales personas de quien se puede tener toda confiança.*

Agnolo Bronzino. El duque de Florencia Alejandro de Medici casó definitivamente con Margarita, hija del emperador, el 23 de febrero de 1536, durante la estancia del césar en Nápoles. Alejandro era mucho mayor que Margarita y le hizo poco caso, manteniendo su relación con Taddea Malespina, su amante de siempre con quien tuvo tres hijos.

Todos estos hechos fueron dejando en un segundo plano lo principal de la visita napolitana, el conocimiento mutuo del rey y de sus súbditos, acelerándose la partida hacia Roma todo lo que se pudo. El problema principal del emperador era cómo acomodar a los miembros de la comitiva imperial en Roma, eligiendo para ello el Trastévere, mientras que para el ejército que le acompañaba en la jornada, 4.000 infantes españoles de los tercios viejos, más otros 500 hombres de armas y caballería ligera, eligió el espacio situado entre el castillo de Santángelo y la puerta de Bolonia. Para el emperador, acompañado de Granvela, se reservó parte del palacio papal, conectado por un pasadizo secreto con las habitaciones donde residía el Santo Padre. Los embajadores franceses en Roma habían comenzado ya a presionar al Papa para que el ducado de Milán fuera concedido al duque de Orleans, segundo hijo de Francisco I, aunque el Papa veía con mejores ojos que fuera el tercer hijo, el duque de Angulema el que lo heredara, casando obligatoriamente con Cristina de Dinamarca, la duquesa viuda de Milán.

Tras cuatro meses en Nápoles, poniendo orden sobre todo entre su exigente nobleza y en sus instituciones, Carlos abandonó la ciudad el 22 de marzo y continuó vía Aversa, Capua, Sessa, Trajetto, Garellano y Fondi hasta Teracina donde le esperaban los cardenales Trivurzio y Sanseverino que le acompañaron hasta Roma, entrando en la ciudad el día 5 de abril de 1536 por la antigua Vía Appia. El Sacro Colegio de Cardenales lo esperaba ante la ermita de *Dómine quo vadis*, lugar donde Cristo se le había aparecido a san Pedro, obligándole a retornar a Roma y aceptar su martirio. Siguió por la basílica de san Pablo Extramuros y por la puerta de San Sebastián, atravesó las termas de Caracalla, el Palatino, el Foro, y cual emperador que regresaba victorioso de su campaña militar, pasó por los arcos de Constantino, Tito y Septimio Severo, siendo recibido en los pórticos de la basílica de San Pedro por Paulo III, revestido de pontifical.

En Roma, el Papa y Carlos V, en un clima de armonía y entendimiento que difería bastante del habido con Clemente VII, entablaron conversaciones sobre *los negocios públicos de la cristiandad y de Italia*, mostrando ambos un gran deseo de paz, incluso llegando al acuerdo de convocar un concilio para el año siguiente en la ciudad de Mantua. Las extremas exigencias de Francisco I que impunemente había ocupado casi toda la Saboya; que continuaba a hacer lo mismo con el Piamonte, ocupando el 3 de abril la ciudad de Turín; que exigía para su hijo, el duque de Orleans, Milán; y que no conforme con todo ello, exigía de por vida el usufructo de ese ducado, hacía inevitable la guerra entre cristianos. Carlos, por su propio honor, no podía admitir lo que estaba pasando y solicitó primero que se restituyera el ducado de Saboya a su duque y que las tropas francesas abandonaran el Piamonte. Paulo III, que al principio parecía ser más colaborador que Clemente VII, comenzó a mostrar ya su cara pro francesa. A pesar de que la guerra parecía inevitable, Carlos prefirió dar aún una oportunidad a la paz, sobre todo porque para poder iniciar las hostilidades hacía falta dinero, que aún no había llegado a Génova con la armada de Álvaro de Bazán. Ese dinero, con ser abundante, no sería suficiente para cubrir todos los gastos, por lo que Carlos solicitó de Isabel que consiguiera otros 300.000 o 400.000 ducados, sin turbarse por secuestrar el oro que Dios hiciera venir del Perú, mientras que él trataba con los Grimaldi la concesión de un préstamo. Esos banqueros ya le habían ofrecido hasta 180.000 ducados sin interés, pero él pretendía que le dejaran aún una cantidad mayor.

El lunes de Pascua, 17 de abril de 1536, en la *sala dei Paramenti* del palacio apostólico en Roma, ante el Papa y el Colegio Cardenalicio, pronunció Carlos V un memorable discurso de más de una hora de duración, improvisado y en es-

Carlos V besa los pies del Sumo Pontífice, Paulo III, a su llegada a Roma el 5 de abril de 1536. Las buenas relaciones existentes entre ambos se fueron enturbiando con el paso del tiempo, mostrando el Papa cada vez más claro su apoyo a Francisco I de Francia.

pañol, apoyándose solamente en unos escuetos apuntes. En esa vibrante alocución que dejó atónitos a los oyentes, formuló el emperador una súbita acusación a Francisco I, exponiendo pormenorizadamente sus derechos y sus deseos de paz, nunca oídos por el rey de Francia. En esa arenga en español hacía un resumen de su reinado, de sus gestas contra los turcos, de sus mal acogidas ofertas de paz, de la usurpación de su tierra ancestral borgoñona por el francés y de la falta de palabra de Francisco I, culpable principal de lo que estaba sufriendo la cristiandad, proponiéndole tres ofertas para solucionar el problema: 1) la cesión por su parte al duque de Angulema, tercer hijo de Francisco I, del ducado de Milán, devolviendo el francés el ducado de Saboya a Carlos III, comprometiéndose a una paz duradera y a una cruzada contra el turco; 2) Un combate personal entre ambos reyes, en camisa, con espada y puñal, a celebrar en un barco, puente o isla el 28 de abril de ese año, o donde Francisco I quisiera; 3) Un ultimátum de 30 días para que salieran sus tropas del ducado de Saboya, cumplido el cual iniciaría la guerra.

Presentes en el discurso estuvieron los embajadores franceses acreditados ante el Papa, Carlos de Dodieu, señor de Vely, y ante el emperador, Carlos de Hémard de Denonville, obispo de Mâcone, que nada entendieron del discurso por no comprendieron el español, por lo que no pudieron hacer uso del derecho de réplica, ni defender el honor de su rey ante el Papa y el Colegio Cardenalicio. Un día necesitaron para que se les tradujera la alocución imperial y solo hablando personalmente con el emperador que, según ellos, hablaba un *italiano buonissimo*, comprendiendo el contenido. Cuando Francisco I recibió noticias de lo ocurrido, montó en cólera y decidió sustituir a ambos embajadores por otros de capa y espada, que seguramente hubiera defendido con mayor firmeza el honor de su monarca. Los ecos de este discurso se prolongaron en la historia francesa como ejemplo a no seguir en el comportamiento de embajadores. Miguel de Montaigne en sus *Ensayos*, obra que llevaba como epígrafe: *Un traict de quelques ambassadeurs*, criticaba profundamente el comportamiento y el desconocimiento del español de esos embajadores, que tanto habían dañado a la imagen del monarca francés. Curiosamente este Miguel de Montaigne, señor de Langais, era a medias de origen español. Su madre, Antonieta, era hija de un judío converso español, Pedro López de Villanueva, nacido en Villanueva de Jalón, cerca de Calatayud, emigrado a principios del siglo XVI a Toulouse.

Antes de partir de Roma, el emperador, *para dar más contentamiento a su Santidad*, se entrevistó con él, mostrándole sus deseos de solucionar el conflicto con el rey francés de forma pacífica, en lo que recibió todo el apoyo del Santo Padre. Los demás príncipes italianos, incluyendo a Venecia, estaban totalmente dispuestos a ayudarle en caso de un conflicto con el rey francés. Un día después de su famoso discurso, Carlos abandonó Roma, dirigiéndose vía Monterrosi, Viterbo, Bolsena, Acquapendente y Pienza hasta Siena, donde entró el 24 de abril, confirmando a esa ciudad todos sus privilegios. En el camino se unieron a la infantería española que le acompañaba, 3.000 caballos ligeros y 7.000 infantes italianos. El deseo de evitar la confrontación armada llevó al emperador a ampliar en cinco días el ultimátum dado a Francisco, recibiendo el 26 de abril en Siena la visita del cardenal de Lorena en nombre del rey francés, que volvía a insistir en que el ducado de Milán habría de ser para el duque de Orleáns y que Francisco I debía de recibir los usufructos de Milán de por vida, a lo que Carlos V se negó en rotundo. Tras esa entrevista el césar continuó hasta Florencia, ciudad a la que entró el día 28, visitando a la pareja ducal formada por su propia hija, Margarita y Alejandro de Medici, que se habían casado por capitulaciones el 29 de febrero de ese año. Alejandro, que era mucho mayor que Margarita, apenas si le hizo caso a la joven esposa, persistiendo en su relación con Taddea Malespina, su amante de siempre, con la que tendría tres hijos. En Florencia se le unieron otros 6.000 *infantes de los mejores de Italia*. Venecia, dispuesta a ayudar al emperador, se aprestaba a crear un fuerte ejército; en Milán, Antonio de Leyva, príncipe de Ascoli, tenía ya listos 2.000 infantes españoles, 10.000 alemanes, 10.000 italianos y un buen contingente de caballería ligera, a la vez que creaba nuevas compañías de italianos y alemanes y compraba cerca de 3.000 caballos en Alemania y en Flandes, *de manera que veniendo las cosas en rumpimiento no faltaran la gente y fuerzas necesarias*.

Su embajador en Francia, Juan de Hannart, informó a Carlos de una entrevista tenida con Francisco I en Montbrisson. El rey francés se había mofado abiertamente acerca del duelo propuesto por el césar, diciendo que por ahora *las es-*

padas d'entrambos heran muy cortas para combatir desde tan lexos y si caesciese que os acercásedes más y le pidiéssedes un golpe de lança no os lo rehusaría. También le informó del enfado del rey francés por el comportamiento del emperador tras la ocupación de Saboya, en la que él pretendía solamente recuperar un obispado que le pertenecía y que Carlos III se negaba a devolverle. Francisco no podía comprender que Carlos defendiera con tanto énfasis a ese duque por ser su cuñado, *y que él que lo hera también y más cercano que no él*, no mereciera ninguna comprensión por su parte.

El 7 de mayo de 1536, estando en Lucca, cumplidos ya todos los plazos, Carlos volvió a dar cinco días al rey francés antes de iniciar las hostilidades. Siguiendo sus indicaciones, ese mismo día, la emperatriz Isabel mando realizar el tercer secuestro de oro peruano en la Casa de Contratación, por un valor de 130.000 ducados, preparando fondos para el inminente conflicto armado. También le ordenó el emperador que elevara el interés de los juros, *hasta XXV el millar*, para obtener mayores ingresos.

En Lucca, le volvió a pedir audiencia el cardenal de Lorena, que además le acompañó dos días en su camino hacia Alejandría, volviendo a solicitar que fuera el duque de Orleans el que heredara Milán, a lo que Carlos volvió a negarse en rotundo.

Mientras tanto en España, el príncipe Felipe había enfermado a finales de abril de viruelas, trasladándose la familia real, a finales de mayo de 1536, a Valladolid, alojándose en la casa de Francisco de los Cobos, junto al colegio de San Pablo. Del oro llegado de las Indias, la emperatriz mandó secuestrar una gran cantidad, haciendo 400.000 coronas para enviárselas a Italia con Álvaro de Bazán, protegido por 21 galeras, para pagar a las tropas, a las que siguieron algo más tarde otras 200.000, llevadas por una flota de 12 galeras comandada por Valenzuela. Los mercaderes y tratantes sevillanos se agraviaron mucho de ello.

3.2. Tercera guerra con Francia (1536-1538)

El mismo día de la entrada de Carlos en la ciudad de Alejandría, 25 de mayo de 1536, leyó el embajador francés, en italiano, la réplica del rey Francisco I ante el Papa y el Colegio Cardenalicio. La diferente visión y versión de los hechos, las exigencias que el rey francés hacía, pero sobre todo sus actos, prosiguiendo con su anexión militar del Piamonte, no permitían sostener más la paz y estalló de nuevo la guerra abierta. El plazo dado por el emperador había concluido sin ningún tipo de acuerdo, *antes continuó de mal en peor en la guerra que de nuevo había comenzado*, prosiguiendo con el intento de anexión de lo poco que quedaba del ducado de Saboya y del Piamonte, a la vez que por el norte invadía los Países Bajos. La respuesta imperial se hizo inevitable y el día 30 de mayo, reunido Carlos en la ciudad de Asti con el Consejo de Guerra imperial, se decidió iniciar la campaña militar ocupándole la Provenza al rey francés, para ello Antonio de Leyva abogó por un ataque terrestre, mientras que Andrea Doria defendió la bondad de un ataque naval. Carlos se inclinó definitivamente por ambos, un ataque terrestre apoyado por la marina. El 22 de junio de 1536 se inició la marcha de las tropas imperiales, atacando la ciudad piamontesa de Fossano, en manos francesas. El asedio que duró un par de semanas, hizo perder al césar un tiempo vital para el éxito de la expedición. Tras Fossano, Carlos pernoctó en ella y al día siguiente prosiguió por Cuneo, atravesando los Alpes por el col de Tenda a 1.870 metros de altitud, pernoctando en tiendas de campaña hasta el 25 de julio que llegó a Niza. Prosiguió por San Lorenzo de Var, Antibes, entrando en Frejus que acababa de rendirse, pidiendo desde esa ciudad a la emperatriz el envío de 4.000 infantes y 500 lanzas españolas a la ciudad de Colliure, para tenerlas aprestadas en el caso de que las necesitara. Francisco I se había asentado en la ciudad de Valence y había fortificado Avignon y Arles, por lo que un ataque a esos lugares no hubiera tenido sentido. La siguiente meta fue Brignoles, separándose de la costa y con ello dificultando el abastecimiento de sus tropas, ya que los habitantes de la región, por orden real, habían retirado todos los alimentos existentes, quemado los campos y destruido los molinos, para que no cayeran en manos del emperador. El 13 de agosto estableció su campamento frente a Aix en la Provenza, quedando el ejército imperial varado en ese asedio, sin poder abastecerse y sin fondos para pagar a los soldados.

En los Países Bajos, Enrique de Nassau consiguió reconquistar el condado de Roeulx que había sido invadido por los franceses, y al par que Carlos se establecía frente a Aix, comenzó el asalto de Fleuranges que tras un mes sin éxito, le hizo retirarse.

Carlos tampoco conseguía progresar en la Provenza y el 4 de septiembre decidió abortar la campaña y regresar ordenadamente hacia Italia, deshaciendo el camino. Durante esa triste retirada, falleció el 15 de septiembre uno de sus mejores capitanes, el príncipe de Ascoli, Antonio de Leyva, vencedor de Pavía, y un mes más tarde, el 14 de octubre, cerca de Frejus, asaltando el fuerte de Muy, falleció también el insigne Garcilaso de la Vega. Tras volver a Génova, el 5 de noviembre, Carlos V nombró gobernador del Milanesado, en sustitución de Leyva, al marqués del Vasto, Alfonso de Ávalos. La posterior contraofensiva francesa tampoco tuvo éxito. El emperador había reforzado las fortalezas costeras de la Provenza y los Bajos Alpes, asegurándose el control del mar y de la ciudad de Génova.

Francisco I sufrió también una grave pérdida familiar, la del Delfín, fallecido el 10 de agosto de 1536, del que se decía que *le avían dado tósigo*. A principios de septiembre consiguieron los franceses atrapar una flota española proveniente de las Indias, cerca de las islas Azores, secuestrando una nao con más de 40.000

Izquierda: Antonio de Leyva, príncipe de Ascoli, uno de los más insignes generales de las fuerzas imperiales en Italia, vencedor de la batalla de Pavía y gobernador de Milán. Leyva murió durante la triste retirada de la Provenza el 15 de septiembre de 1536. Derecha: Alfonso de Ávalos, marqués del Vasto, según Antonio Moro, fue el general imperial que sustituyó en el cargo de gobernador de Milán a Antonio de Leyva.

castellanos de oro del Perú, más otras con menor cargamento proveniente de Nueva España.

El 15 de noviembre, frustrado, embarcó el emperador en Génova rumbo a España, llegando a Palamós el 5 de diciembre, prosiguiendo su camino por tierra hasta Barcelona, y desde ahí sin detenimiento hasta Tordesillas, a donde llegó el 19 de diciembre. En Tordesillas le esperaban su amada Isabel, sus hijos y su madre, la reina Juana. Nueve días pasó con ellos, contándoles sus muchas aventuras, especialmente las ocurridas en Túnez, recuperándose de la desastrosa jornada provenzal, haciendo su entrada en Valladolid el 28 de diciembre.

En el mes de octubre de 1536, había enviado Carlos a su vicecanciller imperial, Matías Held, al Imperio, a recabar información acerca de la aceptación por el elector de Sajonia y el *landgrave* de Hesse, de la reunión de un concilio que solucionara las diferencias religiosas. Carlos jugaba incluso con la idea de reunir ese concilio a pesar de que el Papa y el rey de Francia no estuvieran de acuerdo, ya que el Imperio, Portugal, España, los estados italianos e incluso Polonia, estaban por la labor. Se tranquilizó a los príncipes reformados, asegurándoles que se mantendría en vigor lo pactado en Nuremberg en 1532, hasta que el concilio decidiera. Carlos pretendía llegar a un acuerdo con los reformados, pero Held, católico conservador, los tenía por tan peligrosos como a los turcos o a los franceses, y lo que hizo fue dedicarse a conformar una Liga Católica que pudiera oponerse con energía a las acciones de la Liga de Esmalcalda. La Unión o Liga Católica, se crearía en junio de 1538 en Nuremberg, según Held, con la idea de frenar cualquier injerencia francesa en los asuntos del Imperio.

En Valladolid pasó el emperador casi siete meses, disfrutando entre otras cosas de la caza. Allí recibió también la noticia de la muerte de su yerno Alejandro de Medici, duque de Florencia, asesinado por un primo lejano, Lorenzino de Medici, el 6 de enero de **1537**.

Francisco y Carlos, agotados económicamente, intentaron alcanzar la paz, si no por medio de un acuerdo, que parecía aún lejano, al menos por medio de una tregua que les permitiera recuperarse. La concordia fue firmada en Cabannes, el 11 de enero de 1537, siendo reforzada por una segunda tregua por diez años, firmada el 30 de julio en Berry por María de Hungría, en nombre de su hermano, y por el Delfín de Francia, Enrique, en nombre de su padre. De todo ello le informó uno de sus más brillantes embajadores, Cornelio de Schepper, durante las Cortes de Monzón. La tregua valió de poco, ya que Francisco I, reinició en el mismo mes de enero sus demandas del vasallaje francés del Artois y de parte de Flandes, haciendo declarar como traidor a Carlos por el Parlamento de Paris, e inició la invasión del Artois el 16 de marzo, conquistando en mayo la importante ciudad de Hesdin. Al poco las fuerzas imperiales la recuperaron, tomando Saint Pol, el 15 de junio, y continuando por Montreuil, sitiaron Therouanne. El 7 de julio de 1537 se estableció una nueva tregua con el rey francés en Bomy, refrendada el 10 de julio, que establecía el fin de las hostilidades. Su contenido le sería llevado a Carlos en Monzón el 1 de septiembre, por Cornelio de Schepper.

Durante la estancia en Valladolid hubo reunión de las Cortes de Castilla de 1537, que habían sido convocadas en el mes de marzo y que iniciaron sus sesiones el 19 de abril, presididas por el arzobispo Tavera y por Francisco de los Cobos, sin que se modificara nada importante en la legislación existente, pasando prácticamente inadvertidas. Los castellanos volvieron a solicitar del rey se quedara en Castilla y ejerciera personalmente el gobierno desde este país. En esas Cortes, Castilla otorgó a la corona un servicio extraordinario de 200 millones de maravedís, que serían pagados en 1538 y 1539, y que como solía ocurrir, sirvieron para financiar muchas deudas contraídas en la guerra. También se trató de los secuestros que la corona venía haciendo del oro del Perú en la Casa de Contratación, constatando todos que los particulares comenzaban a buscar otros caminos para introducirlo o simplemente dejaban de traerlo. La Semana Santa la pasó Carlos en el monasterio de la Mejorada donde le dio un corto ataque de gota, que le duró solo 3 días.

Álvaro de Bazán, almirante de las galeras españolas que había pedido su relevo al mando de la armada, aunque después se arrepintiera de ello, fue sustituido por Bernardino de Mendoza, hasta entonces capitán de la Goleta, hermano del marqués de Mondéjar, Luis Hurtado de Mendoza.

Visión romántica del emperador Carlos V acompañado por su mujer Isabel de Portugal y por su pintor favorito Tiziano Vecellio.

La armada turca, con cerca de 300 galeras, reapareció, llamada por el rey francés, para debilitar al emperador y abrirle un nuevo frente. En paralelo, desde mediados de mayo, los turcos avanzaron hacia Europa también por tierra. Venecia preparó para su defensa 115 galeras, su mayor flota, y Génova reforzó rápidamente sus murallas, interviniendo toda la población en las obras. Roma, Nápoles y Sicilia tomaron también medidas para defenderse del terror turco, estableciendo Andrea Doria una flota de 30 galeras y 37 naos en Mesina. La armada turca atacó por el Adriático la Apulia, conquistando rápidamente Velona, Brindisi y Castro, que se rindieron al turco y al embajador francés que les acompañaba. El marqués de Villafranca, Pedro de Toledo, virrey de Nápoles les salió al paso, desviándose la flota hacia Corfú sin conseguir conquistarla, muriendo en la batalla el embajador francés. Los turcos decidieron retirarse hacia sus bases en el Levante.

El 16 de junio de 1537 se había publicado la reunión de las Cortes Generales de la Corona de Aragón, que oficialmente habrían de comenzar el 17 de julio de 1537. Poco antes de ausentarse de nuevo el emperador para asistir a esas cortes a celebrar en la villa de Monzón, el 10 de julio dejó nuevamente unas instrucciones a la emperatriz acerca de cómo debía de llevar los asuntos del gobierno de Castilla en su nueva regencia. Isabel estaba de nuevo embarazada de algo menos de cinco meses. Estas instrucciones de andar por casa, ya que la ausencia sería breve y solo relativa, *haviendo consideración a que estaré en parte donde cada día me pueda consultar*, consistían fundamentalmente en que su mujer pudiera hacer todo lo que él podía, con un par de restricciones, por ejemplo la de proveer oficios de consejos, de justicia, de la Casa Real, o de cantidades de maravedís de por vida, *porque como sabe, a causa de nuestras necesidades las rentas reales están muy cargadas*. También era importante que no diera expectativas a los que pedían, *como yo lo hago*. En cuanto a las fortalezas tampoco podía renovar alcaides sin su permiso, ya que el césar pretendía desmontar las que no fueran necesarias y fortalecer las que realmente hicieran falta, ahorrando costos. Como siempre, se reservó determinados oficios para poder disponer de ellos para recompensar a los que le acompañaban. Esos oficios eran todos los que rentaran más de 50.000 maravedís anuales y todos los de *las ciudades y villas que tenían voz y boto en Cortes*, intentando controlar a los procuradores para que facilitaran los servicios. También se reservaba los oficios de otras ciudades florecientes: Jerez de la Frontera, Écija, Úbeda, Baeza, Málaga, Plasencia, Cáceres y Badajoz. En temas eclesiásticos se reservaba como siempre los arzobispados y obispados, más las dignidades del reino de Granada, de las Islas Canarias, de las Indias y todas las capellanías de la capilla real. Como Francisco de los Cobos le acompañaba a Monzón, dejó nuevamente como secretario del Consejo de Estado al secretario Juan Vázquez.

Antes de ir a Monzón, visitó a su madre, la reina Juana, en Tordesillas, partiendo el 10 de julio con toda calma, participando en diversas partidas de caza que en su honor se organizaron por el camino. Isabel sintió mucho la nueva partida de su marido, y esa semana y la siguiente no quiso hacer consulta de justicia, *sufriendo el jueves 19 de julio un vaguido y un vómito, pero luego estuvo buena*.

Las Cortes Generales de la Corona de Aragón no se iniciaron hasta el 13 de agosto, al poco de la llegada del emperador. El tema principal de la reunión, que se prolongó como siempre cansinamente, fue la concesión de un servicio por los aragoneses para poder cubrir los muchos gastos que la contienda con Francia había producido. El servicio fue acordado, manteniéndose en disputa un tema que afectaba especialmente a la nobleza como era el de los alfaquíes y predicadores musulmanes que desde su traición en 1535, por haber rezado y ayunado e incitado a sus congéneres a que lo hicieran, por la victoria de Barbarroja sobre el emperador, seguían aún en prisión y sus bienes habían sido confiscados por la Inquisición.

Durante esas discusiones, un nuevo ataque de Barbarroja consiguió que se estableciera en septiembre de 1537, un tratado de alianza entre Paulo III y Venecia para la común defensa del mar, y poco más tarde otro entre el rey de Túnez y el virrey de Sicilia para protegerse mutuamente contra el mismo pirata.

Estando Carlos aún en las cansinas Cortes aragonesas, la emperatriz Isabel dio a luz a su quinto hijo, el infante Juan, nacido en Valladolid, el 19 de octubre de 1537, al que no conocería su padre hasta su regreso a Valladolid el 27 de noviembre, a donde regresó el césar por la posta por no estar la emperatriz bien dispuesta desde el alumbramiento. Isabel volvió a presionar para que Carlos no se fuera: *nunca se vistió como solía quando otras vezes el emperador estaba presente, antes se vistió de negro como andava cuando su marido estava ausente*. Algunos atribuían la dolencia y su comportamiento a que la emperatriz estaba *enferma de cámaras que abía a más de tres meses*, otros opinaban que era solo para evitar que el césar se fuera de nuevo. El infante Juan moriría pocos meses más tarde, según decía el emperador en sus memorias: *que murió poco después, casi en el mismo tiempo que la infanta doña Beatriz de Portugal*, duquesa de Saboya, hermana de la emperatriz Isabel, cuya muerte acaeció a los 33 años de edad en Niza el 8 de enero de 1538.

Durante esa estancia en Monzón, la relación con Francisco I empeoró, al ser hechos prisioneros por las fuerzas imperiales Felipe Stroca y Bartolomé Valori que habían intentado dar un golpe de estado en Florencia para derribar al odiado Alejandro de Medici, siéndole confiscados sus bienes. Como consecuencia, el rey francés ordenó el secuestro de bienes de todos los súbditos de Carlos V, residentes o estantes en Francia, a lo que Carlos respondió con la misma acción en todos los territorios peninsulares. Por suerte, pocos días antes de abandonar Monzón, a mediados de noviembre de 1537 se firmó un tratado o tregua entre ambos monarcas, que concernía a las disputas que mantenían en el Piamonte, Lombardía, Saboya, Delfinado, Provenza y Génova, acordando el cese de hostilidades en todos esos lugares durante tres meses, contándose a partir del 27 de noviembre, manteniendo cada cual las plazas y guarniciones que en este momento poseyera, pudiendo fortalecerlas, y permitiendo el paso de postas y correos por el reino de Francia, con el fin de conseguir una paz sincera y duradera entre los dos países.

El 19 de noviembre, terminadas las reuniones de las Cortes aragonesas, Carlos V abandonó Monzón y vía Zaragoza, Calatayud, Monteagudo, Almazán, Burgo de Osma, Aranda de Duero, Peñafiel y Tudela del Duero, retornó a Valladolid, a su amada Isabel. Durante su estancia en Valladolid, se celebró una conferencia de paz en Salsas, reuniéndose por parte francesa, el cardenal de Lorena y el condestable de Montmorency, y por parte española, Nicolás Perrenot de Granvela y Francisco de los Cobos, trasladándose después a un punto intermedio entre ambos países, Fitou, sito entre Salsas y Leucate. Para poder intervenir en esa conferencia, Carlos se trasladaría a Barcelona a donde llego el día 31 de diciembre, mientras Francisco lo hacía a Montpellier. Incluso se pensó en sentar juntos a ambos monarcas en unas llamadas *vistas reales* a celebrar en Barcelona, para lo que Carlos había mandado llevar a lomos de 150 recuas su tapicería para decorar el lugar del encuentro. Las vistas no se celebraron por decisión personal del rey francés que no quería ver al emperador, tampoco se llegó a un acuerdo en la conferencia, prorrogando lo acordado en la tregua anterior.

La presión de Carlos V para crear una armada que protegiera y fuera capaz de atacar y debilitar al turco, o incluso de conquistarle sus tierras, tuvo finalmente

Anne de Montmorency, Leonard Limousin. Montmorency fue uno de los más valiosos generales de Francisco I y de su hijo Enrique II. Cayó prisionero en Pavía junto a su rey y fue el defensor principal de la Provenza en la expedición imperial de 1536, recibiendo por ello el título de condestable de Francia. Fue capturado en la batalla de San Quintín, pasando dos años en prisión hasta la firma de la paz de Cateau-Cambrésis en 1559. Su nombre, traducido en español como Ana, tiene que ver con su madrina Ana de Bretaña.

éxito a principios de febrero de 1538. El Papa y representantes de Venecia, Fernando y Carlos V, firmaban el 8 de febrero en el Vaticano, la constitución de la llamada Santa Liga. El emperador se comprometía a pagar la mitad de los costes, Venecia una tercera parte y el Santo Padre, una sexta, dejando espacio para la posible unión de otros príncipes italianos o incluso de Francia. Venecia y Carlos contribuirían con 82 navíos cada uno y el Papa aportaría 32, llegando a una cantidad cercana a 200 naos con unos 50.000 soldados. Al mando de la flota estaría Andrea Doria y al mando de las fuerzas terrestres el duque de Urbino, siendo Paulo III el árbitro que dilucidaría las desavenencias entre los socios. El Papa ilusionado con la idea la publicó oficialmente el 10 de febrero y a renglón seguido ordenó el inicio de la construcción de los barcos que la formarían. Con el fin de crear esa flota, ordenó el emperador el 26 de mayo un nuevo secuestro de oro del Perú, de particulares, por valor de 700.000 ducados, usados también para pagar a los banqueros genoveses parte de la deuda que con ellos se mantenía. Ese mismo año, consciente el emperador del daño que estaba causando a la confianza de sus súbditos con los secuestros de oro, ordenó a los oficiales de la Casa de Contratación de Sevilla que no se volviera a tomar ni oro, ni plata de los barcos que vinieran de Indias sin la aceptación de sus titulares. En las relaciones finales que aporta el profesor Carretero Zamora, acerca de los secuestros y las devoluciones hechas por la corona, el beneficio producido a sus titulares fue de casi un 12 %. Ese mes de febrero, el césar visitó el Rosellón e inspeccionó dos de sus fortalezas principales, Perpiñán y Colliure.

En el Imperio, Fernando había conseguido algunos avances en sus relaciones con el turco y con su aliado Juan Zapolya. El 24 de febrero se llegaba a un acuerdo por el que los tres implicados, el voivoda, los turcos y el rey de Romanos se dividían en tres partes Hungría, fijando un periodo de paz en la región. Por este tratado de Grosswardein o Nagyvárad, la Transilvania caía oficialmente del lado de Fernando. Gracias a la presión del Papa y a la intervención de Cornelio de Schepper que desde principios de marzo de 1538 era el embajador de Carlos ante el rey francés, se consiguió organizar entre el 15 de mayo y el 21 de junio, las llamadas *Vistas de Niza* entre Carlos V, Paulo III y Francisco I, aunque el francés seguía sin fiarse del emperador y se hizo acompañar por 10.000 mercenarios suizos. Antes de partir hacia el lugar del encuentro, Carlos dejó, el 22 de abril, nuevamente a Isabel como regente con unas instrucciones mucho más completas que las del año anterior, manteniendo las mismas restricciones que ya vimos anteriormente, especialmente las relacionadas con cesiones de derechos reales o con gastos, ya que *por causa de las grandes necesidades que he tenido, están libradas muchas quantías de maravedís en este año y en los venideros y devo muchas, y si no se tiene cuidado de mirar lo que se ha de librar y gastar, no bastaría con mucha parte lo que queda para los años venideros para el gasto ordinario que es menester para la Casa Real de mi Señora y paga de la gente de las guardas y consejos y otra cosas ordinarias, speçial en este año y en el venidero que todo está librado. Y que no se libre cosa alguna en años venideros por merçed, ni paga, ni deuda.* Para facilitarle la labor de gobierno dejó de nuevo a su lado a su Consejo de Estado, formado por el cardenal Tavera, arzobispo de Toledo, por el conde de Osorno, por el conde de Cifuentes, que había sido hasta hacía poco su embajador en Roma y por el impertérrito Juan de Zúñiga, comendador mayor y ayo del príncipe Felipe, quedando de secretario Juan Vázquez, llevándose con él a Francisco de los Cobos. Para la Cámara de Cuentas, otro de los órganos fundamentales, dejaba al doctor Guevara y al licenciado Hernando Girón, que habían de consultar siempre a Tavera. El obispo de Badajoz debía de encargarse de obtener fondos *para las grandes nesçesidades que se nos osfreçen* y para el Consejo de Indias dejaba a Juan de Zúñiga y al secretario Juan de Sámano. Isabel solo debería de validar y firmar los documentos que se le presentaran por estos consejos.

El primero en llegar a las vistas de Niza, el 9 de mayo, fue Carlos que lo hizo desde Barcelona por mar a bordo de las galeras de Andrea Doria y las galeras de la Religión, las de los caballeros de Malta, hasta el puerto de Villafranca de Niza. Curiosamente y a pesar de las treguas pactadas anteriormente, la flota dirigida por Andrea Doria en la que hacía su viaje el emperador, fue atacada el 30 de abril por una flota francesa en las islas Pomeques, frente a Marsella, sin producir daños. El 17 de mayo llegó el Papa que había hecho su viaje por tierra, atravesando los Alpes hasta Savona y desde allí a bordo de las galeras imperiales hasta Niza, donde se iba a aposentar en su castillo, perteneciente al duque de Saboya. La idea no agradaba al duque que había perdido toda su confianza en el Papa y en su cuñado el emperador, ya que ambos, por conseguir la paz habían dejado que Francia se anexionara su ducado. Además la idea de permitir la entrada de ambos en esa ciudad en la que su amada mujer Beatriz de Portugal, hermana de la emperatriz Isabel, había muerto hacía solo cuatro meses le resultaba odiosa. Poco antes de la llegada de esos personajes, se sublevó la guarnición del castillo y de Niza, viéndose obligado a residir el Papa extramuros de la ciudad, en el convento de los franciscanos. Francisco I, el más reticente a las vistas, se estableció en su castillo de Villeneuve en Antibes, negándose en todo momento a hablar con Carlos e incluso con Paulo III al que acusaba de haberlo traicionado con la creación de la Santa Liga. Tuvieron pues que actuar de intermediarios en las vistas la reina Leonor, hermana del césar, Catalina de Medici, su nuera, y la infanta Margarita, que le habían acompañado a Antibes. En esa labor de mediadora realizada por Leonor, estuvo a punto de perder la vida en Villafranca el 11 de junio, al derrumbarse la pasarela que unía la galera imperial con el muelle, cayendo al agua con su corte.

En Niza se consiguió fijar, el 18 de junio de 1538, una tregua de diez años entre las partes, estableciendo que cada uno se quedaría en las posiciones que ocupaba en ese momento, lo cual beneficiaba a Francisco I. Debido a ello y ante el descontento de habérsele arrebatado la mayor parte de su ducado, el duque Carlos III de Saboya no firmaría el acuerdo hasta el 22 de noviembre de 1538.

3.3. Época de derrotas

3.3.1. Fallida expedición contra los turcos en el Mediterráneo oriental (1538)

Concluida la tregua de Niza, Carlos fue a Génova, donde sufrió por séptima vez un ataque de gota, retornando a España el 4 de julio. El 13 de julio de 1538 estaba de nuevo a la vista de Marsella, siendo esta vez mejor recibido por el conde de Tenda que le hizo entrega de las llaves de la ciudad, trasladándose al día siguiente, 14 de julio, a una entrevista en Aigües Mortes con Francisco I, obtenida por medio del condestable Montmorency y de Leonor. En esa reunión, en la que cambió la actitud de ambos monarcas, dándose grandes muestras de amistad, se acordó unir esfuerzos contra el turco y contra los herejes, estableciéndose la paz y la amistad entre ambos, discutiendo incluso acerca del establecimiento de relaciones matrimoniales entre sus hijos: Felipe con Margarita, y el duque de Angulema con una hija o sobrina del emperador.

Tadeo Zuccari. Entrevista en Aigües Mortes, el 14 de julio de 1538, entre Francisco I y Carlos V. En esta ficticia visión aparecen a la izquierda el cardenal Alejandro Farnesio y Anne de Montmorency, en el centro el Papa Paulo III, y en el extremo derecho se representa al príncipe Felipe, hijo del emperador. Hacía tiempo que ambos monarcas ni se veían ni se hablaban, y en esta entrevista se inició un acercamiento entre ambos que permitió mantener la paz durante varios años.

Las conversaciones prosiguieron en octubre de 1538, esta vez entre Leonor y María de Hungría, ya que Francisco I estaba dispuesto a firmar una paz de por vida con el emperador, que era mucho más reticente a ello y que conocía ya los tratos secretos de Francisco con los turcos y con Barbarroja. Para intentar convencer al emperador de la bondad de esa paz, María envió a uno de los más importantes embajadores españoles de todos los tiempos, Diego Hurtado de Mendoza, quinto hijo del conde de Tendilla, que desde 1539 pasaría a ser embajador en Venecia y el mejor conocedor de las relaciones entre Francisco I y Solimán el Magnífico.

Vía Barcelona, donde llegó el 20 de julio, y atravesando Aragón, retornó Carlos el 13 de agosto a Valladolid. Los días 20 y 21 de septiembre visitó a su madre, la reina Juana, en Tordesillas, y a principios de octubre en compañía de de su mujer e hijos se fue a Madrid participando en abundantes cacerías y excursiones por los montes del Pardo. El 15 de octubre de 1538, aún sin la presencia del emperador, se iniciaron las Cortes de Castilla en Toledo que habían sido convocadas para el 6 de septiembre y que serían unas muy famosas y memorables. En ellas se volvió a insistir en que el monarca residiera en Castilla y además se le negó el servicio extraordinario que solicitaba. Carlos participó en esas Cortes desde el 1 de noviembre, aunque ya había llegado a Toledo el 24 de octubre. El 4 de noviembre de 1538 casaba su hija Margarita, viuda de Alejandro de Medici, de 15 años de edad, con otro noble italiano de 14 años, Octavio Farnesio, nieto del Papa Paulo III, hijo de Pedro Luis Farnesio.

Desde el verano de 1538 y con toda celeridad se venía construyendo a tres bandas una armada por el Papa, Venecia y el emperador, con la que combatir al turco. La idea era algo arriesgada, a la par que imaginativa, innovadora y visionaria. Se pretendía conquistar un lugar en la costa dálmata o griega, usándolo como base para el desembarco de un gran ejército que atacaría por tierra directamente a los turcos y si fuera posible intentaría conquistar Estambul. No escatimaban en sueños los participantes en esa aventura, más aún cuando para poder llevarla a cabo era vital la colaboración de Francia, o al menos que no pactara o informara en secreto a la Sublime Puerta de lo que hacían los aliados cristianos. Francisco I, veía la historia desde otro punto de vista y prescindía sin escrúpulos de los tratados firmados, que de todas formas nunca había pensado cumplir. El turco, enemigo común de la cristiandad, era para el rey francés la llave para entretener, debilitar y vencer al césar.

María de Hungría, gobernadora de los Países Bajos pidió al emperador que abandonara la idea en unos tiempos en que el estado de las finanzas no era el mejor. Lo que los súbditos realmente necesitaban era la paz para poder recuperarse. Mucho más eficiente sería, pensaba ella, solucionar el problema religioso alemán y alcanzar una paz real con Francia. Las Cortes castellanas también mediaron en el asunto, preferían una acción contra Argel que protegería de ataques corsarios la costa mediterránea.

Pero Carlos hacía oídos sordos e incluso soñaba con ponerse personalmente al mando de la expedición, para la que se había elegido la región de Préveza en la costa griega, aunque luego se llevaría a cabo en Castilnovo o *Herceg Novi* en Montenegro. Los consejeros persuadieron al emperador de no estar presente en la jornada, fundamentalmente porque la inmensa flota planeada, con su gran número de componentes, se había quedado reducida a su más mínima expresión. Si se habían previsto 200 navíos, al final solo participarían 130, y si iba a transportar un cuerpo expedicionario de 60.000 soldados más 2.000 caballos, este se quedó reducido a 15.000 infantes. La dirección de la flota que en un primer momento se había concedido a Andrea Doria, por razones políticas tuvo que ser tricéfala, participando el almirante papal, Capelo, y el almirante veneciano, Grimaldi, cada cual con su visión diferente de la guerra. Las fuerzas de ocupación sin embargo, por ser exclusivamente españolas, formadas por miembros de los viejos tercios asentados en Italia, si mantu-

Jan Massys. Musei di Strada Nuova, Génova. El gran almirante genovés Andrea Doria pasó al servicio de Carlos V durante el asedio de la ciudad de Nápoles, recibiendo en 1530 el Toisón de Oro y en 1531 el título de príncipe de Melfi. Fue uno de los más importantes almirantes de la historia europea, continuando su actividad casi hasta su muerte a la edad de 94 años, 25 de noviembre de 1560.

vieron su monocefalia, bajo la dirección de Ferrante Gonzaga. El 29 de septiembre de 1538, se avistaron las flotas de la Santa Liga y la de los turcos, dirigida por el almirante Khair ad-Din Barbarroja, iniciándose un combate naval frente a Préveza en el que en pocos momentos fue deshecha la flota de la Santa Liga, huyendo desordenadamente sus componentes. Esta batalla de Préveza o de Arta, apenas tratada por la historiografía occidental, es considerada por los turcos una de sus grandes victorias, manteniéndose aún el día de la batalla como día de fiesta nacional turca. Para Andrea Doria supuso una grave pérdida en su prestigio militar, que él achacó a la división en la dirección de la escuadra.

Retomada la acción después de esa derrota, el 24 de octubre de 1538, se logró hacer descender a 3.500 infantes dirigidos por Francisco Sarmiento, soldados pertenecientes a los tercios viejos de Lombardía que por haberse amotinado falto de pagos habían sido castigados, perdiendo su bandera y siendo trasladados una parte a esta peligrosa expedición y otra a la frontera húngara. Los expedicionarios fueron desembarcados en Castilnovo en Esclavonia, en la costa dálmata de Montenegro, en un lugar conocido como las Bocas de Kotor, donde dos fuertes castillos defendían la entrada de una gran bahía, lugar perfecto para establecer una cabeza de puente e iniciar el desembarco de las tropas. Venecia, que reclamó inmediatamente la propiedad del lugar por estar relativamente cerca de sus posesiones en Ragusa, se desentendió en paralelo de su defensa, quedando los tercios españoles a merced del enemigo turco, que informado de su abandono regresó en el verano de 1539 con 200 navíos, degollando, tras una encarnizada defensa, a gran parte de la guarnición, y esclavizando al resto. A raíz de esa derrota, Venecia aconsejada por el espía francés Antonio Rincón, abandonó la Santa Liga.

Los éxitos de Khair ad-Din Barbarroja le hicieron caer en un cierto estado de desgracia o de celos en la corte otomana. Era este uno de los mayores problemas de los gobiernos otomanos que siempre dependían de la arbitraria voluntad real. Quizá explique esto el extraño comportamiento de Barbarroja que, a pesar de sus éxitos, estableció conversaciones secretas con enviados imperiales con el fin de pasarse al servicio del emperador. Tales conversaciones se habían iniciado ya en 1537 por medio de un cautivo cristiano, Antonio de Alarcón, que había enviado Barbarroja al virrey de Sicilia, Ferrante Gonzaga, con el fin de informarse acerca de la posibilidad de cambiar de bando. El cautivo fue remitido a la corte ante la inseguridad de que la oferta pudiera ser una mera treta del corsario. En 1538 regresó Alarcón a Barbarroja. El emperador aceptaba el ofrecimiento para que pasara a su servicio con 50 galeras, recibiendo a cambio los reinos de Trípoli, Túnez y Bugía como vasallo del césar, obligándose a destruir sus fortalezas, a prohibir que de ellos partieran corsarios, a liberar a todos los cautivos cristianos, a no ayudar a los moriscos españoles, y a colaborar con Carlos contra los turcos, además de dejar a su hijo como rehén en la corte imperial. Hay diversas teorías acerca de este curioso hecho histórico. Se sabe que Barbarroja había informado desde un primer momento del contacto con los cristianos a la Sublime Puerta y que ambos habían decidido jugar la baza. Algunos opinan que el fin era permitir que el almirante se introdujera con sus viejos navíos entre la flota imperial y le pegara fuego. Otros son de la opinión que Barbarroja realmente jugaba con esa opción por si acababa de caer en desgracia en la corte osmanlí, asegurando a su hijo un reino en el norte de África, su principal sueño. Barbarroja era ya mayor y quería quizá poner fin a su carrera asegurando el futuro de su hijo. Las negociaciones proseguirían aún en 1540 por medio de enviados españoles a Constantinopla.

3.3.2. Muerte de la emperatriz Isabel de Portugal (1539)

1539 lo iniciaron los emperadores en Toledo, felices de poder estar toda la familia junta, con la emperatriz embarazada y sin demasiados sobresaltos ni políticos ni militares que hiciera necesaria la partida del emperador. Como contrapeso a ese estado de felicidad que vivía la familia imperial, a mediados de abril cayó Isabel enferma con una fuerte infección renal y altas fiebres, que la debilitaron y le produjeron el 18 de abril a las cuatro de la tarde un parto prematuro de un varón de entre cinco y seis meses, que no sobrevivió. El dolor por la pérdida del hijo y las fiebres, que se mantuvieron, le obligaron a guardar cama, sin que ya nunca más volviera a levantarse. El día 30 de abril se produjo una leve mejoría que animó a todos, volviendo a recaer al poco. Los médicos la desahuciaron por lo que la emperatriz hizo testamento del que incluso *escribió de su propia mano la mayor substancia dél*, se confesó con el cardenal Tavera, recibió la extremaunción y se despidió de sus damas que de dos en dos vinieron a besarle las manos, de sus hijos con el

Jakob Seisenegger. Kunsthistorisches Museum de Viena. La emperatriz Isabel de Portugal que estaba embarazada de entre cinco y seis meses, sufrió el 18 de abril de 1539, como consecuencia de una fuerte infección renal, un parto prematuro, pariendo un varón que no sobrevivió. Desde ese momento no volvió a levantarse de la cama, falleciendo el jueves, 1 de mayo de 1539, hacia la una de la tarde, en el palacio del conde de Fuensalida de Toledo, convertido hoy en día en sede de la Presidencia del gobierno de Castilla-La Mancha. Su cuerpo fue trasladado a la Capilla Real de Granada.

mayor dolor y entereza del mundo, y de su marido *que no se apartó de rodillas delante la cama hasta que espiró... descubriendo el grande amor que le tenía, más de lo que pensaba.* La ciudad de Toledo había hecho numerosas rogativas por su salud, sacando reliquias milagrosas e incluso disciplinándose. El 1 de mayo, Isabel se atrevió a dictar aún una carta para sus súbditos de su villa de Albacete, que el césar le había cedido como regalo de bodas. En esa postrera carta a los albaceteños, que ya no fue capaz de firmar, les comentaba: *yo estoy grabada de mi enfermedad, temo que sea Dios servido de me llebar desta vida.*

El 1 de mayo de 1539, jueves, hacia la una de la tarde, murió la emperatriz Isabel de Portugal en el palacio del conde de Fuensalida en Toledo. *Tubo la gloriosa emperatriz su sentido y habla hasta lo último,* contaba 36 de años de edad y llevaba 13 años casada con el emperador, habiendo parido cuatro hijos varones y dos hijas, de los que tres, Juan, Fernando y el que acababa de nacer, habían muerto. Dejaba pues tres hijos en vida: Felipe, el mayor, príncipe heredero, y las infantas María y Juana. El emperador, tras su muerte cayó en una profunda depresión, retirándose a su cámara sin querer hablar con nadie. El cadáver de Isabel fue lavado y amortajado por la marquesa de Lombay, Leonor de Castro, dama suya y mujer de Francisco de Borja, su caballerizo mayor, que la amortajó, por expreso deseo de la difunta, con los hábitos franciscanos. Todas las damas de su corte desfilaron delante de ella, besándole los pies.

El 2 de mayo se hizo el duelo oficial al que Carlos, sumido en una de sus mayores depresiones, no tuvo fuerzas para asistir, encargando a su jovencísimo hijo de doce años, Felipe, que lo presidiera. Hacia las seis de la tarde, a hombros de los grandes del reino, salió el féretro de la emperatriz, cubierto con las armas imperiales, hasta la puerta del palacio del conde de Fuensalida, siendo transportado por miembros del cabildo de la ciudad hasta el puente de Alcántara, donde la colocaron en una litera. El príncipe Felipe siguió al féretro, acompañado por la corte, hasta ese lugar. Según cuentan los cronistas, el sentimiento que embargó a los reinos de Castilla por la muerte de la emperatriz, no había sido nunca tan grande desde la muerte del príncipe Juan, hijo de los Reyes Católicos.

Desde ahí, la litera con el cadáver de la reina, tirada por 12 acémilas negras, siguió acompañada por el príncipe Felipe, el marqués y la marquesa de Lombay, Francisco de Borja y Leonor de Castro, Guiomar de Melo, la condesa de Faro, Juan de Meneses, los obispos de Burgos, León y Coria y el marqués de Villena, seguidos por un séquito de 300 cortesanos entre los que iban toda su capilla y 20 frailes dominicos, franciscanos y jerónimos. El príncipe la acompañó solo hasta la posada del Arzobispo, siendo sacado entonces del cortejo por la puerta trasera de esa posada, prosiguiendo la comitiva entre llantos hasta Nambroca lugar donde hicieron noche.

El emperador se quedó retraído en sus habitaciones sin querer hablar con nadie. A la única que comunicó sus quejas fue a su hermana María de Hungría, gobernadora de los Países Bajos, su mayor confidente, a la que escribió el mismo día 2 de mayo una carta muy sentida, llena de dolor por la inmensa pérdida sufrida, pidiendo a María que se lo comunicara a sus queridos súbditos neerlandeses. El día 3 de mayo intentó hablar con él el cardenal Tavera, sin conseguirlo, teniendo que esperar hasta el día 8 en que le concedió audiencia. Carlos había recibido otra trágica noticia que había ocurrido poco antes de la muerte de la emperatriz, la muerte de su sobrino el príncipe de Portugal, Felipe, hijo de Juan III y de su hermana menor, Catalina. El conocimiento de esa muerte acrecentó su pena. El día 4 de mayo informó Carlos a Catalina y al rey Juan III de la muerte de su amada esposa Isabel y envió a Luis de Zúñiga para que lo representara ante el rey de Portugal en las exequias por el príncipe. Dos días antes de morir, Isabel le había recomendado que cuidara mucho las relaciones con su hermano Juan III y *que siempre le tuviese el amor que hasta aquí*, y Carlos confirmaba en esa carta a Juan de Portugal, *que si hasta aquí heramos cuñados, de aquí en adelante havemos de ser verdaderos hermanos*. El césar aceptaba religiosamente lo acaecido, porque *como son obras de la mano de nuestro señor, no se puede dexar de conformar con su voluntad, me pareçe que ambos rogamos a Nuestro Señor que nos dé el esfuerço que para passar tales pérdidas se requiere*.

El día 8 de mayo, cuando por fin recibió al cardenal Tavera, estaba vestido de negro hasta los pies con su caperuza puesta. Las mesas y sillas todas estaban decoradas de negro y el emperador tenía aspecto cansado. A la siguiente semana se negó a recibir a nadie, permitiendo el 15 de mayo que lo visitaran los grandes del reino, que le besaron la mano. Al anochecer de ese día se retiró al monasterio jerónimo de Santa María de la Sisla, acompañado solo por los servidores de su cámara. El viernes 16 se hicieron honras fúnebres en la Sisla con la presencia del emperador, que hasta ese día fue cubierto con capirote negro. También se hicieron otras honras más solemnes en San Juan de los Reyes, presididas por el príncipe Felipe, obispos y prelados, todos enlutados. En estas honras *predicó muy ruinmente el obispo de Nicaragua, fraile jerónimo, porque se metió en comparar agüela a nieta y dio muchas ventajas a la nieta en menoscabo de la agüela, insufrible comparación a los oídos deste pueblo.*

Catorce días tardó el triste cortejo fúnebre en llegar hasta la lejana Granada, pasando por Orgaz, Malagón, Calatrava, El Viso, el puerto del Muladar, Úbeda, Baeza, Jaén y Albolote, a donde llegó el día de la Ascensión, 15 de mayo. A lo largo del camino el calor y la sequedad eran sofocantes. Las damas dormían hasta bien entrada la mañana y los hombres asistían a las misas que a esa hora se realizaban. Tras almorzar, a la hora de la siesta, se reemprendía la marcha. Los habitantes de las aldeas cercanas al camino, salían con carros de pan, vino, agua y queso, que en muchas partes les dio la vida. Lloraban y clamaban de forma admirable *que nunca tan natural sentimiento se vio por príncipe.* En Úbeda, a donde llegaron de noche, *recibieron un solemnísimo recibimiento, siendo muy bien tractados y hospedados, a gloria y alabanza del patrón,* Francisco de los Cobos. La armonía entre las más de 300 personas del séquito fue total y todos regresaron a Toledo, tras cumplir su misión, *sanos y gordos.*

En Albolote, cerca ya de su destino, esperaban a la emperatriz el capellán mayor de la Capilla Real de Granada, acompañado de los capellanes y cantores, e hicieron un oficio divino. Ese mismo día llegaron también a Albolote, el presidente de la Audiencia-Chancillería de Granada, el arzobispo y el capitán general del reino, Luis Hurtado de Mendoza, marqués de Mondéjar. El 16 de mayo se acercó la comitiva en el orden que traía desde Toledo a la ciudad de Granada, siendo recibida oficialmente en el barrio de San Lázaro. Allí estaban todos, los oficios con pendones negros y hachas encendidas, las cofradías con sus cruces y campanillas, con lobas y capirotes, el marqués de Mondéjar con 160 caballos también con lobas y capirotes negros. A la altura del río Beiro, los oficios, cofradías y caballeros hicieron un pasillo por donde avanzó la comitiva, arrastrando todos sus pendones al paso del féretro delante de él, uniéndose a ella. A ambos lados del camino, hasta la ciudad, se habían asentado 6.000 moriscas vestidas de negro, haciendo de plañideras. Delante de la puerta de Elvira, a un tiro de ballesta, estaba el primer catafalco construido sobre unas gradas, de la altura de dos lanzas y media, todo negro, con un altar cubierto por un baldaquín en su centro, donde se colocó la litera. El catafalco estaba coronado por las armas imperiales con corona imperial y una cruz. Delante de la puerta esperaban todas las parroquias del reino con sus cruces y la catedral metropolitana, acompañados por los monasterios y el arzobispo vestido de pontifical. También esperaban la Audiencia-Chancillería con su presidente y oidores; el ayuntamiento con su corregidor, regidores y jurados, tras todos ellos el alférez de la ciudad con su bandera real en la mano. Todos vestidos con lobas y capirotes negros con hachas y velones encendidos. Cuando llegó el cortejo a la altura del alférez se retiraron la acémilas y la litera fue transportada a hombros por lo gentilhombres que venían con el séquito, depositándola en el catafalco, rezando un solemne responso. Tras ello, los oidores y regidores se hicieron cargo del cuerpo, llevándolo a hombros, entrando por la puerta de Elvira hacia las dos del mediodía y siguiendo por la calle Elvira hasta un segundo catafalco, donde volvieron a rezar un responso, prosiguiendo hasta la puerta de la catedral nueva *que agora se haze*, dejándolo en manos de gentilhombres que lo llevaron hasta el altar mayor de la dicha catedral, donde se había hecho un arco muy suntuoso, rezando un nuevo responso. La ciudad parecía un hormiguero, no había espacio libre en ningún lugar y extramuros de Granada cerca de 40.000 personas habían seguido aturdidos su llegada. Tras seis horas de ceremonias, contadas desde la entrada en la ciudad, a las ocho de la tarde se consiguió introducir el féretro en la Capilla Real donde, fuera de la reja, Pedro Machuca había hecho otro monumento al estilo de Flandes, formado por un *chapitel* en forma de pirámide con cuatro pilares dóricos con muchas coronas llenas de candeleros, con más de tres mil candelas, presididas por un gran candelabro fijado sobre un globo terrestre, rodeado por un gran número de candiles en forma de corona imperial. Bajo el capitel, en un túmulo elevado colocaron el féretro junto a banderas y coronas imperiales y en medio el guión de la emperatriz. Ya en la Capilla, revestidos sus muros de paños negros se dijeron solemnes vigilias, quedándose la marquesa de Mondéjar y sus damas a velar el cuerpo, mientras la cansada comitiva se retiraba a reponer fuerzas a sus posadas. Al día siguiente, 17 de mayo, sábado, tras la misa presidida por el obispo cardenal de Burgos y predicada por el arzobispo de Granada, se volvió a rezar un responso y acabado llevaron las andas hasta la puerta de la bóveda, entrando primero el cardenal de Burgos y luego el arzobispo de Granada. Introducido en la cripta *se abrió el atahúd para que se diese testimonio de su gesto y venía tan desfigurada que apenas se pudo conoscer sino por la nariz, que lo demás estava muy desfigurado... y sin olor malo que todos creían lo contrario.* Según la tradición ese fue el momento en que el marqués de Lombay, encargado de reconocerla dijo: *jurar que es su majestad no puedo, pero juro que fue su cadáver el que se puso aquí.* Muchos años más tarde, tras devenir jesuita, Francisco de Borja, celebrando misa un día 1 de mayo dijo que la celebraba por el alma *de la emperatriz que murió tal día como hoy. Por lo que el Señor obró en mí por su muerte. Por los años que hoy se cumplen de mi conversión.* La leyenda popular, segu-

José Moreno Carbonero. Museo del Prado. El cadáver de la emperatriz Isabel de Portugal llegó a Granada el 16 de mayo de 1539, siendo velada esa noche por la marquesa de Mondéjar y sus damas en la Capilla Real. Al día siguiente, 17 de mayo, fue bajado a la cripta y abierto ante testigos para confirmar la autenticidad. El cadáver había llegado bastante desfigurado y solo se reconocía su nariz. El marqués de Lombay, Francisco de Borja, dijo al intentar reconocerla: «jurar que es su majestad no puedo, pero juro que fue su cadáver el que se puso aquí».

ramente que con cierta base histórica, puso ese día en su boca esa famosa frase: *Nunca más serviré a señor que se me pueda morir.* En esa ceremonia, el alcalde Joannes que venía acompañando a la emperatriz, levantó acta de que no se le enterraba, sino que solo se le depositaba en la Capilla Real, actuando de escribano el del cabildo y de testigo el marqués de Villena. A continuación se abrieron los féretros de los demás reyes, viéndose entonces que el del rey Fernando, con los restos de su hábito dominico, estaba muy *maltratado*, dejando pasar a verlos a las autoridades. Siguiendo las órdenes dadas por el emperador al marqués de Mondéjar, el cadáver de la emperatriz Isabel fue depositado al lado del de la reina Isabel de Castilla, *entretanto que su magestad determina donde se ha de poner.*

En la misa del domingo, día 18 de mayo, dicha por el arzobispo de Granada y predicada *por uno de Santa Cruz,* el brillante orador Juan de Ávila, nombrado en 2011 doctor de la iglesia, predicó un bello sermón, que agudizaría aún más la crisis religiosa que sufría el primer marqués de Lombay. Durante los primeros nueve días se dijeron seis misas solemnes diarias con sus correspondientes sermones, en presencia de todos los representantes de la ciudad y de los que aún quedaban en Granada de los venidos con la comitiva. Cada orden de frailes fue durante esos días a rezar en los altares de la Capilla Real, *y son tantos los sacrificios y oficios divinos que duran dende en amanesciendo hasta las nueve de la noche y es tanta la lumbre de la Capilla que es cosa jamás vista.* El 23 de mayo informaba así el capitán general del reino de Granada desde la Alhambra al césar: *el reçebimiento del cuerpo de la emperatriz, nuestra señora, y su enterramiento y obsequias, todo se hizo con la solemnidad y concierto que era razón, y en toda conformidad que es lo que más estimo, y de lo uno y de lo otro, según he entendido, van satisfechos portugueses y castellanos.* La Capilla Real fue elevada al rango de *Aula Regia*, lo que implicaba que todo lo que en ella se hiciese, debería de hacerse como si la persona del rey estuviera en ella presente.

El día 18 de mayo, Carlos ordenó la despedida de todas las damas de la corte de la emperatriz, que regresaron donde sus parientes, padres y hermanos, sin recibir su paga. Hubo gran llanto entre ellas, esta vez por sí mismas, quedando el em-

La tristeza por la muerte de su amada mujer Isabel, embargó de tal forma al emperador que en un primer momento se negó a hablar con nadie, encerrándose en su cámara y guardando un riguroso luto. Ni tan siquiera asistió a los funerales, haciéndolo en su lugar el príncipe Felipe de 12 años de edad. Algo más tarde se encerró en el monasterio jerónimo de la Sisla en Toledo, pasando largo tiempo en soledad, envuelto en una terrible tristeza.

perador encargado de ayudarles para su casamiento. *Opiniones ha avido y juizios, quál fuera lo más decente a la magnificencia de un príncipe.* Fray Juan de Salinas, autor de esta frase, que acababa de ser nombrado confesor del rey, opinaba que hubiera sido mejor pagarles bien por sus servicios, pero muy astutamente continuaba diciendo: *pero en fin, que de parte de comer de su pan, ya comienço a defender su opinión.* También se despidió al consejo y a la casa de la emperatriz, con cuyos miembros se comenzó a crear la del príncipe y de las infantas.

Las dos hijas del emperador, las infantas María y Juana, quedaron en encomienda de Guiomar de Melo, camarera mayor de la emperatriz a la que había criado desde los tres años, nombrando también el césar como servidora directa de su hija María, a María de Salcedo, que lo había sido también de la emperatriz. Finalmente se quedaron al servicio de las infantas la mayor parte de damas portuguesas que habían venido con Isabel, más algunas castellanas a las que no se les encontró acomodo por haber perdido a su familia. Se corría la voz de que las llevarían a Tordesillas, aunque más tarde se hablaba de Ocaña o Arévalo, acabando finalmente en Arévalo, bajo el gobierno del conde de Cifuentes como su mayordomo.

El príncipe Felipe heredó también en su propia casa gran número de servidores de la casa de su madre. Su casa era gobernada por su antiguo ayo, Juan de Zúñiga, comendador mayor de Castilla y protegida por el teniente Flores, jefe de su guardia personal.

El 15 de junio ya habían regresado a Toledo los integrantes del cortejo fúnebre. En todo el reino siguió vigente aún el luto, es decir llevando *lobas çerradas*. El marqués de Lombay, Francisco de Borja, fue directamente nombrado virrey de Aragón, trasladándose con la marquesa a vivir a Zaragoza. El cardenal Tavera dejó de ser presidente del Consejo de Estado el 10 de junio, pasando a ser Inquisidor General. Carlos estuvo en Sisla hasta el día 26 de junio de 1536, trasladándose a continuación vía Toledo e Illescas hasta la Casa de Campo, donde residió en la casa del licenciado Vargas del Campo. Estando allí, escribió a su hermana María el 1 de julio, pidiéndole que buscara en el gabinete de pintura de su tía Margarita de Austria, en Malinas, un cuadro de su amada Isabel *por no haber encontrado ningún otro en que se parezca tanto*. El cuadro original se lo había regalado él a su tía cuando se casaron. Le pedía que le mandara el original lo más pronto posible, parecía tener miedo a olvidar los rasgos de su mujer. Cuando María se lo envió la decepción fue grande, en nada se parecía a la imagen que el guardaba de su amada esposa.

3.3.3. Leyes Nuevas de Indias. Las guerras civiles del Perú (1537-1554)

La capitulación de Toledo de 1529 y la real cédula de 1534, habían dividido los territorios incaicos en dos grandes administraciones: la Nueva Castilla al norte, comandada por Francisco Pizarro, y la Nueva Toledo al sur, comandada por Diego de Almagro. El odio existente entre ambas facciones, así como la dificultad de adjudicar la ciudad de Cuzco a una u otra gobernación, fueron la base para el inicio de las llamadas guerras civiles del Perú. Las hostilidades fueron iniciadas en 1537 por Diego de Almagro que se apoderó de Cuzco, apresando a los hermanos Hernando y Gonzalo Pizarro, venciendo también poco después a Pedro de Alvarado que venía a liberarlos.

Las guerras civiles del Perú tuvieron su origen en 1537 con la conquista de Cuzco, ciudad disputada por almagristas y pizarristas, por Diego de Almagro, que apresó en ella a Hernando y Gonzalo Pizarro. Por medio de una traición, Francisco Pizarro, consiguió hacer prisionero a Almagro, que fue estrangulado en la cárcel de Lima por Hernando Pizarro.

En lugar de avanzar contra Lima y ajusticiar a los prisioneros, como le pedían los suyos, Almagro vaciló convencido de poder llegar a un acuerdo con Francisco Pizarro, que nuevamente lo traicionó y tras conseguir la libertad de sus hermanos, cayó sobre él con su ejército. En abril de 1538, Almagro fue vencido en la batalla de Salinas, siendo condenado a muerte y estrangulado en la cárcel de Lima por Hernando Pizarro, y su cuerpo decapitado en la plaza mayor de Lima en julio de 1538.

La represalia almagrista se hizo esperar pero llegó, en junio de 1541, asaltando el palacio los almagristas del gobernador Francisco Pizarro en Lima, asesinándolo Almagro el Mozo, que a su vez se proclamó gobernador del Perú. En 1542 llegó a Lima el comisario regio Cristóbal Vaca de Castro, enviado por el césar para imponer el orden, enfrentándose a los almagristas que fueron vencidos en la batalla de Chupas en septiembre de 1542, siendo poco después ajusticiado también Almagro el Mozo por traición.

Desde 1535, la gobernación de Nueva España había pasado a convertirse en el virreinato de Nueva España, siendo su primer virrey el conde de Tendilla, An-

En primer plano se ve la detención de Diego de Almagro y su traslado a la cárcel de Lima, siendo allí estrangulado por Hernando Pizarro. Al fondo de la imagen se ve como el cuerpo inerte de Almagro es sacado hasta la plaza principal de Lima, siendo públicamente decapitado.

tonio de Mendoza. (3 052) En noviembre de 1542 ocurrió lo mismo con la gobernación del Perú, pasando también a convertirse en virreinato, para cuyo cargo fue elegido Blasco Núñez de Vela, que llegó al Perú en mayo de 1544. Por el mismo tiempo se ordenó la creación de una Audiencia Chancillería en la ciudad de Lima, que pasó a convertirse en la capital del virreinato.

El nuevo virrey de Perú se vio obligado a aplicar las Leyes Nuevas de Indias que habían sido promulgadas en Barcelona, el 20 de noviembre de 1542, por el emperador, bajo la influencia de Bartolomé de Las Casas. En esas leyes se disponía una protección integral de los indios que, pocos años antes, en julio de 1537, habían sido declarados por el Papa Paulo III, en la bula *Sublimis Deu*, hombres verdaderos dotados de alma. Estas nuevas leyes exigían un buen trato para los indios, a los que se consideraba hombres libres sin ningún tipo de servidumbre, prohibiendo también que los indios pudieran ser trasladados contra su voluntad de unas regiones a otras, pero sobre todo ponía fin al sistema de la encomienda, prohibiendo que fueran heredadas. Las leyes serían aún reforzadas a favor de los indios por la real provisión de Valladolid de 1543.

Contra estas leyes se levantaron en 1544 los encomenderos dirigidos por Gonzalo Pizarro que fue proclamado por los sublevados, procurador general del Perú. En el virreinato de la Nueva España, su virrey sencillamente se había negado a ponerlas en marcha por miedo a los desórdenes sociales. La oposición contra esas leyes fue general entre los castellanos asentados en Indias que veían desvanecerse, tras el gran esfuerzo hecho para conquistar una nueva tierra, todos los derechos adquiridos. Sus hijos no podrían poseer nada. Para solucionar la rebelión, la corona organizó en 1545 una reunión de religiosos y de propietarios de las Indias, que modificaron las Leyes Nuevas, creando otras llamadas las Nuevas Leyes. La encomienda se mantuvo, pudiendo ser heredada en una generación, lo que tranquilizó los ánimos de los encomenderos.

Para acabar con la rebelión de Gonzalo de Pizarro, envió el emperador a Pedro de la Gasca, como presidente de la Real Audiencia de Lima. El levantamiento de los encomenderos había sido general y mientras llegaba el nuevo presidente, el virrey Núñez de Vela había sido incluso expulsado del Perú por Pizarro, consiguiendo encontrar refuerzos en Panamá y en Ecuador, creando un pequeño ejército con el que se enfrentó a Pizarro. En enero de 1546, en la batalla de Iñaquito, el virrey Núñez de Vela fue vencido y poco después ajusticiado, siendo su cabeza expuesta en una pica en la ciudad de Quito. En 1547, el capitán Diego Centeno, fiel a la corona, se levantó contra Gonzalo Pizarro pero también fue vencido en la batalla de Huarina, octubre de 1547. La llegada del emisario real Pedro de la Gasca, la entrada en vigor de las Nuevas Leyes, y el restablecimiento de la encomienda, hizo que muchos seguidores de Pizarro lo abandonaran. El 9 de abril de 1548, La Gasca venció a Gonzalo Pizarro, en la batalla de Xaquixaguano, siendo el rebelde decapitado junto a sus capitanes, retornando la paz al Perú. Sus cabezas fueron expuestas en jaulas en la ciudad de Lima durante largo tiempo. Casi todo el clan de los Pizarro, debido a su avaricia y ansias de poder, acabó malamente. Hernando, el más agresivo de todos, fue encarcelado en Castilla por haber asesinado a Diego de Almagro, pasando veinte años, hasta 1561, entre rejas, primero en el Alcázar de Madrid y luego en el castillo de la Mota de Medina del Campo. En 1561 recuperó la libertad, pero en 1562 se le quitaron todos sus bienes y en 1572 recibió la sentencia definitiva, se le multó con 4.000 ducados de oro y se le desterró a perpetuidad de las Indias, muriendo muy mayor y ciego en Trujillo en 1580.

Mientras tanto, a finales de 1544, se había descubierto la mayor mina de plata del mundo en el cerro de Potosí, convirtiéndose ese lugar en uno de los centros principales de Sudamérica. El 19 de abril de 1545 se creó la ciudad imperial de Potosí y en 1555 el sevillano Francisco de Medina introdujo en las minas de plata, la técnica de la amalgama de mercurio, acelerando en mucho el proceso de obtención de ese metal y mejorando el abastecimiento de la corona española.

Al reiniciarse los asaltos a las flotas por parte de piratas franceses e ingleses, Álvaro de Bazán se ofreció a crear en 1550 una armada encargada en exclusiva de la protección y acompañamiento de las flotas de Indias, estableciéndose con él un contrato con tal fin, convirtiéndose en el protector de las naos cargadas de riquezas que venían a España. Con tal protección, ese mismo año 1550 consiguió llegar Pedro de la Gasca con su flota completa, cargada de oro y plata del Perú, a Sanlúcar de Barrameda, tras haber solucionado el problema peruano.

La villa imperial de Potosí en Bolivia, con el Cerro Rico al fondo. En ese cerro se descubrió a finales de 1544 la mayor mina de plata del mundo, convirtiendo al lugar en uno de los centros principales de Sudamérica, llegando a tener en 1625, 160 000 habitantes, superando a la ciudad de Sevilla. Fotografía de Manuel Rivera Ortiz.

Desde los años 40 se amplió la red de Audiencias Chancillerías, estableciendo una en Santiago de los Caballeros, en la nueva gobernación de Guatemala; otra en 1548 en Guadalajara en la gobernación de Nueva Galicia, en México; en 1549 se creó la de Santa Fe de Bogotá en el Nuevo Reino de Granada; y en 1551 la de Charcas en la actual Bolivia. En 1551 se fundaron las Universidades de Lima y México y el virrey de Nueva España, Antonio de Mendoza fue reconvertido en virrey del Perú, para acabar de solucionar los problemas peruanos, siendo nombrado en su lugar como virrey de Nueva España, Luis de Velasco. Mendoza sería sustituido en 1555 en el virreinato del Perú por el marqués de Cañete.

En 1552 se inició un mejor conocimiento de las Indias por los españoles al publicarse dos libros importantes y antagónicos, la *Brevísima relación de la destrucción de las Indias* de fray Bartolomé de Las Casas y la *Historia General de las Indias* de Francisco Gómez de Pomara. Dos años más tarde se creó una cátedra de Cosmografía que residiría en la Casa de Contratación de Sevilla, para formar a los navegantes.

La exploración española por el continente avanzó también bastante hacia el sur. Pedro de Valdivia fundó en 1549 la ciudad de Santiago de Chile, aunque los indios araucanos nunca se rindieron y prosiguieron la defensa de su tierra, muriendo Valdivia en la batalla de Lebu en 1553. Unos meses más tarde moriría en un combate cerca de Concepción, su émulo araucano, Lautaro. En 1557 fue nombrado gobernador de Chile el hijo del virrey del Perú, García Hurtado de Mendoza.

3.3.4. Rebelión de Gante. Viaje imperial a Francia y visita a Francisco I (1539-1540)

El endeudamiento y la destrucción del comercio que sufrían los Países Bajos, fueron las causas de los movimientos populares que alborotaron algunas ciudades neerlandesas desde agosto de 1539, demostrando lo que ya hacía tiempo venía diciendo la gobernadora María de Hungría de que la guerra era la causa de la ruina del país.

La primera ciudad en alterarse fue Gante a causa de una petición de colaboración hecha en 1537 por la gobernadora María de Hungría a los estados de Flandes para financiar la guerra contra Francia. A diferencia de las demás ciudades del condado, que colaboraron sin problema, Gante y su provincia se negaron a pagar ningún servicio, alegando antiguos derechos que los eximían de colaborar. La gobernadora se vio obligada a reclutar soldados alemanes para defender los Países Bajos y, para poder pagarles, inició la ejecución de las villas y lugares de la tierra de Gante, por las cantidades que le habían sido repartidas en la reunión de los Estados Provinciales del condado, originándose altercados, en los que se descubrió un acuerdo secreto hecho en 1514 entre los *escabinos* de Gante y el joven Carlos para financiar secretamente las ayudas que solicitara el príncipe, a pesar de los privilegios que creían tener sus habitantres. Muchos de los *escabinos* que en 1514 habían formado parte del gobierno de la ciudad huyeron, pero uno de ellos, Lievin Byne, fue capturado y sin más decapitado el 28 de agosto por los alterados por traidor, llegando los revoltosos incluso a tratar de pactar con Francisco I. María de Hungría convocó en Malinas a los Estados Generales del condado para estudiar la situación de rebeldía de esa ciudad, sin conseguir llegar a ningún acuerdo con ellos, prosiguiendo su revuelta a pesar de los muchos intentos hechos por la gobernadora o por Adriano de Croy para atajarla.

En paralelo a estos alborotos se produjeron también otros, por razones diferentes, en la ciudad de Maastricht. Esta ciudad, que con su puente sobre el Mosa era vital para controlar esa importante ruta comercial que comunicaba Colonia con Bruselas, era gobernada a medias por el señor de los Países Bajos y el obispo de Lieja. En estos altercados fueron asesinados por los amotinados el alcalde de la ciudad y su juez-fiscal o *escutete*, presidente de su tribunal de justicia.

También en septiembre de ese año se produjeron otros altercados en la ciudad de Oudernade, que era señorío de la gobernadora, María de Hungría. El pueblo se levantó contra el alcalde y los *escabinos*, que consiguieron huir y refugiarse en la fortaleza de la ciudad, propiedad de los señores de Lalaing y de Corne. El castillo fue cercado por los alterados, mientras María enviaba a René de Chalon, príncipe de Orange, con un fuerte ejército a retomar el orden, sin que tuviera que intervenir al deponer los alborotados su actitud.

También en la ciudad de Courtrai o Kortrijk, capital del Flandes occidental, se produjeron altercados que fueron sofocados rápidamente por el señor de Hule, simplemente aceptando algunas de las peticiones que hacían. Lo mismo ocurrió en Brujas y Amberes, las otras grandes ciudades de Flandes a las que se le retiró una sisa que hacía poco se les había impuesto para evitar que se alteraran.

Con el fin de restaurar el orden, Carlos se vio en la necesidad de pasar a sus tierras hereditarias y tomar una determinación drástica que ejemplarizara lo que podía suponer rebelarse contra su señor natural. La buena relación existente en ese momento con el rey francés, hizo que Carlos aceptara de buen grado la invitación que Francisco I le hizo en octubre de 1539, de atravesar Francia en su camino a los Países Bajos para acabar con la rebelión. Era además una posibilidad *de ganarse su corazón y su voluntad*. Antes de partir, consciente de lo peligroso del viaje, el emperador dio el 5 de noviembre unas instrucciones a su hijo y heredero, *el príncipe de las Españas*, Felipe, de cómo habría de gobernar en el caso de que a él le ocurriera algo. En tal caso debía de confiarse en el rey de Romanos y en María de Hungría, así como en los reyes de Portugal, manteniendo buenas relaciones con el de Francia, olvidando las pasadas guerras, *respetando el lugar que el dicho señor rey y sus hijos tienen en la cristiandad*. Carlos varió su política matrimonial, dejando de lado la idea de que Felipe casara con su prima la hija del rey de Romanos, para que lo hiciera con Margarita, hija de Francisco I, a pesar de la diferencia de edad, aunque tampoco le parecía mal que casara con la hija de Enrique de Navarra, poniendo fin definitivo a esa larga querella. También eran importantes las bodas de sus hijas, María podría quizá casar en Francia, con el duque de Orleans, mientras que Juana era casi seguro que casaría con el príncipe de Portugal. En esas instrucciones pensaba Carlos también en el duque de Saboya, y en su hijo el príncipe del Piamonte, *que nos son tan cercanos* y que tanto han perdido por seguir nuestro bando; en su prima María Tudor, princesa de Inglaterra a la que también había que buscar buen matrimonio, defendiendo *el negocio de nuestra fe y religión*; y en sus sobrinas, Cristina de Dinamarca, duquesa viuda de Milán, y Dorotea de Dinamarca, mujer del duque Federico del Palatinado, que era muy mayor y estaba a punto de morir. Otro tema que en ese momento ocupaba su atención era el de la recuperación del ducado de Güeldres *que tan irreverentemente, desvergonzada y injustamente había ocupado el duque moderno de Cleves y que nos lo detiene*.

Dorotea de Dinamarca, nacida en 1520, era hija del rey Christian II de Dinamarca e Isabel, la hermana del emperador. Siendo muy joven, casi niña, casó con el príncipe elector del Palatinado por razones políticas. En 1539, cuando ella contaba solo 19 años, era el elector ya un viejo decrépito que aún sobreviviría muchos años.

Al ser Felipe aún excesivamente joven y falto de experiencia, decidió el emperador nombrar como regente, *en virtud de su prudençia y calidades*, al cardenal arzobispo de Toledo, Juan Pardo de Tavera, que recibió el 10 de noviembre sus correspondientes instrucciones como su lugarteniente general y gobernador en la corona de Castilla. (3 056 B) Quizá como compensación al poder de Tavera, Carlos nombró a Fernando Valdés, enemigo de Tavera, presidente del Consejo Real, estableciendo una bicefalia que no la era tal, ya que el poder recaía en su ausencia exclusivamente en Tavera. Dejaba el emperador en esta ocasión a su fiel secretario Francisco de los Cobos en Castilla, expresamente al cuidado de su hijo Felipe para aconsejarle, a la vez que para controlar a Tavera que tenía que comunicar con él antes de tomar ninguna decisión. Antes de partir de Castilla, Carlos dotó a Tavera de unas instrucciones de gobierno que debía de seguir durante su ausencia, similares a las que siempre había dejado a su mujer, recordándole que ante todo debía de honrar, servir y cuidar a su hijo Felipe, a su madre la reina Juana y a las infantas, María y Juana. Dejaba además el emperador cerca de Tavera al vicecanciller de Aragón y algunos notables del Consejo de Aragón para que decidieran con él en temas de justicia relacionados con esa corona. Tavera recibió también una lista de restricciones relacionada con nombramientos, gastos y derechos que no podía conceder, de nuevo muy similar a las que había dejado otras veces a la emperatriz, basadas fundamentalmente en no hacer nada de lo que el propio monarca normalmente no hiciera, pensando siempre en la debilidad de la economía real. Retuvo también Carlos para sí, como con Isabel, el nombramiento de determinados cargos y oficios de importancia para poder compensar con ellos a los que le acompañaban. Tavera debía de re-

Taddeo Zuccari. Francisco I acompañó durante bastante tiempo al emperador Carlos en su travesía de Francia, intentando hablar con él sobre temas políticos, a pesar de que en el acuerdo firmado para atravesar el país se había especificado que quedaba prohibido, para evitar roces, tratar temas conflictivos. Tras la travesía francesa, Francisco I quedó completamente desilusionado de no haber podido arrancar ningún acuerdo del emperador, enfriándose nuevamente las relaciones entre ambos.

sidir en el palacio real cerca del príncipe, e igualmente las reuniones de los consejos se debían de celebrar en ese real lugar. En temas hacendísticos Francisco de los Cobos, junto al obispo de Badajoz y al doctor Guevara eran los encargados de tomar las decisiones.

El 11 de noviembre de 1539, Carlos V inició su viaje a Flandes atravesando Francia. Desde Madrid siguió por Segovia, Arévalo, Medina del Campo, Tordesillas, Dueñas, Burgos, Vitoria, Tolosa, San Sebastián y Fuenterrabía, cruzando la frontera francesa el 26 de noviembre. En Francia pasó por San Juan de Luz, Bayona, Dax, Tartes, Mont de Marsan, Burdeos, Angulema, Poitiers, Chatelleraut y Loches, donde le esperaban Francisco I y Leonor con su corte: *el resçebimiento y la fiesta y el tractamiento que se nos hizo y haze, prinçipalmente por el Rey, y el contentamiento y la estima en que muestra tener la confiança que havemos hecho en nuestra venida, no se puede encarescer.* Los reyes continuaron juntos hasta Chenonceaux y Amboise, Carlos a caballo y Francisco *en una litera o en un trineo por haber estado enfermo de una postema*, un absceso supurado, y no haberse aún curado completamente. En las cercanías de Amboise disfrutó Carlos de una buena montería organizada en su honor, quedando maravillado al regresar de noche al castillo por la torre rampa por donde a caballo, iluminada por multitud de antorchas, pudo acceder sin descabalgar a lo más alto del palacio. A etapas cortas, por ir todos juntos con las damas, llegaron a Blois, Chambord, arribando a Orleans el 20 de diciembre. Carlos había puesto como condición para atravesar Francia que no se trataran temas políticos para evitar desavenencias, prefería profundizar en sus relaciones privadas con el rey francés. Incluso el rey de Navarra que lo hubiera hecho con mucho gusto se tuvo que reprimir.

Desde Chatelleraut hasta Orleans, vinieron a ofrecerse al emperador, diputados de los rebeldes de la ciudad de Gante, temerosos de ver como su castigo se acercaba.

Si no hubiera sido porque se trataba de un viaje planeado para reprimir un levantamiento, y exceptuando la molestia que suponía cabalgar diariamente, casi se podría haber creído que el emperador estaba de visita turística por Francia, viendo sus más interesantes palacios y ciudades, en compañía de los mejores guías posibles: sus reyes, príncipes, infantes, alta nobleza y la corte al completo. En todo momento Francisco se desvivió por hacerle el recorrido lo más agradable posible: *vinieron todo el tiempo caçando y monteando, y las noches dançando y bailando hasta que era hora de acostar*. A Fontainebleau llegaron la víspera de Navidad. Antes de entrar en su floresta, les salió de nuevo el Delfín con 50 hombres y con muchos arcabuceros de a caballo para hacerles la guarda por haber en ese bosque *cavalleros no bien criados*. No lejos del palacio le esperaba el duque de Orleans, siguiendo en su compañía hasta llegar a esa *casa de placer, que es una de los mejores y mayores que puede ser, con hermosos jardines, huertas, fuentes y estanques, y que estaba maravillosamente adereçado*. En este palacio le esperaban el rey Francisco I y la reina Leonor, haciendo esa noche vísperas y maitines, acostándose algo tarde, hacia las doce de la noche. El primer día de Navidad, Francisco I exhibió ante el emperador tras la misa mayor, sus poderes taumaturgos, curando a muchos hombres de una enfermedad llamada *lamparones, que lo acostumbraba hacer ansí en las fiestas principales*. En Fontainebleau disfrutó varios días de los placeres cinegéticos: *le dieron muy muchas y muy buenas caças de benados y puercos, y tales que huvo día de matar quarenta venados y ver más de dos mil*.

El 30 de diciembre, junto a los reyes de Francia, abandonó Fontainebleau y pasaron cerca de una abadía, donde *mataron dos venados a fuerça*. En Corbeil se *hizo lo acostumbrado de bailar y dançar*, y al día siguiente llegaron hasta el bosque de Vincennes. El 1 de enero de 1540, hizo el césar su triunfal entrada en París por la puerta de la Bastilla, bajo palio, acompañado por el legado papal, el Delfín y el duque de Orleans. Francisco I se había adelantado para no estorbarle la en-

Durante su estancia en París, Carlos, acompañado por Francisco I, visitó la basílica de Saint Denis a pocos kilómetros de la capital francesa. En esa basílica había sido enterrado el primer obispo de París, Denis, patrón de Francia, y desde la época de Pipino el Breve fueron enterrados en ella todos los reyes franceses, excepto Felipe I. Carlos visitó el panteón real francés.

trada, esperándolo ante el palacio del Parlamento de Paris que fue donde residieron esa primera noche los dos monarcas y el de Navarra, celebrándose un gran banquete y danza en su honor. Al día siguiente, pasaron a residir todos al Louvre, donde celebraron justas varios días, partiendo el emperador el 7 de enero de París, en compañía de los reyes de Francis y de su corte, durmiendo esa noche en Saint Denis. A continuación vía Chantilly, Nanteuil, Coterets, Soissons, Coucy le Chat y Le Fere llegaron a San Quintín, donde se despidieron los reyes franceses, siguiendo hasta Cambrai, abandonando Francia y llegando a su primera ciudad de los Países Bajos, Valenciennes, el 21 de enero, en compañía del Delfín, del duque de Orleans, del gran condestable de Francia y del señor de Vendôme. En Valenciennes le esperaba la reina María, su hermana y el príncipe de Orange, además de una delegación de los gremios rebeldes de Gante que venían a rendirse al emperador. A su llegada se celebró un suntuoso banquete en el que participaron todos los señores franceses que le habían acompañado y se hizo *sin boçes, que es al contrario de cómo se haze en Francia. Huvo en él muy extremadas músicas... y grandísimas danças*, seleccionado todo por la reina María. Al día siguiente, los franceses retornaron a su país *y así lo querríamos, porque ya estabamos hartos de fiestas, que las fechas bastan para toda nuestra vida*. En cada una de las despedidas, el emperador dio joyas y dinero a los franceses que le habían acompañado, a cada cual según su calidad, por valor de más de 100.000 ducados. Lo mismo hizo el rey de Francia que regaló al emperador un Hércules de plata que tenía en las manos dos columnas con el Plus Ultra, que pesaba quinientos marcos de plata y un diamante que valía 7.000 ducados.

El día 25 de enero, recibió Carlos en Valenciennes a la delegación de diputados enviados por la villa de Gante de forma bastante fría, mostrándoles su gran disgusto, advirtiéndoles que los culpables serían castigados. Partió a continuación hacia Bruselas a donde llegó el 30 de enero. Al día siguiente los artesanos amotinados en Gante depusieron sus armas ante la inminente entrada de las tropas imperiales. El 7 de febrero tomaban la villa 3.000 alemanes bajo la dirección del príncipe de Orange para asegurar la próxima entrada del emperador que se retrasó hasta el 14 de febrero, haciéndolo en compañía de un gran contingente militar, rindiéndose oficialmente los rebeldes a su señor. El 16 de febrero liberó a todos los ciudadanos que se habían mantenido fieles a él y que por ello habían sido encarcelados por los amotinados. El 17 de febrero se inició la represión de los amotinados de Gante, deteniendo a todos los que hubieran tomado parte en las alteraciones y ajusticiando públicamente en la plaza de Gravesteen, a nueve vecinos de la ciudad. Otros 40 vecinos quedaron presos para ser juzgados, creyéndose que ya no habría más justicia de sangre, aunque sus haciendas no estaban nada seguras. Al día siguiente se hicieron nuevas detenciones y se emitió un edicto castigando severamente a los que protegiesen a los que habían tomado parte en los alborotos. El 24 de febrero reunió a los representantes de los artesanos, acusándolos de crimen de lesa majestad y dándole dos días para su defensa, que luego serían prorrogados otros nueve por no querer ningún abogado colaborar en su causa. A continuación se retiró a Bruselas para recibir a su hermano Fernando, acompañado de María de Hungría y de un gran número de príncipes alemanes, el duque de Cléves que pretendía casarse con la viuda de Milán, Cristina de Dinamarca; el duque de Saboya, su cuñado y como él, viudo; y el cardenal Farnesio, hijo del Papa.

El emperador retornó a Gante, vía Terramonda, donde recibió a los diputados de Brujas, Ypres y Franc, los otros tres departamentos en los que se dividía el condado de Flandes, agradeciéndoles haberse mantenido fieles a su señor. Llegada la Semana Santa, Carlos se retiró como acostumbraba a pasarla en soledad en el monasterio de Baudeloo a cuatro leguas de Gante, Fernando lo hizo en el más

Aún hoy en día se recuerda el triste episodio histórico de la rebelión de la ciudad de Gante con la procesión de los *stroppendragers*. La ciudad perdió todos sus derechos y su escudo por haber cometido crimen de lesa majestad.

cercano de Tronchiennes y María se fue al de Deynse. Hasta el 29 de abril no emitió Carlos su sentencia final, restableciendo todos los impuestos de los que hasta entonces habían estado exentos los habitantes de Gante, suprimiendo la famosa fiesta llamada *Tauwe wet*, que duraba tres días y en la que los diferentes gremios disputaban acerca de la calidad y valor de su armamento, y que casi siempre concluía en desórdenes y excesos. También prohibió la celebración de la fiesta de San Liebin, un santo escocés que había sido martirizado en las cercanías de Gante, y que era la fiesta más popular para sus vecinos. Todos los bienes de la ciudad y de los gremios de tejedores pasaron a poder del conde de Flandes, y se les prohibió volver a tener ningún tipo de armamento o munición. El emperador ordenó a la villa de Gante que entregara sus privilegios *que eran bien sorbitantes*, retirándoselos junto a sus franquezas, usos, costumbres y escudo, que fue picado. Los dotó de una nueva orden de cómo debían de tener el gobierno y la policía de esa villa, perdiendo todo los derechos que hasta entonces poseían. Además les obligó a hacer enmienda, seleccionando a treinta de entre los jurados, pensionarios y escribanos de la ciudad, todos con ropas negras, más seis personas de cada uno de los cincuenta oficios que participaron en el motín, que desnudos, i.e. con camisa, y con una soga al cuello (*stroppendrager*), debían de salir del ayuntamiento el día 2 de mayo y de rodillas en el lugar y a la hora que él les indicara, por boca de su abogado, debían de decir en voz alta que les pesaba mucho haber cometido tales desobediencias contra su señor y su gobernadora, requiriendo gracia y misericordia. Se les castigaba también al pago de una multa de 150.000 florines *carolus* de oro y al pago anual de un subsidio de 6.000 florines para el emperador, retornando además el oficio de gobernador de la ciudad (*Aman*), así como el control de la cárcel pública a manos del conde de Flandes. Mandó además que se hiciera con toda presteza una fortaleza en Gante en el lugar donde había estado la antigua abadía de San Bavón a costa de sus habitantes, trabajando en ella casi dos mil hombres diariamente, usando los materiales provenientes de algunas torres y murallas de la ciudad que quedaría así abierta. Mientras se concluía la obra ordenó que permanecieran en Gante 4.000 soldados alemanes, a las órdenes del señor de Beure, gobernador de Flandes, controlando a la población. En la fecha prescrita salieron más de 400 hombres desde el ayuntamiento hasta un cadalso hecho en el patio del palacio donde residía el monarca, pidiendo perdón y misericordia. Al día siguiente se ejecutaron, cortándole la cabeza, a cinco de entre los presos de la ciudad, más a otros doce de los alterados en la ciudad de Oudernade. Terminado esto, el césar consideró bien castigados a los rebeldes.

Al poco de la travesía de Francia, que tan agradable y amable parecía haber sido para ambas partes, comenzaron de nuevo los recelos por parte de Francisco I, del Delfín y de la corte francesa, acusando a Carlos de diferir la solución de las disputas existentes, lo que no sentó nada bien en la corte francesa que había creído que, para mantener la buena amistad y la paz, el emperador estaría dispuesto a ceder en todo. Francisco I decía que el emperador les había sabido bien engañar durante el viaje. Las relaciones entre ambos monarcas se enturbiaron de nuevo, iniciándose amagos de hostilidades y rechazando Francisco I los pactos matrimoniales que le había ofrecido Carlos V. Apoyado por Francia, el duque de Cléves-Juliers-Berg se autonombró duque de Güeldres, en contra de lo que había sido estipulado anteriormente con Carlos de Egmont para el caso de que muriera sin descendencia, por lo que el ducado debía de pasar a Carlos V. En Gante, por mediación de Fernando, se intentó llegar a un acuerdo con el duque de Cléves, ofreciéndole que casara con Cristina de Dinamarca, duplicándole las rentas que ella tenía en Milán, junto con otros 100.000 ducados por compensación, con la condición de que retornara Güeldres al emperador. El duque pidió un tiempo para pensárselo y retornó a su país. Apoyado por Francia, Guillermo de Cléves-Juliers-Berg casaría el 17 de junio de 1540, contra la voluntad imperial, con Juana de Albrit.

3.3.5. Visitando su tierra natal. Un año poniendo en orden los Países Bajos (1540)

El 11 de mayo abandonó Gante el rey de Romanos, Fernando, para una dieta que se había de celebrar en Espira y en la que ambas partes, luteranos y católicos, pedían ya definitivamente la celebración de un concilio que solucionara el problema religioso. La Dieta no aportó ninguna solución, pero para Fernando

El matrimonio formado por Fernando de Habsburgo, hermano del emperador Carlos, y Ana de Hungría, fue extraordinariamente fructífero. Casi cada año, daba a luz un nuevo hijo/a Ana, llegando a tener quince en total. En este cuadro de Jakob Seisenegger se representan a tres de los hijos varones: a la izquierda Maximiliano el mayor de todos, nacido el 1 de agosto de 1527, llegaría a ser emperador y casó con María la hija de Carlos V, teniendo otros quince hijos con ella. En el centro Fernando, nacido 14 de junio de 1529, fue conde del Tirol. A la derecha Juan, nacido el 10 de abril de 1538, muerto el 20 de marzo de 1539.

ese verano de 1540 tuvo dos momentos estelares. El primero fue el nacimiento de un nuevo hijo varón, el infante Carlos, nacido en Viena el 3 de julio; y el segundo fue la muerte el 16 de julio de su émulo húngaro, el voivoda Juan Zapolya, que solo dejaba un niño de un año de edad tenido con la hija del rey de Polonia. Fernando invadió rápidamente las tierras de Zapolya, incorporándoselas, intentando lo mismo con la ciudad de Buda a la que sitió sin éxito, siendo anexionada en 1541 por los turcos.

Al día siguiente de la partida de Fernando de Gante, el 12 de mayo lo hizo también Carlos, acompañado de su hermana María, y de su sobrina Cristina de Dinamarca, pero en dirección a Amberes donde estuvo presente en la reunión de los Estados Generales de los Países Bajos, recibiendo una ayuda de 600.000 ducados a pagar en seis años. Tras una corta estancia en Malinas y Lovaina, fue a Bruselas donde se reunieron los Estados Provinciales del ducado de Brabante entre el 4 y el 14 de junio, obteniendo también una sustanciosa ayuda económica. Más tarde vía Gante retornó a Brujas donde desde el 22 de junio se celebró la reunión de los Estados Provinciales del condado de Flandes que le sirvieron con 1.200.000 escudos. Lo

Hans Bockberger el Viejo. Fernando de Habsburgo, hermano de Carlos V, rey de Romanos y desde 1558 emperador del Sacro Imperio Romano Germánico, con el título de Fernando I.

mismo hizo en los condados de Zelanda y de Holanda y en el obispado de Utrecht, visitando Flessinga, Middelburgo, Vere, Ter Goes, Zericzee, Dordrecht, Rotterdam, Delft y La Haya, donde el octavo ataque de gota le dejó doce días inmovilizado. En litera, por no estar completamente repuesto siguió vía Leiden, hasta Haarlem, donde recibió la contestación positiva de los estados de esos dos condados a sus peticiones pecuniarias, siguiendo por Amsterdam y Utrecht donde inspeccionó la fortaleza que él había ordenado construir en esa ciudad episcopal. Vía Breda, Amberes y Malinas, llegó a Bruselas el 31 de agosto, permaneciendo en ella hasta el 29 de octubre, antes de iniciar una nueva tanda de visitas a sus tierras neerlandesas. En esa estancia cada cual veía al césar de forma diferente. Si sus acompañantes españoles eran de la opinión que Carlos *repatriaba fuertemente*, es decir que volvía a ser el mismo neerlandés de su juventud; los autóctonos neerlandeses eran de la opinión que *save ya mucho a los aires españoles*. Durante esa estancia en la capital de Brabante de dos meses de duración, volvió a nombrar el 4 de octubre, gobernadora de los Países Bajos, para su próxima ausencia, a su hermana María. El 11 de octubre, aún de forma secreta, hizo donación y enfeudación del ducado de Milán a su hijo Felipe, siguiendo el consejo de muchos de sus servidores castellanos.

El 29 de octubre retomó la visita a los Países Bajos, vía Alost fue a Gante a visitar las obras del castillo que había mandado construir para asegurarse esa ciudad, prosiguió viendo las obras hechas en las demás ciudades alborotadas: Oudernade y Courtrai, prosiguiendo hasta Tournai, Lannoy, Lila, Ypres, Cassel, Gravelinas, Saint Omer, Betuna, Arras, Bapaume, Douai, Valenciennes, Quesnoy,

Avesnes, Beaumont, Floresse, Namur, Marche en Famine, La Roche, Bastogne y Arlon, donde inició el año 1541. El día 2 de enero de 1541 hizo su entrada en Luxemburgo, desde donde convocó a los príncipes, cuerpo eclesiástico, nobleza y ciudades del Imperio a la reunión de la Dieta imperial en Ratisbona. El 8 de enero abandonó sus tierras neerlandesas y vía Thionville, Metz, Saarbrucken, Zweibrucken, Kaiserslautern, Neustadt y Espira, llegó a Heidelberg, donde visitó varios días a su amigo el príncipe elector Palatino.

3.3.6. Dieta imperial de Ratisbona, muerte de Rincón, fracaso militar ante Argel (1541)

Mientras Carlos llegaba a Ratisbona, se iniciaron ya en Hagenau y en Worms unas primeras conferencias entre luteranos y católicos, intentado conseguir algunos preacuerdos para facilitar la labor posterior de la dieta. En esas dos conferencias participaron importantes personalidades de ambos bandos: Juan Gropper y Gerardo Veltwick, por parte católica, y Bultzer y Wolfgang Capito, reformadores de Estrasburgo, por parte luterana, pero sin conseguir ningún acercamiento.

El emperador tras un par de días de descanso en Heidelberg, prosiguió su ruta vía Hall, Ansbach, Rotenburgo, Nurenberg, Neumarkt y Amberg, llegando el 23 de febrero a la ciudad de Ratisbona. A finales de abril se retiró unos días a la Cartuja de Straubing, para recordar el segundo aniversario de la muerte de su querida mujer, tal y como había hecho el año anterior en Gante.

A la dieta de Ratisbona, que se inició oficialmente el 5 de abril de 1541, asistieron como negociadores por el bando católico, Juan Gropper, Julio Plfug y Juan Eck, los tres bajo la supervisión del legado papal, el cardenal Contarini; por el bando luterano Martin Bucer, Juan Pistorius y Felipe Melanchton. De los príncipes electores, solo estuvieron presentes el de Maguncia y el de Brandemburgo, mientras que los de Colonia, Tréveris, Sajonia y Palatinado, enviaron representantes.

Siguiendo el deseo del emperador, en esta dieta se trataron en primer lugar los temas relacionados con la fe, en segundo lugar la defensa de las tierras imperiales contra el turco, en tercer lugar el crecimiento del Imperio, en cuarto la paz universal de la cristiandad y en último lugar la renovación y reforma de la chancillería imperial. En el primer tema, los teólogos antes nombrados discutieron acerca de la eucaristía, la misa, la comunión, los votos monásticos, el casamiento de los clérigos, la restitución de los monasterios, la veneración de las imágenes, las costumbres eclesiásticas, los ayunos, la penitencia y la confesión. Estas discusiones fueron presididas por Federico, duque Palatino, y por Granvela. Aunque se consiguieron poner de acuerdo en algunos puntos, nada fue publicado por el césar, pecando excesivamente de prudencia. En temas relacionados con la iglesia, especialmente sobre su jerarquía y los sacramentos, el acuerdo se hizo imposible. Con el paso de los días, la reticencia de Lutero y del Papa a ceder en algún punto, llevó de nuevo al fracaso de las negociaciones. De nada sirvió la presencia del rey de Romanos que llegó a la dieta a punto de concluir, el 21 de julio de 1541. Las decisiones fueron postergadas nuevamente a un concilio nacional o a otro dirigido por el Papa, con el que no estaban de acuerdo los protestantes. Ante la falta de convenios, la validez de lo estipulado en la Dieta de Nuremberg fue simplemente prorrogada para evitar la escisión total en el Imperio. La dieta de Ratisbona concluyó el 29 de julio sin éxito y Carlos quedó completamente desilusionado de su papel como interlocutor, abandonando rápidamente Ratisbona en dirección Italia.

Durante su estancia en Ratisbona un ínfimo suceso ocurrido a principios de julio vino a desestabilizar la perentoria paz que vivía Europa. El desencanto de Francisco I con el viaje imperial por Francia, del que el rey francés se había prometido conseguir algunas cesiones de estados por parte del emperador, hizo que poco a poco la situación se hiciera irreversible. El desencadenante de todo fue lo acaecido a un ciudadano natural de Medina del Campo, participante activo en el levantamiento de las Comunidades castellanas, que tras la represión sufrida por los suyos tras la derrota de Villalar, se había pasado con ansias de venganza al bando francés, convirtiéndose en uno de los más famosos traidores de la historia carolina. Antonio Rincón, que así se llamaba este personaje, había iniciado su venganza actuando en misiones de espionaje en Hungría y Polonia, pasando información al voivoda, a los turcos, a los polacos y a los franceses, para dañar al rey de Bohemia y Hungría, Fernando. Al ser desenmascarado por el contraespionaje, se centró en servir de correo entre el rey de Francia y la Sublime Puerta, consiguiendo ganarse la confianza de ambos que lo estimaron bastante y le confiaron misiones muy complicadas y peligrosas. Él siempre decía ser súbdito de Francisco I. Su aspecto era su mayor problema, ya que al ser extremamente obeso, era fácilmente detestable. Por esa razón se servía siempre de servidores que antes que él, de forma más camuflada, llevaban la información sin que hubiera riesgo de que se les pudieran detectar. Más de una vez se había servido de los hábitos, pasando sin ser detectado por un rollizo monje o clérigo. No era él el único ex comunero que se había reconvertido en espía, actuando a favor del rey francés contra su señor natural. Otro parecido era Gonzalo de Áyora, *que haviendo sido comunero*, realizó servicios especiales de espionaje para Francisco I. Acerca de Áyora escribía en 1536 el propio monarca en cartas a sus capitanes estacionados en el norte de Italia, pidiéndoles que estuviesen atentos *para detenerlo y hacerlo preso por haber hecho tratos en deservicio nuestro*. A principios de julio de 1541, el contraespionaje español, dirigido desde Milán por el marqués del Vasto, detectó la presencia de Rincón en el norte de Italia, en la Lombardía, junto a un capitán genovés también al servicio de Francisco I, de nombre Cesare Fragoso, no menos odiado por sus labores de espionaje en la región. Se descubrió que ambos iban hacia Venecia con in-

Imagen del emperador Carlos V hacia 1540. Juan Pantoja de la Cruz, siguiendo a Tiziano Vecellio. Monasterio de San Lorenzo del Escorial. El césar es representado como capitán general de sus ejércitos con su armadura, yermo y rollo. En el pecho lleva una imagen de la Virgen de Guadalupe y su Toisón de Oro.

formación para el sultán turco que podía ser peligrosa para los intereses imperiales. El 3 de julio de 1541, hombres del contraespionaje del marqués del Vasto los descubrieron bajando en un barco por el río Po, y a pesar de que el emperador había prohibido tácitamente que se les hiciera daño, exigiendo que solamente fueran detenidos, el marqués del Vasto prefirió liquidarlos a ambos siendo engullidos por las aguas del río Po. La información tardaría aún en llegar a Francisco I, pero cuando supo del caso montó en cólera por el aprecio que tenía a Rincón y a Fragoso, iniciando como represalia el secuestro de todos los súbditos imperiales que estuvieran en ese momento en Francia. El caso más sonado fue la detención del arzobispo de Valencia que además era coadjutor de Lieja, Jorge de Austria, hijo ilegítimo del emperador Maximiliano I, que atravesaba Francia para visitar su diócesis en los Países Bajos. Además de perder sus pertenencias pasó largo tiempo en prisión, temiendo en todo momento por su vida. Francisco I exigió para dejarlo en libertad un rescate de 25.000 escudos de oro y ordenó a sus agentes que intentaran asesinar a todos los embajadores de Carlos V que descubrieran, incluyendo en ellos a Granvela o a Diego Hurtado de Mendoza. Un año más tarde, en lugar de refrenarse su odio y ansias de rencor por el asesinato de sus embajadores, convertiría la muerte de Rincón y Fragoso en *casus belli*, usándola como razón para iniciar en 1542 una nueva guerra, la cuarta contra el emperador.

Aún faltaba tiempo para que eso ocurriera, y desde Ratisbona, concluida la dieta, Carlos se dirigió hacia Italia camino de una nueva jornada en la que se prometía conseguir aún más fama que en la de Túnez. Su camino lo llevó por la pequeña ciudad episcopal de Freising, Munich, el monasterio benedictino de Beuren, Mittenwald, Seefeld, Innsbruck, cruzando los Alpes por Sterzing, Brixen y Bolzano hasta Trento, desde donde marchó hasta Milán, promulgando en esa ciudad el 27 de agosto, la nueva constitución milanesa, que era una recopilación de todas las leyes, edictos, decretos y costumbres de la ciudad, cuya creación había sido iniciada por el anterior duque, Francisco II Sforza. Vía Pavía y Alessandria llegó a Génova el 3 de septiembre y una semana más tarde, con 17 galeras, se hizo a la mar dirección Lucca para entrevistarse con el Papa. Desde el 12 al 17 de septiembre departió con el Santo Padre en compañía de Nicolás Perrenot de Granvela, pero sin demasiado éxito y sin llegar a ninguna conclusión. Paulo III aceptó intervenir ante Francisco I para evitar que de nuevo se iniciara la guerra, aceptando el Papa la celebración de un concilio en la ciudad de Trento que pusiera fin definitivo a las disputas religiosas en el Imperio.

El propio Papa intentó convencer al emperador de que la jornada contra Argel que había organizado no tenía demasiado sentido, que sería mucho mejor defender las tierras austriacas, ahora que los turcos acababan de apoderarse de Budapest (28 de agosto de 1541). Carlos, sin embargo, tenía muy claro lo que quería y su armada estaba ya preparada para emprender el camino de la fama, asaltando el nido de piratas en que se había convertido Argel, defendiendo las costas de sus reinos mediterráneos de esa plaga de corsarios que robaban, asesinaban y esclavizaban a sus súbditos. Además, antes de iniciar la acción militar, había intentado ese mismo año convencer pacíficamente al que gobernaba Argel en nombre de Barbarroja, Hassan Agá, para que se pasase a su lado, nombrándolo gobernador de esa ciudad, pero Agá lo había rehusado. No quedaba pues otro camino que la acción armada para limpiar de piratas la zona occidental del Mediterráneo.

Desde Lucca el césar regresó a La Spezzia, embarcando el 27 de septiembre, en busca de su armada, llegando a Córcega el día 28. A principios de octubre enfermó y se detuvo varios días en Bonifacio, hasta sentirse mejor. El 11 de octubre estaba ya con su armada en la bahía de Mahón, al día siguiente, 12 de octubre, desembarcó en Mallorca. A pesar de la presión de Andrea Doria y de los demás capitanes que le intentaron hacer ver que no era el tiempo ideal para una aventura en el Mediterráneo, por ser el otoño la época con el mayor número de tempestades, el emperador se empecinó y ordenó avanzar. La flota italiana esperaba concentrada entre la bahía de Mahón y la de Palma, mientras que la flota española se había refugiado en Ibiza, sin poder avanzar hasta Mallorca por tener viento en contra.

La escuadra que acompañaba a Carlos la formaban en total unas 65 galeras, más otros 300 navíos menores, ocupados por cerca de 45.000 infantes, 2.000 caballos, vituallas y abundante artillería. El contingente principal lo constituían las

VIEIL ALGER – Vue de la Ville et de la Rade (XVI·· Siècle)

Vista de la ciudad, fortalezas y puerto de Argel, el mayor nido de piratas del Mediterráneo en el siglo XVI. En el momento de ser atacado por el emperador en 1541 no se encontraba en Argel el temido Barbarroja, sino Hassan Agá. La expedición supuso uno de los mayores fracasos militares del emperador.

galeras de Andrea Doria; más cuatro galeras de la Religión, o sea de los caballeros de Malta; otras cuatro de Sicilia; seis de Antonio Doria; cinco de Nápoles; cuatro del conde de Languilara; dos del vizconde Cicala; dos del duque de Terranova y dos del señor de Mónaco. Desde Málaga salieron 15 galeras al mando de Bernardino de Mendoza, más 200 navíos de todos los tamaños. El mando supremo de esta armada lo detentaba el duque de Alba, y entre los participantes iban el propio Hernán Cortés, marqués del Valle de Oaxaca, y el poeta Gutierre de Cetina.

El 18 de octubre ordenó el césar la partida de todas las naves desde Mallorca, Menorca e Ibiza, cada cual siguiendo su derrotero, hacia Argel. El emperador estuvo ese día en la isla Cabrera. El día 19 lo pasó en alta mar con viento a favor, arribando el 20 de octubre de 1541 a la costa de Berbería, donde al poco se unieron con él las flotas que habían partido de Menorca e Ibiza, continuando la navegación, aunque ya con viento contrario hasta Argel. Los más avezados marinos aconsejaron al césar que depusiera la operación, ya que además del mal tiempo, el gobernador Hassan-Agá había preparado muy bien las defensas de la costa. Llegados a Argel, sin aún poder desembarcar, arreció el viento con gran mar, de forma que muchas de las naves fueron arrojadas a la costa. La armada proveniente de Málaga no pudo avanzar por el viento en contra y durante tres días los navíos imperiales quedaron a merced de las olas frente a la costa del cabo Matafus, sin que se pudiera desembarcar. A los pocos días aparecieron los navíos provenientes de Málaga que fueron llegando con gran dificultad. El día 23 mejoró algo el tiempo y la infantería pudo desembarcar a 7 millas de Argel, pero antes de poder bajar los caballos, artillería y víveres, tornó la tormenta. La infantería fue avanzando por tierra hacia Argel con el emperador a su cabeza, mientras que la armada con la caballería, las vituallas y la artillería le fue siguiendo en paralelo a la costa llegando hasta casi una milla de Argel. La infantería se organizó en tres cuerpos: los españoles en vanguardia, al mando de Ferrante Gonzaga; los alemanes, en medio, mandados por el Duque de Alba y acompañados por el emperador; y los italianos al mando de Camilo Collona, y acompañados por 400 caballeros de la orden de Malta, cerca de la costa. La tormenta no solo no cesó sino que arreció con fuertes lluvias que hicieron muy difícil el avance de la infantería, pero sobre todo el uso de los arcabuces. Los turcos y moros de Argel salieron entonces masivamente de la ciudad para ofender a las tropas pero fueron repelidos y murieron muchos de ellos. Finalmente se pudo sitiar la ciudad, preparando un plan de asalto, para el que se pensaba contar con el apoyo de las galeras desde el mar. Al no disponer de artillería se fue retrasando el ataque. El tiempo siguió empeorando y las lluvias torrenciales y vientos huracanados destruyeron el campamento y muchos de los bajeles pequeños fueron arrastrados a la playa, algunas de las naves más gruesas tuvieron que cortar sus árboles o tirar al agua su artillería para evitar hundirse. En poco tiempo se hundieron casi 150 naves cargadas de víveres, municiones y caballos. Las tripulaciones de los barcos varados por el temporal fueron pasadas a cuchillo por los argelinos.

El día 26, por fin pareció remitir la tormenta, retornando de nuevo al amanecer con nueva fuerza. Los soldados de la infantería llevaban ya dos días sin comer, alimentándose de palmitos u otras hierbas, comiéndose a los pocos caballos que habían podido descender. El 1 de noviembre, tras casi diez días luchando contra los elementos y el continuo hostigamiento de los argelinos, sin esperanza de que la situación mejorara, el césar ordenó levantar el campo, reembarcar a la infantería y retornar al lugar de origen. Su sueño de gloria en la jornada y su deseo de acabar con las actividades piráticas, se desvanecieron. Mucho mayor fueron las pérdidas económicas y humanas. Al menos fue lo suficientemente frío para organizar el retorno con las menores pérdidas posibles. De los tercios españoles que estaban en Nápoles y Sicilia se enviaron 2.000 a la Lombardía, el resto fueron transportados a Cerdeña, *para que por agora se entretegan allí*, aliviando a Nápoles y a Sicilia de su pago. Las fuerzas italianas y alemanas fueron trasladadas a Livorno, La Spezzia y Génova, a las órdenes del marqués del Vasto. La gente de a caballo del reino de Nápoles retornó a su lugar de origen, y las galeras sicilianas, dirigidas por su virrey Ferrante Gonzaga, lo hicieron a su

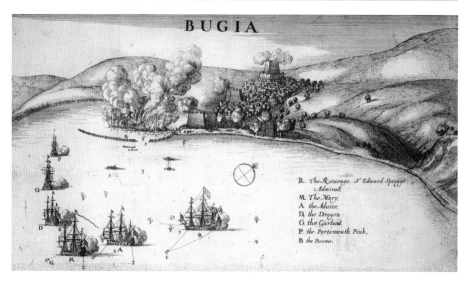

Tras abortar la operación militar contra Argel, el emperador, acompañado por Andrea Doria, inició el 3 de octubre de 1541 el retorno hacia las Baleares, siendo empujado por el viento hacia la costa de Bugía donde se vio obligado a sobrevivir durante un mes y veinte días. Hasta el 23 de noviembre no pudo iniciar el retorno, arribando a Mallorca el 23 de noviembre. En España se llegó a creer en ese tiempo que el emperador hubiera muerto en la costa africana.

isla, acompañadas por las de la Religión, de los caballeros de la orden de Malta, siguiendo la costa africana por ser más fácil el camino, atravesando el mar desde los Gelbes. Andrea Doria con las once galeras que le quedaban, más las del señor de Mónaco, las del conde de Languilara y las de la armada española acompañaron al emperador de regreso a España. Partieron el 3 de octubre de Argel, siendo arrojados por el temporal a la costa de Bugía, donde permanecieron veinte días sin poder moverse a causa del temporal. El 23 de noviembre amainó el viento, partiendo entonces toda la armada junta, llegando el día 26 a Mallorca y el 28 a Ibiza, pasando el día 29 protegidos en la bahía de Sant Antoni de Portmany, arribando tras tres días y tres noches de navegación, el 2 de diciembre, a Cartagena. La jornada había sido desastrosa, la peor que había jamás dirigido el emperador, y las pérdidas económicas llevaron a la economía imperial a la ruina, aunque nunca se llegaron a contabilizar. Entre otras cosas curiosas que se habían perdido en esa jornada fueron los sellos reales de Castilla con los que el emperador validaba sus documentos, por lo que Carlos tuvo que ordenar la confección de nuevos exigiendo que la inscripción que llevaran fuera en latín y no en castellano como ya se había intentado hacer con los sellos de las nuevas cancillerías de Indias. El césar exigió que todos llevaran idéntica inscripción en latín, *pues es todo una sola corona y no hay para qué haber diferencia en ello*. Juan Manuel fue el único que tras el desastre intentó animar públicamente al emperador, diciendo: *Señor, quien no se pone a nada, nunca le acaesce nada.*

Desde Cartagena el emperador continuó vía Murcia hasta Ocaña a donde llegó el 19 de diciembre, a esa villa habían sido trasladas las infantas María y Juana por orden de Tavera. Ahí también le esperaban el príncipe Felipe y el propio regente. La flota de Doria, Mónaco y del conde de Languilara, prosiguieron desde Cartagena por la costa mediterránea hasta sus bases.

3.3.7. Recuperándose del fracaso argelino en España. Un año aprendiendo a ser rey (1542)

El año **1542** lo inició el emperador en Toledo, vagabundeando por Castilla en busca de paz, ocupándose con el noble deporte de la caza y de la montería en los bosques del Pardo y en los de Segovia, arreglando problemas de orden interno, visitando a los suyos, especialmente a sus hijas María y Juana, custodiadas en Ocaña, a su madre la reina Juana en Tordesillas, pero sobre todo acompañado por su heredero Felipe, al que a sus 15 años ya le había llegado la hora de olvidar el juego con los amigos, y comenzar a aprender el arte de gobernar. En largas conversaciones entre padre e hijo que se prolongaron durante todo el año que lo pasaron recorriendo las tierras peninsulares, Carlos le fue trasmitiendo su experiencia política y humana, sus fobias y sus filias, su amor desmesurado por la caza, la música y su religiosidad, a la par que él mismo se fue recuperando de la pesadilla argelina, en la que había temido por su vida, llegando a creerse en Castilla que hubiera podido haber muerto, al pasar tanto tiempo aislado en la costa de Bugía sin poder enviar información. La ruina económica consecuente al grave fracaso militar, se vio agravada por los aires guerreros que soplaban en Francia, que utilizando la escusa del asesinato de Antonio Rincón y César Fragoso, se preparaba para hacer la guerra. La necesidad de fondos para levantar un ejército, aconsejaba reunir a las cortes, tanto castellanas como aragonesas, sacando lo que se pudiese de sus ya arruinados súbditos, para nutrir unas reales arcas vacías.

Los primeros en reunirse fueron sus súbditos castellanos, los más sufridos. Las cortes fueron convocadas en Toledo para el 25 de enero, aunque finalmente se convertirían en las Cortes de Valladolid de 1542, inaugurándose el 10 de febrero en la iglesia de San Pablo. Muchas fueron las peticiones hechas por los castellanos al emperador, más de cien, destacando las relacionadas con los temas de justicia, de la que no se conseguían erradicar los malos vicios. Se pidió de nuevo al monarca que no abandonara Castilla, pero sobre todo que no expusiera más su vida en jornadas como la recién concluida en Argel. En esas cortes se dejó ver la influencia del padre Bartolomé de las Casas que a la sazón estaba en Valladolid, solicitando al emperador que concluyeran las crueldades que contra los indios se hacían, tanto por razones humanitarias, como para evitar que las Indias se despoblaran. La colaboración de García de Loaysa, presidente del Consejo de Indias, serviría para establecer nuevas leyes protectoras de los indígenas. El emperador solicitó un servicio de 1500.000 maravedís, obteniendo solo 1.200.000, concluyendo las Cortes sin más resultados el 22 de mayo. Durante esas Cortes el emperador sufrió su noveno ataque de gota, ocupando por primera vez todos sus miembros, empeorando aún más durante la Semana Santa que pasó en el monasterio de la Mejorada. El mismo día de la conclusión de las Cortes, el 22 de mayo de 1542, era convocado el deseado concilio de Trento por el Papa.

En esa estancia vallisoletana, le visitó el 26 de marzo, el arzobispo de Westminster, intentando conseguir algunos tratados, especialmente comerciales, entre Inglaterra, los Países Bajos y España. El tiempo hacía diluirse la triste historia de Catalina de Aragón, en especial después del ajusticiamiento de Ana Bolena, y ahora, ante las necesidades económicas y frente al común enemigo francés, comenzaba a primar el acercamiento a Enrique VIII. El 5 de mayo convocó ya a las Cortes de la corona de Aragón en Monzón y el día

Curiosa imagen de Carlos V como cazador. La caza, deporte por excelencia de la nobleza, fue la mayor afición del emperador, dispuesto a arriesgar todo por conseguir la mayor pieza. Había heredado el césar esta afición de su padre Felipe, pero sobre todo de su abuelo Maximiliano, cazador perenne, tanto de animales de cuatro patas como de dos.

23 recibió a Nicolás Perrenot de Granvela recién llegado de Italia. Ese mismo día aparecieron en la puerta de la iglesia de San Pablo unos pasquines difamatorios contra el rey, el príncipe y otros señores, cuyos autores eran dos jóvenes de nombre Lasso de la Vega, que fueron descubiertos tres días más tarde. A petición de Felipe, el emperador les perdonó la vida, conmutando la pena de muerte por un año de

El príncipe Felipe. Antonio Moro. Museo de Bellas Artes de Budapest. El joven heredero Felipe recibió a lo largo de 1542 una lección magistral de su padre acerca de cómo había que gobernar las tierras peninsulares. Durante casi un año viajaron juntos preparándolo para quedarse al mando del país en futuras salidas del césar. Fue el momento de mayor unión entre padre e hijo.

prisión y destierro perpetuo de la corte, yendo a servir uno a Orán y el otro a Bugía.

A finales de mayo, Carlos y Felipe, iniciaron su viaje a Aragón para celebrar las Cortes aragonesas. Parecía como si fuera una lección magistral que el padre impartía al hijo. Primero fueron a Burgos, visitando en el monasterio cisterciense de las Huelgas, a su tía, la abadesa, hija bastarda de Fernando el Católico. A continuación entraron en Burgos, alojándose en la casa del condestable de Castilla, Pedro Fernández de Velasco. Ahí pasó el emperador varios días enfermo. Prosiguieron por Belorado, Santo Domingo de la Calzada, hasta Nájera, residiendo en el castillo de sus duques. En Logroño participaron con toda la corte en la procesión del Corpus Christi y el 10 de junio entraron en Arcos, ya en su reino de Navarra, siguiendo por Estella y Puente la Reina, hasta Pamplona, donde fueron recibidos solemnemente el 13 de junio por su virrey, obispo, consejo y habitantes. En Pamplona pasó varios días revisando, al lado del príncipe Felipe, las espectaculares fortificaciones de la ciudad y su castillo, que habían sido readaptados por el arquitecto imperial Marchi y por Sancho de Leyva, capitán general de Guipúzcoa. Ambos dos habían readaptado también Fuenterrabía, en la que concluyeron los cubos de la Reina, de San Nicolás y de la Magdalena; Pasajes; Guetaria; y San Sebastián, en la que hicieron una nueva traza para el castillo de la Mota, dotando a todas esas fortalezas con suficiente artillería y munición.

El 18 de junio entraban en su reino de Aragón vía Sádaba, llegando el 22 a Monzón. Al día siguiente, acompañado por Felipe, por el duque de Calabria, Fernando de Aragón, y por el duque de Alba, fue a la iglesia de Santa María de Monzón, donde estaban reunidos los estados de Aragón, Valencia y Cataluña, para celebrar las Cortes Generales de Aragón. El monarca se sentó en su trono y el secretario Clemente leyó las razones de la venida, dando cuenta de sus viajes y empresas, así como de los preparativos que organizaban los turcos, pidiéndoles abreviasen las Cortes todo lo posible. Carlos comisionó a

El emperador Carlos V en armadura con Toisón y banda roja en el pecho. A pesar de no ser aún excesivamente mayor, su cuerpo y su cara mostraban ya claramente el sufrimiento y el paso ineludible del tiempo, sin haberse cuidado demasiado y afectado por continuos ataques de gota.

Granvela, a Cobos y al vicecanciller de Aragón para que entendieran en los asuntos, haciendo además el monarca su proposición a las Cortes. Durante esas Cortes, el príncipe Felipe cayó, el 4 de julio, enfermo con tercianas, durándole hasta el día 20. Las Cortes de Monzón, que en este caso fueron breves, concluyeron con el acuerdo de dar al monarca un servicio de 500.000 ducados, jurando también a Felipe como su príncipe natural hábil para reunir cortes en el porvenir en los tres reinos de Aragón, Valencia y Cataluña.

Tras la conclusión de las Cortes de la corona de Aragón en Monzón en 1542, Felipe se trasladó a Zaragoza para ser jurado como príncipe heredero de Aragón, jurando a su vez sus fueros. Dos días residió el príncipe en el palacio de la Aljafería hasta que la ceremonia estuvo organizada, haciendo el 31 de agosto de 1542 su entrada oficial en Zaragoza por la puerta del Portillo, desde donde, bajo palio, prosiguió hasta la plaza del Mercado, trasladándose después a la catedral. En su interior, cerca del altar mayor, de rodillas con las manos sobre la *Vera Cruz* puesta sobre un misal, que era la que se usaba para estas ceremonias, prestó solemne juramento ante el justicia mayor de Aragón, Lorenzo Fernández de Heredia, los diputados, jurados y testigos.

Hasta el 10 de octubre, Carlos y Felipe estuvieron en Monzón, trasladándose entonces ambos a Barcelona, a donde entraron el 17 de octubre, alojándose en el monasterio de Valdoncella. El 8 de noviembre de 1542 fue recibido el príncipe por las autoridades de la ciudad y bajo palio acompañado por el duque de Alba, el duque de Frías, Juan de Zúñiga, el virrey Francisco de Borja, el hermano del rey del Congo y muchos otros, fue hasta San Francisco donde prestó juramento a los derechos de la ciudad, haciéndose luminarias, danzas y máscaras en su honor. El día 9 fue al palacio de los condes de Barcelona recibiendo el homenaje y fidelidad, siendo jurado por los catalanes como su príncipe. En los días siguientes, junto a su padre visitó desde Montjuic las nuevas fortificaciones que tanto por mar como por tierra estaba haciendo en Barcelona Luis de Pizaño.

A finales de noviembre, vía Tortosa se dirigieron al reino de Valencia, siendo recibidos por Fernando de Aragón, duque de Calabria y virrey de ese reino, que los acompañó hasta Valencia donde el emperador entró el 4 de diciembre alojándose en el Palacio Real, haciendo su entrada triunfal Felipe al día siguiente, siendo jurado príncipe por los valencianos. Doce días pasaron en Valencia, disfrutando de fiestas, justas, danzas, banquetes, pero especialmente de la caza *en un lago que está a media legua de la ciudad*, la Albufera. El 15 recibieron en audiencia a toda la nobleza y autoridades del reino, partiendo el 16 de diciembre, consiguiendo llegar a Alcalá de Henares el 25 de diciembre. En esa ciudad, a bombo y platillo, se anunció el doble enlace matrimonial que había sido planeado entre España y Portugal. El príncipe Felipe casaría con María Manuela, hija de Juan III, y la infanta Juana casaría con el príncipe Juan de Portugal. El acuerdo sería oficialmente ratificado por las partes el 13 de enero de 1543 en Madrid, quedando solo a expensas de la autorización papal, fundamental por el alto grado de consanguineidad de ambos. El Papa Paulo III emitió una bula en Parma el 8 de abril de 1543, permitiendo los dos matrimonios hispano-portugueses. El 30 de diciembre llegaron los inseparables padre e hijo a Madrid tras haber pasado casi un año recorriendo juntos las capitales principales de la península.

4. LOS AÑOS EUROPEOS

4.1. Cuarta guerra con Francia (1542-1544)

4.1.1. Inicio de la cuarta guerra con Francia (1542-1543)

El 12 de julio de 1542, Francisco I declaró nuevamente la guerra al emperador, usando como argumento el asesinato de Antonio Rincón y César Fragoso, iniciando las hostilidades con un ataque fulminante en tres direcciones. La primera contra los Países Bajos, atacando a la vez en el Artois, en Flandes y en Luxemburgo, apoyado en la retaguardia por las acciones de Martín van Rossum que el 15 de julio invadió Brabante con 15.000 soldados, destruyendo zonas rurales y rompiendo los diques que protegían a las tierras bajas del mar, inundándose la región entre Borgerhout y Dambrugge. Sitió también la ciudad universitaria de Lovaina y a punto estuvo de conquistarla, aunque el levantamiento de los estudiantes le obligó a abandonarla, viéndose compelido a principios de agosto por el señor de Bosu a retirarse más allá del río Sabres, dejando muchos prisioneros y abundantes bagajes. Otras tropas francesas dirigidas por el duque de Orleans atacaron y conquistaron fácilmente la ciudad de Luxemburgo, ocupando la mayor parte del ducado: Bretange, Meell, Hollerich, Gasperich, Tessingen, Bonnevole, sin poder hacerlo con Thionville. Como consecuencia de ello, el 28 de septiembre, Francisco I se hizo jurar duque de Luxemburgo, el primer título que desde la cuna había poseído Carlos. Como represalia, las tropas imperiales, comandadas por el conde de Buren, invadieron Francia por la zona de Yvoy, y en paralelo el príncipe de Orange, René de Chalon, atacó el ducado de Cléves aliado del francés, de donde provenían los ataques de Martín van Rossum, viéndose frenado por el crudo invierno y teniendo que permanecer acampado en medio de ese ducado. En **1543** los ataques de Rossum se redujeron al Ultramosa y al ducado de Juliers, asaltando muchos de los exclaves brabanzones aislados que había en esa región, cercando a Maastricht, paso principal sobre el Mosa por donde se accedía desde Bruselas a Colonia, y a Heinsberg otra de las puertas principales para cruzar la región, aunque sin éxito.

La segunda acción militar de Francisco I fue un masivo ataque contra las fortalezas españolas a lo largo de los Pirineos. El 17 de julio se corrió la voz de la llegada de destacamentos franceses al paso de Behovia, creyéndose que iban a atacar por Navarra, San Sebastián, Fuenterrabía y Perpiñán, donde Carlos había comisionado como capitán general al duque de Alba, conocedor de que los franceses serían ayudados por la escuadra turca desde el mar. También reforzó Salsas y ordenó al condestable que aprestara 60.000 hombres para la defensa del país, solicitando de la nobleza y de las ciudades de todos los reinos peninsulares que organizaran lanzas, según su calidad, para servirle.

El tercer ataque francés, que se inició algo más tarde, se dirigió contra el Piamonte y la costa mediterránea, intentando conquistar Niza y después la Lombardía.

El primer trimestre de 1543 lo pasaron juntos Carlos y Felipe en Madrid, enseñando el padre al hijo todo lo que sabía acerca de gobernación y justicia, de temas militares e internacionales, e incluso acerca de lo más íntimo y privado. El 1 de marzo se trasladaron juntos a Alcalá de Henares, separándose allí el 3 de marzo. Carlos prosiguió en solitario, vía Zaragoza, hacia Barcelona con el fin de pasar a Italia, Alemania y los Países Bajos para defenderlos de la invasión francesa. Felipe quedó a cargo de las tierras peninsulares.

4.1.2. Primera regencia del príncipe Felipe y su boda con María Manuela de Portugal (1543)

El 1 de mayo, estando en Barcelona, nombró Carlos a Felipe, regente y gobernador de Castilla y de Aragón, dejando cerca de él parte del consejo aragonés, pidiéndole que en los temas relacionados con Aragón fuera especialmente cuidadoso por sus muchos fueros y porque *mostraban más sus pasiones que los de Castilla*. También le encomendó el cuidado de sus hermanas, Juana y María, y de su madre, la reina Juana. Para ayudarle a gobernar, le envió unas instrucciones muy similares a las que había dejado otras veces a su mujer Isabel y le dejó un consejo asesor formado por Juan Pardo de Tavera; el presidente del Consejo Real, Fernando Valdés; Francisco de los Cobos; Juan de Zúñiga, su ayo; el cardenal García de Loaysa; el conde de Cifuentes; y el duque de Alba, dedicado en exclusiva a los asuntos dependientes del Consejo de Guerra. Por primera vez desde mucho tiempo no acompañaba al emperador en sus empresas extranjeras Francisco de los Cobos, sino su sobrino Juan Vázquez. A cargo de la Cámara de Cuentas y del Consejo de Hacienda dejó a Francisco de los Cobos, ayudado por el doctor Guevara, el licenciado Girón y Alonso de Baeza. Eran los mejores servidores que poseía Carlos por lo que nada extraño podría ocurrir.

Junto a esas instrucciones públicas, Carlos le remitió el 4 de mayo, desde Palamós otras instrucciones personales, hechas especialmente para ese joven de 16 años que acababa de salir de la niñez, y se veía en la necesidad de dirigir un país tan importante. En ellas le pedía que se invocara a Dios y que estuviera atento a

Alonso Sánchez Coello. Museo Narodowe de Varsovia, Polonia. Felipe II preside un imaginario y anacrónico banquete en el que sienta a su mesa a sus antepasados y a sus hijas. A la derecha Carlos V e Isabel de Portugal, sus padres. En el centro Felipe II con Ana de Austria. A la izquierda el archiduque Alberto e Isabel Clara Eugenia, hija de Felipe. De espaldas el duque de Saboya y la infanta Catalina Micaela, hija también de Felipe II. El cuadro muestra en detalle como se comía en la época entre las clases pudientes y aporta interesantes detalles gastronómicos, de utensilios y de comportamiento del servicio.

los consejos que recibiera, supliendo con el conocimiento de los más ancianos su falta de experiencia. Tenía que administrar imparcialmente la justicia, *sin enojo, amor, afición o pasión, ser afable, humilde, templado, moderado, evitar la furia* y destituir inmediatamente a los funcionarios corruptos. Fundamentalmente se tenía que ocupar de los temas hacendísticos para conseguir medios con que socorrer sus negocios, pidiéndole que aprendiera al menos francés, italiano y latín, idiomas de sus súbditos, *es forzoço ser de ellos entendido y entenderles.* El emperador era consciente del grave error cometido en la educación del príncipe, al no haberlo obligado a aprender idiomas. Otro tema en el que hacía hincapié era en el de la sexualidad, pidiéndole contención: la lujuria producía *muchas vezes flaqueza y estorvaba a hazer hijos, y a veces quitaba la vida como hizo al prínçipe don Joan* (único hijo varón de los Reyes Católicos), *por donde vyne a heredar estos reynos.* Felipe le había prometido ya en conversaciones anteriores no tener relación sexual nada más que con su futura mujer, sin cometer excesos con ella, muy al contrario apartándose en lo posible de ella, *sin regresar tan presto ni tan a menudo a verla.*

Carlos abandonaba España con un gran cargo de conciencia, ya que dejaba a su hijo un país en ruina, en situación *de extrema gravedad* tras la jornada de Argel, y con los súbditos arruinados. Justamente la razón de su partida era la de buscar una salida hacia adelante, la de vencer o morir en lucha contra Francisco I. Según le comentaba a Felipe era el viaje *más peligroso para mi honra y reputación, así como para mi vida y para mi hacienda*, pero tenía que hacerlo para evitar dejarle *pobre y desautorizado*, o al menos con una herencia menor a la que él había recibido. Las cuestiones hacendísticas eran tan malas que Carlos *tenía miedo de ser preso o detenydo en el viaje*. Quizá por ello, temeroso de lo que pudiera suceder, escribió desde Palamós, el 6 de mayo de 1543, unas instrucciones secretas que nadie, excepto Felipe, podría leer. Solo en el caso de que Carlos muriera o fuera hecho prisionero, debían de ser leídas ante las primeras cortes que se celebrasen. En ellas le informaba de sus intenciones: defenderse del rey de Francia y atacarlo por Alemania y por Flandes, haciendo a su vez entrar desde Perpiñán por el Languedoc al duque de Alba, hacer asaltar la costa de la Provenza con las galeras y enviar a sus infantes asentados en Italia a liberar el Delfinado y el Piamonte. Una guerra total que sería insostenible sin fondos económicos por lo que Felipe tenía que procurarlos como fuera, ya fueran servicios especiales de las Cortes castellanas y aragonesas, sisas, o el secuestro del oro y plata que entraran por la Casa de Contratación de Sevilla. En estas instrucciones analizaba el césar a cada uno de sus criados y servidores para que Felipe supiera cómo tratarlos, haciendo una interesante descripción de sus caracteres:

—El arzobispo de Toledo, Tavera, era humilde y santo, fundamental para dar consejos acerca de las personas que debían de ocupar los cargos.

—El duque de Alba valía para las labores de Estado y Guerra, pero era ante todo un grande que quería crecer tanto como se pudiera. Felipe nunca debería de usar a un grande en el gobierno, y había de guardarse mucho de él porque se lo querrá ganar buscándole mujeres.

—Francisco de los Cobos era fiel y gran trabajador, aunque ya estaba viejo y se fatigaba. Su mayor problema era su mujer que gustaba de recibir regalos. Cobos era el mejor para temas hacendísticos y de cuentas.

—Juan de Zúñiga era muy áspero y por eso fue elegido para ser su ayo y educarlo. Estaba enfrentado con el duque de Alba y con Cobos, y era demasiado amigo de Tavera y del conde de Osorno. Era algo codicioso, pero *tiene mucha experiencia y es muy leal, os ruego que le creays y le deys favor y calor*.

—El obispo de Cartagena, Juan Martínez Silíceo, su antiguo preceptor y confesor siempre ha deseado contentaros demasiado. Debería de buscar un fraile sencillo como confesor.

—El cardenal de Sevilla, García de Loaysa, era muy mayor y estaría mejor en su iglesia. Solía ser muy bueno para cosas de Estado y aconseja bien, se llevaba mal con Tavera.

—Fernando Valdés, presidente del Consejo Real, era buen hombre pero no lo suficiente para aconsejar, solo intentaba complacer a Cobos en todo.

—El conde de Osorno tenía muy sujeto al Consejo de Órdenes, era mañoso pero poco claro en sus tratos.

—Nicolás Perrenot de Granvela era el mejor para los negocios de estado en Italia, Flandes, Alemania, Francia e Inglaterra. No había persona mejor y que más me haya servido, aunque tenía algunas pasioncillas, especialmente en los temas de Borgoña, y gran gana de dejar ricos a sus hijos. Era fiel y nunca pensaría engañarme. Su cuñado el señor de Saint Vincent era muy bueno y también su hijo Antonio, obispo de Arras.

Tras dejar por escrito todos estos consejos al joven príncipe, el emperador se embarcó el día 12 de mayo en Palamós, llegando ese mismo día a Rosas, tierra de la duquesa de Segorbe, quedando maravillado del lugar y de su bahía, decidiendo convertirlo en cuanto pudiera en tierra de realengo y fortificarlo. Al pasar delante de Marsella, el 20 de mayo, fue atacado de nuevo por galeras francesas sin causarle daños. La fiesta del Corpus Christi la pasó en Savona, y vía San Remo llegó a Génova el 25 de mayo de 1543. En Génova, el emisario papal le había insistido en que fuera a Bolonia a entrevistarse con el Santo Padre, aunque Carlos le había avisado que tenía prisa por llegar a los Países Bajos y organizar su defensa, proponiéndole a Paulo III que se vieran en el camino, quedando en hacerlo en algún lugar cerca de Parma. El emperador, para su seguridad, iba acompañado por cerca de 4.000 soldados españoles. En Pavía se reunió con su hija Margarita, mujer del duque de Camerino, Octavio Farnesio, que lo acompañó hasta las entrevistas con el Papa en Bussetto. Estando en Pavía, devolvió la posesión de las fortalezas de la ciudad de Florencia ocupadas por soldados españoles, al duque de Florencia, Cosme de Medici, recibiendo a cambio 150.000 ducados, que junto a los 200.000 que le ofreció Nápoles, fueron a manos del marqués del Vasto, gobernador de Milán, para defender el Piamonte de cualquier ataque francés. En Cremona nombró al marqués de Aguilar, capitán general y virrey de Cataluña, a pesar de que con anterioridad ya había nombrado al duque de Alba capitán general, produciéndose entre ambos un posterior enfrentamiento.

La entrevista entre Carlos V y Paulo III se celebró en Bussetto entre el 21 y el 24 de junio, sufriendo el césar su décimo ataque de gota. En esa reunión justificó Carlos su recién firmada alianza con el rey de Inglaterra, recordándole que ya le había avisado de que si Francisco I rompía la tregua y el Papa no le ayudaba, se aliaría con quien fuera necesario para defenderse. Paulo III le propuso que cediera el ducado de Milán a su nieto Octavio Farnesio, yerno del emperador, por un pago aproximado de dos millones de ducados de oro, evitando con ello que cayera en la esfera francesa. Octavio uniría al ducado de Milán sus tierras de Parma y Piacenza, asegurando su fidelidad a la causa imperial. La idea no disgustaba a Carlos porque suponía un ahorro en los pagos a las guarniciones milanesas y porque aportaba un efectivo de casi dos millones de ducados con el que costear el deseado ataque frontal a Francia. No obstante, su costumbre en esos temas era consultar a sus hermanos Fernando y María, a su hijo Felipe y al

Consejo Real, interesándose especialmente por la opinión de Felipe, al que en secreto ya había donado el ducado. La opinión del Consejo Real y de Felipe fue negativa, Milán debía de seguir en manos españolas, cerrando el paso a Nápoles y ayudando a defender el Piamonte, el condado de Asti e incluso Génova.

El 25 de abril de 1543, invitado por Francisco I, partió de Constantinopla con una flota de 120 galeras, Barbarroja. Al conocerse la noticia se reforzaron las ciudades mediterráneas, peninsulares e insulares, y los presidios norteafricanos. Andrea Doria, Bernardino de Mendoza, Antonio Doria, Agustín Grimaldi, Cicala y el marqués de Terranova, se unieron con sus barcos para hacer frente a la flota en las cercanías del faro de Mesina, pero más que atacarla, lo que se pretendía era molestarla y hostigarla, evitando que pudiera abastecerse de víveres o agua en ningún lugar. Cuando la flota turca sabedora de donde la esperaban las galeras imperiales, llegó a Mesina, éstas ya habían desparecido y los turcos prosiguieron sin impedimento, asaltando la isla de Capri y el cabo Corzo, rumbo a Tolón, a donde llegaron a mediados de junio, siguiendo desde ahí hasta el puerto de Marsella, donde entró Barbarroja el 17 de junio de 1543, entrevistándose a continuación con el Delfín. La traición francesa a la cristiandad era ahora claramente visible y grande era el clamor para que el Papa le retirara a los reyes franceses el título de monarcas cristianísimos, que ya no merecían. Aunque en un principio se temió que atacaran Perpiñán o Barcelona, los turcos se dirigieron contra Niza, una de las últimas ciudades piamontesas que aún quedaban en manos del duque de Saboya. El 20 de agosto de 1543 fue sitiada por mar y tierra, conquistando los asaltantes fácilmente la ciudad pero no su fortaleza que aguantaría hasta la llegada de los refuerzos imperiales, viéndose obligada la armada franco-turca a retirarse hasta el puerto de Tolón, donde se quedaron a hibernar.

El 4 de junio se produjo un gran regocijo al llegar completa a Sevilla una flota de Indias dirigida por Martín Alonso de los Ríos, cargada de oro y plata. También en la costa gallega el almirante Álvaro de Bazán sorprendió a una pequeña flota francesa de Bayona, capturándole 16 navíos, dos compañías de infantes franceses, 550 arcabuceros de Bayona y abundante artillería. Los soldados franceses cautivos, fueron usados como remeros para sus *zabras*, como anteriormente habían hecho los franceses con prisioneros españoles.

En la península, mientras tanto, Felipe iniciaba su gobierno y según Cobos, *aprendía a gobernar diestramente*, parecía además haber dado un buen estirón corporal y madurado mucho mentalmente, pero lo principal era que disfrutaba del trabajo que hacía. Su mayor problema era la ruina económica que asolaba el país, no habiendo lugar donde conseguir fondos para abastecer a su padre. Lo poco que se había conseguido se había usado para fortificar la frontera pirenaica: Fuenterrabía, San Sebastián, Pamplona; la costa mediterránea desde Salsas hasta Gibraltar y Cádiz; así como las plazas norteafricanas, Bugía, Orán y la Goleta, esta última la más amenazada por la rebelión del hijo del rey de Túnez, Muley Hassan, que acabaría destituyendo a su padre, sacándole los ojos y estableciendo un pacto con Barbarroja y Francisco I. Otro grave problema era el pago mensual de las guarniciones. Nadie estaba dispuesto a invertir en juros, ni a comprar alcabalas de las Órdenes, ni medios frutos, ni participar en la Cruzada. No había dinero en el reino y los pocos que algo tenían lo escondían para evitar su secuestro por la corona. Se pagaba ya por encima del 14 % de interés. La única solución que quedaba era de nuevo el secuestro del oro y plata llegados de Indias, tomándose de los 540.000 ducados llegados con la flota de Martín Alonso del Río, 160.000 ducados para los gastos esenciales e ineludibles. Casi todos los préstamos que se habían conseguido hasta entonces se habían consignado sobre esos dineros indianos que de nuevo eran secuestrados, sembrando el pánico y la inseguridad entre los inversores. El príncipe y el Consejo Real advertían al emperador que si la guerra seguía todo quebraría, no había de dónde sacar dinero en todo el reino. Tan extrema era la situación que los más cercanos a la corona; Cobos, Tavera, Zúñiga y otros, decidieron aportar parte de sus beneficios al país, e incluso pidieron préstamos en su persona a los banqueros, ya que la corona no tenía crédito. A pesar de ello, a finales de agosto se consiguió hacer un asiento en Flandes de 230.000 ducados, proveniente en gran parte del secuestro del oro de Indias. Los gastos de guardas y ejército eran altísimos, solamente una fortaleza como Perpiñán, defendida por mercenarios alemanes, necesitaba de 25.000 ducados mensuales para su paga, y cada dos meses había que abonar a Andrea Doria otros 20.000 ducados por sus galeras, tanto si se hacían a la mar, como si quedaban amarradas en el puerto.

A la desesperada, se lanzó desde el Rosellón un ataque para devastar la región gala cercana a ese condado con el fin de evitar que las tropas francesas pudieran abastecerse o incluso establecerse en la zona. Y en medio de ese caos, aún la nobleza perdía sus fuerzas en luchas en nombre del honor, como era el caso del duque de Alba y el marqués de Aguilar, luchando por preeminencias en Cataluña, abandonando Alba su cargo de capitán general completamente ofendido.

Dentro de esa ruina, el príncipe Felipe abandonaba el estado de soltería a la tierna edad de 16 años, casándose con María Manuela de Portugal. La nueva princesa, hija del rey portugués Juan III y de Catalina de Habsburgo, era su prima hermana doble, por lo que hubo que esperar hasta conseguir una dispensa papal para la boda. Para recoger a la infanta en la raya con Portugal, Felipe comisionó al duque de Medina Sidonia y al obispo de Cartagena, Francisco Martínez Silíceo, mientras que Cobos se dedicó a adquirir las joyas que ambos lucirían y las que el príncipe regalaría a la infanta, junto al ajuar, camas, muebles y tapicería de los novios. Finalmente, en el mes de noviembre de 1543, María llegó a Badajoz, siendo recibida en Aldea Nueva, casi en secreto, por el príncipe Felipe, deseoso de conocerla. Felipe la había seleccionado entre varias candidatas, respetando el emperador en todo momento su decisión. Las descripciones que de ella han quedado mostraban a la futura princesa como *de cara ancha, tirando a francesa*, algo regordeta, *de buen color y de rostro gracioso*. El 10 de noviembre llegó María Manuela a Aldea Tejada, a una legua de Salamanca, y el día 12 hizo su entrada en esa ciudad, acompañada por el arzobispo de Lisboa, muchos nobles portugueses, el duque de Medina Sidonia, el obispo de Cartagena, el duque de Alba y el de Benavente, y en un segundo plano el príncipe Felipe. El desposorio se realizó ese 12 de noviembre de 1543, hacia las nueve horas de la noche. Felipe se había vestido de raso blanco con un gran collar de oro y según los presentes *parecía un palomo blanco*. Los casó el cardenal Tavera, siendo los padrinos el duque y la duquesa de Alba, y *tocaron los menestriles e hubo danças* hasta la medianoche. Tras cenar se fueron cada cual a su cama, hasta que a las cuatro de la mañana vino el cardenal Tavera, dijo misa para ellos y los veló. Hacia las seis y media de la madrugada del día 13 de noviembre concluyó la ceremonia, yéndose *los novios cogidos de la mano hasta las habitaciones de la princesa donde durmieron y holgaron* hasta las doce del mediodía.

La pareja solo estuvo cuatro días en Salamanca, pasando después a Valladolid a disfrutar de la luna de miel *con gran satisfação y gran contento*, aunque resultaría ser algo problemática, ya que el príncipe enfermó de sarna y tuvo que ser purgado y sangrado, y para no trasmitírsela a su mujer se tuvieron que separar, pasando Felipe un largo periodo de tiempo solo en Cigales hasta estar curado, retornando a Valladolid a principios de febrero de 1544. Debido a ese incidente se corrió entre el pueblo la idea de que la relación de la pareja no era buena, algo que en ningún momento he podido detectar en la larga relación epistolar dejada por los príncipes.

4.1.3. Dos asuntos renanos: el ducado de Güeldres y el arzobispado de Colonia (1543-1544)

Tras la entrevista con el Papa en Bussetto, regresó Carlos a Cremona y vía Trento, Bolzano, Klausen, Brixen y Sterzing, atravesó los Alpes hasta Innsbruck. A grandes marchas prosiguió por Kempten, Menmimgen, Ulm, Esslingen, Stuttgart y Bruchsal hasta Espira, donde se le unieron 20.000 *lansquenetes* y 100 piezas de artillería. Con sus fuerzas integradas por españoles de los viejos tercios, alemanes, e italianos, prosiguió por Worms, Oppenheim y Maguncia, siguiendo en barco el Rin abajo hasta Bonn. En un mes y medio de marcha continua había atravesado de sur a norte el Imperio, teniendo como meta principal la recuperación del ducado de Güeldres que, en virtud de los acuerdos establecidos con el anterior duque, Carlos de Egmont, le correspondía y que sin embargo había sido usurpado por el duque Guillermo de Cléves. Guillermo, aprovechándose de la lejanía del emperador, se hizo jurar duque por los Estados Generales de Güeldres, ejerciendo desde entonces el poder real sobre el ducado. Carlos sin embargo se negó a renunciar en ningún momento a sus derechos, pretendiendo llegar primero a una solución pacífica, sin poder conseguirla. El enfrentamiento militar entre Guillermo y Carlos era tremendamente desmesurado, por lo que Guillermo intentó primero un acuerdo con Inglaterra, sin éxito, consiguiéndolo después con Francia, que le prometió ayuda militar. Lo mismo le prometió su cuñado el príncipe elector Juan Federico de Sajonia, a través del cual presentó su solicitud para integrarse en la Liga de Esmalcalda. En virtud del acuerdo de mutua defensa, firmado con Francisco I, al estallar la guerra entre Francia y el emperador, Guillermo se vio arrastrado a ella. Tropas de Güeldres y Juliers, dirigidas por Martín van Rossum, habían invadido los Países Bajos. El contraataque de las tropas neerlandesas dirigidas por el príncipe de Orange, que invadió a su vez Juliers, fue frenado con ayuda francesa cerca de Sittard. Guillermo solicitó entonces la ayuda de la liga de Esmalcalda, pero algunos de sus miembros, temerosos de enfrentarse abiertamente al emperador, prefirieron negociar con su intermediaria María de Hungría. Oficialmente el conflicto se mantuvo y el duque siguió negándose a devolver Güeldres.

Desde Bonn, residencia de los príncipes electores de Colonia, acompañado por 5.000 jinetes y 30.000 infantes, dirigidos por Ferrante Gonzaga y por Estéfano Colonna, inició el emperador su acercamiento a las tierras del duque de Juliers-Cléves. A través de Lechenich, aún en tierra de los electores coloneses, se acercó a la ciudad de Düren, sita en el ducado de Juliers, sobre el río Rur. Frente a esa ciudad, levantó Carlos sus reales el 22 de agosto de 1543, conminándola a rendirse. Tras un corto asedio en el que la artillería jugó un importante papel, el 24 de agosto fue brutalmente conquistada, muriendo en el asalto más de trescientos soldados españoles. Era esta la primera vez que tercios españoles participaban en una acción armada en las tierras bajas alemanas, cobrando una fama inusitada por su valentía, arrojo y desprecio a la vida. Como represalia por ello, Düren fue saqueada, incendiada y muertos la mayor parte de sus defensores, ordenando el emperador que no se tocasen ni a los niños, ni a las mujeres, ni a las iglesias, salvando del fuego la reliquia de la cabeza de Santa Ana, orgullo de la ciudad. Düren fue borrada del mapa y se estatuyó un ejemplo con el que amedrentar a las demás ciudades del ducado, que se fueron entregando sin oposición. Tras la toma de Roremunda el 31 de agosto, ya en tierras de Güeldres, avanzó el emperador sobre Venlo, la última gran fortaleza rebelde, que se aprestó a la defensa. Las demás ciudades importantes del ducado: Güeldres, Wachtendonck y Straelen, se habían rendido incondicionalmente sin luchar. Viéndose perdido,

Hans Besser. María de Habsburgo era hija del hermano del emperador, Fernando, y de Ana de Hungría. Por el tratado de Venlo fue prometida y casada por palabra en 1543 con el duque de Juliers-Cléves, Guillermo el Rico, que tendía al protestantismo. María tenía en esos momentos solo 12 años. La boda verdadera se realizó el 18 de julio de 1546, cuando tenía solo 15 años, teniendo siete hijos con el duque.

Guillermo solicitó ayuda del arzobispo coadjutor de Colonia, Adolfo de Schauenburg, y del duque de Braunschweig, que consiguieron que el emperador lo recibiera el 8 de septiembre de 1543, rindiéndose y pidiéndole cle El emperador, personalmente, estableció las cláusulas de la rendición en el tratado de paz de Venlo, que reforzado por los posteriores tratados de Bruselas y Espira de 1544, supusieron una convulsión en la estructura de la frontera entre los Países Bajos y el ducado de Juliers. Si Guillermo era obligado a renunciar a sus derechos sobre el ducado de Güeldres y el condado de Zutphen, que eran unificados con los territorios hereditarios de los Países Bajos, Carlos cedía incomprensiblemente sus derechos sobre el corredor de Sittard, Wassenberg, Monschau y otras ciudades, creando una desconexión entre el País del Ultramosa y el ducado de Güeldres, permitiendo que el duque de Juliers mantuviera parte del río Mosa bajo su control. Se obligaba también a Guillermo a renunciar al matrimonio que en 1541, junto con el pacto de mutua defensa, le había exigido Francisco I, con la joven Juana de Albrit, casando posteriormente, el 18 de julio de 1546, con la hija del rey de Romanos, Fernando, María de Habsburgo. El 11 de septiembre Carlos V era jurado en la ciudad de Venlo como Carlos III duque de Güeldres, sometiéndose al día siguiente al nuevo duque, el general Martín van Rossum, que desde entonces serviría fielmente al emperador. A cargo de Güeldres y Zutphen dejó el emperador a su fiel René de Chalón, príncipe de Orange, que se estableció en Nimega, una de las ciudades principales del ducado.

Aprovechando su presencia en la región, Carlos decidió solucionar otro conflicto surgido en la Renania, que podía ser incluso ser más peligroso que el de Güeldres, ya que se trataba de uno de los principados más importantes del Imperio, el electorado de Colonia. Hacía poco tiempo que había sido elegido arzobispo un noble local, Hermann von Wied, que decidió unilateralmente la reforma religiosa del arzobispado de Colonia siguiendo los principios luteranos, para lo que hizo venir a Bonn, la capital del electorado, a Martín Bucer y a Felipe Melanchton. En un castillo cercano a Bonn, sito a pocos kilómetros del exclave español de Lommersum, el castillo de Buschhoven, iniciaron los dos teólogos protestantes la labor reformadora del arzobispado. La importancia del electorado de Colonia para los intereses del emperador residía en su cercanía a las tierras hereditarias neerlandesas, y en el hecho de que el paso del elector al bando reformado, aseguraba la victoria de la reforma en una futura elección imperial, pudiendo pasar a ser luterano el próximo emperador del Sacro Imperio. A pesar de los avisos del césar, Hermann von Wied no se arredró en absoluto. En Bonn la misa se celebraba en alemán y siguiendo las formas protestantes y la ciudad se llenó de discípulos de Melanchton. Sus alrededores, Linz, Andernach, la recientemente destruida Düren, Frechen, Rodenkirchen, se unieron a la reforma. El señorío español de Kerpen y Lommersum, exclave brabanzón a 20 kilómetros de Bonn, quedó rodeado por un mar luterano. Más lejos aún, Moers, Kempen, Neuss, Duisburg, Mülheim, ciudades colonesas, se fueron uniendo a ellos. La ciudad imperial libre de Aquisgrán simpatizaba también con ellos y los protegía. El vencido duque de Cléves-Juliers-Berg los veía también con la mayor simpatía, pero no era aún el momento de unirse a ellos, todavía se encontraba bajo el síndrome de la rendición y degradación de Venlo.

Carlos intentó agotar la vía diplomática, antes de pasar a la acción, para lo que a primeros de enero de 1544, en su camino hacia la Dieta de Espira, decidió acercarse a Bonn para intentar convencerlo. A través de Tirlemont, Saint Trond, Tongres, Lieja, Hervé y Aquisgrán, llegó al castillo español de Kerpen el día 11 de enero de 1544, conociendo por primera vez esa tierra de la que él ostentaba el título de señor de Kerpen y Lommersum, siendo recibido por su gobernador Arnoldo de Siegen. En este castillo, el más avanzado de España en tierras imperiales, que servía como puerto seguro en medio de tierras ahora reformadas, descansó y pasó la noche del viernes 11 de enero de 1544. Era la personalidad más importante que jamás ponía su pie en esa sencilla fortaleza rodeada por tres fosos de agua, y como consecuencia de ello, la habitación en la que pernoctó recibió desde entonces el nombre de *Kaiserskammer* o dormitorio imperial, siendo cuidada como una reliquia y usada solo para recibir a grandes personalidades. El sábado 12, continuó hacia el siguiente puerto, Colonia, ciudad imperial libre archicatólica, la mayor ciudad del Sacro Imperio, residiendo en su casa propia, la casa de los duques de Brabante, que cuidaba y poseía también el gobernador Arnoldo de Siegen. Desde allí, el 15 de enero pasó a Bonn, entrevistándose con el reformado arzobispo sin obtener ningún resultado. Nada más quiso ni pudo hacer por ahora el emperador ya que iba a entrevistarse con los príncipes alemanes en Espira.

Hasta 1546, el papa no se decidió a excomulgar al herético arzobispo Hermann von Wied. En 1547 el emperador solicitó de la Dieta del arzobispado que depusiera a Hermann y que nombrara en su lugar al obispo auxiliar, Adolfo de Schauenburg, fiel a la causa católica. La fuerte amenaza militar imperial y la nula ayuda que recibió el arzobispo rebelde de los reformados, hizo que este se viera obligado a aceptar la solicitud imperial. Hermann von Wied renunció a su dignidad arzobispal y electoral, y se retiró a sus territorios cercanos a Neuwied, donde vivió hasta su muerte en 1552, manteniéndose fiel a sus ideas reformadas.

4.1.4. Fin de la cuarta guerra con Francia. Paz de Crepy (1544)

Concluida la veloz guerra con el duque Guillermo V de Cléves, el emperador retornó, a mediados de septiembre de 1543, a los Países Bajos, sufriendo un grave ataque de gota en Diest, donde permaneció una semana hasta el 24 de septiembre, reuniéndose en esa villa con los Estados Generales de los Países Bajos que le ofrecieron una fuerte ayuda económica para combatir al rey francés. Desde Diest siguió a Lovaina, Nivelles y Binche, donde estaba la corte de su hermana y gobernadora, María de Hungría. De nuevo un ataque de gota, el undécimo, le retuvo cerca de su hermana hasta el 11 de octubre.

El 12 de octubre de 1543, mejorado de la enfermedad, aprovechando que la temporada invernal aún no había comenzado y que sus ejércitos estaban pagados de antemano, decidió atacar frontalmente al rey francés y a su Delfín que en esos momentos atacaban las tierras neerlandesas. Vía Mons, Bavay, Quesnoy y Landrecy, llegó a Avesnes, penetrando con sus tropas en la región de Cateau-Cambresis, con la idea de morir en el intento o vencer definitivamente al francés en el campo de batalla. Con un gran riesgo militar, Carlos se lanzó con sus soldados contra las posiciones de Francisco I el 3 de noviembre, viéndose este obligado a retirarse a media noche, abandonando víveres y municiones, refugiándose en la ciudad de Guisa. Carlos persiguió cuanto pudo a Francisco, pero este consiguió evadirse sufriendo abundantes bajas. La llegada repentina del invierno cercenó la operación, deshaciendo el emperador gran parte de ese ejército multinacional para evitar el gasto, dejando marchar a ingleses e italianos, reforzando con el resto las fortalezas fronterizas en especial Cambrai, a la que mandó construir unas modernas defensas que resistieran al empuje francés.

Vía Valenciennes, donde le esperaba su hermana María, y Mons, retornó el emperador a hibernar en Bruselas donde se reunió de nuevo con los Estados Generales, viviendo allí hasta primeros de enero de 1544. El invierno de 1543-44, se caracterizó por la búsqueda de fondos para financiar la expedición que en la primavera de 1544 quería organizar Carlos V contra Francisco I, una expedición a vida o muerte, en la que persistía en conseguir obligar a Francisco I a firmar una paz duradera o a morir en el empeño.

A pesar de la escasez, Carlos consiguió aún algunas ayudas extraordinarias. Nápoles pagaba aún un servicio de 800.000 ducados desde 1541, pero se esforzó y aportó 150.000 ducados extraordinarios. Sicilia hizo lo mismo y aportó 100.000 ducados más. Castilla y Aragón aportaron 500.000. Flandes ayudó con otros 500.000 ducados. Eso aún no bastaba y el césar siguió exigiendo a su hijo Felipe todavía más, por ejemplo 5.000 soldados castellanos puestos en Flandes en marzo, la creación de dos flotas que liberaran el mar de Levante de piratas y el mar de Poniente de franceses. Había que aunar todos los esfuerzos para conseguir la deseada paz duradera, forzando al francés a sufrir la guerra en su propia carne y en su propia tierra. A su hijo Felipe le mandó que solicitara a los súbditos españoles una ayuda para su boda y otra para la de su hermana Juana. Hasta 100.000 ducados se podían conseguir de los moriscos granadinos aplacando un poco la presión de la Inquisición en ese reino, y aunque en un principio Felipe había decidido prescindir de una convocatoria de Cortes, recordando el fracaso sufrido por su padre en 1538, al fin se vio en la obligación de reunir a los procuradores de las ciudades, sin la presencia de la nobleza que tantos problemas había causado en las Cortes anteriores. Los demás fondos provenientes de las Órdenes, juros, *préstidos*, de la iglesia o de la venta de la sal, eran insignificantes en esos momentos. *En estos reynos no hay cosa que no esté exhausta o consumida*, decía Felipe a su padre, aconsejándole a la vez que cambiara de estrategia, pidiéndole que buscara una paz honesta o tregua, ahora que aún se podía, ya que Francisco I también la deseaba y el Papa colaboraría en ella.

El 16 de enero de 1544, tras entrevistarse sin éxito en Bonn con el rebelde arzobispo de Colonia, Hermann von Wied, Carlos prosiguió su camino hacia Espira pasando por Andernach, Coblenza, Simmern, Kreuznach, Alzey, Worms y Wiesloch, entrando en Espira, tras el duro viaje *en tan recio tiempo*, el 30 de enero. Al poco fueron llegando los príncipes y electores del Imperio, los representantes de sus ciudades, haciéndolo en último lugar el rey de Romanos, Fernando. El 20 de febrero, tras oír misa en su iglesia mayor, declaró abierta la Dieta imperial de Espira de 1544. Su meta principal era obtener ayuda política y económica para la guerra que mantenía contra Francia, aliada de los turcos, enemigos principales de la cristiandad. Las negociaciones se prolongaron hasta el 10 de junio de 1544 en que se definió un acuerdo temporal entre las dos religiones católica y luteranos, obteniendo estos últimos importantes concesiones en temas de libertad religiosa. Mientras se conseguía la deseada reunión del concilio que solucionara las diferencias entre las partes, se decidió mantener la paz pública, quedando suspendido el decreto de Augsburgo y los juicios pendientes ante la corte suprema de justicia imperial, *Reichskammergericht*, por causas religiosas. Esa corte de justicia, quedó compuesta de nuevo por jueces de ambas filiaciones religiosas. El acuerdo no dejó a nadie satisfecho, ni a los luteranos, ni a los católicos, aunque sí al emperador que alcanzaba su objetivo de desconectar al rey francés de la ayuda y colaboración de los príncipes reformados alemanes, especialmente de los de Sajonia y Hesse. Sí se consiguió la prohibición para el rey francés de reclutar soldados alemanes, obteniendo además una importante ayuda económica para financiar su guerra contra Francisco I y sobre todo contra el turco.

Durante la celebración de esa Dieta, se produjo una grave derrota de las tropas imperiales dirigidas por el marqués del Vasto, en el Piamonte, en Cerisoles. En esa batalla, que puso en duda la operación militar planeada por Carlos V en Francia, fueron hechos prisioneros muchos soldados españoles, siendo condenados por el rey francés a remar en sus galeras. La revancha de Alfonso de Ávalos, marqués del Vasto, no tardaría en llegar, venciendo a principios de junio en Serravalle, en los Apeninos, a un ejército de mercenarios italianos liderado por Pietro Strozzi que había sido levantado en Mirándola por el rey francés. El intento del duque de Enghien, Francisco de Borbón, de apoderarse con la ayuda de esas tropas del ducado de Milán quedó abortado, quedando nuevamente la Lombardía sin discusión en poder de las fuerzas imperiales. En paralelo a esas acciones terrestres, la armada turco-francesa de Barbarroja, pasado el invierno, reinició sus actividades, atacando sistemáticamente toda la costa mediterránea y las islas Baleares. Desde Colliure, pasando por Cadaqués, Rosas, Palamós, Mallorca, Ibiza, Villajoyosa, hasta Guardamar, todo fue arrasado pero sin apenas botín ya que las ciudades importantes mediterráneas habían sido fortalecidas, tanto en sus defensas como en sus guarniciones, viéndose los turcos obligados a atacar lugares indefensos de donde apenas se podía obtener los suficiente para costear la operación, retirándose la armada turca a la base de Argel. Ni tan siquiera tuvieron la posibilidad de enfrentarse a la débil armada española de Bernardino de Mendoza que para evitarlos se había refugiado en el río Guadalquivir. Los turcos y sus adláteres norteafricanos enseñoreaban las costas del Mediterráneo occidental y ello hizo creer a los moriscos valencianos y granadinos, que habían visto en lontananza pasar a sus galeras, en la posibilidad de liberarse del odiado yugo cristiano. Muchos se sintieron suficientemente fuertes para retornar abiertamente a su antigua religión, atreviéndose incluso *desvergonçosamente a circunçidar de nuevo*. No es difícil comprender que su actitud infundiera temor a los nuevos repobladores cristianos que exigieron de la corona mano dura contra esos odiados apóstatas.

Durante la celebración de la Dieta imperial, en la misma ciudad de Espira, se firmó el 23 de mayo un tratado de paz entre el rey Christian III de Dinamarca, los duques Juan Adolfo y Federico de Schleswig-Holstein y el emperador, consiguiendo Carlos separar de la coalición francesa a sus aliados nórdicos. Francia, a su vez, inició conversaciones por medio del Papa para conseguir la paz o al menos una tregua, pero sus condiciones seguían siendo inaceptables. A través del duque de Lorena se propuso la boda del duque de Orleans con la infanta María, que debería de llevar como dote los Países Bajos y el ducado de Milán, aunque Carlos rechazó la petición, no olvidando el desprecio que con anterioridad se había hecho a su hija, prometida a ese duque, y luego miserablemente rechazada. A lo más que estaba dispuesto el césar era a que el duque casara con la segunda hija de Fernando y sin derechos ningunos sobre el ducado de Milán, ni los Países Bajos. La paz se sentía aún bastante lejana, sobre todo porque Carlos no estaba dispuesto a firmar nada más que una paz duradera y verdadera, cualidades que seguían sin cumplir las propuestas francesas.

Mientras tanto en España, Felipe se desvivía por conseguir fondos para ayudar a su progenitor en la campaña francesa. Ya había conseguido asentar en Flandes de los 500.000 que había solicitado su padre, 230.000 ducados en pólizas, además había iniciado la recluta de los 5.000 soldados castellanos que Carlos exigía. La recluta no iba bien, los soldados se quejaban del mal trato que se les deparaba en los Países Bajos, donde ni su idioma, ni su forma de vida eran comprendidos. Los neerlandeses no los querían ni tan siquiera como defensores de sus ciudades. Carlos obtuvo un préstamo de los Fugger por 276.000 ducados, puestos en Bruselas, para distribuirlos entre las fuerzas que asaltarían Francia.

En paralelo a la reunión de la Dieta en Espira, Felipe había iniciando, por consejo de su padre, el proceso para reunir a las Cortes de Castilla en Valladolid (1544), con el fin de obtener fondos para la campaña francesa. Los procuradores de las ciudades, en cuya elección había intervenido directamente la corona, habían ido llegando poco a poco a la capital castellana, iniciándose las reuniones el 28 de febrero de 1544, presididas por el príncipe Felipe, junto al cardenal Tavera, Francisco de los Cobos y Fernando Valdés. Además del servicio ordinario de 800.000 ducados a pagar entre 1546, 1547 y 1548, que ya estaba completamente comprometido para financiar las naves de Andrea Doria, los pagos de las guardas y otros pagos ordinarios, se consiguió un servicio extraordinario de

Visión romántica del encuentro de Carlos V con su banquero augsburgués Jacobo Fugger.

400.000 ducados, pagaderos a finales de ese mismo año de 1544 y en 1545. Dadas las circunstancias no pareció correcto pedir aún una ayuda para el casamiento del príncipe o de las infantas. Entre otras medidas relacionadas con la administración de justicia, el monarca volvió a negar la solicitud de usar mulas y burros, argumentando que *si se diese se corrompería del todo* la vital cría de caballos. Otras medidas importantes fueron: la decisión de cargar con un 3% las mercaderías para poder financiar la armada de la mar de Poniente; o que los oficios vacantes se consumieran para ahorrar gastos. Las peticiones fueron estudiadas por el emperador personalmente, aceptando curiosamente muchas de ellas debido *a lo bien que los procuradores habían servido*. La única nota discordante la puso con toda justicia el abad de Valladolid que emitió un edicto contra las exageradas usuras e intereses que cobraban los banqueros y comerciantes, poniendo bastante nerviosa a la banca, especialmente a los Fugger y Welser, que hasta entonces habían colaborado tan extraordinariamente con la corona, aportando fondos cuando se necesitaban.

Otra medida pensada por el príncipe Felipe, en aquiescencia con su padre, fue el uso de la presión comercial sobre Francia para forzarla a la paz, cargando al menos un 7% sobre la importación de paños franceses. Antes de aprobar la medida se avisó a los mercaderes españoles asentados en Francia para que pusieran sus bienes a salvo y se consultó su viabilidad a los Parlamentos de Flandes,

Sicilia, Nápoles, Milán y demás tierras patrimoniales, ya que la medida debía de ser general. La colaboración de las diferentes tierras en la defensa de los intereses generales no estaba siempre garantizada, sirva como ejemplo la negativa de los Parlamentos catalán y valenciano a financiar a los soldados castellanos que estaban en esos momentos defendiendo Barcelona, el Rosellón o el reino de Valencia.

Los primeros meses de 1544 se caracterizaron por los preparativos para reanudar el proceso bélico en cuanto llegara el buen tiempo. El inicio no fue demasiado bueno para la causa imperial con la derrota en Cerisoles, pero prometía ser más positivo con la entrada del emperador, tras clausurar la Dieta, con un fuerte ejército en tierras francesas, haciéndolo esta vez por una región menos complicada que la Provenza, más llana y con bastimentos suficientes para abastecer a su numeroso ejército compuesto por cerca de 16.000 soldados alto alemanes, 10.000 bajo alemanes, 9.000 españoles, 7.000 jinetes y abundante artillería, bajo el mando de Ferrante Gonzaga. Además, esta entrada se hacía en paralelo a la que llevaba a cabo el rey Enrique VIII desde Calais, sitiando Boulogne y Montreuil, con un ejército de 37.000 infantes y 7.000 jinetes a los que se unían, en virtud del pacto firmado con el emperador, 2.000 infantes y 2.000 jinetes españoles. Para contribuir a la campaña militar, los Estados Generales de los Países Bajos aportaron un millón de coronas de oro, por ser los más interesados en acabar con el peligro francés, más otros 100.000 aportados por Génova, junto con nuevas ayudas de Nápoles y Sicilia que según Carlos *aportaban más de lo que podían*. De Castilla esperaba aún una nueva ayuda que completara los 500.000 ducados solicitados el año anterior, y exigió a su nobleza la preparación inmediata de lanzas para defender la frontera norte del país. La meta seguía siendo la misma, forzar a Francisco I a firmar una paz buena y duradera, y esa posibilidad aumentaba con la presunta partida de la flota turca hacia Levante, siempre dudosa, de la que se sabía que había estado en Argel y que a continuación parecía haber emprendido rumbo a su base asolando la costa napolitana, llevándose a los habitantes de la isla de Lipari cautivos, vendiéndolos a la altura del faro de Mesina. Para el caso de que realmente regresaran los turcos a sus bases, Carlos tenía preparado un plan B, consistente en atacar con todas las guarniciones pirenaicas y catalanas el sur de Francia, abriéndole un nuevo frente, así como atacar por el Piamonte y la Saboya. A la vez las flotas podrían abandonar sus refugios y reunirse en Génova para atacar por mar otras ciudades francesas. De hecho Bernardino Mendoza había sacado ya su flota del refugio del Guadalquivir y había llegado el 10 de julio a Barcelona, habiendo pasado por Mallorca donde hacía solo tres días habían estado las galeras francesas que regresaban de Argel, comentando que los turcos y moros no los habían tratado bien, y ni tan siquiera les habían permitido rescatar a los cautivos franceses.

El ejército imperial, en el que iban unidades de Sajonia y Hesse, inició la invasión de Francia en mayo de 1544, dividido en dos frentes: uno dirigido por Ferrante Gonzaga que conquistó Luxemburgo, Commercy y Ligny en Barry, y otro dirigido personalmente por Carlos que entró por el Palatinado, vía Neustadt, Kaiserslautern, Sankt Ingbert, Zweibrucken, Sant Avold, llegando hasta Metz, donde estableció su cuartel general.

El 8 de julio, Gonzaga iniciaba el asedio de Saint Dizier, uniéndosele al poco el emperador. Ante esa ciudad fortificada espléndidamente por Girolamo Martini, defendida por el conde de Sancerre, fue herido en batalla el príncipe de Orange, René de Chalón, falleciendo el 15 de Julio. Su título y bienes fueron heredados por Guillermo de Nassau, hijo mayor del señor de Kerpen y Lommersum, que sería investido por Carlos V en sus nuevas posesiones: Breda, Steenbergen, Sichem, el peaje de Diest, el vizcondado de Amberes, Herstal, Grinberghe, Rumpst y otros lugares menores, ante Juan de Merode y Claudio Bouton, sus tutores, por ser aún menor de edad, el 23 de enero de 1545.

La resistencia de Saint Dizier durante 41 días frenó el avance imperial, rindiéndose el 17 de agosto, permitiéndoseles incluso salir con honores. Superado ese obstáculo, Carlos prosiguió hacia Châlons-en-Champagne, conquistando Épernay, Châtillon-sur-Marne, Château Thierry y Soissons. En esta expedición se dotó por primera vez a la caballería ligera de arcabuces, demostrando su extrema eficacia. Los éxitos imperiales hicieron sentir pánico a los habitantes de París, sin razón ya que las tropas inglesas, que tenían que haber marchado junto a las imperiales, se habían quedado atrancadas en los cercos de Boulogne y Montreuil. Boulogne fue conquistada por Enrique VIII el 14 de septiembre, pero el monarca inglés tomó la decisión de no seguir hacia París, abandonando finalmente Carlos la expedición.

Ya desde finales de agosto de 1544 se habían iniciado conversaciones en Saint Aman entre el almirante de Francia y Granvela para restablecer la paz. Ambos príncipes y sus súbditos estaban agotados, pasándose las conversaciones a un nivel máximo, interviniendo por parte imperial: Ferrante Gonzaga, Antonio Perrenot de Granvela, obispo de Arras, Pedro de la Cueva y el secretario Alonso Idiáquez, firmándose el 18 de septiembre de 1544 una paz, no definitiva como quería el emperador, sino por el contrario poco firme, entre el duque de Orleans y el emperador, la paz de Crepy en el Laonnais. Por esta paz, Francia renunciaba a sus derechos sobre el ducado de Milán y los Países Bajos, aceptando una solución nupcial al problema, que pasaba por la posible boda de la infanta María con el duque de Orleáns, que definitivamente no llegaría a realizarse. La urgencia con la que se firmó la paz, debido a la angustiosa situación económica en que se encontraban ambos bandos, auguraba ya desde su firma su incumplimiento y una futura confrontación para esclarecer los derechos no aclarados. En esa paz se fijó un plazo máximo de cuatro meses para que ambas partes se pusieran de acuerdo en quiénes serían los futuros novios y qué dote llevarían. El tratado fue ya, a mediados de diciembre de 1544, protestado por el Delfín, Enrique, asegurando que en cuanto llegara al poder lo revocaría. De idéntica opinión era el príncipe Felipe que, en carta escrita a su padre en 13 de diciembre, opinaba que nada había que devolverle al francés y que no olvidara que *con haver tenido preso al rey de Francia en Madrid y después a sus hjos, y estando en la aflictión que se vio, nunca se le sacó una almena de lo que él posseya, ni aún del ducado de Borgoña, que era de vuestro patrimonio, y que darle los estados de Flandes sería escurecer el nombre y gloria que vuestra magestad tiene ganada en esta y en las jornadas pasadas en toda la christiandad.* La falta de edad de los posibles contrayentes, no les permitía aún desposarse, por lo que ambas partes veían una posibilidad futura de escapar al cumplimiento de lo pactado dentro de esos tres años que las futuras novias necesitaban para alcanzar la edad núbil. La paz había sido una mentira histórica por ambas partes y ambos anhelaban que *el tiempo y las cosas mostrarán entre tanto lo que se devría hazer.* El matrimonio esgrimido por Francia era el del duque de Orleáns con la infanta María, que a ojos del emperador era imposible por el despecho que los franceses le habían hecho ya a la infanta con anterioridad. A ello se unía *la manera de vida y costumbres del duque de Orleans*, del que opinaba el príncipe Felipe *que aunque él truxese en dote el estado de Flandes, en ninguna manera permitiría casar con él a la infanta doña María, mi hermana.* A lo largo del año 1545, los dos herederos, español y francés, ratificaron oficialmente con sus firmas la validez de lo pactado, también lo hicieron los dos monarcas, aunque en el fondo ambos pensaban que no lo cumplirían.

El 20 de septiembre después de almorzar con los duques de Orleans y Guisa, Carlos inició su retorno a los Países Bajos, a Cambrai, donde le esperaba su hermana María. Desde ahí vía Valenciennes y Mons, regresó a Bruselas, saliendo a los pocos días de nuevo a Mons a recibir a su hermana Leonor, reina de Francia, que venía a presionar para que se cumpliera lo pactado, en compañía del duque de Orleans y de la señora d'Etampes, la favorita real, con los que retornó de nuevo a Bruselas el 22 de octubre. La estancia de su hermana y de tan importantes huéspedes fue festejada con alegres fiestas y mascaradas, con justas y partidas de caza en las que participaron el propio emperador y María de Hungría. El 3 de noviembre retornaron los invitados nuevamente a París.

El 19 de noviembre de 1544, el Papa Paulo III renovó nuevamente la convocatoria del concilio que había de realizarse en Trento, cumpliendo con ello uno de los mayores deseos del emperador, que como contraprestación a esa alegría sufrió a principios de diciembre de 1544 un fuerte ataque de gota *primero en la rodilla y después en la mano y muñeca derecha, tan rezio que los primeros días me tuvo con harto desabrimiento y trabajo*, que lo mantuvo todo el mes inmovilizado en la ciudad de Gante. Conocida por el césar, vía Amberes, la noticia de la llegada *de la flota de Indias con mucha suma de particulares y también alguna cantidad para la corona*, ordenó inmediatamente que todo el oro y la plata de particulares fuese detenido en Sevilla, de forma que el emperador *pudiera contar con una buena y gruesa suma de dinero junto* y que se hiciese saber en todas partes para que ganara en respeto ante la próxima Dieta imperial que se celebraría en Worms. Felipe, sin embargo, secuestró de lo llegado solo 230.000 ducados dándole un 5'5% de interés a los afectados, negándose a secuestrar el total por los daños que para el futuro produciría a la economía de las Indias. Largo tiempo protestó el emperador de esa decisión, teniendo que aceptarla a regañadientes en 1545.

4.2. Las guerras alemanas (1545-1555)

4.2.1. Nuevo periodo de paz inestable. La Dieta de Worms (1545)

Las últimas semanas de 1544 las pasó el emperador con una nueva *yndispusición de gota* retornando *el dolor en el braço y espalda yzquierda tan reçio que cierto que me tuvo algunos días en gran travajo y sentimiento y de manera que casy no me podía menear ny sufrir que me tocasen, pero con los remedios que se han usado y con haverme purgado, quedo, a Dios gracias, levantado y en buena dispusición y parece que se va afirmando y continuando la salud.* Así escribía el emperador a su hijo el 13 de enero de **1545**, desde Gante, donde seguía retenido por la gota. *Y por no ser este lugar ny casa convenientes para ello he determinado de bolber a Bruselas que es más a propósito, donde me deterné hasta hallarme con fuerças para poder seguir mi camino a Alemania.* A mediados de enero, con muchas dificultades se trasladó a Bruselas, sufriendo al poco un nuevo ataque de gota en la capital brabanzona el 1 de febrero de 1545. En este caso los médicos le hicieron tomar una nueva medicina traída de las Antillas, consistente en una tintura hecha con la resina del árbol llamado Gaiac, conocida como *agua de palo*, que producía unos efectos sudoríficos. A pesar de todas las novedades medicinales, el dolor persistió hasta el mes de marzo.

Desde principios de 1545 conocía ya el emperador *el preñado de la princesa* María Manuela, comunicado por el príncipe Felipe el 13 de diciembre de 1544. Este embarazo que podía acabar de consolidar su proceso sucesorio, se llevaba bien, aunque *con algunas pesadumbres y desmayos que solían tener las primerizas, así como con alguna flaqueza y congoxa.*

Los acuerdos estipulados en la paz de Crepy con Francia se fueron dilatando en el tiempo sin querer aceptar ni el príncipe, ni el Consejo de Estado, ni el emperador, la cesión de ningún tipo de derechos sobre los Países Bajos ni sobre el ducado de Milán. Carlos consultó, como era su costumbre, con su hermano, el rey de Romanos, y con su hermana María, y ambos le contestaron pidiéndole que no apartase esas tierras de su señorío, de forma que pudiera heredarlas el príncipe Felipe y sus sucesores, o las infantas, *de manera que siempre preservaren en tener señor de nuestra línea y sangre*. Como había que responder algo a los franceses antes de que caducara el plazo de cuatro meses, se optó por ceder los derechos sobre Milán como dote, ya que el césar no pensaba cumplir ni un ápice de lo estipulado sin que antes el rey francés devolviera al duque de Lorena, marido de su sobrina Cristina de Dinamarca, las tierras que le había arrebatado. Sabía además que si exigía de Francisco I que dotara a su hijo con los derechos sobre las riberas del Soma y otras tierras, ni el Delfín ni el rey francés lo aceptarían bajo ninguna condición, con lo que el asunto se dilataría sin fecha.

Las noticias que llegaban hablaban de un más que posible ataque del turco a la frontera oriental del Imperio por Hungría, poniendo en peligro a Viena. El emperador insistió para que Felipe convocara a las Cortes castellanas con el fin de pedir un servicio, pero el príncipe se negó a convocar ni a las castellanas, ni a las aragonesas. En ese sentido, Carlos se quejaba de la facilidad con que Francia ofrecía los servicios a su monarca, al que sus estados acababan de entregarle tres millones de francos con los que iniciaba un nuevo proceso de armamento. Cómo iba a poder enviar dinero para la defensa de Viena, si Andrea Doria llevaba meses sin cobrar y amagaba ya con no servir más a la causa imperial.

Los preparativos para el deseado concilio a celebrar en Trento se iniciaron velozmente, aunque el paso de los participantes se prolongaría hasta finales de 1545. Carlos deseaba que asistieran representantes de todos sus reinos, por lo que convocó a los obispos de Coria, Jaén, Segovia, Málaga, Astorga, Lérida, Huesca y Toledo, aunque muchos se excusaron alegando su vejez y sus enfermedades. Era difícil encontrar alguien con la experiencia, conocimiento y serenidad necesarios para asistir a un evento de tan gran importancia para el devenir de la iglesia católica. De Nápoles ordenó que fueran cuatro prelados; de Sicilia dos; y varios de los Países Bajos. También seleccionó a los más importantes teólogos, fray Antonio de la Cruz; el catedrático de Prima de Salamanca, fray Francisco de Vitoria, que rápidamente se excusó alegando estar *más para caminar para el otro mundo que para ninguna parte deste, que ha un año que no me puedo menear un solo paso y con grand trabajo me pueden mudar de un lugar a otro... y he estado seys meses como crucificado en una cama*. También se llamó a fray Domingo de Soto, catedrático de Vísperas y prior de Salamanca, y a fray Bartolomé de Miranda del colegio de San Pablo de Valladolid. Junto a ellos participaría el licenciado Vargas, fiscal del Consejo Real, el doctor Velasco, oidor de la Chancillería de Valladolid, Juan de Quintana, más varios letrados especialistas en derecho canónigo y civil.

Concluida la Dieta de sus estados de Bohemia, Fernando se trasladó a Alemania, inaugurando la Dieta imperial de Worms el 24 de marzo de 1545. Carlos, afectado aún por la gota siguió recuperándose en Bruselas hasta el 8 de abril de 1545, iniciando tras su mejoría el viaje a Worms pero con toda calma: *me parto oy de aquí* (Bruselas) *a un lugar cerca de aquí donde me deterné caçando dos o tres días, y de allí yré a Malinas y Amberes por visitar esos pueblos, y seguiré my camino a Bormes* (Worms). En Amberes se volvió a entrevistar con el duque de Orleans, partiendo en los últimos días de abril finalmente hacia Alemania. Vía Maastricht, Aquisgrán, Juliers, Colonia, Bonn, Andernach, Coblenza, Simmern, Kreuznach y Alzey, entró en Worms el 16 de mayo de 1545. Al inicio de la reunión, Fernando había prometido en nombre del emperador la firme determinación de que en el caso en que no se volviera a reunir ese año el concilio, como ya había ocurrido con anterioridad, en la próxima Dieta imperial se tratarían los temas en discordia entre ambos grupos religiosos sin esperar más al Papa. Los protestantes se mostraban, según el emperador, *endureçidos y rezios* y exigían que se les asegurase contra el concilio y contra el Papa. Paulo III actuó rápidamente enviando al cardenal Farnesio a Worms a dialogar con el emperador, llegando ambos a un acuerdo secreto. Ambos estaban por igual interesados en acabar con el problema luterano de una vez y el Papa estaba dispuesto a ayudar al emperador a hacerlo militarmente. La idea agradaba al emperador, pero quería cumplir con su promesa de llegar a un acuerdo y evitar el derramamiento de sangre en el Imperio. El Santo Padre jugaba fuerte, y ofrecía para tal fin 200.000 ducados, 12.000 infantes y 500 jinetes pagados por un plazo de cuatro meses, más la posibilidad de utilizar parte de los beneficios de la iglesia española para ello. El Papa se comprometía también a acabar con la rebeldía del arzobispo de Colonia, Hermann von Wied, que imponía en su arzobispado la reforma luterana

Desde el inicio de la Dieta quedó claro que los protestantes no iban a dialogar, sino que exigían poder disponer de libertad religiosa plena en todos los temas de fe. Las opciones para llegar a un acuerdo eran mínimas pero el emperador quiso intentarlo. En las conclusiones de la Dieta, publicadas en agosto de 1545, el emperador convocaba una especie de concilio nacional alemán en la próxima Dieta a celebrar en la ciudad de Ratisbona al año siguiente. Esa reunión sería la última oportunidad de llegar a un acuerdo pacífico entre las partes. La conclusión inquietó fuertemente a Paulo III.

Durante la Dieta, Felipe mantuvo en todo momento informado a su padre del estado de salud de la familia. María había estado enferma casi todo el año, alternando pequeñas mejorías con nuevas convalecencias. Los médicos le habían recetado baños, pero las dolencias permanecieron a lo largo de 1545 en forma de *sarpullydos* continuos. Juana había sido trasladada de la casa de Alonso Gutiérrez, donde residía en Madrid, al Real Alcázar, debido a una epidemia de sa-

La ciudad de Worms fue una de las más importantes ciudades medievales alemanas y en su catedral fueron enterrados bastantes emperadores. En la época de Carlos V era aún uno de los núcleos urbanos de mayor prestancia en el Rin.

rampión que se había desatado en la villa, pero esto no había sido *parte para escusar que no le sobreviniese, túvolo y durole pocos días, retirándosele al poco la calentura*. También recibió detallada y continua relación del embarazo de su nuera María Manuela de Portugal. El *preñado* había ido bastante bien, aunque el niño se negaba a nacer, prolongándose el nacimiento más de un mes, salida ya de cuentas. El 8 de julio de 1545 *a media noche plugo a Nuestro Señor alumbrarla con el bien de un hijo y aunque tuvo el parto trabajoso porque duró cerca de dos días, ha quedado muy buena*. Así comentaba Felipe el nacimiento de su primer hijo, el futuro príncipe Carlos, segundo en la línea hereditaria. Sin embargo, de forma inesperada, a los cuatro días del parto, el 12 de julio de 1545, quizá debido a unas fiebres puerperales, moría la princesa María Manuela. Felipe quedó viudo a los 18 años de edad y con un hijo, al que se le nombró rápidamente una ama para que lo amamantara, Ana de Luzón, mujer de Gaspar Osorio. En un primer momento, Felipe se retiró a rezar al monasterio de Abrojos, estando allí hasta el 3 de agosto, *por ser aquella casa malsana y hacer falta aquí a los negocios de vuestra magestad y me he venido aquí al palaçio donde estoy con algún ençerramiento, aunque negociando siempre todo lo que conviene. Al infante Carlos he hallado bueno y se conoce que cada día va mejorando*. La noticia de la muerte, redactada por Francisco de los Cobos, llegó al emperador el 30 de julio, poco antes de la conclusión de la Dieta de Worms. Carlos, al igual que había actuado con su mujer, pidió a su hijo que aceptara cristianamente los designios de Dios que eran inescrutables para los hombres. El césar concluía esa triste carta informando a su hijo de lo que pensaba hacer en los próximos días: *my partida de aquí será dentro de dos o tres días, voy a Maguncia y por el Reno (Rin) seguiré a Colonia y de ahí a Flandes*.

Esa luctuosa noticia no fue la única recibida por Carlos en ese verano de 1545. El 12 de junio falleció también el duque de Lorena, que estaba casado con su sobrina, Cristina de Dinamarca, y el 15 de junio, moría también su sobrina Isabel de Austria, reina de Polonia, hija mayor de su hermano Fernando. Al poco, el príncipe Felipe le informaba de otro fallecimiento, el del arzobispo de Toledo, Juan Pardo de Tavera, uno de los políticos en los que más había confiado desde la muerte de Mercurino Gattinara: *El día que se acabaron las honras de la prinçesa, le sobrevino al cardenal de Toledo una calentura tan liviana que no se pensó que fuera nada, después le fue cresçiendo de manera que le acabó en siete días y el primero deste* (1 de agosto de 1545), *por la mañana, fue Nuestro Señor servydo de llévarselo para sy.*

El 7 de agosto abandonó el emperador Worms, haciendo el viaje como lo había planeado. A su paso por la ciudad de Bonn se entrevistó nuevamente con Hermann von Wied, arzobispo elector de Colonia, ordenándole que abandonara su postura y retornara al seno de la iglesia católica, pero sin éxito. A los canónigos de la catedral de Colonia los animó a defender el catolicismo, tomándolos bajo su protección. El 20 de agosto llegó a Lovaina, donde le esperaba su hermana María, siguiendo juntos hasta Bruselas. Los días 26 y 27 de agosto se celebraron las exequias de la princesa María Manuela en la catedral de Santa Gúdula con la asistencia de toda la corte.

El resto del año lo pasó el césar en sus queridos Países Bajos. Estando en Bruselas recibió varias noticias importantes, por un lado la buena nueva del parto de su hija Margarita, casada con Octavio Farnesio. En pocos meses pasaba el emperador de no tener nietos, a tener tres de golpe. Margarita había dado a luz el 27 de agosto a dos gemelos: Carlos y Alejandro. El primero moriría al poco tiempo, mientras que el segundo, Alejandro Farnesio, jugaría un importantísimo papel en los Países Bajos en el reinado de su tío Felipe II.

El 9 de septiembre fallecía Carlos de Valois, duque de Orleans, acabando una pleuresía o según otros la peste, con él, pareciendo una muerte *ordenada por Dios para sus secretos juicios.* De un golpe se solucionaba el problema matrimonial pactado en Crepy, pero se originaba uno nuevo, ya que Francisco I reclamó para él el ducado de Milán y decidió que no se devolvería el Piamonte ni la Saboya a su duque. El conflicto con Francia volvía a ser actualidad. Carlos intentó renegociar la situación ofreciendo el matrimonio del príncipe Felipe con Margarita, hija de Francisco I, para lo que rápidamente movilizó a su hermana, la reina de Francia, Leonor.

Otro importante problema alemán encontraba también solución en esa estancia bruselense. El fallecimiento el 24 de septiembre del arzobispo y príncipe elector de Maguncia, Alberto de Brandemburgo, acababa radicalmente con el problema religioso causado por ese arzobispo, que aún manteniéndose fiel al catolicismo, llevaba tiempo protegiendo, si no apoyando a los grupos protestantes establecidos en sus tierras. Junto al arzobispo de Colonia, Hermann von Wied, que había abrazado definitivamente las ideas luteranas, suponían dos graves problemas por su cercanía a las tierras neerlandesas y por poder decantar la elección imperial hacia el bando protestante. La primera columna había caído. El nuevo elector de Maguncia, Sebastián de Heuseytan, se mantendría fiel a la causa católica.

Una de las razones por las que Francisco I no había comenzado una nueva guerra con el emperador residía en la disputa que el francés mantenía con Enrique VIII acerca de Boulogne, ciudad que el rey inglés se negaba a devolver tras el esfuerzo militar y económico realizado, y aunque Franciso I aceptaba pagarle los costes, incluso lo invertido en la fortificación del lugar, Enrique afirmaba *que no havía de perder un pie de lo que havía ganado.* Al césar le venía muy bien el conflicto, que mantenía ocupado al rey francés y que le permitía actuar contra los protestantes, por lo que fijó como última fecha para solucionar pacíficamente la disputa la Dieta a celebrar en Ratisbona al año siguiente. El emperador prefería la amistad con Enrique VIII a la de Francisco I, y por medio de su embajador Cornelio de Schepper, conocido por los españoles como *Esquiperio*, se organizaron unas vistas entre los dos monarcas en Inglaterra, idea apoyada por María de Hungría que pretendía conseguir reforzar la paz entre ambos, fortaleciendo la economía de los Países Bajos. Sin embargo, la condición del rey inglés, que según María de Hungría era muy *cabeçudo*, era que Carlos entrara a su favor en la guerra, por lo que se desecharon las vistas. También se mantuvieron contactos con Francia sin mucho éxito ante las extremas exigencias de ambos. En lo único que parecían llegar a un acuerdo era en el matrimonio del príncipe Felipe con Margarita, la famosa Margot, hija de Francisco I, llevando como dote Milán o los Países Bajos, con la condición española ineludible de que Francisco I restituyera al duque de Saboya el Piamonte.

Desde febrero de 1545 el consejero imperial Gerardo Veltwyk había iniciado contactos con la Sublime Puerta para establecer una tregua entre el emperador, el rey de Romanos y el sultán turco, especialmente en temas relacionados con Hungría y la región rumana de Siebenburgen o Transilvania, habitada por cristianos. El 10 de noviembre de 1545, se estableció un armisticio por seis años entre los turcos y el rey de Romanos que liberaba al emperador de uno de sus mayores problemas en la zona oriental del Imperio y en las tierras patrimoniales austriacas. El año concluyó con la inauguración el 13 de diciembre de 1545, del concilio de Trento.

4.2.2. Intento de solucionar el problema protestante en Alemania. Dieta de Ratisbona y guerra contra Sajonia y Hesse (1546-1547)

Los últimos meses de 1545 los pasó el césar visitando sus tierras neerlandesas: Malinas, Terramonda, Brujas, Amberes, Bois-le-Duc ('s Hertogenbosch) y Utrecht, ciudad en la que había pensado celebrar la fiesta de San Andrés, patrón de Borgoña y de su orden del Toisón de Oro, el 30 de noviembre. Sin embargo al llegar a 's Hertogenbosch le sorprendió un nuevo ataque de gota que lo dejó postrado, consiguiendo llegar a Utrecht solo un mes más tarde, el 30 de diciembre de 1545. Como los preparativos habían sido ya hechos, la fiesta fue simplemente pospuesta, celebrándose entre el 3 y el 17 de enero de 1546, junto con la reunión de su cuarto capítulo de la orden del Toisón de Oro, empañado en parte por un nuevo ataque de gota, el duodécimo. En ese capítulo nombró a 22 nuevos caballeros, los más selectos del bando imperial, destacando entre ellos el archiduque Maximiliano, hijo primogénito de su hermano Fernando; Cosme I de Medici, duque de Florencia; Alberto, heredero de Baviera; Manuel Filiberto, príncipe del Piamonte; Octavio Farnesio, duque de Parma, su yerno; así como muchos nobles españoles: el gran duque de Alba, los duques del Infantado y de Nájera, y el conde de Feria; y de la nobleza neerlandesa: Lamoral, conde de Egmont, Pedro Ernesto conde de Mansfeld, y los condes de Arenberg, Ligné y Gruères, entre otros.

Hasta el 1 de febrero disfrutó el emperador de tan agradable compañía, continuando su tranquilo recorrido por las tierras neerlandesas, a pesar de que el coloquio religioso preparatorio para la Dieta de Ratisbona hubiera ya comenzado sin su presencia el 27 de enero de 1546. Tras su prolongada estancia en Utrecht, se fue a visitar a sus nuevos súbditos del ducado de Güeldres, ducado que estaba dividido en cuatro provincias, iniciándolo por Arnhem, capital de una de ellas, la Veluwe, lugar donde estaba enterrado el antiguo duque Carlos de Egmond. De ahí pasó al condado de Zutphen, segunda provincia de Güeldres. Poco antes de llegar a su capital la ciudad de Zutphen, moría el 7 de febrero de 1546 en Eisleben, uno de sus principales opositores, Martín Lutero. Su cuerpo fue enterrado en la iglesia de Todos los Santos de Wittenberg. La noticia de la muerte del reformador hizo concluir el mismo día 22 de febrero las discusiones religiosas que con muchas dificultades se venían celebrando entre cuatro teólogos luteranos y cuatro católicos en Ratisbona. Desde Zutphen pasó el emperador a Nimega, capital de la tercera provincia de Güeldres, la Betuwe, y finalmente visitó la provincia Superior con las ciudades de Venlo y Roremunda, acabando su ruta en Maastricht, ciudad de la que él era copríncipe junto al obispo de Lieja. Allí le esperaba una embajada conjunta de los príncipes electores seglares del Palatinado, Sajonia y Brandenburgo, junto a otros príncipes protestantes y al arzobispo de Colonia, que desde enero se habían reunido vigilantes en Frankfurt, temerosos de los preparativos de guerra que el emperador pudiera estar organizando. Carlos V los tranquilizó mostrándoles que solo le acompañaban la compañía de guardia que siempre solía llevar, por lo que los rumores de una guerra eran infundados. Eso sí, si las negociaciones no daban frutos, sí se podría recurrir a la fuerza para pacificar definitivamente el Imperio. En Maastricht se despidió de su hermana María de Hungría que le había acom-

Entre el 3 y el 17 de enero de 1546 celebró el emperador capítulo de la orden del Toisón de Oro en Utrecht. En esa, la cuarta reunión en su reinado, se nombraron hasta 22 nuevos miembros de la orden. Destacamos aquí algunos de los más importantes. En la fila de arriba: Maximiliano de Austria, hijo primogénito de su hermano Fernando (cuadro de William Scrots); Alberto de Baviera, hijo del duque de Baviera (cuadro de Hans Mielich); y Lamoral, conde de Egmont. En la fila intermedia su yerno Octavio Farnesio, casado con su hija Margarita de Parma, que acababa de hacerlo abuelo. En la fila inferior: Manuel Filiberto de Saboya (cuadro de Juan Pantoja de la Cruz); Cosme I, duque de Florencia (obra de Giorgio Vasari); y el conde Pedro Ernesto de Mansfeld (cuadro de Antonio Moro).

pañado en todas esas jornadas y que retornaba a Bruselas. Carlos prosiguió vía Lieja, visitando sus ducados de Limburgo y de Luxemburgo. En la ciudad de Luxemburgo revisó las defensas militares que habían sido destruidas parcialmente a la salida de las tropas francesas, ordenando su reedificación. Continuó Carlos su pausado camino por el ducado de Lorena, visitando en Waldenfingen a su sobrina la duquesa viuda de Lorena, Cristina de Dinamarca. Luego siguió por el Sarre, tierra de los duques de Nassau, visitando Saarbrucken, y por el Palatinado, recientemente convertido por su conde al luteranismo, donde visitó Kaiserslautern y Neustad, llegando a la ciudad imperial libre de Espira el 24 de marzo. En esa vieja ciudad renana recibió al nuevo príncipe elector de Maguncia, Sebastián de Heuseytan; al conde Palatino con su mujer, su sobrina Dorotea de Dinamarca, y al landgrave de Hesse que había venido a ofrecerle sus respetos, mientras por detrás preparaba su traición. *En esa entrevista mostró el landgrave tan grande insolencia que Su Majestad con pocas palabras lo despidió.* Durante su estancia en Horneck, el 31 de marzo de 1546, falleció su capitán general del Milanesado, Alfonso de Ávalos, marqués del Vasto, siendo sustituido en el cargo por el virrey de Sicilia, Ferrante Gonzaga, mientras que para Sicilia era nombrado el marqués de Aguilar. Atravesando la Suabia en largas etapas llegó a Ingolstadt en el ducado de Baviera el 8 de abril, haciendo su entrada en Ratisbona dos días más tarde, el 10 de abril de 1546.

A su llegada a Ratisbona resurgieron los problemas de gota, siendo tratado con agua de palo de China, algo similar a la quinina, que le dejó bastante debilitado. Eso y los pesares que la Dieta le producían, le llevó a abandonarla el 4 de mayo, *yendo a un lugar del duque de Babiera, donde me detuve siete o ocho días en la caza. He vuelto bueno, bendito Dios.* En realidad la estancia en Baviera tuvo otro fin, conseguir que el duque Guillermo IV de Baviera que tantas veces lo había incitado a actuar contra los herejes luteranos, se uniera a la causa militar del césar, aunque apenas sin tuvo éxito.

A pesar de los muchos pesares habidos en esa dieta, el emperador tuvo tiempo de vivir una fugaz relación amorosa con una joven de 19 años, de vida algo desenfrenada, hija de una familia burguesa de Ratisbona, a la que dejó embarazada: Bárbara de Blomberg, madre de Juan de Austria. También tuvo entretenimiento en la Dieta desde finales de mayo, cuando llegó a Ratisbona su hermano Fernando, acompañado de su mujer la reina Ana de Bohemia y una cohorte de hijos que alegraron y llenaron de vida sus estancias. Un día más tarde entraba también en Ratisbona el duque de Baviera acompañado de su familia.

Oficialmente en la Dieta de Ratisbona, inaugurada el 5 de junio de 1545, apenas si se produjeron avances al no llevarse a cabo las discusiones religiosas pretendidas, en parte porque los católicos estimaban que esas discusiones correspondían al concilio de Trento, y en parte porque los protestantes no aceptaban ese concilio extranjero y exigían la celebración del prometido concilio nacional libre de Germania. Además, los cuatro más importantes representantes del bando protestante, el elector de Sajonia, el landgrave de Hesse, el conde Palatino y el duque Ulrico de Wurtemberg, se negaron a presentarse en la Dieta, *persistiendo en su gran arrogancia.*

Algunos actos paralelos a la Dieta la ensombrecieron totalmente. El 3 de julio se celebró la boda del hijo único del duque de Baviera, Alberto, con Ana la segunda hija del rey de Romanos. El mismo día impuso el emperador el toisón de oro al hijo mayor del rey de Romanos, Maximiliano; al novio, Alberto de Baviera, y al príncipe del Piamonte, Manuel Filiberto. El 12 de julio hizo su solemne juramento como elector el nuevo arzobispo de Maguncia, Sebastián de Heuseytan, el único que había asistido a la dieta *por lo que le atañía*, ya que sin el juramento ante el emperador su cargo no tenía validez. El 18 del mismo mes casó en Ratisbona la tercera hija del rey de Romanos, María, con el duque Guillermo de Cléves-Juliers-Berg, atendiendo a lo estipulado en el tratado de Venlo de 1543. El 23 de julio se hizo el acta resumen de las deliberaciones habidas en la Dieta, concluyendo. La Dieta se vivió bajo el signo de las movilizaciones militares, preparándose ambos bandos para la ineludible guerra.

Además de con Guillermo de Baviera, Carlos pactó con Mauricio de Sajonia, luterano convencido, pero interesado en los beneficios que el pacto le podía producir, prometiéndole los capítulos de Halberstadt y Magdeburgo, más las tierras sajonas que se le confiscaran a la línea Albertina, sus primos, con la posibilidad de llegar a ser elector. También pactó con algunos príncipes luteranos como el marqués de Brandenburgo-Küstrin, el duque de Braunschweig y el marqués Alberto Alcidiades de Brandenburgo-Kulmbach. Para Carlos no era esta una guerra contra los protestantes sino contra los príncipes protestantes rebeldes que no aceptaban su cargo de emperador. Para el Papa por el contrario se trataba de una guerra contra los herejes luteranos y es por ello que aportó, como había prometido, los fondos económicos y los soldados.

El bando luterano y su liga de Esmalcalda estaban algo debilitados tras la guerra contra el duque de Braunschweig, al que mantenían preso junto a sus hijos. Los dos dirigentes de esa liga, Juan Federico de Sajonia y Felipe de Hesse fueron declarados proscritos en el Imperio por levantarse contra el emperador, por no respetar la paz imperial y por mantener detenidos al duque y a sus hijos. En versión católica esos eran los carneros que había que sacrificar sin que las ovejas, los habitantes del Imperio, tuvieran que sufrir por ellos.

A pesar de los pactos y de los fondos aportados por el Papa, hacía falta mucho más dinero para crear un fuerte ejército. Carlos obtuvo 200.000 escudos de Antonio Fugger, otros 20.000 para pagar la infantería que estaba defendiendo Hungría, más 25.000 escudos aportados por Bartolomé Welser. Para conseguir esos parcos fondos hubo ya *alto trabajo y dificultad porque, como habían conosçido la necesidad, pedían algunas condiciones y novedades que otras veces no se habían hecho*. Carlos intentó obtener otros 200.000 escudos sobre las rentas de los maestrazgos, aunque nadie estaba dispuesto a pagar más de 50.000 por ello. También se reclutaron en Castilla 2.000 soldados para enviarlos a la Lombardía, entregándoselos a Ferrante Gonzaga, gobernador del ducado de Milán, para el caso de que Francisco I, libre ya del conflicto con Enrique VIII tras la paz de Guines del 6 de junio de 1546, intentara atacar por Italia.

Desde junio, los movimientos de ambos ejércitos eran ya visibles. Ante la presión del ejército protestante dirigido por el capitán Schertlin de Augsburgo que intentó cortar los pasos alpinos y tomar, sin éxito, la ciudad de Innsbruck, para que no pudieran llegar las fuerzas católicas desde Italia, reaccionó inmediatamente el ejército imperial comandado por el marqués de Marignano, acercándose a Ratisbona por si había que defender al emperador. A lo largo del mes de julio la situación se hizo ya irreversible, la maquinaria de guerra de ambos bandos se puso en marcha, los protestantes habían sabido armarse a tiempo y habían atraído a su causa al duque de Wurtenberg, al conde Palatino y al arzobispo de Colonia, juntando unas fuerzas de 60.000 infantes y 7.000 jinetes. Carlos ordenó reclutar 16.000 alemanes en tierras del duque de Baviera, apoyado por el Papa que concedió una bula a los que se alistaran en defensa de la fe católica. Los soldados prometidos por el Papa, comandados por su nieto Octavio Farnesio, marcharon vía Trento hacia el Imperio. La infantería española de Nápoles hizo lo mismo desde la Lombardía bajo el mando del duque de Castro. Los 12.800 soldados españoles estacionados en Hungría bajo las órdenes de Álvaro de Sande, también se dirigieron al Imperio. Quedaban aún por llegar 10.000 soldados bajo alemanes que traía de Flandes el conde de Buren, Maximiliano de Egmont, junto a 3.000 jinetes y 200 arcabuceros de a caballo, arma de elite de la época.

Aún antes de iniciar la contienda, el emperador invistió a su hijo, el príncipe Felipe, de nuevo de forma secreta, con el ducado de Milán y los condados de Pavía y Anglería, despejando cualquier duda que los franceses o el propio Fernando, su hermano, hubieran podido tener acerca del tema. El propio rey de Romanos confirmó la cesión a Felipe y el emperador emancipó a su hijo para que pudiera recibir la enfeudación. El juramento del príncipe Felipe fue hecho en la intimidad, estando presentes solo Luis Hurtado de Mendoza, marqués de Mondéjar, y Gonzalo Pérez, sin que pudiera asistir Cobos por su enfermedad.

Poco antes de que la liga de Esmalcalda declarara oficialmente la guerra, el emperador, abandonó Ratisbona, dirigiéndose hacia Landshut en tierras del duque de Baviera. La declaración de guerra se hizo totalmente oficial, por medio de un heraldo que desafió al emperador. Las tropas protestantes se fueron concentrando en la ciudad de Donauwörth. Las de los católicos, con el césar a su cabeza, lo fueron haciendo en Landshut con algo más de dificultad debido a los lugares tan dispares de donde provenían y la enorme distancia que tenían que salvar para ello.

El emperador solicitó nuevamente fondos para el mantenimiento del ejército de forma urgente, a los prelados, a los nobles y a los particulares pudientes de sus reinos, siendo la colaboración altísima. La divina voluntad colaboró también, permitiendo que llegara una nueva flota de las Indias cargada de oro, plata y perlas, de las que 33 millones de maravedís pertenecían al rey. Felipe envió esos fondos rápidamente a su padre. El embajador en Génova consiguió otros 80.000 escudos, y en España, Francisco de los Cobos, a pesar de la grave enfermedad que sufría, sacó fuerzas de flaqueza consiguiendo otros 150.000 escudos. María de Hungría consiguió reunir 300.000 escudos en Flandes.

Dentro de la gravedad de la situación, Felipe tenía aún tiempo para escribir a su padre acerca de cómo se iba desarrollando su hijo el infante Carlos, contándole los problemas que producía tras dejar de amamantarlo su ama, Ana de Luzón, a la que le había *venido la regla*, retirándosele la leche. Hubo que buscar otras amas urgentemente, *y ha habido la dificultad y trabajos que vuestra magestad habrá sabido, porque el infante mordía a todas*. El infante Carlos, que parecía ser *muy bonito*, tenía ya casi 13 meses y seguía aún mamando, costumbre que mantuvo hasta pasados los dos años de edad.

Ambos ejércitos permanecieron largo tiempo frente a frente cerca del Danubio sin decidirse a atacar, retirándose finalmente el bando luterano. Carlos comenzó entonces la recuperación de ciudades que se habían ido levantando contra él, iniciándolo con la capital del condado palatino, Neuburgo, seguida por Donauwerth, tomada el 8 de octubre de 1546 por las tropas papales de Octavio Farnesio, rindiéndose al poco Dillingen, Laichingen y muchas otras pequeñas ciudades y villas sublevadas. En medio de la guerra, entre el 16 y el 29 de octubre, Carlos se vio nuevamente retenido por otro fuerte ataque de gota, y a final de octubre falló en el intento de rendir a la ciudad de Ulm.

Las tropas de Mauricio de Sajonia y del rey de Romanos ocuparon sin resistencia las tierras del elector Juan Federico de Sajonia, jefe de la liga de Esmalcalda, que se vio obligado a volver a ellas para defenderlas. El emperador siguió avanzando por la Suabia rindiéndosele todas las ciudades a las que se acercaba: Nördlingen, Dinkelsbuhl, Feuchtwagen y Rotenburgo, donde descansó diez días y desde donde conminó al duque de Wurtenberg para que se rindiera. Prosiguió avanzando hasta Hall en Suabia, donde el 19 de diciembre se le presentó el conde Palatino pidiendo misericordia de rodillas y abandonando la Liga de Esmalcalda, siendo perdonado. Junto a él los representantes de la ciudad de Ulm hicieron lo mismo, aceptándolos también previo pago de 70.000 florines por los daños de guerra. El 27 de diciembre de 1546 en Heilbronn, recibió a los representantes del duque de Wurtenberg que firmó su rendición el 3 de enero de 1547, abandonando también la liga de Esmalcalda, dejando las plazas fuertes principales del ducado con toda su artillería bajo el control de las tropas imperiales y pagando al emperador 300.000 escudos de oro por los daños causados. El 29 de diciembre recibió Carlos la noticia de la rendición de Frankfurt en el Meno al conde de

Buren. A lo largo de enero de 1547, nuevas ciudades se fueron rindiendo al emperador, recibiendo todas las mismas condiciones: jurar fidelidad al césar, renunciar a la alianza con los de Sajonia y Hesse, abrir sus puertas a la guarnición militar que se les asignara y pagar una contribución de guerra proporcional a sus recursos. En ese mes de enero se rindió también Augsburgo, pagando 150.000 escudos de contribución de guerra.

Tras esa cadena de triunfos imperiales, el curso de la guerra cambió radicalmente. Juan Federico de Sajonia recuperó sus tierras sajonas, expulsando de ellas al rey de Romanos, e incluso contraatacó apoderándose de lugares pertenecientes a la casa de Austria. Alentados por los éxitos militares, se le unió en la sedición parte del reino de Bohemia. También el Sumo Pontífice, inductor material de la guerra, abandonó al emperador en medio de la campaña, ordenando a Octavio Farnesio que regresara con sus fuerzas a Italia, donde desde el 2 de enero se había producido un levantamiento contra el gobierno de los Doria en Génova, instigado, según se creía, por Pedro Luis Farnesio, hijo del Papa y padre de Octavio. En ese alzamiento fue asesinado Giannetino Doria, sobrino del almirante genovés, aunque fracasó en el último momento, al morir en un estúpido accidente su cabecilla Giovanni Luigi de Fieschi. El convencimiento de la autoría de esa traición por los Farnesio, llevó a Carlos V a ordenar a Ferrante Gonzaga la confección de un plan para acabar con el poder de esa familia en el norte de Italia, arrebatándoles las ciudades de Parma y Piacenza. Paulo III molesto con lo que a su familia acontecía, ordenó el 11 de marzo el traslado del concilio de Trento a su ciudad de Bolonia. Al conocer la traición del Papa, Carlos montó en cólera.

Otro golpe negativo fue la derrota en el mes de marzo de Alberto de Brandemburgo que además fue hecho prisionero por culpa de confiarse de una bella dama de la familia del elector de Sajonia. Juan Federico de Sajonia lo encerró en la ciudad de Gotha. Como apéndice final a esta serie de casos adversos, un nuevo ataque de gota le hizo proseguir la campaña militar en litera. A pesar de ello consiguió la rendición de Estrasburgo. Llegado a Nuremberg le sobrevino otro nuevo ataque de gota que no consiguió frenarlo, prosiguiendo con su ejército hasta reunirse en Eger con las fuerzas comandadas por su hermano Fernando y el conde Mauricio de Sajonia.

Varios hechos importantes ocurrieron en ese primer tercio de 1547. El primero, luctuoso, ocurrió el 27 de enero, la muerte de Ana de Hungría, mujer de su hermano Fernando, rey de Romanos, al que le había dado quince hijos. El segundo, más alegre, fue el nacimiento el mismo día de su 47 aniversario, 24 de febrero, día de San Matías, de su último hijo natural, Jerónimo, que luego sería reconocido por su padre, siendo llamado Juan de Austria. El tercero, nuevamente luctuoso, fue la muerte el día 31 de marzo, en el palacio de Rambouillet, de Francisco I de Francia. Su cuerpo sería enterrado en Saint Denis. El cuarto, también luctuoso y doloroso, fue la muerte el 10 de mayo en Úbeda de una de las personas en las que más confiaba, su secretario Francisco de los Cobos. Cobos por orden de sus médicos había retornado a su ciudad de Úbeda, donde falleció a la edad de setenta años. Su puesto sería mantenido por su sobrino Juan Vázquez de Molina, preparado por él y que gozaba de toda la confianza del emperador. Otro suceso luctuoso fue también el asesinato del tolosano Alonso de Idiáquez, secretario real, a manos de soldados del landgrave de Hesse, ocurrido cerca del castillo de Torgau en Sajonia, al intentar cruzar el río Elba. Con ello una nueva generación de secretarios acedía a la palestra: Eraso, Gonzalo Pérez, Ledesma, Camalonga y Vargas.

El 13 de abril iniciaron Carlos y Fernando la marcha hacia el corazón de Sajonia, rindiéndosele en el camino todas las ciudades a las que se acercaban. El 22 de abril estaban en las cercanías de Meissen donde se encontraba el elector Juan Federico con el grueso de sus fuerzas. El día 23, el elector de Sajonia prendió fuego a la ciudad y se retiró a Mühlberg, cerca del río Elba, donde el día 24 de abril de 1547, fue definitivamente vencido y hecho prisionero. Esa batalla fue fundamental y decisiva para la contienda con los protestantes, acabando de un golpe con la oposición luterana. La mayor parte de ciudades que aún quedaban en Sajonia en poder de los levantados se rindieron rápidamente.

En un primer momento Carlos condenó a muerte a Juan Federico de Sajonia, aunque el obispo de Arras, el duque de Alba, el duque de Cléves, el elector de Brandenburgo y los embajadores de Dinamarca le pidieron al emperador que lo perdonara. Finalmente, el 18 de mayo de 1547, Juan Federico de Sajonia fue despojado de su electorado en su nombre y en el de sus sucesores, obligándose a entregar al césar sus ciudades y fortalezas de Wittenberg y Gotha. Se le condenó también a liberar al marqués de Brandenburgo y a los duques de Braunschweig, padre e hijo, y a devolverles todos sus bienes, países y estados. Sus propiedades fueron entregadas al rey de Romanos y a Mauricio de Sajonia que se obligó a pagar a sus hijos una renta anual. Finalmente, Juan Federico fue condenado a residir en la corte del emperador o de su hijo, el príncipe de España, bajo custodia, por el tiempo que Carlos quisiera. El único lugar que aún quedaba sin rendirse era Wittenberg donde se encontraban la mujer del elector, Sibila, su hermano y su tercer hijo. La ciudad se entregó definitivamente el 23 de mayo, siendo ocupada por las fuerzas imperiales. Acabado con el ya ex elector de Sajonia, el rey de Romanos se dirigió el 25 de mayo con parte de las fuerzas hacia Bohemia, acabando *manu militari* con los últimos focos de sublevados checos. El 4 de junio de 1547, Mauricio de Sajonia fue investido por Carlos V con el electorado perdido por su primo.

Tras acabar con Juan Federico, Carlos se dirigió con su prisionero a la conquista de las tierras de Felipe de Hesse, llegando el 1 de junio a la ciudad de Halle

Carlos V vencedor en la batalla de Mühlberg, 24 de abril de 1547. En esa batalla, fundamental para el devenir de la guerra, fueron hechos prisioneros el príncipe elector de Sajonia, Juan Federico, que perdería el electorado por crimen de lesa majestad. El poder del emperador quedó confirmado en el Imperio. Solo persistió en su rebeldía Felipe de Hesse que ante la incierta perspectiva se rendiría también al poco tiempo.

Juan Federico, príncipe elector de Sajonia. Este obeso príncipe, principal opositor del emperador y cabeza de la Liga de Esmalcalda, perdió, tras la batalla de Mühlberg, su cargo de elector, todas sus tierras y todos los derechos inherentes al electorado, por él y por sus descendientes. El título electoral fue cedido por Carlos al primo de Juan Federico, Mauricio de Sajonia, que más tarde traicionaría al césar.

sobre el Saale, donde el día 13 se presentó ante él el rebelde duque Ernesto de Braunschweig y el 19 de junio se entregó a su voluntad, de rodillas ante el césar, el landgrave Felipe de Hesse, que fue conminado a abandonar la liga de Esmalcalda, a entregar su artillería y a desmochar sus fortalezas, además de pagar 150.000 escudos de oro, así como a poner en libertad a Enrique de Braunschweig y a su hijo que llevaban ya cinco años en prisión, devolviéndoles todos sus bienes y tierras. Carlos se comprometió a no condenarle ni a pena de muerte ni a cadena perpetua, ni a despojarlo de sus bienes patrimoniales, pero nada más.

En total las contribuciones de guerra exigidas a los vencidos príncipes y ciudades alemanas alcanzó la cifra de 500 cañones que se repartieron por las fortalezas italianas, las de los Países Bajos, e incluso muchos llegaron a España, más 1.500.000 florines de oro, que no costeaban los gastos habidos y por haber por el césar en la campaña. Por ello en España, el príncipe Felipe, con el fin de obtener fondos extraordinarios, ordenó la reunión de las Cortes de Aragón en Monzón para el mes de junio de 1547, trasladándose el príncipe a Zaragoza, donde a mediados de junio esperaba aún, más cómodamente que en Monzón, la definitiva llegada de los últimos procuradores, para iniciar las Cortes. Felipe entró el 4 de julio en Monzón y las Cortes se iniciaron finalmente el día 5, prolongándose de forma cansina hasta el 9 de diciembre de 1547, siguiendo el incómodo sistema aragonés, mostrando, eso sí, siempre la mejor voluntad. Al menos se había conseguido concluirlas antes de Navidad, obteniendo un subsidio extraordinario de 150.000 ducados, con los que se pagó parte de la deuda que se mantenía con Andrea Doria, 40.000 ducados por el pago de sus galeras, más otros 10.000 del arzobispado de Toledo, quedando ya solo 90.000 por pagarle. Carlos agradeció al príncipe lo bien que lo estaba haciendo, pero comenzó a presionarlo inmediatamente para que reuniera las Cortes castellanas con idéntico fin, obtener fondos.

4.2.3. Dieta e interín de Augsburgo (1546-1548)

Tras la rendición de Felipe de Hesse, Carlos prosiguió su ruta, llevando consigo a sus dos prisioneros como si de dos trofeos de guerra se tratase. Al pasar por Naumburg restituyó al obispo Julio Pflug, que había sido desposeído del cargo por Juan Federico de Sajonia, y el 3 de julio llegó a Bamberg donde le esperaba el legado papal que fue recibido de forma fría y severa. El Papa pretendía justificar su traición en el hecho de que el césar no había impuesto a los vencidos príncipes, ni a las ciudades, la obligación de retornar a la fe católica, razón por la que el Santo Padre había apoyado y financiado la guerra. El legado papal le propuso una alianza para derrocar al rey inglés y restituir la religión católica en ese país, a lo que el emperador se negó alegando la informalidad del Papa en ese tipo de convenios.

En Italia, Ferrante Gonzaga acababa también con los últimos restos de la conjura genovesa, conquistando el castillo de Montobbio donde se habían refugiado los cabecillas de la rebelión, que fueron ejecutados al día siguiente, 12 de julio de 1547. El 6 de agosto entraba el césar en Nuremberg, recibiendo la sumisión de las ciudades hanseáticas de Lübeck, Bremen y Hamburgo, más la de los duques de Pomerania y Luneburgo, y el 23 de julio entraba en Augsburgo, donde pensaba celebrar la Dieta imperial. Poco antes que Carlos, bajo la vigilancia del duque de Alba, entraron en esa ciudad sus dos prisioneros, Juan Federico de Sajonia y Felipe de Hesse. En Augsburgo Carlos se vio afectado desde el 1 de agosto por un ataque de ictericia, combatido *con algunos baños y agua de la China* que tomó durante 15 días. El 16 de septiembre decía *haberse curado lo de la tiricia, aunque la color no havía acavado de aclararse*. El 18 de septiembre, domingo, ya salió a misa y el 19, lunes, decidió *tomar alguna recreación e ir a cazar a tierras del duque de Baviera, donde nos detenemos cuatro o cinco días, y vuelto aquí, empezaremos luego a entender en los neçoçios*. Desde principios de septiembre habían ido llegando los príncipes electores de Tréveris, Colonia y el Palatinado, uniéndose a los que habían acompañado al emperador: los de Maguncia y Sajonia. El elector de Brandemburgo y el rey de Romanos llegarían algo más tarde. La dieta se inauguró sin la presencia del emperador el 1 de septiembre, bajo la presidencia del archiduque Maximiliano, hijo mayor de Fernando, haciéndose la proposición que consistía en buscar un acuerdo religioso entre todos y en restituir la *Reichskammergericht*, máximo órgano jurídico del Imperio, platicándose y discutiéndose a continuación sus artículos. La Dieta decidió, presionada por el emperador, someter sus diferencias religiosas al concilio que se estaba celebrando en Trento.

La falta de fondos obligó al césar a tomar un nuevo crédito de 208.000 ducados de Antonio Fugger, *a crescidos intereses*, exigiendo los banqueros que ese dinero se consignara en los servicios de la corona de Aragón, ya que estaba a punto de obtenerse el servicio. Y al poco se tomó otro de 100.000 florines de los Welser

El 21 de noviembre llegó a la Dieta el rey de Romanos y el 28 el elector de Brandemburgo. También se presentó en la Dieta la mujer del landgrave de Hesse,

Por fin a finales de 1545 se iniciaron en la ciudad imperial de Trento, las reuniones del anhelado concilio que debía de encontrar una solución definitiva para los problemas religiosos alemanes. La actitud prepotente del bando católico y la negativa del luterano a participar en un concilio dirigido por el Anticristo, lo convirtió meramente en un concilio del bando católico, separando definitivamente a ambos grupos religiosos cristianos que seguirían desde entonces guerras devastadoras, prolongadas hasta la paz de Westfalia en 1648.

exigiendo la libertad de su marido. Carlos reaccionó violentamente, consiguiendo Cristina de Sajonia el efecto contrario al deseado, ya que se aumentó la vigilancia sobre el landgrave, se le privó de sus muchos servidores, excepto tres, y se le prohibió la comunicación con el exterior. Los nuevos arzobispos de Colonia, Adolfo de Schauenburg, y de Tréveris, Juan de Isenburg, prestaron su solemne juramento como príncipes electores ante la Dieta el 4 de diciembre, y el 29 de ese mes, recibió Carlos a los representantes de Braunschweig, perdonándoles por sus actos pasados. Quedaban ya solamente en rebeldía las ciudades de Constanza y Magdeburgo.

En Italia, en el mes de septiembre, se llevó a cabo la planeada conquista de Piacenza, sin que se pudiera hacer lo mismo con Parma, que resistió al empuje de Ferrante Gonzaga. En la toma de Piacenza murió el hijo del Papa, Pedro Luis Farnesio, enfriándose aún más las relaciones con Roma. Paulo III condicionó el reinicio de las sesiones del concilio de Trento a la investigación que, sobre la muerte de su hijo, se hiciera. Además, secretamente, volvió a pactar con el nuevo rey francés, Enrique II, y finalmente le quitó a su nieto Octavio Farnesio el mando sobre Parma, temeroso de que estuviera demasiado cerca de la esfera del emperador. También a finales de septiembre, aprovechándose de la convulsión interna que vivía la ciudad de Siena, cercana a Florencia, fue ocupada por soldados españoles que la mantuvieron en su poder hasta 1552.

En noviembre de 1547, estante aún en la Dieta de Augsburgo, Carlos volvió a sufrir un virulento ataque de gota que ya no le abandonó en lo que quedaba de año. Por si no eran ya suficientes los enemigos que le rodeaban, su propio cuerpo se aliaba con ellos, rebelándose en los momentos que más lo necesitaba. Quizá la muerte de tantos personajes cercanos importantes ocurrida en esos últimos años 1546 y 1547: Cobos, Idiáquez, el conde de Osorno, Francisco I, el duque de Angulema, Pedro Luis Farnesio y muchos otros, le llevó a pensar que él pudiera ser el próximo. Ante la visión de esa posibilidad y el temor de dejar a su hijo, aún excesivamente joven e inexperto, a cargo de tan inmenso imperio, Carlos decidió trasmitirle por escrito, por medio de una larga epístola, su propia experiencia política, el resumen de 30 años de gobierno, haciendo hincapié en las muchas traiciones, engaños y falsedades sufridas. En ese, llamado por la historiografía, testamento político, escrito el 18 de enero de 1548, enseñaba a Felipe a sobrevivir al gobierno de tantos países y de tantas visiones religiosas y políticas, pidiéndole que tuviera como base los principios de aceptación de la voluntad divina, respeto a la Santa Madre Iglesia, defensa de la Fe Católica, y sobre todo que intentara preservar la paz, evitando la guerra, así como defender la justicia contra la falsedad. En esa epístola, el emperador se mostraba consciente del estado en que trasmitía la herencia, que si bien la había aumentado considerablemente con nuevos países e incluso continentes, la había dejado con los súbditos arruinados y extenuados, por lo que pedía a su heredero que dejara descansar al pueblo, permitiéndole recuperarse de tanto sufrimiento.

Este detallado testamento político consistía en un análisis sistemático de cada uno de los países que integraban la corona y de los países enemigos, en el que el césar mostraba a su heredero sus fobias y sus filias, sus amigos y sus enemigos, sus miedos y sus éxitos. La persona en la que Carlos más confiaba y con quien tenía la mayor amistad era su hermano Fernando, así como sus hijos, *según obligación de parentesco tan cercano.* Fernando le aliviaba del peso del Imperio y de sus guerras intestinas. La constante unión con él y con sus designios había creado un bloque político del que siempre obtenía ayuda. Sus hermanas Leonor, viuda de Francia, y María, viuda de Hungría, merecían también todo el respeto y credibilidad, pero no alcanzaban el nivel de importancia de Fernando. Cuando Felipe heredara sus tierras, se separaría políticamente del Imperio, pero por el hecho de seguir manteniendo algunas de sus propiedades en tierras imperiales, debía de mantener intacta la amistad con los príncipes y con las ciudades alemanas.

Italia y el Papa eran otro de los temas principales. Del Papa no se podía fiar uno por ser un potentado político más que un Sumo Pontífice, que pensaba más en su familia que en la cristiandad. A pesar de ello había que respetarlo por lo que representaba y por necesitarlo para ungirse con el ducado de Milán, el reino de Nápoles y el de Sicilia. Además en el caso del actual Papa, a pesar de sus traiciones, al estar casada su hija Margarita con Octavio Farnesio, nieto del Santo Padre, pedía a Felipe que cuidase especialmente de esa relación por el bienestar de Margarita que había sido siempre *obedientísima.* En Italia de lo que más debía de cuidar era de sus tierras propias: Nápoles, Sicilia, Milán y Piacenza, sin olvidar al duque de Florencia, Cosme I de Medici, que era un hombre *de buen seso y juicio* y que mantenía su estado en orden y justicia. El duque de Ferrara solía ser fiel, pero no se debía de olvidar que su hermano, el cardenal, estaba al servicio de Francia. Del duque de Mantua se podía uno fiar ya que además lo unía el parentesco con el rey de Romanos. Era vital cuidar de Génova, aunque debido a los muchos intereses económicos que esa república tenía en Milán, Nápoles, Sicilia, Cerdeña y las Baleares, el emperador estaba convencido de que se mantendría fiel, teniendo en cuenta también que solo se podía defender de Francia con la ayuda del césar, siendo además parte integrante del Imperio. Sus galeras, junto con las de Nápoles, Sicilia y España, eran vitales para liberar el Mediterráneo de piratas, turcos y franceses. Las repúblicas de Siena y Lucca, para poder seguir manteniendo su libertad, se cuidarían de estar dentro del Imperio, mejor que bajo el yugo francés. Con Venecia había que mantener el tratado y liga existente y nunca romper con ella, ni con el Papa. Una cosa que era fundamental para poder defender Italia era la manutención de guarniciones castellanas en esos territorios, ya que esos soldados eran el freno ideal para cualquier innovación, siempre que se les mantuviera con una disciplina estricta, para que no fueran odiados por los italianos. Con el único que le recomendaba no tener relación en Italia era con el conde Galeoto, devoto de Francia, al que Carlos nunca quiso perdonar sus traiciones.

Las tierras de Flandes estaban muy bien fortificadas y defendidas, especialmente Gante y Cambrai, y además esas tierras se financiaban solas. Era aquí, en los

Países Bajos, donde más nuevos territorios había incorporado el emperador: Güeldres, Utrecht, Frisia y Overijssel. El condado de Borgoña o Franco Condado, el más antiguo patrimonio de la casa de Borgoña, era siempre fiel, pero muy difícil de defender por estar su territorio rodeado de enemigos, franceses y suizos. Dôle su capital estaba muy bien defendida. Ese condado había sido siempre mantenido neutro en los conflictos con Francia y se había favorecido de la liga hereditaria que la Casa de Austria mantenía con los confederados suizos. Pero no había que fiarse, ambos, Francia y Suiza, deseaban sus tierras y en especial sus salinas. En todas esas tierras italianas y flamencas era fundamental proveer buenos virreyes y gobernadores, ya que no se podrían visitar a menudo, ni tanto como convendría.

Contra Castilla y Aragón, los franceses nunca moverían una guerra directa, ni tan siquiera para ayudar al señor de Albrit. Las defensas pirenaicas eran bastante seguras y a la par los franceses temían un contraataque español. Las Indias sí eran muy deseadas por ellos, por lo que no se les debía de hacer ni la más mínima concesión, y evitar en todo momento que pudieran enviar alguna flota. En este contexto, la amistad con Portugal era fundamental, colaborando ambos juntos para mantener lejos de esas tierras a los enemigos. Era fundamental tener cuidado de que fueran bien gobernadas, de que se frenase el ansia y la agonía de los conquistadores para que no abusasen de los indios, misión que correspondía al Consejo de Indias.

En cuanto a los enemigos, el número uno era Francia, cuyos reyes tenían como principio no guardar nunca lo que firmasen. Enrique II seguía en ello los pasos de su padre, Francisco I, y además no aceptaba los tratados firmados por su antecesor, reclamando de nuevo Nápoles, Sicilia, Milán, Flandes, Artois y Tournai. No se le debía de hacer ni una sola concesión sobre esas tierras. En el francés lo más peligroso era su primer ímpetu, después solía perder el ánimo. Además, ni Italia, ni Génova, ni el Papa, ni Venecia, querían a los franceses, ya que suprimían sus libertades. Las fronteras con Francia tenían que estar siempre bien apercibidas, tanto en los Pirineos como en Flandes. Pero antes que hacer la guerra, lo ideal era mantener la paz mientras se pudiera. Y siempre que pidieran la devolución de alguna tierra o lugar, había que recordarles que aún conservaban el ducado de Borgoña, patrimonio principal de su casa, y la fortaleza de Hesdin que era vital para proteger los Países Bajos. Una meta que nunca se debía de olvidar era la reconquista de Saboya y del Piamonte, para devolvérselas a su duque, al que el emperador estimaba mucho ya que había perdido sus tierras por serle fiel. Carlos les favorecía, a él y a su hijo, con una alta pensión que se pagaba en Milán. Por ahora recuperar sus territorios era misión imposible, pero sí se les podía ayudar a evitar que perdieran lo poco que les quedaba, en especial Niza, ciudad fundamental para acceder a Italia. Los suizos no eran de fiar y lo mejor era no incorporarlos al ejército, considerando a los alemanes como mucho mejores soldados y mucho más fieles.

En cuanto a Inglaterra, Carlos creía que había que conseguir mantener buena amistad con ellos, ya que jamás la podrían tener con Francia por culpa de Calais y Boulogne y otros derechos antiguos en disputa. Pero nunca se debía de firmar nada con Inglaterra que fuera contra el Papa. Con Escocia y Dinamarca había que mantener una buena amistad. Finalmente, el emperador le recordaba que era función principal de los reyes tener hijos que es *en lo que consiste la firmeza y estabilidad de los estados*. Felipe debería de volver a casarse y tener nuevos hijos. Posibles candidatas en esos momentos podrían ser Margarita, hija de Francisco I, aunque entre ellos había una gran diferencia de edad; Juana de Albrit, que ayudaría a solucionar el problema navarro; una hija del rey de Romanos o de su hermana Leonor. El césar había pensado casar a la infanta María con el hijo mayor del rey de Romanos, Maximiliano, con la idea de encomendarle a ambos el gobierno de los Países Bajos, aunque antes de hacer esa concesión prefería que Felipe visitase esas tierras y viera su importancia por si prefería guardárselas para él. María de Hungría, mientras tanto, debía de *seguir* en el gobierno de los Países Bajos por su experiencia. La infanta Juana, casaría con el príncipe Juan Manuel de Portugal, *manteniendo el deudo y amistad* con ese país.

Tras ese detallado testamento político, el emperador estaba convencido de que había llegado la hora de que Felipe visitara las tierras alemanas y sobre todo los Países Bajos, donde había de ser jurado y conocido por sus súbditos. La organización de ese viaje fue encomendada por el césar al duque de Alba, que partió hacia España el 21 de enero de 1548. En ese viaje tendría que venir también la infanta María para casarse con el príncipe Maximiliano, su primo hermano. Los únicos que quedarían en España serían la infanta Juana y el infante Carlos, su nieto, ambos bajo el cuidado del marqués de Tavara, Bernardino de Pimentel, que hacía unos años había sustituido en el cargo al conde de Cifuentes.

Concluidas las Cortes aragonesas, el emperador comenzó a presionar a Felipe para que reuniera a principios de 1548 a las Cortes castellanas, a ser posible en la ciudad de Valladolid. No era ese el lugar que el príncipe Felipe hubiera preferido, ya que en Valladolid se estaba iniciando el proceso para trasladar el cadáver de su mujer, María Manuela, que había sido depositado en el monasterio de San Pablo en 1545, hasta la Capilla Real de Granada, por entonces panteón real de la dinastía. Felipe temía que se dijera de él que entraba en Valladolid nada más partir el cuerpo de su mujer, e intentó por ello que las Cortes se reunieran en Segovia. El emperador forzó que esas Cortes se reunieran en Valladolid, paralizando el proceso de traslado de la difunta princesa, y además exigió que se seleccionaran a los procuradores participantes para que fueran favorables a los deseos de la corona. La razón de esa reunión era conseguir un nuevo subsidio extraordinario con el que hacer frente a los gastos de la guerra contra los herejes en Alemania, así como para defender los reinos castellanos. Felipe dudaba de incluir en esa petición una ayuda para el próximo casamiento de su hermana María y otro para financiar su próximo viaje a los Países Bajos, pensando, con mucha razón, que los castellanos no estarían muy dispuestos a colaborar en la financiación de su partida. Sin embargo, el emperador exigió que se incluyeran ambas peticiones. La visita del príncipe a sus tierras hereditarias neerlandesas era vital, incluso demasiado tardía a sus 21 años. Sus súbditos neerlandeses tenían también derecho a conocerlo y a jurarlo, y él a ellos. Incluso el emperador vio, en esta petición hecha a las Cortes castellanas, una nueva oportunidad para pedir esos dos servicios extraordinarios, por la boda de María y por el viaje de Felipe, a los demás países: Nápoles, Sicilia, Aragón y Flandes. Todos debían de colaborar. Con todas esas razones, Felipe consiguió de las Cortes castellanas, además del servicio ordinario de 300 millones de maravedís, pagadero en tres años, un servicio extraordinario de 150 millones de maravedís, lo que suponía para Castilla un pago anual de 150 millones de maravedís en cada uno de los tres próximos años 1549, 1550 y 1551. Hacía ya tiempo que las peticiones, que en contrapartida a esos pagos, hacían los procuradores, caían en fondo perdido, sin ser apenas tenidas en cuenta por la corona. En estas Cortes de 1548, las peticiones principales se centraron en la prolongada ausencia del emperador y en la próxima ausencia del príncipe Felipe, enviando los procuradores a Juan de Cabrera, procurador por Cuenca, a solicitar del césar que desistiera de esa idea, pero sin éxito. Se hicieron en total más de 200 peticiones, de las cuales 100 estuvieron relacionadas con la administración de justicia, lo que demostraba el descontento de los castellanos con sus jueces, a los que se acusaban de corrupción. Las Cortes concluyeron en julio de 1548.

Tal y como el césar se lo había propuesto, los servicios extraordinarios de ayuda para la boda de la infanta y para el viaje del príncipe, del que se calculaba que necesitaría un mínimo de 300.000 ducados, fueron también solicitados con éxito en los demás países de la corona, tanto en Italia como en Flandes.

Mientras tanto en Alemania se reanudó la Dieta de Augsburgo el 14 de enero de 1548, otorgando en ella a Mauricio de Sajonia, el 24 de febrero, el día del 48 aniversario del emperador, el título de elector imperial, con la condición de que el nuevo elector cumpliera en todo momento las resoluciones que emanaran del concilio de Trento. Ese mismo día fue decapitado en Augsburgo públicamente el general Vogelsbergen que, contradiciendo las órdenes imperiales, había reclutado soldados alemanes para servir al rey de Francia. La sombra del emperador sobre esta dieta fue tal que en la historiografía alemana se la conoce como *geharnischter Reichstag* o *Dieta acorazada*, de *Harnisch* que quiere decir coraza, por realizarse bajo la presión de los ejércitos imperiales apostados en la región. Durante esa reunión de la Dieta, el 11 de mayo, se produjo uno de los primeros graves roces entre el emperador Carlos y su hermano Fernando, cuando el príncipe Felipe se postuló para heredar el Imperio, negándose Fernando en rotundo a que el tema se tratara en la Dieta.

Mateo Merian. El 24 de febrero de 1548, cumpleaños del emperador, durante la Dieta de Augsburgo, recibió Mauricio de Sajonia, en premio a su colaboración durante la guerra contra la Liga de Esmalcalda, el electorado de manos del césar, bajo la condición de que respetase lo que emanara del concilio de Trento.

La conclusión principal de esta Dieta fue el llamado *Ínterin* de Augsburgo, presentado en la reunión del 5 de mayo a los príncipes electores, siendo aceptado por los tres luteranos y por tanto publicado oficialmente el 15 de mayo de 1548. Este *Ínterin* consistía en varios decretos emitidos por el emperador que debían de ser usados para gobernar provisionalmente la iglesia mientras el concilio de Trento resolviera definitivamente sobre los temas en disputa. Se restauraron los siete sacramentos, que los luteranos habían reducido a dos, el bautismo y la comunión; la creencia en la transustanciación; el Papa pasó de nuevo a ser oficialmente la cabeza de la iglesia; se rechazó la doctrina de la justificación por la fe y como concesión a los luteranos, se permitió el matrimonio de los sacerdotes ya casados y la comunión en las dos especies.

El 8 de mayo de 1548, se presentó en Augsburgo, Muley Hassan, rey de Túnez, a quien su hijo Amida, aliado de Barbarroja y de Francia, le había hecho reventar los ojos. Este rey que había sido restablecido en el gobierno de Túnez por el emperador, excitó su compasión, aunque poco se pudo preocupar de él Carlos con los muchos problemas que tenía. El 19 de mayo creó el césar una caja especial de reserva, *Vorrath*, dentro de la dieta para la prevención de sucesos imprevistos. Se acordó que fuera proporcional a lo que costaría el sueldo de 20.000 infantes y 4.000 caballos, aprobando además un subsidio anual de 100.000 florines durante cinco años para restaurar las fortalezas húngaras ahora que existía una tregua con el turco.

Desde la creación de los Círculos Imperiales por Maximiliano I, existía una fuerte disputa entre los órganos de gobierno imperiales y los de los Países Bajos, que se intentó solucionar en esta reunión, planteándose la posibilidad de integrar realmente el Círculo Borgoñón en el Imperio, con sus derechos y sus deberes. Finalmente, el 24 de mayo de 1548 fue recibido el Círculo de Borgoña, por medio de una solemne declaración del emperador y del colegio de electores, en el Imperio, con pleno derecho, siendo admitido el 26 de junio en ese Círculo de Borgoña, el Franco Condado, confirmándose detalladamente en esa dieta la pertenencia al Imperio de los ducados de Lorena, Brabante, Limburgo, Luxemburgo y Güeldres; del marquesado del Santo Imperio; de los condados de Flandes, Artois, Borgoña, Henao, Holanda, Zelanda, Namur, Zutphen, Charolais, Dalhem y Falkenburgo; de los señoríos de Frisia, Utrecht, Overijssel, Groninga, Salinas, Malinas, Maastricht, Kerpen y Lommersum.

El *Ínterin de Augsburgo* se convirtió en texto legal en el Imperio el 30 de junio de 1548, al ser proclamado por la Dieta, aunque luego el Papa prohibiera a los obispos su uso, y también fuera rechazado por los protestantes. El *Ínterin* solo se pudo imponer por ello en los lugares controlados militarmente por el emperador, especialmente en el sur de Alemania. El 30 de junio de 1548 se daba oficialmente por concluida la Dieta de Augsburgo que había durado algo más de 10 meses.

A principios de julio se produjo una desbandada de todos los príncipes participantes, cada cual hacia su tierra propia, mientras que el emperador se fue, invitado a cazar, a la casa de recreo del duque de Baviera en Geiseringen, pasando varios días en Munich, para regresar a Augsburgo el 23 de julio, sustituyendo al gobierno de esa ciudad por católicos y acabando con el proceso que aún duraba entre los condes de Nassau y el landgrave de Hesse sobre el condado de Katzenelbogen, fallando a favor de Nassau. De Augsburgo fue a Ulm, cambiando también el gobierno de la ciudad. Siempre acompañado de sus dos prisioneros, se dirigió a los Países Bajos vía Germesheim, Espira, Worms, Oppenheim, Maguncia, Bonn, Colonia, Juliers, llegando a Maastricht el 12 de septiembre. En Lovaina le esperaba María de Hungría que le organizó una extraordinaria cacería para luego retirarse al castillo de Tervueren, dejando a Juan Federico de Sajonia en Bruselas y a Felipe de Hesse en el castillo de Oudernade (4 050). Tras varios días de caza en Tervueren y Groenendael, regresó a Bruselas, reuniendo en su propio palacio del Coudenberg a los Estados Generales de los Países Bajos el día 26 de octubre, solicitándoles una ayuda y la ratificación del acuerdo suscrito con el Imperio acerca del Círculo Borgoñón, informándoles del próximo viaje de Felipe a esas tierras para conocer a sus súbditos. Llegado el otoño y las lluvias, como siempre, retornó la gota a los brazos, manos y hombros del césar. Esta vez el remedio normal del agua de palo de Indias solo sirvió para debilitarlo, por lo que se tuvieron que improvisar otros remedios que tuvieron más éxito, produciéndose una sustancial mejora poco antes de la

Winfried Dotzauer (1989), Die Deutschen Reichskreise in der Verfassung des alten Reiches und ihr Eigenleben 1500-1806, Darmstadt. Descripción de los Círculos Imperiales: Color mostaza: Baviera; verde: Borgoña; morado: Franconia; marrón: los electorados Renanos; rosa: Baja Renania-Westfalia; rojo: Baja Sajonia; azul: Alta Renania; lila: Alta Sajonia; cala-baza: Austria; amarillo: Suabia; blanco: sin círculo.

llegada de su *mejor hermana*, como él siempre llamaba a la reina Leonor, que había sido recibida en Cambrai por su *muy buena hermana*, como él llamaba a María de Hungría. La gota contraatacó el 1 de noviembre al cometer la imprudencia de in-tentar ir de caza, pasándolo bastante mal hasta después de las Navidades. Dos nuevos intentos de caza, volvieron a empeorar la situación: *del exercitio o de haverme apretado en exceso las botas, parece que me queda algún sentimiento en el pie*, decía a principios de enero de 1549. El embajador francés en Bruselas, Marillac, describía por aquella época con un cierto morbo el aspecto del emperador, desfigurándolo:

viendo su mirada abatida, la boca pálida, parecía más el rostro de un hombre muerto que vivo. El cuello extenuado y delgaducho, el hablar débil, el aliento corto, la espalda fuertemente curvada y las piernas tan débiles que a duras penas puede ir con un bastón de su habitación al guarda ropa. Y por mucho que en ocasiones haga ademán de reír o que intente salir fuera diciendo que no se siente mal, los que lo saben bien me han dicho que esto es así porque todas las partes de su cuerpo están débiles, y él, en definitiva, tan desgastado, que no puede dar la impresión de estar tan vivo como cualquiera. Incluso, morbosamente, Marillac calculaba que no sobrevivirá más de dieciocho meses. En enero de 1549, durante una de sus recaídas, estuvo en la corte bruselense un doctor napolitano que prometía curarle la enfermedad por medio de una dieta especial. Carlos lo intentó y en un principio pareció producirle una clara mejoría, aunque al cabo la gota volvió a vencer.

Mientras el emperador hibernaba en los Países Bajos, Felipe Melanchton y el nuevo elector Mauricio de Sajonia, intentaron llegar a un acuerdo pacífico con los católicos en noviembre de 1548 por medio de la publicación de un nuevo *Ínterin*, llamado *Ínterin de Zella*, por el lugar en que se había realizado, un antiguo monasterio cisterciense secularizado en 1540, Altzella. También recibió el sobrenombre de *Ínterin de Leipzig* o *Artículos de Leipzig*. Pero tampoco este nuevo intento recibió demasiados apoyos, siendo aceptado únicamente por la asamblea del electorado de Sajonia.

4.2.4. Regencia de Maximiliano y María (1549-1550)

Si como habíamos visto, en 1548 se había pensado que la infanta María acompañara en su viaje a Felipe para casarse en Austria con el príncipe Maximiliano, hijo mayor del rey de Romanos, al poco se decidió que sería mejor que Maximiliano fuera directamente a Castilla a casarse, quedándose ya ambos como regentes a cargo de los reinos peninsulares, permitiendo de esa forma el traslado del príncipe a sus tierras neerlandesas. Maximiliano tenía ya bastante experiencia en el gobierno del Imperio donde había colaborado con su padre y el emperador *y lo havía fecho con toda cordura y prudencia*.

Consecuentemente se iniciaron las tramitaciones para efectuar la boda con una cierta celeridad. Lo primero que se hizo fue pedir la dispensa papal por ser primos hermanos, obteniéndola sin problemas. A continuación se enviaron a Castilla los documentos que María tenía que firmar de su propia mano para dar su consentimiento, y se aceleró el proceso para que Maximiliano pudiera usar el título de rey de Bohemia ya durante la boda. Para el entretenimiento de la nueva pareja se fijaron inicialmente 65.000 ducados anuales, que se pretendían consignar en España para evitar los intereses que exigían los banqueros si se consignaban en Alemania, aunque eso se convirtió en misión imposible por estar todas las consignaciones ocupadas. Al final, la consignación se vio considerablemente rebajada, correspondiéndole *a cada uno dellos quinze mil ducados*. El 4 de junio de 1548, en Aranjuez, se celebró el desposorio por poderes en presencia del príncipe Felipe. Ceremonia que se repitió en Génova en presencia del príncipe Maximiliano, poco antes de que partiera hacia Barcelona.

El viaje del príncipe Felipe a los Países Bajos que se haría vía Barcelona, donde le aguardaban las galeras de Génova, se había planeado en un principio que lo hiciera pasando por Navarra para que, antes de abandonar la península, fuera jurado como príncipe de Viana, algo que hasta el momento no se había hecho. La ceremonia incluso se preparó en Tudela, para ahorrarle camino al príncipe. Sin embargo el retraso que fue acumulando la venida de Maximiliano a España y la constatación de que los navarros exigirían para jurarlo nuevos derechos que Felipe no podría cumplir, unido a que todo ello haría sumar al menos dos semanas más al viaje, le hicieron desistir, dejándolo para otro momento más oportuno.

Hasta el 10 de junio de 1548 no abandonó la Dieta de Augsburgo el archiduque Maximiliano, dirigiéndose a Génova para embarcar en las galeras de Andrea Doria, alcanzando su primera meta, el puerto de Barcelona, el 5 de agosto. A Valladolid consiguió llegar el 13 de septiembre de 1548, conociendo entonces a la infanta María y casándose ese mismo día en presencia del príncipe Felipe: *aquella noche se hizo el desposorio y a la mañana las velaciones de manos del cardenal de Trento*. En un primer momento la relación matrimonial se vio algo trastocada por las fiebres cuartanas que desde Barcelona venía sufriendo Maximiliano, aconsejándole el propio emperador que para curarse se fueran a vivir al reino de Toledo, proponiéndole Guadalajara o Talavera. Las fiebres duraron hasta finales de noviembre con *el descontentamiento y pesadumbre* que ello suponía a la pareja.

El retraso en la llegada de Maximiliano a Valladolid, hizo que el viaje de Felipe también se fuera retrasando, aunque el príncipe como buen previsor había mandado ya con anterioridad a su casa y a sus servidores a Barcelona, quedando él citado en el puerto de la ciudad condal con Andrea Doria el día 10 de octubre de 1548.

Tras la boda de María con el príncipe Maximiliano, hubo una reunión entre Maximiliano y el príncipe Felipe en la que este intentó trasmitirle de la forma más breve y más rápida posible, su experiencia en el gobierno de los reinos peninsulares, dejándolo prevenido y avisado de cómo iban los negocios *para que mejor los pudieran tractar y endereçar*. No hubo más preparación, con tan sucinta información personal, apenas aún sin conocer cómo funcionaba el país, recibió Maximiliano, dieciséis días después de su entrada en Valladolid, el 29 de septiembre de 1548, el poder del emperador para ejercer en su nombre la regencia en España. Poder que se extendía a los dos, a Maximiliano y a María, *ambos dos junctamente para que sean nuestros lugartenientes generales y governadores de los nuestros reynos y señoríos de Castilla, de León, de Granada, de Navarra, y de las Islas de Canaria, y de las Indias, Islas y Tierra Firme del mar Océano descubiertas y por descubrir.* Si Maximiliano sufría alguna indisposición o si tenía que ir a Aragón *para cosas conçernientes a nuestro servicio,* la infanta María podía *por sí sola administrar y governar conforme a lo contenido* en el poder. Lo mismo se entendía en el caso de que la indisposición o la ausencia fuera de la infanta. El poder era muy similar al concedido a la emperatriz en las ausencias del césar, y como a Isabel, se le añadieron una serie de restricciones acordes con las dificultades económicas que padecía el país, especialmente relacionadas con el nombramiento de oficios que vacaren, tanto en la administración como en las tenencias de las fortalezas, o mercedes, gracias o donaciones, reservándose expresamente el emperador el derecho a nombrar los cargos más notables en la justicia, corregimientos de las ciudades principales, Indias, Hacienda, contadurías, escribanías, capitanías de las guardas y otros. Tampoco se les permitía consignar nada en la Contaduría de Cuentas, ni en las Indias, ni en la Cruzada, sin su permiso. Debido a su inexperiencia en el gobierno de las tierras peninsulares y al desconocimiento que aún tenían de sus súbditos, se les exigía que comunicaran en las decisiones importantes con el presidente del Consejo Real y patriarca de las Indias, Fernando Niño y Zapata, con el arzobispo de Sevilla e Inquisidor general, Fernando Valdés, y con el secretario Juan Vázquez de Molina, así como en los temas relacionados con Indias con el marqués de Mondéjar, Luis Hurtado de Mendoza, presidente de ese Consejo. En el tema del oro y de la plata americanos, una vez cumplido y tomado todo lo consignado y la parte correspondiente al rey, el resto sería controlado por los miembros del Consejo de Hacienda para el caso de que el monarca lo necesitara. El mismo día 29 de septiembre de 1548 les dotó también de unas instrucciones muy similares a las que se habían dejado a la emperatriz Isabel o al príncipe Felipe, en las que Carlos les exigía una forma de comportamiento público, un respeto a los principios cristianos y la obligatoriedad de dar audiencia a sus súbditos y de asistir a las deliberaciones de los consejos. En ellas les explicaba detalladamente su funcionamiento, sus cometidos, componentes y calendario de reuniones, exigiéndoles que solo validaran los documentos que venían ratificados por los encargados de los consejos y por el secretario Juan Vázquez. Les ordenaba también que cuidaran con especial cariño a su madre, la reina Juana, respetando la labor del marqués de Denia que vivía con ella en Tordesillas, así como de su hija, la infanta Juana, y de su nieto, el infante Carlos, que hasta ese momento habían estado al cuidado del marqués de Tavara, Bernardino de Pimentel, y que ahora pasaban a las manos de Luis Sarmiento. María quedaba con su marido en la corte, mientras que Juana y Carlos fueron trasladados a Aranda de Duero en enero de 1549. La separación de las dos hermanas fue bastante dura, especialmente para Juana, que además enfermó en el viaje. Recién llegada a Aranda fue además reclamada, a pesar de su tierna edad, por los reyes de Portugal, ya que debía de casar con el príncipe portugués Juan Manuel. Entre su ínfima corte, con solo tres damas de honor, se debatía entonces si llamarla ya princesa de Portugal o seguir usando el título de infanta.

Juana y Carlos fueron alojados en Aranda de Duero en unas *casas harto sencillas y estrechas*, que tuvieron que ser reformadas y readaptadas ya que no contaban ni tan siquiera con un patio. Las casas estaban situadas en la plaza principal de Aranda y daban sus espaldas al río Duero, disfrutando desde la altura de unas bellas vistas sobre el río y el valle. Luis Sarmiento, encargado del cuidado de los infantes, describía así al infante Carlos: *está el más bonito del mundo y hácese muy recio y empieza a hablar algunas palabras, aunque pocas pero las que dize, dízelas claras.*

Nada más iniciar su gobierno, los regentes Maximiliano y María se vieron confrontados en enero de 1549 con la necesidad de reunir fondos urgentemente para hacer frente a las muchas deudas que aún le quedaban al emperador pendientes de la campaña alemana, que superaban los 600.000 escudos, de los que unos 180.000 caducaban en mayo de 1549 y había que pagarlos. Al no quedar otros medios disponibles ya que todos estaban consignados, Carlos les aconsejó que lo tomaran del oro y plata que llegara de las Indias. Aunque eso también se había convertido en un grave problema, primero porque muchos habían aprendido a quedarse en las Azores con sus bienes antes que llegar a Sevilla donde podían perderlo todo, y segundo porque franceses, ingleses y escoceses habían creado flotas bien armadas para intentar capturar en pleno océano las naves españolas, y de hecho en enero de 1549 habían sorprendido a algunas de ellas. Cada día que pasaba aumentaba el número de piratas y la dificultad para atraparlos. Carlos volvió a repetir la orden de atravesar el Atlántico en el viaje de regreso en compañía de grandes flotas bien artilladas y con la orden expresa de no hacer prisioneros de ningún tipo, sino echar al fondo del mar a todos los navíos que se encontraran en la ruta, con todos sus ocupantes, incluso si se rendían antes. En febrero de 1549, el Consejo de Hacienda envió una nota al emperador, haciéndole ver la situación en que se encontraban, casi en bancarrota. No quedaban fondos ni tan siquiera para pagar los servicios básicos como eran la casa del emperador, la del príncipe y la de los regentes Maximiliano y María, que junto al pago de las galeras de Doria, el de las guardas, fronteras y embajadores, constituían lo básico que se pagaba con los servicios ordinarios. Pero de esas aportaciones ordinarias no quedaba ya nada más que 130.000 ducados, sin tener en cuenta los gastos extras que suponían el viaje de Felipe, o la fortificación de Gibraltar y Melilla, ambas amenazadas por el Xarife.

4.2.5. El no tan felicísimo viaje del príncipe Felipe a los Países Bajos (1549-1550)

Al poco de llegar Maximiliano a Valladolid, inició Felipe los últimos preparativos para su viaje, y sin esperar a la toma de poder oficial de los reyes de Bohemia, Maximiliano y María, partió rápidamente hacia Barcelona. Sin él, los regentes tomaron posesión de las tierras peninsulares, ya que los poderes que el emperador les había concedido eran válidos para ambas coronas de Castilla y Aragón.

Felipe, presionado por el tiempo, dejó de lado la prevista reunión del capítulo general de las Órdenes y su juramento como príncipe de Navarra, aplazándolo todo para otra ocasión. En su compañía iba el duque de Alba, como consejero y encargado de su seguridad, confiada a dos compañías de arcabuceros de a caballo, arma de elite en la época, que lo acompañarían hasta Espira donde le esperaban miembros de la bandas neerlandesas con los que debía de hacer su entrada oficial en los Países Bajos. Llegado a Barcelona, el mal tiempo lo retuvo hasta finales de octubre. El 1 de noviembre estaba ya en Rosas, controlando las obras defensivas que se llevaban a cabo bajo la dirección de Luis Picazo en esa antigua plaza de los duques de Segorbe. El 7 disfrutaba de la protección de la fortaleza de Colliure, consiguiendo llegar a Génova el 25 de noviembre de 1548. En Génova visitó a los Doria y planificó con ellos la reconstrucción del castillo, para mejor asegurar la plaza. A su vez, esta breve estancia genovesa permitió que su corte y los caballos que traían se repusieran del azaroso viaje, prosiguiendo su ruta en mejores condiciones hacia Milán. Por donde iba pasando, iba siendo recibido extraordinariamente. Así ocurrió en Alessandria, Tortona y Pavía, pero sobre todo en Milán, donde le esperaba el gobernador Ferrante Gonzaga y su mujer, la princesa Isabel de Capua. En esa metrópolis tuvo que quedarse varios días por las muchas fiestas que en su honor se organizaron, partiendo de ella el 7 de enero de 1549 rumbo a Cremona. En Mantua le salieron al paso el duque de Mantua y el de Ferrara, así como Alberto de Baviera, pidiéndole que le hiciera el honor de visitarlo en Munich. En Villafranca de Verona se entrevistó con el embajador de la república de Venecia, que le acompañó un largo trecho. Tras pasar por Trento el 29 de enero, inició la travesía de los Alpes por Bolzano y Brixen hasta Innsbruck. El 7 de febrero prosiguió hasta Munich, pasando unos días junto al duque de Baviera.

El 24 de febrero estaba en Augsburgo, celebrando la fiesta de San Matías y el 49 aniversario de su padre. Allí pasó tres días, estando con él los cardenales de Augsburgo y de Trento, y Mauricio de Sajonia. Hasta Ulm le acompañó Mauricio y desde Ulm, siguió en compañía de enviados del duque de Wurtemberg que solicitaron la devolución de las tres plazas que aún seguían ocupadas por soldados españoles en su ducado, así como que intercediera ante el rey de Romanos para que lo tomara en su gracia. Desde 1534 en que Ulrico se había quedado *manu militari* con las posesiones de la casa de Austria en ese ducado, las relaciones entre ambos habían sido suspendidas por parte de Fernando, que aún lo sentía como una terrible afrenta. El duque también le pidió que intercediera ante el césar para que tuviese compasión de su hermano el conde Jorge, aún preso.

El 2 de marzo llegó a Göppingen, saliéndole al paso en Fainge el maestre de

Prusia de la orden de los caballeros teutónicos, que le acompañó hasta Heidelberg, lugar donde el anciano conde Palatino le había solicitado que lo visitara, pasando unos días en su compañía y en la de su prima hermana Dorotea de Dinamarca, su mujer. El 11 de marzo partió hacia Espira donde le aguardaba el príncipe elector de Maguncia. Por recomendación del duque de Arschot, Felipe de Croy, el príncipe se desvió hacia el ducado de Luxemburgo para conocerlo, llegando a su capital el 17 de marzo, siendo recibido por el conde de Mansfeld. En Luxemburgo visitó con gran placer sus defensas que estaban siendo mejoradas, *las he andado muy particularmente y me han parecido de muy grande importançia y que conviene que se acaben.* La estancia en Luxemburgo llevaba implícita una nota de atención a los franceses por haber sido esta una de las últimas ciudades de Flandes conquistada por ellos en la última guerra. Su camino, ya por tierra propia neerlandesa, le llevó por Arlon, aún en el ducado de Luxemburgo, donde el gobernador francés de la Champagne le salió al camino para presentarle sus respetos, siguiendo por Bastogne hasta la capital valona de Namur, donde le esperaban Manuel Filiberto de Saboya, el duque Adolfo de Holstein, y el obispo de Arras, enviados por el césar para recibirle, haciendo con ellos el 1 de abril de 1549 su solemne entrada en Bruselas. Los representantes de los Países Bajos quedaron negativamente sorprendidos de que el príncipe no pudiera expresarse en francés.

Carlos V, por el contrario, estaba radiante y feliz de poder ver de nuevo a su hijo tras los muchos sufrimientos que había pasado en los últimos años. A pesar de contar solo con 49 años, era ya un anciano desfigurado por la gota, *su mano derecha estaba tan entomida que no podía tomar ya la pluma...* A lo largo del invierno, cuando la enfermedad le atacaba con más virulencia, tenía que purgarse a menudo con el agua del

Tiziano Vecellio, Alte Pinakothek de Munich. A pesar de aún no haber llegado a los cincuenta años, Carlos tenía el aspecto de una persona muy mayor, con los miembros entomidos y visiblemente deteriorado por la gota que continuamente, en cuanto llegaba el invierno, lo visitaba, dejándolo inmovilizado por largo tiempo.

árbol de Indias, lo que le producía una cierta mejora momentánea y a veces *le sobrevenían unos vómitos que le daban alguna congoxa*. Levantarse sano por la mañana era algo extraño y a veces lo remarcaba en sus cartas como algo muy especial. Así lo decía el 18 de marzo de ese año de 1549, pocos días antes de volver a ver a su hijo: *Hoy me he levantado y me hallo en razonable disposición, a Dios gracias, y espero en Él, que un poco de embaramiento que tengo en el pescueço y en los dedos de la mano izquierda se acabarán de quitar y será servido de darme salud*. Una semana más tarde, el 26 de marzo, un nuevo ataque de gota, el quinto de esa temporada, lo dejó en tan mal estado que recurrió a una nueva dieta que le proponía otro médico napolitano acabado de llegar a la corte, que le aseguraba ser capaz de curarlo definitivamente de la enfermedad: *la nueva dieta me hace provecho y la continuaré hasta la Semana Santa... espero en Nuestro Señor que desta vez me acabará de dar salud y que el buen tiempo ayudará a ello*. Al poco retornaba la enfermedad demostrando la inoperancia de la nueva dieta.

Junto a la llegada de su amado hijo y heredero, las noticias familiares que le llegaban de la corte española le alegraban mucho. El 11 de marzo le había escrito el marqués de Villena informándole del embarazo de su hija María, y en el mes de abril le escribía Luis Sarmiento informándole del estado de su hija menor y de su nieto, el infante Carlos. *Juana está ya tan mujer y tan mejorada en la governación de su persona y casa, que estoy espantado*, le contaba Sarmiento. *El ynfante Carlos se ha mejorado tanto en salud y color y crecimiento que parece que ha dos años que vino aquí. Está en extremo hermoso y gracioso y será muy grande de cuerpo*. La vida en Aranda de Duero le venía muy bien a los infantes, y aunque la casa era muy estrecha, tenía algunas huertecillas y poseía un pequeño barco, *muy hermoso*, en el que algunas tardes navegaban por el río Duero. Juana y Carlos se habían acostumbrado de tal forma a vivir y a comer juntos, *y es tanto lo que se quieren que no se halla el uno sin el otro, que es el mayor placer del mundo a los que los vemos, ver lo que pasan siempre juntos*. María *estaba recién preñada* y algo solitaria ya que Maximiliano se había ido a visitar Santiago de Compostela. Carlos le había concedido a María un permiso para abandonar la corte y visitar a su hermana y sobrino, pero su estado aconsejaba más por el momento que descansara y no iniciara ninguna aventura que pudiera suponerle un problema, lo que confirmaba Sarmiento, diciendo que por ahora *sería un yerro* que viajara hasta Aranda.

Otro hecho ocurrido a principios de marzo de 1549, haría pensar al emperador en hechos históricos luctuosos ya casi olvidados. El postergado traslado de los restos de María Manuela de Portugal, mujer del príncipe Felipe que, debido a la reunión de Cortes castellanas habidas en Valladolid en 1548 había quedado paralizado, fue retomado en 1549. El 7 de marzo los regentes Maximiliano y María, seguramente siguiendo órdenes del príncipe Felipe, informaron al conde de Tendilla, Íñigo López de Mendoza, capitán general del reino de Granada, que hacía tres días que había partido el cortejo fúnebre que llevaba los restos de la princesa María, junto con los restos de los infantes Fernando y Juan, hijos del emperador, muertos respectivamente en 1529 y 1537, que también habían sido depositados en San Pablo de Valladolid. Al frente de la comitiva iba el arzobispo de Santiago y se calculaba que para el día 25 de marzo estarían ya en Granada. Tendilla, informó a la Real Audiencia y Chancillería de Granada, a los canónigos de la Catedral y Capilla Real de Granada, así como a los miembros del cabildo de la ciudad, exigiéndoles premura para adecentar la capilla y construir un catafalco decente para contener los sarcófagos hasta su definitivo entierro en la cripta. Los cuerpos llegaron el día 27 a Granada y para sorpresa de todos, tanto los catafalcos hechos por la ciudad, como el principal hecho según Gómez-Moreno por Pedro Machuca en el interior de la Capilla Real, estaban listos. El día 26 arribó el cortejo fúnebre al pueblo de Albolote a donde salió el conde de Tendilla a recibirlo. Al día siguiente, más de 50.000 personas recibieron los féretros extramuros de la ciudad, siendo colocados en un túmulo que se había hecho delante de la puerta de Elvira. A lo largo de la calle de Elvira otros dos túmulos sirvieron para llevar a cabo oraciones y rogatorias por los difuntos. Tras un responso en la catedral, se llevaron los ataúdes hasta la Capilla Real, colocándolos en el túmulo y celebrándose durante tres días las exequias fúnebres tal y como se había hecho con la emperatriz Isabel de Portugal. Finalmente los restos se introdujeron en la cripta, colocando el de la princesa María Manuela cerca del de Isabel de Portugal, en el lado del evangelio.

Por lo demás, las noticias políticas, militares y sobre todo económicas de España, sin ser alarmantes, solo suponían problemas añadidos. El Consejo de Hacienda insistía en no saber cómo afrontar la devolución de los 180.000 ducados que había que pagar en mayo, no quedaba ningún dinero libre para ello. El césar se vio obligado, en contra a lo que había prometido a la Cortes castellanas, a iniciar la venta de oficios, regimientos y juraderías, al menos para pode afrontar ese pago inminente. Haciendo esos pagos *se podría hallar otro algún camino para passar este año que es el más trabajoso por no haver consignaciones*. Se soñaba con que la intercesión divina permitiera la llegada de alguna flota cargada de oro y plata y, como esta no llegaba, el emperador escribió a las Indias ordenando que se preparara la partida de la flota que debía de traer el oro y la plata para que en cuanto se hubiera solucionado el problema en el virreinato del Perú la trajera con él La Gasca.

Los franceses habían iniciado cerca de Pau la creación de un gran ejército formado por soldados alemanes, piamonteses y vascos que se temía fuera a atacar la frontera pirenaica, sin embargo a finales de marzo de 1549, se vio como comenzaba a marchar en dirección a Boulogne. El norte de África volvía a ganar en importancia, tras la feliz paz vivida con la tregua firmada con los turcos y con el rey de Túnez. Nuevos elementos discordantes comenzaban a originar graves problemas en la costa norteafricana y mediterránea española, primero el arráez Dragut, que con una pequeña flota se convertía en el nuevo Barbarroja. Tan peligroso llegó a ser que Carlos se vio obligado a crear una flota con 43 galeras y 3.000 infantes dirigida por Andrea Doria para buscarlo y destruirlo, ordenando quemar su armada donde se encontrara. Otro musulmán problemático era el llamado Xarife, Mohamed-al-Mahdi, que había conquistado Fez y amenazaba los presidios norteafricanos, en especial Melilla, pero también Gibraltar. Además había hecho alianza con el hijo de Barbarroja, señor de Argel y ninguno de los dos respetaba la tregua estipulada con la Sublime Puerta. Maximiliano ordenó reforzar las defensas de Melilla y Gibraltar, y revisar las defensas de la costa mediterránea, enviando con tal fin a las galeras de España con Bernardino de Mendoza *a dar una vuelta por el estrecho*. También fueron reforzados Orán y Bugía.

El 2 de noviembre de 1549 una buena nueva partía de Castilla hacia los Países Bajos, siendo conocida el 14 de noviembre por el emperador y el príncipe Felipe, con el general contentamiento. María, hija de Carlos V, corregente de los reinos peninsulares con su marido Maximiliano, daba a luz en Cigales, pequeña y tranquila localidad sita al norte de Valladolid, a su primera hija, Ana de Austria, que muchos años más tarde casaría con su tío Felipe II, llegando a ser reina de España.

Tras la llegada de Felipe a Bruselas, las celebraciones llevadas a cabo con el heredero fueron numerosas en forma de fiestas, bailes, torneos, justas, procesiones, actos religiosos y otros. Felipe parecía sentirse algo extraño en un mundo que no conocía y en el que no comprendía el idioma. Este había sido uno de los graves errores del césar, no haber formado a su hijo al menos en los idiomas y costumbres de los países principales que conformaban su imperio. Su educación y su forma de ser completamente castellanas, eran radicalmente opuestas a la de los flamencos. Felipe prefería estar solo, entre poca gente, recogido, amaba las ceremonias religiosas y la música sacra y procesiones, sufría con las fiestas interminables en las que el consumo degenerado de cerveza y los abusos gastronómicos eran elementos principales. No fue excesivamente buena la impresión que los neerlandeses tuvieron de su príncipe, ni la que el príncipe tuvo de sus súbditos, aunque no hay que olvidar que gran parte de lo escrito acerca de ese encuentro nos ha llegado a través de la nefasta historiografía neerlandesa de la época de la rebelión de los Estados Generales, creada ex proceso por un grupo de nobles rebeldes que pretendían no dejar ni un pelo bueno de su odiado señor, para justificar su crimen de lesa majestad. Quizá sería conveniente revisar nuevamente esa injusta e injustificada visión histórica.

Una de las metas principales que el emperador se proponía con la venida a los Países Bajos del príncipe Felipe, era la de asegurar que todas sus provincias contaran con un único monarca. Tras deliberaciones, primero con los Estados de Brabante y Flandes, y más tarde con todos los demás, se firmó un acuerdo por el que todos los territorios de los Países Bajos aceptaban tener un único príncipe, no

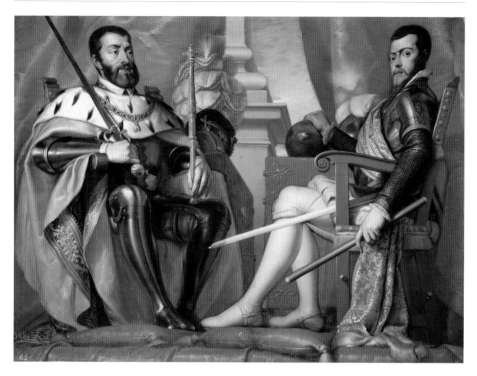

Antonio Arias Fernández. Carlos V y Felipe II. Visión histórica, algo anacrónica, de los dos más grandes monarcas de la Casa de Austria en España.

dejando posibilidad a que ninguno de ellos pudiera caer en manos extrañas. Con el fin de hacerse jurar como príncipe heredero por todos los estados de los esas tierras, en el mes de julio de 1549, Felipe inició un recorrido por los Países Bajos, conociendo a sus súbditos y siendo conocido por ellos. La ruta se inició en Brabante, ducado principal, primero en Lovaina y luego, el 8 de julio, en Bruselas, donde fue recibido como heredero. De Brabante pasó a Flandes, visitando Aalst, Gante y Brujas en la segunda mitad de julio, siendo recibido por doquier con arcos triunfales y con las ciudades bellamente decoradas, engalanadas e iluminadas. Desde Brujas prosiguió por Wijnnendale y Ieper (Ypres) hasta la costa, visitando Dunquerque, Gravelinas, Saint Omer y Bourbourg, ciudades sitas en torno al exclave inglés de Calais. La idea era mostrar en la frontera francesa la presencia del príncipe Felipe, evidenciando a los franceses la importancia que para la corona española tenían esas tierras. A principios de agosto visitó la castellanía de Lila y las ciudades de Tournai, Orchies y Douai. Luego fue a Arras en el condado del Artois, Bapaume, Cambrai y Valenciennes, Le Quesnoy, Avesnes-sur-Helpe, Chimay, Marienbourg, Beaumont y Binche donde María de Hungría había establecido su corte, siendo agasajado con unas extraordinarias fiestas, bailes y torneos inolvidables, así como con el placer de la caza que tanto le gustaba, en el cercano castillo de Mariemont. Prosiguió por Mons, capital del condado del Henao, Jemappes y Braine-le-Comte, retornando a Bruselas donde actuó de padrino del hijo póstumo del duque de Arschot que había muerto al poco de su entrada en los Países Bajos, siendo bautizado con el nombre de Carlos Felipe. A principios de septiembre estuvo cazando en el monasterio de Groenedael y en Tervueren, prosiguió por Malinas y llegó hasta Amberes, capital del marquesado del Santo Imperio, donde recibió la más extraordinaria de todas las recepciones que se le hicieron en esa visita a los Países Bajos, y ello a pesar de la abundante lluvia que caía, disfrutando de una imponente justa en la plaza del mercado. Carlos estaba extenuado y no siguió acompañando a su hijo al que había ido presentando a los Estados de cada una de las provincias neerlandesas por las que habían pasado; regresó a Bruselas y allí permaneció hasta finales de mayo de 1550, pasando un duro invierno acosado por la gota. Desde Amberes, Felipe en compañía de su tía María de Hungría prosiguió su visita de presentación a las provincias norteñas, pasando por Bergen op Zoom, Breda y Hertogenbosch, aún en el ducado de Brabante, entrando al condado de Holanda por Gorkum (Gorinchem) el 24 de septiembre, siguiendo por Dordrecht, Rotterdam y Delft, llegando a la Haya el 28 de septiembre de 1549. Vía Leiden y Haarlem, entró en Amsterdam el 1 de octubre. El mes de octubre lo pasó conociendo las tierras del norte, la provincia de Utrecht con su capital de igual nombre y Amersfoort; prosiguió por la provincia de Overijssel, visitando Kampen, la capital Zwolle, y Deventer; a continuación recorrió el ducado de Güeldres, donde además de Hardewijk, visitó Zutphen, Nimega, Well, Ruremunda y Weert, retornando vía Turnhout y Lierre a Bruselas, donde el 4 de noviembre se reunieron los Estados Generales de los Países Bajos. En ellos el césar agradeció la acogida dada a su hijo, avisó de su próximo viaje a Alemania para acabar de solucionar los problemas existentes, y confirmó que nuevamente María de Hungría, que había amagado con no volver a ser gobernadora, ocuparía ese lugar desde su partida. Además promulgó la Pragmática Sanción, consensuada con su hermano Fernando, rey de Romanos, disponiendo que acabada la línea masculina, las hembras podrían gobernar en los Países Bajos. En medio de esa reunión de los Estados Generales moría el 10 de noviembre en Roma el Papa Paulo III, pontífice que había dedicado la mayor parte de sus esfuerzos a favorecer a su familia.

4.2.6. Dieta de Augsburgo y problemas dinásticos de la casa de Austria (1550-1551)

El 12 de diciembre, Carlos confirmaba, nuevamente en privado, la investidura con el ducado de Milán del príncipe Felipe, quien al poco dejaba también clara su intención de optar a ser elegido emperador, iniciando con ello una pugna interna entre las dos ramas de la casa de Austria. Los problemas entre los dos hermanos, aliados inseparables hasta ese momento, minaron la perfecta unión de intereses de ambas ramas y el envidiable acuerdo que desde hacía muchos años reinaba entre ellas.

En enero de **1550** ese malestar se hizo visible al protestar Maximiliano por la falta de autoridad de que adolecía en su regencia española, ya que tenía que consultar casi todas sus decisiones con los presidentes de los respectivos consejos, exigiéndosele su firma y consentimiento para poder actuar, incluso la del secretario Juan Vázquez de Molina. Ese control que él consideraba una clara pérdida de autoridad ante sus súbditos, no era en nada diferente al que había existido durante la regencia de la emperatriz Isabel o del príncipe Felipe. Como esos dos regentes, a su llegada al poder en la península, Maximiliano desconocía el sistema, por lo que Carlos le organizó un consejo de expertos dirigido por los presidentes del Consejo Real, del de Indias, Órdenes, Hacienda y de la Contaduría, que debían de aconsejarle, evitando que las decisiones que tomara fueran divergentes de la política general seguida por el césar. Maximiliano protestó con muy buenas palabras, *con toda templança y moderación, alegando que su autoridad y reputación se resentían* ante sus súbditos con esa forma de hacer las cosas, pero Carlos le respondió sin ambages que *tenía que tenerse por contento con lo que estaba ordenado* y que *era forçoso que fuera así*, que nada se modificaría de lo que se había estipulado al inicio de su gobierno. *Porque aunque bastáys para mucho más, no podríades estar con tan continuo cuidado, ni convenía que este negoçio se remitiese solo a uno.* Una de sus mayores quejas era no poder hacer las mercedes que él quisiera a sus criados, especialmente donde todos se las pedían, en Indias, al estar estipulado que no se ampliaran los oficios que feneciesen. El emperador había estipulado que los oficios de importancia en la península y los aún más sabrosos de las Indias, quedaran bajo su control directo, reservándose para sí su concesión. El país no estaba para mercedes, las cajas estaban completamente vacías y no se podían ni tan siquiera cubrir los más importantes servicios ordinarios, los de la casa del príncipe Felipe. De nuevo se soñaba con el oro del Perú, y el emperador mandaba correos a las Indias en tal sentido, solicitando la venida de una nueva flota, la que debía de traer a La Gasca de regreso, cargada de oro si era posible. Las imaginarias cantidades que debían de llegar en esa fantástica flota, eran ya repartidas de antemano entre gastos inevitables y esenciales tales como los causados por la toma de un nuevo crédito por el emperador para su viaje a Augsburgo por valor de 85.000 ducados.

Maximiliano debía de centrarse en el gobierno de la península en un momento en el que la situación externa comenzaba de nuevo a peligrar. Piratas franceses y escoceses atacaban las costas gallega y cantábrica, estableciéndose una sisa para crear una pequeña flota defensiva en la región. Los mismos piratas, junto a los ingleses, asaltaban a los galeones provenientes de Indias, por lo que Álvaro de Bazán volvió a recordar la creación de una flota que acompañara a esos pesados galeones en su viaje de regreso, brindándoles protección, una idea que siempre había defendido el emperador. En la primavera de ese año 1550 se firmó un primer asiento con Álvaro de Bazán, iniciándose el proceso de protección de esos valiosos barcos. Francia iniciaba un descarado rearmamiento en el sur, viéndose obligada la corona a reforzar la línea defensiva pirenaica, dotando a sus fortalezas, especialmente a San Sebastián, Fuenterrabía, Pamplona y Rosas, con nuevos cañones provenientes de Burgos, Logroño o incluso de los tomados a los rebeldes alemanes que por vía marítima fueron traídos a España. Los reyezuelos norteafricanos, el Xarife y Dragut, seguían revueltos con el apoyo francés, y se tuvieron que reforzar Orán, Bugía, Melilla, para la que se jugó con la idea de trasladar esta última ciudad a otro puerto natural más fácil de defender cercano a ella. También se reforzaron la Goleta, donde los soldados estaban faltos de pago, y Gibraltar. Para combatir al arráez Dragut se decidió dividir en dos la flota, por un lado la de Andrea Doria, y por otro la de Bernardino de Mendoza, llevando entre los dos un total de 10.000 infantes y varios cientos de jinetes, para intentar capturarlo y hundir sus barcos. Ya solo faltaban los fondos suficientes para poder iniciar todo ese proceso.

Una de las noticias más inquietantes de las que llegaban de España en esos días era la enviada por Luis Sarmiento desde Aranda del Duero, relacionada con la grave enfermedad que desde finales de febrero sufría el infante Carlos, enfermedad que iba acompañada de fuertes calenturas que lo iban consumiendo sin que los mejores médicos de Castilla, el licenciado Toco, el doctor Abarca o el licenciado Peñaranda, venidos a curarlo, pudieran hacer nada por él. Once días estuvo sin comer, tragando apenas un poco de caldo de pollo, y con fiebre alta en la que sufría alucinaciones y gritaba con voz de adulto: *"no matéis al niño, que no puede más"*, *que parecía que lo decía algún ángel tercero por él, de que todos estaban espantados*. Tan peligrosa parecía la dolencia que el marqués de Mondéjar fue a Aranda en persona a interesarse por su salud. Finalmente, los médicos decidieron actuar, dándole *maná*, un purgante sacado del fresno, produciéndose al poco una mejoría y una bajada de la calentura ante el alivio de todos los presentes, que llevaban ya dos semanas sin dormir, llorando y rezando por su mejoría. Aunque las fiebres volverían a retornar con el tiempo, ya no lo serían con la intensidad acaecida en esas dos duras semanas. Se jugó con la posibilidad de trasladarlo a Toro, pero finalmente se decidió que Aranda era el lugar más sano para la salud del infante.

Mientras tanto, Carlos reposaba involuntariamente en Bruselas, sojuzgado por su inclemente compañera, la gota, que lo dominaba y condicionaba, abusando de su cuerpo *y hame dexado con tanta flaqueza en las manos que no puedo escribir largo sin trabajarme*. A esa inseguridad se unía la de ver cómo se comportaría el nuevo Papa que, con un masivo apoyo francés, había sido elegido el 8 de febrero, en la persona de Juan María del Monte, entronizado con el nombre de Julio III. El nuevo pontífice hizo saltar las alarmas directamente el 24 de marzo, pero esta vez en el campo francés, ya que decidió reiniciar las actividades del concilio en la ciudad de Trento, sorprendiendo a todos. Este hecho y su deseo de poner fin al conflicto religioso alemán, ahora que la suerte le favorecía, llevó al césar a convocar una nueva Dieta imperial en la ciudad de Augsburgo para finales de junio de 1550, pensando abandonar los Países Bajos a principios de mayo, haciendo un viaje tranquilo y reposado hasta esa ciudad suaba. Su larga estancia en Brabante le sirvió para promulgar nuevas ordenanzas y edictos para sus tierras neerlandesas, muchas de ellas relacionadas con temas religiosos, especialmente con la llegada a los Países Bajos de las ideas reformadas, intentando evitar su propagación. Otras tenían que ver con la abundancia de nuevos cristianos de origen hispano, huidos de Portugal, que se iban refugiando especialmente en Amberes. Hacia el exterior, sabían comportarse como cristianos, pero secretamente seguían observando su fe, costumbres y ceremonias judías. Se jugó con la posibilidad de que se les tolerara por ser beneficiosos para la economía y el comercio de esas tierras, incluso cediéndole una parte exterior de Amberes para que crearan su judería, portando sus señales como las llevaban en el Imperio, pero María de Hungría era en este aspecto más estricta y exigió que si oficialmente eran cristianos vivieran como tal y que si eran judíos se les expulsara, tal como el emperador había hecho con los judíos del ducado de Güeldres tras su conquista. Otro tema que desagradaba al emperador, era el exceso de lujo en la vestimenta que, a pesar de estar prohibido, seguía sin cumplirse. Carlos reafirmó las leyes existentes, y apretó aún más la necesidad de su cumplimiento con nuevas ordenanzas regulando el uso de determinadas telas decoradas con oro o plata, damasco o terciopelo carmesí, entre otras.

Poco antes de partir para Alemania, el emperador hizo testamento el día 19 de mayo de 1550, y el 31 de mayo de 1550 partió a caballo desde Bruselas rumbo a Augsburgo. Iba acompañado por su hijo Felipe al que quería presentar en el Imperio, convencido aún de la posibilidad de modificar lo pactado con el rey de Romanos para que Felipe pudiera ser su sucesor en Alemania. Y llevaba también en su compañía, en calidad de preso, al duque Juan Federico de Sajonia que con su gordura enfermiza viajaba en una bella carroza rodeado por una guardia de soldados españoles. Felipe de Hesse, por el contrario, quedó prisionero en la ciudad de Malinas. Dando escolta al emperador iban los condes de Egmont y de Arenberg con sus soldados. Vía Lovaina, Tirlemont, Saint Trond, Tongres, donde salió a rendirle homenaje el obispo de Lieja, y Maastricht, llegó el 7 de junio a la ciudad imperial de Aquisgrán, y luego vía Juliers y Bergheim llegó el 9 de junio a Colonia, alojándose en el Holzmarkt, en casa de su amigo el alcalde Arnoldo de Siegen, mientras que Felipe lo hacía en la casa de Gobel Smitgin. El orden con el que el césar llevaba a sus soldados neerlandeses sorprendió a los habitantes de Colonia, en cuya ciudad el 13 de junio, en una de sus plazas principales, muy cerca de donde se alojaba, en el Heumarkt, mandó ahorcar públicamente a dos de sus soldados, uno por asesinato y el otro por robo.

Desde Colonia, río arriba, tirado su barco por largas líneas de caballos per-
cherones desde la orilla, fue lentamente subiendo primero hasta Coblenza donde
le esperaba el elector de Tréveris, y luego hasta Maguncia, donde fue recibido el
día 19 de junio por su príncipe elector. En ese tramo del camino, uno de los más
bellos de la travesía de Alemania, dictó sus memorias a su secretario Guillermo van
Male, en las que dejaba para la historia su visión personal de los hechos acaecidos
hasta entonces. Por ese romántico camino prosiguió hasta Espira, donde le esperaba
un cuarto elector, el conde Palatino que se disculpó de no poder asistir a la dieta
por su avanzada edad. En Espira celebró Carlos el día de San Juan y pasó el día 25
disfrutando de la caza con su hijo en sus cercanos bosques. Llegado a Ulm se desvió
del camino normal para enseñarle a su hijo algunos de los escenarios de la última
guerra contra los rebeldes príncipes alemanes: Gingen, Nördlingen y Donauwerth,
entrando en Augsburgo el día 8 de julio. En la ciudad ya le esperaban el rey de Romanos, con el que ya se habían tratado los temas que se verían en la reunión,
Granvela y su hijo el obispo de Arras. En Augsburgo apenas si había representantes
del Imperio, el elector Palatino se había excusado ya ante el césar en Espira; el de
Sajonia y el de Brandemburgo se negaron a venir si Carlos no liberaba antes al
landgrave de Hesse; los representantes de otras ciudades y principados fueron en-
gañados asegurándole que la dieta no se reuniría hasta septiembre, o al menos eso
alegaron. En presencia de solo los dos electores de Tréveris y Maguncia, se dio
inicio en el ayuntamiento, el 26 de julio, a la Dieta de Augsburgo de 1550, haciendo
una alocución el cardenal obispo de Augsburgo y leyendo la proposición el secretario imperial. Carlos se quejó del incumplimiento de lo estipulado en el ínterin
por la mayor parte de ciudades y principados, reclamando mano dura con ellos y
trató de otros temas relacionados con la administración del Imperio, nombrando
presidente de la Dieta al cardenal de Augsburgo y retirándose junto a su hijo a Baviera donde visitó a su duque y pasó varios días cazando cerca de Munich y en
Starnberg, retornando a Augsburgo el día 8 de agosto.

Tras su llegada, recibió el día 11 de agosto al nuevo nuncio papal, Sebastián
Pighino, con el que habló largo recibiendo el apoyo del pontífice, junto a la solicitud
de que mejorara sus relaciones con Francia para que los obispos franceses pudieran
asistir al concilio en Trento. Los estados alemanes dieron su respuesta a la proposición del emperador el 16 de agosto, estando el césar indispuesto y siendo representado por su hermano Fernando, rey de Romanos. Los estados decían estar
prestos a discutir pacíficamente las diferencias, mientras que los representantes de
Mauricio de Sajonia se negaban en rotundo a participar en un concilio dirigido por
el Papa, a pesar de que Mauricio para poder llegar a ser elector hubiera firmado su
compromiso de respetar lo que emanara de es concilio. Durante la reunión de esa
Dieta, el señor de Granvela que había venido a petición del emperador para mediar
en el asunto de la herencia en el Imperio con Fernando, murió de hidropesía el 27

Nada agradaba más al emperador que una buena cacería, participando en casi todas las que se le ofrecieron. Esta cacería representada por Lucas Cranach el Joven, se realizó cerca del castillo de Torgau en Sajonia.

de agosto de 1550, a los 66 años de edad. El día 30 se celebró un servicio funerario en la catedral y luego su cuerpo fue trasladado a Besançon donde fue enterrado. Carlos concedió a su hijo, Antonio Perrenot de Granvela, obispo de Arras, los mismos cargos que había tenido su padre.

En paralelo al desarrollo de la Dieta imperial, se iniciaron el 18 de agosto de 1550 en Augsburgo, largas y complicadas conversaciones entre el emperador y su hermano, pretendiendo el césar reconsiderar lo que ambos habían pactado en los años 1525 y 1531 con respecto a la sucesión en el Imperio. La razón para abrir esa peligrosa caja de Pandora era el deseo del príncipe Felipe de aspirar a suceder al rey de Romanos en el Imperio, desplazando a su primo Maximiliano. El tema fue escalando, produciendo una grave grieta entre las dos ramas de la casa de Austria, defendiendo cada cual sus propios intereses dinásticos. Con el fin de mediar entre los hermanos, María de Hungría se trasladó a comienzos del otoño a Augsburgo, llegando a la ciudad el 10 de septiembre. Se entrevistó repetidamente con ambas partes, negándose Fernando a aceptar nada que fuera contra los intereses de su hijo Maximiliano sin que Maximiliano, personalmente, lo refrendara. María, cumplida su intervención ante sus hermanos sin éxito, se vio obligada a retornar a los Países

Bajos el 26 de septiembre. La respuesta de la Dieta a las proposiciones del césar no fueron nada satisfactorias, decidiendo Carlos estatuir un ejemplo en la ciudad de Magdeburgo que seguía negándose a aceptar el ínterin. En noviembre, tras varios intentos de llegar a un acuerdo, pidió subsidios a la dieta para llevar a cabo una acción militar contra la rebelde ciudad sajona.

El 8 de octubre, ordenó Carlos a Maximiliano que se trasladara a Augsburgo para aclarar definitivamente el problema sucesorio, dejando a su mujer, la reina María, en solitario como regente de las tierras peninsulares. El viaje debía de hacerlo con seis galeras comandadas por Bernardino de Mendoza, pero el capitán general de las galeras españolas acababa de ser gravemente herido de un arcabuzazo y varias flechas en un encuentro con galeras turcas en el cabo de Gata, por lo que fue sustituido por su hijo Juan de Mendoza.

Doce días después de esa orden, llegaban a Augsburgo maravillosas buenas nuevas enviadas por Maximiliano, que confirmaban los rumores que venían corriendo por la ciudad, el día 22 de septiembre había pasado por delante de la barra de Sanlúcar de Barrameda *a buen recaudo y con toda seguridad*, la ansiada flota que traía a La Gasca de regreso del Perú, cargada de oro *en mucha cantidad*, cerca de dos millones de ducados solo para el rey, y que continuó su camino río arriba hacia Sevilla hasta la Casa de Contratación. Carlos solicitó urgentemente lo llegado para pagar las abundantes deudas que aún mantenía de los gastos de la última guerra de Alemania, recobrando así el crédito y la credibilidad entre los banqueros que comenzaban ya a dudar de él. Además, ese hecho suponía un prestigio para el césar y una prestancia ante los demás príncipes que habían comenzado a insolentarse al creer que el césar no contaba ya con fondos. El emperador ordenó que la plata llegada, por valor de 600.000 ducados, fuera trasladada secretamente desde Sevilla a Rosas, vía Granada y el reino de Valencia, escoltada en todo momento por el conde de Tendilla y sin que entrara en tierras de Aragón. Se calculaba que en ese trayecto se tardaría entre 45 y 50 jornadas. En Rosas la plata sería embarcada, avisando de ello a Andrea Doria para que saliera con sus galeras hasta las isla Pomegas, delante de Marsella, escoltándola hasta Génova y de ahí con gran protección, vía Milán, hasta el Imperio. El resto del oro y plata se debía de llevar a la fortaleza de Simancas, como se había hecho con el dinero del rescate de los hijos de Francisco I, poniendo a su cargo a una persona de calidad. El planeado viaje de la plata por tierras granadinas, valencianas y catalanas, fue finalmente desechado en febrero de 1551 por su duración, sustituyéndolo por otro que iba desde Sevilla, vía Granada, hasta Almuñécar, escoltado también por el conde de Tendilla, siendo embarcado en Almuñécar en las galeras de Juan de Mendoza hasta Rosas, donde debía de estar a finales de marzo de 1551, lo más tardar, esperando allí hasta que las galeras de Andrea Doria vinieran a acompañarle hasta Génova.

En España el 26 de octubre de 1550, moría en Valencia, Fernando de Aragón, duque de Calabria, virrey de Valencia, y desde mediados de octubre una nueva enfermedad afectaba gravemente a la infanta Juana en Aranda, persistiendo la gravedad hasta mediados de octubre en que se inició una mejoría. El emperador decidió entonces que Juana y Carlos fueran trasladados a la ciudad de Toro donde había más espacio. No le fue nada fácil a Luis Sarmiento, el traslado de esta pequeña corte hasta Toro. Las muchas damas que en ella vivían comenzaron *a armar bullicio y a poner tantos reparos al viaje, como si hubiesen de pasar los Alpes.* El infante Carlos, desde que conoció que partían, *se puso el manto y su azote* y no paraba de presionar para que se iniciara la marcha. Por orden del rey se llevaron los infantes directamente a Toro, sin pasar por Valladolid como lo hubiera preferido la regente María, a la que el monarca dio permiso para salir a verlos por el camino. Poco antes de la Navidad consiguió Sarmiento llegar con su caravana de mujeres a Toro, a donde no pudo trasladarse la regente María. Si lo hizo el marqués de Távara con su familia, pasando con los infantes las fiestas de Navidad. El nuevo alojamiento en Toro ofrecía abundante lugar para todos y estaba formado *por muchas casas desparramadas, con muchas huertas y corrales y muchas ventanas y muy baxas...* lo que suponía un cierto peligro para tantas mujeres jóvenes. *El lugar es muy bueno y muy sano, según todos dizen.* El único problema era la extrema cantidad de curiosos que se reunieron en Toro, *harto fastidosos, como gente que ve pocas veces la Corte* y que molestaban demasiado.

El 31 de octubre había partido de Valladolid el rey de Bohemia, Maximiliano, dejando a su mujer María como regente de los reinos peninsulares. El 17 de noviembre embarcó en Rosas, llegó a Génova el 24 de noviembre, consiguiendo alcanzar Augsburgo el 10 de diciembre, siendo recibido de forma extraordinaria por sus súbditos alemanes, mostrando claramente lo que el pueblo alemán sentía. Al príncipe Felipe por el contrario, desconocedor de la lengua y de las costumbres del país, se le sentía como altanero y alejado, sintiendo los alemanes una especial simpatía por Maximiliano. Felipe, aconsejado por su tía María de Hungría, había intentado tímidamente mejorar algo esa percepción, estableciendo contacto con los príncipes germanos, mostrándose afable y cercano, aunque con un éxito muy limitado, ya que no hablaba alemán y tenía que comunicarse en latín con ellos. Felipe intentó también mejorar su relación con Maximiliano a la llegada de su primo y cuñado a Augsburgo, intentando calentar la relación, pero el rey de Bohemia se sentía completamente traicionado por él y se mostró frío y distante. Cuatro días más tarde, el 14 de diciembre, llegó también a Augsburgo, Fernando, el segundo hijo del rey de Romanos, y poco después su hermano Carlos. La rama austriaca se unía ante lo que todos ellos sentían como una traición. El emperador les retiraba ahora los derechos que hacía años les había concedido, para entregárselos a un joven que de golpe tenía interés por un país desconocido, del que apenas si se había interesado con anterioridad. El emperador, que había intentado tratar sobre el tema en privado con su hermano y más tarde, a la llegada de Maximiliano, con su sobrino, nada pudo obtener, ambos se negaron a hablar del tema sucesorio. *La pa-*

ciencia del césar *había llegado a su límite, recordando todo lo que he hecho por ellos y que después de que han sacado de mí todo lo que han querido, llegamos a tales términos.* A ello se unía su continuo malestar, sufriendo a lo largo del frío y húmedo invierno las repetidas recaídas causadas por la gota, unidas a fuertes hemorragias producidas por las hemorroides, o ataques de asma. La mitad del invierno la había pasado en la cama, el resto sentado en una silla con los pies en alto. Tan mal se veía que incluso decidió, aunque al parecer sin demasiado éxito, contener sus instintos hacia la comida para ver si con ello conseguía alguna mejoría, *he determinado de ponerme en dieta y así lo he començado hoy y confío en Dios que me aprovechará.* Sin embargo al poco recaía en las comilonas y en la pesadumbre. Las disputas y la frustración de los hermanos salieron a flor de piel durante la celebración de la Dieta, por primera vez se contradijeron en público ante el regocijo de los protestantes. Fernando abiertamente apoyó, para ganarse las simpatías de los rebeldes luteranos, a los estados y a los electores en sus aspiraciones contra los intereses del emperador, y como contrapartida Carlos se negó a que se votara en la dieta una posible ayuda a Transilvania para defenderse de los turcos, sin que antes se concediera la ayuda por él demandada para combatir a las ciudades alemanas rebeldes. Finalmente, el 16 de diciembre, los estados aceptaron la petición imperial y acordaron una ayuda de 60.000 florines, proveniente de los fondos de reserva con que contaba la Dieta, para reducir a Magdeburgo. También se resolvió favorablemente la ayuda a Transilvania, por lo que los estados y príncipes comenzaron a presionar para que se concluyera la Dieta, pudiendo así retornar a sus lugares de origen.

El 14 de febrero de 1551, en la capilla del palacio donde residía Carlos en Augsburgo, se clausuró oficialmente la Dieta. El cardenal de Augsburgo leyó las conclusiones y el emperador exhortó a ambas partes a que asistieran a las reuniones del concilio que, tal como había ordenado el nuevo Papa, Julio III, se iniciaría a principios de mayo en Trento. Carlos no había conseguido su objetivo principal, que los príncipes del Imperio reconocieran como futuro sucesor a su hijo Felipe, y ni tan siquiera consiguió que esperaran para asistir a la investidura oficial de Felipe como heredero de los Países Bajos, que como dependencias del Imperio, se haría pública y solemnemente en la ciudad de Augsburgo. Finalmente la ceremonia se llevó a cabo en privado, ante la mofa de los embajadores acreditados en la corte, animados especialmente por el embajador francés, Marillac. En esa ceremonia privada, Carlos invistió también a su hijo con el vicariato imperial de Italia.

Como se había apalabrado, en el tema sucesorio en el Imperio se tuvo que esperar hasta la llegada de la reina María de Hungría, que estaba ya de camino desde los Países Bajos, para poder iniciar las negociaciones. El 1 de enero de 1551, entró la reina de Hungría, gobernadora de los Países Bajos, en Augsburgo, dándose inicio al diálogo entre las partes. En un primer momento las posturas fueron inflexibles, intentando cada uno llegar tan lejos como pudiera. Se pretendió conseguir un

Maestro de la leyenda de María Magdalena. María de Hungría, gobernadora de los Países Bajos, actuó a menudo de intermediaria en las disputas entre el emperador y el rey de Romanos, siendo oída y a menudo tenida por juez por ambos.

acuerdo intermedio por el que Fernando seguiría siendo rey de Romanos, y a Felipe se le nombraría como coadjutor del Imperio, pero ni la rama austriaca, ni los electores vieron viable esa posibilidad ya que nunca en la historia había existido un coadjutor en el Imperio. Los electores solo estaban autorizados por la Bula de Oro, a elegir un rey de Romanos, en caso de una urgente necesidad, y además solo en el caso de que el emperador hubiera sido coronado por el Papa.

Las discusiones entre las partes fueron arduas, complicadas y fueron minando la hasta entonces indestructible unidad de criterio de la casa de Austria. El 9 de marzo de 1551 se llegó a un acuerdo ideado por la reina María de Hungría que contentaba a las partes. El pacto, firmado por ambas ramas en la misma cámara imperial en Augsburgo, establecía un nuevo sistema de sucesión en el Imperio a nivel interior de la familia, de tipo cremallera, consistente en que Fernando procuraría por todos los medios que tras su coronación Felipe fuera elegido rey de Romanos, y Felipe se comprometía a que cuando fuera coronado se esforzaría para que Maximiliano fuera elegido rey de Romanos. Fernando se comprometía también a que una vez nombrado emperador, delegaría la lugartenencia de Italia en Felipe, que se comprometía también a ser leal y obediente con su tío. Maximiliano aceptó a regañadientes el acuerdo que lo relegaba en el escalafón, aunque hacia el exterior y por consejo de su tía María, prometió al emperador fidelidad y luchar por el cumplimiento de lo estipulado.

Alcanzado este acuerdo *in extremis*, todos decidieron abandonar la ciudad de Augsburgo donde se encontraban incómodos por la lucha fratricida vivida. El primero fue Fernando, rey de Romanos, que se fue el 10 de marzo a Hungría. Al día siguiente partió Maximiliano hacia Viena para arreglar unos asuntos y luego proseguir hacia España para recoger a su mujer, María. Unos días más tarde partieron los otros dos hermanos, Fernando y Carlos. La casa de Austria huía de Augsburgo como si de una ratonera se tratase. María de Hungría partió para los Países Bajos el 7 de abril, y el príncipe Felipe tras pasar un tiempo con su afligido padre, entre otras cosas cazando, se dirigió a Génova el 25 de mayo, donde había quedado citado con Maximiliano para embarcar juntos hacia la península.

Finalizada la Dieta, inició Carlos los preparativos para licenciar a su hija María de la regencia en España, que en poco recaería nuevamente en su hijo Felipe. Tras la partida del rey de Bohemia, Maximiliano, de la ciudad de Augsburgo, Carlos envió a la regente un permiso para que su hermana Juana pudiera ir a visitarla brevemente y conocer a sus hijos antes de que partiera para Europa. María acababa de dar a luz a principios de abril de 1551 a un nuevo hijo, el segundo, un varón de nombre Fernando. El parto había sido *con poco travajo*, aunque no sobreviviría mucho, muriendo al año siguiente. María debía de iniciar rápidamente los preparativos para trasladarse con sus hijos Ana y Fernando, en compañía del duque de Escalona y de los prelados y teólogos que iban a pasar al concilio de Trento, dirigiéndose a Barcelona, desde donde partiría para Austria, ganando así tiempo y ahorrándole un largo viaje de ida y vuelta a Castilla a su marido. Además se supo en esos días que el turco había puesto 90 galeras en la mar y que las estaba armando, temiéndose que pudieran unirse a otras que se estaban labrando en Francia y a las de Dragut, por lo que el paso del príncipe Felipe y de Maximiliano hacia Barcelona y el de María de regreso hasta Génova se debía de hacer lo más pronto posible, antes de que se tornase imposible.

4.2.7. Segunda regencia del príncipe Felipe. La guerra de los Príncipes (1551-1552)

En el norte de Italia la situación parecía evolucionar irremediablemente hacia el inicio de una nueva confrontación internacional. El ducado de Parma se convirtió tras la llegada del nuevo pontífice en la manzana de las desavenencias, exigiendo Julio III a Octavio Farnesio la restitución de esas tierras a los Estados Pontificios, a cambio de cederle el ducado de Camerino. La conquista militar de Parma por las fuerzas imperiales no hubiera supuesto un esfuerzo excesivo si no hubiera sido por el acuerdo que su duque había firmado con el rey francés en Amboise el 27 de mayo de 1551. En virtud de ese pacto, Enrique II de Francia estaba obligado a intervenir en ayuda de Octavio Farnesio, al que ya con anterioridad había enviado 2.000 soldados franceses para su defensa. El Papa por su parte pidió ayuda al emperador, ordenando este la creación de un fuerte ejército de soldados alemanes, dotados con un fuerte tren de artillería, que cercó la ciudad de Parma, *cortándole los panes* y aislándola del exterior. Las fuerzas del gobernador del Milanesado, Ferrante Gonzaga, y las de Diego Hurtado de Mendoza, estacionadas en Siena, se aprestaron inmediatamente a la conquista de Parma, para evitar que callera en manos francesas. Afortunadamente Enrique II no se atrevió a más, conformándose por el momento con hacer secuestros y ataques a los ciudadanos españoles y a sus bienes, actuando los corsarios franceses de *motu propio*, pero con su correspondiente patente real de corso.

Como había sido planeado, Felipe y Maximiliano viajaron juntos a finales de junio con las galeras de Doria desde Génova a Barcelona, descendiendo Maximiliano en Rosas el 11 de julio para iniciar una veloz galopada por la posta, camino de Valladolid, a donde llegó el 17, para recoger a su esposa e hijos ya listos para partir, iniciando el 20 de julio el regreso a Rosas, a donde llegaron a principios de octubre. La relación entre Maximiliano y Felipe parecía haberse enfriado bastante, pero no lo suficiente como para no darse cuenta ambos de la importancia que en esos momentos tenía la ayuda mutua. Felipe prosiguió con las galeras hasta el puerto de Barcelona, desembarcando allí el 12 de julio, para cumplir con la misión que su padre le había encomendado, acelerar la partida de la flota que había de llevar la plata americana a Génova. Nada más llegar Felipe a Barcelona ordenó la salida de esa misma flota que lo había traído, cargada con la plata, rumbo a Génova, a donde llegó a finales de julio, *quedando el emperador con el contentamiento consecuente*. Al ir con los niños y damas de la corte, el viaje de los reyes de Bohemia hacia Rosas fue algo más reposado. El príncipe Felipe les salió al encuentro en Zaragoza, para despedirse de su querida hermana y de su cuñado, Maximiliano. Estando allí les llegó la noticia del ataque de la flota turca a las costas de Nápoles y Sicilia, decidiendo los reyes de Bohemia no proseguir el camino hacia Rosas y rehacerlo por el mar de Poniente. Su paso no había sido definitivamente planeado, esperando a ver por dónde aparecía el turco. Se creía que ese año no iría a Tolón ya que no se había hecho ningún tipo de preparativos para abastecer a una flota de ese tamaño y se creía más que atacaría alguno de los presidios norteafricanos, temiéndose que el elegido fuera Mahdía, que en los textos españoles es nombrado como el presidio de África. Por ello la idea era esperar a ver dónde atacaba el turco, para entonces embarcar a la familia real en las galeras de España con Bernardino de Mendoza, llevando las galeras de Andrea Doria *a la mira della*. Todos los que habían de pasara a Italia para participar en el concilio deberían de estar prestos, residiendo cerca de los reyes de Bohemia, para hacer su paso a Italia en el momento en el que la oportunidad se brindara. Antes de separarse en Zaragoza, llegaron cartas urgentes de Andrea Doria solicitando de los reyes de Bohemia que se aligeraran en llegar a Rosas porque el momento ideal había llegado. El turco se había lanzado a la conquista de Malta y cabía la posibilidad de navegar sin peligro. Los reyes de Bohemia se dirigieron a toda prisa hacia ese puerto, mientras que Felipe prosiguió su camino hacia Navarra a hacer lo que le hubiera gustado hacer antes de partir hacia los Países Bajos, es decir a hacerse jurar como príncipe heredero de Navarra. El 20 de agosto de 1551 Felipe, juró en Tudela los fueros de Navarra ante las Cortes del reino que desde el 15 de agosto estaban reunidas en esa villa. El príncipe llegó a Tudela el 19, siendo trasladado bajo palio por el alcalde, regidores y justicias, en presencia del virrey y representantes de todo el reino. Al día siguiente, el príncipe se dirigió a la iglesia mayor y, tras oír una misa rezada, subió a un cadalso preparado al efecto, donde, tras un breve discurso explicando los motivos de su visita, juró los fueros de Navarra. A continuación fue jurado por todos los representantes de las cortes, recibiendo el título de príncipe de Viana.

Aún antes de que Felipe llegara a España, el 23 de junio desde Augsburgo, ya había enviado el emperador su poder para el príncipe nombrándolo nuevamente su lugarteniente general y gobernador en las tierras peninsulares en las mismas condiciones que ya lo había hecho en años anteriores. Junto con el poder iban también las consabidas restricciones que tanto habían molestado a Maximiliano, y que volvían a ser casi idénticas, redactadas casi literalmente, con excepción de unos cuantos oficios que se había reservado con Maximiliano y que ahora no lo hacía con Felipe. El mismo día ponía al príncipe al corriente de lo que acontecía en la corona de Aragón con una detallada carta en la que analizaba el estado en que se encontraba esa corona, las actuaciones llevadas a cabo por la regente, su hermana María, y cómo debía de actuar.

Como si de una nueva bendición del cielo se tratase, a principios de junio arribó una nueva flota de Indias a Sevilla, no tan cargada como la de La Gasca, pero aportando algo de liquidez a las sedientas cuentas del emperador. El control de las flotas comenzaba a hacerse complicado para el césar y por ello solicitó que se le mandara exacta relación de lo que había ido llegando hasta ese momento, especificando si provenía de la Nueva España o del Perú y qué cantidad había sido para particulares o para la corona.

El único que aún quedaba en agosto de 1551 en Augsburgo era el emperador. Convaleciente aún de los efectos de la gota del invierno pasado, prefirió quedarse a descansar en esa ciudad. Con el paso del tiempo su salud fue mejorando, en paralelo a la llegada del verano. A mediados de agosto pasó varios días en Munich en compañía del duque Alberto, cazando y gozando de la naturaleza, para luego regresar de nuevo a Augsburgo donde se quedó hasta principios de noviembre. En un primer momento su idea era *retornar a Flandes antes que llegase el tiempo en que me suele venir la gota, porque en ninguna manera convenía que me tocasse aquí*. Desde Flandes, sin embargo, las noticias que a principios de septiembre enviaba su hermana María no eran las mejores, un corsario francés de nombre Polni había apresado una flota completa de bajeles neerlandeses cargados de mercaderías por un valor que se estimaba superior a los 500.000 ducados. La inseguridad se extendió por los círculos comerciales neerlandeses y se ideó junto a la gobernadora María y al emperador Carlos, la creación de una flota similar a la que protegía a los galeones americanos, para evitar los ataques de piratas y corsarios franceses, ingleses y escoceses sobre los barcos neerlandeses cargados de mercaderías provenientes del norte de España o de la costa mediterránea. Se pretendía que a esa flota se adhiriera el rey de Portugal por el gran tráfico comercial que había entre ese reino y los Países Bajos. El 8 de marzo de 1552 se firmó el deseado convenio con Juan III de Portugal para proteger las costas de ambos países.

La estrategia militar del príncipe Felipe y su visión de cómo había de organizarse el ejército español eran bastante avanzadas, basándose en la creación de abundantes barcos para asegurarse el dominio de los mares y la conexión entre los distintos reinos de la monarquía. Un país como el que él heredaría debía de tener su base principal en el control del mar y de sus costas, evitando el paso de bajeles enemigos y asegurando el comercio y la libre circulación entre sus provincias. Se estaba empezando a organizar un plan en el que los diferentes reinos se especializarían en producir elementos necesarios para la construcción de una gran flota. En Barcelona, Valencia, Galicia, la costa cantábrica, Nápoles, Sicilia y otros puntos de la geografía mediterránea se empezaron a construir galeras, fustas y galeones; en Barcelona se hacían en grupos de doce en paralelo, teniendo ya cortada y preparada la madera para otras 24 más que se harían en cuanto se acabaran de hacer las primeras; en Nápoles y Sicilia se producían jarcias de algodón y remos para los navíos; y en los Países Bajos, árboles, mástiles, artillería, pelotas y munición, que también se producía a menor escala en el reino de Granada. El único problema para llevar a buen puerto esa idea era el económico, la monarquía española vivía pendiente de los préstamos cargados de un abusivo interés que los Fugger, Welser, Grimaldis de Mónaco, o Centurione, Spínola y otras familias genovesas, hacían de-

Agnolo Bronzino. Andrea Doria representado como el Dios del mar, Neptuno. La importancia de Andrea Doria y de su flota genovesa para el control del Mediterráneo fue en todo momento vital. Existía prácticamente una dependencia total de este almirante y los altísimos pagos que cada dos meses se le hacían suponían una afronta para los demás marinos españoles que haciendo la misma labor apenas si cobraban y además siempre tarde. Era algo parecido a la situación de los nobles futbolistas españoles comparados con las estrellas extranjeras. Para evitar esa dependencia, el príncipe Felipe decidió construir una flota propia suficientemente potente para cumplir con esa labor y evitar tan altos costes.

masiado frecuentemente a la corona. Los préstamos se hacían impagables y las condiciones empeoraban cada vez con la prolongación de los créditos, hasta extremos de usura. La única salvación eran las flotas de Indias, cuando llegaban. Un país moderno, tenido por cabeza de la cristiandad, no podía depender en esa cuantía de la suerte, tenía que poseer sus propios recursos y su propia industria, actividades tenidas por propias de lacayos y mal vistas por nobles y señores, enredados en temas de honor y preeminencias. En esos tiempos de crisis económica, mental y moral, algunas luces iluminaban aún el país desde el abandono en el que sobrevivían. Alonso de Santa Cruz, eminente historiador, cronista de los Reyes Católicos y del propio césar, traductor de geógrafos antiguos como Alpiano o de sabios como Aristóteles, creador de mapas y cartas de navegar, de aparatos para la navegación, geómetra y factor de trazas para edificios, mendigaba una y otra vez, sin ser oído, un puesto para hacer trazas en las obras del Alcázar de Toledo, con el que sobrevivir, recreándose a su vez en el estudio, ya que desde hacía *un año lo poco que tenía se le había ido en dolençias y melancolías e otros trabaxos que Dios me ha querido dar y estoy al presente mexor, aunque muy flaco en el cuerpo y con gota y sin riqueza.* Santa Cruz había confeccionado cartas al más extremo detalle, superando las de Oronçio, de multitud de países: España, Francia, Inglaterra, Escocia, Irlanda, Alemania, Flandes, Hungría, Grecia, Córcega, Cerdeña, Sicilia, Candía, vitales para la navegación y el control del enemigo. Tenía además muchas otras empezadas, aunque *ya no tengo braços, ni memoria, ni entendimiento para acabar lo que tengo començado, ni para començar otra cosa.*

Al iniciarse las hostilidades, aún sin previa declaración de guerra, la monarquía hispana contaba con el problema añadido de hacer pasar a los reyes de Bohemia hasta Austria, en un mar revuelto, convulsionado e inseguro, que a pesar de ser el suyo propio por besar todas las costas de sus países, había quedado en parte fuera de su control. Era como si se dominara el salón, la cocina y los dormitorios de la casa pero los pasillos estuvieran repletos de bandoleros, piratas y corsarios. El mismo Andrea Doria, representado alguna vez como el dios Neptuno, se veía obligado a refugiarse urgentemente en el puerto de Niza, con la pequeña flota con la que venía de Génova a recoger a los reyes de Bohemia en Rosas. La recién mejorada flota francesa, cargada de *hombres de guerra*, conchabada y apalabrada con la flota turca, acababa de salir del puerto de Marsella en busca de presas y sangre, buscando el efecto sorpresa, antes de que oficialmente se declarara la guerra. Las presas más deseadas eran naturalmente las galeras españolas, de las que se creía que estarían descansando y confiadas en la costa catalana, dirigiéndose raudas hacia ellas. Cerca de Barcelona se toparon con varias, preparadas ya para el paso de los reyes de Bohemia, que esperaban confiadas la llegada de los monarcas, apenas sin protección, siendo secuestradas y llevadas a Marsella. Creyendo que el resto de galeras había huido hacia el sur, las persiguieron hasta cerca del puerto de Málaga sin encontrarlas. Francia, como era su costumbre, iniciaba la guerra sin declararla, secuestrando bienes y barcos españoles que estuvieran en su territorio o en su entorno. Felipe no se quedó atrás e inmediatamente ordenó responder a los franceses con la misma moneda, concediendo permiso para hacer presas entre ellos, concediendo el quinto correspondiente a la corona a los que las hicieran.

El 1 de septiembre llegó definitivamente Felipe a Valladolid, retomando las riendas del país, reuniéndose con el Consejo de Estado y recibiendo de ellos detallada información *de cuán consumido y gastado estaba todo acá*. A pesar de ello, sacando fuerzas de flaqueza, con una energía extraordinaria, retomó el buen gobierno de las tierras peninsulares, proveyendo en todo lo imaginable, consiguiendo reorganizar en poco tiempo la defensa del país, preparándolo para la nueva guerra con Francia, que ya despuntaba.

Hechos los primeros preparativos, visitó Felipe a su abuela la reina Juana, de lo que la anciana prisionera *tuvo mucho contentamiento, encontrándola con muy buena disposición*. También fue Felipe a Toro a visitar a su hermana Juana, y a su propio hijo, el infante Carlos, que contaba ya seis años, *y he holgado en estos días aquí con ellos*. A finales de año y tras la presión ejercida por los reyes de Portugal, se inició el traslado de la infanta Juana a tierras lusas donde había de casar con el príncipe Juan Manuel. Felipe por su parte, prosiguió desde Toro hacia los bosques de Segovia y del Pardo, revisando sus preciadas reservas cinegéticas. Pasó después a Madrid, donde había mandado reunirse a las Cortes de Castilla y a los capítulos generales de las Órdenes. Entre tantos problemas, las Cortes de Castilla de 1551, reunidas en Madrid, pasaron algo desapercibidas. Se iniciaron el 21 de octubre, otorgando los bien seleccionados procuradores un servicio ordinario de 300.000 ducados, más otros 150.000 extraordinarios con la condición de que se les diera el encabezamiento de las alcabalas perpetuo, o al menos por veinte años, ya que los procuradores relacionaban la concesión de servicios extraordinarios con la de los encabezamientos, por haberse iniciado los primeros cuando se concedieron los segundos. Hasta marzo de 1553 no se decidió el emperador, teniendo entonces que aceptar el encabezamiento por 30 años. A pesar de todo, las sumas concedidas por las Cortes castellanas no conseguían cubrir ni una cuarta parte del total de gastos ordinarios de la corona, que ascendían en ese año de 1551 a más de 1.600.000 ducados de oro.

En la misma fecha, 21 de octubre, se iniciaron también en Madrid, en presencia del príncipe Felipe, los capítulos generales de las órdenes de caballería que se prolongarían bastante tiempo y en los que se trataron temas de orden interno, referido a finanzas, normas y cargos de sus miembros.

Desde finales de agosto de 1551, Mauricio de Sajonia tramaba con el rey Enrique II de Francia como acabar con el poder del emperador. Sin declarar la guerra, Enrique II la inició traicioneramente atacando el 2 de septiembre las fortalezas de San Damiano de Montferrato, Chieri y Cherasco, mientras que la armada turca en una acción conjunta conquistaba Trípoli, ciudad que había sido donada por Carlos V en 1531 a la Orden de caballeros de San Juan de Jerusalén o de Malta. El 12 de septiembre, diez días después de iniciadas las hostilidades, expulsó el rey francés al embajador español Simon Renard, declarando oficialmente la guerra, Carlos hizo a renglón seguido lo mismo con Marillac y Basse Fontaine. Lo avanzado del año no permitió que la guerra real continuara por mucho tiempo, preparándose ambas partes para la llegada de la primavera. El 25 de septiembre los príncipes alemanes firmaron un acuerdo con Enrique II de Francia y el día 5 de octubre declararon también la guerra a su señor, el emperador, repartiéndose las acciones a realizar. Enrique se encargaría de conquistar los tres obispados de Toul, Metz y Verdun, y de la ciudad de Cambrai, acosando el sur de los Países Bajos, mientras Mauricio marcharía directamente en busca del emperador.

A pesar de que en un primer momento Carlos había pensado retornar a Flandes, decidió, tras la traición de los príncipes alemanes, retirarse hacia las tierras austriacas, hacia Innsbruck, donde Fernando le ofreció su palacio para residir, situándose en un punto estratégico desde el que pudiera asistir en todo momento a los participantes en el concilio de Trento, donde estaban los tres electores eclesiásticos, y desde donde tenía cerca a Italia y al rey de Romanos, que nada hacía por él y parecía haber pactado contra su propio hermano con los príncipes alemanes. Acompañado de sus soldados españoles que acababan de entregar las tres ciudades ocupadas en el ducado de Wurtenberg, de las dos compañías de soldados valones que lo guardaban en Augsburgo, más el duque Juan Federico al que llevaba como su prisionero, se trasladó al Tirol, a Innsbruck, a hibernar. El resto del año 1551 lo pasó en esa ciudad tirolesa a la que llegaron enviados del elector de Sajonia, del elector de Brandenburgo, del rey de Dinamarca, del nuevo elector Palatino, Cristóbal, del duque de Wurtenberg, del duque de Mecklenburgo y de los marqueses de Baden y de Brandemburgo. Todos solicitaban la liberación del landgrave de Hesse, prisionero aún en Malinas, sin éxito, ya que Carlos se negó a entregar a ninguno de los dos traidores que ya lo habían engañado más de una vez. El sucesor de Juan Federico en el electorado de Sajonia, Mauricio, parecía ser de la misma calaña.

El rey de Bohemia, Maximiliano, y su mujer María, junto a sus hijos Ana y Fernando, consiguieron finalmente partir de Rosas a principios de noviembre de 1551, viéndose obligados a retornar y a refugiarse en la fortaleza de Colliure, antes de intentarlo de nuevo el 7 de noviembre, consiguiendo por fin llegar a Génova tras una peligrosa travesía en un mar ahora completamente hostil e inseguro, en donde perdieron a manos de barcos franceses frente a Villafranca de Niza, gran parte de sus ropas. En Génova se vieron obligados a esperar de nuevo a la espera de poder atravesar la ahora también peligrosa llanura Padana y acceder a sus tierras tirolesas, donde Carlos V, abandonado de sus antiguos aliados alemanes, los esperaba ansiosamente.

Nada más iniciarse el año 1552, los príncipes alemanes ratificaron, el 15 de enero, en el palacio de Chambord, el tratado que habían firmado con el rey francés en Lochau el año anterior de 1551, iniciando a renglón seguido los franceses movimientos militares en la Lombardía para apoyar a las ciudades rebeldes de Parma y Mirándola. En enero, Carlos consiguió un mínimo apoyo económico de los Welser para poder movilizar nuevos soldados en Italia, y a finales del mes de marzo convocó a las Cortes de Aragón con el fin de solicitarle una ayuda económica para hacer frente a los ataques de franceses y alemanes. El elector de Sajonia, Mauricio, soñaba con atrapar al emperador y con tal fin lo engañó, solicitándole una entrevista en Innsbruck el 5 de febrero, para lo que envió a un representante haciéndole creer que iría, mientras que por detrás pactaba en secreto con los príncipes alemanes cómo atacarle por sorpresa. La encerrona fue descubierta a través del sistema de inteligencia de María de Hungría a finales de febrero, costándole bastante al césar aceptar que Mauricio realmente le estaba traicionando. Carlos solicitó ayuda de los electores católicos y del elector del Palatinado, siendo desoído, nadie levantó un brazo por él, ni tan siquiera cuando aceptó levantar la prisión al landgrave de Hesse.

En paralelo y como había sido pactado, el rey francés atacó en marzo, con la ayuda de los príncipes protestantes, apoderándose de los tres obispados principales de la Lorena: Toul, Metz y Verdun. La decisión de los príncipes de atacar directamente al emperador, planeada para finales de marzo de 1552, se retrasó algo pero se mantuvo inalterable, iniciándose el ataque a principios de abril, conquistando la ciudad de Augsburgo sin apenas resistencia. La postura del rey de Romanos dio mucho que pensar al emperador en esos días y le hizo dudar seriamente de su lealtad, parecía como si hubiera pactado con el enemigo, o al menos como si le viniera bien que los rebeldes eliminaran a su hermano y émulo. La gran cantidad de soldados que traían consigo los príncipes hacía casi imposible cerrarles los puertos de los Alpes para que no llegaran a Innsbruck, donde Carlos parecía decidido a no dejarse expulsar de Alemania, *prefería acabar mis días muriendo en combate o en cautividad, que prolongarlos en mayor reposo y larga vida.* El emperador pidió urgentemente a su hijo que levara 12.000 infantes españoles, divididos en 40 capitanías de a 300 soldados cada una, y se los enviara para su defensa. Carlos era consciente de que el proceso, a pesar de la celeridad empleada por Felipe, necesitaría tiempo y sobre todo dinero, algo que ya era casi imposible de encontrar.

La solución final de Felipe fue obviar a los cambistas y banqueros que cada vez imponían más altas condiciones, llamando a caja a la nobleza y a los altos cargos eclesiásticos que se vieron obligados, ante la extrema necesidad y peligro del emperador, a proveer a la corona. En aportaciones que oscilaban desde los 20.000 ducados prestados por el arzobispo de Sevilla hasta los 4.000 dados por el abad de la abadía jerónima de Parraces en Segovia, se consiguió en agosto juntar unos 320.000 ducados, esperando obtener aún otros 170.000 ducados que habían sido prometidos pero aún no entregados. Esas aportaciones se convirtieron en vitales en esos momentos de crisis económica y militar. Por fin eran los que más beneficios obtenían los que arrimaban también el hombro para ayudar a un pueblo arruinado. Los intereses que exigían los prestamistas *se han subido y suben cada día a muy excesivos preçios... porque lo que costava nueve o diez por çiento, cuesta agora treinta y treinta y uno.* La situación económica de Castilla era terrible y Felipe *sentía pena y congoxa del mal aparejo que había de dineros, especialmente viendo las necesidades en que estamos y lo mucho que allá se gasta y el poco remedio que hay. Todas las consignaciones de rentas ordinarias, serviçios, maestradgos, yervas, cruzada y subsidios, hasta fin del año de cinquenta y quatro y parte de cinquenta e cinco estaban ya consumidas, y ya no había para cumplir los gastos ordinarios y forçossos destos reynos deste año y los venideros.* De nuevo la fortuna echaría una mano a tiempo, permitiendo que llegaran dos nuevas flotas con oro y plata del Perú y de Nueva España, una en octubre y otra en diciembre, que, aunque con pequeñas cantidades, al menos servían para hacer frente a algunos cambios y sobre todo para recuperar algo de la confianza perdida con los banqueros. Si eso aún no era suficiente, en lo que quedaba de año, María de Hungría se vio obligada, para defender al país de una invasión francesa, a tomar nuevos préstamos por valor de 600.000 ducados, de los que 400.000 fueron directamente consignados en el servicio que darían las Cortes de Monzón de ese año de 1552. Otras cantidades se financiaron con los 12.000 ducados anuales que se comprometía a pagar Hernando Ochoa por permitírsele llevar y vender hasta 27.000 esclavos negros a las Indias en siete años.

Mientras tanto llegó a Innsbruck Antonio Fugger, seguramente huyendo de Augsburgo, y el virrey de Nápoles consiguió hacer llegar al emperador para su defensa varias unidades de viejos tercios. Felipe, mientras levaba a los nuevos soldados, envió con premura desde Málaga 3.000 infantes que habían sido reclutados en el reino de Granada y que en origen iban a ser trasladarlos a Nápoles, a los que se unirían en Barcelona otros 3.000 que estaban dedicados a la defensa de la costa.

La situación se complicó de tal modo que a la desesperada y sin informar a nadie, solo en compañía de los señores de Andelot y de Rosemberg, de su barbero y un par de criados que conocían bien la región, intentó el césar en la noche del 6 al 7 de abril, atravesar las líneas enemigas y huir a los Países Bajos. Tras dos días deambulando por bosques y montañas, sin poder conseguir su objetivo, y sin que aún nadie lo hubiese detectado en la corte, regresó a Innsbruck. Ni tan siquiera Fernando, rey de Romanos, supo de este intento, hasta que se decidió por ayudar a su hermano, yendo a Innsbruck, donde le contó la aventura el propio monarca. Antes de ir a Innsbruck, Fernando había intentado entrevistarse con Mauricio, llegando finalmente al acuerdo de hacerlo en Linz, en presencia del duque de Baviera. El 18 de abril se produjo esa reunión en Linz, estando presentes el duque de Baviera y el obispo de Passau, exigiendo los príncipes rebeldes la liberación del landgrave,

En la noche del 19 de mayo de 1552, acuciado por el ejército del elector de Sajonia,
Mauricio, que pretendía dar un golpe de efecto haciendo prisionero al emperador en la
ratonera de Innsbruck, huyó el emperador en compañía de su hermano Fernando y de
Antonio Fugger, atravesando los pasos alpinos por Bruneck y Sterzing, hacia la vertiente sur
del Tirol. Con ellos huyó también, pero en calidad de hombre libre, el antiguo elector de
Sajonia, Juan Federico, que temía tanto o más caer prisionero en manos de su primo. El
argumento utilizado por los rebeldes para levantarse contra su señor, el emperador,
conseguir la liberación de los dos nobles alemanes presos, Juan Federico y Felipe de
Hesse, hacía agua y demostraba que en realidad se trataba de abolir el poder imperial en
Alemania. El 20 de mayo consiguió Mauricio entrar en Innsbruck pero su presa
se había escapado.

la libertad para la religión reformada y que curiosamente se retirara el libro que el
capitán Luis de Ávila había publicado sobre la guerra de 1546-47. A pesar de las
concesiones hechas por Fernando, Mauricio dijo no poder tomar una decisión sin
contar con sus aliados, trasladándose la reunión a Passau para el 26 de mayo, donde
estarían presentes todos los príncipes alemanes. Nada quiso saber Mauricio de fijar
una tregua, que solo entraría en vigor desde el mismo día de la entrevista en Passau,
mientras tanto se prometía dar un golpe de efecto, capturando a Carlos en la ratonera de Innsbruck. Con tal fin hizo avanzar a su ejército por Baviera, conquistó
la ciudad obispal de Füssen y el castillo de Ehrenberger que defendía el paso a Innsbruck, sitiando la ciudad tirolesa.

Sin posibilidad de defenderse, los dos hermanos decidieron huir el 19 de mayo
a media noche, llevando consigo a Juan Federico ya en calidad de hombre libre, que
tenía tanto que temer de Mauricio como los otros dos, y a Antonio Fugger. Protegidos
por los pocos soldados con los que contaban, consiguieron llegar a Bruneck, cerca

de Sterzing, en la vertiente sur del Tirol, donde permanecieron juntos hasta el 23 de mayo en que Fernando se dirigió hacia Passau para la cita con los príncipes, mientras que Carlos siguió vía Lienz hacia Villach en la Carintia a donde con muchas dificultades consiguió llegar el 27 de mayo. Mauricio había conseguido entrar el 20 de mayo en Innsbruck pero su presa había escapado. Todos los bienes del emperador y de su corte fueron entregados a los soldados como botín y consiguieron capturar varios cañones ligeros del emperador, otros dos del duque de Alba y tres falconetes del rey de Romanos. Durante varios días saquearon la región antes de retirarse, destruyendo también las tumbas de los antepasados Habsburgo.

En Villach, Carlos no se había quedado inerte, sino que prosiguió con la reunión de fuerzas que ya había iniciado con su hijo antes de la huida de Innsbruck, obteniendo fondos y soldados por medio del virrey de Nápoles, Pedro de Toledo, y de Antonio Fugger, fortaleció militarmente las ciudades fieles de Frankfurt y Ratisbona, inició la leva de un fuerte ejército en Alemania, se adhirió a la tregua de dos años que se había fijado en Italia entre Enrique II, Octavio Farnesio y Julio III, trasladó tropas italianas y españolas al Imperio y colocó como jefe supremo de todas ellas al gran duque de Alba. Su indefensión parecía concluida por lo que sus posibilidades de influir en las decisiones de Passau aumentaron.

Mientras se intentaban las negociaciones en Passau, Enrique II invadió con un fuerte ejército los Países Bajos, apoderándose de diversas villas fronterizas del ducado de Luxemburgo: Rodemacheren, Damvillers, Yvoix, Montmédy, Lummem y Bouillon, prosiguiendo por los condados de Henao y Artois. Las negociaciones en Passau fueron largas y complicadas. Por parte imperial, además de Fernando, que pensaba más en asegurar a los suyos el título imperial que en defender a su hermano, estuvieron presentes el señor de Rye y el vicecanciller del Imperio, Seldt. En el congreso de Passau, iniciado el 1 de junio, participaron delegados de los príncipes electores, rey de Romanos, emperador, Mauricio de Sajonia, duques de Brandemburgo, Juliers, Wurtenberg, Braunschweig, Pomerania, Baviera y Mecklenburgo. También intervino el obispo de Bayona, enviado del rey francés, pero sin demasiado éxito. Las exigencias principales de los protestantes eran la libertad del landgrave y el derecho a profesar libremente su religión. El 19 de junio se llegó a un primer acuerdo que las partes enviaron a sus miembros para que lo aceptasen. Todas las partes, pero especialmente el rey de Romanos, se veían apremiados por el masivo ataque turco a Temesvar y Transilvania. El emperador se negó a firmarlo alegando que se tomaban decisiones a perpetuidad sobre temas que correspondían a la Dieta, que era la que había votado el vigente ínterin, y que se le retiraba al emperador el derecho a gobernar el Imperio, colocándosele una brida. A lo más que transigió Carlos a fue a que Fernando y su hijo Maximiliano firmaran el acuerdo, pero que él no lo aceptaría ni se sentiría vinculado a él. Dos cosas fundamentales exigía para firmarlo, que la Dieta y el emperador estuvieran por encima de los súbditos y no lo contrario como pretendían los luteranos. El 11 de julio, Fernando retornó a Passau, mientras que Carlos abandonaba Villach, uniéndose al duque de Alba en Lienz. La noticia de la llegada de numerosos refuerzos italianos y españoles al campo imperial, favorecieron la aceptación de las clausulas exigidas por el emperador. Por la llamada Paz Pública o Tratado de Passau de 1552, ratificado por las partes el 2 de agosto, se estipulaba la liberación de los dos prisioneros, Juan Federico de Sajonia y el landgrave de Hesse, se comprometían las partes a reunirse en una dieta en un plazo de seis meses para fijar el sistema de convivencia de ambas religiones, se estableció una paridad de miembros en las instituciones imperiales, el consejo áulico del emperador pasó a estar formado exclusivamente por alemanes, y los desterrados pudieron volver sin ser represaliados. El duque Juan Federico de Sajonia llevaba ya tiempo en libertad, condicionada a no alejarse de la corte, realizándose su liberación final el 1 de septiembre en Ulm, curiosamente contra la voluntad de Mauricio de Sajonia, que había pedido que se le retuviera hasta que él volviera de la guerra en Hungría. El landgrave fue liberado el 2 de septiembre, en la ciudad de Lovaina. Felipe de Hesse no volvió a intervenir en ningún conflicto alemán, llevando desde entonces una vida pacífica.

Mientras se concluían los últimos flecos de esta paz, a finales de junio se iniciaron en Monzón, en presencia del príncipe Felipe, las Cortes de Aragón de 1552, cuya excusa oficial era la obtención de un subsidio para financiar la guerra contra los turcos que con su armada habían invadido de nuevo el Mediterráneo occidental y amenazaban a la corona de Aragón, mientras que la necesidad real era ayudar al emperador que se hallaba ante *necesidad tan urgente cual nunca se hubiese visto ni esperaba verse jamás*. Durante la reunión de estas Cortes, Carlos pretendió que la pragmática sanción aceptada por los neerlandeses, referida a la herencia de esos estados, también se aplicara en Aragón, asegurando así la herencia aragonesa por línea femenina y de forma unificada. Sin embargo, los consejeros aragoneses se negaron a ello en rotundo, incluso a tratarlo en Cortes. También se trató con el duque de Segorbe la transacción de Rosas por el condado de Ampurias, aunque de nuevo sin conseguir llegar a ningún acuerdo. En esas Cortes se publicó la compilación que desde 1547 se venía haciendo de los Fueros de Aragón, que habían sido reordenados en nueve libros y que mantendrían esa forma durante muchos años. Entre las quejas expresadas en estas Cortes por los procuradores destacaron las múltiples hechas contra los virreyes por su abuso de poder, pero especialmente las hechas contra el virrey de Aragón. La reunión de las cortes aragonesas, como siempre, se hizo interminable, durando seis largos meses, *y se espera con brevedad se acabará, lo qual deseo yo infinito por bolverme a Castilla*, escribía Felipe a su padre. Hasta el 27 de diciembre de 1552 no concluyeron, obteniendo la monarquía el servicio extraordinario solicitado por el emperador, sobre el que mucho antes de concederse ya se había consignado parte de un crédito de 600.000 ducados tomado en los

Países Bajos por María de Hungría para mantener en pie a los ejércitos que defendían Flandes contra los franceses. Como ya se había convertido en costumbre, los procuradores a cortes, tanto en Aragón como en Castilla, eran seleccionados por la corona entre el patriciado urbano más fiel, para que simplemente corroboraran las peticiones reales, recibiendo después abundantes dádivas por ello. Así a principios de 1553 se produjo una masiva solicitud de pequeñas mercedes hechas por antiguos procuradores, para cuya concesión el monarca solicitaba primero *pareçer sobresto con relación de cómo sirvió, respondiéndosele que este Christóbal Medina*

sirvió muy bien en las cortes pasadas y no pidió otra merçed, por lo que la merçed para el efecto que la pide será bien empleada. Las Cortes habían perdido claramente su función, pasando a ser simplemente marionetas de la monarquía que cada vez se hacía más poderosa y más controladora de sus súbditos.

A finales de 1552 se consumó definitivamente la boda de la infanta Juana con el príncipe Juan Manuel de Portugal, su primo hermano. Juan Manuel de 15 años y Juana con 17, se habían casado ya por poderes en enero de 1552 en Toro. Su traslado a la corte lusa, sin embargo, se fue posponiendo hasta el 26 de octubre de ese año en que se inició, en compañía del duque de Escalona y el obispo de Osma, la marcha hacia Portugal, yendo primero a Badajoz donde descansó diez días, siendo entregada en la raya de Por-

Juana, hija menor del emperador, había casado por poderes con el príncipe Juan Manuel de Portugal en enero de 1552 en Toro, pasando a Portugal a finales de noviembre del mismo año. El matrimonio fue muy breve ya que el príncipe portugués murió de tuberculosis el 2 de enero de 1554. Dieciocho días más tarde daba Juana a luz a un hijo póstumo, Sebastián, retornando al poco a España para encargarse de la regencia de los reinos peninsulares. Su hijo, príncipe heredero de Portugal desde su nacimiento, quedó en Lisboa al cuidado de su suegra y tía, la reina Catalina, hija póstuma de Felipe el Hermoso.

tugal el día 24 de noviembre. Los reyes portugueses, Juan III y Catalina de Castilla, la hija póstuma de Felipe el Hermoso, así como el príncipe heredero, la esperaban ansiosamente en Lisboa. Junto a Juana fue también Luis Sarmiento que sustituyó a Lope Hurtado como embajador en Portugal. El matrimonio sería muy breve, muriendo el príncipe Juan Manuel de tuberculosis el 2 de enero de 1554, naciendo 18 días más tarde, el 20 de enero, un hijo póstumo, don Sebastián, que sería educado por sus suegros, ya que María decidió regresar a España definitivamente el 17 de mayo de 1554.

4.3. Quinta guerra con Francia

4.3.1. Primera parte (1552-1553)

Concluida la paz de Passau, ratificada por Carlos con una cierta repugnancia y una fuerte sensación de traición, los ejércitos protestantes fueron licenciados, exceptuando el del elector Mauricio de Sajonia que el 13 de agosto se dirigió a Hungría a apoyar miliarmente al rey de Romanos contra la invasión turca, y el del marqués Alberto Alcibiades de Brandemburgo que se había negado a firmar la paz y que prosiguió sus fechorías en la región del Rin, abriéndole sus puertas la ciudad de Tréveris a finales de agosto.

Mientras que el emperador se dirigía, a petición de María de Hungría, a defender los Países Bajos de la invasión francesa, en Italia la mala actuación del que había sido su mejor embajador en Inglaterra, Venecia o Roma, devenido gobernador de Siena, el granadino Diego Hurtado de Mendoza, produjo a finales de septiembre una masiva sublevación de esa ciudad, fomentada por Enrique II, que envió en su ayuda a varios contingentes de soldados franceses al mando del señor de Lanssac, que consiguieron desalojar del castillo a las guarniciones española y florentina. Cosme de Medici, duque de Florencia, se alió también con el rey francés, con el que firmó un acuerdo a finales de septiembre de 1552.

No era ahora el momento de preocuparse por esos problemas, el emperador consideraba en ese momento mucho más importante la recuperación de su prestancia en el Imperio y de sus tierras perdidas en los Países Bajos a manos francesas. Por ello Carlos partió de Lienz, acompañado del duque de Alba y de las fuerzas italo-españolas que con él traía, pasando por Brixen, Sterzing, Innsbruck, Rotenburgo y Rosenheim hasta Munich, donde consiguió reunir también a las tropas reclutadas en Alemania, marchando con todas ellas sobre Augsburgo, donde volvió a reponer a los regidores que habían sido destituidos por Mauricio, expulsando a los anabaptistas y zwinglianos que se habían refugiado en la ciudad. De ahí pasó a Ulm, haciendo lo mismo, y atravesó la Suabia hasta Estrasburgo, cruzando por su puente el Rin, ya que todos los demás puentes de barcas que había sobre ese río habían sido quemados por Alberto Alcibiades de Brandenburgo para guardarse las espaldas. Buscando a ese díscolo marqués, tenido por el mayor bandolero de la región, para enfrentarse a él, y a su vez presionado por los avances franceses en los Países Bajos que se habían apoderado de las villas flamencas de Tournehem, Monthoire y Contes, continuó el césar su veloz camino por Haguenau, Weissenburg, Landau, donde se tuvo que detener dos semanas a causa de la gota, prosiguiendo la marcha con el ejército el duque de Alba, hasta Kaiserslautern, donde se unió con los ejércitos neerlandeses dirigidos por el señor de Boussu y el conde de Aremberg, que habían sido enviados por la reina María. Todos ellos juntos iniciaron entonces un cerco masivo de la ciudad obispal de Metz que los protestantes alemanes habían entregado sin más al rey de Francia a principios de año. Para su desgracia, el otoño ya estaba allí y el 13 de octubre el césar sufrió un segundo ataque de gota que lo dejó prostrado, viéndose obligado a refugiarse en su ciudad luxemburguesa de Thionville hasta el 10 de noviembre, mientras Alba seguía al frente de las tropas. El 4 de noviembre, tras haber ratificado unos días antes la paz de Passau, el duque Alberto Alcibiades de Brandenburgo, perdonado por el emperador, se unió con sus fuerzas al cerco de Metz. Tras más de un mes de asedio, embarrados los ejércitos españoles del duque de Alba, los italianos del marqués de Marignano y los flamencos del señor de Boussu, ateridos de frío y sin haber avanzado ni un metro ante las extraordinarias defensas con que los franceses habían dotado a Metz, se llevó a cabo un consejo de capitanes para ver la viabilidad del proyecto, prevaleciendo en él, contra la voluntad de los demás generales, la del duque de Alba, que opinaba que había que seguir hasta conseguir el objetivo. Sin embargo, el 26 de diciembre de 1552 se desistió definitivamente ante la gran cantidad de bajas que se producían por el frío y las enfermedades. El primer día de enero de 1553, durante la noche, que escondía su vergüenza, se levantó definitivamente el sitio de Metz con la consecuente pérdida de prestancia del emperador, que conseguía concluir con broche de oro el peor año de su historia militar y política. Solamente el mantenimiento de la caballería e infantería alemana acampada delante de Metz había costado 400.000 ducados que por supuesto no se podían pagar al no haber dinero efectivo en ningún lugar. Se les prometió que se les pagaría en mayo, pero tampoco se pudo, trasladándolo a julio a la espera de una armada que desde Cádiz había mandado el príncipe Felipe, pero que a mediados de agosto aún no había llegado. Otro tanto ocurría con las fuerzas españolas estacionadas en Augsburgo, Tréveris o el castillo de Asperg en tierras del Imperio.

Tras esta triste jornada, Carlos decidió retirarse a Bruselas, vía Luxemburgo, donde volvió a caer enfermo de gota, estando convaleciente en esa ciudad 15 días. Acabado el cerco, la inseguridad se mantuvo en tierras imperiales gracias a la labor de Alberto Alcibiades, marqués de Brandenburgo, que había vuelto a las andadas, asolando el territorio. Sus fechorías llevaron a los príncipes católicos y protestantes a crear una Liga contra el bandidaje, dirigida por Mauricio de Sajonia. Alberto fue vencido en la feroz batalla de Sievershausen, cerca de Gottingen, en el ducado de Luneburgo, el 9 de julio de 1553, consiguiendo huir, aunque siendo declarado proscrito en el Imperio, pasándose al servicio del rey de Francia. En el intento de recuperar sus posesiones, confiscadas por el Imperio, falleció Alberto en enero de 1557 en Pforzheim. Peor suerte corrió en esa batalla de Sievershausen Mauricio de Sajonia que fue gravemente herido, falleciendo dos días más tarde el 11 de julio de 1553.

El frío invierno zanjó la confrontación militar en la frontera de los Países Bajos, entre imperiales y franceses, retomándose entonces el abandonado asunto de la traición de Siena. El virrey de Nápoles, Pedro de Toledo, que había acompañado al emperador en la triste campaña de Metz, solicitó poder retornar con sus fuerzas a Italia para afrontar el problema sienés, partiendo el 5 de enero por el mar de Poniente con sus soldados rumbo a Nápoles. A su vez, soldados españoles que estaban preparados en Santander para ser embarcados hacia los Países Bajos fueron reenviados desde la costa mediterránea hacia Siena. La ofensiva en Siena se inició directamente el 6 de febrero de 1553, atravesando las tropas napolitanas dirigidas por Pedro de Toledo, marqués de Villafranca del Bierzo, los Estados Pontificios, llegando la otra parte de fuerzas al puerto de Livorno el 13 de ese mes. Antes de poder lanzar su ataque final sobre Siena, falleció en Florencia Pedro de Toledo el 21 de febrero. Sin apenas éxitos las tropas napolitanas se retiraron a su base el 15 de junio, quedando por el momento abandonada la conquista de esa importante república, que fue reforzada con abundantes soldados franceses.

La diversidad de armadas creadas por el príncipe Felipe, que habían de velar por los intereses de la monarquía, parecían comenzar ya a dar sus frutos, convirtiendo poco a poco a España en una importante potencia marítima, razonablemente de acuerdo con su estructura territorial, unida o separada según se vea, por las aguas del Mediterráneo o del océano Atlántico. Los mercaderes tanto flamencos como españoles que comerciaban en Flandes o Inglaterra, iban y venían protegidos por una armada dirigida por Luis de Carvajal, en muchas mejores condiciones que lo hacían antes. Lo mismo ocurría con la armada que protegía a los galeones de Indias, dirigida por Álvaro de Bazán, que había comenzado a luchar contra piratas y corsarios que merodeaban por doquier en las aguas atlánticas. Ese año se decidió no aceptar súbditos extranjeros en la armada de Indias para que no descubrieran las rutas, ni los sistemas usados. La escasez de flotas de Indias que llegaban a España en la época y la defensa que Álvaro de Bazán les prestaba, llevó a los piratas a buscar otros objetivos más fáciles, asaltando por ejemplo la isla canaria de la Palma en julio de 1553. Con el fin de acabar con la infinidad de corsarios franceses que salían continuamente en búsqueda de los barcos que regresaban de las Indias, se decidió crear otra flota que velara en la zona del Cantábrico y hundiera cualquier barco francés que por allí transitara. Esa nueva armada formada por seis naos y cuatro zabras estaba a cargo de Luis de Carvajal. La única armada que no parecía funcionar era la conjunta hispano-portuguesa que debía de proteger la navegación en torno a la península, que el rey Juan III apenas si apoyó. Las galeras de España dirigidas por los granadinos, Bernardino y Juan de Mendoza, seguían cumpliendo efectivamente su control de la costa mediterránea peninsular, abasteciendo y protegiendo también a los presidios norteafricanos, con continuas quejas de sus tripulaciones que eran bastante mal pagadas. Los inviernos, o cuando aparecían las grandes flotas turcas, esta flota hibernaba, bien protegida y con buena temperatura, en el río Guadalquivir. Las galeras de Nápoles y Sicilia cumplían su misión en los mares italianos y norteafricanos y eran financiadas por sus respectivos reinos. Y finalmente la mejor armada, la mejor abastecida y pagada de todas, era la que conformaban las galeras genovesas del veterano y anciano almirante, Andrea Doria.

Las penurias económicas se seguían imponiendo en la política diaria, no había dinero para nada, ni para los gastos ordinarios ineludibles, ni para los muchos soldados que padecían frío y miseria en los campos de batalla, ni para la infanta Juana en su boda a la que la Hacienda no podía pagar la dote estipulada ni los dineros de la capitulación, de lo que se quejaba el rey de Portugal. Solo quedaban abundantes deudas por tildar que se iban amontonando en futuras e hipotéticas consignaciones sobre ingresos teóricos, sembrando cada vez más la duda entre los banqueros que comenzaban a darse cuenta de que podía tratarse de una gran burbuja que les iba a explotar. Con ello exigían créditos altísimos, intentando conseguir algunos beneficios antes de que se perdiera el resto. A principios de 1553 faltaban ya 3.135.000 ducados para lo básico, *los quales no se sabe de dónde ni cómo se puedan cumplir, porque incluso lo de las Indias, con los cambios que están consignados en ellas, queda embaraçado por algunos años.* Felipe le pedía por ello a su padre contención y si a él no se atrevía a negarle nada, a otros gobernadores y capitanes como Ferrante Gonzaga, le rechazó en marzo de 1553 un préstamo que había tomado en el Piamonte por hacerlo *con tales condiciones que, asy por ellas como por la falta que hay de Hazienda, no se ha aceptado.* Todo estaba en venta, intentando obtener fondos: títulos de hidalguía, títulos de villas para aldeas que pudieran pagárselo, venta de vasallos de monasterios, amparadas por las bulas que daba el Papa, ventas de juros, arbitrios, permisos para vender productos extranjeros, incluso franceses, a pesar de estar en guerra con ellos, rentas de almojarifazgos. Las alcabalas ya apenas producían al no haber *dinero para comprar y vender.* Además desaparecían nuevos ministros rectos como el famoso alcalde Ronquillo que murió a principios de 1553, del que decía Felipe, *según he sido informado dexó poca hazienda, en que se paresçe la entereza y rectitud con que tractó los negoçios.* Durante su estancia en Bruselas, el césar presidió la reunión de los Estados Generales de los Países Bajos, iniciadas el 13 de febrero de 1553, intentando obtener subsidios para defender al país de la invasión francesa.

A pesar de los pesares, llegada la primavera estalló de nuevo el conflicto armado con Francia y hubo que hacerle frente. El 28 de febrero estaba ya revistado el ejército que emprendería la recuperación de las tierras y ciudades perdidas en la malograda campaña de 1552. El 30 de abril cercaron la ciudad obispal de Therouanne, disputada entre las partes desde hacía ya más de medio siglo. Para conquistar esta ciudad, bien fortificada, trajo el conde de Roeulx, mineros ingleses especializados en hacer minar y volar las defensas, pero cayó enfermo y falleció a los pocos días en el castillo de Uppen, perdiéndose uno de los mejores generales del ejército flamenco. Al mando de las tropas se colocó al señor de Bugnicourt. El 18 de junio se apoderó del exterior de la fortaleza de Therouanne, y el 20 solicitó Francisco de Montmorency, la rendición con la condición de llevarse las armas y bagajes, siéndole negado. Al día siguiente, 21 de junio de 1553, en el asalto final, fueron pasados a cuchillo todos los defensores de Therouanne. La ciudad fue demolida completamente para que desde ella no se pudieran lanzar nunca más ataques contra el Artois. El 26 de junio se pasó a cercar otra ciudad que había sido conquistada y perdida en repetidas ocasiones, Hesdin, perteneciente al condado del Artois y defendida por Roberto de la Marck. Al igual que Therouanne era considerada fundamental para la protección de la frontera de los Países Bajos. La ciudad fue tomada el 18 de julio, siendo hecho prisionero Roberto de la Marck y la ciudad arrasada y desmontada por completo para frenar nuevos ataques franceses provenientes de ese lugar. El avance flamenco quedaría frenado el 18 de agosto en Talmas, al norte de Amiens, en la Picardía, en una batalla que quedó indecisa ya que si bien los franceses, dirigidos por el príncipe de Condé, quedaron dueños del lugar, las fuerzas imperiales dirigidas por Bognicourt hicieron gran número de prisioneros.

La contraofensiva francesa se produjo el 1 de septiembre, bajo el mando directo del rey Enrique II, poniendo cerco a la plaza de Bapaume, al norte de Talmas, el 3 de septiembre, aunque sin éxito. Tres días más tarde sitió Enrique la bien fortificada ciudad de Cambrai. El 15 de septiembre, tras haber sido reforzada Cambrai con fuerzas flamencas dirigidas por Boussu, los dos ejércitos, el francés con su rey a la cabeza y el imperial, se encontraron frente a frente, separados solo por el río Escalda. Carlos V aceleró su camino en compañía de María de Hungría para estar presente en la batalla, pero no pudo llegar, el rey francés se retiró con sus tropas a las ciudades de Guisa y San Quintín, licenciando a la infantería suiza que le acompañaba y a parte de la francesa. Las fuerzas imperiales hicieron lo mismo, retornando a sus campamentos de invierno y licenciando a la mayor parte de las tropas.

A nivel familiar, en ese año, la madre del emperador, la reina Juana, daba ya señales claras de un gran decaimiento físico y mental. Sus piernas estaban cargadas de un humor que la mantenían tan impedida *que no se mueve de sobre sus almohadas,*

Maximiliano de Austria, casado con la hija mayor del césar, María, fue el digno hijo de su padre, llegando a tener como el rey de Romanos, quince hijos. Prácticamente cada verano traía al mundo la hija de Carlos V un nuevo hijo/a, asegurando el proceso dinástico por siglos. En esta imagen de Giuseppe Arcimboldo se les representa con sus tres primeros hijos: Ana de Austria que casaría con Felipe II; Fernando que moriría prematuramente; y Rodolfo, en la cuna, que llegaría a ser el emperador Rodolfo II.

sin que permitiera que se le ayudara en nada, ni tan siquiera para lavarla o para aliviarle el dolor. Insistía en negarse a confesar o a comulgar, con el pesar de su entorno, especialmente del marqués de Denia, convencido de que *debía de llevar a cabo esa ovra tan provechosa a su conçiençia.* La hija menor del emperador, Juana, princesa de Portugal, había quedado ya embarazada en el verano y se esperaba el nacimiento del primer hijo para inicios del año 1554. La hija mayor del césar, María, reina de Bohemia, y su marido Maximiliano, que residían en Viena, proseguían la tradición del rey de Romanos, Fernando, dando a luz cada año a un nuevo hijo. Si el año anterior de 1552 había muerto su segundo hijo, Fernando, en el mes de julio de 1552 dio a luz a su tercer hijo Rodolfo, que llegaría a ser emperador, y en julio de 1553, nació su cuarto hijo, Ernesto. El príncipe Felipe felicitaba a Maximiliano diciéndole: *según la buena maña que vuestra alteza se da, paréceme que cada año tendré un sobrino más a quien servir.* María llegaría a parir 15 hijos, asegurando el futuro de la casa de Austria. Al único hijo varón y heredero del emperador, el príncipe Felipe, su mano derecha y su regente de los reinos peninsulares, parecía haberle llegado el momento de volver a casarse, de nuevo con una prima hermana, María, hija de Leonor la hermana del emperador. Este posible matrimonio, deseado por el emperador, tenía un solo problema y era que contravenía lo firmado en Augsburgo con el rey de Romanos y sus hijos en cuanto a la herencia en el Imperio, ya que allí se había pensado en casar a Felipe con una de las hijas del rey de Romanos. La boda con la infante portuguesa María, hija de Leonor, era además muy complicada *por lo largos que eran en negociar los portugueses*, aburriendo a cualquiera. Tampoco se descartaba completamente una boda con Margarita, la hermana del rey de Francia. Como vemos las pretendientes eran muchas, pero a la muerte de Eduardo VI de Inglaterra, el 6 de julio de 1553, y con la llegada al trono de su prima hermana María Tudor, pasaría a convertirse la boda inglesa en la opción ideal y eso a pesar de la diferencia de edad, ella tenía nueve años más que Felipe que contaba a la sazón 26. A través del embajador imperial, Simón Renard, se estableció la posibilidad de una boda entre ambos que haría retornar la fe católica a Inglaterra. Felipe dio su consentimiento para la boda el 22 de agosto, aceptando el enlace la novia el 29 de octubre de 1553 con algunas condiciones y algo temerosa de la fogosidad de un príncipe tan joven del que según decía la reina, se había enamorado nada más ver el cuadro que de él había hecho Tiziano.

Desde el mes de abril de 1553 se jugaba con la posibilidad de que el príncipe Felipe retornara a los Países Bajos para ganarse la simpatía de su pueblo y sobre todo para que se pusiera al frente de las tropas, algo que Carlos ya no podía seguir haciendo después de haber pasado todo el invierno en la cama afectado por la gota: *por no hallarme yo ya para asistir en ella como querría y sería menester*. Carlos temía que realmente los franceses pudieran invadir las tierras neerlandesas y que se perdieran para siempre. *No veo otro expediente si no fuese viniendo vos a socorrerlos, de tal manera que tomasen esfuerzo de poder pasar adelante y resistir y ofender a los enemigos*. La guerra le haría al príncipe ganar *reputación, dándoos a conocer para que el mundo y los enemigos vean que en vos no ternán la oportunidad que quizá piensan...* ganándose además la voluntad de sus súbditos *y tenerlos más firmes y ligados a vuestra devoçión*. Y es que aunque a algunos historiadores les pareció que el emperador declinaba su poder imperial en manos de su hermano Fernando, rey de Romanos, para no regresar nunca más a esas tierras alemanas que tan mal le habían tratado, la realidad era completamente diferente. Carlos pretendía que su hijo viniera a los Países Bajos para él *poder retornar a la Germania a hazer una dieta conforme a lo que se platicó en Pasao... por ver si se podría hazer algo de bueno con los estados del Imperio y procurar por esta vía el sosiego de aquellas partes, no solo para satisfacer a la obligación que tengo como emperador, más aún para asegurar estos estados que tienen a la parte de Alemania tan largas fronteras... y con tal fin pasar este otoño primero a Italia y desde allí a España. Y holgara mucho teneros aquí antes de mi partida y así por poderos hablar sobre cosas que se me ofrecen y entender de vos más por menudo a boca, lo que no se puede por escripto*. Aunque Carlos mantuviera aún en la recámara la idea de dejar a su hijo sus derechos sobre el Imperio, la historia acabaría por demostrar cuán ilusoria era esa idea. El príncipe Felipe ni había sido formado para tratar con los alemanes, ni conocía sus costumbres, ni su idioma. La línea austriaca, descendiente de Fernando, se haría a la larga, por su mejor preparación y por ser parte integrante de ello, con el control de los asuntos imperiales durante varios siglos, convirtiéndolos casi en un asunto propio.

En la península ibérica la situación económica iba tornándose bastante peligrosa. Las deudas aumentaban constantemente, sin tener posibilidad de tildarlas. Los viejos banqueros comenzaron a ser más cautos y nuevos banqueros se unieron al festín de los altos intereses, con juegos arriesgados y osados con los que abastecían a la corona con dinero rápido a intereses que alcanzaban ya hasta el 29 por ciento. Estos banqueros de nombre Schets o Esquetes belgas, Gentile de Milán, Lafetatis, Negrón, Spínolas, Centuriones, cargaban además otro 13 por ciento adicional en caso de dilaciones en los pagos, que era lo normal. Con esos intereses desorbitados estaba claro que la economía acabaría hundiéndose. La bancarrota asomaba ya por el horizonte. Las deudas corrientes de la corona que cumplían, es decir las que se tenían que pagar obligatoriamente en 1553, superaban ya los 4.200.000 ducados, que con sus intereses correspondientes la hacían subir hasta 4.600.000 ducados de oro. Las partidas más afectadas eran el oro y plata del Perú sobre el que se habían consignado ya 600.000 ducados para los Esquetes y Fugger, por lo que la espera podía ser larguísima; la venta de maestrazgos y vasallos de monasterios que funcionaba muy bien y sobre la que se habían consignado 803.000 ducados, más sus correspondientes intereses, pertenecientes a Constantino Gentile; de hidalguías solo se habían vendido cinco y no había demandas de ellas; de los servicios ordinarios que tenían que pagar Castilla y Aragón estaban consignadas todas las partidas hasta 1557, quedando hasta esa fecha solo 200.000 ducados libres; de los maestrazgos estaba todo consignado hasta 1554; incluso de la Bula de San Pedro que aún no se había asentado y que iniciaba su trienio en 1555, ya se habían consignado 460.000 ducados. Además, la corona había concedido permiso a los banqueros para sacar oro, plata y dineros con las que cobrar sus deudas y no quedaba ni un solo real de contado en el país, no había moneda para las transacciones. Pero eso no era todo, todas las partidas que podían aportar algo estaban ya consignadas hasta 1556. Si eso era poco, el asiento que se había hecho con Hernando de Ochoa sobre los esclavos negros que se llevarían a Indias, se tuvo que reintegrar al declarar una junta de teólogos que era de cargo de conciencia poner ese tráfico de negros en estanco. Es decir, el tráfico de negros y esclavos era lícito, pero no su monopolio por una sola persona. Toda esta información era enviada por Felipe en un largo memorial a su padre, por medio de Íñigo de Mendoza, con el fin de frenar sus solicitudes de dineros para la guerra, añadiendo al final que con ello él descargaba su conciencia y su ánima de culpa por lo que estaba ocurriendo y por lo que pudiera ocurrir. Había que cambiar el rumbo o todo el sistema se hundiría en poco tiempo.

Hans Burgkmair. Jacobo Fugger y Sibila Arzt. Jacobo Fugger, considerado el banquero más rico de todos los tiempos, fue el más cercano banquero del emperador Carlos V, al que unió su destino. En su ciudad natal, Augsburgo, promovió el más antiguo sistema de viviendas sociales conocido en la historia de forma altruista, la Fuggerei, creando 147 apartamentos de 60 metros cuadrados para indigentes, a los que se les exigía para acceder a ellos solamente que fueran católicos y que llevaran al menos dos años viviendo en la ciudad.

En agosto había regresado la armada turca al Mediterráneo occidental, colaborando junto a la armada francesa a transportar infantería francesa a Siena. El pánico reapareció en las regiones costeras mediterráneas, reforzándose sus guarniciones militares, dentro de la sencillez que permitían los pocos fondos que para ello se disponía. Esta vez los turcos y franceses recalaron en Córcega, isla que era considerada feudataria de Génova, apoyando la rebelión de los corsos contra los genoveses, que poco le valió a los corsos, ya que fueron cautivados en gran número por los turcos con la aquiescencia francesa, llevándoselos por miles para venderlos como esclavos. Al menos los franceses consiguieron con ello estorbar el tráfico entre Génova y la Toscana. El duque de Florencia y el emperador tuvieron que entenderse de nuevo para liberar a Córcega y ayudar a la amenazada república de Génova. Desde las islas Baleares, la Lombardía y las costas mediterráneas peninsulares partieron partidas de soldados en defensa de Córcega. Al mando de las acciones se colocó al ya anciano príncipe Andrea Doria que dirigía la armada, mientras que por tierra Agustín de Spínola dirigía a la infantería. Los turcos desaparecieron al poco hacia los mares de Levante con su cargamento de cautivos corsos, mientras los franceses intentaban organizar la defensa de la isla. El príncipe Felipe despertó de su sueño invernal a la flota de Bernardino de Mendoza, atracada en el río Guadalquivir, ordenándole que partiera a colaborar con la república de Génova, enviando con su hijo, Juan de Mendoza, tres mil infantes pagados por tres meses. Desde esa época la pertenencia a Génova de la isla sería puesta muy a menudo en duda, haciéndose cada vez más los franceses con el control de la isla.

Un pequeño milagro ocurrió en octubre de 1553 con la llegada de una pequeña flota proveniente de Tierra Firme y del Perú, que aportaba más de 450.000 ducados a las arcas de la corona, con la información de que el barco almirante se había quedado en las Azores y llegaría en poco tiempo con otros 130.000 pesos de plata para el monarca. Esta flota aportó además una cierta cantidad de moneda de la que estaba bien necesitado el país, pero aún más, traía noticias de otra futura flota que llegaría en poco tiempo con hasta tres millones de ducados para las arcas reales. Dios colaboraba de nuevo.

4.3.2. Felipe rey de Inglaterra. Regencia de Juana de Austria.

La alianza para la reconquista de Córcega llevó a prolongar la unión de españoles, genoveses y florentinos por la reconquista de Siena, también ocupada por los franceses. El 26 de noviembre de 1553 firmó Felipe un acuerdo con Cosme I de Florencia, que definitivamente abandonó el campo francés, retornando al imperial, a principios de enero de **1554**. El 24 de enero de ese año 1554, Juan Jacobo de Medici, marqués de Marignano, se puso al frente del ejército imperial-florentino creado para conquistar Siena. La empresa no fue nada fácil, ya que los sieneses eran apoyados por el ejército francés, y el conflicto se prolongó durante varios años. Al menos se llegó a un acuerdo humanitario en esta guerra fratricida, por el que ambos bandos se comprometieron a hacer *una buona guerra*, no matando a los prisioneros que se hicieran. El 30 de mayo, Carlos nombró a su hijo Felipe, vicario del Imperio en Siena.

Desde diciembre de 1553 se habían iniciado las operaciones para organizar el paso del príncipe Felipe a Inglaterra, haciéndolo desde algún puerto gallego o cántabro, acompañado por un ínfimo cuerpo de ejército para su seguridad personal, ya que la presencia de soldados extranjeros podía ser vista como algo negativo en Inglaterra. El emperador le aconsejó cómo debía de comportarse, haciendo hincapié en *que tengáis speçial quenta y cuidado de mostrar mucho amor y contentamiento* a la reina y que así lo conozca en lo público y secreto, que será gran satisfacción no solo para ella, pero para el reyno; y que con los naturales dél comuniquéys, tractéys y converséys. Había aún que solucionar quién quedaría a cargo de los reinos peninsulares durante la ausencia del príncipe que podía ser larga. A Carlos le hubiera gustado en ese momento poder retornar a España y quedarse a su cuidado, pero la situación no se lo permitía. El 19 de enero de 1554 comentaba: *Hace cinco semanas que estoy en la cama de la gota y otros accidentes con harto trabajo, no he podido entender en los negocios, y aunque quedo en ella con dolor en una rodilla y no del todo libre de la mano derecha, parece que me hallo más aliviado y confío en Dios que presto terné fuerças para poderlo hazer.* Su paso a España, por el momento, no era posible, y se contentaba al menos con mantener la esperanza de quizá poder hacerlo *por agosto o setiembre.* Mientras tanto había que nombrar a algún noble de confianza, apto para encargarse de la regencia. Carlos le ofreció a Felipe elegir entre tres posibles regentes: el arzobispo de Sevilla y gran inquisidor, Fernando Valdés, el duque de Albuquerque y el condestable de Castilla, Pedro Fernández de Velasco. Sin embargo, el destino le permitió no tener que elegir, ya que el 2 de enero de 1554 fallecía de tuberculosis en Lisboa el príncipe heredero Juan Manuel. La princesa Juana, hermana de Felipe, daba a luz a un hijo póstumo, Sebastián, el día 20 de enero y al poco, a petición del emperador, regresaba a España, el 17 de mayo de 1554, para encargarse de la regencia de los reinos peninsulares, dejando en Lisboa a su hijo recién nacido al cuidado de su suegra, que también era su tía, la reina Catalina, hija menor de la reina Juana de Castilla. Fue este quizá el proceso más complicado de todos ya que Juana prefería seguir con su hijo, y a los reyes de Portugal *se les hazía mucho mal de apartalla de sy por el amor que le tenían.* La princesa se vio obligada a aceptar la voluntad del césar que, en ese aspecto de exigir sacrificios por los intereses del país, no conocía límites. A mediados de mayo, Juana acompañada por el obispo de Osma atravesó la raya de Portugal retornando a su Castilla natal. Felipe, que ya había enviado por adelantado a su corte a La Coruña para acelerar el viaje, *le salió al camino por la posta para vella y comunicalle algunas cosas que convenía advertilla.* Felipe se encontró con ella en Alcántara y la acompañó dos jornadas en su viaje a Valladolid, platicando con ella acerca de los temas de gobierno.

La princesa viuda Juana regresaba a Castilla para quedarse a sus casi 19 años como lugarteniente general y gobernadora de los reinos peninsulares. Los poderes, otorgados por su padre el 31 de marzo, eran muy similares a los otorgados a Felipe, Maximiliano y María en sus regencias, añadiéndosele también una serie de restricciones *conforme a lo que se dio a la reyna de Bohemia,* que a mi parecer eran mucho más restrictivas. También era fundamental dotarla de un buen grupo de consejeros que la informaran y ayudaran *a que se tienple en lo que ha de proveer, pues ya conoscéis que la princesa es más altiva que su hermana María y evitar assy los desórdenes que entonces huvo.* Los consejeros más cercanos con lo que estaba obligada a tratar antes de tomar decisiones eran: el presidente del Consejo de Estado o Real, Antonio de Fonseca, patriarca de las Indias; el Inquisidor General y arzobispo de Sevilla, Fernando Valdés; el marqués de Mondéjar, Luis Hurtado de Mendoza; el marqués de Cortes, Juan de Benavides, compañero de infancia de Felipe; Antonio de Rojas; García de Toledo; y el secretario real Juan Vázquez de Molina. Para temas relacionados con Castilla también había que consultar al licenciado Otalorra, para los de Aragón al vicecanciller y a sus tres regentes. Carlos pidió que se pusiera cerca de ella *alguna mujer prinçipal de hedad y buen exemplo, y que se le moderase la casa, que soy avisado que para lo que tenía en Portugal havía menester 40.000 ducados cada año que es cosa desordenada, y los criados que le han de quedar sean hombres honrrados*. Y ordenó también a Felipe que le *dexara señalado el número de damas que havía de tener porque no le importunen, que cada día resçivirá de nuevo*. Felipe, siguiendo las órdenes de su padre, le dejó bien ordenado el organigrama de gobierno y la estructura de su casa, encargándole encarecidamente que cuidara de la reina Juana y de su hijo el infante Carlos que aún no había cumplido los nueve años. Ante la importancia que el oro y plata de las Indias estaba tomando en la defensa y mantenimiento de la flaca economía castellana, Felipe le expidió a Juana unas instrucciones específicas acerca de cómo debía de actuar en ese tema, en el que siempre tendría que consultar al marqués de Mondéjar y a Juan Vázquez. La princesa Juana se hizo cargo de la lugartenencia el 17 de mayo de 1554.

En 1554, las negociaciones para la boda de María Tudor y Felipe se aceleraron, a pesar del recelo que producía en Inglaterra la boda con un príncipe católico acérrimo, organizándose algunos movimientos en su contra, entre ellos el de Thomas Wyatt. A principios de enero, Carlos había enviado ya al conde de Egmont a Londres a fijar las capitulaciones matrimoniales, y el 12 de enero se había firmado ya el llamado tratado de Londres con las condiciones que regirían el contrato matrimonial. Felipe sería llamado rey de Inglaterra y todas las actas oficiales solo tendrían validez con la firma de ambos. Se acuñarían monedas con la efigie de ambos y se dejó claro que Inglaterra no tendría que ayudar militarmente al bando imperial en sus guerras. Sus poderes eran en parte algo limitados, ya que su misión sería la de ayudar a la reina a gobernar el país siguiendo sus leyes, privilegios y costumbres. Además, María se reservaba los beneficios, cargos y empleos, que solo podían recaer en nacionales. Los hijos de ambos heredarían Inglaterra, los Países Bajos y Borgoña, y si el príncipe Carlos, hijo de Felipe, moría antes de poder reinar, los hijos del nuevo matrimonio heredarían también España, las Dos Sicilias y el ducado de Milán. En caso de que Felipe sobreviviera a su mujer, no tendría derecho a seguir reinando en Inglaterra, ni derecho a llevarse a sus hijos sin el permiso del parlamento. Finalmente se le obligaba a mantener y cuidar las buenas relaciones existentes entre Francia e Inglaterra. El 6 de marzo celebró el obispo de Winchester en Londres el matrimonio por poderes, *por palabras de presente*, representando al príncipe el conde de Egmont.

Tras una larga espera en La Coruña, desde donde Felipe envió a su hermana Juana unas detalladas instrucciones acerca de cómo debía de ser su gobierno en Castilla durante su ausencia, el 13 de julio de 1554, zarpó definitivamente hacia Inglaterra para casar con María Tudor. Su compañía era reducida para la época y la formaban 60 navíos, 6.000 infantes para custodiarlo, cerca de 3.000 cortesanos y 1.500 caballos y acémilas, más *la gente mareante* que retornaría con los barcos a la península. Pero además Felipe llevaba consigo un verdadero tesoro de casi 1.500.000 escudos que el emperador le había pedido que trajera para afrontar pagos en los Países Bajos y para su propia casa. El dinero provenía de la esperada flota que trajo consigo tres millones de ducados en oro y plata de las Indias. Esa saca masiva de oro y plata volvió a dejar *al reyno muy falto de moneda*. Los franceses, conocedores del tema acechaban en el canal para intentar obtener algo de ese botín o por lo menos entorpecer el enlace. El desem-

Hans Eworth. Felipe y María, reyes de Inglaterra. Ambos eran primos hermanos y ella tenía 35 años, mientras que él tenía 26. Felipe había dado su consentimiento para la boda el 22 de agosto de 1553 y ella el 19 de octubre del mismo año. María estaba algo temerosa de la fogosidad sexual del joven príncipe y decía haberse enamorado totalmente de él nada más ver el cuadro que de él había hecho Tiziano. Los intentos por tener descendencia fueron valdíos. De haber tenido algún hijo y haber muerto el príncipe Carlos, sus herederos hubieran unificado el conglomerado español y el inglés.

barco de su flota se hizo en Southampton y la boda se celebró con un magnifico ceremonial en la catedral de Winchester el 25 de julio de 1554, a los dos días de haber conocido a su mujer. Felipe fue investido en ese momento oficialmente como administrador del ducado de Milán y con el reino de Nápoles para que estuviera en igualdad de rango con su mujer. Las cartas reales con los nombramientos fueron leídas durante la ceremonia en la catedral de Winchester. El matrimonio tenía un claro matiz político, en el que el joven príncipe no parecía perseguir un excesivo deseo carnal por la novia. Eso sí el deseo de tener un heredero, hizo que las relaciones se multiplicaran, llegando a creer la reina que había quedado embarazada a tan solo tres meses de la boda, pero la hinchazón de su vientre tenía más que ver con una hidropesía o retención de líquidos que con un embarazo. El paso del tiempo y la no consecución del embarazo, fueron poniendo nerviosos a los conyugues y a su entorno. La más mínima referencia a su embarazo, ponía en marcha un alud de información y de *fatas morganas* que acababan normalmente en el desencanto. Así en mayo de 1555, Juana, regente de los reinos peninsulares, en carta a su padre el emperador, decía convencida: *de un criado de la infante doña María he tenido nueva de que Nuestro Señor haya sido servido de alumbrar de un hijo a la reyna de Inglaterra, my Señora hermana.* La sucesión se tornó imposible, pero lo que sí se consiguió fue el retorno de Inglaterra a la obediencia del Papa.

Por su parte, Carlos, algo mejorado de sus dolencias, había abandonado a principios de marzo de 1554, las modestas dependencias en que vivía en Bruselas, rodeado de relojes y artilugios que eran *el mayor placer de su vida*, para reunir de nuevo a los Estados Generales de los Países Bajos en su palacio en Bruselas y explicarles cómo se había gastado el último subsidio concedido el año anterior, así como el temor de que los preparativos que hacía el rey de Francia fueran para invadir los Países Bajos. Había que preparase con urgencia para poder repeler esa agresión y para ello era necesario un subsidio considerable, lo que esperaba del patriotismo de esos estados. Solicitó dos millones de florines, pero el estado ruinoso de la economía haría descender bastante la cantidad hasta 1.400.000 florines.

Las hostilidades militares fueron iniciadas ese año por los franceses, aún a fuego lento, en el mes de abril, y fue a partir de junio de 1554 cuando Enrique II puso en marcha un intento de invasión de los Países Bajos, a pesar del fracaso sufrido el año anterior. Antes de que eso ocurriera, Carlos realizó varios actos previendo cualquier circunstancia que pudiera poner en peligro su vida, entre los que curiosamente estuvo el envío a su hijo Felipe, el 6 de junio, de una carta secreta, reconociendo que el joven Jerónimo o Juan de Austria era su hijo, aliviando su conciencia. Ese mismo día también hizo testamento y además otorgó a su hermano Fernando, plenos poderes para la Dieta que se reuniría en el Imperio y a la que él obviamente no podría asistir, ocupado con la defensa de sus tierras hereditarias.

Este testamento fue el último hecho por el emperador, sustituyendo a los hechos con anterioridad, y a este ya solo le añadiría, pocos días antes de su muerte, un sucinto codicilo. Resumía pues este testamento la voluntad final real en la que estipulaba su deseo de ser enterrado en la Capilla Real de Granada, cerca de su muy amada y cara mujer, Isabel de Portugal, estipulando la celebración de 30.000 misas por sus almas, la entrega de 30.000 ducados de limosna, divididos en tres partes, un tercio para los pobres vergonzantes, otro tercio para redimir cautivos, y otro para casar a mujeres pobres y huérfanos de buena fama. Exigía que antes de un año se hubiesen pagado tanto sus deudas propias como las que dejaron sus padres y los Reyes Católicos que aún estaban pendientes. Felipe era nombrado heredero universal, estando obligado a reinar con la reina Juana mientras ella viviera. A su muerte, estaba obligado a llevar su cadáver a la Capilla Real de Granada para enterrarlo cerca del rey Felipe. En caso de morir Felipe, le sucedería el infante Carlos, al que él aún no conocía, después los demás hijos de Felipe si los tuviera, tras ellos, sus hijas María y Juana, y sus hijos e hijas, según el orden de prelación, y a continuación su hermano Fernando y su descendencia. Los Países Bajos serían para el hijo de Felipe que naciese del matrimonio con María Tudor, retornando al infante Carlos si ese matrimonio quedara sin descendencia. Encomendó a su fiel hija Margarita a Felipe para que la tratara como lo que era, su hermana. Como testamentarios de las tierras españolas dejaba al Inquisidor General y arzobispo de Sevilla, Fernando Valdés; a Antonio de Fonseca, patriarca de las Indias y presidente del Consejo Real; a fray Francisco de Borja, duque viejo de Gandía; a Juan de Figueroa; a Juan Vázquez de Molina y al licenciado Diego Briviesca de Muñatones. Los testamentarios de las tierras neerlandesas eran María de Hungría, el príncipe Felipe, el obispo de Arrás, Luis de Flandes, señor de Praet, y el conde de Lalaing.

4.3.3. Quinta guerra con Francia. Segunda parte (1554-1555)

En junio de 1554, las hostilidades militares se reiniciaron por parte francesa con toda efusión de medios. Carlos, sin fondos para organizar nuevas tropas, simplemente se colocó a la defensiva, intentando evitar que la planeada invasión de los Países Bajos tuviera éxito. En este nuevo intento, Enrique II dividió a sus tropas en tres ejércitos, uno comandado por el condestable, otro por el príncipe de la Roche-sur-Yon y el tercero por el duque de Nevers. Se pensaba que atacaría por la región de Cambrai que fue reforzada con las tropas de Manuel Filiberto, duque de Saboya, capitán general del ejército imperial, ayudado por Antonio Doria y Juan Bautista Castaldo, nombrando jefe de la caballería a Luis de Ávila y Zúñiga, autor del libro que los protestantes habían obligado a retirar en la paz de Passau. Las previsiones del emperador fueron esta vez bastante erróneas, los ejércitos franceses atacaron por tres lugares diferentes, por el Artois, por las Ardenas hacia Luxemburgo y por Marienbourg, haciéndolo también con una flota que intentó tomar Rocroi. El 28 de junio las fuerzas francesas conquistaban la potente fortaleza de Marienbourg, cambiándole el nombre por Henribourg; el duque de Nevers rindió la plaza de Bouvignes, el 8 de julio, asesinando a sus habitantes, y tras solo un día de asedio se rindió también Dinant. La temeridad del rey francés parecía no tener límites, acopiando víveres para ocho días, lanzó un ataque en dirección Bruselas, destru-

La fortaleza de Marienbourg, según Plantino. Esta extraordinaria fortaleza construida para evitar los avances franceses hacia los Países Bajos fue fácilmente conquistada el 29 de junio de 1554 por Enrique II de Francia, cambiándole el nombre por Henribourg en su propio honor.

yendo el día 21 de julio íntegramente la ciudad de Binche y sobre todo su palacio y jardines donde residía María de Hungría, así como el cercano palacio de recreo de Mariemont, todas las obras de arte existentes en estos bellísimos palacios fueron destruidas por los asaltantes en presencia del rey francés, incluso obras que Francisco I había regalado a María de Hungría. Se vengaba así Enrique II de la destrucción por fuerzas imperiales de su palacio de Folembray, cerca de Aisne en la Picardía.

El contraataque del ejército imperial hizo retroceder rápidamente a los franceses que fueron arrasando en su retirada todo lo que encontraron a su paso, dirigiéndose hacia Cambresis. No era esta destrucción el pago a las hechas en Therouanne y Hesdin, que el año anterior habían arrasado los imperiales? En su retirada Carlos les fue atacando la retaguardia produciéndole enormes daños en soldados y bagajes.

El 1 de agosto, el ejército francés acampó provisionalmente ante Cambrai y se retiró el 3 de agosto después de haber producido daños incontables en los Países

Jan Brueghel el Joven. El palacio de caza de Mariemont, cercano a la ciudad de Binche, donde residía María de Hungría, fue totalmente destruido, junto al palacio de Binche, por las fuerzas de Enrique II de Francia, el 21 de julio de 1554, en represalia por la destrucción por fuerzas imperiales de su querido palacio de Folembray, cerca de Aisne, en la Picardía.

Bajos. Carlos nada había podido hacer, sus fuerzas no eran proporcionales y solo pudo verlos pasar y molestarles desde la lejanía sin atreverse a entrar en combate directo. Los franceses, queriendo poner un broche de oro a su campaña, decidieron tomar la villa de Renty en el Artois y se establecieron con el grueso de su ejército al sureste de ella, en Fruges. Las fuerzas dirigidas por Manuel Filiberto de Saboya, acompañadas del emperador, se situaron al norte de Renty cerca de las ruinas de la ciudad de Therouanne. Las escaramuzas fueron muchas por ambos bandos, tanto cerca de Renty como en los bosques cercanos, y parecía que el día 15 de agosto se daría por fin la batalla final entre ambos ejércitos. En la noche del 14 al 15 de agosto, Enrique II retiró sus fuerzas hasta Montreuil, los franceses deshicieron sus ejércitos dando por concluida la campaña de ese año. Carlos hacía de Dios la victoria conseguida: *Dios ha guiado esto como suele hazer todas mis otras cosas y si algún yerro ha havido, ha sido nuestro, e todavía lo ha remediado mejor que sperávamos*; y en una carta al duque de Alba, ampliaba aún más su confianza en Dios: *Duque, bien podréis juzgar en lo que me he visto, de ver que por nuestra culpa perdíamos la merced que Dios nos hazía; Él ha sido tan bueno, que donde algunos hablaban en que nos retirásemos ayer, lo qual no podía ser sin gran peligro, Él ha hecho retirar los enemigos, e Renty ha sido socorrida.*

Al día siguiente, 16 de agosto, Carlos sufría un violento ataque de gota, siendo retirado en litera por Saint Omer y Bethune, hasta Arrás, donde le esperaba su hermana María, hacia Bruselas. A principios de septiembre, María reunió de nuevo a los Estados Generales en Bruselas para pedirles ayuda económica. Desde el inicio de las confrontaciones se habían gastado ya más de 2.500.000 florines y previsiblemente los costes aumentarían aún bastante. Los representantes de los estados impresionados por el curso de la guerra aportaron otros 1.400.000 florines.

Los combates a mucho más bajo nivel perduraron durante septiembre y octubre, sufriendo continuos daños las poblaciones de ambos bandos. El ejército se licenciaría definitivamente para ese invierno el 23 de noviembre, ahorrando costes innecesarios. Antes de ello, Manuel Filiberto de Saboya hizo construir un fuerte que frenara los ataques franceses al condado del Artois, erigiéndolo muy cerca de donde había estado la ciudad de Hesdin derruida el año anterior, en la confluencia de los ríos Blangis y Canche, recibiendo el nombre de Hesdinfert, siendo con el paso del tiempo el origen de la actual ciudad de Hesdin. La terminación *fert* aparece en las armas de la casa de Saboya sin que se sepa su significado.

En Italia continuó la guerra en torno a Siena, aunque sin tan espectaculares acciones militares. En paralelo a la batalla de Renty, a principios de agosto de 1554, se produjo una batalla en Marciano, donde el marqués de Marignano destrozó a los ejércitos de Siena y Francia que eran comandados por Pietro Strozzi. El día 4 los imperiales cerraron por completo el cerco sobre Siena. A pesar de ello Siena aguantaría aún nueve meses el asedio.

5. EL FIN (1555-1558)

5.1. Renuncia de Carlos en su hijo Felipe (1555-1556)

El año de **1555** lo inició el emperador de igual forma que había concluido el de 1554, afectado por un doloroso ataque de gota que le mantuvo incapacitado para cualquier actividad oficial hasta el mes de marzo. A pesar de ello, desde su reclusión voluntaria en la pequeña casita cercana al palacio del Coudenberg de Bruselas, dictó en el mes de enero una circular a los obispos de los Países Bajos dirigida a frenar el avance de las ideas religiosas reformistas en sus tierras hereditarias, ordenándoles controlar a los que no fueran a misa o no confesaran, o a aquellos que mostrasen tendencias religiosas anormales, entregándolos al tribunal de la Inquisición. Su derrota en el Imperio en temas religiosos le llevó a evitar el menor germen reformista en los Países Bajos.

En el Imperio, Carlos había intentado sin éxito a lo largo de 1554, en un par de ocasiones, reunir a la Dieta imperial para concluir el conflicto religioso, sin conseguirlo. Los príncipes alemanes se negaban a asistir, temerosos de que el césar les volviera a intentar imponer a su hijo Felipe como sucesor. A finales de ese año lo intentó de nuevo, informando a las partes que él no asistiría y que delegaría todo su poder en su hermano Fernando, que estaba ya en Augsburgo a finales de 1554. Los príncipes imperiales se reunieron en esa ciudad en febrero, iniciándose las sesiones de la Dieta imperial de Augsburgo de 1555, que sería clave para la resolución de los problemas religiosos en el Imperio. La Dieta se prolongó hasta el 25 de septiembre, en que se publicaron sus conclusiones, alcanzándose un acuerdo por el que se permitía a los protestantes ejercer su religión libremente, permanecer en posesión de los bienes religiosos que habían ocupado, manteniendo los católicos sus antiguas costumbres, ceremonias y bienes. La denominada Paz de Augsburgo reconocía tanto a la vieja religión católica como a la nueva *Confessio Augustana*, estableciendo el principio *Cuius regio, eius religio*, o lo que es lo mismo la religión del príncipe pasaba a ser de forma obligatoria la religión de los súbditos y los que no quisieran cambiar sus creencias se veían obligados a emigrar a otras tierras para poder mantenerlas.

A principios de marzo de 1555, Carlos reunió a los representantes de las provincias de los Países Bajos en Bruselas para solicitarles un nuevo subsidio que cubriera los gastos causados por la guerra, así como para prolongar la ayuda que había sido aprobada en 1549, por otros seis años. Sin necesidad de muchas deliberaciones, los diputados consintieron las peticiones del monarca. Se comenzó a rumorear la llegada de una flota proveniente del Perú con abundante oro y plata que podría solucionar en parte la grave crisis económica que afectaba al emperador. La realidad era que esa esperada flota había llegado en parte, pero sin acabar de llegar. Los fuertes temporales habían separado a los navíos, habiendo arribado algunos a las costas de Portugal y de España, mientras que de otras embarcaciones se seguía sin saber nada. Tampoco se sabía la cantidad que venía para el rey, y por ello, por si no fuera suficiente, Juana tenía orden de entretener las cantidades de particulares, dejando pasar las de los mercaderes para que no se resintiera el comercio. La plata y el oro llegados a la costa portuguesa fueron llevados por tierra a Sevilla, y lo mismo se hizo con lo que traían las nao y carabela arribadas a Zahara, sin saberse aún cuánto había llegado.

El 23 de marzo de 1555 falleció en Roma el Papa Julio III, iniciándose a comienzos de abril el cónclave para elegir uno nuevo, resultando elegido el 9 de abril, Marcelo Cervino, cardenal de la Santa Cruz, con el nombre de Marcelo II, que solo reinó 21 días muriendo de una apoplejía. El 23 de mayo un nuevo cónclave eligió al napolitano Juan Pedro Caraffa, enemigo acérrimo del emperador, con el nombre Paulo IV, que a los pocos meses ya se había coaligado con Enrique II.

En tierras castellanas, en la villa de Tordesillas fallecía, el 13 de abril de 1555, la desventurada reina de Castilla, Juana. La noticia la recibió Carlos el 9 de mayo en Bruselas. En sus últimos años de vida su cuerpo se había ido deteriorando por falta de movimiento, sufriendo mucho de las piernas y llenándosele el cuerpo de úlceras, lo que le producía un terrible padecimiento. Su desestabilidad mental era tenida por su entorno como una especie

Paulo IV fue elegido Papa a la muerte de Marcelo II, el 23 de mayo de 1555. Antes de acceder al solio era el cardenal Juan Pedro Caraffa, de origen napolitano, aunque enemigo acérrimo del emperador.

de herejía, ya que se permitía cosas que normalmente no eran aceptadas. Para salvar su alma se había puesto a su servicio a fray Luis de la Cruz, que desesperaba continuamente cuando se negaba a confesarse o a comulgar. Para ver si realmente esas actuaciones pudieran poner en peligro su alma fue a Tordesillas fray Francisco de Borja, antiguo duque de Gandía, que la asistió y vigiló un tiempo, informando al príncipe Felipe acerca de su comportamiento en temas como el cerrar los ojos durante la consagración o en el de rechazar velas que hubieran sido antes bendecidas. A su parecer, sus cuidadores exageraban en mucho sus actuaciones y presuponía que así sería *con muchas otras cosas que de ella se han dicho*. Eso sí, Juana siguió negándose a confesar y a comulgar hasta su muerte. En marzo de 1555 su estado se agravó, apenas si comía, dormía o reposaba, parecía un alma en pena y estaba muy delgada. El marqués de Denia le conseguía cambiar con dificultad *las almohadas de paño que usaba para reposar su cuerpo por unos colchones de lienço donde está más descansadamente y ençima se le echa ropa. Hago mudar a su alteza las vezes que pareçe ser necesario*. La regente Juana, informada del mal estado en que se encontraba fue a visitarla a principios de abril, pero con su presencia *la reina solo paresçía resçibir pesadumbre*, por lo que regresó a Valladolid dejándole *los çirujanos y médicos neçessarios para su indispusiçión. Y también envié luego a buscar al duque Francisco para que se estuviese con su alteza y se hallase con ella para lo que podía suceder; el qual vino y se truxeron ally tanbién otros buenos religiosos porque no se dexasse de hazer la diligençia que convenía a lo que tocava a lo que tocava a su ánima... y pareçe que acabó con muestras de christiana, encomendándose a Él, ayer, viernes sancto, que fueron XII del presente* (abril), *entre las çinco y las seys horas de la mañana, y assy spero que estará en camino de salvación*. El propio Francisco de Borja confirmaba al emperador tales hechos en los que él había estado presente, afirmando que la reina había tenido en sus últimos momentos de vida *muy diferente sentido en las cosas de Dios del que hasta allí se había conocido en su Alteza*. Según Borja, *sus postreras palabras, pocas horas antes de que falleciese, fueron: "Jesu Christo Crucificado sea conmigo"*. Tras el deceso, la regente Juana envió al presidente del Consejo Real y al condestable para que estuvieran presentes en las exequias *y que se haga toda con la solemnidad que es razón*. Tras las exequias fue enterrada en la iglesia del monasterio de Santa Clara de Tordesillas, en el mismo lugar donde había estado enterrado el cuerpo del rey Felipe, *hasta que vuestra majestad adelante mande que se lleve a Granada*, siendo enterrada definitivamente en la Capilla de Real de Granada en 1574. En la iglesia de Santa Gúdula de Bruselas organizó su hijo el emperador Carlos V unas solemnes exequias los días 15 y 16 de septiembre de 1555, a las que aisitiría, recién retornado de Inglaterra, el príncipe Felipe.

El 12 de marzo de 1555 convocó el emperador cortes castellanas en Valladolid para el día 22 de abril, aunque no se iniciaron hasta el 3 de mayo. Las reuniones se llevaron a cabo bajo la presidencia de Antonio de Fonseca, obispo de Pamplona, presidente del Consejo Real, y de la princesa Juana, regente de Castilla y Aragón, en la sala capitular del convento de San Pablo. El 6 de mayo leyó la proposición la princesa Juana, solicitando de los participantes la aprobación de un servicio ordinario de 300 millones de maravedís, más otro extraordinario de 150 millones, a los que se añadieron otros 4 millones para gastos de cortes y ayudas de costa. A través del cuaderno de cortes se puede hacer uno una idea del estado en que se encontraban los reinos de Castilla y León, con sus fronteras poco guarnecidas, sus leyes dispersas y difusas, despojadas de términos sus ciudades y villas, con concejos mal regidos, una industria y un comercio en decadencia, amenazados por la inminente ruina que la guerra producía. De 133 peticiones que se hicieron, apenas si llegaron a 14 las aceptadas por la corona, que a pesar de ello intentaba guardar las formas para evitar agraviar al reino y a sus representantes. En realidad las Cortes se habían convertido en títeres de la corona que solo las utilizaba para obtener subsidios, comprando y sobornando a los diputados.

En Italia, el 14 de abril de 1555, Felipe, actuando ya como duque de Milán, nombró gobernador de ese ducado a Fernando Álvarez de Toledo, duque de Alba. Y el 17 de abril concluyó la guerra de Siena que tanto tiempo había durado. La ciudad tras 18 meses de resistencia se entregó al marqués de Marignano, Juan Jacobo de Medici, concluyendo la historia de esa república, manteniéndose aún hasta 1559 un grupo de familias sienesas en rebeldía en la fortaleza de Montalcino. El 19 de junio, el emperador nombró gobernador imperial de Siena a Francisco de Toledo y tras su muerte, el 4 de octubre, fue nombrado para el cargo Francisco de Mendoza, arzobispo de Burgos. Finalmente Felipe II entregaría Siena y los presidios de la Toscana al duque de Florencia, su aliado.

Las hostilidades militares entre el emperador y Francia se habían reiniciado, sin actos espectaculares, a principios de marzo de 1555, aunque ambas partes estaban agotadas económicamente. Consciente Carlos de que Enrique intentaría nuevamente apoderarse de la rica región del Mosa, construyó en una de sus orillas una nueva fortaleza que recibió el nombre de Charlemont, en honor del césar. En paralelo a esa fortaleza, mandó el emperador construir otra en el Artois para frenar el acceso francés por esa región, que recibió el nombre de Philippeville, en honor de su hijo, el rey de Inglaterra. Las tropas imperiales consiguieron además recuperar Marienbourg que aún estaba en manos francesas desde el año anterior. A través de la reina inglesa María Tudor, se iniciaron a finales del mes de mayo los primeros intentos serios para conseguir una paz entre Francia y el emperador, siendo seleccionado como lugar de encuentro un lugar intermedio entre Calais, Ardres y Gravelinas, llamado Marq, interviniendo como parlamentarios el conde de Lorena, Carlos de Marillac, y el obispo de Orleáns, por parte francesa, y el conde de Lalaing, el señor de Bugnicourt, el obispo de Arrás, Viglius de Zwischen y el duque de Medinaceli, por parte imperial. A esas reuniones asistieron como intermediarios ministros ingleses como el cardenal Pole, el canciller Gardiner, el conde de Arundel y lord Paget. Las conferencias duraron hasta el 8 de junio de 1555, sin conseguir llegar a un acuerdo, por lo que los combates prosiguieron. El duque de Orange venció al duque de Nevers en Gimnée el 15 de julio, y al mariscal de Saint André en Givet al día siguiente, batalla en la que se capturaron un gran número de nobles franceses. Cerca de las costas belgas, el 15 de agosto, una flota de 22 urcas belgas cargadas de productos provenientes de España, fue asaltada por una flota francesa. Los barcos belgas antes de ser detenidos por los franceses prendieron fuego a sus polvorines hundiendo con ellos a siete navíos de guerra franceses.

La situación económica era tan mala que, a principios de septiembre, la reina María de Hungría reunió en Bruselas a los diputados de las provincias neerlandesas pidiéndoles una nueva ayuda para licenciar a las tropas que faltas de pago comenzaban a amotinarse.

El 15 de agosto de 1555 Carlos escribió a su hermano Fernando, pidiéndole una entrevista antes de partir a su retiro en Extremadura. Las relaciones entre Fernando y Carlos se habían enfriado mucho desde la disputa por la herencia imperial, que lo único que había conseguido era crear un odio profundo por parte de la familia de Fernando hacia el príncipe Felipe, especialmente cuando este además decidió casarse con María Tudor con quien ya se había prometido su primo Fernando de Austria. Fernando alegó problemas en sus tierras para no ir a verlo y envió al antes aludido Fernando, que llegó a Bruselas al día siguiente de la abdicación y partió a los pocos días de regreso.

En septiembre de 1555, el rey Felipe abandonó Inglaterra para visitar a su padre en Flandes. Hasta entonces le había sido imposible hacerlo, apremiado por otros problemas ineludibles, especialmente por los deseos de su mujer de quedar embarazada. Para Carlos, la venida de su hijo a los Países Bajos era fundamental, ya que *aunque los visitó y fue jurado en ellos, como se detuvo tan poco tiempo no pudo ser conocido ni tratado como fuera razón... y es neçesario y conveniente para la conservaçión destos Estados Baxos tornarlos a visitar... para que los naturales dellos le amen y obedezcan... según su fidelidad y lealtad.*

A su llegada a Flandes se reunieron el césar, Felipe, María de Hungría y los ministros principales, deliberando acerca de la trasmisión de poderes a Felipe. El proceso se inició con la trasmisión de la maestría de la orden del Toisón de Oro, iniciada el 20 de septiembre, y la consecuente renuncia de Carlos a la orden de caballería francesa de San Miguel que le había concedido Francisco I en 1516. Sus razones para retornar el collar de esa orden eran la enemistad con que siempre le había tratado ese monarca, la admisión de herejes en la orden y el deseo de no cumplir sus estatutos en su próxima reclusión en Yuste. Debido a las circunstancias bélicas, el collar, el manto y el libro de la orden, se quedaron en los Países Bajos hasta el 14 de julio de 1558, cuando se pudo hacer entrega oficial por parte del primer rey de armas del toisón de oro, de todos esos elementos de la orden de San Miguel, al rey francés.

El 25 de octubre de 1555 se produjo la cesión oficial por parte del emperador Carlos de todos sus títulos neerlandeses a su hijo Felipe. En una solemne y triste ceremonia celebrada en la antigua sala morada de los duque de Brabante en el palacio del Coudenberg de Bruselas, decorada con gran magnificencia, rodeado por los caballeros de la orden del Toisón de Oro, la nobleza, los ministros y los miembros de los consejos, y los diputados de las provincias neerlandesas, a la que no asistieron los representantes de los señoríos de Overijssel, Drenthe y del condado de Lingen, abdicó humildemente el monarca, que guardaba luto estricto por la muerte de su madre, la reina Juana, y llevaba como única joya, la orden del Toisón en el pecho. Sentado en su trono, bajo dosel, con su hijo Felipe a su derecha y su hermana María a su izquierda, explicó por voz de su consejero Filiberto de Bruselas las razones que le obligaban a abdicar y los desligó a todos de su juramento. A continuación Carlos *se puso sus gafas* y se ayudó por unas pequeñas notas para hablar a sus súbditos, recordándoles que en ese mismo lugar su abuelo Maximiliano, hacía 40 años lo había emancipado. Relató sus múltiples viajes: nueve a Alemania, seis a España, diez a los Países Bajos, cuatro a Francia, dos a Inglaterra y dos a África. Había atravesado ocho veces el Mediterráneo y tres el Océano. Tras nombrar sus últimas derrotas y viéndose a todas luces inútil, les recomendó a su hijo, instándoles a permanecer unidos. Al pedir perdón por los daños que hubiera podido hacer a algunos de sus súbditos, un par de lágrimas se escaparon de sus ojos. El consejero pensionario de Amberes, Jacques Maes, habló en nombre de los estados aceptando a Felipe como su soberano y prometiendo servirlo con tanto celo y afecto como al césar. Carlos cedió a su hijo los Países Bajos y Borgoña, leyendo un secretario las cartas patentes y tras ellas, Granvela, obispo de Arrás, expresó en francés, por no poder hacerlo el propio príncipe, una alocución a sus nuevos súbditos, y la reina María anunció su retirada definitiva de los Países Bajos. Al día siguiente se hizo la recíproca prestación de juramentos.

Carlos pensaba iniciar su viaje a España directamente, pero el dinero que su hija Juana tenía que haberle enviado, 300.000 ducados provenientes de la confiscación del oro y plata de particulares de una nueva flota que había llegado del Perú, aún no había llegado. Parte de esa flota, en la que debía de haber venido Arias Maldonado, encargado de sofocar la última rebelión peruana, la de Francisco Hernández Girón, aún no había llegado. Naturalmente hacia el exterior se hizo creer que la razón para no retornar en ese momento a la península era su enfermedad que no le permitía viajar en invierno. Con ese dinero que aún no había llegado, Carlos pensaba pagar a los miembros de su casa, a los que debía ya bastantes pagos atrasados, y deshacerla. Al no poder hacer efectivo el envío Juana, el césar se vio obligado a pasar un nuevo y largo invierno en Bruselas. Felipe lo aprovechó para que su padre requiriera a los estados la ayuda prometida en septiembre que aún no habían realizado. La solicitud tuvo efecto, y el servicio fue abonado en su integridad por todas las provincias.

Frans Hogenberg. La abdicación de Carlos de sus tierras hereditarias neerlandesas y borgoñonas, en la persona de su hijo Felipe, se realizó el 25 de octubre de 1555 en el salón
morado del palacio del Coudenberg de Bruselas, en el mimso lugar que hacia cuarenta
años había sido emancipado por su abuelo y tutor Maximiliano I.

Durante ese invierno de 1555-1556 las relaciones familiares se fueron tensando
hasta extremos insospechados. La relación de Felipe con su tía María de Hungría se
había ido envenenando, debido quizá a las extremas exigencias del príncipe en el
tema imperial, que habían conseguido destruir la cálida y afectiva relación existente
entre Carlos y Fernando que siempre había sido de lo más fraternal, destrozando
además la relación con la rama austriaca. María siempre había sentido un cariño especial por Fernando, el marginado, el segundón, que como ella había acabado tan
lejos en las tierras húngaras. Siempre le ayudó y colaboró con él y siempre actuó de
intermediaria entre los dos hermanos. Quizá se lo hubiera hecho sentir al príncipe
Felipe, o quizá este se hubiera sentido marginado o criticado por ella en alguna ceremonia o en alguna de sus preeminencias durante su primera estancia en los Países
Bajos. La tensión había sido tan fuerte que en mayo de 1554, Carlos V había incluso
mandado quemar una carta que su hijo le había enviado para María de Hungría,
por su contenido. Felipe no protestó, consciente quizá de haberla escrito en un momento de ira, o quizá solo por respeto a su padre, en cuya relación siempre había
mostrado una afabilidad y un cariño filial más cercano a la relación con un admirado
maestro que con un padre. Nunca le había faltado al respeto y siempre había sido
obediente y leal. Sin embargo, en ese invierno de 1555-1556, quizá creyendo que
el emperador partiría y le permitiría gobernar en solitario en los Países Bajos, quizá
porque ya era doblemente rey y se sintiera de golpe más seguro, apremió, como
nunca lo había hecho a su padre, a que le cediera oficialmente las tierras peninsulares
e italianas, sin las cuales no estaba dispuesto a recibir los Países Bajos. Presionándole
también para que se retirara definitivamente de las lides políticas.

Tapicería del taller de Leynies y Reydams, representando la abdicación de Carlos V en su hijo Felipe. Tras la abdicación de las tierras neerlandesas y borgoñonas, Felipe presionó a su padre para que le cediera también las españolas y las italianas, sin las cuales no estaba dispuesto a recibir las primeras. El 16 de enero de 1556 en una ceremonia menos fastuosa celebrada en la pequeña casita en la que él vivía en el Coudenberg, le cedió las coronas de Castilla, Aragón y Sicilia. La de Nápoles ya la poseía desde su boda con María Tudor.

Carlos no parecía tener ningún interés en quedarse con ninguno de los reinos o señoríos, prefería retirarse a un monasterio a vivir de forma sencilla, rodeado por sus artilugios y relojes, cerca de los monjes y lejos del mundanal ruido. Las obras de los apartamentos que lo habrían de acoger se estaban aún llevando a cabo en el monasterio jerónimo de Yuste, cerca de Jarandilla de la Vera, en Extremadura, tierra ideal para las dolencias óseas del emperador. Las obras sufrían algunos retrasos al haber sido expulsados del convento los encargados de ellas, los monjes fray Melchor de Pie de Concha y fray Juan de Ortega.

Fuera lo que fuese, la renuncia de Carlos no tardó en llegar. El 16 de enero de 1556, en una ceremonia llevada a cabo en la pequeña casa en la que el césar vivía cerca del palacio del Coudenberg, se produjeron tres renuncias consecutivas. La primera a la corona de Castilla, incluyendo Castilla, León, Granada, Navarra, las Indias, islas y tierras firmes del mar Océano, y las tres grandes maestrías de las órdenes de caballería de Santiago, Alcántara y Calatrava. La segunda fue la de la corona de Aragón, incluyendo los reinos de Aragón, Valencia, Cerdeña y Mallorca, Cataluña, y los condados del Rosellón, la Cerdaña e islas adyacentes. La tercera correspondía al reino de Sicilia. El de Nápoles ya lo poseía desde su boda. Ese mismo día designó Carlos, aún como emperador, a su hijo Felipe como su vicario para los feudos imperiales de Italia y al día siguiente, 17 de enero, lo facultó para poder ceder el feudo de Milán a terceros, facultándolo también como vicario de Siena para subenfeudar ese territorio que también pertenecía al Sacro Imperio. A continuación, el mismo día 17 de enero de 1556, renunció al Imperio en su hermano Fernando, renuncia que no tenía la validez de convertir en emperador directamente al rey de Romanos, ya que tales decisiones las tenía que tomar el cuerpo imperial formado por los príncipes electores. Carlos solo se reservó aún un pequeño territorio, el Franco Condado o condado de Borgoña, su tierra borgoñona primigenia, que lo mantendría en su poder hasta el 10 de junio de 1556, cediéndolo oficialmente a su hijo Felipe por medio de un representante, ante los estados generales del Franco Condado, reunidos en la Gran Sala del Colegio de Mortean en Dôle.

El día 17 de enero Carlos se fijó una pequeña cantidad como pensión, 12.000 ducados anuales, con los que además de vivir holgadamente, tenía la intención de ayudar a su fiel vasallo Ferrante Gonzaga, al que se le seguía un juicio por malversación de fondos y corrupción, del que finalmente fue absuelto. Al poco, esa cantidad fue aumentada a 16.000 ducados y en mayo de 1557 se estipuló que debían de ser 20.000 ducados de oro, recibiendo cada tres meses 5.000.

De todas esas renuncias dio cuenta el 15 de enero el césar a su hija Juana, su lugarteniente y gobernadora en esos reinos y a los consejeros de Castilla y de Aragón, informándoles de que Felipe había enviado emisarios para tomar posesión de ellos y ser proclamado como su monarca. Así en Aragón el encargado de tomar posesión de todos los reinos de esas corona fue Diego de Azevedo, mayordomo mayor del nuevo rey Felipe II, que tropezó con los fueros aragoneses que exigían la presencia del rey en persona para poder hacer el juramento, por lo que mientras no regresara Felipe a la península no aceptarían a sus enviados como enviados del rey de Aragón. En Castilla la transición fue más fácil, siendo proclamado rey de Castilla en Valladolid el 28 de marzo de 1556.

En los Países Bajos las hostilidades militares entre imperiales y franceses habían sido retomadas sin demasiado ímpetu el 11 de enero con la entrada de bandas de soldados en el Henao, que fueron desbaratadas rápidamente por el príncipe de Orange. Ambos países estaban agotados y como consecuencia de ello se inauguraron en la abadía de Vaucelles, al norte de San Quintín, a principios de febrero de 1556, conversaciones para establecer una paz. A estas conferencias asistieron representando a Francia, el almirante Coligny y Sebastián de l'Aubespine, y representando a Carlos V, el conde de Lalaing y Simón Renard. Se obtuvieron unas treguas por cinco años en la que se reconocía el *status quo*. Francia mantenía los tres obispados de la Lorena: Metz, Toul y Verdun, más las plazas conquistadas en el Piamonte, mientras que España retenía Hesdin y Therouanne. Era la última paz del emperador y no era excesivamente positiva, dejando una herencia algo envenenada a su hijo Felipe. Carlos de Lalaing llevó el documento a Blois a que lo firmara Enrique II, mientras que el almirante Coligny lo llevó a Bruselas a que lo firmara Carlos V.

Juana consiguió por fin hacer llegar a Bruselas los 200.000 ducados que su padre le había pedido para costear el viaje y para poder deshacer su casa, formada por más de 450 personas, sin contar entre ellos las compañías de arqueros y alabarderos de su guardia valona, alemana y española. El césar seleccionó un muy reducido grupo de entre ellos, formado en su inmensa mayoría por neerlandeses, entre los que destacaban: Juan de Croy, conde de Roeulx; Juan de Poupet, señor de la Chaulx; Floris de Montmorency, señor de Hubermont; Felipe de Recourt, señor de Licques, más unos pocos ayudas de cámara, sus barberos, y algunos oficiales subalternos del servicio de cámara, cocina, bodega, mesas y caballerizas. Hasta su llegada a Yuste le acompañaría una compañía de alabarderos que luego sería licenciada. Cedió a sus hermanas su médico de siempre, Cornelio de Baesdorp, y se llevó con él a Yuste a Enrique Mathys. Con el césar viajarían a España sus dos hermanas, Leonor de Francia y María de Hungría, que había dimitido de todos sus cargos en los Países Bajos. Arreglada su casa, se planeó el pase a España para el mes de junio de 1556, aunque nuevos problemas irían posponiéndolo. Carlos no quería abandonar sus tierras neerlandesas sin antes despedirse de su hermano Fernando y de su familia, especialmente de su hija María, reina de Bohemia, casada con Maximiliano. Las relaciones con la rama austriaca se habían enfriado de tal forma que todos fueron poniendo escusas: problemas bélicos acuciantes, dificultad para transportar a las mujeres hasta las tierras bajas y muchos otros. Maximiliano prometió iniciar su viaje desde Viena a Bruselas, en compañía de María, en el mes de mayo, pero a finales de ese mes aún se estaban haciendo los preparativos. Felipe le mostró claramente su enojo por la forma en que lo estaban haciendo y por poner tantos impedimentos a su hermana para que se despidiera de su padre: *entre nosotros no se sufre sino hablar claro... y suplico a vuestra alteza que tome a buena parte lo que escribo a mi hermana. Cierto yo lo digo muy llanamente, como siempre trataré con vuestra alteza. Y si la venida pudiera ser en junio, sería grandísimo contento el mío, y si viniere mi hermana, no habría más que pedir...* Maximiliano siguió postergando la partida y avisaba que antes de mediados de julio no podría llegar, porque *llevando a la Reyna y mujeres se podría dilatar más el camino.* Si el césar no podía esperar hasta entonces, él estaba dispuesto *a dexar a la Reyna atrás y darme más priesa a llegar a tiempo*, pero pedía que su *dilación no causase detenerse a vuestra magestad más tiempo en su embarcación del que su salud ha menester... aunque me dolería mucho no poder besar a vuestra magestad las manos en tal ocasión.* La espera no le venía mal al emperador, ya que por otros problemas ocurridos en España, la regente Juana había mandado con urgencia al mayordomo del infante Carlos, Fadrique Enríquez, a hablar con Felipe II, pidiéndole que esperara hasta su llegada a los Países Bajos para retornar con él y así evitar tener que organizar otra armada. A finales de junio se produjo una epidemia de peste en Bruselas y Carlos abandonó rápidamente la ciudad, yéndose a vivir al castillo *Ter Meeren* de Sterrebeek cerca de Zaventen, a dos leguas de la capital brabanzona, que pertenecía Antonio le Sauvage, hijo del que había sido su canciller, Juan le Sauvage. En Sterrebeek residió desde el 29 de junio al 15 de julio de 1556, regresando después a Bruselas, donde a los dos días llegaron Maximiliano y María, acompañados por Felipe que había salido a recibirlos a Lovaina. Traía Maximiliano un mensaje de despedida de su padre y la misión de solucionar un problema que les afectaba, el de la abdicación imperial en Fernando hecha el 27 de agosto en Gante. Tenía Fernando miedo de que los príncipes electores aprovecharan la situación para elegir a otro emperador, perdiendo la familia definitivamente todos los derechos adquiridos. Carlos aceptó la propuesta de Fernando, que consistía en que le firmara un documento en el que cedía pura y llanamente a Fernando el título de emperador y la trasmisión del Imperio, firmándole también una convocatoria de Dieta imperial para que Fernando la utilizara en el momento que la necesitara. De esa forma, si Fernando veía que los electores apoyaban la transmisión del Imperio a su persona lo haría, y si no, esperaría al momento propicio para usarla.

En los reinos peninsulares se hacía necesaria la convocatoria de Cortes en Aragón y en Castilla para jurar al nuevo rey, pero sobre todo *para buscar cómo los súbditos sirvan y ayuden*, ya que no había fondos. Es por ello que Juana presionaba a su hermano Felipe para que retornara lo más pronto posible para enderezar los asuntos peninsulares, los de Indias, pero sobre todo los italianos, donde la clara enemistad de Paulo IV y la falta de fondos hacía amotinarse a los ejércitos y el duque de Alba perdía progresivamente su control y el favor de los italianos, ante las tropelías que sus soldados cometían. Los 600.000 ducados que se le habían prometido el año anterior aún no habían llegado, ni tenían visos de llegar. Por suerte, a principios de septiembre llegaron por el río de Sevilla dos naos de Tierra Firme, de Honduras, que traían para el rey casi 285.000 pesos, más gran cantidad de oro, plata y perlas para particulares. De Portugal llegaba la triste noticia de la muerte de Luis Sarmiento, embajador en ese reino y mayordomo que había sido de los infantes en Aranda y Toro.

5.2. Regreso del emperador a Castilla. Últimos años en Jarandilla y Yuste (1556-1558)

El 8 de agosto de 1556 iniciaron los reyes de Bohemia, Maximiliano y María, su camino de retorno al Imperio, mientras que el emperador iniciaba su regreso a España. Desde Bruselas pasó a su ciudad natal de Gante, donde se despidió de los embajadores que habían estado acreditados en su corte, y por el canal de Nieuwart se dejó llevar por barco hasta Zelanda. En Flesinga, residió en un castillo cercano llamado de Souburg, perteneciente al señor de Stavele, esperando vientos favorables para iniciar su viaje. En ese castillo de Souburg o Zoutburg, fue donde el emperador firmó los documentos que su hermano le había pedido, nombrando como embajadores ante la Dieta al príncipe de Orange, al vicecanciller imperial Seldt y al secretario Haller, encargándoles que siguieran las indicaciones que diera el rey de Romanos, Fernando. También escribió a los príncipes y ciudades del Imperio, informándoles del nombramiento de su hermano como su representante, al que daba poder total para tratar todos los asuntos del Imperio como si de su persona se tratase. Carlos entregó las insignias imperiales a Felipe para que las guardara hasta que llegara el momento de entregárselas a su hermano Fernando. Lo último que hizo, contra la voluntad de Granvela, fue nombrar a Felipe vicario perpetuo del Imperio en Italia.

Dos flotas, una vasca y otra flamenca se habían ido reuniendo en Flesinga para transportar al emperador de regreso a España. En la madrugada del 15 de septiembre de 1556 iniciaron su viaje. En el barco almirante de la flota vasca, comandado por Antonio de Bertendona, llamado el *Spiritu Sancto*, se embarcó el césar, y en el barco almirante de la flota flamenca, *Le Faucon*, comandado por el almirante Wacken, lo hicieron María y Leonor. Nada más partir, los vientos contrarios les hicieron recalar en Ramekens, donde Felipe acudió a despedirse de su padre. El 17 reiniciaron el viaje, que fue bastante agradable, arribando a Laredo, una de las componentes del llamado corregimiento de las Cuatro Villas, el 28 de septiembre. Era ese el mismo puerto desde el que su madre, la reina Juana, había partido para casar con el archiduque Felipe, el puerto más cercano a Castilla. Nadie les esperaba allí y hasta el 8 de octubre no llegaron fondos para pagar los gastos corrientes del viaje. El coronel Luis Méndez Quijada, servidor suyo desde hacía cuatro décadas, que le acompañaría en su último exilio extremeño, llegó por la posta el día 5 de octubre a Laredo, iniciando la travesía en litera de las empinadas montañas cantábricas. En ocho días alcanzaron Burgos y tras un breve descanso, prosiguieron hasta Valladolid donde descansaron otro pocos días. Antes de entrar a Valladolid, fue recibido por su nieto el infante Carlos de 11 años de edad y que aún no conocía, causándole una penosa impresión física y moral. En la capital castellana pasó dos semanas conociendo más cerca a su nieto al que le dio todo su cariño y al que hizo todas las

Castillo del duque de Oropesa en Jarandilla de la Vera, donde el emperador pasó casi tres meses esperando la finalización de las obras de sus habitaciones en el monasterio jerónimo de Yuste, su último retiro.

caricias imaginables, contándole sus múltiples aventuras, sin poder evitar que se produjeran algunos roces, en especial cuando el infante se empeñó en quedarse con la estufa flamenca que especialmente se había hecho traer Carlos para calentarse, mitigando sus dolores óseos. El infante Carlos insistió pesadamente en quedársela y el emperador le tuvo que decir que sería suya cuando él muriera. En esa estancia vallisoletana organizó su servicio religioso futuro en Yuste. Juan de Regla, del convento zaragozano de Santa Engracia, sería su confesor; Francisco de Villalva, Juan de Açaloras y Juan de San Andrés serían sus predicadores. De los demás conventos de la orden jerónima se hicieron venir a los mejores cantores para el coro.

El 4 de noviembre, tras despedirse de sus hermanas Leonor y María y de todos lo nobles, acompañado solo por los criados que estarían con él en Yuste y custodiado por los alabarderos que con él habían venido de Flandes, emprendió su camino hacia Extremadura, vía Medina del Campo, prometiéndose no tener más recepciones. En litera siguió por Horcajo, Peñaranda de Bracamonte, Alaraz, Gallegos de Solmirón, Barco de Ávila y por el puerto de Tornavacas llegó el 12 de noviembre a Jarandilla, residiendo en el palacio del conde de Oropesa casi tres meses hasta que concluyeron las obras de los aposentos que para él se hacían en Yuste. Desde Jarandilla, descansado del viaje, fue a Yuste a visitar las obras el 25 de noviembre, y en el palacio del conde de Oropesa le visitó el duque de Escalona, el conde de Olivares, Luis de Ávila y Zúñiga su capitán y cronista, y algunos embajadores de su cuñado Juan III de Portugal. Por lo demás, siguió siendo gustosamente informado de lo que ocurría en sus antiguas tierras, labor que realizaba a menudo su hija, la regente Juana. Los embajadores portugueses estuvieron en Jarandilla en el curso de unas negociaciones en las que, a petición de su hermana Leonor, participó el césar. Leonor pretendía que su única hija María, infanta portuguesa, hija del rey Manuel de Portugal, residiera con ella en Castilla, pero la propia infanta que había sido abandonada por su madre no estaba demasiado de acuerdo con ello. A mediados de enero de 1557 la corona portuguesa decidió que no era conveniente para el honor de la infanta salir de Portugal sin antes haber casado. Carlos aceptó la decisión que le trasmitió su hermana menor Catalina, y se afanó en buscarle un posible marido a la infanta, que parecía haber cambiado de opinión escribiendo a su madre para que la ayudara a salir de Portugal. Carlos intentó casarla con el duque de Saboya, un buen partido. En el mes de abril de 1557 consiguió el permiso del rey de Portugal para que María pudiera abandonar Portugal para estar con su madre, con la consecuente alegría de Leonor, pero María solo llegó hasta Badajoz se entrevistó con ella y prefirió retornar a Portugal.

Durante la estancia en Jarandilla, Carlos escribió varias veces a su hija Juana, regente en nombre de Felipe, aconsejándole algunas actuaciones, especialmente tras la ruptura de la tregua por parte francesa y el inicio de nuevo de las hostilidades militares.

A lo largo del viaje y a pesar del continuo temor del emperador a una recaída de la gota, su salud apenas si se había resentido. Estaba claro que el clima seco español le venía mejor para sus dolencias. Sin embargo, el 27 de diciembre le sorprendió un nuevo ataque de gota muy violento, que por suerte solo le duró diez días. A pesar de las abundantes lluvias caídas ese invierno, que hicieron a Quijada proponerle buscar otro lugar más seco y mejor para su salud que Yuste, Carlos decidió que se hiciera todo como se había planeado. Antes de retirarse definitivamente a su última morada, a donde quería ir con la menor compañía posible, Carlos liquidó sus deudas con todos los que le habían servido en su casa para lo que había recibido de Juana 26.000 ducados, siendo la mayor parte repatriados a los Países Bajos.

El día 3 de febrero de 1557, realizó Carlos su último penoso viaje de dos horas de duración, en litera, desde Jarandilla de la Vera hasta su última residencia terrenal en Yuste. Sus acompañantes, en su inmensa mayoría neerlandeses o borgoñones, habían sido especialmente seleccionados, intentando reducir su número al mínimo posible: el mayordomo Luis Méndez Quijada, su secretario Gaztelu, el doctor Mathys, un capellán, un confesor, un maestro de guardarropía, cuatro ayudas de cámara, uno de ellos era van Male al que en 1550 había dictado sus memorias, un guarda joyero, cuatro barberos, dos farmacéuticos, dos furrieles, dos relojeros, uno de ellos Juanelo Turriano, un jefe y un controlador de almacén, dos panaderos, dos salseros, dos cocineros con dos ayudantes de cocina, un pastelero, un cervecero, un tonelero, un jardinero, un portero, tres lacayos y dos encargadas de la ropa de mesa. Al no caber todos en la sencilla y pequeña residencia real de Yuste, algunos

Vista exterior de los aposentos que el emperador se hizo construir
en el monasterio de Yuste.

de ellos fueron alojados en la aldea de Cuacos, cercana al monasterio. A su llegada, Carlos fue recibido por toda la comunidad, se realizó un servicio religioso y los casi cuarenta monjes que allí vivían, le besaron la mano, retirándose a sus apartamentos.

Su vida en el monasterio fue bastante más relajada. Gran parte de su tiempo fue ocupado con los oficios religiosos hechos junto a la comunidad jerónima: coro, vísperas, misas con largos sermones de sus tres predicadores, y confesiones y comuniones en los días más señalados del calendario eclesiástico. Todos los días se rezaban cuatro misas en el monasterio, dos por sus padres, una por su mujer y otra por él mismo, a la que siempre asistía. Algunas de ellas eran amenizadas con música coral o con esplendidos sermones, en los que se entrelazaba puesta en escena, dicción, entonación y modulación. El tono monocorde del rezo en el coro le agradaba en sobremanera, pero era con la música coral con la que más disfrutaba, por lo que a Yuste se llevó un coro de voces prístinas seleccionadas especialmente por él, con un buen chantre y un organista. Dotado de un gran oído musical, era en la música coral donde mejor se desenvolvía, percibiendo la más mínima inflexión mal ejecutada y llegando a perder el control cuando desafinaban.

Sus habitaciones eran sencillas, pero cómodas y confortables. Sus moradas nunca habían sido excesivamente recargadas de decoración, más bien acogedoras y funcionales, con muebles rústicos de madera, sillas de cuero con muchos cojines, algunas alfombras y tapices flamencos. Como le interesaba tanto la astronomía y los viajes, tenía abundantes instrumentos: astrolabios, cuadrantes, compases, mapas, cartas de marear y globos terráqueos. Fiel creyente llevaba siempre con él un trozo de la *Vera Cruz* colgada al cuello, pero a su vez por ser muy supersticioso, guardaba amuletos, piedras curanderas e incluso un trozo del unicornio. Desde su cama, sencilla, protegida de los mosquitos con un dosel de sedilla de toca, podía ver el altar mayor y participar en las ceremonias religiosas incluso cuando la gota lo inmovilizaba. Sus habitaciones se rociaban con agua de rosas y en recipientes de vidrio se vertían resinas olorosas. Gustaba de tener cerca su colección de relojes, alguno de los cuales se colgaba al cuello, otros decoraban las mesas, la mayoría eran obra de su amigo y acompañante Juanelo Turriano, con el que gustaba de pasar jornadas completas desarmando, limpiando y armando los relojes y algún que otro autómata. Desde el otoño hasta bien entrada la primavera solía calentar sus habitaciones con estufas de metal, la que él se había traído de Flandes se había quedado en Valladolid, y no se la trajeron a Yuste hasta el 7 de diciembre de 1557, bien entrado el invierno. Usaba además braseros con carbón de encina, a los que añadía otras maderas olorosas como canela de Ceilán, perfumando sus estancias.

Desde hacía tiempo había perdido la costumbre de levantarse temprano, y normalmente, tras un desayuno a base de caldo de capón con leche, azúcar y especias, especialmente en invierno, se volvía a dormir. Su almuerzo, si tenía hambre, solía ser la comida más copiosa del día, llegando a ser a veces excesiva. Muchos de los problemas de salud, relacionados con el estomago y los intestinos, radicaban justamente en esa intemperancia, algo que por lo normal era muy típico del mundo germánico. Su extremo gusto por los relojes llevó a uno de sus mayordomos, Filiberto de Montfalconet, a hacerle un día un chiste, ofreciéndole de comida un potaje de relojes, ya que además lo que más odiaba eran los potajes. Mantenía la costumbre de beber tres veces al día y abundantemente. Solía beberse sus copas de un solo trago, no respirando jamás hasta *ad lachrimas*. En verano disfrutaba de su cerveza propia hecha por su cervecero flamenco que le acompañaba en Yuste. En verano gustaba de beberla en grandes cantidades y tan fría como fuera posible. También le gustaba el vino. El embajador inglés Asham que comió alguna vez con él en 1552 en el Rin, decía que *zambulló su cabeza cinco veces en el vaso y cada vez bebió no menos de un quarto de galón de vino*. Con el paso del tiempo, sus colaciones se fueron haciendo cada vez más someras, abusando menos de la carne. El pescado si era fresco también le gustaba y disfrutaba también con el pescado seco, los arenques por ejemplo, de lo que muy a menudo se quejaba su médico, el doctor Mathis, sin demasiado éxito. Su gran placer eran los postres: dulces, pastas, tartas, barquillos, confituras, mermeladas, malcochas, pero también las frutas, de las que comía grandes cantidades, sobre todo melón o fresas con nata.

Merendaba a diario tras las vísperas y cenaba temprano, abusando a menudo de esta colación, sufriendo consecuentemente noches en vela y pesadas digestiones. Debido a su adefagia, comía incluso por la noche o entre comidas, sintiendo siempre hambre. Solía comer en soledad, sin perder palabra. Ni sus médicos, ni sus confesores, ni sus consejeros, consiguieron nunca que dejara de comer o beber en abundancia. Sus cocineros y sus servidores eran los mismos de siempre, neerlandeses y borgoñones que le habían servido toda su vida y que conocían bien sus gustos, entre los que destacaba algo extraño, la consumición abundante de ajo. Su elección de Yuste como residencia final había sido positiva en general, ya que las enfermedades lo respetaron algo más que otros años. En abril de 1557, Luis Méndez Quijada comentaba a Felipe II que *su majestad está gordo y de buen color*.

Su amor por los animales de compañía es conocido, especialmente por los perros, sus amigos cazadores. En Yuste, sin embargo, le hizo compañía un gato que su hermana Catalina le había hecho llegar desde Portugal, con el que el emperador tuvo mucho placer. Desde joven había sufrido problemas varicosos, gustándole dormir con los pies descubiertos ya que decía sentir una fuerte comezón en ellos. Con la vejez esos problemas se fueron agravando, sofocando las varices con unciones de vinagre y de agua de rosas. Al final de su vida, las hemorroides le sangraban a menudo y para curárselas le envió Felipe II, a mediados de febrero de 1557, a Juan Andrea de Molo y Gurrea en compañía de su antiguo médico, Cornelio de Baesdorp. Molo traía consigo desde Italia una hierba llamada *caliopsis* que decía que las curaba. El hecho de que el emperador en ese momento se encontrase aliviado de la dolencia, junto al hecho de que la hierba que el médico traía parecía no haber llegado en su mejor estado tras el largo viaje, hizo desistir de probarla en ese momento. Molo recorrió los entornos del monasterio buscándola, pero parecía que no crecía en la región, por lo que decidió plantar las raíces que había traído en el jardín del monasterio para que creciera de nuevo, acordando enviarle nuevos plantones desde Milán para que la probara cuando le diera un nuevo ataque. Cuando la tomaba, Carlos decía que las hemorroides se retiraban hacia dentro, pero para su desgracia retornaban al poco tiempo. Para aumentar aún más su sufrimiento solía padecer de estreñimiento, para lo que tomaba vino de sen y una píldora llamada *alefangina*.

Sus problemas morfólogicos bucales le producían inflamaciones continuas de la lengua y de la garganta, usando de un raspador de oro para limpiarse la lengua. Había usado dentífrico toda su vida, limpiándose y limándose los dientes a menudo, pero a su llegada a Yuste su dentadura estaba muy mal, le faltaba un buen número de piezas y las que tenía estaban comidas por la caries, lo que le suponía un problema añadido a la hora de comer y digerir. Al final de su vida, además de esas enfermedades nombradas, sufrió graves crisis de asma, romadizo, nombre con el que se llamaba a la rinitis, e incluso contrajo la malaria. Pero la enfermedad por excelencia carolina fue la gota que como hemos visto desde 1528 lo mantuvo a menudo prostrado. Esa enfermedad se curaba en la época con purgaciones, sangrías y baños, que a la larga tampoco producían demasiado efecto. En Yuste, la gota lo dejó a veces completamente tullido, sufriendo terriblemente al ser vestido o desvestido, pasando semanas completas en cama o en una silla especial articulada, que le permitía mantener los pies en alto, o tomando hasta dos o tres baños diarios. Finalmente sus manos se deformaron, el brazo izquierdo dejó de usarlo y con el derecho apenas si podía llegar hasta su boca, doliéndole todas las articulaciones e incluso las yemas de sus dedos.

Él se había imaginado su reclusión como un alejamiento de la política y de las guerras, y había creído que solo le llegarían noticias fundamentales e ineludibles como la de la muerte de su cuñado, Juan III de Portugal, acaecida en el verano de 1557, dejando a su hermana Catalina viuda. Su muerte creaba un problema sucesorio por tener el heredero, el príncipe Sebastián, solo 3 años, encargándose su abuela, Catalina, la hermana de Carlos V, de la regencia hasta su mayoría de edad. Curiosamente, Carlos prohibió a su hija Juana, regente de Castilla y madre de Sebastián, que se inmiscuyera en la regencia o en los asuntos de su hijo.

La paz que había soñado el emperador en Yuste se vio rápidamente enturbiada por la solicitud de ayuda de su hijo Felipe. El nuevo rey no comprendía como su padre simplemente se retiraba y no colaboraba con él, como él lo había hecho con el césar en la regencia. Juana no estaba capacitada para cumplir con la misión que Felipe se imaginaba. Por esa razón vino a visitarle a Yuste, el 23 de marzo de 1557, Ruy Gómez de Silva, conde de Mélito, sumiller de corps de Felipe, consejero de Estado y tesorero mayor, persona de la mayor confianza de su hijo. Su madre había sido aya de Felipe II y Ruy Gómez había sido paje del emperador. Venía con la intención de convencerle para que pospusiera su renuncia al Imperio y pidiéndole en nombre de Felipe que se hiciera cargo del gobierno de las tierras peninsulares e incluso que se pusiera nuevamente al frente del ejército para defender Navarra. Intentó negarse, pero la presión fue tan grande que de pronto se vio nuevamente interviniendo desde su retiro en la política peninsular. Hacía tiempo que no se le veía tan arrojado, exigiendo el castigo severo de los oficiales de la Casa de Contratación de las Indias que habían engañado a la corona permitiendo pasar cantidades de particulares a cambio de sobornos. No podía creerse *que fuese verdad tan gran vellaquería*, nunca se le había visto en los últimos tiempos tan lleno de cólera: *en verdad sy quando lo supe yo tuviera salud, yo mismo fuera a Sevilla a ser pesquisidor de donde esta vellaquería proçedía y pusiera todos los de la Contratación aparte y los tractara de manera que yo sacara a luz este negoçio... y después por la mesma juzgara los culpados, porque al mesmo instante les tomara toda su hazienda y la vendiera, y a ellos les pusiera en parte donde ayunaran y pagaran la falta que havían hecho. Digo esto con cólera y con mucha causa, porque estando yo en los trabajos pasados con el agua hasta ençima de la boca, los que aquí estavan muy a su plazer, quando venía un buen golpe de dinero, nunca me avisaban dello.* Recriminó al arzobispo de Sevilla y gran inquisidor, Fernando Valdés, por permitir ese descontrol y ordenó al Consejo de Indias que investigara lo ocurrido y que penalizara a los culpables de la forma más severa: *que prendan a los dichos oficiales y aherrojados públicamente y a muy buen recaudo, los saquen de aquella ciudad y los traigan a Simancas y pongan en una mazmorra y sequestren sus haziendas... hasta que el rey provea.*

En abril de 1557 llegaron de las Indias dos nuevos barcos que las tempestades separaron y arrojaron a Ayamonte y a Setúbal en Portugal, con un total de 200.000 ducados para el rey. La desconfianza se convirtió en regla general en todos los temas relacionados con la flota de Indias, poniendo en duda todo lo que con ella estuviera relacionado. Así, en agosto de 1557 llegó una flota hasta las islas Azores y para el día 6 de septiembre aún nada se sabía de ella en la península. El emperador lo comentaba así desde Yuste: *Pareçe que me tarda mucho la armada de las Indias, haviendo tanto que llegó a la isla de los Açores. Plegue a Dios que yo me engañe y que no hayan sacado parte del oro y plata que en ella viene registrado, escondidamente, entendiendo lo que ha pasado en Sevilla.* Finalmente, el 9 de septiembre se le informaba de la llegada de la flota a Sanlúcar, acompañada por la armada de Álvaro de Bazán, en total cuatro navíos de Nueva España y siete de Tierra Firme, trayendo 300.000 pesos, unos 500.000 escudos para la corona. Ese dinero, y aún más, por un total de 800.000 ducados, fue enviado directamente a Felipe II para que prosiguiera su jornada tras la toma de San Quintín.

Activo políticamente de nuevo, se alegró mucho con la buena nueva de la victoria, el día 10 de agosto de 1557, día de San Lorenzo, de su hijo Felipe en la batalla de San Quintín, la ciudad mejor abaluartada de la frontera francesa que cayó en manos españolas, creyendo que podría ser posible una pronta paz con Francia, pero las hostilidades prosiguieron aunque siempre favorables al rey Felipe. La noticia le llegó a su retiro tarde, el 28 de agosto, regocijándose mucho de ello. Por el contrario le desagradó mucho la paz firmada unilateralmente por el duque de Alba con el Papa Paulo IV relativa a los territorios italianos, sin informar acerca de los acuerdos tomados, *cosa que no la tengo por buena señal.* Además presionó a su hija Juana y a sus consejeros para que actuaran con mayor efectividad y enviaran refuerzos militares a los Países Bajos y a Italia.

El 15 de noviembre moría su mejor general, su amigo Ferrante Gonzaga, que por lo menos había sido absuelto de las acusaciones de corrupción que se le habían hecho, limpiando su honor y el de su familia. Al conocer la noticia, el emperador rompió a llorar, siendo esta una de las pocas ocasiones en las que lo hizo en público. Celebrando esa absolución, el escultor Leone Leoni, protegido de Gonzaga, hizo una medalla de bronce en cuyo reverso se veía a Hércules venciendo al león de Nemea, con la inscripción TV NE CEDE MALIS, tu *no cedas ante el mal.* Su hijo, César Gonzaga, le encargó también a Leoni un monumento público en bronce:

Niccolò Granello. La batalla de San Quintín se realizó el 10 de agosto de 1557, día de San Lorenzo, siendo una de las victorias más significativas del nuevo monarca Felipe II. Como agradecimiento al santo protector de esa jornada, San Lorenzo, dedicaría Felipe su gran obra arquitectónica, el Escorial, a ese santo, e intentó traerse de la abadía alemana de Mönchengladbach, la reliquia de la cabeza de San Lorenzo que allí se conservaba, pero sin éxito. Los monjes se opusieron completamente a ello.

Triunfo de Ferrante Gonzaga sobre la envidia, que se colocó en la Plaza de Roma en la ciudad de Guastalla.

A pesar de no querer ser visitado por nadie en su retiro, la realidad fue muy diferente. Por ejemplo el gran comendador de Alcántara y Hernando de la Cerda, amigos de toda la vida, venían a visitarle sin necesidad de avisar. También le visitaron el duque de Arcos; los condes de Oropesa y Urueña; el obispo de Córdoba, Leopoldo de Austria, hijo del emperador Maximiliano; el obispo de Ávila; el almirante de Valencia; el presidente del Consejo de Castilla, Juan de Vega; Martín de Avedaño, que había comandado la flota que llegó en 1557; Luis de Castelví que le traía información confidencial de Italia; Pedro Manrique, procurador de las Cortes de Castilla de 1558; el señor de Ezcurra y Gabriel de la Cueva, que hablaron con él sobre el tema del señor de Vendôme.

Desde el 28 de septiembre hasta el 15 de diciembre le acompañaron en Yuste sus hermanas Leonor y María que iban de camino a Badajoz para entrevistarse con su hija María. En lugar de residir en el monasterio con los monjes, lo hicieron en el palacio del conde de Oropesa en Jarandilla. Esta fue la última vez que vio a Leonor, que fallecería el 18 de febrero de 1558 en Talaveruela, en la provincia de

Cáceres, al regresar de esa entrevista hacia Guadalajara, donde el duque del Infantado, de mala gana les había dejado a las dos hermanas su palacio. Su cuerpo fue depositado provisionalmente en Mérida.

También visitó al césar en su retiro y le reconfortó el 20 de diciembre de 1557, fray Francisco de Borja, con el que trató sobre varios asuntos que habría de negociar en su nombre en Portugal. Primero los temas relacionados con los derechos hereditarios de su nieto Carlos, hijo de Felipe, sobre Portugal, como hijo de María. Segundo la necesidad de evitar que su nieto y heredero de Portugal, el príncipe Sebastián, casara con una hija del rey de Francia, ofreciéndole al contrario la boda con una hija de los reyes de Bohemia, Maximiliano y María, a lo que parecía que tendían los portugueses.

El 3 de marzo de 1558, en relación con la muerte de Leonor, lo visitó de nuevo María de Hungría, que venía no *muy bien dispuesta, ya que le había vuelto su mal de corazón*, razón por la que Carlos ordenó que se aposentara en el piso inferior de su residencia de Yuste para poder mejor comunicarse con ella, lo que hizo hasta el 16 de marzo. En esa reunión se trataron temas referidos al testamento de Leonor que pedía a su hermano que favoreciera a su hija María, para que le quedara la dote que ella había tenido de Francia de 300.000 ducados más, al menos, la mitad de los ocho millones que ella tenía consignados de por vida en Castilla. No gustó al emperador la presión que María hacía a favor de su sobrina y de su difunta hermana y alegó que él nada podía hacer porque el tema de la dote correspondía al rey de Francia, además Carlos, retornando al pasado le recordaba que él no había querido que Leonor casase con Francisco I, sino con el condestable de Borbón, y que ella había sido la que se había empeñado en casarse con el rey francés. También quería María que Carlos le ayudara a conseguir unos lugares del reino de Toledo en señorío para crear un pequeño estado propio donde residir. La situación económica del reino y la fidelidad del emperador a su propio hijo, que era el que debía de heredar todo no le llevó a ayudarle, sino al contrario a que no hablara excesivamente bien del proyecto a Felipe, pidiéndole que le ayudara y complaciera en lo que pedía pero solo *según vuestras necesidades*, y todo ello a pesar de que María le había pedido explícitamente *que no scriviesse al rey en su disfavor*, por lo que María nada obtendría de ello. Esta fue la última vez que los dos hermanos, que siempre habían tenido una relación íntima y unas vidas casi paralelas, se vieron, despidiéndose para siempre en medio de un sentimiento de traición por ambas partes.

El 24 de febrero había vuelto Carlos a cumplir con su ancestral tradición borgoñona, entregando en el día de San Matías, día de su cumpleaños, 58 monedas, más un escudo, en el altar mayor de la iglesia del monasterio de Yuste.

Complaciendo a la petición de su hijo Felipe, Carlos mantuvo el título de emperador hasta que a finales de febrero de 1558, la Dieta imperial de Frankfurt aceptó su renuncia al solio imperial. El 12 de marzo fue elegido Fernando I como nuevo emperador, siendo coronado el 14 de marzo en la catedral de San Bartolomé de Frankfurt. Al recibir esa noticia, reunió a sus compañeros de exilio en sus apartamentos y les dio la noticia diciendo: *Ahora ya no soy más nada*. Desde principios de mayo dejó de utilizar sus titulaciones en los documentos o cartas que escribía, encargando al secretario Juan Vázquez de Molina que le mandara confeccionar dos nuevos sellos en los que no aparecieran los atributos imperiales, reales o del Toisón de Oro.

En la guerra con Francia las cosas no parecían ir mejor ese año de 1558. Los franceses consiguieron una extraordinaria victoria, no militar sino del servicio de inteligencia galo, consiguiendo recuperar por traición Calais y Guines, e incluso pretendieron conquistar Gravelinas, mientras que Felipe II se veía paralizado, *desarmado y sin dinero*, ya que no le llegaban los fondos procedentes de Sevilla que, vía Cantabria, había de llevarle la armada de Pedro Menéndez de Avilés. El emperador insistía en que se ayudara a Felipe, algo que no fue posible hasta llegado el mes de marzo de 1558, haciéndole llegar 200.000 ducados, mientras se preparaba otro millón de ducados para que prosiguiera la guerra. Gran parte de ese dinero fue consignado sobre los servicios ordinario y extraordinario que harían las Cortes castellanas de 1558 que habían sido ya convocadas por Felipe II para el lunes de Quasimodo, es decir dos semanas después de la Pascua de Resurrección.

Carlos se alegró mucho de la noticia, después desmentida, de que María Tudor había quedado por fin embarazada: *plegue Dios sea assy y de alumbralla como es menester*. Esa meta seguía siendo la obsesión principal de la reina de Inglaterra, pero también de Felipe y del emperador.

A principios de julio se vino a vivir al lugar de Cuacos, la mujer de Luis Méndez Quijada, Magdalena de Ulloa, para estar con su marido, trayendo consigo al pequeño Jeromín, hijo natural del emperador, habido con Bárbara Blomberg. Jerónimo había recibido el nombre de su padre adoptivo, Jerónimo Pígamo Kegel, con quien había casado su madre. El emperador que había decidido que se educara en España, se lo había entregado el 13 de junio de 1550 a Francisco Massy, violinista de su corte, que estaba casado con la española, Ana de Medina, ayudándolos con cincuenta ducados anuales. En 1554 fue entregado a Luis de Quijada, residiendo en el pueblo vallisoletano de Villagarcía de Campos, encargándose la mujer de Quijada junto al maestro de latín Guillén Prieto, el capellán García de Morales y el escudero Juan Galarza, de su educación. El 6 de julio de 1558, por orden del césar lo visitó, recibiendo de él grandes muestras de cariño y su reconocimiento, integrándolo en su familia con el nombre de Juan. Antes de su abdicación, en Bruselas, Carlos ya había reconocido oficialmente la existencia de ese hijo natural y el 6 de junio de 1554 escribía: *por quanto estando yo en Alemania, después que embiudé, huve un hijo natural de una muger soltera, el que se llama Gerónimo*. Hasta 1559, Jeromín no sería reconocido oficialmente por su hermano Felipe II, cambiando el nombre a Juan de Austria.

Eduardo Rosales. Luis Méndez Quijada presenta al emperador el 6 de julio de 1558, a su hijo Jeromín, tenido con Bárbara de Blomberg, con quien mantuvo una corta relación amorosa durante la Dieta de Ratisbona de 1546. Jeromín, nacido en 1547, sería reconocido por Carlos y por el rey Felipe II, recibiendo el nombre de Juan de Austria.

El invierno de 1557-1558 no había sido tan propicio para el emperador como el primer invierno pasado en Yuste. Desde noviembre de 1557 sufrió tres fuertes ataques de gota, no muy largos pero sí muy intensos, que le tuvieron prostrado hasta casi marzo de 1558, *sin que en toda la Quaresma hubiera podido oyr un solo sermón*. Carlos ansiaba la llegada de la primavera y su templanza, esperando que mejorara su salud, lo que ocurrió. Pero con el buen tiempo llegó también la armada turca, unida a grandes preparativos militares y de vituallas y munición en Tolón y Marsella, lo que hizo creer que vendría hasta esos puertos, viéndose la necesidad de reforzar las guarniciones mediterráneas, en especial Perpiñán. En el mes de julio, la armada turca enseñoreaba de nuevo el Mediterráneo occidental, asaltando la isla de Menorca, asesinando y cautivando a muchos de los habitantes de Ciutadella. Esa misma primavera se produjo un masivo ataque francés en tierras de Luxemburgo, que conquistó la ciudad de Thionville.

También la primavera destapó unos conventículos luteranos que se habían organizado en Valladolid, en torno al canónigo Agustín de Cazalla, más otros en Zamora y en Andalucía. Este último en los monasterios jerónimos de Sevilla, de Santa Paula y de San Isidoro del Campo, dirigidos por Caisidoro de Reina, traductor de la Biblia al castellano. Carlos pidió a su hija Juana que actuara con toda celeridad, para que los culpables fueran *punidos y castigados con la demostración y rigor que la calidad de las culpas mereçerán. Y esto sin exceptión de persona alguna, que si me hallara con fuerças y dispusición de podellos hazer, también procurara de esforçarme en este caso. Ya que agora que he venido a retirarme y descansar a estos Reynos y servir a nuestro Señor, sucede en mi presencia tan gran desvergüenza y bellaquería, sabiendo que sobrello he suffrido y padecido en Alemaña tantos travajos y gastos, y perdido tanta parte de mi salud, que ciertamente si no fuese por la certidumbre que tengo de que vos remediaréis muy a raíz esta desventura, castigando a los culpados muy de veras, para atajar no passe adelante, no sé si toviera sufrimiento para no salir de aquí a remediallo.*

A principios de mayo de 1558 estaban ya reunidos en Valladolid la mayor parte de procuradores de las ciudades castellanas para la reunión de las Cortes de Castilla de 1558, de las que no se han conservado sus cuadernos, o al menos hasta ahora no han sido encontrados. Las proposiciones fueron leídas el día 2 de mayo de 1558. El 27 de julio, los participantes otorgaron un servicio ordinario de 300 millones de maravedís, más otros 150 millones de servicio extraordinario. De nuevo los procuradores, seleccionados por la corona, se habían portado extraordinariamente, sirviendo con gran voluntad y obviando, a petición del rey, el tema de los encabezamientos. Como era costumbre en Castilla, en esas primeras Cortes se tenía que haber jurado solemnemente al rey Felipe II y a su hijo el príncipe Carlos. Debido a la ausencia real, se pospuso la ceremonia, con la condición de que se hiciera antes de la próxima reunión de Cortes, como apéndice de las celebradas en ese año de 1558.

Durante el calurosísimo mes de agosto de 1558, Carlos recayó de la gota, teniendo que asistir a la misa del día de la Asunción en camilla. La enfermedad le tuvo prostrado hasta el día 24 de agosto. Sobre esa fecha se dice que decidió organizar sus propios funerales antes de morir, alegando que los hacía por sus padres y por su difunta mujer. Durante varios días se celebraron tales exequias fúnebres, participando el emperador con un gran cirio encendido en la mano. Acabadas todas ellas solicitó que se hicieran también por él, participando su pequeña corte vestida de luto riguroso, como ya lo estaba desde la muerte del rey de Portugal. El día 30 de agosto se sintió mal y quiso ver varios cuadros que se había llevado al monasterio con él, el de su mujer Isabel, uno de la Oración en el huerto de los Olivos, y el cuadro del Juicio del día final de Tiziano, viéndolos en detalle largo rato. El 31 cayó gravemente enfermo, subiéndole la fiebre con fuertes calenturas, haciéndosele varias sangrías en el brazo y en la mano para aliviarle los fuertes dolores de cabeza. Se le purgó primero como *maná*, pero lo vomitó, y luego con ruibarbo que le alivió bastante. El 3 de septiembre se confesó y comulgó, y el 9, muy enfermo y desde la cama, dictó su codicilo final en el que incidía en solicitar a su hija, la regente Juana, y a su hijo el rey Felipe que acabaran de cuajo con los conventículos luteranos que habían aparecido en la península. También revocó la orden dada de ser enterrado en Granada, solicitando que el cuerpo de su mujer que estaba desde 1539 en Granada, solo en depósito, fuera trasladado también a Yuste para estar a su lado. Pedía también ser enterrados en la iglesia del monasterio de Yuste, colocando la mitad de sus cuerpos, desde los pies hasta los pechos, bajo el altar mayor, y el resto hasta la cabeza, debajo de donde pisa el sacerdote. El altar debería de tener la hechura del cuadro del Juicio Final de Tiziano, en alabastro, mandando que se colocasen a ambos lados del altar los bustos de su mujer Isabel y el suyo, de rodillas, con la cabeza descubierta y los pies descalzos, y los cuerpos solo cubiertos con sábanas. La voluntad final del lugar en el que habían de ser enterrados para siempre, ambos juntos, se la dejaba a su hijo Felipe. Nombraba por sus testamentarios a Luis Méndez de Quijada, a Juan de Regla y a Martín de Gaztelu, y fueron testigos suyos además de los nombrados, los médicos Cornelio de Baesdorp y Enrique Mathis, Guillermo de Male, Francisco de Murga y Garcilaso de la Vega.

El lunes 19 de septiembre, la situación empeoró de tal forma que a las nueve de la noche se le dio la extremaunción. El día 20 solicitó el césar comulgar y aunque una vez dada la extremaunción no era normal que se comulgase, se la dieron, no sin dificultades, ya que el propio arzobispo de Toledo, Bartolomé de Carranza, que estaba presente le tuvo que ayudar con agua y con su dedo para que se la tragase. Ordenó que se le leyesen salmos y letanías, que se encendieran muchas velas benditas y que le dieran el crucifijo con el que había muerto su mujer Isabel, poniéndoselo en el pecho y hasta la boca. Mirando ese crucifijo murió el miércoles, día 21 de septiembre de 1558, día de San Mateo, a las dos y media de la madrugada, estando presentes el arzobispo de Toledo, el conde de Oropesa, Diego de Toledo, Francisco de Toledo, el comendador mayor de Alcántara, Luis de Ávila y Zuñiga, Luis Quijada, el secretario Martín de Gaztelu, su confesor Juan de Regla, fray Francisco de Villalba, fray Pedro de Sotomayor y los monjes del monasterio que estuvieron rezando en su cercanía. Contaba 58 años, seis meses y veinticinco días.

5.3. Epílogo

Su cuerpo, amortajado por sus barberos, fue introducido en un doble ataúd, uno de plomo y otro de madera de castaño, custodiado por cuatro monjes y quedó expuesto durante todo el día sobre un catafalco en su habitación que había sido tapizada de negro. Durante seis días se realizaron las exequias, a las que acudieron junto a los monjes de Yuste, los de los otros dos conventos existentes en Jarandilla. El 23 de septiembre, tras comprobar que los restos que había en el ataúd eran los del emperador, fue depositado en la cavidad que se había hecho bajo el altar mayor de la iglesia del monasterio en Yuste, levantándose acta pública, para que quedara constancia oficial de ello. Abierto su testamento y su codicilo, se entregó la ayuda de costa estipulada por el emperador a sus criados de los últimos años, de forma que pudieran tornar a su lugar de origen, por un total de 2.894.000 maravedís. De ellos 11 eran españoles y 37 flamencos. Se iniciaron la celebración de las misas que por su alma el emperador había fijado, y se comenzaron a dar las limosnas por valor de 30.000 ducados que para tal fin el césar había dejado preparados en el castillo de Simancas. Para hacer cumplir el resto de estipulaciones se envió a los Países Bajos a Martín de Gaztelu, para obtener el permiso del monarca. Los bienes de Carlos que aún estaban en Yuste fueron llevados a Valladolid y colocados bajo llave en una sala del colegio de San Pablo, bajo el control de Juan Estique, separándose en varios grupos, en el primero alguna joyas, *quadrantes* y otras cosas de oro que a pesar de no ser de un valor extremo sí eran valiosas. Otro grupo lo formaban *reloxes, quadrantes* y pinturas. Un tercero era plata gastada y usada que solo podría ser dada como dinero, y otra dorada usada en la capilla del emperador, así como la tapicería y ropas de esa capilla. Finalmente quedaban sábanas, almohadas, camisas, calzas, calcetas, jubones, y utensilios de cocina que deberían de ser repartidos entre pobres vergonzantes.

A los pocos días, el 18 de octubre de 1558, moría en Cigales, cerca de Valladolid, víctima de su grave problema cardíaco, *de un desmayo*, seguramente un infarto, la reina María de Hungría. En un solo año, 1558, desparecieron los tres hermanos: Leonor, Carlos y María, una generación completa. Los únicos que quedaban vivos eran los hermanos nacidos en España, Fernando I, emperador del Sacro Imperio, y Catalina, reina regente de Portugal, en la minoría de edad de su nieto Sebastián. Felipe II ordenó al secretario Juan Vázquez de Molina, que no se tocaran los bienes dejados por su padre hasta que él eligiera lo que quisiese, especialmente de *los reloxes y del reloxero Juanello el de Milán, y tractad con él que me espere ahí y se le dé lo mismo que su magestad, que haya Gloria, le mandaba dar*. Para complicar más la situación, el 17 de noviembre fallecía en Londres, la reina de Inglaterra, María Tudor, quedando nuevamente viudo el rey Felipe II, perdiendo su corona inglesa y la alianza de los católicos ingleses contra Francia. Inglaterra volvía a separarse por manos de su nueva reina Isabel, de la obediencia del Papa, produciendo un nuevo derramamiento de sangre similar al habido al separarse Enrique VIII de la obediencia papal y al retornar con María al catolicismo. A principios de diciembre ordenaba Felipe retirar de sus armas y sellos, los símbolos ingleses.

La noticia de la muerte de su padre enviada por su hermana y regente Juana, alcanzó a Felipe II el 1 de noviembre en Arrás. El rey inició su retorno a Bruselas, retirándose unos días al priorato de Groenendael para prepararse paras las exequias. Estando en ese monasterio agustino le llegó también la noticia de la muerte de su mujer María de Inglaterra. Felipe permaneció en Groenendael desde el 10 de no-

AMPLISSIMO HOC APPARATV ET PVLCHRO ORDINE
POMPA FVNEBRIS BRVXELLIS A PALATIO AD DIVÆ
GVDVLÆ TEMPLM PROCESSIT CVM REX HISPANIARVM
PHILIPPVS CAROLO V. ROM. IMP. PARETI MŒSTISSIMVS
IVSTA SOLVERET

Capilla musical que acompañó al cortejo fúnebre en las exequias celebradas a la muerte del emperador Carlos V, el 29 de diciembre de 1558, en la capital de Brabante, Bruselas.

viembre al 27 de diciembre de 1558, declarándose el luto oficial en todos los reinos de la monarquía católica, repicando a muerto durante 40 días las campanas de todas las iglesias de los Países Bajos, tres veces al día. En Valladolid se hicieron vistosas exequias fúnebres presididas por la regente Juana, mientras que Felipe presidía las fastuosas exequias celebradas en Bruselas el 29 de diciembre de 1558, con magníficas procesiones, catafalcos y demás parafernalia. Similares exequias se hicieron en Toledo, Barcelona, Alcalá de Henares, Zaragoza, Santiago, Sevilla, Granada, Madrid, Piacenza, presididas por su hija Margarita, Roma, Nápoles, Florencia, Milán, Lima y México, entre otros muchos lugares. Las exequias se hicieron en conjunto, para los tres hermanos recientemente fallecidos: Carlos, Leonor y María de Hungría. Tras esas exequias se realizaron a los pocos días otras por su esposa, María Tudor, en la catedral de Santa Gúdula en Bruselas, a las que no asistió el monarca, siendo presididas por Manuel Filiberto de Saboya.

Lucas de Heere. El triunfo del rey Felipe II, representado como Salomón poco antes de casarse con la reina de Saba.

Concluido el luto oficial, a principios de febrero de 1559, Felipe II retomó las negociaciones con Francia que concluyeron el 2 de abril de 1559 con la firma de la paz de Cateau Cambrésis, paz firmada a tres bandas por Enrique II, Felipe II e Isabel I de Inglaterra. Por esa paz, Francia se quedaba con Calais por 8 años, obligándose a pagar 500.000 escudos de oro si quisiera mantenerla. Francia recibía también de nuevo San Quintín, Ham y Châtelet, además de reconocérsele la posesión de Metz, Toul y Verdún. En contrapartida retornaban a España todos los territorios ocupados en los Países Bajos y el Franco Condado, renunciando definitivamente a sus derechos italianos, devolviendo Saboya y el Piamonte a Manuel Filiberto de Saboya, que casaba con la hermana de Enrique II, la duquesa de Berry; también devolvía el Montferrato a Mantua, y Córcega a Génova. Entre España y Francia se establecía un pacto para luchar contra la herejía, que daría lugar a las guerras de religión francesas, y el matrimonio de Felipe II con la hija de Enrique II, Isabel de Valois. Se iniciaba la hegemonía española en Europa. Felipe abandonó los Países bajos en agosto de 1559, llegando a Laredo el 8 de de septiembre y a Valladolid el 14 del mimso mes, no retornando nunca más a las tierras hereditarias neerlandesas.

Hasta el 14 de enero de 1574 quedaron en Yuste los restos del emperador, siendo trasladados entonces al Escorial, a la par que los de su mujer Isabel de Portugal que también fueron llevados ese año desde Granada al mismo monasterio. El 11 de mayo de 1654 fueron depositados en este suntuoso panteón del Escorial.

Hasta el 14 de enero de 1574, los restos del emperador quedaron en Yuste tal y como él lo había planeado. El 14 de enero fueron exhumados de su tumba provisional, sita bajo el altar mayor, iniciando el día 15 su traslado al monasterio del Escorial, a donde llegaron el 3 de febrero de 1574, siendo depositados en un panteón bajo el altar mayor de la primitiva capilla. También en 1574 fueron trasladados desde Granada al mismo lugar en el Escorial los restos de Isabel de Portugal, junto a los de sus hijos Juan y Fernando, así como los de María Manuela de Portugal, primera mujer de Felipe II. El 11 de mayo de 1654, fueron depositados todos ellos en el suntuoso panteón del Escorial.

Durante la Gloriosa Revolución de 1868 y con la llegada de la Primera República Española, los revolucionarios antimonárquicos abrieron algunas de las tumbas más significativas del panteón del Escorial, exponiendo los cadáveres de los monarcas a los ciudadanos que quisieran visitarlos, demostrando el carácter humano y mortal de los reyes. Uno de los cadáveres expuestos fue el del emperador que se había conservado en bastante buen estado, casi momificado. Una de las cosas que

Detalle del cuadro del Juicio del día final de Tiziano Vecellio que le acompañó durante su estancia en el monasterio de Yuste. Carlos V e Isabel de Portugal, desnudos y cubiertos solo por una sábana, durante el Juicio Final.

más llamó la atención de los que lo vieron fue la mala consolidación de una fractura producida en la pierna, en la que los huesos se habían unido lateralmente, produciéndole al emperador una cierta cojera, al tener una pierna más larga que la otra. Pudiera ser esa rotura la acaecida en 1532 cuando el emperador en su camino a la dieta de Ratisbona, invitado por un noble a cazar, sufrió un grave accidente, cayéndole el caballo sobre la pierna, partiéndosela, llegando la situación a ser tan dramática que se pensó en cortársela. De esa momia dejaron constancia en diversos dibujos los pintores Vicente Palmaroli, Martín Rico Ortega y el doctor Zuloaga, que la vieron.

Uno de los visitantes de tan tétrica exposición, se cree que el marqués de Villaverde, consiguió, sobornando a uno de los vigilantes con 20 reales, una de las falanges del dedo meñique del emperador. Desde el 14 de septiembre de 1870, tan lúgubre trofeo estuvo en poder del marqués de Miraflores, que junto a su hermana, la marquesa viuda de Martorell, lo devolvieron el 31 de mayo de 1912, al rey Alfonso XIII, aduciendo que no habían empleado método alguno para adquirirlo. El monarca lo envió al Escorial siendo depositado en una urna en la sacristía del monasterio.

Pedro Larrea, encargado del Patrimonio en el monasterio de San Lorenzo del Escorial, solicitó en 2004, junto a la comunidad de monjes agustinos, permiso al rey Juan Carlos para poder enterrar la falange en el sarcófago imperial, sin éxito. Sin embargo, esta petición sacó a la luz el hecho de su existencia y un médico colombiano especialista en enfermedades tropicales, hijo de republicanos españoles huidos, Julián de Zulueta, solicitó ante el monarca analizar la falange para comprobar si efectivamente el emperador había muerto de malaria como se decía. Desde niño recordaba nítidamente una imagen aparecida en la prensa francesa durante la Guerra Civil española en la que unos milicianos habían vuelto a sacar la momia imperial haciéndose una fotografía con ella de pie a su lado. Hacia 1990 solicitó del monarca español permiso para investigar en la momia del césar, sin conseguirlo. A partir de la divulgación de la existencia de la falange del emperador, Zulueta volvió a la carga y obtuvo permiso para realizar sus pruebas, encargándoselas al laboratorio de Pedro Alonso, que con la colaboración del patólogo Pedro L. Fernández del Hospital Clínico de Barcelona, la analizaron y publicaron sus resultados en el *The New England Journal of Medicine*, demostrando la existencia de cristales de urea en los tejidos, confirmando la existencia de la malaria y la gravedad extrema de la enfermedad artrítica sufrida por el emperador, que había destruido los tejidos de la falange y se extendía a los tejidos blandos circundantes, demostrando el origen de los pequeños agujeros que Carlos V describía tener en las yemas de sus dedos en una carta escrita a su hermana María de Hungría.

Días pasados por el emperador en las ciudades más importantes de sus reinos

rango	ciudades	número de días	n° de estancias
1	Bruselas	4.583	26
2	Malinas	2.987	21
3	Valladolid	1.052	11
4	Augsburgo	781	5
5	Toledo	777	8
6	Madrid	715	11
7	Jarandilla-Yuste	678	1
8	Barcelona	548	8
9	Gante	434	15
10	Monzón	426	4
11	Ratisbona	419	3
12	Espira	318	8
13	Zaragoza	292	10
14	Worms	264	6
15	Innsbruck	241	5
16	Burgos	203	6
17	Granada	188	1
18	Bolonia	185	3
19	Amberes	127	13
20	Nápoles	115	2
21	Pamplona	86	3
22	Génova	72	6
23	Colonia	62	9
24	Sevilla	61	1
25	Metz (ciudad y sitio)	59	3
26	Sicilia (Trapani, Palermo y Mesina)	51	1
27	Lovaina	50	13
28	Vitoria	49	1
29	Villafranca de Niza	49	1
30	Piacenza	47	1

Estos datos son aproximados ya que hay diferencias en las distintas crónicas.

Diagrama del tiempo aproximado pasado por Carlos V en cada país

-1500--1501--1502--1503--1504--1505--1506--1507--1508--1509--

-1510--1511--1512--1513--1514--1515--1516--1517--1518--1519--

-1520--1521--1522--1523--1524--1525--1526--1527--1528--1529--

-1530--1531--1532--1533--1534--1535--1536--1537--1538--1539--

1540--1541--1542--1543--1544--1545--1546--1547--1548--1549--

-1550--1551--1552--1553--1554--1555--1556--1557--1558

--1-- Países Bajos: 9.674 días --2-- España: 6.399 días --3-- Sacro Imperio: 3.298 días

--4—Italia, Sicilia y Cerdeña: 925 días --5—Francia: 214 días --6-- Travesías marítimas: 152 días --7-- Países musulmanes, Túnez y Argel: 89 días --8—Inglaterra: 50 días

BIBLIOGRAFÍA

Agripa, Enrique Cornelio (1535), *Historia de la doble coronación del emperador en Bolonia*, Colonia

Alonso Araguás, Icíar (2005), *Intérpretes de Indias. La mediación lingüística y cultural en los viajes de exploración y conquista: Antillas, Caribe y Golfo de México (1492-1540)*, Tesis doctoral, Salamanca

Alvar Ezquerra, Alfredo (1998), *El césar Carlos, de Gante a El Escorial*, Madrid

Alvar Ezquerra, Alfredo (2001), *Mito y realidad alrededor de la emperatriz*, Madrid

Alvar Ezquerra, Alfredo (2012), *La emperatriz Isabel y Carlos V: amor y gobierno en la corte española del Renacimiento*, Madrid

Aram, Bethany (2001), *La Reina Juana: Gobierno, Piedad y Dinastía*, Madrid

Arendt, M.A. (1842), Der Genter Aufstand von Jahre 1539, en Raumen, Friedrich von, *Historischen Taschenbuch*, págs. 411-567, Leipzig

Arteaga, Almudena de (2001), *Juana la Beltraneja: El pecado oculto de Isabel la Católica*, Madrid

Ávila y Zúñiga, Luis de (1549), *Comentarios del illustre señor don Luis de Ávila y Zúñiga de la guerra de Alemania hecha de Carlos V, Máximo Emperador Romano, Rey de España, en el año de MDXLVI y MDXLVII*, Amberes.

Blockmans, Wim (2000), *Carlos V. La utopía de un imperio*, Madrid

Boone, Rebecca (2014), *Mercurino di Gattinara and the Creation of the Spanish Empire*. Londres

Brandi, Karl (1942) *Keizer Karel V. Voorming en lot van een persoonlijkheid en van een werelreijk*, Amsterdam

Buyreu Juan, Jordi (2000), *La corona de Aragón de Carlos V a Felipe II. Las instrucciones a los virreyes bajo la regencia de la princesa Juana (1554-1559)*, Madrid

Caballero Corral, Juan (2000), Las Leyes Nuevas del emperador Carlos V. Influencia de su espíritu proteccionista en el Derecho Laboral Mexicano, en *El imperio en el Viejo y el Nuevo Mundo*, Santiago de Chile

Cadenas y Vicent, Vicente de (1974), *El saco de Roma de 1527 por el ejército de Carlos V*, Madrid

Cadenas y Vicent, Vicente de (1977), *El protectorado de Carlos V en Génova. La condotta de Andrea Doria*, Madrid

Cadenas y Vicent, Vicente de (1985), *La República de Siena y su anexión a la corona de España*, Madrid

Cadenas y Vicent, Vicente de (1982), *El discurso de Carlos V en Roma en 1536*, Madrid

Cadenas y Vicent, Vicente de (1989), *Entrevistas con el emperador Carlos V*, Madrid

Cadenas y Vicent, Vicente de (1992), *Diario del emperador Carlos V*, Madrid

Calderón, José Manuel (2001), *Felipe el Hermoso*, Madrid

Calvete de Estrella, Juan Christóval (2001), *El felicíssimo viaje del muy alto y muy poderoso príncipe don Phelippe* (edición Paloma Cuenca), Madrid

Carande, Ramón (1987), *Carlos V y sus banqueros*, Barcelona

Carlos Morales, Carlos Javier de (2000), *Carlos V y el crédito de Castilla. El tesorero general Francisco de Vargas y la Hacienda Real entre 1516 y 1524*, Madrid

Carrasco Ferres, Marta (2011), La iconografía mitológica en el Palacio de Binche, bajo María de Hungría, en *Anales de Historia del Arte*, volumen extraordinario págs. 69-91

Carretero Zamora, Juan Manuel (1988), *Cortes, monarquía, ciudades: las Cortes de Castilla a comienzo de la época moderna (1476-1515)*, Madrid

Carretero Zamora, Juan Manuel (1990), Los servicios de las Cortes de Castilla en el reinado de Carlos I (1519-1554): volumen, evolución, distribución, en *Las cortes de Castilla y León. 1188-1988*, págs. 417-434, Valladolid

Carretero Zamora, Juan Manuel (1998), Fiscalidad extraordinaria y deuda: el destino del servicio de las Cortes de Castilla, 1535-1537, en *Espacio, Tiempo y Forma*, serie IV, Historia Moderna, tomo 8, págs. 11-47, Madrid

Casas, Bartolomé de las (1985), *Brevísima relación de la destrucción de las Indias*, Madrid

Cerro Bex, Victoriano del (1973), Itinerario seguido por Felipe I el Hermoso en sus dos viajes a España, en *Chronica Nova* 8, págs. 59-82

Chaunu, Pierre (1976), *La España de Carlos V*, Barcelona

Chinchilla, Rosa Helena (2004), Juana de Austria: Courtly Spain and devotional expresión, en *Renaissance and Reformation*, volumen XXVIII, 1, págs. 21-33

Cipolla, Carlos M. (1998), *Die Odyssee des spanischen Silbers. Conquistadores, Piraten, Kaufleute*, Berlín

Díaz del Castillo, Bernal (1904), *Historia verdadera de la conquista de la Nueva España*, edición de Genaro García, México

Cortés, Hernán (1994), *Cartas de relación*, Madrid

D'Álbis, Cécile (2009), Sacralización real y nacimiento de una ciudad simbólica: los traslados de cuerpos reales a Granada, 1504-1549, en *Chronica Nova* 35, págs. 247-266, Granada

Döllinger, Johann J. Ignaz von (1862), *Dokumente zur Geschichte Karls V., Philipps II. und ihrer Zeit, aus Spanischen Archiven*, Ratisbona

Elliot, J.H. (1990), *El viejo mundo y el nuevo, 1492-1650*, Madrid

Fagel, Raymond (1999); Carlos de Luxemburgo: el futuro emperador como joven príncipe de Borgoña (1500-1515), en Navascués Palacio, Pedro, *Carolus V Imperator*, págs. 26-63, Madrid

Fagel, Raymond (2002); España y Flandes e la época de Carlos V, en Herrero Sánchez, Manuel y Crespo Solana, Ana, *España y las 17 provincias de los Países Bajos: una revisión historiográfica (XVI-XVIII)*, págs. 513-532, Córdoba

Fagel, Raymond (2013); Adriano de Utrecht y la rebelión de la Comunidad de Castilla, en István Szaszdi, León y Galende Ruiz, María José (ed.), *La dimensión europea de las Comunidades de Castilla*, págs. 259-275, Madrid

Fernández Álvarez, Manuel (1973), *Corpus Documental de Carlos V, tomo I (1516-1539)*, Salamanca

Fernández Álvarez, Manuel (1975), *Corpus Documental de Carlos V, tomo II (1539-1548)*, Salamanca

Fernández Álvarez, Manuel (1975), *Charles V: Elected emperor and hereditary ruler*, Londres

Fernández Álvarez, Manuel (1977), *Corpus Documental de Carlos V, tomo III (1548-1554)*, Salamanca

Fernández Álvarez, Manuel (1979), *Corpus Documental de Carlos V, tomo IV (1554-1558)*, Apéndice: *Las memorias del emperador*, Salamanca

Fernández Álvarez, Manuel (1982), *Testamento de Carlos V*, edición facsímil, Madrid

Fernández Álvarez, Manuel (2000), *Juana La Loca. La cautiva de Tordesillas*, Madrid

Fernández Álvarez, Manuel (2007), *Carlos V. El césar y el hombre*, Madrid

Gachard, Luis Próspero (1830), *Analectes belgiques ou Recueil de pièces inédites concernant l'histoire des Pays Bas*, Bruselas

Gachard, Luis Próspero (1846), *Relation des troubles de Gand sous Charles-Quint*, Bruselas

Gachard, Luis Próspero (1854-55), *Retraite et mort de Charles-Quint au monastére de Yuste: lettres inédites d'aprés les originaux conservés dans les archives royales de Simancas*, 3 volúmenes, Bruselas

Gachard, Luis Próspero (1856), *Analectes Historiques*, Bruselas

Gachard, Luis Próspero (1859), *Correspondance de Charles-Quint et d'Adrien VI*, Bruselas

Gachard, Luis Próspero (1875), *Les Bibliothèques de Madrid et de L'Escorial. Notices et extraits des manuscrits qui concernent l'histoire de Belgique*, Bruselas

Gachard, Luis Próspero (1944), *Carlos V y Felipe II a través de sus contemporáneos*, Madrid

Gachard, Luis Próspero (2014), *Carlos V*, Pamplona

García Simón, Agustín (1995), *El ocaso del emperador. Carlos V en Yuste*, Madrid

Girón, Pedro (1964), *Crónica del emperador Carlos V* (edición Juan Sánchez Montes), Madrid

González Palencia, A. y Mele, E. (1941), *Vida y obras de don Diego Hurtado de Mendoza*, 3 vol., Madrid

Habsburg, Otto von (1970), *Charles V*, Washington [en español, EDAF, Madrid, 1992].

Headley, John M. (1983), *The emperor and his chancellor : a study of the imperial chancellery under Gattinara*. New York

Henne, Alexandre (1858-1860), *Histoire du règne de Charles-Quint* en Belgique, 10 volúmenes, Bruselas-Leipzig

Hermary-Vieille, Catherine (1992-2000), *Loca de Amor*, Madrid

Hernando Sánchez, Carlos José (2001), *El reino de Nápoles en el imperio de Carlos V. La consolidación de la conquista*, Madrid

Janssens, Gustaaf (2001), Fuentes flamencas para el reinado de Carlos V en los Países Bajos, en Castellano Castellano, Juan Luis y Sánchez Montes, Francisco (ed.) *Carlos V. Europeismo y Universalidad*, volumen 3, págs. 195-207, Granada

Janssens, Gustaaf (2014), *Louis Prosper Gachard y la historiografía de Carlos V (1872-2012)*, en Gachard, Luis Próspero (2014), *Carlos V*, Pamplona

Keniston, Hayward (1980), *Francisco de los Cobos, secretario de Carlos V*, Madrid

Kervyn de Lettenhove, Joseph Marie (1862), *Commentaires de Charles-Quint, publiés pour la première fois par Joseph Marie Kervyn de Lettenhove*, Bruselas

Kohler, Alfred (1999), *Karl V. 1500-1558. Eine Biographie*, Munich

Kohler, Alfred (coordinador)(2001), *Carlos V/ Karl V.* Madrid

Kunsthistorisches Museum Wien (1958), *Sonderaustellung. Karl V.* Viena

Lanz, Karl (1844-1846), *Correspondenz des Kaisers Karl V: aus dem königlichen Archiv und der Bibliothèque de Bourgogne zu Brüssel*, Leipzig

Lanz, Karl (1845), *Staatspapiere zur Geschichte des Kaisers Karl V*, Stuttgart

López de Gómara, Francisco (1555), *La historia general de las Indias y Nuevo Mundo, con más la conquista del Perú y México*, Zaragoza

Lynch, John (2007), *Monarquía e Imperio: El reinado de Carlos V*, Madrid

Mignet, François (1854), *Charles-Quint: son abdication, son séjour et sa mort au monastère de Yuste*, París

Müller, Horst y Witte, Heinrich (1997), Die Schlacht bei Mühlberg am 24. April 1547, en *Kleine Schriften des Torgauer Geschichtsvereins*, Heft 9, Torgau

Nette, Herbert (1979), *Karl V.* Hamburgo

Ochoa Brun, Miguel Ángel (1999), *Historia de la diplomacia española, volumen V, La diplomacia de Carlos V*, Madrid

Ochoa Brun, Miguel Ángel (2002), *Embajadas y embajadores en la Historia de España*, Madrid

Pfandl, Ludwig (1999), *Juana la Loca: su vida, su tiempo, su culpa*, Madrid

Pigafetta, Antonio (1988), *Primer viaje alrededor del globo*, Barcelona

Prawdin, Michael (1994), *Juana la Loca*, Barcelona

Rady, Martyn (1997), *Carlos V*, Barcelona

Rodríguez Moya, Inmaculada (2004) A Deo coronato. La coronación imperial en el arte, en Heimann, Heinz Dieter et al (eds.) *Ceremoniales, ritos y representación del poder*, págs. 205-246, Castellón-Potsdam

Rubiera Mata, María Jesús (coordinadora) (2001), *Carlos V. Los moriscos y el Islam*, Madrid

Sánchez Montes, Juan (1995), *Franceses, Protestantes, Turcos. Los españoles ante la política internacional de Carlos V*, Granada

Sandoval, Prudencio de (1604-1606), *Historia de la vida y hechos del emperador Carlos V*, Valladolid.

Schepper, Hugo de (1999), Pena y gracia en Flandes bajo Carlos V y Felipe II, en Martínez Millán, José (dir.) *Felipe II (1527-1598). Europa y la monarquía católica*, volumen 1, tomo 2, págs. 795-814, Madrid

Schepper, Hugo de y Delsalle, Paul (2001), El condado de Borgoña y Flandes bajo Carlos V, en Castellano Castellano, Juan Luis y Sánchez Montes, Francisco (ed.) *Carlos V. Europeísmo y Universalidad*, volumen 3, págs. 321-348, Granada

Schilling, Heinz (1998), *Aufbruch und Krise. Deutschland 1517-1648.* Berlín

Schmidel, Ulríco (1986), *Relatos de la conquista del Río de la Plata y Paraguay 1534-1554*, Madrid

Serrano Martín, Eliseo (2008), No demandamos sino el modo. Los juramentos reales en Aragón en la Edad Moderna, en *Pedralbes* 28, págs. 435-464

Suárez, Luis (2000), *Isabel I, Reina*, Barcelona

Schwarzenfeld, Gertrude von (1972) *Charles V: Father of Europ*, Londres

Thomas, Hugh (2010), *El imperio español de Carlos V*, Barcelona

Tracy, James D. (2002), *Imperor Charles V, impresario of war. Campaing strategy, international finance, and domestic politics*, Cambridge

Tyler, Royall (1972), *El emperador Carlos V*, Barcelona

Vandenesse, Jan van (1874), *Journal des voyages de Charles-Quint*, Bruselas

Vilar Sánchez, Juan Antonio (2000), 1526. *Boda y luna de miel del emperador Carlos V. La visita imperial a Andalucía y al reino de Granada*, Granada

Vilar Sánchez, Juan Antonio (2000), La cara humana del emperador Carlos V, en Galera Andreu, Pedro, *Carlos V y la Alhambra*, p. 131-161, Granada

Vilar Sánchez, Juan Antonio (2000), Dos procesos dinásticos paralelos en la década de 1520: Carlos V y Fernando I, en *Hispania* 205, págs. 835-852, Madrid

Vilar Sánchez, Juan Antonio (2001), Derechos de soberanía y propiedades del emperador Carlos V como duque de Luxemburgo, Brabante, Limburgo y Güeldres en la Renania: desde el Mosela hasta el mar del Norte. Una descripción de la frontera oriental de los Países Bajos hereditarios, en Kohler, Alfred, *Carlos V/Karl V. 1500-2000*, p. 229-263, Madrid

Vilar Sánchez, Juan Antonio (2001), Los primeros años del gobierno de Carlos V en los Países Bajos, en Castellanos Castellano, Juan Luis y Sánchez Montes, Francisco, *Carlos V. Europeismo y Universalidad*, volumen 3, págs. 567-584, Granada

Vilar Sánchez, Juan Antonio (2002), Hoheitsrechte und Besitzungen Karls V. im Rheinland: Von der Mosel bis zur Nordsee. Eine Beschreibung der östlichen Grenze der Erbniederlande, en Kohler, Alfred (coord.), *Karl V. 1500-1558. Neue Perspektiven seiner Herrschaft in Europa und Übersee*, p. 489-532, Viena

Villar García, Mónica 81984), Cartas de Carlos V a Rodrigo Mexía (1520-1531), en *Studia Historica*, Historia Moderna, 2, Salamanca

Vital, Laurent (1992), *Primer viaje a España de Carlos V con su desembarco en Asturias* (edición de Ignacio Gracia Noriega), Oviedo

Weinsberg, Hermann (1961), *Das Buch Weinsberg*, Munich

Xirau, Ramón (1973), *Idea y querella de la Nueva España. Las Casas, Sahagún, Zumárraga y otros*, Madrid

Zalama Rodríguez, Miguel Ángel (1966), En torno a las exequias de la princesa doña María de Portugal en Granada y la intervención de Pedro Machuca, en *Boletín del Seminario de Estudios de Arte y Arqueología: BSAA*, tomo 62, págs. 307-316.

Zalama, Miguel Ángel y Vandenbroeck, Paul (dir.) (2006), *Felipe I el Hermoso. La belleza y la locura*, Madrid

Zalama Rodríguez, Miguel Ángel (dir.) (2010), *Juana I en Tordesillas*, Valladolid

Antonio de Velasco porta la hoy olvidada bandera del reino de Granada durante las pompas fúnebres que, presididas por Felipe II, se celebraron en Bruselas el 29 de diciembre de 1558, tras la muerte del emperador Carlos V. La bandera es de color plata con una granada verde, hendida y llena de granos de gules, sobre una rama de hojas de sinople. Autores: Juan y Lucas Doetecum.

BOOKING PLEASURES

booking n *1. The covetous foraging for old and rare books. 2. Reserving in advance a ticket for travel or entertainment.*

Booking

Pleasures

Jack Matthews

OHIO UNIVERSITY PRESS
ATHENS

Ohio University Press, Athens, Ohio 45701
© 1996 by Jack Matthews
Printed in the United States of America
All rights reserved

02 01 00 99 98 97 96   5 4 3 2 1

Ohio University Press books are
printed on acid-free paper ∞

Library of Congress Cataloging-in-Publication Data

Matthews, Jack.
  Booking pleasures / by Jack Matthews.
    p.   cm.
  ISBN 0–8214–1129–2 (alk. paper)
  1. Book collecting—United States. 2. Book collecting
—Ohio. 3. Matthews, Jack. 4. Ohio—Social life and
customs. 5. Book collectors—United States—Biography.
I. Title.
Z987.5.U6M38   1995
381′.45002′0973—dc20   95–31740
                                              CIP

Table of Contents

TABLE OF CONTENTS

1

Books and Beetles

IN HIS AUTOBIOGRAPHY, Charles Darwin referred to his passion for collecting beetles and told the following story: "I will give a proof of my zeal: one day, on tearing off some old bark, I saw two rare beetles, and seized one in each hand; then I saw a third and new kind, which I could not bear to lose, so that I popped the one which I held in my right hand into my mouth. Alas! It ejected some intensely acrid fluid, which burnt my tongue so that I was forced to spit the beetle out, which was lost, as was the third one."

If Darwin had contemplated its etymology, he would have stashed the small creature in his pocket rather than his mouth, for, as its first syllable indicates, the word *beetle* comes from an Anglo-Saxon cognate of the word *bite*. Nevertheless, in a crisis of this sort, entomology counts for more than etymology, and a true collector can be forgiven such impetuous behavior. Not only that: he didn't report that he was actually *bitten;* so etymologies do not necessarily reveal truths encoded in our terminology. But then, who, other than the Stoic philosophers, ever thought they did?

Please note, however, that Darwin said nothing about the first beetle, and we can only hope that he kept it and added it to his collection. I wish he'd listed it by name, even though that name would mean little to me, for I am no coleopterologist—although I do take a certain pleasure in recondite terminology, as my use of that heptasyllabic word will attest. Language is many things, including music, and you don't have to know precisely what a word means to experience it

aesthetically. Take, for example, *necrophorus vespillo* (or "Sexton Beetle," belonging to the group of carrion beetles, as its first name conveys) or *Dermestes lardarius* ("Bacon Beetle," as *lardarius* tells us). You don't have to understand such nomenclature precisely to savor its exotic allusiveness; so I would have liked to know the name of Darwin's prize beetle, as I am sure he would have enjoyed spelling it out, if he had not been a Victorian Englishman schooled in the subtle, though sometimes exasperating, arts of understatement. In Victorian England it was considered vulgar to boast; and for a gentleman, it verged upon the unthinkable.

But Darwin's restraint is not itself entirely unbridled, and in the next paragraph, he gratifyingly elaborated upon his beetle collecting, and I will quote what he said. But, before doing so, I will remind you that, in his testimony concerning himself, this great man appears hopelessly, almost alarmingly, humble. Generally, in autobiographical matters, he was almost as self-effacing as his contemporary, Anthony Trollope. In view of this fact, the following passage is a veritable orgy of rodomontade:

> I was very successful in collecting, and invented two new methods; I employed a labourer to scrape, during the winter, moss off old trees and place it in a large bag, and likewise to collect the rubbish at the bottom of the barges in which reeds are brought from the fens, and thus I got some very rare species. No poet ever felt more delighted at seeing his first poem published than I did at seeing, in Stephen's *Illustrations of British Insects,* the magic words, "captured by C. Darwin, Esq."

This passage demonstrates admirably what his contemporaries no doubt said of Darwin, that he was "a clever fellow." It also demonstrates a hidden passion that might well remain unnoticed by those who are not collectors. I speak of collectors as an informal secret society who have the power, if not the organization, of those old-fashioned secret societies of fraternities—Masons, Elks, and, yes, even Odd Fellows. ("Even Odd Fellows" are, of course, not to be confused

with "Odd Odd Fellows.") It is almost as if collectors have intuitive means—as subtly encoded as secret handshakes or passwords—for identifying one another and detecting their hidden passions.

Is this fanciful? Not really, for Darwin himself had already confessed as much in the previous paragraph. Speaking of his Beetlemania, he wrote, "But no pursuit at Cambridge was followed with nearly so much eagerness or gave me so much pleasure as collecting beetles. It was the mere passion for collecting, for I did not dissect them, and rarely compared their external characters with published descriptions, but got them named anyhow."

No passion, as bibliophiles know better than most, can be "mere"—the words *mere passion* form an oxymoronic bond that betrays an irony greater than one would think possible in Darwin's sturdy and unassuming prose. But let us allow him this one moment of sly whimsy in a book that is useful and good—perhaps even edifying and inspirational, although I am too old to be influenced in the choice of a vocation, for I think I have already chosen one, which I think I am following right at this very moment.

For years I have striven to read, periodically, a world classic that is as new to me as it is old to humankind. Often I read four or five books at a time, so it is not inconvenient to fit an old classic into my reading once or twice a year. I find this a most satisfying plan, and recommend it to anyone. Having just finished some great classic and closing the volume leaves one feeling virtuous. It isn't simply that from that moment on—at a cocktail party, perhaps—one can legitimately say with utter candor and suitable nonchalance, "Oh, yes, Darwin's autobiography. As a matter of fact, I've read it—a wonderful book."

Such an admission would not be devoid of glory, but there is a greater reward in simply *knowing* that you've read it and feeling enriched by that fact. The difference is that between inner and outer, between simply knowing something and telling about it, between possessing something within and manifesting it; it is as precisely measurable as the dif-

ference between guilt and shame cultures. The contrast is also related to that ancient and difficult distinction that so troubled Socrates specifically and the Greeks generally. I refer to the difference between truth and opinion. Even more importantly, it is the difference between articulation and communication. As intelligent and, yes, *articulate* creatures, we are completely responsible for the former, but it is in the nature of things that we can never bear total responsibility for the latter.

Surely we all understand this, for who amongst us has not experienced the shock of communicating large truths that have been translated into small truisms? When articulating, our primary responsibility is to the language and the subject; when communicating, it is always, to some extent, to our audience. Thus, if we modestly admit (at some scarcely imaginable appropriate moment) that we have read Darwin's autobiography, who could say that there might not be one of our auditors (perhaps at that very same cocktail party) who will think we are referring to Charles's grandfather, Erasmus, who impressed many of his contemporaries as being slightly mad, for he wrote long poems on nature in decasyllabic rhymed couplets and even wrote a pamphlet titled "Female Education in Boarding Schools"? Nevertheless, I don't think he ever got around to writing his autobiography (like so many grandfathers of the famous).

We are not entirely responsible for what we communicate, and I articulate this trust as clearly as I can, unwilling to pass over it too hastily, lest my conscience, if not my reputation, suffer. But the necessary point here is that, if we do not periodically read edifying books, we are denying ourselves one of the great and luxurious benefits of what used to be called "the life of the mind." And think of it: you don't even have to be a collector of rare books to gain such rewards. You can read cheap editions of great books, which is unquestionably better than reading great editions of cheap books. In testimony of this fact, I will admit that I read Darwin's autobiography in a most humble edition—"The Thinker's Library, Number Seven" reprint (London, 1929)—which, if I paid over a dollar for it, I cannot remember doing so.

But my present subject is not precisely the World's Classics, at least not yet. At the moment, it is beetles—specifically, as they fascinated the youthful Charles Darwin. Why should beetles fascinate anyone, let alone a young man who was old enough to know better—especially in view of the fact that he was attending Cambridge and destined to become one of the world's great scientists?

Did the youthful Darwin know something about beetles that most of us don't? Unquestionably. For one thing, he was already, even as he collected, thinking in more general terms, and doing so with the instinct for hypothesis, generalization, and synthesis that are characteristic of first-rate minds. For example, Darwin was the first to theorize that the stridulators of certain beetles function in sexual selection. (Stridulators are the file-like instruments on their exoskeletons that they play to make the hissing and chirping—which is to say, "stridulous"—sounds we all know.)

But, for most of us, if you've seen one beetle, you've seen them all. Also, if you've ever taken a good look at one, you can only wonder that any healthy, sensible collector would put it in his mouth. And yet, like Darwin himself, beetles are more complex than they seem. Somewhere I read that, of the slightly more than one million zoological species on this earth, 300,000 are beetles! The eleventh edition of the *Encyclopaedia Britannica* puts this number at "not less than 100,000," but this sounds like more British understatement; and anyway, whatever the number, there are more species of beetles than of any other form of animal life, and many have yet to be discovered. It was in reference to this vast population that the twentieth-century British geneticist and biometrist, J. B. S. Haldane, gave his whimsical answer when, as an old man, he was asked what his long and distinguished career as a scientist had taught him about God. "He must have an inordinate fondness for beetles," Haldane replied.

But, in one sense, even the beetles are irrelevant. It is *collecting* that matters, not beetles. Beetles merely provided the abundant occasion for Darwin's obsession, being numerous in species and indulgently available wherever decaying wood and other vegetable matter can be found, or perhaps even

5

where it cannot. It is well documented that the instinct to collect is a very common positive sign of high intelligence in children. (It is not, of course, a negative sign; that is, young collectors tend to be uncommonly bright, although not all bright children are collectors.) But here we have Darwin collecting beetles at Cambridge! Shouldn't he have outgrown the collecting instinct of a young prodigy a decade earlier? Is it possible that in some ways Charles Darwin was actually retarded?

Well, of course he must have been, in some ways, just like everyone else; but not in this regard, for his passion in collecting beetles was obviously a great deal more than a hobby. Sophisticated collecting of any sort becomes more than that. Furthermore, as we have seen, Darwin learned much from collecting beetles in the golden age of "natural history," when such giants as Wallace, Lyell, von Humboldt, and Agassiz were learning things about flora and fauna and the earth itself that were constantly setting old notions on their heads.

So, if Darwin seemed a bit out of the mainstream while he was at Cambridge, indulging himself in the somewhat boyish and not immediately practical enterprise of seeking out specimens of coleoptera, there was a serious purpose growing out of this collecting mania—one that he himself was probably not fully aware of, at least in the beginning stages—for a collector tends to concentrate upon his collection and not upon the building of a career in science or anywhere else.

At this stage of my essay, however—the *imago*, let's say— it's not only not beetles we are really after, it's not even the *collecting* of beetles: it's the collecting of old and rare books, which are impatiently mumbling and stirring in the wings, somewhat like stridulating coleoptera, wanting to come out upon the stage. So now, finally, the secret is out. We have arrived at our subject, which may bear the additional title, "Book Collecting by Way of Beetles and Charles Darwin."

Most book collectors I have known or have known about have graduated to books from a brief preoccupation with lower forms of collectibles, such as stamps and coins. John Jenkins, the legendary Texas bookman, collected coins when

he was a boy, and then in his late teens sold his collection and turned his attention to books. During all this time he also was interested in history, and while he was still in high school, he edited and actually published his great-great-grandfather's *Recollections of Early Texas.* Later, when he went to college and took a course in Texas history, he discovered that "his very own book" was assigned as a supplementary text. While impressive, this is not too surprising, for when the book came out, J. Frank Dobie praised it, writing, "I do not vote for Johnny Jenkins because he became an editor so young but because he has edited so ably. Many a Ph.D. thesis shows less scholarship and less intelligence than Johnny's editorial work and is not nearly so interesting."

Great bibliophiles tend to be strong-minded. They march to different drummers and put their own spin on the ball. (Sometimes, when their rhetoric heats up, they even mix metaphors.) Consider Wilmarth Lewis, whose *Collector's Progress* begins as follows:

> My first collection was of houseflies. It was kept in a discarded cigar box that was thrown out one day without my knowledge or consent. A year later, at the age of six, I collected shells at Santa Cruz, California. This collection was also thrown out without my knowledge or consent. It was thus brought home to me early that one must be on one's guard against non-collectors. Forty years ago all my contemporaries collected something. Most boys went in for cigar bands and election cards. I regarded such collections as trash, and at the age of ten went all out for the ultimate: stamps.

Just think: When Lewis began collecting flies at the age of five, he had in one sense already arrived at the stage where poor Darwin found himself when he was at Cambridge. But, Lewis was still a long way from developing his magnificent Horace Walpole collection, along with the products of Walpole's Strawberry Hill printing press.

I can remember half-heartedly collecting several sorts of things as a very young boy. I gave stamps and coins a prod

when I was in elementary school, but I can't remember achieving anything approaching sophistication as a collector of these objects. I also went through a stage of building model airplanes out of balsa wood and tissue paper—"collecting" them as they were built—but I emerged from the experience almost as ignorant as I'd entered it, although I take little pride in the fact.

Possibly I knew more than I realized, but I seriously doubt it. In fact, I'm sure I didn't amount to anything when it came to stamps and coins. I can remember opening letters filled with sheets of stamps offered on approval, and I bought some of them for a few pennies each—paid for with new stamps, of course. I also remember traveling by streetcar in the early 1930s to a small stamp shop on High Street, just north of the Ohio State University, and marveling at cabinets containing stamps that cost as much as $4 or $5 apiece. I remember seeing this tiny brick building still standing until a few years ago, although I don't think it had any commercial use.

I also remember joining in the mysterious mania for collecting tinfoil at about this time. This was years before the Second World War, when people were urged to collect anything metallic for donation to the war effort. But what the purpose of collecting tinfoil was in the early or mid 1930s I can't remember, although tinfoil was supposed to be "valuable." I remember building up several baseball-sized balls of tinfoil from chewing gum wrappers and other products once wrapped in it (this was before the plastic age, of course), and I remember the pride with which I displayed these tinfoil trophies, evoking the puzzling and exotic exclamation of *"Dooge!"* from my friends.

But anyone can see that stamps and tinfoil balls are nothing compared to beetles, and beetles can hardly be compared to books. Coleopterologists may cry out in dismay, but I am convinced they are wrong, even though I have never collected even so much as a solitary beetle. Beetles are better than coins, stamps, and tinfoil balls, yet they cannot be more interesting than books, for nothing is. Why? Because, for every subject—indeed, for every nuance and subset of every sub-

8

ject—there are thousands of books (many, like beetles, unknown and unrecorded). The world of books is richer than our imaginations, so how could this not be so?

Furthermore, books ennoble subject matter. Books render the things of this world distant, grand, mythical, verbal. Without books—and their lifeblood, the printed word—our lives would be monotonous and brutish. Without the printed word, we would not have minds, and not even the music of Mozart, for all its elegant transcendence of verbal description, could have existed.

More than beetles, books are everywhere, and they beg to be classified. You will not find them under bark, but they can sometimes be discovered in those other damp, dark places where beetles thrive better than books. (We all know that dampness is death to the books, but this is only a physical death.) Elsewhere, books can be found just about everywhere in the civilized world, for if there are no books, it isn't civilized. And so many of them, in so many ways, cry out to be collected!

It is the twofold passion for possession and taxonomy that prods so many gifted, as well as nongifted, children to collect. And so it is with adult collectors, most of whom were once children. Taxonomy is the urge to order the world around us in the form of synecdoche, the figure of speech in which a part stands for the whole, or the whole for a part. If we say, "Cleveland is on the thirty-yard line," we are using synecdoche, for there are several liberal-minded and intelligent New Yorkers who know that the actual city of Cleveland will not actually, literally fit into such a linear abstraction upon a football field. Thus, the books we collect are synecdoche of the world that interests us especially, and toward which we have made a unique and intimate commitment.

As collectors, we buy books because they belong to the category we have chosen; after buying them, we further classify them, ordering our subject as it accumulates. This "rage for order" is most natural and human. Wallace Stevens (whose first editions, incidentally, are quite difficult to collect, even though he is a modern poet) was only right in utilizing this theme in one of his most famous poems, "The Idea

of Order at Key West." Ordering some sample of the world is natural and human because it repeats ceremonially, explicitly, and secondarily what language does implicitly and primarily by imposing order upon the chaos of experience. In this way, collecting books is like writing poetry, because order—it scarcely need be said—is essential for meaning as well as beauty.

Is this really what a book collector does? Indeed, in one way or other, it is. And, unlike collecting coins and tinfoil, collecting rare books not only can engage, but *requires* the full attentiveness of an adult mind. There are few commitments so rewarding. Think of how much you will have to read, learn, understand, and appreciate if you undertake collecting yellow-back novels, nineteenth-century Edinburgh editions, the works of Henry Fielding, Indian Ohioana, Victorian detective novels, or accounts of explorations to Patagonia.

The ideal of collecting is so great, indeed, that few if any can be said to embody the ideal collector. Certainly I can make no such claim. Although I am a passionate book lover, and travel thousands of miles every year on booking trips, and examine thousands of books—and even though I write about such experiences, as in this very essay upon which I am now laboring—I am aware that I am far from exemplifying the ideals of collecting. I am far too enthusiastic and undisciplined to make such a claim. And even though I deal in old and rare books, thereby taking great pleasure in buying, selling, and trading, I am more of an amateur than a professional; and the word *amateur,* while not entirely pejorative—for it is cognate with *amorous*—will, more often than not, signify an unfortunate weakness in doing business.

But, as the above list suggests, the ideal of collecting old and rare books is not only not limited to a single activity, it is not even limited to a single *sort* of activity. Collectors of the first editions of Henry James (firsts on both sides of the Atlantic, of course) are engaged in an enterprise that is significantly different from collecting nineteenth-century biographies of American journalists. Author bibliographies of the works of an author as famous as Henry James have a

reasonable access to completeness and accuracy, and collectors are eventually driven to search for holograph manuscripts and ancillary materials (that is, periodical articles and books about James or otherwise relating to him).

But what about nineteenth-century biographies of American journalists? What a vast wilderness we enter here, and how intrepid we must be not to lose our bearings and give up the chase! And how vastly greater the role of serendipity and chance is in collecting such books, for they vastly outnumber the canon of even so prolific a writer as Henry James. No doubt there is a bibliography of such books—perhaps several—although I have never seen one; and I come upon nineteenth-century biographies of American journalists sufficiently often to conclude that this is rich and virgin territory, relatively speaking, that should prove a wonderful area for beginning collectors—or, indeed, veterans—to explore and collect in.

But what about poor old Henry James? I am aware that the comparison is invidious, but it does exemplify the important differences between author and area collections. My personal feeling is, collect both, then begin to choose still others. No doubt this will be taken as a prescription for "spreading oneself too thin," as the cliché has it. But what's the metaphorical alternative? Spreading oneself too thick? Or spreading oneself too deep?

Clichés are always true, but they're never true enough, and agonizing over what and how to collect is likely to be wasted energy. The reason for this is that no one else can justly assess the worth of what you're doing as a collector of books. In your professional or business life, you are always subject to the opinions of others, even if you hold a position of majestic power—even if you are the chief executive officer of a great corporation, let us say, for even then you are vulnerable to the whims of great mumbling multitudes of stockholders who might impoverish you with bewildering celerity if they generally disapprove of a decision you've made, or perhaps of a decision they simply *think* you've made, or in these dauncy days, think you are about to make. But how will you be affected if it is discovered that you collect eighteenth-century

11

books on fire insurance, or books about Napoleon, or the dime novels of E. Z. C. Judson, a.k.a. Ned Buntline?

What I am describing is, of course, personal freedom, but it is freedom of a particular sort. It is the sort of freedom that is limited to humankind as symbol-using creatures, as beings who always crave more of the world than we can ever witness or savor in one moment, or one hour, or even in one lifetime. The greatest method for satisfying this craving is, I believe, reading and possessing—which is to say, "collecting"—old and rare books.

"Collecting," as a gerund, denotes action, even as it functions nominally; and as collectors we all know the joys of the chase. But in contrast to fox hunting, you can join the chase for books by staying in your armchair and reading catalogs, or writing letters to various dealers, telling them of your needs. Years ago, I heard of a surgeon who read book catalogs while going from one operating theater to another. I'm not entirely sure I would like to be operated on by this physician but, as a peripatetic reader myself, as well as a bibliophile, I'll have to admit that I like his style. Or hers.

While collecting is essentially action, the collection that is harvested will assume an identity of stasis; it will have a character of its own, and this character will, in interesting ways, mirror something important within yourself. It may seem utterly incongruous in terms of what you "do for a living"; you may be a CPA who—initially, perhaps—collects books about UFOs, or a banker who collects erotica, or a fashion model who collects the first editions of Dickens, but for all their variety of substance, one can see in all these permutations the expression of a liberated spirit, a refusal to be typed, an expression of a healthy need to live beyond the minimal bounds of one's allotted quotidian chores. Though you play by the rules and wear a sober three-piece suit, you may collect the first editions of early English detective novels or quaint and curious seventeenth-century treatises on zoology, and no one will guess the truth.

Darwin understood this, even though he was never quite able to graduate entirely from beetles. Still, the passion to collect burned brightly in him and helped him endure the

chronic illness of his entire adult life. (What that illness was is left exasperatingly vague in his autobiography, for the Victorians obviously believed that autobiographies were no place to reveal the details of one's personal life.)

It is true that Darwin thought a great deal about what he was collecting, but then this is what all collectors do, in one way or other. And collecting rare books, especially—which often requires a sturdy financial outlay for a particularly desirable title—will also require acute perceptions and sound judgment of us. In building our collections we are invited to ponder upon them, and to ask ourselves what it is in our chosen subject that is so worthy of our passionate interest.

And if we collect actively, we will almost surely come upon hitherto unknown titles, for I am convinced that there are far more lost or forgotten titles of books than there are yet-undiscovered species of beetles. For example, it has been estimated that seventy percent of incunabula have been utterly lost, without a single copy known to remain.

And if, while browsing some day, you should come upon three rarities clustered together, within reach, you will not have to clamp one between your teeth, for even if you are shoulder to shoulder with other book buyers, the chances are pretty good that they won't recognize these prizes for what they are. The reason for this is, you have become an expert in your own area, while it is likely that they, poor creatures, are experts only in theirs. So you can slowly pull out the volumes you desire and put them comfortably under your arm, aware that, at that very instant, your personal collection has been enriched in measurable, as well as in immeasurable, ways.

2

Good Old Ways of the Good Old Days

I GET SO MUCH pleasure from acquiring books that I sometimes buy them just to keep in practice. The point of such irresponsible behavior is a compounded one, and a compounded point is hardly pointed at all. Its value lies somewhere in the dark intersection of superstition and hope. But why should superstition and hope be worthy of our regard? They are necessary fictions. And what are necessary fictions? Look all around and you will hardly see anything else. Is all of this too cynical? Maybe, but as true as the teeth in a crosscut saw.

My subject has to do with a recent twenty-five-mile drive to Logan, a small town in Appalachian southeastern Ohio. I drive there periodically to buy books at the Volunteers of America store, on Route 93, just north of town, or at the Swap Shop in town, a used-furniture store where for two dollars I once bought a somewhat worn first edition of Ambrose Bierce's *Tales of Soldiers and Civilians* (San Francisco, 1891). Sometimes I also stop in at the town's small Greyhound bus depot, where there are new and used books for sale, but I don't stop there often, for their stock is seldom replenished.

On a recent trip to Logan, however, I realized that it had been six months or so since I'd visited the bus depot, so I decided to see if any old books had accumulated in that time. But my high expectations notwithstanding, the used-

14

book section in back looked pretty much as it had on my previous trip there, and I was about to leave when I saw three pamphlets titled *The BETA THETA PI With Which Has Been United "The Mystic Messenger"* and picked them up. Their dates were March, April, and May 1890, and two were in good condition, while the other was only fair, with tears along the spine. The two good ones were priced at $1 apiece, and the other at 50 cents.

Although I often come upon old fraternity publications, I am seldom tempted to buy them, for they have always struck me as being specialized in ways that are not easily appreciated. But on this day I was not only suffering from the need to buy a book of some sort, I was actually curious, and picked them up for $2.50. Why was I curious? Because, even after decades as a professor, I still idealize college life to the near limits of fatuity. I find the world of the university luminous with a mystical promise of knowledge—which is to say, intrinsically and utterly fascinating. Fatuity, indeed; and yet, how could anyone *not* be guilty of such folly, for aren't universities reflective of the universe itself, as their name indicates?

Still, these are *fraternity* publications; and what part of the universe might *they* reflect? That is to say, if the university reflects the universe, what, exactly, do fraternities reflect? Hardly the worlds of George Lyman Kittredge, Josiah Royce, or William Osler, one might assume today. And yet such an assumption would be invalid, for the fraternities of the 1890s were guilty of intellectual as well as social snobbery. They were an interestingly different sort of institution from that of today's college campus.

This difference is only one aspect of the radical transformation that has taken place in higher education, which, in turn, is reflective of all those still greater transformations that have eventuated in the world. Considering all this, it seems only natural that the greatest observable changes in college life generally, and fraternity life specifically, have been social. As late as the 1890s, people were still generally innocent of media and turned naturally to one another for companionship. Unprogrammed by information about the world

15

as we know it—that is, as an electronically-processed, image-dominated abstraction—people were able to concentrate upon the deeper and, one would think, more solidly human realities of personal interaction and its principal medium, language.

This rich social life of the 1890s is nowhere more evident than in the ubiquitous and passionate emphasis upon group singing. Although fraternity songs, in one version or other, can be traced back to the *Gaudeamus Igitur* of the Middle Ages (in its present form dating back to 1781, but parts of it in turn traceable to a thirteenth-century song), they have never flourished as they did in American college life before the First World War. Even so, the love those college boys had for sentimental harmonies was not isolated or exclusive, for the 1890s were the era not only of the college glee club, but of its proletarian counterpart, the barber shop quartet.

Reading these issues of the *BETA THETA PI* magazine provides a view into another world, one that is at once familiar and ineffably strange. It is a world whose meanings are embodied in symbol and ceremony, as signified by the back covers of all three of my copies, upon which are full-page advertisements of J. F. Newman, "Official Jeweler to Beta Theta Pi." "New Styles! Elegant Goods!" this ad announces; then lists a rich and varied inventory of badges, charms, studs, sleeve buttons, rings, and scarf pins among the offerings.

Symbol and ceremony find a natural expression in sentiment and nostalgia. The March 1890 issue of the *BETA THETA PI* opens as follows:

AN OLD-TIME BETA PARTING SONG
(Air: "Over the Mountain Wave")

Brothers, an anthem raise
Ere we depart;
Let the high notes of praise
Burst from each heart.

16

> Symbol of unison,
>> Sing with one voice;
> Bid the strain wake again;
>> Till e'en the walls rejoice.

This is followed by the chorus, which will not bear quoting, for you can surely anticipate within a cliché or two what that chorus consists of, along with all the verses that follow. But can you anticipate that this song will be relentlessly sustained for the next two full pages? I couldn't, and found myself cynically wondering what sort of college student—or anyone else, for that matter—would find so much inspiration worth printing. I guess you had to be there. Or at least know the melody of "Over the Mountain Wave."

But this old-fashioned collegiate love of choral music could not be contained, and overflowed the bounds of tonal music into college yells, expressing sentiments as foreign to modern sensibility as civilized decorum and a code of honor. One section devoted to college yells begins with these two sentences: "The annals of Grecian history tell us that the stirring lyric poems of Tyrtaeus roused the Spartans and united them as one man; and when united they were invincible in battle. Though no lame bard lives now to inspire with his lays colleges contending on the athletic arena, yet the college yell takes the place of the martial strain."

What a connection, even for those who know nothing about Tyrtaeus! Here, we are in the presence of an exalted idealism, or at least we *ought* to be, for as surely as bells in a lofty tower, such noble sounds are meant to introduce nobility; they are meant to foretell majesty and grace in the form of some chanting equivalent of Beethoven's 7th Symphony. Instead, what follows this noble proem is pure, sustained bathos. Consider the Dartmouth chant:

Wah! Who! Wah! Wah! Who! Wah! Diddy Diddy Dartmouth!
Wah! Who! Wah!

BOOKING PLEASURES

Or Cornell's:

> Cornell! I yell, yell, yell, Cornell!

Not to mention good old Beloit College:

> Oh wy! Ya! Ya! Ya!
> Oh Wy! Ya! Ya! Ya!
> Oh Wy! Ya! Ya! Ya!

If Beloit's doesn't sound quite right to you, you win. For the May 1890 issue of *BETA THETA PI* contains the following correction:

> There was a mistake in printing the Beloit yell in the last magazine. Each line should end with "Beloit," so that the yell would be thus, three times:
> Oh! my, yah, yah, yah, Beloit!

Well, nobody's perfect. And if you were as impressed as I was by that reference to Tyrtaeus, you should guard against too much giddiness, because that "correction" is as confused as if it had been written yesterday by a super-mod, glue-sniffing punk artist who's never even hard of Sparta, let alone Tyrtaeus. For one thing, if the corrected version is indeed correct, there wasn't a *single* mistake, there were five. And, for another, the mistake allegedly corrected didn't appear in the "last magazine," which would have been April's, but in the March issue.

Each of these copies of the *BETA THETA PI* (the one *With Which Has Been United "The Mystic Messenger"*) features sections titled "Editorials," "College News," "Chapter Notes" (or "Chapter Letters") and "Personals." All this was a liberal promise for that time, but what news can there be for us? What news can be new when it's a century late? Well, it can't, if it's assumed we live in a linear time, in which h follows g which follows f, and there's no way to fuss with that progression. But, what if the information about how g leads to h has been forgotten by the time we've gotten to p—

wouldn't information about good old *g* and *h* be as new as information about *q?*

Indeed, this is always to some extent true, which is the reason historical information remains interesting and instructive, if it's not simply a rehashing of old news about famous people or events, or if it factors in new information about famous people or events and reveals some new insight into their lives. For example, we might find this second item in the March 1890 "College News" section interesting in ways that readers in 1891 would not: "Professor Woodrow Wilson, of Wesleyan, has been elected professor of jurisprudence and political economy at Princeton, to enter upon his duties next year."

But it isn't necessary for reports to refer to those who will become famous for us to be interested. Consider these notices:

> —The Betas of Cincinnati University have the nucleus of a strong bicycle club. Four of their members own wheels. They intend to do some touring in the spring.
> —The Greek play which Prof. J. M. White hopes to bring out next year at Harvard is "The Bird of Aristophanes."—*Evening Post.* We wonder which bird it will be?

I find it pleasant to contemplate the idea of college students who sing in glee clubs and ride bicycles and are sufficiently learned to spot an error when a newspaper muddles the title of a play by Aristophanes. I find further gratification in the "Chapter Letters," where Will I. Hull, corresponding secretary of the Alpha Chi chapter at Johns Hopkins, reports that the library of the chapter house is flourishing, their meetings are frequently enlivened by scientific and historical talks, and "chapter parlors have also been the scene of two very enjoyable 'card parties,' in which cards, music, dancing, supper, and Baltimore's womanly loveliness abounded."

But Hull did not stop with this, and later reported upon

minstrel shows, the activities of banjo and glee clubs, and wrote that "In the annual athletic exhibition of the university, Betas took an active part. In the tug-of-war, Lothrop and Cox especially distinguished themselves, and secured for '92 the championship of the university." Also a lecture titled "Jesus of Nazareth: His Life and Character; His Ethical Teachings; His Supernatural Works" was given and "largely attended and highly praised." And finally, one brother was praised for receiving his Ph.D. and four others for receiving their M.D.'s, three of these latter receiving staff appointments in the increasingly famous Johns Hopkins Hospital.

One of the significant differences between college students today and the students represented by these fraternity publications is the latter's unrestrained faith in symbols, their sensitivity to them and their unqualified love for what they represent. The purity of response in these students evokes an image of a sort of innocence that is forever lost. The ads of J. F. Newman would not have been possible without a great and shared idealism that seems as alien to us as a list of the most popular jokes of Carthage.

For example, the editorial of the April 1890 issue is preoccupied with the question of whether there should be a fraternity flag. Beyond question, this was a serious matter, and had been much discussed in various fraternities in recent years. "But Beta Theta Pi has been the leader, as in so many matters of fraternity progress, in seizing upon the idea and transmitting it into an inspiration and practical realization. Long may the dark blue flag of Beta Theta Pi wave in the happy air!"

Could the air have ever been that happy, or the young that young? Apparently they were, in ways that strike us as so innocent we hardly know how to understand the world they inhabited. Are even *children* that innocent today? How can we bring together the images of our middle-school children, who know nothing about history or the human condition except as it affects them in the immediate present, and those hopelessly idealistic college boys of the 1890s

who studied Latin and Greek and believed in fraternal symbols with an almost religious devotion?

It's obvious that we inhabit different worlds; but so much is only true—more surprisingly true because fraternities and their rituals still exist, linked through various connections with all those populations of long-dead college boys. If most of their chants are gone and their customs altered, there are nevertheless symbols that stubbornly last, as do a few of the very houses where they lived and met and sang sentimental songs and attended lectures on learned subjects and swore eternal allegiance to ideals that were as lofty as their human spirit could conceive.

In exactly what ways have so many things changed so radically? And specifically and precisely *how* is their world so different from ours? The most extraordinary difference has to do not with just their being dead and gone, and therefore part of the inventory of our own past, but with their own highly articulated relationship with *their* past. Because those students of the 1890s lived in history as college students today do not and have no way of understanding.

Consider A. N. Stark's report from the University of Virginia on the activities of the glee and banjo club, which entertained the ladies' memorial association, after which they gave an entertainment at Lynchburg and promised to perform at Staunton in a few days. Then, somewhat as an aside, the next sentence states: "Perhaps we should have said that 1,097 Confederates, mainly from the south, who died while our buildings were used as a hospital during the war between the states, lie buried near us. The object of the memorial association is to keep these grounds in order and to erect a monument."

The swift and natural shift from commentary upon some 1890's equivalent of a rock concert to a reference to the precisely counted graves nearby betrays a sense of place and of time that is different from ours. Some would say that the reference conveys more obsession than sense, and that such a brooding preoccupation with the past is uniquely "south-

ern." How many northern college boys, even in that day, could have precisely numbered their dead, or found an occasion to refer to them in a fraternity magazine published in Cincinnati or Madison, Wisconsin?

All true; and indeed the report is typically and undeniably "southern," even if it does make a curious reference to those Confederate dead being "mainly from the south" (evidently referring to those "farther South" than Charlottesville, Virginia, but curious nevertheless); and yet, what is said there is said elsewhere throughout these periodicals, in reports from all regions, with an insistence upon a historical sense that most of us today have lost. From all the evidence provided by these and other documents, it is twice valid and ambiguously true to state that people *lived in history* back then, instead of in the present. Even when they were alive they lived in history in ways that we do not; for even last year most of us still lived in the present, if we could remember.

As for regional variations upon this truth, they are insignificant, relative to the present argument. During the Civil War, when the average life span was only a brief trot compared to today's longevity, there was no greater honorific than the word "old" attached to the name of just about any sort of celebrity. For those old-timers, the word carried with it a virtually unalloyed praise—a tried-and-true quality, with a dash of fond familiarity. In John Edward Haynes's *Pseudonyms of Authors*, published in 1882, no fewer than thirty-seven aliases begin with this honorific—extending from "Old Actor" (Mortimer M. Shelly) to "Old Yorkshire Turfman" (Henry William Herbert).

Most of these pseudonyms are as obscure today as the authors who chose them. I recognized only five: George William Curtis and William Wirt (both conveniently sporting the same mask, "Old Bacheldor"—I assume the word "bachelor" is meant, and have no idea where the "d" came from; it doesn't make any phonological sense, so far as I can see, but I cite it as printed, and for no better reason), Elihu Burritt (the "Learned Blacksmith" himself, also known as "Old

Burchell"), William Blackwood (founder and eponym of the magazine, who wrote as "Old Ebony"), and James Buchanan ("Old Functionary"). Three of them sported the oxymoronic "Old Boy," untroubled by the possibility of confusion among their readers.

The honorific was especially vivid when applied to a politician or military officer. In a time when senectitude was rare, it could be easily idealized. Years bring experience, and experience is a condition of wisdom. A sly fox is an old one, and likely to be political; and, to change species, the proverb tells us that it takes an old cat to catch an old rat, and there have always been plenty of rats in the halls of government. As for those soldier boys, they understandably valued the testimony of personal survival in their commanders, along with all their experience and expertise, identifying such virtues as a function of age.

This admiration for longevity was as nearly universally "American" a trait as any. Martin Van Buren, who was from Kinderhook, New York, received the fond nickname of "Old Kinderhook." Of course, his enemies didn't refer to him this way; in the famous Hard Cider Campaign of 1840, one of their slogans was "Little Van's a Used-up Man!" Evidently being small was almost as bad as being young; but if you put the word "old" before your candidate, you were giving emphasis that he was seasoned, tried and true, shrewd and dependable.

There is an example of this in a picture hanging on the wall of our family room. Years ago, while foraging for books, I came upon a fascinating though rather crude old drawing in crayon, showing a chubby little man in knee breeches reaching up for a royal crown that floats just beyond the reach of his chubby little arms. Out of his mouth is a cartoon balloon in faded ink, in which he cries, "O will you let me have it!" Beneath the man's figure is written in the same faded ink: "Martin Van Buren the first usurper of the rights of the People of the United States of America."

Since buying this little picture, I have had it matted in an antique walnut frame; but on the back is pasted a card that

was attached to it when I bought it, and upon this card is written in ink: "Cartoon by Robert McGinnis/ law student/ drawn during the Van Buren Campaign/ probably about 1834" (probably Van Buren's successful presidential campaign of 1836 is meant).

I wish I knew something about Robert McGinnis and where he was studying law when he expressed himself so vividly. We can be certain he wasn't a Van Buren man, however, and I doubt if he ever referred to him as "Old Kinderhook." Indeed, what is so eloquent about his crude little drawing is the figure of Van Buren. While Van Buren's pictures show a man large-headed, short, and stout, in McGinnis's drawing his chubby body and arms, along with his posture and his cry, exaggerate him into a bouncy and petulant infant. Within the limitations of the artist's talent, the man pictured here was one who existed as far as possible on the human scale from being old and therefore worthy of respect.

When Tennyson's Ulysses says that "Old age hath yet his honor and his toil," he was speaking not as a Greek of the Homeric age, of course, but as a nineteenth-century English gentleman wearing the mask of such a man. He was furthermore creating poetry that would be studied and memorized and revered and quoted by Beta Theta Pi's and college boys of other fraternities everywhere for years to come. He was speaking to such people as H. A. Cushing of Amherst, William G. Newbrook of Cornell, and H. M. Leech of Wittenberg. He was speaking to boys who believed that experience brings something more than exhaustion and irrelevance; he was speaking to boys young enough to believe that age brings the likelihood of wisdom, or provides its opportunity, at least, in ways that are unique, worthwhile, and indispensable.

Such credulousness is hardly comprehensible today when geography has replaced time; and when other countries and cultures—as fashioned and represented by the media—have replaced the past as places to visit and learn from. Different worlds, indeed—but which of them is impoverished in the

24

comparison? Who can say? It is obviously impossible to arrive at a final judgment about such matters and grade realities that are at once so intimately ours and yet so different.

We have to keep reminding ourselves that all of us, always, must live in our own time; to venture without would be to risk terminal exile. And, for all their virtues, the boys of 1890 could not have survived in our world as they were; they wouldn't have even known how to operate the basic electronic equipment that defines our lives, a skill within the range of all of today's benighted young, who don't care any more about Martin Van Buren than they do about glee clubs and fraternity chants, but do care about their own special sort of music, believing that recording artists are artists.

Even though higher education today is as common as poor grammar and head colds, it's possible that the limitations of today's college students are no more constrictive than those of the boys of 1890; and the time may come when their naiveté and idealism, too, will seem quaint, if anyone is around to care.

The world is not perfect, and never was, but what should not be forgotten is that it can be improved from many directions, not just the immediate present and the anticipated immediate future. We can learn from those gullible boys who studied Greek and Latin and labored over such matters as fraternity flags and the performance and reputation of their glee clubs. Whatever inspiration we can derive from them will be useful, even though it seems as strange and exotic as their images of Baffin Land and Zanzibar, or Nineveh and Tyre.

In contemplating such things, I wish there were a song we all knew, a song with a beautiful melodic line and close harmony—something like "An Old-Time Beta Parting Song," to be sung to the tune of "Over the Mountain Wave," perhaps. Whatever that melody is, if we all knew it, we would be bonded together for the duration of that song, and its old-time promise would be fulfilled. But, we don't have anything like this, after all; and there's no point in dwelling

25

upon our loss. Not only that, it must be pointed out that the antiquarian spirit and the sentimentalizing of the past that were so important to those college boys of a century ago are not entirely dead, because, if they were, this essay wouldn't have been written, and you wouldn't have read it.

3

A Sheep in Wolfe's Clothing

A RECONSTRUCTIONIST REPORT

OCCASIONALLY, WHILE CONTEMPLATING the library in our house, a visitor will ask if I've "read all of those books," and my answer is, no, but I've read most of the titles. No one has bothered to carry the matter beyond this to question whether a title is actually part of a book. Some would say it is, and some not, although many would argue that calling a book by another name doesn't change it anymore than putting a new name on a tavern sign changes the character of the food and drink served within.

But never mind titles; here the question is: "What exactly is the relationship between collecting books and reading them?" The old stereotype of book collectors who don't read their books is a pernicious one, although like all stereotypes it reflects a common perception that is never entirely gratuitous. Nevertheless, the percentage of passionate readers among collectors is surely far greater than among the general population. Moreover, some collectors not only read, they do so defiantly, and on a heroic scale. Bob Jackson, a lawyer in Cleveland, Ohio, actually reads from his collection of Dickens's first editions in parts.

Like the majority of collectors, I'm also a reader. I have two library cards and use them both—one often, the other hardly ever. I also read books from the great accumulations I gather while foraging in various likely and unlikely places.

But there are a lot of books in my own library that I haven't read and probably never will. Even my collections of Mark Twain first editions and Civil War regimental histories contain unread volumes which I like to think of as *waiting* for me—a fancy just sufficiently plausible to make sense.

But there is another class of books which I have read actively and almost began to collect seriously—then decided against, abandoned, and disposed of to make room for others. Some of these books are by authors I have enjoyed reading so much that now and then I can't help wondering why I have never seriously gotten around to collecting them.

Rex Stout is one such author. For years I have eagerly read every Nero Wolfe mystective[1] novel I've come upon, and have enjoyed all of them, in spite of the fact that Stout's great detective is something of a grotesque—an egotistical. orchid-loving, gourmet misogynist who lives in New York City. He hardly ever leaves the brownstone dwelling where he lives with three other men, the most interesting of whom is Archie Goodwin, a wholesome, skirt-chasing, gum-chewing-type from Chillicothe, Ohio, who with total recall narrates the crime stories that compose the novels.

Years ago I came upon and bought a 1934 first-edition copy of *Fer-de-Lance*, the first Nero Wolfe novel, which the Ahearns value at $3,500 in their 1991 edition of *Collected Books: The Guide to Value*. As I remember, I sold my copy for around $100. The contemplation of this fact does not bring great satisfaction to me, although my copy did lack the dust jacket, seriously diminishing its value. But could a missing dust jacket have diminished it *that* much? Hardly and alas.

This happened before mystective fiction became such a hot collecting area, causing the first edition prices of certain titles to soar. In his 1982–83 *Handbook of Values*—only nine years before the Ahearn's price guide—Van Allen

---

[1]This portmanteau word was invented years ago when I got tired of contradistinguishing "mysteries" and "detective novels" in a course I taught at Ohio University.

Bradley listed *Fer-de-Lance* as a $400-to-$500 book. Neither Bradley nor the Ahearns list a 1940 Nero Wolfe mystery, *Where There's a Will* (New York), which in 1992 was advertised by a British dealer for 800 pounds (about $1,200), a handsome price for a book that would have generally gone begging twenty or thirty years ago.

So what was I doing back when those first editions could be had for lunch money, even if you were dieting? The answer is that I was not only reading the titles of Rex Stout's Nero Wolfe novels, but reading the novels themselves—every word of them—and at the same time accumulating Rex Stout's signatures (assuming they were indeed his) on letters he wrote as president of the Author's Guild, which arrived faithfully, inviting me to join, after each book I published. Otherwise, as a collector who should have been alert to such shifts in fashion, I was sleeping the sleep of the innocent.

That sleep was not entirely innocent, perhaps, for I did pick up random copies, including a first edition of the aforementioned *Where There's a Will*. And in it I came upon something that inspired the present essay, for on page 84 there is a sentence that will strike certain readers as not only eccentric, but wildly improbable. Indeed, it is more than that; it is grotesquely strange, odd beyond all conception. It is a sentence that chirps like an alligator and roars like a chicken. This anomaly is an alleged utterance by the great detective, which reads: "Wolfe said, 'That was quite a shock you folks got here this afternoon.'"

How many will recognize that vast absurdity for what it is? All who are familiar with the later Nero Wolfe novels, where the personality of the detective has developed so fully and precisely that you know he would rather lug his seventh-of-a-ton carcass up nine flights of stairs or hike the Appalachian Trail than make such an amiable, good-buddy remark, the sort of down-home gab better suited to Will Rogers or Andy Griffith. Or, maybe to Archie Goodwin before he left the Corn Belt to come and take his bite out of the Big Apple.

The implausibility of that folksy comment coming out of

Wolfe's mouth is thrown into spectacular relief by what he says next, in response to a woman's recommendation: "Indeed. Do the others agree with you?" *Indeed?* Indeed, that's more like it; we know the real Nero Wolfe when we hear him; and we were not for an instant deceived by his previous affable and ingratiating manner; we were not fooled by the prattling, good-natured tone of that sheep in Wolfe's clothing.

It is, indeed, the comfortable, rustic amiability of the great detective's remark that is in question, not its innocence. Later, in one of his greatest adventures—when, psychologically, he had grown to full size, as it were—Wolfe reveals an almost child-like naivete, remarkable in view of his meticulous concern with language. This occurs in *The Doorbell Rang* (New York, 1965) when he lectures Archie Goodwin on the difficulties they will face in taking on the FBI and J. Edgar Hoover, the villains in the piece. He says:

> We are at the mercy of the vicissitudes of fortune; we can only invite, not command. I have no program for tomorrow; it depended on today. You don't know that today was bootless. Some prick may have stirred someone to action.

When I first read this, I stopped and marvelled. Rex Stout's novels are as wholesome in thought and diction as they are subtle. Could he have written that sentence innocently, using the word "prick" to mean simply "goad" and no more? Hardly. Captain Grose tells us that in eighteenth-century London the word was used to refer to "the virile member"[2]; and almost two centuries before that, Shakespeare relied on the same connection in his twentieth sonnet, in which he argues that, since he is heterosexual, his male friend's beauty is wasted upon him. Nature "fell a'dozing," he wrote,

---

[2]*A Classical Dictionary of the Vulgar Tongue* (London, 1785).

By adding one thing to my purpose nothing.
But since she pricked thee out for woman's pleasure,
Mine be thy love, and thy love's use their treasure.

As for Nero Wolfe, we soon learn that it is *his* innocence, not his author's, that is behind the oblivious usage of "prick." Such is revealed several pages later when Archie Goodwin has sly fun with the expression. After Wolfe has asked him if he has any clear notion of whether their house has been bugged, Archie says, "Not the vaguest. Not the FBI. Why would they? It could be that quote some prick may have stirred someone end of quote."

It's rather slick how deftly and unobtrusively that reference is slipped into the text without benefit of commas. Indeed, the commas would have obtruded, taking away the pleasure of the small game Rex Stout has played with the reader, a game that opens with the compounded tacit questions: "Could Nero Wolfe have really used the word 'prick' in that sentence? Since he surely wouldn't have meant it in the sense of vulgar slang, wasn't he aware of the comical double entendre? Or could it be that Rex Stout was unaware?" Archie's comment shows that he, Archie, and of course his author were in on the game, knowing very well how grotesquely inappropriate the word was all these centuries after its primary meaning had been virtually preempted by vulgar slang.

This tells us a great deal about Nero Wolfe, as it must indirectly tell about his creator: the great detective is an innocent in the world of crime, in spite of the fact that he is a man of great learning and intellectual resourcefulness. Indeed, his mental powers are such that Archie's constant reference to him as a "genius"—while often ambivalent and suitably ironic—nevertheless seems only just. Wolfe himself accepts the term, understanding it in himself, much in the spirit of the truism that it takes one to know one. When someone in another novel remarks upon his talent, he replies, "I have no talent. I have genius or nothing."

Behind this complex of revelations is the mind of Rex

Stout himself. An old-fashioned metaphor for God was the "Author of our Being"; and, indeed, the colorful superstitions of deconstructionism and reader-response theory to the contrary notwithstanding, authors obviously have a godlike power in evoking their characters into their proper simulacra of reality. Overwhelmingly self-evident, this truth seeps into the common sense of innumerable readers who identify characters—especially protagonists, and *especially* when they are "well drawn"—with the writers who have created them. "Did you base that character upon yourself?" is a question that is never utterly irrelevant or entirely wide of the mark.

This is an identification that many writers have to deal with, and do so in various stages of exasperation (another Wolfe, Thomas, being one of the least tolerant, hence most vulnerable). It is a mixed curse, the mirror image of a mixed blessing, for it bears witness to so great a verisimilitude of invented characters that they insist upon being superimposed upon the real persons who have created them. Beyond this, however, such a crude connection is almost inevitably valid, at some level and in some way; it is only the crudity, not the connection, that is questionable.

And yet there is a deeper and more satisfying connection between authors and their creations. I speak of authorial authority, sibling words that convey an utterly inescapable and compelling affinity. As readers, we crave the security of a substantial, informed intelligence in a text. We want to believe. Responding to such tonal matters as poise and self confidence, we rejoice in certainty. Never mind if the certainty turns out to be ill-founded, so that after sober reflection, we disagree with what has been written, or find the argument shoddy and haphazard . . . at the time of reading, we demand a godlike surety. We seek it out and rely upon it. We crave the security of security.

To the extent that they are masters of language, therefore masters of irony, writers are their own worst enemies, showing a deadly instinct to sabotage what they are writing. Their truth-telling instincts betray them as they fuss and qualify, booby-trapping their prose with such niggardly

32

hedges as "sometimes" and "often," "generally" and "apparent," "seems" and "probably." Readers learn to distrust writers who indulge hysterically in such persnickety precisions; they are dismayed and distracted by petty accuracies. They don't want footnotes; they want the organ tone of high drama with an assured mimicry of truth.[3]

The point is, all texts are flawed. To trouble our minds with a passion for finicky niceties is inimical to the grand orchestrations of rhetoric. Even so, we need the one as we need the other. We find our sanity between those extremes, the latter calculated to lead us over our heads and hearts into war and the former designed to stultify us with labored and meticulous accuracies. Writers find their own individual accommodations to such contraries, and in their unique admixtures define their style.

It was once a familiar argument that the great triumph of fiction and drama—the surest measure of their importance—is to be found in the creation of living characters. The complex but vivid realities of Pere Goriot, Huck Finn, and King Lear show the highest reach of imaginative power, such arguments claimed, so that their creators are celebrated as classic writers—not because of the moral or sociological import of their work, and not because of the philosophical or religious insights contained in it—but because they made creatures of living power and credibility. They created characters who were so alive they could not be confined to the printed page, but stepped out into some version of folklore.

Today, such an argument sounds old-fashioned. The epistemological obsession at the heart of modern philosophy has naturally and inevitably found its place in aesthetics and literary theory. Metafictional and deconstructionist notions are designed to deprive readers of the security of ref-

---

[3] I myself can understand this weakness, in a way, for I generally and far too often seem to find myself in a morass of fastidious qualms and misgivings that tend to tangle the language and alarm readers in their peaceful, innocent, though essentially child-like expectations of authorial authority. Sort of.

erence precisely as they deprive writers of authorial authority. These designs upon our confidence would be no more
than footnotes to a grotesque aberration of philosophical
thought except for the fact that they have taken root in the
academy, where such teratologies are allowed to thrive and
even, alas, pullulate.

Ironically and paradoxically, the enormous authority of a
system that denies the very premise of authority has grown
into a monstrous fanaticism that feeds upon itself, providing the appearance of validity by a gaudy and meretricious
show of reference. It is thus no longer possible to speak of
character as an *imprint,* as its etymology states, when the
very possibility of a molecular self has been deconstructed.
One cannot reasonably speak of character as a fixed and
abiding entity when the function of the sign has been deconstructed. Of course, one cannot speak of *anything* by
means of a deconstructed, or de-signified, sign, but this is a
paradox dismissed almost as often as noted.

And the pursuit of that paradox would lead us beyond
our present argument, which has to do with the integrity of
human character, generally, and fictional characters, specifically. But is character itself anything other than a fiction
and a name? Philosophical skepticism, as old as Zeno and
the preSocratics, questioned our ability to know anything
with certainty, and asked questions ranging from mere soph-
istries to those that still await an answer. This tradition
has remained alive all these millenia, going underground,
then appearing again, as in its most recent, startling recru-
descence as deconstructionist theory.

Like a lot of people, I don't understand much of the deconstructionist *mythos* for a quite simple reason: I don't
think it deserves to be taken seriously. If I did, I would work
at it and study it more closely; that is to say, I would take it
seriously. It seems to me philosophically no more than gaudy
and specious embroidery. It reduces the text to performance,
deconstructing the author on its way. Insofar as decadence
can be defined as a loss of the object, this shift is toward
decadence.

But that question, too, can lead us astray. My assumption

here is the common-sense view that character is a real thing; it exists. Having stated this, I will undergird it by saying that it is some form of common sense, for all its limitations, that provides the one eventual forum upon which our ideas must be judged. This is analogous to the axiom that, while not all appearances are true, all truths are appearances.

Thus it is that character is our abiding reality. It is, as Herakleitos argued, our destiny. To deconstruct the sign is to deconstruct character; but since all knowledge is problematical, then we must choose among the different options which argument provides. Wisdom, therefore, consists in choosing that which enriches the mind and provides a measure for rational discourse. All other options lead to chaos and despair. But being aware of making such a choice is being aware that reality is a sort of pretense, constructed with arbitrary signs; it is a sort of game. Of course. What isn't? Very little that you can name and base an argument on.

So we come back to, and rely upon, the idea of a morally integrated and responsible self, which enables us to have memories in which we can recognize who we are. It also enables us to think of fictional characters as beings whose truth transcends the text or texts which feature them, so that we can speak of Nero Wolfe as revealing different aspects of himself in different novels, as if he were "really" existing somewhere else, massively greater than the sum of his massive appearances.

This continuity of self is so strong that, like Sherlock Holmes, Wolfe outlived his creator. Robert Goldsborough has perpetuated the canon by writing novels closely imitative of the characters and lives created so vividly by Rex Stout. Archie Goodwin is Goldsborough's narrator, of course, and he does pretty much sound like Archie, which is to say, a wholesome, old-fashioned, unpretentious fellow, as vivid and real as Wolfe, and a whole lot nicer.

Even so, he's hardly defenseless. Having direct access to the reader, he can comment on Wolfe, whom distance allows to remain legendary. The interplay between the two contrasting personalities is always colorful and interesting.

Archie's sarcastic comments about Wolfe have bite, and here, as in the primary canon, one wonders if the fat detective, for all his intelligence, fully understands the intelligence of his sassy employee.

Archie's ironies are characteristically directed toward himself. Here is a double-edge example: "Lying to clients always bothered me for at least fifteen minutes after I did it," he says in a Goldsborough novel,[4] "which probably reflects my small-town, middle-class Ohio origins."

In these spin-off novels, Wolfe usually sounds enough like the real Wolfe for Rex Stout fans to read them with pleasure and recognition. Certainly he never blunders so grandly as to use the word "folks," which shows that even an imitation can sometimes sound more authentic than a tentative probe in the inchoate and developmental phase of the real thing.

Believing in the reality of a fictional character is not entirely different from believing in the reality of actual, living human beings. How, exactly, does our belief in the reality of a familiar television personality we'll never meet differ from our belief in, say, Balzac's old Goriot or Anthony Burgess's Enderby or Thomas Wolfe's Eliza Gant? We say the one is real in a way that the others are not. But what, exactly, *is* that way? TV personalities are no more than image-designed realities for those who will never see them in the flesh. Does this mean that their realities are essentially photographic? Fun questions, no doubt—and practically ridiculous—but philosophically not all that easy to answer.

Practically, of course, there are real and necessary distinctions that are unimportant in this context. Here, it is the reality of fictional characters that is relevant. While such a

---

[4]*The Bloodied Ivy* (Toronto [Bantam], 1988), p. 279. This is a good-enough novel, though with soft spots in its plot. It is also rather oddly named; while the site is a small college and the reference is to the "halls of ivy," the two deaths are caused by a great fall from a sort of cliff. Lethal falls, can, of course, produce blood, but they are not bloody, as are death by gun or knife.

reality suggests a plenary reality behind or within, it does not *derive* from such a plenum, as is the case with real, living people. Even the most vivid characters are abstractions created of fragmentary, isolated details. It isn't necessary to know what color Gatsby's eyes were, or whether Huck Finn had warts on his fingers from handling toads. It is no more necessary for the author to invent such details as it is for the reader to know them. Years ago, when a producer bought film rights for one of my novels and asked me what a minor character—the elderly owner of a Dairy Freeze—did in his spare time, I confessed that I had no idea. Then, seeing the disappointment on his face, I relented and said, "Actually, he likes to go roller skating."

Like real people living real lives, characters in fiction are required to adapt to contingencies of circumstance, those of plot or randomness. If a fictional character is suddenly required to demonstrate an unexpected generosity, *voilà*— from that moment on—she is generous. This is remarkably like real people living real lives, the major difference being that a fictional character is manipulated from without, whereas in real circumstances we real people are usually convinced that we are free to act from within.

All things exist in time, which means they are always changing. Some of those changes are processes of definition; the games of baseball and football have been refined through the years into the games we know. Our lives, too, are long processes of definition; visit the elderly in a rest home and look upon their features which have eventuated through long decades of refinement. Time forces us increasingly into accommodations that increasingly define us. "Become what thou art," a German proverb states.

And, as it is with the living, so it is with the invented. Nero Wolfe was an inchoate presence when Rex Stout had him say, "That was quite a shock you folks got here this afternoon." Such an innocent-sounding sentence, but so ill-conceived in terms of what we would eventually learn about that richly defined entity! Within every ideal conception, there is an Aristotelian entelechy, a final cause drawing it to its ultimate eventuation and reality. A character refined

by recurring appearances in different novels will take on greater and greater modes of definition, to the extent that there is artistry in the making.

And, it is for this reason that Nero Wolfe is one of the grand figures of fiction. We may not know what color eyes he had, or what his blood pressure was on December 2, 1957, but we know what he said and how he thought. Indeed, the second is contingent upon the first, for the great detective speaks to us, as faithfully reported by Archie Goodwin, in a lucid and masterly prose. It is always a pleasure to listen to him speak, far greater than the pleasure given to us by most so-called "real people."

In the way of good dialogue, we are enabled to see as well as to hear him. We know his characteristic gestures: "Wolfe turned a hand over" and "Wolfe turned a palm up." Thus, we are enabled to see the reality of a man lecturing to an audience raptly enchanted, an audience composed of listeners in the text along with readers who have been granted the privilege of eavesdropping, an audience that renders the question of who is real and who invented irrelevant.

As for what is said so eloquently, so clearly, so comprehensively in Rex Stout's popular mystective novels . . . that is the reportage of human speech in its highest function. To those who have never heard it in print, and have never met Nero Wolfe, all I can say is: "You folks don't know what you're missing."

4

Waiting for the Steamboat Science

IN PURSUING MY quixotic and indifferently profitable trade as a book dealer, I often leave business cards at book stores, auction houses, and antique shops. Occasionally I even stop in junk stores and leave my card, after asking for pamphlets by Parson Weems and first editions of Trollope but finding instead six Readers' Digest editions, a 1956 high-school algebra text, and a mildewed book-club copy of Radclyffe Hall's *The Well of Loneliness.* These are not the old books I want to find; indeed, as books, they're not even old.

But to be put off by probability is to show the white feather, so I leave my business cards in all sorts of places and pretty much forget about them. Now and then I wonder what percentage of these cards lead to any tangible result. One out of fifty? Perhaps, although without having kept any clear record, I am doubtful if there are even that many; certainly no more.

And yet, you can never tell; and one out of a hundred is good enough if that one contains genuinely old and rare books. Thinking back upon it, I don't regret having business cards made and leaving them behind in so many unlikely—and, it should be stated, a few likely—places. Leaving a business card belongs somewhere in the class of long-range planning. And surely no one will scorn long-range planning. I certainly won't, for reasons that should be clear after I tell the following story.

One summer day many years ago, Kay Cecil, an antique dealer in nearby Middleport, Ohio (named because it is half-way between Pittsburgh and Cincinnati on the Ohio River), told me of antiques for sale in an old house that had been put up for sale in Gallipolis, twenty miles downriver. As its Hellenic name reflects, Gallipolis is the "City of the Gauls"; it was founded in 1790 by French aristocrats fleeing the bloodbath in Paris during the French Revolution. When I asked Kay if there were any books among the antiques, she said she thought so, but wasn't sure.

"Thinking so but not being sure" was good enough, so my wife and I took off—not exactly laying a patch, as the saying goes, but not exactly dallying or taking time out to shop for a new lawnmower or dog leash, either. After all, it was only twenty or so miles, and I have traveled far greater distances for books, with far less promise of success.

The house in Gallipolis was on Second Street, backed up against the Ohio River, with the town square in front and to its left. It is an ancient dwelling for this part of the Midwest, with walls of old handmade brick, and clearly an integral structural part of a line of dwellings, divided only by inner walls. That line of dwellings had been well-kept and somewhat modernized, so that it was all very attractive, with architecture that is more common in eastern cities than in Ohio. As I remember, this particular dwelling was either the third or fourth from the square.

I have memories of Gallipolis from visits extending back to my early boyhood, when some of my mother's relatives still lived there. I remember that my older cousin, Ed Keeler, owned a tiny Austin sedan, which in the early 1930s was almost as startling a sight as a zeppelin or twelve-cylinder Cord. I can remember his taking me all over town, often stopping at a grocery named Fontana's for cold, wet bottles of Orange Crush or chocolate pop.

I remember one hot summer day in the mid-1930s, just outside Fontana's, when I saw a bright silver dime lying under a heavy iron grate in the sidewalk. Unfortunately, the bars of the grate were too close together to reach through, so I finally looked for and found a long stick, took a wad of freshly

40

chewed gum from my mouth, stuck it to the tip, pushed the stick down between the bars, pressed its gummy tip against the dime until it stuck, then lifted it out. I can't remember whether I had heard of this method for retrieving coins or devised it myself. I'd like to believe the latter. But, even if I did, there are loftier human accomplishments for one to take pride in.

Obviously, Gallipolis held good memories for me, along with a certain mystical *pietas,* for it was drenched in my sense of family heritage. Now, in the present situation and all those decades later, I regard the old association of family and place as somehow auspicious. Sanguine and superstitious people can find hope anywhere, even on Route 2 that follows the Ohio River (the two of them meandering generally in the same direction, like a good marriage—though never precisely synchronized).

So I was thinking positive thoughts as we drove southward and finally entered the City of the Gauls and parked our car across the street from the line of old brick houses on Second Street.

I remember wondering briefly whatever had become of *First* Street. I wondered if maybe it had been washed away years ago in one of the great spring floods that devastated the lowlands before dams were built to contain them.

Or maybe there never had been a street of that name, and the town fathers simply began with *Second* Street, exaggerating the town's size by employing a boosterism that is even known in the world of books, on those occasions when a first edition is labelled *second,* implying that the book is about to be a runaway best seller. The 1831 edition of Poe's *Poems* was so labelled, and for that reason.

The style of these old dwellings suggests that they might date back almost to the "gallant French Five Hundred," the sadly deceived eponyms who settled Gallipolis in 1790. Those idealistic souls, filled with Rousseauian visions of nature as an elegant and benign park, were cozened by men in the Ohio Company to come and settle on the banks of the Ohio and thereby escape the horrors of the French Revolution. It seems they had actually dreamed of some kind of Eden, where they

41

might eat breadfruit from trees and dance the minuet in the Ohio woods, having no conception of the brutal extremes of temperature in that primeval forest, accompanied by snow, sleet, rains, floods, insects, hostile Indians, and an assortment of wicked and deadly fevers that were enough to darken even enlightened minds. The fact that one of the cozening scoundrels who lured them into the wilds was named William Playfair seems a bit much; but it's true, anyway.

Putting such speculations aside, I went up and knocked at the door and was admitted by a pleasant, middle-aged woman, who was obviously comfortable with people stopping in to look at the house's contents. She saw my wife in the car and asked me to invite her in, which I did. Then she showed us some interesting furniture, including a few handsome antiques.

When I asked about old books, she nodded and went to a chest of drawers, withdrew several things, mostly without interest, until she took out a Civil War period manifest of the *Steamboat Uncle Sam,* on the Mississippi, and an old and worn account book bound in marbled boards. I opened the latter and read on the paste-down verso:

STEAME BOAT
SCIENCE
ESCPENCEBOOK
1836.

At first glance, I knew that these were things I had to own. So I asked her what she wanted for them.

"Oh, I can't sell them," she said. "You'll have to talk with Ike Wiseman."

"Who's he?" I asked.

"He owns the place. He's a realtor in town. I'll give you his phone number."

Which she did, then let me use the phone. I was told that Mr. Wiseman wasn't in his office, but was expected momentarily, and if I liked, I could go directly and wait. Which I did, too, and then shortly met Mr. Wiseman, a friendly fellow who wasn't sure he wanted to sell the old steamboat materials.

When I offered him $100, he seemed impressed, but didn't want to make up his mind at that moment. He said he'd think about it.

I thought about it, too, although I didn't say I would. Instead, I pocketed his phone number and drove home, telling my wife how determined I was to have those things.

"Oh, I know," she said, but then relented and admitted that they were fascinating.

The purchase, however, was not as imminent as I'd hoped. In the following years, I phoned Ike Wiseman every six months or so, but with no success. Still friendly, he increasingly sounded less sure about the materials. It wasn't that he coveted them especially; he just didn't know where they were, after the house had been sold, and he wasn't sure when he would have an opportunity to look for them. He hoped I understood. I said of course I did, lying through my teeth, as they say, but no less determined to possess those old riverboat memorabilia.

And then. perhaps five or six years later, when I called, Ike surprised me by saying, yes, he'd found them, and I could have them for $100, if I was still interested. I assured him that I was, after which I drove the fifty miles from our home in Athens to Gallipolis to pick them up.

Collectors often remark upon the contrast between the sudden thrill of acquisition and the more sedate pleasures of possession. But the contrast is not between contraries, after all, but between phases in our relationship with a coveted object. Furthermore, the two phases are transactionals, one dependent upon the other. Thus, the thrill of acquiring the expense book of the *Steamboat Science* was colored by the anticipation of possessing it, as the latter is warmed by my memory in acquiring it.

But there is another dimension: Having possessed something for years, and coming upon it during a foray into one's possessions, one can relive the passion of the original conquest, and be warmed by it. It was this way recently when I again came upon the old expense book, and leafed through it. Here was an early record of a steamboat named *Science,* a word less specialized then than now, referring more to knowl-

edge generally than to those more stringent disciplines once known as "natural history" or "natural philosophy."

That date on its front paste-down notwithstanding, the recto facing it announces:"From Louisville to Pittsburgh, Trip No. 1, 1835, Sept. 17." So the title was either added later or written in the spirit of sanguine expectation, an expectation verging upon *hubris* in a day when steamboats were in chronic danger of running aground on mud bars and ramming floating trees and sinking, or perhaps merely exploding from having their governor tied down to make more speed.

The progress of the *Steamboat Science*, however, seems to have been more stately than rapid. And yet, her progress was respectable, averaging more than 100 miles per day going upstream, making the six hundred-mile trip and arriving on the morning of the sixth day the 22nd of September, at Pittsburgh, where she paid a $2.50 wharfage fee, along with a serious expenditure of $23.00 for repairs. She was, of course, a woodburner, and paid from $1.50 to $2.00 per cord.

The dense hardwood forests lining the river provided a natural fuel, and there were plenty of men to fell the trees, cut and saw them into logs and pile them on the banks, awaiting the patronage of the next hungry steamboat to leave the channel, nose into the bank, and take on wood for her boilers. Unlike other prices, which were generally proportional to population density (overnight wharfage fees varied from $4 at Louisville to $1 at Portsmouth), labor seems breathtakingly cheap by later standards. Before her first departure on September 17, it is recorded that "1 hand to help load" was paid 19 cents; in contrast, a whopping $3 was paid either for "boat's ink and paper" or "books ink and paper"—like poetry, the handwriting allows for interpretation. But, whichever it was, the purchase might well have included my very own copy, the one I eventually managed to buy from Ike Wiseman.

Two dollars were spent that first day on "decanters and pitcher"; and several days later, $1.75 was paid for "decanters and glasses." These entries are curious in two ways: first, while there are listed expenditures for foodstuffs, generally (ten dozen eggs were bought for 89 cents on the 22nd), I

found no reference to strong drink on the trip, an astonishing omission in that besotted age.

Is it possible that J. Weaver, the old boat's master, was a temperance man, a soldier in the "Cold Water Army"?

Perhaps, although it's doubtful, for an entry several pages later lists $2 "paid for liquors." And, given the prevailing prices of the time, $2 would have bought enough booze to stun a regiment or make a Quaker sing funny songs. Once having broken the silence regarding the purchase of spirits, the expense book now gives liberal documentation. The fifth entry below reveals that 25 cents had been spent for liquor. And then, near the bottom of the page, in what seems like a confessional orgy, $1.88 is reported as being spent for "Whiskey & Gin & Bitters"; and in the next entry, $1.87 for brandy. It must have been some party.

But we'll never know exactly when or where that party took place, because these entries are undated, surely a curious omission for an expense book. As for the *Science's* location, she must have been somewhere between Maysville, Kentucky, and what was then "Parkersburg, Virginia." How could such essential information be omitted? Was the expense viewed as so limited, so ephemeral, that no thought was given to long-range usefulness? Or had the captain and crew personally taken on all that liquor, along with the cords of wood, and no longer gave a damn about where they were or what day it was?

In which case, some party indeed.

So far as I know, this expense book of the *Steamboat Science* is the only evidence that remains of its existence. I can find no reference to it, or to its master, J. Weaver. Neither *Way's Packet Directory, 1848–1983,* nor *Way's Steam Towboat Directory*[1] mentions boat or captain, although the former lists two later steamboats named *Science,* one commissioned in 1860 and the other in 1869. Of course, as its title indicates, it does not list boats prior to 1848; still, it

---

[1]Ohio University Press, Athens, Ohio (1983, 1990).

might have provided indirect evidence of the older boat, or perhaps its master.

As for my book, its testimony seems to end with the entry of August 1, 1836, with only six things listed, followed simply by "Weaver," in a different hand, presumably the captain's. Only two lines above that, however, there is this unmistakably clear, though interestingly inscrutable notation: "6 hours fright" followed by 75 cents. If this were a story of the supernatural, something could be made of that, but since it is a sober account of real and measurable happenings, such a temptation should be resisted.

Nevertheless, there are mysterious elements remaining. For one thing, that end is not an end, after all. Near the *real* end of the book, fifty-four blank leaves later, upon the verso is written: "Rec. August 3, 1836 of S.B. Science three dollars and ninty cents in full of all demands," X'd by "Davied-Finley, his Mark." This is followed by ten similar receipts on this and the next page, four of them signed with an X. On the page after that is the record of an apparent trip to Wabash (Indiana) in March, with accounts listed as elsewhere, and in the same hand. Why the accounts of that trip were put in the back is unclear, like so much else contained herein.

Being possessed of a fiction writer's imagination, I thought that the *Steamboat Science* might have exploded, ending the record with dramatic finality, with the book being retrieved somehow, perhaps after it was thrown a hundred yards into some thorn bushes by the blast. But those last entries of August 3 suggest another finality: that she was sold, and her debts liquidated. Who those eleven named men were is uncertain; it's not likely they were crew members, for they don't match an earlier list, in the front of the book, beginning with J. Weaver himself. But, whoever they were, they were paid off in what was a final settling of accounts.

Or perhaps the *Science* had been mortally damaged, its usable parts salvaged and the remainder parked somewhere up a creekbed to rot in peace. One would have hoped for some reference to a mishap, but there is little justification for such a hope because this is an expense book, not a logbook—much

less a personal diary. The information it provides is minimal and invites inference.

Not that we are entirely helpless. Two pages before those first references to liquor, for example, there is a charge of $13.70 for "damaging a ferry boat." There must be a story in that. And surely another story on a whopping $145 paid for carpenters' work in Cincinnati, an amount that would purchase a handsomely built Federal-style house in the Ohio Valley in the 1830s. The carpenters' fee is followed by a blacksmith's bill for $2.75 and $70.00 "paid for Chimney at Cin."-—presumably a new smokestack.

But, in the last analysis, all of these references are hopelessly obscure, throwing us into the quicksand of speculation. Did the *Steamboat Science* sink in some deep channel, or perhaps run aground onto a shoal of real, nonmetaphorical quicksand? If so, her expense book was obviousiy salvaged; although if the boat had exploded, the book's retrieval would have been difficult, maybe impossible. The answer was no doubt implicit in the terms of the final settlement on August 3 to those eleven men, but those terms, too, are missing.

Finally, however, it seems most likely that the *Science* was sold and continued her existence under another name. This is a pleasant thought, suggestive of rebirth, in the way of the book itself, whose entries seem to end near the front, but then appear briefly at the very end in a sort of curtain call. And yet, if the *Steamboat Science* was *not* reborn and renamed— if it exploded or sank—its career as a vessel of commerce was very short indeed, shorter by far than the term of my negotiations with Ike Wiseman, which as a collector I also think of as eventuating in a sort of rebirth.

As for its career under another name, the old steamboat could well have lasted thirty or forty years: it might have been commandeered to run supplies for the Union forces in the gray mid years of the Civil War—to Grant's army at Vicksburg, perhaps. It might have done almost anything, of course, which is the vivifying spirit we all look for, in one way or another. We yearn for symbols of power and openness, which is what money is, in its function as an elemental symbol of

futurity. We sense this power and openness implicit in idle speculations of all sorts, the kind that constitutes their special genius. It is, after all, what makes the possession of the expense book of a long-forgotten 1836 riverboat worth working for and waiting for.

5

Colloquies in a Pagan Land

REMINISCENCES AND OPINIONS
OF AN OHIO FRONTIER PREACHER

At some unknown date in the early 1800s, an old man named William Hunter died, and his passing was described as follows: "A few minutes before death (not being sick), he called in the family to bid them farewell, leaned back in his chair, praising God aloud, and died without a pain, aged nearly one hundred years. The mortal remains of this holy and happy saint lie on the high hill just east of the city of Zanesville [Ohio], without a stone or mark to denote the resting-place of so good a man."

Today, William Hunter is almost, though not quite, as obscure a figure as that population of a hundred billion or so people who once lived but are now utterly forgotten. And yet, he once had a certain local renown in Zanesville, for not only did he live for almost a century, but he could remember the time when John Wesley had visited his house in Ireland, and stood up in a large armchair to preach, afterwards placing his hands on the heads of each of William Hunter's three children, blessing them and their children to come.

That brief account of Hunter's holy departure is taken from *The Life and Times of Joseph H. Creighton, A.M.,* who, the title page informs us, was "Of the Ohio Conference." We are also told that the book was "Written by Himself and His Friends," and published in Lithopolis, Ohio, in 1899. But who was Creighton, and why should we want to know about

49

him? He was a nineteenth-century Ohio physician and minister and, through his mother, the grandson of the venerable William Hunter. Wesley's blessing may have had an effect, for by 1899 Creighton had become sufficiently famous to have his biography published, with a run of perhaps three or four hundred copies, probably offered at something like a dollar apiece.

Today, this would be a bargain for two reasons. The book is a small handsomely designed octavo, bound in sober gray linen with the title in a chaste gilt type on the front and spine. The text is well-printed on inexpensive wove paper, and the table of contents is so detailed that it is almost a page-by-page abstract of what is to follow. In short, here is one of that select class of beautifully crafted books printed from 1890 to 1910 that deserve to be collected as artifacts, even when their content is not deserving of respect.

But Creighton's book would be worthwhile even if it were printed on pulp paper and bound in art deco cardboard, for it is the product of a man possessed of strong convictions and vivid memory. And, as the table of contents indicates, he was a man unafraid of forming opinions in all directions, ranging from "Tobacco and Heart Disease" to "the Newspaper"; from "Swedenborgianism" to "Mnemonics"; and from "Temperance in Pagan Lands" to "Woman's Nature." One of my favorite pieces is titled "What To Put on a Tombstone." Its basic message is, "Choose your words carefully and make it short."

But, as with all readable biographies, it is the stories that matter. To tell and hear stories is our abiding human need. Without stories, our full humanity would remain untold. Gossip, while almost always maligned, is nevertheless food for our famished spirits. We know this is so, but are ashamed of the fact. We need stories because they are weighted with human truth. They point to our essence, connecting beginnings and ends. What could be more interesting or more important?

In this regard, Creighton's book is worthy, for it is filled with anecdotes. For example, those who have not read it may know little about "The Resurrection War," as it raged—which

is to say, *didn't* rage—in central Ohio in the late 1830s. There were corpses in this curious war, but no casualties. The scene of the nearest thing to a battle was the Worthington Medical College, "the oldest medical college in Ohio," eventually moved to become the medical school at the University of Cincinnati. It was in 1837 that Creighton matriculated, just in time to take part in the action.

This was a day when allopathy and homeopathy were themselves at war. As thesis and antithesis, these two theories of healing were locked in a dialectic struggle, awaiting their gradual synthesis over the next century. And generally, so far as the arts of healing went, the 1830s were a time of Chaos and Old Night. Bleeding still played a major role in therapy, and there was a bullmarket in cadavers for anatomy courses. So it is not surprising that the college evoked a certain distrust in the community, a distrust exacerbated (in Creighton's words) "by the careless way in which subjects for dissection were obtained."

Obtaining subjects for dissection? We're talking about body snatching here; and the local citizenry knew it, and were wrathful and indignant in their knowledge. So when it was learned that a posse had gathered to march on the campus, the college prepared to defend itself. The scene is one of great interest: a body of medical students arming themselves to defend a raid of citizenry intent upon stealing their cadavers. Creighton wrote as follows: "The students and their friends by chance got word in time . . . to prepare themselves with pistols and shotguns and every kind of firearm they could get, and fortified themselves in the college. When the opposers came, the students were ready for a fight. A lawyer by the name of Powell, from Delaware, made a speech, and the crowd outside was large and enthusiastic; but it was not safe to make an attack, for undoubtedly those young Esculapians inside would have fired if the attack had been made."

Here is an interesting variation on town/gown relations, but, essentially, we can understand it. Only where were the faculty, during this threat upon their domain? And where was the rhetoric about university-trained infidels and/or in-

tellectuals? And where the counter rhetoric about "academic freedom"? Creighton does not mention such things, But I would like to think they were present, to help us understand that people were then as gifted in hypocrisy and gaseous muddlement as today.

After graduating, Creighton practiced medicine for a while, but then studied to become a minister. He must have been a good preacher, for he could tell lively stories. Many have to do with the inevitable clash between frontier and Christian values. The Midwest of the early circuit riders teemed with ruffians who were determined to humiliate preachers or, if there were no preachers handy, the nearest available school-master. Some of these preachers, like Billy Cravens,[1] would subdue their critics by brute strength, but Creighton was frail and had to rely upon subtler methods.

His neatest riposte was at a revival in Johnstown, Ohio, reported as follows: An "infidel schoolteacher, by name of Doud . . . said that religion was only for the weak and tim-orous, and gave as proof of this that there were more women than men at the altar of prayer. Creighton, hearing of this remark, answered it the next evening, by telling that he had been invited to preach to the convicts a few weeks before in the Ohio Penitentiary, and he found that there were five hundred men and only four women. 'Now,' said he, 'if you will tell me why this great difference there, perhaps I can tell you why there is some difference here.'"

This is Creighton's book, so we must expect his anecdotes to be like that one—edifying, but edifying only in one direc-tion. Indeed, as judged by the evidence, this man's righteous-ness was a perpetual wonder. Having hired a feeble old Irish-man to saw wood, Creighton remarks that he was "hardly able to follow his business, and worked with a very dull saw,

---

[1] I have written about this man in "Adventures Following Old Trails." a section of *Booking in the Heartland* (Johns Hopkins University Press, 1986). Cravens was so strong that, after he'd picked up and thrown a non-believer over a fence, his chastened antagonist asked if he wouldn't throw his horse over after him, so he could depart in peace.

and smoked almost all the time." Creighton eventually started to catechize the old man, leading him point by point to his climactic question: "'And don't you think you would be stronger and feel better if you did not smoke so much?' To which the old gaffer answered: 'Indeed I do, sir. I know that right well. Indeed, I hiv not had a twelvemonth's good health endwise since I come to Ameriky.'"

Although Creighton won his argument, I would have liked him better if he'd kept his mouth shut, rolled up his sleeves, and helped the old fellow rather than stand there and lecture him. Still, this is no doubt chronocentric of me, for in that day of genteel prejudice a minister of the Gospel voluntarily helping out someone he'd just hired to do manual labor would have been as unseemly as playing the sweet potato or dancing the Hokey Pokey.

Irishmen were fair game for ridicule in Creighton's world, and he seldom neglects an opportunity to make fun of them. He reports on an Irish funeral in which all the mourners were obstreperously drunk. When the procession was two miles from the graveyard, the corpse was spilled out of the casket, and not discovered until they'd arrived at the burial site. Creighton's ridicule of this Hibernian chaos is an interesting contrast to his treatment of an old black man who had once been a slave and was now destitute. He invited this old man to dinner, and then helped him retrieve some money that a church on the East Coast had raised years before to help him free his daughter from slavery.

Given Creighton's contempt for Paddy, it is no more than poetic justice that his own book should contain a midwestern, nineteenth-century Methodist version of an Irish bull. Near the end he wrote: "It is a belief that no Christian can live without sin *till after he is dead*." Because the italics are in the text, this could no doubt be interpreted as whimsy or high rhetoric, but the prevailing tone of the book does not support such a view, for, while there are many jests, none are about religion.

Creighton was not an entirely likable man and yet he knew how to tell stories. One of his best is about Charley McCabe. Creighton respected him, which means he either wasn't

aware that McCabe bore an Irish name, or had forgiven him for the fact. "His singing charmed everybody that heard him," he wrote, adding, "He was also a very eloquent preacher. When the State was enlisting soldiers for the Union army, his songs had greater power than the eloquence of any speaker."

But Charley was himself caught up in the spirit of the times and enlisted as chaplain of the 122nd Ohio Volunteer Infantry regiment, marched south into battle, and was eventually captured and sent to Libby Prison. "Such was the charm of his wonderful voice," we are told, "that the rebels would stand entranced while they listened to his songs."

Then, in his private journal, Creighton recounts their next meeting in Chillicothe after the war. "Charley McCabe came to my house last night, about dusk. He was right from Libby Prison. We hardly knew him. His hair was shaved close, and he was quite emaciated. His skin was very dark, and, with his great heavy eyebrows hanging over his sunken sockets, he looked more like a Pottawatomie Indian than our sweet singer. But his hair soon grew out, black and sleek, his voice returned, and he went on his way rejoicing."

Then there are the travel stories. Steamboats often provided adventure in those times, and one night in 1867 Creighton himself was a passenger on the *Dexter* when it hit a snag in the Ohio River near Ironton and sank. Most of the approximately forty passengers managed to get ashore, but their ordeal was not over. "When on shore," Creighton wrote, "it was so dark that we could see nothing at all; but we moved slowly up the bank, and over fences and through the weeds and brush, till we saw a light. When we came to the light, I called out to the man of the house, who answered us. I then told him what had befallen us, and that we wanted shelter. He said, 'You can't come in here.' But I said: 'We can. Here are a good many women, and they are wet and cold, and they must have shelter.'"

But our hero's capacity for taking an easy moral stand would not have had an Irishman's chance if he'd been a passenger on the *Buckeye Belle* when it exploded in the lock at Beverly, on the Muskingum River. Creighton heard about

the explosion and was mightily impressed, reporting that the blast was so prodigious that it threw a piece of the boiler two hundred yards onto the bank, "where it killed a rabbit and set the leaves on fire." Obviously that rabbit's time had come, although for some reason, Creighton didn't make much of the story.

One of the book's chief ingredients is whiskey. Distilleries were everywhere in those days, and practically everybody drank. To raise a barn was to ply the volunteers with peach brandy, and hope they didn't tumble off the rafters. There were even a few Methodist preachers who got so drunk they could hardly thumb open a hymn book. Still, the Methodists took a leading role in trying to sober up the Midwest, and in this respect, Creighton was typical of the breed.

Also typical is the monitory parable that features slumbering wickedness awakened, inflamed, and inspired by the satanic fumes of booze. The following account should be told in Creighton's own words:

There was a great murder case here this year. Two men—Price and Spear—murdered a shoemaker and liquor-dealer in Ironton. They first became quite under the influence of whiskey; then they went to the shop and one of them cut the man's head open with a hatchet, and the other cut his throat with a shoe-knife. They thought that as he sold liquor and made shoes he must have money, but they found only fifteen cents. For several days no clue could be found to the right persons; but the marshal, knowing these men to be desperate characters, pounced down upon one of them (Price) on suspicion, pretending to know all about it. The man then confessed everything, and told the marshal who his accomplice was; and as they were returning to Ironton he detailed the whole tragedy. At the trial in the court-house there were the bloody hatchet and knife, and the dead man's bloody clothes, and the bottle of whiskey, or what was left of it. Price was hanged, and Spear (the worst of the two) went to prison for life.

55

How it happened that the "worst of the two" got life in prison while the other was hanged isn't explained. Maybe the administration of justice was no clearer then than it is now. Still, it doesn't make much difference at this late date. And committing a murder for a reward of only 15 cents has to be something of a record, even though 15 cents would buy a lot more in those days than it does now.

Of the Indians, Creighton wrote: "When they first saw a steamboat they were filled with amazement and fear. To see the great *scutichemon* (fire canoe), as they called it, moving up the strong current of the Mississippi without oar or paddle, eating fire and breathing smoke, they felt subdued and confounded before the men that were so superior to themselves." Typical of his time, Creighton does not bother to attach a tribal designation to these "Indians." Probably he didn't know what their tribe was and couldn't see any reason why it should matter.

I must forego other interesting stories, such as those about Daniel McCartney, "a mnemonical prodigy," Irish name notwithstanding; the lawsuit over $10 and a Christmas tree; Creighton's first sermon in Newark, when the first three who came forward to swear their faith were "an Indian, an idiot, and a harlot"; or his early nineteenth-century version of a drunken driving case—the culprits being two boozed-up drivers who almost dumped their stagecoach into the icy waters of Alum Creek, north of Columbus. These stories await you if by some unlikely chance you ever come upon Creighton's book.

And yet, I can't entirely leave without referring to the wonderful extraordinary names. I speak of Morgan Hedges, "who would not sell his corn for whiskey"; and of Dr. Muttoon—his name rhyming with *spittoon*, this insensitive scoundrel found fault with Creighton's first sermon. Then there was Reuben Tinker, ten years a missionary in the Sandwich Islands, not to mention Uriah Heath (that's right, and it can't be helped; but you should remember that Creighton was a contemporary of Dickens, so the two of them were no doubt subject to the same social, or perhaps celestial, astral, and onomastic influences in naming their characters). Add to

these, Granville Moody and Jason Bull, both men of the cloth. And last, but far from least, there was the girl who would become Creighton's wife; I speak of Adelaide Frisbie, whose marriage ruined the perfection of her name.

Could any book with such a *dramatis personae* be found negligible? Hardly. But we can't tarry over these names, for there is something else about Creighton's book that needs to be explained, and it will not wait any longer. While stories are essential to a good biography, there are stories that are not immediately identifiable as stories; they can sneak into forms of discourse that we tend to think of as far too sober and dignified for such foolishness. Indeed, they can crop up anywhere, at any time, in articles, essays, and dialogues of all sorts, sober or not. Creighton gave his talents to all of these, but one especially deserves our attention.

Creighton wrote a great many articles in the form of colloquy, the text informs us, and so much is correct. He wrote colloquies on ritual and psychology, water baptism, and the habits of bees. I don't blame him for liking to write colloquies. They're fun to write because one has only to create an antagonist who says the precisely right things for the protagonist to demolish him at every turn of the dialogue. And, after being demolished, like the fox in the Roadrunner cartoons, or like Beetle Bailey after he has been destroyed by Sergeant Snorkel, this antagonist will gather his bodily parts, stand up, and look as good as new—ready to ask another brittle question.

Here is one of Creighton's dialogues, written before the canals in Ohio had been replaced by railroads. If you listen carefully, you will detect Creighton's stand on canal building, and perhaps even on politicians.

Colloquy on the Ohio Canals

Q. What is the chief end of the Ohio canals?
A. To furnish offices for men of our party.
Q. Which party do the canals belong to?
A. To the Republicans when in power, and the Democrats when *they* are in power.

Q. But has the State of Ohio no title to the canals?

A. The State pays the bills after great breaks, and pays the officeholders and all deficiencies.

Q. But we have a very encouraging report every year, endorsed by the governor.

A. Yes, by the men that get the salaries and manage to keep them.

Q. But is this great internal improvement that cost more than ten million of no profit to the State?

A. No, it never was; and while mud is softer than steel, it never will be.

Q. What amount is lost to the State every year?

A. About a hundred thousand dollars.

Q. Why does the governor endorse the old nuisance?

A. He is a politician.

As satiric dialogue, this isn't bad at all. We can feel the heat of an indignant taxpayer even over the span of a century and a half, long after we can fully understand why the canal issue was once thought to be a serious one, worthy of earnest and partisan (if not necessarily rational) debate.

Elsewhere, Creighton exerts his imagination differently, visualizing what it must be like to live inside the heads of animals. His short piece titled "What a Horse Would Say If He Could Speak English" shows a certain lively fancy, along with a capacity for sympathy that Indians, Irishmen, and politicians could hardly credit. One of these fancied messages from a horse is: "Don't hitch me to an iron post or railing when the mercury is below freezing. I need the skin of my tongue." And another: "Don't lend me to some blockhead that has less sense than I have."

Although he could sympathize with the horse of flesh and bone, it was the iron horse that inspired Creighton's passion. It is true that this passion is somewhat darkened by the shadow of doctrinal and racist prejudice, but it seems genuine enough. Here is a sample from his piece titled simply and correctly, "The Locomotive":

The heathen don't like a locomotive. It is a Christian

thing, invented by a Christian. The Chinese say it will disturb their ancestors when they are buried. I can say for myself, bury me anywhere. Let the grand iron chariot, with polished harness and fiery heart and vehement breath, roll over the place where I lie. It is a Christian contrivance—not developed, but made. It "runs to and fro, and knowledge is increased." I like to be where it is, and to hear it whistle and whirl. It is wings for me. It is greater and stronger and swifter than the heathen's white elephant, on which kings ride. It is giving employment to thousands and it is pushing its headlight far out over this slow and ignorant world. It is crossing the Sahara, and will soon whistle and scream liberty and light afar among earth's weary footmen.

Reading this, one realizes that deep within Creighton's spirit there lived a poet. Well, maybe not a *poet*, exactly, but an orator, at least. The passage also clarifies his earlier reference in the canal piece to mud being "softer than steel." Could the old rascal have owned railroad stock and exercised his authorial authority to point readers in the direction of destiny, if not righteousness? Why, it seems no less than likely; and I doubt that he paused to fuss over the casuistry in separating an apparent statement of principle from tangible, personal gain.

It is obvious that oratory was all right, to Creighton's way of thinking; and it was possible that even poems had their place in the scheme of things, at least poems that scanned, rhymed, and had a moral. But "stories" were something else entirely. He makes his views clear in his "Colloquy on Fiction," which comes near the end of the book. The preamble to this piece gives a pretty good indication of what is ahead, and you will not be astonished to learn that Creighton had a lifelong aversion to "story books." In his mind, fiction was classed with deception and lies. He thought of it as one of the great hindrances to education, religion, and regard for truth. He found it especially damaging to young students,

and judged it to be "an evil much practiced and least reproved."

What *is* this? I thought this was the way you were supposed to talk about televison! But *reading?* I speak of any kind of reading—even reading the dime novels that Creighton is obviously (I *think,* obviously) thinking about. Many of us today would be grateful to have the young wasting their time over books filled with the adventures of Wild Bill Hickok, Pawnee Bill, and Ned Buntline; what an improvement over just about any contemporary adolescent pastime you can name!

Colloquy on Fiction

Q. What is the chief end of fiction?

A. To make money, and get honor and praise.

Q. Why do so many people read so much fiction?

A. For immediate pleasure and gratification, but not information.

Q. But does it not inform the mind and discipline the intellect?

A. No; the mind is not strengthened or enriched with knowledge. It is not intended for that, but for ease and present enjoyment. Fiction writers make no discoveries, and add nothing to any branch of usefulness.

Q. But does it not give young people a taste for reading?

A. Yes for that kind, but a distaste for what they ought to read. All the time they are reading fiction they remain in ignorance. Whisky is not for nourishment.

Q. But do we not find great scholars sometimes fiction readers?

A. Not often; they seldom touch a novel. If they had done so, they would not be great scholars. Fiction reading will handicap a college student, and ruin him.

Q. But it helps the imagination?

A. Yes, and sometimes helps the young reader to such a romantic state of mind, that he finds himself in the penitentiary or on the gallows.

Q. But the imagination may be turned upon good objects?

A. That is not the object. A habit of dwelling on what is not true can not enhance the value or love of truth.

Q. But great men write fiction?

A. Yes, and some of the sharpest things are said against fiction by these writers. Goldsmith, who wrote *The Vicar of Wakefield,* in writing to his brother respecting the education of his son, uses this strong language: "Above all things let your son never touch a novel or romance . . . Take my word for it. Take the word of a man who has seen the world, and studied it more by experience than by precept. How delusive, how destructive! They teach the youthful mind to sigh for beauty and pleasure that never existed. Such books teach us very little of the world." Bulwer, in a letter to a gentlemen in Boston, said: "I have closed my career as a writer of fiction. I am gloomy and unhappy. I have exhausted the powers of life, chasing pleasure where it is not to be found."

Q. But can a lady or gentlemen be fit for society unless they read fiction?

A. Extensive knowledge makes good conversers, but fiction shuts out knowledge and substitutes matter that can not be used.

Q. But a person must have something for pleasure?

A. The heavens above and the earth below are full of wonders, and give the greatest pleasure to any that will look that way.

Q. But is it not generally said that fiction is one way to teach morals?

A. Yes, so it is said, because something must be said to defend what can not bear examination. When a man is drowned in the river, we never look for him up the stream.

Q. But is it not a strange fact that nine-tenths of the books taken from the public library are fiction?

A. Not very, when we consider that we are a fallen race. Wide is the gate, and many go in thereat."

Q. But church papers publish fiction?

A. Yes, they have come to it to get subscribers and please the young people. The best minds do not read it. Sometimes young people read this, and to them it is the A B C of the cheap tales that keep girls up till midnight, and train boys for crime.

Q. But *Uncle Tom's Cabin* was useful to do away with slavery?

A. It was not much read where the slaveholders lived. The war was not to abolish slavery, but to save the life of the Nation. Slavery was not voted out. It was a war expedient.

Well, this is an awful way for a natural storyteller to talk. But there it is, black on white—as clear as print can make it.

And yet, whatever you think of his arguments, you have to admire the passion with which Creighton held his views. Well, *admire* is too strong; perhaps *be impressed by* is better. But, like most of us, he tended to get a bit confused when he heated up, which made him miss the point, now and then—even when he was providing both sides of the dialogue. Take for example his response to his own straw man's question about *Uncle Tom's Cabin.* The fact that the slaveholders didn't read the novel has nothing to do with a claim that it might have been "useful to do away with slavery." Every school child knows that Creighton was right in saying that the war was to preserve the Union. This has long been the accepted view, seen as a corrective to the idea of the slavery issue as a direct cause. Nevertheless, what "the slaveholders" may or may not have read is irrelevant, for great populations in the north *did* read the book, and there is no question but that *Uncle Tom's Cabin* helped fire the abolitionist cause, providing both symbol and sentiment for it. And nobody has ever gone to war without symbol and sentiment.

And yet, how could this man who knew a good story when he saw one, and knew how to tell it with a certain economy and style—how could he inveigh against fiction as he did? Was he utterly unaware of how even factual stories, if they

are well told, must necessarily employ fictional techniques? Probably he was. He may have thought that any story told about something that "really happened" was essentially worthwhile, and possibly edifying—especially if it had Indians, Irishmen, or whiskey in it as bad examples. Like most who think of themselves as practical-minded he was probably unaware of how a simple true story can be altered in the telling, through narrative modulations that are so subtle people seldom know that they are being manipulated as surely as if they were reading about *Buffalo Bill's Pawnee Pard, or the Comanche Captive.*[2]

One of the most interesting features of Creighton's exhortation against fiction is all the heat and smoke it generates. This man is inspired by a wrath of the sort once called "righteous." Is it possible to infer from so much anger a dumb awareness of how threatening, therefore powerful, fiction really is? Can we sense an unconscious dividedness in this man, one of whose natural modes of expression is colloquy or dialogue?

Since Creighton's abhorrence of fiction is so obvious and his prose is so often humorless and edifying, his book would seem an unlikely ground for imaginative growth; but such wildflowers do crop up, and their appearance is always a little surprising. Sometimes one is not quite sure whether the humor is intentional, as in his "Bee Catechism," a dialogue that ends as follows:

---

[2]I have the framed cover of this hanging in my office. It is so lurid it possesses a kind of fascination. It pictures Buffalo Bill choking a white man dressed as an Indian. How can you tell it's a white man? While dressed in the full ceremonial garb of a Plains tribe, this "Indian" has a thick beard. I'll let the caption of this banquet of violence and/or action tell the rest; "Buffalo Bill reached for the bearded throat, and bore the renegade back on the ground. At the same instant, the cold muzzle of a revolver was pressed against Buffalo Bill's neck. Bang! but this report came from another revolver, and the Indian toppled backwards." Who shot the real Indian in order to spare Buffalo Bill as he chokes the fake Indian? A pretty damsel. She is shown holding a revolver in her extended hand. And who was the publisher of this prose epic? It is No. 150 of Street & Smith's *Stories Devoted to Border History,* no date. Price 5 cents.

Q. How do you prevent a swarm of bees from going off?

A. Give them plenty to do at home

Q. Who are the great bee servants of this country?

A. The men who don't use patent hives and don't care for moths.

Q. Are bees profitable?

A. Not to those that buy patent hives.

Nevertheless, there are other occasions, similar to those documented, when the whimsy is obviously intended; and we have to conclude that, while Creighton may not have approved of fiction writing in principle, in practice he was not only able to tell a good story, he probably couldn't refrain from doing so. He was not only vulnerable to those imaginative excesses that are often thought essential to fiction, he even goes completely overboard into something that is very near to being poetry. He breaks out into what used to be called *song*. I speak of verse.

Specifically, I speak of sheer, uncompromising, plain, homespun, downright frisky doggerel, as in the piece which follows:

A Lawsuit

Two farmers quarreled about a cow,
Almost resulting in a row,
Each ambitious of his case,
Was ready for a legal race.
Two lawyers gladly took a hand,
And each his client told to stand.
Reckless of trouble, time and cost,
Each thought his case could not be lost.
"That cow is surely mine," said A.
"'Tis not," says B, "but mine, I say."
The lawyers on each side are calm;
Their fees are sure, and all the same,
Whichever way the case may go,
The lawyers reap what farmers sow;
The one is pulling at the horns,

With desperation in his loins;
The other pulling at the tail—
The lawyers milking in the pail.

Now, with that lively lyric, we will leave the world of Joseph H. Creighton, and return to that far more sensible and rational world in which we now live, thankful that we have learned so much since the days when whiskey and dime novels—not to mention Irishmen and Indians, lawyers and canal commissioners, and a variety of other sinners—troubled the mind of the righteous and drove them to excess of speech.

6

The Poetry of Definitions

THERE ARE VARIOUS sorts of books I am in more or less chronic danger of beginning to collect. Some of these have already staked out small territorial claims in my library, skulking in clusters, awaiting some decisive act in which I either give up and start collecting them in earnest or dispose of them. What sort of books are they? Well, early illustrated books, medical treatises, herbals, and law books; nineteenth-century memoirs of American actors and newspapermen; old criminal records and memoirs of famous rogues (a class sometimes referred to as "scalawagiana"); old atlases, along with other books with charts and maps; dictionaries; first editions of whole populations of authors whose works I find somewhat interesting, and might find a great deal more so if I were to concentrate upon them as meaningful collecting requires; and— well, you get the idea. This is a list with no clear end in sight.

But, in my present essay, I will focus upon only one type of those I've listed: dictionaries. With perhaps twenty dictionaries for use as reference works, I nevertheless have only three old enough to have antiquarian interest: a sixth-edition copy of Samuel Johnson's *Dictionary of the English Language* (London, 1778); Nathan Bailey's *An Universal English Dictionary* (an utterly disgusting copy, its leaves foxed and smeared with black mold and missing the lower half of the title page, therefore date unknown, but early eighteenth-century); and a first-edition copy of Noah Webster's *A Compendious Dictionary of the English Language* (Hartford and New Haven, 1806).

Although these are all respectably old, all are in less-than-desirable condition. Johnson's is an ex-libris copy, in fact, with a perforated university stamp on its title page, and Bailey's is in such awful shape that it would be virtually worthless on the rare book market. It's so bad, I'm almost ashamed to mention it. My Webster's, however, is valuable, in spite of its rather iffy conditions. But, even in good condition, it would not be as valuable as the 1826 edition, for my earlier, true "first edition" is filled almost exclusively with simple, one-line definitions—lacking etymologies and pronunciation cues, along with other evidence of scholarship; therefore, it is simply not as *interesting* as a dictionary should be.

In view of their condition, if I were to begin collecting dictionaries seriously, I would have to set about upgrading these three copies. But why should anyone be tempted to collect dictionaries at all? A full and adequate answer would require extensive study; but I will settle for a brief one: the passion to collect old dictionaries is essentially the same as the passion for collecting old maps. The analogy is precise, for old maps represent the world as it once was, or was thought to be, and old dictionaries represent the language as it once was, or was thought to be.

Like other maps, and indeed all human inventions, dictionaries are imperfect. The best of them contain errors of fact and judgment, as well as the inevitable typographical sort. A dictionary is too perfectly human a document not to reflect human imperfection. But even the most drab—such as my 1806 Webster's—is filled with wondrous treasures, for nowhere is our humanity more vividly revealed than in the words we use. Our words themselves, like those larger units of language, map our world, as well as all conceivable worlds beyond. What was that? Did I now just refer to *words* as maps? I did. So it follows that if dictionaries map words and words are themselves maps, then they are *maps of maps*.

All right, so dictionaries are maps, of a sort; but why should we find old maps interesting and want to collect them? As with all antiquarian objects, much of their interest consists in how they reflect the changes wrought by time. Their representation of a vanished world is precisely what fascinates

us about them. For example, I have a 1761 English map of North America that shows the Hocking River, spelled "Hockhocken." This is the first reference to that river in Ohio on a European map, which is significant, for there is no reference to the larger Scioto and Muskingum Rivers—both of which existed, of course—or to metropolitan Toledo, which did not. The world changes, and maps change with it; which explains why today's tourists do not consult a 1929 automobile map to get from Baltimore to Roanoke or Albuquerque to Pueblo. Not if they're in a hurry, that is.

Just as literal geographical maps change with the world about them, so do dictionaries change to reflect changes in language. With this in mind, I decided to consult the most famous of my old dictionaries, Dr. Johnson's, to see which way the language is moving, and behind that, the world itself. One reason Johnson's great work is so famous is that many of it entries show lexicography at its most eloquent, with definitions that are precise, succinct, and euphonious. I like to think of such definitions as little poems, possessed of their own austere beauty.

Most people don't look upon dictionaries as books of poetry, but that's what they are. In Johnson's masterpiece, the little poems are mustered in two columns down each page, each entry an elegant cluster of accuracy, which he defines as "exactness and nicety." We admire exactness and nicety in language for the same reason we admire them in a fine building or string quartet. Or, in an elegant antique cabinet, displaying handiwork that is language carved in walnut and cherry.

But is a focus upon the aesthetic elegance of a definition compatible with the idea of language as map? Of course, for dictionaries are only *metaphorical* maps; and we know that the vehicle of a metaphor does not express the full reality of its tenor, only some aspect thereof. A metaphor is also a map, then, a representation, and all representations are maps, each speaking its own language. A railroad map speaks of railroads, ignoring rainfall; while a weather map ignores railroads, speaking only of temperatures and precipitation. A map's primary function is to represent some dimension and

area abstracted from a distant, larger, and more complex terrain. Or, as Johnson defines it, a map is "A geographical picture upon which lands and seas are delineated according to the longitude and latitude."

That definition is so precise, sensible, and devoid of ostentation that one might easily take it for granted, thinking of it as no more than an obvious and perfunctory act of translation. Of course; how else *could* the word *map* be defined? Well, let's see; let's put the issue to a test and look up the word in the *American Heritage Dictionary*. I submit that this is a fair test, for I consider the *American Heritage* one of the best, good enough to provide a valid test for Johnson's old definition published two and a half centuries ago. And how does this modern dictionary define the word? As follows: "A representation, usually on a plane surface, of a region of the earth or heavens." (This is the primary definition; the third cites it as slang term for the human face.)

Which is the better definition? Which is more precise, succinct, and euphonious? They are of approximately equal length (Johnson's sixteen words; Heritage's fifteen). And both are lucid and effective, so that in one way, it's hard to choose between them. Johnson's 1755 entry does not refer to the heavens, but I don't believe celestial charts at that time were referred to as "maps." (By Johnson's implicit testimony, they were not.) On the other hand, the modern entry makes no reference to the essential coordinate of longitude and latitude. Is such an omission *important?* Are these coordinates understood by everyone sufficiently literate to consult a dictionary?

I don't know. I think the variations we are considering are too difficult to assess in terms of those ghostly populations, the readerships of each dictionary. Perhaps an eighteenth-century reader would need to be reminded of longitude and latitude coordinates, while a modern reader does not. Who could say? What evidence do we have to form a reasoned judgment? On the other hand, a modern reader might be subtly, almost immeasurably, defrauded by the omission of factors so essential to the understanding of maps. Really? Here, too, one can only guess.

And yet, in comparing these two definitions, one will be forced to conclude that in the matter of euphony, at least, Johnson's old definition is superior. It is possessed of a liveliness, an intrinsic interest the other lacks, for who wouldn't choose "a geographical picture upon which lands and seas are delineated" in preference to a "representation, usually on a plane surface, of a region of the earth or heavens"?

The reason for such a preference is clear: the one is concrete; it gives us something to look at and tells us what it is doing, while the other does not. A map, Johnson said, "is a geographical picture upon which lands and seas are delineated." And, in this definition, we are given *the map of the map of a map,* which can't be helped.

The eloquence of just and felicitous definitions is not confined to intricately designed precisions. Some possess a majestic simplicity we are pleased to contemplate. For example, what is a cat? Johnson wrote simply that it is "a domestic animal that catches mice"; not at all to be confused with the rhinocerous, "A vast beast in the East Indies armed with a horn on its nose" (perhaps the Indian and African varieties were not generally known in Europe at that time). Or how do you define the word *pluck?* "To pull with nimbleness and force." *City* is "a large collection of houses and inhabitants" (also: 2, "In the English law, A town corporate, that hath a bishop"; and 3, "The inhabitants of a certain city"). And how can the word *high* be defined? "Not low," the great lexicographer informs us.

Simplicity is, of course, a transactional; it cannot exist except within a context of relative complexity. Thus, even in his simpler definitions, Johnson's prose can be heard to tune up and even sing, if you have an ear for such things and don't object to a mixed metaphor. *War,* for example, is "the exercise of violence under sovereign command." *Rapacity* is "Addictiveness to plunder; exercise of plunder." *Invasion* is "hostile entrance on the rights or possessions of another; hostile encroachment." And *rape* is the "violent defloration of chastity"—a definition one might think interestingly different from that of today, when it is not required that a woman be certifiably chaste to be raped.

Some modern terms will, of course, not be found, for the objects or ideas they map were unknown. For example, you would hardly expect to see *motorcycle* or *chewing gum* listed. Nor will you find such relative neologisms as *ecology* or *smog*. *Bacteria* and *virus* are also missing, even though microscopes had been in use for almost a century. Perhaps the oddest omission of all, however, is *ultimatum*. Being good sound Latin, one would assume this to be a common word in the discourse of the Augustan Age when so many Latinate proprieties prevailed among the educated; but according to Johnson, such was not the case. (Nor does Bailey list it. It did appear in *Gentleman's Magazine* as early as 1732, however.)

Some familiar words, on the other hand, are represented, but bear significations different from those of today. A *missile* is defined as an object "thrown by hand; striking at a distance"; and a *rocket* is "an artificial firework, being a cylindrical case of paper filled with nitre, charcoal and sulphur [i.e., gunpowder], which mounts in the air to a considerable height, and there bursts." A *band* could be a tie, or union, or "company of persons joined together"; but no matter how hard you listen, you won't hear trumpets or tubas in that definition. *Philter* is defined simply as "something to cause love"—which shows how primitive chemistry was in those days. (*Chymistry* was defined simply as "philosophy by fire.") *Toilet* had hardly lost its French accent by that time, and was defined simply as "a dressing table."

Other words have been entirely or virtually lost, lingering only as ghostly presences in scholarly citations and footnotes. The word *puddingtime* was once a colorful term for "the time of dinner; the time at which pudding, anciently the first dish, is set upon the table." But it also bears a secondary meaning: "nick of time; critical minute." *Moky* is dark, *furacity* is a "disposition to theft," *Clapperclaw* is to "tongue beat; scold," *triobolar* is "vile, mean, worthless" (the etymology, which Johnson does not give, is "three oboli"—the obolus being a coin of small worth in ancient Greece); and *silly-how* is "the membrane that covers the head of a fetus," also known as the *caul*. Listening to these exotic bells toll from deep in the language reminds us of how many strange and beautiful

poems might have been created out of them before they sank into terminal desuetude, and what worlds of meaning they might have conjured into being.

Old dictionaries teach us the important truth that our language was not invented yesterday, and all its words come to us resonant with association, sounding the full harmonics of nuance as perfected by usage. These harmonics are not simply trifles of aesthetic indulgence; they provide a code of sustained human adaptation, bearing secrets of meaning arrived at through the centuries and even millennia of their development. No one could say that dictionaries provide a course in wisdom—such courses are nowhere available—but they do provide information and insights that are essential to wisdom, no matter how it is defined.

And yet they are human documents, after all—as I promised in my beginning remarks. How human? Well, consider the entries for *statue* and *statute*, which are reversed, as follows: *statute*, "an image, a solid representation of any living being"; and *statue*, "a law: an edict of the legislature." In my copy of Johnson's old dictionary, some fussy reader has made a cross on the margin before the first, noting: "See statue"; and directly below, another cross, with the austere comment: "A mistake." These annotations are very old, for the ink is brown with age.

Of course that mistake is not Johnson's; unquestionably, he knew better. And, since the words to be defined are themselves simply reversed alphabetically, occupying each other's place, we can assume that this is the work of a yawning typesetter. Not that the great scholar was incapable of error. There are, in fact, plenty for our contemplation in his book, in spite of its wonderful display of learning. And, while most of these errors reflect something of the prejudice of the time, they could hardly serve as an excuse for an honest lexicographer.

Consider, for example, his definition of *Indian Arrowroot*: "A plant; a sovereign remedy for curing the bite of wasps, and expelling the poison of the manchineel tree. This root

72

the Indians apply to extract the venom of their arrows." A perfectly satisfactory entry, you might say; but the word *Indian,* as it refers to those humans indigenous to India or America, is not defined. While it's true that his dictionary generally omits geographical entries, he elsewhere displays an astonishing neglect for, and profound distrust of, all things American. This would hardly be surprising in the old Tory if his dictionary had come out twenty years later, with the Battle of Bunker Hill. But it *didn't* come out later; it came out exactly when it did.

Of course Johnson had an anti-American bias—a truth that is gratifying to us Americans, because all humans cherish the thought that they've been wronged. Still, there is ample documentation in Johnson's case. *Turkey* is defined as "a large domestick fowl brought from Turkey" (a common-enough error); and *bison* isn't defined at all, being American, perhaps, and therefore somehow *infra dignitatem. Tobacco* is cited as being "from Tobacco or Tobago in America"— which seems plausible enough; but then the entire definition that follows states: "The flower of tobacco consists of one leaf," which is neither accurate nor a definition.

The old authoritarian's lapses are not confined to matters of provincial prejudice, however. He showed that he could manage to be wrong in all directions, even those where he should have proved most authoritative. His entry for the letter *f* states that it has "in English an invariable sound, formed by compression of the whole lips and a forcible breath." This is picturesque enough; but if you try to make an *f* this way, you won't get an *f,* but a *p,* and whenever you try to say "fish," you'll say "pish," and whenever you want to say "fee" you'll say "pee."

Often the definitions are exasperatingly abrupt. *Erudition—* which for all his faults, and no matter how it is defined, Johnson possessed admirably—is dismissed simply as "Learning; knowledge." And *plant* is no more than "Anything produced from seed; any vegetable production." The latter, especially, is brief to a fault; it should have been far more definitive and precise by specifying that the word usually re-

73

fers to growing objects having no woody stem, distinguishing them from a tree or shrub.

Such needlessly exiguous definitions contrast sharply with others that are inexplicably swollen into miniature essays. I refer to the entries on *treason, alembick, sal ammoniac,* and, most curious of all, *nutmeg*. For reasons that are unclear, our lexicographer got carried away when he addressed these subjects, telling us far more than most of us want to know about subjects that cannot—with the possible exception of *treason*—be said to occupy a great part of our waking hours. Because how much do you *really* want to know about nutmeg if you don't live in Connecticut?

But I don't want to turn my own miniature essay into a hatchet job of a book almost two and a half centuries old. The power of a reviewer to sit in judgment is as corrupting as any other power, and I will resist it. Furthermore, like most writers of experience, I can testify to the particular sort of virulence possible in a nasty review. But, even if I were so maliciously disposed, it's just too late to review Johnson's dictionary; it was published too long ago—even though it's true that every scholarly account of an old text is a review, no matter what its age.

And yet Johnson's dictionary has been institutionalized as a classic, a classic so celebrated throughout the years that it invites an especially close scrutiny. Of course it is an extraordinary personal accomplishment, and was famed as such from its publication. However, I do not think, for all its virtues, it is better in every way than the dictionary of Nathan Bailey, which preceded it by a generation, and which Johnson, naturally, liberally consulted. Certainly this decision was as wise as it was inevitable, for Bailey knew exactly what he was about.

Johnson's definition of lexicographer is justly famous: "A writer of dictionaries; a harmless drudge." Bailey does not define this word, perhaps not knowing it at all, or perhaps dismissing it as an ephemeral neologism. But he was not at all in doubt concerning the enterprise that engaged him as a lexicographer. He told us as much in his definition of *dic-*

tionary, which is, he said, "a Collection of all the Words of a Language, explained in Alphabetical Order."

Nothing that Johnson ever wrote exceeds that in succinctness and precision; or, as we might say, in exactness and nicety.

7

The Library is Whose Apple?

WHERE CAN THE past be found? There are several answers, none entirely satisfactory. Common sense tells us that the past doesn't exist anywhere; it's gone, although its signs and vestiges last on in books and memories. We also can see it mysteriously all around us, tangibly surviving in antiques, old buildings, and an unsigned primitive painting of a cabin in winter. And, of course, versions of it exist overtly and by design in museums and libraries—temples of tradition, committed to the past. More than museums, public libraries have a practical, ongoing, utilitarian function, reflecting the world as it keeps happening. But they are still repositories of what has been thought and written, so that when you enter a library, you enter some translation of the past.

This presents a difficult challenge, because the past grows too fast to be packaged, shelved, or bottled. Think of how unabashedly, explosively, irresponsibly information expands, and how slow and expensive it is to build file cabinets and to create shelf space. There's no keeping up, which isn't entirely bad, of course, because it's exciting just to *try* to keep up—or hang on.

Familiarity breeds contempt, so, as the past keeps growing, it's only natural that some people should scorn it. When the world was younger, there wasn't as much of the past to contemplate; it wasn't as relentlessly documented and accessible. Being remote and vaporous, it could be venerated. There were giants in those days when people believed there were giants in those days. That obsolete veneration of past ages was con-

nected with a veneration for individual old age as well, with
the notion that the advance of decades can bring wisdom
along with softened brains and hardened arteries.

A library is an enlarged book—a microcosm, a small world
mirroring the larger one, as a pond mirrors the stars and a
university the universe. The printing history of the *Encyclopaedia Britannica* reveals the shift in our preoccupation
from old times to new, from past to future. Older editions were
filled with the past, in the form of classical and biblical learning, at the expense of their contemporary world. Today, however, the emphasis has shifted. The reason the eleventh
edition of the *Britannica* is cherished by humanistic scholars is that it contains vast stores of antiquarian information,
which more recent editions have sacrificed to the pressure of
burgeoning science and technology.

Ideally, libraries should have all the different editions on
the reference shelves, for it would be a pity to sacrifice all the
information of the past gathered in older encyclopaedias to
the relevance of the new. Each version is essential in its own
way—a fact you may doubt if you believe in a relentlessly linear progress and assume that later editions of the *Britannica*,
like improvements in computer hardware or fuel injection, are
naturally and inevitably improvements over the earlier.

One obvious solution to the problem of absorbing the geo-
metrical increase of knowledge in arithmetical space is the
computer's wonderful capacity for miniaturization. Libraries
profit generously from this breakthrough in storage capacity,
which is only appropriate, considering how much of the electronic revolution has been inspired and informed by libraries. But it's also appropriate in another way, for the computer
is a library of sorts, which is to say, a small enclosure packed
with organized information.

And yet old-fashioned, defiantly unreconstructed readers
take unique and antiquarian pleasure in the printed text.
The tangible look and feel of newspapers, magazines, pamphlets, and books provide old comfort for the mind as well as
hand. This is only natural, of course, for books are little
worlds, microcosms, miniature libraries in themselves, precisely as a library is an enlarged book.

Like books, libraries connect inner and outer realities, private and public dimensions. Sitting in a library reading, we receive a message from an author removed in time and space. Reading a text silently is a private experience, and yet it has come to us as something published, a word that originally meant "to make public." These contraries reverse those of classical philosophical dualism, so that when we speak of the "matter" of a text, we are not speaking of matter at all, in the sense of material cloth, paper, and print, but of its abstract meaning, its *soul*, in contrast to the body. In short, the matter of a text is immaterial.

Libraries, public as well as private, are the true and legitimate home of books, so that to love the one is to love the other. A lot of cozy and sentimental nonsense has been written about the enchantment of books, and we find it easy to distrust sentimentality. Still, to be too afraid of it is to be afraid of feeling, which is life. Even in its extreme stages of silly self-indulgence, it's not terminal. In the eighteenth century, they understood these things better than we do, and when Laurence Sterne titled his second most famous novel *A Sentimental Journey,* he was claiming access to those thoughtful feelings that presumably distinguish us from the wart hog, dung beetle, and walleyed pike.

Sentimental indulgence is simply another reality game after all—one that's usually harmless. And while the profit is great, the cost of playing it can be negligible, especially if somewhere in your mental bureaucracy there is an awareness of how tentative and contingent those feelings are, an awareness that enjoying them is a game after all, an experience of limited application, requiring a temporary and willing suspension of disbelief.

Very much like most of the thoughts, feelings, and issues that trouble and glorify our experience, when you think about it—as the cynics in that same bureaucracy will point out.

The popular image, the stereotype, of libraries is oddly skewed and limited. Libraries are not merely sanctuaries; and their entrances are not exits from life: they are entrances into life itself. They are, therefore, not simply repositories of order,

but of disorder as well, along with idealism, deceit, cunning, innocence, rationality, madness, and passion. Passion? It has always been so. In early Egypt, Ptolemy Euergetes seized and copied all scrolls that travelers brought into his country, then had the originals retained for his libraries at Alexandria, while the copies were returned to the owners. He must therefore be considered the world's first victim of the mania for collecting first editions, some two millenia before print gave modern significance to the term.

Few passions are as great as those of the bookish sort. No objects at otherwise humble estate auctions inspire as much excitement, cunning, and skullduggery as a box of old books containing a Civil War regimental history or the genealogy of a family belonging to the local corn and hog aristocracy. As for libraries, we enter them with the enchanted realization that we are entering a place whose density of information is so great that if we could only seek out and find the right mystical combinations we would finally, once and for all, be able to ease the great anxiety of ignorance that chronically afflicts us.

The genius of libraries lies in their provision of both silence and community, a wise and humane marriage of virtues. Of course, the appreciation of silence is limited to grown-ups who have things to think about and know how to do it. Being grown-up, silence is a virtue largely neglected today when our ideals are those of noise, hypocrisy, selfishness, ignorance, and adolescent self-indulgence. So much mindlessness reveals how profoundly uneasy the fear of silence is in this age of unisex, political correctness, and the Velcro fastener.

And yet, for all their contemporary virulence, our stupidities were not invented yesterday. We can still recognize old-fashioned stereotypes of librarians, for example. We can still visualize some Miss Thorndyke or Miss Applegate, dressed in a tailored suit and wearing pince-nez, intent upon shushing the whispers of hormone-crazed teenagers and frowning at girls who giggle and boys who keep dropping books. No matter that this caricature of the spinster librarian is woefully inadequate; it's the *image* that counts, not its accuracy or relevance. So what does it matter that it is about as valid an index to real, living librarians as a Rambo movie is to the

World Bank? Because real librarians are book lovers; and lovers are naturally passionate.

Even *book* lovers? you ask. And *librarians?* Indeed. In 1863 the Scottish historian John Hill Burton understood this, arguing that no one but a book collector should become a librarian, which is a little like having foxes guard the chickens because they know how foxes think. Burton knew the stereotype of the librarian as a cold creature afflicted with "steadiness, sobriety, civility, intelligence." Those qualifications, he wrote, "may all be up to the mark that will constitute a first-rate book-keeper in the mercantile sense of the term, [but] they are united in a very dreary and hopeless keeper of books" (*The Book Hunter*, London, 1863). Keepers of books, he argued, should be touched with the malady of rampantly enthusiastic bibliomania. Like Casanova, who in his old age renounced womanizing and became a librarian.

As for community, it is implicit in any gathering of books. While reading is a most private act of concentration, it does not isolate us entirely from our environment. When we read an essay by Emerson or a novel by Trollope in the company of books, that silent population enhances and enriches the pleasure of our privacy. Here the dignity of silence and solitude is wedded to the society of print. But there also is that other population of readers who have preceded us, reading the same words that are now enlivening our imaginations. Those ghostly readers constitute a secret society, an aristocracy of mind to which, simply by virtue of our shared interest, we are found momentarily to belong.

In public and institutional libraries, there is still another, more responsible community—living people who surround us as we read. If, after scanning the shelves, we find a book that arouses our immediate curiosity, and we sit down at the nearest table to leaf through it and brood over its table of contents and index, we do so warmed by the company of others who are exploring other subjects that have beguiled them with a coordinate curiosity. All of this passionate thoughtfulness contained in the discipline and dignity of silence! All of this shared solitude waiting for us, soundless and luminous with promise!

THE LIBRARY IS WHOSE APPLE?

The library's role as a sanctuary of silence cannot be celebrated enough in this loud and wicked age. Schopenhauer wrote an angry screed against noise, lashing out with especially venomous wrath at the jangle and ruckus of early nineteenth-century Germany. The sounds of coachmen and draymen cracking whips was a special torment to him—an agony—and while he didn't actually come out and say so (being a philosopher and all that), it's obvious he suspected that those damned whippersnappers had something against him personally, that they deliberately tormented him by needlessly cracking their whips, knowing how the noise scalded the frowning philosopher's peace of mind.

But those demonic whipcrackers notwithstanding, Schopenhauer could have little realized the darkest cacophonies of suffering to which noise can drive the tormented soul. The snapping of a whip is a virtual lullaby compared to the thump and blare of noisemakers in our own enlightened and electronic age. If the famous pessimist and misanthrope were alive today, he'd be driven to ecstasies of psychotic fury beyond the reach of his already fervid temperament.

Because Sartre was wrong: Hell is not other people; it's other people's music. Specifically, it's having to *listen* to it, especially if it's rock music, with the volume turned high—for then the evil is intensified beyond all demonic conception; it is then an onslaught upon one's comfort and sanity far more offensive than a deadly and sulphurous pong of body odor in a rattling and palsied elevator, or a stranger's dirty thumb in your orange juice.

Now that I think about it, capital punishment is obviously justified for such obstreperously crude and savage crimes. It is, in fact, only appropriate, because death can hold little fear for the fatuous barbarians who are guilty of committing felonious noise. Their crime itself proves that they are already brain-dead, so that according to the self-evident principle of "no brain, no pain," a quick and efficient execution would cause negligible suffering.

Indeed, libraries, public and private, have always been asylums for the sensitively intelligent from the world's madness. In *The Anatomy of Melancholy* (London, 1893, A. R. Shilleto,

81

Ed. Vol. 2, p. 105), Robert Burton wrote of a contemporary scholar, Daniel Heinsius, the keeper of the library at Leyden, in Holland, who

> was mewed up in [his library] all the year long; and that which to thy thinking should have bred a loathing, caused in him a greater liking. "I no sooner (saith he) come into the library, but I bolt the door to me, excluding lust, ambition, avarice, and all such vices, whose nurse is Idleness, the mother of Ignorance, and Melancholy herself, and in the very lap of eternity, amongst so many divine souls, I take my seat with so lofty a spirit and sweet content, that I pity all our great ones, and rich men that know not this happiness."

No sanctuary—not even the lap of eternity—is entirely innocuous, however; if it were, it would be powerless to protect. In Sheridan's play *The Rivals* (Oxford, 1973, Cecil Price, Ed., p. 85) the infamous Mrs. Malaprop distrusts libraries. Suffering from a momentary seizure of correct diction, she cries out that they're "vile places, indeed!" Sir Anthony agrees, saying:

> Madam, a circulating library in a town is an evergreen tree of diabolical knowledge! It blossoms through the year! And depend on it, Mrs. Malaprop, that they who are so found of handling the leaves will long for the fruit at last.

And, in that exchange, we have the first taste of the apple of my title: that apple looming as a tripartite symbol, representing knowledge, discord, and, of course—somewhat synthesizing both—the computer.

That the library is a sanctuary though not an escape from the world, being a representation of it, is a fact often celebrated in literature. Early in his most autobiographical novel, Jack London wrote of the excitement Martin Eden feels when he enters the Oakland Free Library. Like London himself when he was young, Martin is an ex-seaman. He is so pro-

foundly moved by the sense of a whole world opening to him through books that he romantically associates them with a beautiful, cultured, and refined girl, whom he loves with the most intense mixture of romantic idealism and sexual longing.

But it is the library that is our concern. Here is what Eden feels within those hallowed halls:

> He cast his eyes about the room and closed the lids down on a vision of ten thousand books. No; no more of the sea for him. There was power in all that wealth of books, and if he would do great things, he must do them on the land. (*Martin Eden*, NY., 1936, p. 40).

On the land, one might add, where there are such sanctuaries of learning as the Oakland Free Library to inform, inspire, and sustain his mind and imagination.

In his autobiographical *Little Wilson and Big God* (London, 1987, pp.181-2), Anthony Burgess remembers a library as the setting for a different sort of romantic adventure, untroubled by platonic idealism. Visiting the Central Library in Piccadilly when he was a teen-age boy, intent upon researching the poet James Elroy Flecker for a forthcoming lecture, Burgess was confused by the index system. Then, as he wrote: "A woman of about forty put me right, a charming woman running acceptably to fat, dressed in a green skirt and blue sweater, her hair prettily mousy, before getting down to her study of Engels." Later, as required by the libidinous dreams of every adolescent boy, she invites him to come to her apartment for a cup of tea and, once there, she seduces him with direct and no-nonsense lust, leaving the ghost of Engels howling in one of the darker and more remote townships of hell reserved for socialist philosophers.

There is a famous fictional reference to a library at the beginning of Poe's "The Murders in the Rue Morgue," generally thought to be the first modern detective story. We are told how the story's narrator first met Monsieur C. Auguste Dupin. More to our purpose, we are told *where:* "Our first meeting

was at an obscure library in the Rue Montmartre, where the accident of our both being in search of the same very rare and very remarkable volume brought us into closer communion."

What might that "very rare and very remarkable volume" have been? We are not told, and feel impoverished by our ignorance—although Poe himself might not have known, for there was no reason for him to have a specific title in mind. But, if Poe *had* fixed upon an actual title, what might it have been? Perhaps some "quaint and curious volume of forgotten lore" referred to in his most famous poem? Or perhaps a book by Joseph Glanvill, Ebn Zaiat, or Raymond Lully, authors from whose quaint and curious volumes Poe chose epigraphs for other stories; or perhaps Sir Thomas Browne, who provided the epigraph for this one.

Burgess excepted, those testimonies are by old-fashioned writers whose idealization and romanticization of libraries are definitely and unreconstructedly sentimental. Today, things are different, we are told; the world is changing, and the electronic age—the Age of Information—is upon us. True, and yet it is often books that inform us of those changes. Because, for all the wonder of the electronic revolution and the information explosion, a great deal remains comfortably unaltered since the time when Jack London created a hero who knew that the library was the only road to the only future he could desire, or that time when the likely and aesthetically proper place for Dupin to be encountered was "an obscure library in the Rue Montmartre."

A significant part of what we know about the world still comes to us through print. In contrast to other media, print information has a unique and persuasive power, along with the stability of centuries, for it is our primary instrument of continuity. And yet it also is possessed of a personal depth and intimacy, implicit in the fact that the printed text is essentially a medium for talking to oneself, therefore a medium charged with a powerful and private authority.

The building and perpetuation of a library are intrinsically idealistic. And the majestic personal libraries of the great book collectors are monuments to their energy, enthusiasm, imag-

THE LIBRARY IS WHOSE APPLE?

ination, and knowledge. Public libraries add democracy to
that idealism, and all these values together are essential to our
heritage. This, too, is traditional knowledge, old knowledge.

Such venerable truths last on stubbornly, indifferent to the
noise of the latest hits and fads, clamorous with relevance.
Still, there are no truths other than the human sort, which is
itself an old truth that futurists, sci-fi aficionados and other
apocalepts try to ignore. And now, having lasted for half a mil-
lennium after the invention of movable type, the medium of
print is so deeply ingrained in our thinking that all new media come to us as translations of that primal mode. Porcelain
figurines, videotapes, dolls, cassettes, model toys, and god-
knows-what are advertised as "first editions," as if they were
books.

But we are not fooled and can distinguish the real from all
its cheap translations. The so-called print culture—as if
there's any other—has given us the letter of the law, without
which the spirit of the law could not exist. It has given us an
interior self inconceivable to our most distant ancestors. It
has given us literal truth, literally, and the ground for science
and technology. It has given us romantic love and a unique
vessel for mysticism.

All of this is still true, even in the midst of the excitement of
the electronic revolution. There are those among the most
advanced gurus of developing technology who understand
this. Think of the Apple computer and its growth under the
leadership of John Sculley and Steve Jobs, as dynamic a duo
as any TV series might dream up, supposing a TV series could
rise above the level of twenty-second sight gags, canned
laugher, and car chases.

"Apple has one leader, Steve and me," Sculley is quoted as
having said, a statement that transcends conventional arith-
metic precisely as it expresses a deeper, paradoxical truth, a
truth appropriate for a revelation under that ancient symbol
of knowledge, the apple—dangerous and ambiguous like the
Edenic fruit, of course; but dangerous and ambiguous in the
way of most knowledge, for we can never be sure of the extended consequences of what we think and do. It's always
been that way: one human truth among others.

It was Steve Jobs, the brilliant entrepreneur, who lured John Sculley away from his position with Pepsi Cola. At thirty-seven, Sculley was the youngest president in the history of that pop-drink empire. His meeting with Jobs was memorable, and the following anecdote from his autobiography, *Odyssey: Pepsi to Apple* (New York, 1987, p. 431), is memorable for reasons germane to the present essay:

> When Steve Jobs first visited my Connecticut home, his eyes were drawn almost immediately to the bookshelves, where he spent some time taking in all that was there. The same thing happens to me when I visit someone's home. *Books have always been important to me and to the people around me* (italics mine).

If the importance of libraries needs an endorsement in these dark, bright, loud, and flickering times, there could hardly be one more relevant than that. And where can that testimony be found? Where else? In a book. Specifically, in the bibliography, at the very beginning of the very end of John Sculley's account of his career in that frenetic growth area where business and technology intersect.

No better medium than a book was found for expressing exactly what needed to be stated. It was in a book, whose home is a library, either yours or mine. Or possibly that quiet public place where you can join all those various populations of dead writers and former readers and living neighbors as you enter the world of the past, present, and future where all of them can be found—just as if they have been waiting for you all this time.

8

Feasts of Rhyme

AMONG MY BOOKS is an old sixteen-page pamphlet in wraps, titled *The Multiplication Table in Rhyme for Young Arithmeticians.* Published by Kiggins and Kellogg, 88 Johns Street, New York, it has no author listed and bears neither date nor copyright. However, directly opposite the title on the inside of the front wrapper is penciled in a child's labored hand, "S.R. Cains Book Jan. 18th, 1865." Where and when I bought this little age-dimmed pamphlet are part of the utter mystery of my irrecoverable Past; but I am pleased to own it, and take pleasure in the fact for reasons I hope to make clear.

The title page repeats the design on the front cover wrapper, featuring a woodcut that shows a young boy plowing behind two horses. Exactly how that bucolic scene relates to the young arithmeticians of the title is unclear, but its style and general appearance suggest a date considerably earlier than 1865. And the picture on the verso of the title corroborate this, showing a somewhat earlier Victorian father smilingly instructing a little boy and girl—perhaps rhyming numbers at them. Judging by these small matters, I would date my booklet as having been printed sometime in the 1840s or 1850s.

The text is divided into sections of verse, with such headings as "Come and Learn, "How to Behave," "Little Jane," "A Father's Advice," "Summer," "Fall," "Winter," "Spring," etc. These headings bear obviously though arbitrarily upon the alternate lines of their texts, while their complementary lines are given to a no-nonsense recital of the arithmetical tables.

This collocation can prove both interesting and puzzling, as in the section titled "Autumn," where we learn that:

> Eight times six are forty-eight,
> The trees their doom with smiles await;
> Eight times seven are fifty-six,
> Their hues like dying dolphins' mix.

The multiplication here is as accurate as you could wish, but the interlinear glosses are something else. We can smile at the idea of smiling trees awaiting their death, yet what are we to think of the hues on those dying dolphins? This might be a reference to the fading iridescence of scales on fish expiring out of water, suffocating in the very air that enlivens us; but dolphins aren't fish, they're mammals. Still, if you can speak of trees smiling, you can say just about anything you want.

As tiny as this pamphlet is, its range is considerable as it marches through the square of twelve. Consider its opening section, which bears the inviting title, "Come and Learn":

> TWICE one are two,
> I will teach you something new;
> Twice two are four,
> Repeat it o'er and o'er.
> Twice three are six,
> Be they apples, nuts, or sticks.
> Twice four are eight,
> I teach without a slate. . . .

By now we are rocking along rather comfortably. At least until we come to:

> Twice seven are fourteen,
> But we'll have a little sporting.

It's hardly surprising that the rhyme should blather here. The sounds of English are famously inhospitable to rhyme, but there is a tiny mystery in the bracketing of "fourteen" with "sporting." The voicing of the final *g* in gerunds and par-

88

ticiples is relatively modern (the Elizabethans scorned such finicky precisions), but was this rhyme simply a rhyme of assonance—thus a concession to the impossibility of a closed rhyme—or a sign that "sporting" was actually pronounced "sportin"?

Throughout this little book, the rhymes instruct as they entertain, doing both without fuss or finesse. In fact, the entertaining part sometimes labors at its task so seriously it's hard to separate it from the part that's edifying. "Repeat it o'er and o'er is both an invitation to lusty repetition by a score of urchins chanting in unison and an old-fashioned reminder that constant reminding fixes information in our memory. Rote learning was intrinsic to nineteenth-century American pedagogy, evoking such scorn in subsequent educators that one might wonder how humans were ever foolish enough to think it might work.

But, of course, this mode of learning was far older than *Young Arithmeticians,* the McGuffey's Readers, and other standard texts of the day. Rote learning has always been a necessary feature of schools in which writing materials were scarce. This was generally true of nineteenth-century America, especially in the new states of the frontier where many of the benefits of eastern technology were not felt until after the Civil War. But learning by rote had long been the basic method of learning, and the slogan *Repetitio est mater studiorum* may have seemed as obvious to medieval schoolmen as educating the whole child and appeals to relevance are to twentieth-century educators.

In the lines, "Twice two are eight / I teach without a slate," there is reference to the tiny blackboard slates children held in their hands and wrote upon with chalk, erasing them as often as necessary, making them a sort of palimpsest. These slates, which can still be found in antique shops and at country auctions, took the place of paper, but were far more economical. Of course the point here is that in mnemonic exercises the mind itself is a sort of material upon which words can be written, thus "teaching without a slate."

Page sixteen, beginning the last series of *Young Arithmeticians,* is headed "Good Resolutions for a Young Person," and

its primary subject is twelve and its products. The tone of this section is at first a mixture of valediction and exhaustion:

> Twelve times two are twenty-four
> My youthful task is nearly o'er
> Twelve times three are thirty-six,
> Let me my thoughts a moment fix.
> Twelve times four are forty-eight,
> And on my duties meditate.

Can you hear in this small sampling the approach of The End? It has an unmistakable sobriety after such a loud, long party of rollicking rhyme. Indeed, The End itself verges upon the Apocalyptic, and I will jump six multipliers and quote it as follows:

> Twelve times ten are a hundred and twenty,
> That I, dear teacher, may content ye,
> Twelve times eleven are 132,
> And keep some noble aim in view,
> Twelve times twelve are 144,
> Now rest till time and numbers are no more.

At last, with the gross that is the square of twelve, we are landed safely upon the shores of silence—not, perhaps, that ultimate, beatific shore where we may rest till time and numbers are no more, but a pretty good place to pause, at least, and reflect upon the journey just completed. While these last rhymes remain pretty much in the range of awful to god-awful, I do confess to liking "content ye" bracketed with 120. But the rhymes are possessed of a deeper, more sonorous virtue, for even with their obvious contrivance and awkwardness, even with their outrageous warping of sound and their strained righteousness, they are not without a certain happy and spirited eloquence. But why should this be so? For one reason only; because of the innate dignity and inherent interest of rhyme itself.

And yet why do we find rhyme intrinsically interesting and worthwhile? Why does the pleasure we take from it seem to

have an absolute, irreducible quality that does not lend itself to further analysis or explanation? Why, in this regard, does it seem to be like tomatoes and onions cooked together (with perhaps a whiff of basil or garlic), or thirds on the piano, a basic atomic aesthetic unit, irreducible and inexplicable in its elemental felicity?

It may seem that in effect I have already answered the question by stating precisely how it is unanswerable—or perhaps have *avoided* the question for essentially the same reason. Because how can you account for the elemental power of rhyme? Do you connect rhyming with all those other mysterious periodicities in the world—the circadian phases of time and the thub-dub of your heartbeat—thereby linking it with a more-or-less institutionalized mystery? Perhaps. Such connections are obvious, therefore not entirely unworthy, if only because they demonstrate the inadequacy of our attempts to explain primary or elemental things.

But there is more than this at work upon us when we hear rhymes. Recently, while working on a short story, I found occasion to have a character remember and, in a spirit of mockery, quote a jingling quatrain from one of the nineteenth-century's most popular poems, Longfellow's "Excelsior":

> The shades of night were falling fast
> When through an Alpine village passed
> A youth, who bore 'midst snow and ice,
> A banner with the strange device.
> *Excelsior!*

You will have little trouble understanding that such headstrong doggerel must have an ironic presence in a modern short story. Its usefulness derives from a shared perception of its poetic awfulness. And yet, exactly *how* is it awful? And how did it once capture the imagination of a large popular audience, and why is it unlikely to interest "serious lovers" (or serious readers, at least) of poetry today? How, in our view, does it fail so superbly? Is it *entirely* worthless? That could hardly be the case, for if it were entirely bad, it would be useless as irony. So, what part of it secretly appeals to us?

91

There are several ways to work with these questions. In the way of irony, a playful allusion to Longfellow's verse transmits a double message, and thereby evokes a divided response in which our more sophisticated selves are enabled to mock the children we once were. More or less secretly, we understand that there was a time when we might have responded to this verse quite differently, enjoying it fully, even "instinctively," without questioning its artistic value. Indeed, for those younger, more innocent selves, its artistic value might have been very great, evoking an undiluted pleasure.

There are two implications of this interpretation. As we find the snobs within us able to mock the children we once were—those almost forgotten selves capable of enjoying Longfellow's poem—and have perforce rejected, so, by extension, we are able to mock those of our ancestors who could find beauty and truth in such baubles. Similar to this snobbishness is the ease with which we can mock those of our contemporaries who suffer from culture lag and might therefore find pleasure in such trinkets of verse. We have personally outgrown such things, and isn't it amusing that there are still people who are so naive as to find them enjoyable?

Such a posture is a familiar one, striking us as singularly modern, for twentieth-century literature has proved to be uniquely ironic and self-divided. There is also an implicit egotistical nastiness in such an attitude—an audience's assumption of superiority and a condescension that are often judged intrinsic to humor. But the spectrum of humor is broad and contains many fine shadings. Its moral quality is a matter of tone, after all, extending from one extreme of decadent nihilism, self-destructiveness, and implicit self-hatred (the irony of High Camp, for example) to its far-more-wholesome opposite, whose premise is the sort of philosophical skepticism implicit in the democratic process.

Thus the ironies cited above are themselves ironically complicated. While we mock the children we once were and ridicule their tastes in jingles, they still live on within us, taking secret pleasure underneath the scorn of that adult cynicism that covers their innocence like a scab. And in our jolly recitations of old poesies riddled with cliché rhymes, these

inner children are secretly nourished and gratified, indifferent to the properties and pretensions of our grown-up social selves that have temporarily hidden their deeper presence. So we quote old jingles in a spirit of scorn and contumely, yet take secret pleasure in what we think we have outgrown.

To test the validity of this, refer to any rhyme that you can remember, and inquire honestly into the cause of that retention. If none comes to mind, think of that quatrain by Longfellow—as posturing, melodramatic and "rhetorical" as any can be. Is there a subtle music there beyond the reach of ridicule? I think there is. But consider these lines from the same poet's "Lady Wentworth," and contemplate its music:

Moons waxed and waned, the lilacs bloomed and died,
In the broad river ebbed and flowed the tide,
Ships went to sea, and ships came home from sea,
And the slow year sailed by and ceased to be.

If, for a moment, we can forget that this was written by that old jingler, Henry Wadsworth Longfellow, and, if for a moment, we can free ourselves from the tyrannical prejudices of the modern mode of poetry, it is possible that we will be able to appreciate the haunting beauty of this stanza. For it *is* beautiful; it is real poetry, after all, and intrinsic to its magic are the subtlety of its rhythms (listen to the temporal shifts in the last line) and the majestic tolling of its rhymes.

In the presence of such poetry we can understand something else that renders rhyme powerful; rhymes are basic modes of connection. They are elemental temporal bonds, and in hearing them, we sense the creation of brief, small syntheses. Rhymes are instruments of memory, and memory is what we essentially are. Without the sort of recurrence that rhyme gives voice to, we would have no continuities in our lives. We would live in a region of such high entropy that random noise would drown out every signal, for without repetition signals are impossible.

There is in fact a particular sort of "modernist" text that relies upon and accommodates this version of entropy as part of its aesthetic; this is the sort of work that has been admired

for many decades now and, given the authority and inertia of the poetic establishment, will probably continue to flourish. Entropoetry will always have the capacity to provide thrills for those who are ignorant but rhapsodically inclined.

But, as *Young Arithmeticians* shows, it was more than its beauty that recommended rhyme to those old-fashioned teachers, and more than its role in celebrating the principle of continuity that is essential to ontological coherence and personal identity. It was the power of rhyme to fix words in young heads. It was its potency to inculcate, its effectiveness as "an instructional tool" (in the jargon of a later time). Nevertheless, it has never been doubted that its usefulness is related to its capacity to enchant.

Sweet rewards for learning to read well are part of that old tradition. For centuries, young scholars have been fed candy, cookies, apples, and pies in payment for their labors with grammar and syntax, but seldom have such rewards been so literally presented as in *The Renowned History of Giles Gingerbread.* This chapbook, published by John Newberry in 1764, features a little boy who is lured by his father, Gaffer Gingerbread (a gingerbread baker), into devouring the alphabet by baking it imprinted upon gingerbread. Then,

> After Giles learned the letters, the alphabet quickly became an edible reward. Next, old Gingerbread baked a hornbook on which he wrote a syllabary. This did not last very long either. When Gaffer Gingerbread returned from his rounds, he discovered Giles "had eat up one Corner of his Book?" "Hey day, Giles, what? Do you love learning so well as to eat up your Book?" "Why father," says Giles, "I am not the only Boy who has eat his Words. No Boy loves his Book better than I do, but I always learn it, before I eat it." "Say you so," says the Father, "pray let me hear you say your Lesson"—whereupon Giles "sung the whole Cuz's chorus," which the publisher pointed out, "the sly Rogue had got out of Mr. Newberry's pretty Play Thing." Gaffer Gingerbread was so pleased with Giles's progress that he

baked him another book, on the learning of which, he told him, much of his Happiness would depend.[1]

This edifying account is admirably glossed in rhyme, as follows:

> See here's little Giles,
> With his Gingerbread Book,
> For which he doth long,
> And at which he doth look;
> Till by longing and looking,
> He gets it by Heart,
> And then eats it up,
> As we eat up a tart.

The book is meant to inspire readers to mirror Giles's industry and get this part of Giles's story by heart, a task made pleasant and easy by means of rhyme.

It is hard in reading such rhymes to know precisely where pleasure ends and instruction begins. This is precisely as it should be, for in their indistinguishability is a mutual strengthening, a reciprocal symbiotic enrichment.

It would be a great mistake to patronize such verse merely because it is simple and childlike, beamed toward young heads that are not yet troubled by knowledge. No matter how sophisticated we may become, we have always started at some level of simplicity, and the children we once were have not been entirely left behind. Nor are they dead, but live on and require nourishment much as real, nonmetaphorical children do. We are diminished when they are starved; and we are sadly limited if we cannot hear them, and are no longer able to share with them the pristine beauty of verse that has warmed

---

[1] Quoted by Samuel F. Pickering, Jr. in *John Locke and Children's Books in Eighteenth Century England* (Knoxville, 1981), p. 174. I have made minor changes for clarity.

the hearts and enlightened the imagination of generations of children long before the possibility of modern electronic entertainment could even be imagined.

The beauty I am speaking of is so quiet and unobtrusive, so simple and "childlike," that it seems to be increasingly difficult to hear in a noise-muddled world. It can be found in a hundred child's rhymes, inaudible to all but those who are willing to be quiet long enough to listen. Such verse can rise to the very heights of poetic effect, as in "The Death of Cock Robin," which is so old and occupies so humble a place in our literary history—if it can be said to occupy any place at all—that for many it would be the last place to look for beauty.

Parts of this verse are still familiar to most of us, even if we cannot remember a time when we actually read it. It has been used in the title of at least one detective novel, which is a good indication of its familiarity. In short, it is part of our language, known by those who have never in fact read the poem. But it should be remembered that, while the rhyme of "sportin" and "fourteen"—referred to above—may be questionable, this verse is so old that we can be sure that the final g of gerunds and past participles were not sounded, just as in colloquial, regional, folk, or substandard speech today. So, to hear it well, you must hear "grieving" as "grievin," "sending" as "sendin."

Furthermore, you must realize that the death of Cock Robin is not simply the death of a bird, but the fully, unabashedly personified death of a small living creature who was beloved by similar creatures, and whose murder was for them no more trivial than the death of saints or monarchs. The elegy celebrate the death of sentient life in one of its humblest and least significant forms, thereby paradoxically rendering that death more pathetic.

But there is a less-known dimension to the old story. The famous old poem we have always known is actually a sequel, preceded by "The Marriage of Cock Robin and Jenny Wren," who were united by Parson Rook. The blushing bride (her cheeks were as red as Robin's breast") was given away by a goldfinch, and her bridesmaid was a linnet. What a festive and glorious wedding it was, with so much singing and feasting and joy!

Until, that is, their festive joy was violently interrupted when Cuckoo appeared and grabbed Jenny. Cock Robin was wrathful, and Sparrow took up his bow and arrow to kill Cuckoo, and

> His aim then he took,
> But he took it not right;
> His skill was not good,
> Or he shot in a fright;
>
> For the cuckoo he missed,
> But Cock Robin he killed!—
> And all the birds mourned
> That his blood was so spilled.

His aim then he took, / but he took it not right. These two lines have an odd and surprising felicity, for they express the essential tragic flaw as conceived in classical dramatic theory, and provide a virtually literal translation of *hamartia.* But consider the end. After the long accumulation of quaint yet eloquent expressions of despair in the stanzas leading up to it—stanzas in which various creatures profess their sorrow for Cock Robin's death and their innocence of the crime—listen once again to the familiar yet haunting quatrain that ends the verse:

> All the birds in the air
> Fell a sighing and sobbing
> When they heard of the death
> Of poor Cock Robin.

As in all genuine poetry, the sound in this quatrain seems to transcend the denotative level of its message; and yet, that isn't precisely correct, for the simple dignity of its rhyme lifts the message with it, transforming Cock Robin into more than a bird, and death into something too great and mysterious to be taught by numbers. If we look for the secret of this haunting and triumphant poem, we will have to look at all it comprises; image, referent, rhythm, and rhyme. But it is the last

that crowns the effect and transforms Cock Robin into more than the representation of a living creature for the contemplation of a child, into the presentation of a living poem, to grow into the memories of children.

9

How Life Should Be on the Hilly Plains

ON AUGUST 12, 1838, Charity Givern wrote a letter from Rising Sun, Wisconsin Territory (presently, Iowa), to her father, addressed simply to "Isaac Young, Ohio"—by which she meant, more specifically, Mount Vernon, Ohio, in Knox County. This was before the day of postage stamps, and in the style of the times, the letter is simply folded in upon itself and addressed on its outer, unfolded side. But it was written on a tough and durable rag paper—tanned by age, though not foxed—and remains in very good condition. Beneath the name of the addressee is almost illegibly scrawled what appears to be "forward by Mr. Givern."

Indeed, this is corroborated by the letter's opening sentence, in which Charity apologizes for not having written for so long. And what an opening sentence—if it can be called a sentence at all—this is!

> Dier fathere I have to confess my neglenc [negligence] and ask pardon at youre hands for not righting to you before but you must forgive me and take the will for the deed for it is not for want of respect that I have for[got] you but the cares of a family call all my time so that I have no time to rite but haveing so favoreabel an opportunity to send by my companion I now imbrace it saying to you we have through the mercy of the lord are all in helth at

this time and I have had good health generally sence I saw you last and my desire is that these lines may find you in good helth of body and mind.[1]

Et cetera. The "companion" referred to is evidently her husband. Such formality seems quaint to us, but all those years ago the word might well have carried a warmer connotation that it does now, when it has cooled off so much that it suggests merely a sustained and cordial, though passionless, acquaintance. On the other hand, Charity may have meant it exactly as it would be construed today. Her husband may have been the father of her children, and still no more than a companion at best. Divorces were not common at that time, but there is little real evidence to suppose that happy marriage were all that common, either. In nostalgic moods, it is comforting for us to believe they were more nearly perfect than the majority today, but historical fact will hardly support too great an indulgence in such sentimentality.

In addition to a social and theological climate of disapproval, one obvious reason for the low divorce rate in the nineteenth century was the frequency with which spouses died young. A great number of married couples scarcely survived long enough to get tired of each other. Old diaries and letters abound with so many references to sickness and early death, it is not surprising that their tone tends toward piety and gloom. Indeed, the things of this world fadeth away, but they faded away a hell of a lot faster on the midwestern frontier of the early nineteenth century than they do now.

Charity Givern gives voice to his thought in the sentence that follows that meandering preamble quoted above: "Dier Fathere, the time seems long since I saw you and the proubility is we shall not evere se each other agane in this life yet I want you to remember me when it goes well with you and let me have a intrust of your preares."

---

[1] I have generally retained the spelling in these letters, along with the grammar and punctuation—or lack thereof—editing only where necessary for sense.

These dolorous reflections notwithstanding, Charity Givern seems not to have been entirely devoid of spirit. "The difficulties I have passed through sence I saw you," she continues, "have been many, but I have never Regreted I left that country, only on your account, [for] leaveing you behind often grieves me. I am well pleased with this country. It seems more like old pensylvania than any place I ever saw sence I left there, yet at the same time it is for before it in point of soil."[2]

On the second page of her letter, Charity reverts to sentimental reflections: "I must haste to a close by sayin to you, Dier fathere, that it would be almost a greater blessing than I could ask to have the pleasure of seeing you once more in life; yet some times I fancy I shall see your silver locks in the country yet." But the hope is a desperate one, and she knows it; she knows that it is almost certain they will never see each other again. And, in view of this, she writes that her prayer is "that the lord may make your decent to the grave plesent and easey and bring you safely home to heaven; and not only you, but all of us to joine with our mothere around the throne of our god."

As promised, she does close her letter shortly after this, but then, on the opposite page, and upside down, she writes a brief postscript: "Dier Fathere, not that I wish to beg, but I will just say that . . . if you could spare $100 hundred dollars to get him 80 acres of land I should be glad. Yet do as you think best, and I shall try to be satisfied." But who's this *him* who has suddenly and anonymously thrust himself into Charity's prose? Why, surely none other than her husbandly companion, whose first name seems by oblique earlier reference to have been "Asbury," although this is not entirely clear from anything anybody could ever find in the letter. One is almost tempted to conclude that her letter wasn't written for our present-day understanding and convenience, after all; that it isn't really any of our business—which is of course one reason we find it so interesting.

---

[2]The family's original home was in Fayette County, Pennsylvania. Isaac, taking most of his children, moved to Ohio, where Charity evidently grew up and married; then she and her husband moved to what is now Iowa.

The lugubrious testimony provided by Charity Givern comes from a large tin box filled with old letters that I acquired from Yesteryear Books in Atlanta several years ago. Frank Walsh and Polly Frazier, the proprietors, had put it aside for me, noting its Ohioana relevance and anticipating one of my periodical trips to Georgia, my car loaded with southern Americana.

The big tin box containing the letters was itself of familiar Civil-War vintage, larger that most I'd seen, but typically painted black, with a recessed handle and a pale gold frame design on the top. Frank surmised that the tin box might be worth more than the letters, which may have been true for Georgians, but not for me. After much pleasant book talk, our transaction, involving an interestingly miscellaneous exchange of first editions, Americana, and money, was concluded, whereupon I departed, rejoicing in the possession of these letters. Like all personal, nonliterary documents, they afford an intimate glimpse into the common life of the time, which is in many ways the most interesting life there is.

Charity's "dier father," Isaac Young, was near eighty—especially elderly for that day—when she wrote to him, and he must have been relatively affluent, as the requests for money documented in this and several other letters suggest. But most of the letters are filled with local news, and whatever the locality, that news tended relentlessly toward reports of death. A December 1839 letter from his son-in-law, William Hubbell, sent from Fayette County, Pennsylvania (the old home where he and Isaac Young's daughter had evidently remained) begins ominously:

Honored Father,
Since you last visited this County there has been so many solemn changes that perhaps some account of them might be acceptable to you. I have therefore taken my pen to acquaint you of them as far as I am acquainted with them. Death has visited us this year and many have departed.

After pausing here to quote suitable texts from the Bible,

William Hubbell gets down to more immediate business, which is to say, vital statistics, wherein he records that there have been sixty-four cases of scarlet fever in Union Town, though many survived, including "our Martha Jane [who] had it but she was spared through God's Mercy but all her skin pealed off, all the rest escaped. O God's goodness is very great to us as a family."

Then there follows a litany of "solemn changes" so mournful that it is remarkable that one letter could contain them all:

> An old lady by the name of Jones died last June, she was on a visit and died suddenly. She lived near the Old log Mill. Gen McCleland's wife died last June, both of these women were buried on the same day. Jane Caldwell died of a consumption last fall and her Infant died a few days after. Father Isaac Phillips died a few weeks after his daughter. Elder Patton died a short time after Mr. Phillips. John Showalter died of the Flux a few weeks ago. James Holt died in November suddenly in Western. David Patton lost two daughters near each other last spring of Scarlet Fever. A man and his wife died suddenly and near together; she was the daughter of Old Miller the Weaver [not to be confused with Old Weaver the Miller]. There has been many more deaths in this region. It's a Mercy if these lines finds you all alive and well.

This Land of the Middle Border was scarcely a generation removed from the frontier, and disease and death were everywhere. Furthermore, diagnosis and treatment were, by today's standards, almost unbelievably crude and ineffective. Therefore, it is hardly surprising that the burden of most letters was a heavy one. For most people, writing and sending a letter was an expensive and unpredictable indulgence, not to mention a difficult and demanding task—one booby-trapped within by errors of grammar and spelling and threatened without by uncertainty of delivery.

Therefore, letters were eventful and not undertaken casually. Why else would one write but to convey news of death, except perhaps to beg an aged though affluent father for

money to buy land? These letters are full of both. Isaac Young's daughter, Anna, wife of William Hubbell, wrote to her father on August 9, 1840, from Smithfield, Virginia (now West Virginia), as follows: "We have never done well in this country and never shall." Then, a sentence or two later, she continues:

> Oh how I long to get a little home of my own so I shall have to move no more. If my aged Father would pity and help me I think I could. You are old and it is quite uncertain that you can stay in this world much longer; all your children have got homes but me, and [they] are prospering. I hope you will be moved to pity the most needy. I have seen two little places, one 18 and the other 16 acres about 4 miles from Morgantown and 3 miles from Jackson's works and on the Morgantown Pike. The land is good, the places join together the 18 acres is $400 and the 16 $300, but I should prefer the 18 acres. you will see they seem cheap. Sabina seems to like [it] up in Harrison or Lewis better. I think the people seem smarter up the country than about Cheat. I am so desirous to get a home I would not be so particular, so it was a home. If I don't get one of these two little places I intend to go up in Virginia this Fall and Dear Father I want you to write me without delay and give me your advice and what you will do for poor me. We must go somewhere and that must be where lands are cheap now & the country improving.

In referring to the people being "smarter up country," she meant simply that they were "more fashionable" there, more up-to-date, but what she meant by "going up in Virginia" is something of a puzzle, for she is writing from what was at that time part of old Virginia. Still, this lapse notwithstanding, Anna seems to have been clear-headed, along with having "a mind of her own" (often incompatible qualities), especially relative to our stereotyped notions concerning those benighted and sexist times. Indeed, her husband William sturdily admits as much, for he adds his own view of things on the recto opposite Anna's lament:

Dear Father, I wish you to understand that Ann has the managment of almost the whole business [the farm]; it is all her plan. I think I can live where she can, be where it may, and the desire of all to go is so strong it is of no use to oppose. I don't see how we can be blamed for wishing to procure a home or get from this country [when there are] no lands to be had here at any price . . . I have gone over to Harrison believing Van Buren will ruin the country if reelected.

Then follows a familiar litany of loss:

Thomas Beaty is no more; Thomas Brownfield has also departed, he died lately with consumption. Joseph Calwell died lately of the same disease. Isaac Beason's second wife also, and Jas M. Oliphants wife also, both these women was buried in one day. Mrs. Oliphant was the daughter of Major Hertsog; another of his daughters (married to one Everhart) died this spring. All the family is going with consumption. Only 3 daughters left. David Evans wife died last week very sudden . . . we knowed not she was sick till she was gone. Two of Major Hertsogs grandchildren lately died, they were sisters, children buried by the side of each other, there is many more deaths.

We knowed not she was sick till she was gone. One can hear a forlorn and hard-bitten eloquence in this gnarled little sentence; and no wonder, for it is compounded of that ignorance and despair which are at the heart of poetry. But it is more poignant than polished verse precisely because of the crude and feckless bewilderment it expresses. There is an honesty in such artlessness that we can recognize even today, living inside the video game of modern technology. Still, in our darker and quieter moments, we know that such truths are still part of us, and will remain part of us as long as people die.

But we shouldn't forget William, for his letter is not over. In a brief postscript that must have been as surprising to vener-

able old Isaac Young as to us, William pleads for his father-in-law to: "Pray for us always—God is merciful, my wrist is so lame I can not write well now." *What?* He's made no reference to a lame wrist. What's wrong with it and how was it injured? Such things will never be known, like so much in these letters. And the discrepancy between his high-flown diction and his humble spelling is curious enough, a discrepancy as great as that between prayers and sore wrists, but they should not provide too great an occasion for mirth.

Could the life of common folk have really been as forlorn and dreary as these samples indicate? Was there really such an impoverishment of happiness, or even relief? Hamlin Garland claimed he could not remember ever hearing a happy song from his childhood in Wisconsin. Still, the gloom could not have been unremitting, for there were oratory, singing, and even dancing, if one's religion did not prohibit such earthly pleasures. And there were all those occasions when even work could be turned into fun—sewing bees, lawsuits, communal harvesting, and barn raisings, for example. However, the peach brandy that was so traditional a part of house raising in southern Ohio would sometimes inspire an overly enthusiastic volunteer to slip off the scaffolding and break an arm or a leg, or maybe even his neck, ending his barn building forever, unless there are barns in heaven. But maybe injury or death caused by getting drunk and falling off a barn has some style to it, and people with spirit might argue that it beats dying from sickness any old day.

But, what about the quiet subtleties and satisfactions of literature? This was the time when Washington Irving, James Fenimore Cooper, and Edgar Allan Poe were America's most popular writers.[3] One would assume that reading Poe couldn't have been much help; and yet, death and terror are changed

---

[3]Emerson's career was just under way, and generally neither his books nor news of them had reached what was then the far West. He and other figures of the American Renaissance were just tuning up their instruments.

when they are transformed into poems and stories. In fact, we can enjoy terror and suffering if they are safely caged in words and stories. At the beginning of "The Fall of the House of Usher," Poe's narrator reminds us that there is, after all, something horribly fascinating about the dark subjects that provide the material for such a tale as he has to tell.

And, as for Cooper, while his wooden Indians and wooden woodsmen are not totally devoid of polite, and even perceptive conversation, they have scarcely enough fizz to rouse a leaden spirit. Irving, however, is more promising in this regard, for there is a coziness in his tales that could cheer the heart and liven many a fireside. Nevertheless, his books were expensive and not easily available, and when they were, someone had to be sufficiently literate to understand them and read them aloud. The Catskills and the Land of the Knickerbockers were a great distance, culturally as well as geographically, from Mount Vernon, Ohio, and Fort Madison, Wisconsin Territory, although the rugged terrain would have been essentially familar.

Still, the chances were greatly against people living in the far, dim, comfortless world represented by these letters having access to such happy and wholesome entertainment. The Bible was there for the literate, along with a grammar or spelling book, perhaps, and an herbal for practical help in self-doctoring, along with a handful of edifying religious texts; these were generally the most one could hope for in the log cabins of those days. And how much joy might Lindley Murray's popular *English Spelling Book* have provided? Not much. So it is no wonder that their epistolary communications with one another were so dreary and barren of earthly hope and so promissory of heaven.

And yet, I have good news for you. I am happy to report that not all was desperate among these desperately poor and un-cultured settlers represented by my cache of letters, for there is a noble and happy exception, a letter that stands out from the others and shines like a beacon of cheer in this darkness. It has sickness and death in it, to be sure; after all, it *does* come out of Charity Givern's world. But, praise be, there is

joyfulness, too; and how miraculous it is that joyfulness should be present in any form! I speak of an undated (though obviously contemporary) letter by a man named Adam Randolph, who lived in Perry County, Ohio. This letter deserves to be quoted at length, although I will have to add punctuation, for Adam Randolph was as reluctant or hesitant to end his sentences with periods as were those other writers I have quoted from. But in tone and spirit his letter stands apart. It comes from a different place, you might say; and you will be right in doing so, for, although it is the only letter from Perry County, it is more importantly the only letter vitalized by hope and cheerfulness. In short, it is possessed of a difference that enlivened me, as I hope it will enliven you.

Dear Brother and Sister I take up my pen to scratch down a few lines to inform you that we are in good health and hope these lines may find you enjoying the Same blessing. We have had tollerable health Scince we came home. I was very ill the two last days on the road with Chills and fever but I Soon recovered. We got home in 5 days Safe and Sound, not a little pleased to find all things safe, and from the pleasing reflection of having once seen all our friends, and more of them than we escpected to See, in good health, and prosperity. It always affords us more real pleasure to visit our friends and entertain them at home, than any other wordly enjoyment that could be mentioned. Dear Brother and Sister we anticipate the time when we shall see you on the plains of Ohio we will give you a hearty welcome and a rustic entertainment Such as is after the maner of the homespun and awkward Ohioans with a Clap on the Shoulder help your Self and a face as round and jolly as the harvest moon. "Dear Sir you did not seem to like the maner and Customs, the dress and appearence of our plain gentle drabcoated ohioans, but we have a spirit of improvement among us that promises us more happiness and wealth than all the Parrisian fashions of Shoes and garters and flaming velvets that ever glittered on the breast of your hopping

jaybirds." We have got a littel girl to live with us by the name of Elin gray she is 10 years old and is to be bound until 18 but I would much rather have a neice to live with me that I could adopt as my own child and make my heir.

Death is Still Slaying on the right and the left of us. While we was at your house a woman that lived about a half amile from us died and left infant about 3 weeks old, her husband married 2 months after. Last Saturday Evening an old gentelman named Phillip Miller was killed in the Suberbs of Somerset by his horse running away with him in a Carryal [carryall]. The man that was to have been hung at Newark on the 11th of October was by the Legislature given his choice either to be hung or go to the penitentiary 10 years he joyfully Chose the latter.

I expect to be in Columbus in March. I will probally call and See Thomas. I want you to write to me a long letter and lett us know how you are Coming on and what Strange things have happened Scince we was up. The bridge at Cambridge fell down while we was up but they had a temporary one fisced below So that we could Cross. Betsy Sends her Love to you and Rachel and Perthena and all the little children.

I want you and Rachel to Come and See us as soon as you Can the turnpike will Soon be done over all the hilly road[s]. I don't escpect that we will get up under 2 years. I mean to go to Cincinati the first journey I take any distance from home. I want you to write against the 20th of February and Send your letter down to my father and then it will be fettched to me by the bearer of this, Judge Hood. So no more at present but remain your affectionate Brother and Sister

Adam & Elizabeth Randolph

This letter is addressed to "Captain Hezekiah H. Young, Care of Mr. Stephen Randolph near Johnston's inn Fayette County Pa." Also on the cover portion is written, slanted, "Politeness of Hon Charles C. Hood." It appears that Adam Randolph, rather than his wife, wrote this letter; and all of his

initial *esses* appear to be capital letters, so I have transcribed them thus, for appearances are always to be respected—otherwise of what use are they?

And what a happy vision he has of the "plains of Ohio," all the more remarkable in view of the fact that Perry County does not have a single plain in it; it is hilly land covered with woods, and in Adam Randolph's time it was neither less hilly nor wooded than it is today. It may be true that, like beauty, a flat place is in the eye of the beholder; but as one who has traveled there I can assure you that, while Perry County may be said to have a river valley or two, it does not now have, nor has it ever had, any more plains in it that Florida has mountains.

But smoothing out the surrounding hills was not Adam's only achievement in this remarkable letter, for he bestows suburbs upon the little village of Somerset. I don't know what Somerset's population was in Adam's time, but I am sure it was far smaller than it is today, when its population is somewhat around one thousand five hundred. It is a pretty little Ohio village, with a statue of its most famous citizen, General Philip Sheridan—pride of the Union Cavalry—on horseback in the main square.

I am pleased to observe that in his largess Adam Randolph gave Somerset not just one, but several suburbs (for the word is clearly plural), and I am sure that it was his sanguine and hyperbolic imagination that made him do it, for I think of him as a man of great good sense, but one who liked to fuss with the world and change it to the advantage of his imagination. He had too much spirit to see things as they are, which just about anybody can manage; he saw them as they ought to be, and in seeing them this way, they were transformed, as every poet and writer and person of spirit will understand.

And think of how distant—how remote and exotic—Adam Randolph makes Ohio seem from Pennsylvania! Less than two hundred miles separated him from his brother and sister, but the tone of the letter suggests that he is writing from halfway around the world. Why, even the people were different, and you might as well visit Samoa or a Tlingit village to see folks stranger than these hearty Ohioans. Yes, they were

an exotic lot, robust and free, hard-working and vigorous, with faces as healthy and round and red as the harvest moon, and always ready with a "howdy do"—althought it's true that a lot of them were busy dying, of course.

But let's not dwell on that. What we dwell upon is what we are and hope to be, and Adam Randolph was a man I would have liked to meet. I would have welcomed his "clap on the shoulder and help yourself"; and would have preferred his company to that of a whole congregation of wailers, not to mention a city of hopping jaybirds, no matter what city they came from or how they spelled it.

I think of Adam Randolph's letter and contrast it to all those others. It is possible that he was simply luckier than most people in those desolate times, but I believe that a goodly part of his luck was no more than his being possessed of an imagination, spiced with a merry spirit, which had to be something of a rarity for those times. And perhaps for these times as well, because there have always been people with an instinct for misery; there are people who have a gift for it, the way some people have a gift for wiggling their ears or whistling with two fingers in their mouths.

Certainly, folks had a good excuse, along with ample opportunity, to be miserable in the western settlements of the 1830s, and they wouldn't have had to work at it very hard. But then, there is Adam Randolph's testimony to the contrary, for he saw fertile plains in a country of hardwood ridges, and he saw the suburbs of Somerset in a village scarcely larger than a deacon's back yard; and he saw playfulness, joy, and hope, where the sickness and dying were as busy all around him as they just about anywhere else on God's earth, or practically any other place you could name.

10

The Original Giant and the Jack of Games

SEVERAL YEARS AGO, at a Friends of the Library sale held at the university where I teach, I was able to gather only a dozen or so books to buy. Scarcely half a box. And half of *these* were merely book-club editions of the sort of mystery novels my wife and I enjoy. As you can see, this was not a good sale at all; about a C– sale, in fact. Indeed, I recognized most of the stock as tired remnants from previous sales, books I had already passed over. So, after this brief and exiguous harvest, I picked up my half box and departed, feeling a bit frustrated, disenchanted, even surprised. As if this sort of thing weren't happening more and more often, precisely as the stock of old and rare books is depleted through sales like this, where the better stock is grabbed up by people like me.

Still, one should no doubt think of a box of books as half full rather than half empty, and everyone will agree that a dozen books are better than none. I was especially pleased to pick up a copy, in dust jacket, of *Possible Worlds and Other Papers* (New York, 1928) by J. B. S. Haldane. I remembered reading this British biologist's wonderful essay, "On Being the Right Size," forty years ago, and was gratified to see it listed among the contents of this volume. So not all was lost, and I looked forward to rereading that piece that had proved literally memorable, along with others Haldane had collected in a volume with such an interesting and modern-sounding title.

112

(Part of its modernity consists in the title's evoking the "possible worlds" of logical semanticists. Such worlds consist of maximal sets that define hypothetical, nonexistent realities; in this, Haldane to some extent anticipated an idea developed half a century in the future.)

Another book of essays I bought at this sale held a different sort of surprise for me. It flaunted the sporty title *Pieces of Hate and Other Enthusiasms,* and it was by Heywood Broun (New York, 1922). Here was a book I knew nothing about, by a journalist who was little more than a name I associated vaguely with the New York theatrical and literary life of the 1920s and '30s.

Recently, however, I found Broun's name included among the *dramatis personae* of a play by Ring Lardner—a play with a title in three languages. In *Abend di Anni Nouveau* Broun is identified simply as "an usher at Roxy's." Of course, this doesn't tell us much, since the same play lists the columnist Walter Winchell as a nun, Dorothy Thompson as a football tackle, and Ben Hecht as a taxi starter. But Broun must have been very well-known at the time, because Lardner enjoyed ribbing him. In another of Lardner's plays, *Cora, or Fun at a Spa,* a character is identified simply as "A Man Who Looks A Good Deal like Heywood Broun."

Broun himself wrote the preface to *Pieces of Hate,* which begins: "The trouble with prefaces is that they are partial, and so we have decided to offer instead an unbiased review of 'Pieces of Hate.'" This waggery, along with the pun in the title, led me to expect some bold, triumphant, dead-pan bragging, but I was wrong, for the preface is ironically shy and whimsically self-diminishing. In it we are told that this book—a mixture of fiction and nonfiction—is a hurried and hit-or-miss affair. We are told that the writing is flawed and inconsistent. In fact, there doesn't seem to be much hope for the author. "Broun," Broun informs us, "does not learn fast." Here his mask is that of an earnest and conscientious dullard straining to be funny. And he wears the mask well, for near the end of his preface, he playfully confesses of himself: "He may be a young man but he is not so young that he can afford to traffic any

113

further with flipness under the impression that it is something just as good as humor. And we wish he wouldn't pun."

Here Broun hit it perfectly. We recognize that voice right away: it dons the editorial "we" and affects omniscience. If challenged, most of us swear we admire humor, but we're uncomfortable in its presence. Humor is especially offensive if the tone is light. In fact, when this happens, we express our vindictiveness by *calling* it "light," suggesting a gossamer triviality in contrast to illumination. Black humor can be tolerated, of course (although the term wasn't yet popular in Broun's day), for it is gravid with nastiness and suffering, which blow the froth away and keep the humor from becoming joyous, or maybe even *fun*. Puns and verbal frolicking are always troubling to us earnest people; we think of them as a great deal more than a mere embarrassment; to us, they are an embarrassment of character, as well. They are not serious minded.

But a still greater discovery awaited me, for upon first opening Broun's book and glancing at the table of contents, I saw that its twelfth piece is titled "Jack the Giant Killer." I turned to it immediately and read it, whereupon my suspicion was confirmed, for this is not an essay *about* Jack the Giant Killer—an academic study of its underlying psychology or folklore elements, as one might expect—but the story itself, retold with a different focus. It is, in short, a work of the imagination, one in which the well-known events are seem from a perspective broader than that of the youthful hero.

Here, too, I could see a personal connection, because I had only recently written my own variant story about Jack the Giant Killer, and had only days before reread it in the galleys of a new and forthcoming collection (*Dirty Tricks*, Johns Hopkins, 1990; this story originally appeared in the *Mississippi Valley Review*). My version of the fairy tale is titled "The Stolen Harp," and it focuses largely on the realm of the giants, invidiously comparing their large, vague innocence to the small, intense virulence of humans as we know them.

While our two versions of the old tale are alike in certain ways, I did not finish reading Heywood Broun's feeling

demoralized. I did not feel anything like the hero of a story I read long ago, which, if I remember correctly, was titled "The Anticipator." It was about a passionately creative, multitalented man who tried to express himself in various art forms but failed at each because his every attempt at creation was anticipated by some mysterious stranger, whom our hero eventually—after years of frustration—decides to kill, only to be shot dead himself by this very same nemesis, having been anticipated in *that*, too. (I had assumed this story was by H. G. Wells, but a brief search failed to validate such an assumption. All I know is: I *think* I read it somewhere, sometime. Note that this is an utterly accurate citation; it just isn't scholarly.)

In most important ways, Broun's and my variations upon "Jack the Giant Killer" are quite different—different in tone, character, and theme—so there is room for both of them to last on somewhere in that great, drafty, unlit, ontological warehouse of literary remains. Although Broun's story was written over half a century before mine, I knew nothing about it when I wrote "The Stolen Harp." And I'm willing to believe he wasn't any more influenced by my version than I was by his.

But things like this won't leave us alone, because we can't help but make connections; and what all of us do instinctively, a writer does explicitly, for it is an essential part of a writer's *business* to make connections. So I have a further connection to report, one that is remarkable in the way that only coincidences can be. I have referred to the one other noteworthy title I found at that uninspiring Friends of the Library book sale: J. B. S. Haldane's *"Possible Worlds,* containing his essay "On Being the Right Size," which I remembered reading so long ago. Now it so happens that this essay has a special relevance to my version of "Jack the Giant Killer," for Haldane's argument centers upon the arresting fact that with every increase in volume, mass increases disproportionately.

To demonstrate this principle, he refers to Giant Pope and Giant Pagan in *Pilgrim's Progress,* who were supposed to be sixty feet tall. Being ten times as tall as Christian, they would have been ten times as wide and ten times as thick, which

means that their weight would be cubed, or a thousand times as heavy—eighty or ninety tons. If such a creature existed in our gravitational field, Haldane calculated, their legs would break with each step they took. This idea is as grotesque as it is interesting when one tries to imagine the third step.

Remembering Haldane's example, how could I *not* make use of it in my attempts to create a realm of the giants? So, godlike, I drained molecules from their atmosphere, lightening the gravitational field and enabling these great creatures to walk with vaporous ease. It was *our* realm—their dense netherworld—that terrified the giants, constituting their hell. It was into the dense hole of our familiar earth that Jack's victim fell, being crushed in his fall, very much as beached whales are crushed by their own mass. (And as I have since learned, as injured elephants cannot recover while lying down; they heal only if they are periodically capable of standing.) All of this is explicitly stated the instant Bildigal (my giant's name, rhyming somewhat with "madrigal") is introduced:

> He was not ageless—as most of us suppose Giants to be in Fairyland—but of a specific age: he was 47 years old. And his dimensions are as well-known as if he'd been issued a driver's license: he was 24 feet 7 inches tall and weighed (in terms of the earth's gravity) 3976 pounds. To some this might seem exceedingly heavy; but such people fail to take into consideration the disproportionate increase of mass over volume; Bildigal was actually a lean, even skinny, Giant, and he walked with one shoulder higher than the other.[1]

It seemed to me both natural and felicitous that my Jack should be a a trickster, a boy whose name itself conveys a busy and irrepressible energy—even deceitfulness, as demonstrated throughout centuries of English folklore, and still

---

[1] If I reprint this story I'll add thousands of pounds; even for a skinny giant, he is woefully, impossibly underweight as he stands now.

traceable in our language, extending from the names of jack-daws and jackrabbits through sailors' slang to the jack-in-the-box and the jack in a deck of cards. I found all this great fun, partly because of my own name, to be sure (although, like most Jacks, I was christened "John"), but also as a writer, and therefore obligated to deceive within the context of the rules implicit in narrative systems.

Although Broun's first name was not Jack, he would have understood all of this perfectly, for he also worked self-reflexively, turning his Jack into a newspaperman. Further-more, he did not strive to hide the defects of his ego projection, much less trouble to make him heroic, pointing out that his protagonist, Jack, was "a Celt, a liar and a meager man. He had great green eyes and much practice in being pathetic."

You will understand that by now I am ready to take every-thing personally, so for the record I'll state that, while I am not a pure Celt, all my ancestors came from somewhere in the British Isles; and while I don't have green eyes, I have told my human share of lies, even while writing fiction—and al-though I'm not sure what "psychological meagerness" is, ex-actly, I'm sure I have my share of it.

But my essay is not primarily about either Jack or the Giant. Nor is it really about Heywood Broun or myself. It does have something to do with coincidence and the intersection formed by our two versions of the old fairy tale, along with the playful impulse that moved two writers—for quite different reasons and over a half century apart—to work variations upon the same familiar old story, remaking it for different reasons.

If the world were a finite system existing forever, eventually every conceivable version of every story would tell itself out and we would find ourselves in a state of maximum narrative entropy. Or something. Indeed, to an infinitesimal degree, something like that has already happened. We can already see occasional evidence of the playing out of a finitude of options. For example, the literary history of the English language has already provided two well-known writers named Samuel

Butler, two named Robert Herrick, and two named Winston Churchill.

And, as it is with writer's names, so it is with titles. I have personally known two writers who published novels titled *The Fell of Dark* (James Norman Schmidt, as "James Norman," and Judson Jerome; it's very unlikely that either knew of the other's novel). I myself have had stories published under titles I later changed, because they seemed too embarrassingly familiar. Nevertheless, I also have published at least two novels, *Beyond the Bridge* and *Sassafras*, which I discovered after publication bore titles that had already been used by other writers.

Such signs are not alarming. They are mere curiosities, and can be enjoyed as such. We remind ourselves that our capital of texts, names, and phrases is virtually infinite. Our world, it turns out, isn't *that* sort of finite system; and its amplitude is constantly increased by the fact that with each innovative expression or name the possibilities for further innovation are themselves increased, so that it is impossible to calculate a final closure of exhausted phrases.

Even more than names and titles, old themes have great endurance, for they are manifold in their unities. There are as many different contest stories, for example, as there are sorts of contest; but even a specific sort of contest, such as personal combat between two men, allows for wonderful scope and variety. There are contests that, like duels, are formulaic, and others that play it by ear. But, even among duels, there are whole subclasses expressable in terms of, say, weapons—pistols, shotguns, bare fists, rapiers, staffs, or sabres—or by motive—personal insults, allegations of dishonor or ethical impropriety, charges of cowardice, aspersions against a female relative, etc., etc.

Indeed, literary themes are as rich as the humanity they draw upon and express. I cannot conceive of a story idea that has not been "used"; if it hasn't, it might not be identifiable as a story idea at all. Conversely, I cannot conceive of any story whose basic theme and plot have not appeared in countless ways and in countless transformations and permutations. An awed reverence for "originality" has become such a mod-

ernist passion (a superstition connected with the mentality of marketing and advertising) that many of the more serious breed of *literati* may be incapable of distinguishing original- ity from novelty, and may even be incapable of understanding that such a distinction is worth making at all.

The idea of an avant garde is based upon an essentially simple-minded belief in progress. It is part of the old- fashioned mentality of advertising and boosterism that was ostensibly repudiated in the 1920s, when George Babbitt joined Rotary. By now, however, even a reference to an avant garde sounds antiquated—to refer to the avant garde is to reveal that one is not of it. It's like the old saying that using the word "classy" isn't classy.

But the fact that once-comfortable shibboleths are no longer tolerated among the intelligentsia (there's another outdated term) does not mean that the ideas themselves do not remain noxiously alive, working their old mischief. New orthodoxies, freshly minted in the service of the latest femi- nist ukase, startling new deconstructions of the boggled and staggering text, fashionable new versions of the new classi- cism—such flicks in the reality flick—are as old as the fash- ionable world of Protagoras and as depressing as flu germs.

Gotten in the right focus, all this silliness of playing the novelty game can even by enjoyable. It's the latest installment in the gee-whiz serial of progress, and you'd better not miss it. Of course, you'd better not take it at face value or the joke will be on you. Consider the logic: to equate creativity with novelty is to abdicate any posture from which to experience anything more than the simple thrill of being surprised. Because what you believe now can't last any longer than it can remain new.

You will run out of thrills and surprises, even in a virtually infinite world—for the language and art that contain us are *not* infinite; and nothing is more sadly predictable than the next serial novelty. To insist upon "making it new" (to use Ezra Pound's old slogan, one of his less inspired ones, hardly worthy of his stature as a philosophical poet) is to insist upon instant desuetude. Planned obsolescence.

But is there an alternative? Indeed there is, and it is very

119

simple: replace cleverness with subtlety. Cease to insist upon new variations upon old themes, and look for the rich implicativeness *within* those themes—nuances that can never be totally explored, understood, explicated. Study to understand the miraculous complexities embedded in the simplest sentence. Revise your sense of what used to be called "genius," and think of it not as a centrifugal movement, as a defiant assertion of originality, as a dance orchestrated by the latest rage, as the latest step in the modernist score—but think of it as centripetal. Look for the mysteries within, and let the world go fish, because all the world will ever catch is itself, which is hardly ever worth it.

For example, think of what is implicit in "After tea Philip Repton and Eulalia Burnes discussed their gloomy circumstances." Or, "In all the towns and over the wide countrysides of my own mid-America boyhood there was no such thing as poverty, as I myself saw it and knew it later in our great American industrial towns and cities." I have just quoted the first sentences of two texts that are extraordinarily different. The first begins A. E. Coppard's short story, "Fifty Pounds," and the second begins Sherwood Anderson's book-length memoir, *A Story Teller's Story.* The first is fiction, the second not; Coppard was an Englishman, Anderson an American. The first is anecdotal, the second sociological. Just about all the two authors have in common is the fact that they were both men, both from what may be called "the working class," and contemporaries.

But each sentence leads into a text that, for want of a cruder term, is richly "literary." Both sentences are simple, declarative and unpretentious; they are as different from the works of Stein or Joyce or e. e. cummings as crackers and milk from *haute cuisine.* They do not challenge readers; they welcome them. They do not make onerous demands upon one's ingenuity or patience; they present a picture of a familiar world, in which water boils, clouds darken the earth, and cats purr. They do not call attention to the powers of the author as thaumaturge, but to the miracle of the quotidian world, where people exist—some of whom, indiscriminately

120

remembered and invented, will be found in these texts themselves.

And yet, each of these sentences is in its own way miraculous. Each may be said to contain a miracle, one whose sustained epiphany is the precise form of the text that follows. Sherwood Anderson's miracle consists of 442 pages, in the first edition; A. E. Coppard's is only 26 pages. The different lengths of their explication is not an index of their literary value, of course; it is no more than an index of their different lengths.

There is a story about Wittgenstein in the 1930s, when he came to Cornell for two weeks of lecturing. He was invited to stay with a local professor of philosophy at Cornell and his family, and when the professor's wife asked if there was any kind of food he was especially fond of, he said, yes, he liked grilled cheese sandwiches, and if it was all right, he would like nothing but grilled cheese sandwiches—morning, noon, and night—during his two-week stay.

I understand Wittgenstein's wishes; I understand what he meant by asking for the same food, over and over. Because the same thing over and over is never the same thing at all; it is always and inevitably and interestingly different. Nothing can be repeated, and it is a challenge to the imagination to understand it in all its subtle play of nuance.

There is a moral in this, and it deserves our attention. It is reminiscent of a story about St. Columba, who greeted his mother daily by asking about her health. Dependably and conventionally, the old woman answered that she was well; to which statement St. Columba always said. "And so may you be the same tomorrow." But one day his mother changed her answer, saying that she was not well at all; to which St. Columba answered, "And so may you be the same tomorrow."

Of all the afflictions of our woeful and benighted age, none is greater than a virtually universal, superstitious belief in progress. There is some sense in this, to be sure, for if we believed otherwise, why would we give a damn about anything? Still, we overdo it, and have come to believe that novelty alone will prove our salvation. We are so attuned to the increasing

power of science and technology that we can see no end to it—which is probably right, for there *is* no conceivable and certain end to it. But technology is by premise and calculation no more than an instrument, and instruments cannot give us directions or teach us wisdom. Modern skills have enabled us to survive illnesses and afflictions that would have carried us off in earlier times, but where have we been carried off to? What have we been spared for, if we cannot understand ourselves and come near to mastering our lives?

The burden laid upon us is, of course, very great. All of us in our own ways have to master some part of modern technology simply to take our place in the world and be productive. (I state this fact by composing a sentence on a word processor, using state-of-the-art technology to open up an old perspective in a new way—Q.E.D.) But, if we let the gigantic and truly majestic powers of science and technologies mislead us into thinking that there is one, and only one, human dimension— and that is the exiguous channel of the immediate present leading into the future—than our maps are printed on paper made of cobwebs.

Here, I am talking about the theoretical inexhaustibility of information that is generated by the simplest facts. There are always new versions of old things, and variations upon them. And it is in our preocuppation with old irrelevancies that we find a sort of relevance that gives us ever-fresh perspectives into the things around us, thereby nourishing the spirit.

Because it is a characteristic of commonplace things that they are interesting in ways that novelties may or may not prove to be, for the former have been enlisted in our realties precisely to the extent they *are* commonplace, while the latter may prove to be no more than an evanescent nudge, no more than a blip on the screen of the present. Old truths lurking in the fabric of old stories can inspire writing a variety of ways, and keep inspiring them. Think of the archetypal patterns of trickery and betrayal and taboo encoded in the folklore of hundreds of cultures, endlessly replayable in modern dress.

The old tale of "Jack the Giant Killer" is one of these, and it inspired two different writers a half-century apart to fuss with it and rewrite it according to some personal need in a

personal time. This impulse to go to old things is a very deep one, and very human. It's what sends some of us to old books, looking for the latent usefulness of information that has been cast aside and forgotten—or perhaps never yet seen in the right way, as we would view it.

11

Life in the Intersections

SEVERAL YEARS AGO, when I was approached by Jim Richards, an editor of *Timeline*, to write about one of the books that had inspired me as a youth, I shopped about in my memory and settled upon Thomas Hart Benton's *An Artist in America*. I had first read it in high school, then some forty years later decided to buy a signed first edition of the book to memorialize that pristine impression of an unmistakably midwestern American brand of vitality, craft, honesty, and healthy cussedness.

The article was a pleasure to write; and when *Timeline* published "The Artist Who Discovered America" in September 1989, I was further pleased, for the piece was embellished with some of the quirkily graceful, cartoonish illustrations from Benton's book, along with bright, glossy reproductions of several of his paintings. It made me feel I'd made the right choice. Benton's book had once been an inspiration for me, and it was a pleasure to acknowledge and give expression to this fact, and to feel once again its effect, after all these years.

Having something published is an end of two sorts: it is one likely goal toward which one is working from the beginning of a conception (as indeed with me now, at this moment), and it is the final phase of the progress of a text. Publication is not the only goal, nor is it always the final phase, for a text is often changed between its first and subsequent publications. Still, such ends are real and they are felt. More often than not,

however—and in spite of the fulfillment implicit in these two sorts of ends—a published story or poem surfaces in print with no more noise than the winking of a bubble in some distant and indifferent swamp. Indeed, these bubbles are so small they don't even burp when they break.

We are speaking of real silence here, the silence of print, which is intrinsic to both the genius and difficulty of this subtle but essentially unspectacular medium. Sometimes, if friends have read and liked what you have written, they will say so; but, as often, they will simply congratulate you on the fact of having something published—implying that they have read it, or are about to, or might perhaps enjoy doing so, if they only had time. This is not precisely to the liking of writers, of course. But the world being what it is, it is a modest kind of suffering, even though becoming a writer is as serious and demanding a commitment as becoming a good first baseman—and theoretically as honorable, although most people would choose being a first baseman any old day, thinking of writing as something that's irrelevant or just plain out of it. Off base, let's say, or way out in left field.

Most of us, whether we're writers or not, live our days in constant expectation of the unexpected, and sometimes things surprise us by actually happening pretty much as expected. That is to say, for the writer there is an occasional vital response to a publication that may be as unique as it is welcome. I am now speaking of a book recently mailed to me from Columbus, Ohio, by my friend, Pat Mooney, who collects, among other things, various sorts of illustrated and children's books. What he sent me was a Halcyon House reprint, in slightly faded red cloth, of a book filled with wild briarpatch scrawls in both pen and pencil. Accompanying this somewhat unattractive volume was a note from Pat, as follows:

Dear Jack,

Enjoyed your *Timeline* article, and it rang a bell.

After some search among the accumulation here—I'm pleased to pass on to you the enclosed unique copy of Benton's *An Artist in America*. This was Emerson Burk-

hart's copy, and contains his inimitable notes and annotations. The letter "laid in" is priceless in its own right, I think.

Just proves again that *somewhere* there is the proper appreciat*or* for every volume. I'm pleased to have been the functionary in this most recent serendipitous conjunction of circumstances,

Regards to Barb, and Best Booking to yourself,

Pat Mooney

My pleasure in receiving this book was considerable, for not only do I admire Benton as an artist and writer both, but I know and like the paintings of Emerson Burkhart, and it was rare good fortune for me to be in a place where, in Pat Mooney's terminology, "serendipitous conjunctions of circumstances" could take place.

But there was a special felicity in this connection because of my slight acquaintance with Burkhart many years before. As a senior at the old North High School, on Arcadia Avenue, I won an art scholarship for the Columbus Art School, located next to the museum on East Broad Street. Making use of this scholarship had to wait until I was mustered out of the Coast Guard in 1945, whereupon I took several classes, including a life-drawing class taught by Emerson Burkhart. This intricate network of associations is simply one modest sample of how all things connect, and how it is that we always live in the intersections formed by the personal energies of others, and how enriched we are by this fact and its associations.

What sort of teacher was Burkhart? I remember him as unique. There wasn't much for him to praise in my work, but he somehow managed. He said he liked the energy in everything I did. (I would have settled for *talent*, at that time, but now, all these years later, I've come to think energy is all right, too—being connected with talent in mysterious ways.) To express what he meant by energy, Burkhart would grimace and pound himself vigorously on the head with his open palm, making his long fine strands of hair fly all around. The spectacle was memorable.

126

Burkhart was indeed something of a "long-hair," a familiar term of opprobrium from that era, but he didn't impress me as being in the least effeminate or decadent. And I appreciated the fact that he somehow managed to look the way an artist should look, and yet obviously remain a basically solid, healthy, normal, masculine fellow. After all, that was the sort of fellow *I* was—and I ask you, what could be better?

Naturally, his head-pounding communications impressed me with *his* energy, too. But I was also impressed by his intellectual attainments. When he found out that I was taking advanced Greek courses at Ohio State University, he stopped me in the hallway one night after class and talked with me for almost an hour, sharing something of his enthusiasm for Greek literature. I clearly remember how he looked that evening as he quoted extensively from an English translation of Euripides, working up to periodical moments of emphasis in which he would pound his head with his open hand, once more making his long hair fly. Remembering his antics, I am aware of how rare and fortunate those are who can retain the gift for excitement, especially a man of his age (he must have been in his fifties), old enough to have his spirit tamed so that his hair could quiet down.

That was the last art course I ever took, for my interests became more and more literary precisely as my active inclination to draw and paint subsided. But, during the next few decades, I was aware of Burkhart as a sort of legendary presence—or perhaps I should say "legendary absence," for as everyone knows, legends can exist only at a distance. They dwindle in proximity, and eventually disappear upon any conceivable approach.

Interesting and tantalizing bits of information about this gifted man filtered down to me. How true they were, I can't say, but rumor is always true as rumor, whatever its status as other sorts of fact. Thus it was that I heard that Burkhart, a widower, had taken a young wife and bought a house near Mt. Vernon Avenue, just north of East Broad Street in what was then considered a "Negro section." Later, I was to discover that some of his finest paintings are of black people, one an

old woman titled *The Matriarch* (1944) that is superbly done. Whatever the truth about his personal life, those paintings were as true as paintings can be, and as factual.

Occasionally during these years I would come upon Burkhart's work, or reproductions of it, and marvel at what I have come to think of as—well, its inspired and perfected *energy.* Had he taught me that energy is worthwhile? Perhaps. Or at least confirmed me in my suspicion that it is. I especially liked his paintings of old car parts—great, bold, roomy paintings, with pigment packed so thick that the images almost transcended surface, as if inspired to become sculpture, or at least some intermediate form. One such painting I remember was of an automobile crankcase, iridescent with that odd *morbidezza* created by rust and grease.

I was not alone in my fascination with this artist. My referring to him as a "legend" verges upon cliché, to be sure, but it is appropriate for Burkhart, because he really was that sort of man. In 1971, two years after his death, the Columbus Gallery of Fine Arts had a retrospective exhibition of his works. Mahroni Sharp Young, the gallery's director, wrote the introduction for the catalog, in which he said of Burkhart:

> He loved to talk and to fish and to paint. He didn't drink[1] and he didn't care what he ate . . . He smoked and talked and read. He was a stayer up, not a morning man . . . He was news in Columbus, and everybody knew him. He didn't give a damn about rich people, he didn't even hold it against them."

He didn't even hold it against them! And indeed, why should he have? They could hardly have been richer than he was. Not in any way that really matters, because how many of them could paint as he did and get so excited over the things of this world that they would have to pound their heads with their open palms and quote Euripides? The retrospective exhibition catalog includes two wonderful paintings of old

---

[1]This was not entirely true, although he was not a heavy drinker.

junked cars and the parts thereof. One is titled *Spiritual Decay* and the other *Fragmentary History of the Iron Age, 1947*.[2] On the catalog's cover is Burkhart's self-portrait, showing him smirking behind a three-day beard. Its title and date? *My Favorite Model, 1945.*

The last time I saw Emerson Burkhart was on Interstate 71 in north Columbus. This was shortly before his death of a stroke sometime in 1969. I don't think he saw me, and if he had, he might not have remembered who I was. But that would have been all right; there was certainly no mistaking who *he* was. I am pleased to remember that he was driving a handsome, sporty, late model convertible with the top down. He was by himself, half smiling, and his long hair was flying in the wind drift, as untamable as I would like to think his spirit was, right up to the moment of his head-pounding end.

So, this was the man who had once owned the copy of Benton's autobiography, which Pat Mooney mailed to me. Burkhart was the one who had scrawled loud, enthusiastic, sometimes angry-looking commentary and drawings in the margins and on the backs of plates of illustrations. He was a fitting reader of Benton, for he shared his aesthetics in important ways—an aesthetics based upon a cantankerous sort of rugged, down-home honesty and a passion for common people and everyday things. Added to this was a horror of all forms of chicanery and pretense, especially of what both considered "the academic establishment."

If individual copies of books could speak, this one would yell and thunder. Or, to change the figure, when you open it, you are confronted by a dark thicket of pencilled notes and what appear to be transfers. Many of these notes are simply

---

[2]My novel, *Hanger Stout, Awake!*—published years after I'd seen these wonderful paintings—contains junkyard scenes that reflect Hanger's unique ability to perceive beauty where others see only the ugly, corroding detritus of the machine age. Although I am not conscious of Burkhart's influence in writing these scenes, I can't help but wonder if those paintings of crankcases and old wrecked cars that I had viewed years before were something of an inspiration.

references to favorite sections (e.g., Benton's definition of culture on page 151 as "a way of living instead of a precious juggling of half-read books"). Turning the page, there are two transfers, the one on the recto surely of Burkhart himself, peeking through his own pencil scrawls, half-deleting his image. Symbolic suicide by graphite? I don't think so. Maybe only a momentary, essentially healthy spasm of self-reproach, or perhaps, simple down-home ambivalence—the sort we wouldn't know what to do without.

But beneath this, still in pencil, is a note that lets us know exactly where we are. "Don't make fun of Benton you Ph'd educated cubistic bastards," it says. "He sees & feels with his own eyes & sensibilities, and the Brain works in coordination with the eye. A healthy rich personality to be thankful for. E. Burkhart."

On the copyright page and the verso opposite are random observations sprawled vertically from bottom to top in Burkhart's hand. Some are a bit incoherent, but others are perfectly complete and perfectly clear, as follows: "Criticism—favorable unfavorable should be signed. No stabbing in the Dark." And, "I am very anxious not to be obscure." Still another—the only of the three that obviously pertains to Benton—reads, "A healthy gutty boy,—especially like what he says about New York City. —The smug intellectual asses. ELB." Then, below this, is a quotation from Hume: "No testimony is sufficient to establish a miracle"; followed by Burkhart's comments: "Wireless—miracle. Miracles are conceivable,—beyond Marconi, thought transference."

What do those last comments mean? You're right, they mean something unclear. They have something to do with extrasensory perception, of course, but what? Well, these are deep matters, and Burkhart is dead. But something about him is not. I am not thinking of that most tepid of clichés, his spirit or some other kind of celestial smoke. I am thinking of the force of his ideas first as they were forged in paint and texture; and then, here in dialectic tension against Benton's autobiography, in words.

It is with only one more turn of the page that one can feel his mind heat up. "Art dealers existed before the birth of

Christ,—they are the scum that have subsisted—and how lavishly—on the sweat of our blood." *The sweat of our blood?* Well, let's remember that Burkhart wasn't writing for publication, so maybe we should forgive him if he shows such lapses, hardly worthy of a media person. Especially when, directly across from this, on the table-of-contents page, is written: "What should concern any American is not the Importation of art but its MAKING. And, below this, as a sort of footnote, is written:

Strongly suspicious of American old master mania— institutions & money bags who sanctioned it. Suspicious of writers on art, of the art tribe of critics, university aesthetes & lecturers to ladies clubs, who have cultivated our contemporary hedge of aesthetic jargon. The hedge is now so thick with linguistic idiocy that no sane man can stomach it.

Look out for those metaphors, but when you do, don't entirely forget to contemplate what is intended. (This argument is dangerous, of course, but what argument isn't?) The samples I have quoted are only a small representative of Burkhart's fulminations, which continue with undiminished flair and fury through those pages that list the illustrations to the beginning of the text itself, when Burkhart abruptly, surprisingly, falls silent. I speak of that *annotative* silence, of course, which results when the pen or pencil is stilled.

But even this figurative silence is relative, for there are still holographic sounds of muttering. On page 5, for instance, the word "willful" is written in the margin beside Benton's reference to the strong-headedness of his family. (Indeed, it takes one to know one to know one to know one.) Then, under Benton's illustration titled *From Yesterday,* showing an old-timey choo-choo train with a Lincoln-style top-hat stack and rectangular lantern in front, Burkhart has written in pencil: "Good structure. Intellectual control."

Was that *intellectual control?* It was, and obviously intended. Then Burkhart dozes off again into a proper and readerly silence for approximately one hundred pages, occa-

sionally coming awake long enough to zing in a comment, but otherwise content to ride the prose in a sedate and dignified manner. Then, suddenly on page 116, Burkhart snorts and surfaces, and recommences yelling and scrawling all over the next few pages, whereupon he as suddenly falls silent again. Which is to say, he puts down his pencil and simply reads, more or less passively, as if he were no different from the average reader who obediently drinks up words and idea with each scoop of a line.

And yet there are times that, even when his pencil was silent, in a manner of speaking, it was working. When a drawing interested him, Burkhart paused to study it and sketch out the composition. All those years ago when I first read Benton's book, I read it essentially for the words, finding casual and transitory entertainment in the illustrations. (This in itself should have told me I wasn't really a visual artist.) But it was not this way with Burkhart, for with his trained perceptions he penetrated to the latent structural frame of the drawings. The plate titled *Father and Daughter,* for example, showing them both on a porch—he with his fiddle and she with a guitar—is analyzed with wonderful and telling effect by a few penciled lines beneath. And so it is with *Shanty Boat* and *Plantation Quarters*—the latter showing a black man hoeing in his scrubby little garden, slanted against the form of his shack in the background, the entire composition being strongly triangular.

Not all of Burkhart's responses are admiring, or even tolerant or forgiving. Beneath the drawing *Little Pickers,* showing two black children facing the artist as if confronting a camera, Burkhart has written: "2 figures together. Too carelessly executed." Then over the ink lines of the print, he has blocked out vectors and mass, suggesting that, with better treatment, there would have been some sort of solid object connecting the two hands of the girl.

Studying these compositions as they were abstracted from Benton's finished works is surely edifying, but I find it impossible to translate precisely what it is they might teach, or how. They remind me of the statement of Vesalius, that, "A good anatomist is like a good butcher, he knows where to

cut." So it was with Burkhart: he knew where to cut and ana-
lyze the structure that held these deceptively simply drawings
erect upon the page.

Some of his diagrams penetrate to the essence of the
composition—as in *Share Cropper's Shack*, opposite page
134. Gazing at what Burkhart has done is like reading a work
of nonverbal exegesis, as if composition were a latent meaning awaiting the epiphany of undistracted line. Others, like
Shanty Boat—only two pages before—seem at first glance to
be a total distraction, or perhaps some entirely adventitious
composition sharing the page. But a closer study reveals that
the complex diagram is in fact related to the illustration
above it, only done in a detail that is oddly greater than the
illustration's—as if a map should have more detail than its
territory, a mind-numbing notion.

It is evident that, in trying to convey exactly what is happening in these abstractions of one artist's work by another
artist, words fail me, as the expression goes—that expression
conveying a sense of the genius of one nonverbal mode, for,
like poetry, it is precisely what is lost in translation. This,
therefore, is the genius of that geometric mode, linguistically
ineffable; it is a mode whose special virtue exists in tension
against the virtue of language, although it is the singular
virtue of language that it alone can articulate such a truth.

The notations that Burkhart made in his copy of Benton's
book are genuinely interesting, but most of them are far too
cumbersome to dig from their context and convey anything
like an integrated message. Therefore, I will not give way to
the temptation to quote more of Burkhart's fulminations;
even though I would like to include one more petulant offer-
ing: "The beginning & end of all things lies in NY City (they
think). I didn't begin there & I won't end there."

To this last sentence, only a short comment need be added:
he didn't and he didn't.

There is still another association connecting me with
Burkhart, one only recently established. A few years ago, Ed
Hoffman, a dealer in old and rare books on Arcadia Avenue
(within sight of that very North High School from which I

graduated in 1943), bought some of Emerson Burkhart's possessions at auction. Among his acquisitions was an unsigned painting that Ed thought might have been done by Burkhart. One day when I stopped in his shop, Ed asked if I would recognize Burkhart's work, and I told him maybe, so he showed me the painting, which didn't seem very plausible to me at that time. Ed agreed with me, although neither of us could be sure, so we went on to other things, and this episode passed quietly away, because I wasn't thinking much of Burkhart at that time.

But then, when Pat Mooney sent me Burkhart's copy of Benton's book (we are traveling in the intersections, now, and the traffic is getting heavier), I visited Ed and his wife, Tina, in their shop on Arcadia Avenue, and told them about it. Ed was interested, but not surprised. "Sure," he said, "Burkhart apparently filled all his books with notes and drawings."

"He *did?* Do you have any?"

"I'm not sure. I may have sold them all."

"Do you happen to have any of his paintings left?"

Ed nodded. "I've got one that's unsigned. It's not completed, but it's pretty good."

"Do you have it here?"

"I think I do," Ed told me, then went back into his storeroom and, in a few minutes, emerged with a fairly conventional 1940s-style portrait of a good-looking young woman with long, loose, light-brown hair.

It interested me as much for its provenance as for its artistic merit, which was evident, but more promissory than actual—in the way of "work in progress." So, I bought this *Study of a Young Woman* from Ed Hoffman, and now— literally egocentric—I began to think of myself as a place where five men have met. The self-aggrandizement implicit in such egocentricity is not without limits, however, for I welcome the thought that these men live, or have lived, lives of their own, far beyond any influence I can imagine. In fact, Benton—the original center of this pentad—could not have known anything about me; while another knew me only briefly after World War II as one of the many anonymous students in a Columbus School of Art night class—one who

134

showed a certain energy in his art work and was taking advanced courses in Greek at Ohio State University.

And yet there is still another channel that intersects with these, and the proliferation of influences is as impressive as even the least moment of our daily lives. Neither more nor less, it must be admitted; but wonderful, beyond question. For, two or three months later, I stopped in Ed Hoffman's bookstore and learned that he had *not* sold all of those books annotated by Emerson Burkhart which he had gotten at auction. Ed thereupon brought forth seven for me to examine, and I bought the four I considered most interesting. And was now further edified.

To measure the magnitude opened up by this new intersection of interest, you should contemplate the following question: What do Robinson Jeffers and the fifth game of the 1948 World Series between the Boston Red Sox and the Cleveland Indians, played at Cleveland on Sunday, October 10, have in common? Of course, you guessed, for by now you know enough about Emerson Burkhart in the present context to understand that he must be the answer.

And so it is, for one of these most recently purchased books from Ed Hoffman is a badly mauled first-edition copy of Robinson Jeffers' *The Double Axe and Other Poems* (New York, 1948). On the title page, directly under the main title, Burkhart has written his name and address (223 Woodland Avenue, Columbus 3, Ohio); then, below the full title, "7th inning/ Thorgenson—Ball 1 Strike 1."

As if this weren't bad enough, the title page is badly damaged by ink scrawls on the verso, bleeding through the fine laid paper. And what is on the copyright page? A long pornographic poem, which begins:

> Passionate Molly had an itch
> She was a passionate female bitch . . .

and so forth. Here and elsewhere, Burkhart's tentations into literature reveal how naturally gifted he was as a painter. It isn't simply that "female" is redundant in the sample given

135

above; there is neither comma nor semicolon after the first line; and real poets are attentive to such niceties of mechanics and style. If they leave out a semicolon, there is a good reason for the omission.

But the refrain of one of the four stanzas that comprise this poem, begins, "But not for Molly and me / No sir ree," repeating the "No sir ree" twice. This hardly justifies the poem, but it is noteworthy in a way, for directly across from it in the table of contents is clearly written, "No Sur ree / By golly." The pun is a good one, for it plays upon the name of Jeffers' home in California, as famous a domicile as that of any modern American poet. Didn't he build a rock tower with his own hands? He did. And the location was famous as well, for it overlooked the Pacific Ocean, at Big Sur.

We mustn't forget the World Series, however. Burkhart wouldn't have wanted us to, for the free flyleaves in front are dark with his briarpatch scrawls featuring the lineups and at-bats of the two teams, punctuated by as wild a static of notations as one will likely find anywhere. On this page (the half title) we learn that there were "789 newspaper men present" at the game, and there is also a reference to "Gordon's 24th hit in world series play—his 6th world series." I assume this was Sid Gordon, who before World War II played for the Boston Braves, but is here listed in the Cleveland lineup. He was also stationed at the U.S. Coast Guard Station at Curtis Bay, Maryland, when I was there in the summer of 1944. I remember him well, along with Hank Sauer, and—if I mistake not—Yogi Berra. My question here is: whoever thought those fine ballplayers would some day become intersections in precisely this way? I didn't, and neither did they.

Not all is irrelevance in Burkhart's notations. Often, here in his copy of Jeffers's book, as in Benton's autobiography, he responded enthusiastically to what is in the text, and sometimes talked back to it. It was like this with Jeffers's typically bitter and pessimistic poem, *Calm and Full the Ocean*, which ends with the lines:

Cities leave marks in the earth for a certain time, like
fossil rain-prints in shale, equally beautiful.

Burkhart bracketed these lines and wrote "Beautiful analogy—a judgment that strikes me as unassailably just."

Several pages beyond is the poem, *Teheran*, focused upon the meeting of the Allied powers there during World War II, referred to as "that grim folly" by Jeffers in his preface. Here, Jeffers prophesies the conflict of the Cold War, referring to the U.S.S.R. and the United States as "two bulls in one pasture." This poem ends with a stanza whose dark despair is unmistakeably Jeffers's:

> Observe also
> How rapidly civilization coarsens and decays; its better
>   qualities, foresight, humaneness, disinterested
> Respect for truth, die first; its worst will be last.—Oh
>   well: the future! When man stinks, turn to God.

Could Emerson Burkhart have let such dense rhetoric go unanswered? Of course not. Having underlined *stinks* in the last line, he wrote: "I ELB know no god, so I have faith in some men, and in their humanity." This reads like fairly harmless bombast (stimulated, no doubt, by the bombast in Jeffers's poetry, which is itself—for all its fascination and power—awfully loud). Still Burkhart's note serves as a sort of forethought to what is written directly below. This latter comment is written with a black felt-tip, one of the better inventions of our time, crowding the more delicate ballpoint message upwards. Burkhart wrote, "I turn not to god—but like the bloody mess and am a part of it." And I for one believe that he did not, did, and was.

It is obvious that whatever was written in a book *mattered* to Burkhart, and he could not refrain from engaging in whatever sorts of conversation were implicit on the page. All writers want to be read this way, because, if books are not instruments of dialogue, what are they?

And yet, in spite of such seizures of relevance, Burkhart's random communications are often among the most interesting. And his marginal notations in the other books tend sturdily away from what is usually and puzzlingly referred to

as their *content*, when *soul* or *spirit* is what is meant. What were these other titles? One was Kenneth Burke's *The White Oxen and Other Stories* (New York, 1924), a first edition. Burke's *Grammar of Motives* is an important contribution to modern philosophical criticism (both social and literary). I hadn't known he wrote fiction, and the one story I've sampled shows that he could be good at it. Burkhart's contribution to it is a single pornographic poem covering both sides of the half-title leaf, and by every literary value it is simply, unabashedly, uncompromisingly wretched.

Another title was Norman W. Forgue's *Poorer Richard* ("Privately Printed" for Black Cat Press, Chicago, 1954). This is in wraps, beautifully printed on laid paper, with Burkhart's penciled notations scrawled everywhere over the front matter, along with a fine drawing of a nude. This is a publication for typophiles, for whom condition is almost always of supreme importance. The only allowable exception would be such annotations as Burkhart has provided for the enrichment of the text; and of course the allowability of this will vary according to one's judgment of the annotator.

The last of those annotated books I purchased was Ronald L. Meek's *Marx and Engels on Malthus* (New York, 1954). This provided Burkhart with the opportunity to write: "Competition bad? Darwin wrong? I don't think so." It also provided him with the opportunity to jot down several more pages of baseball statistics, raising the question of why he used *books* to record such facts, when the world teems with paper better fitted for such use.

Benton and Burkhart are long dead, but Pat Mooney, Ed Hoffman, and I survive, and we are connected in that our lives have briefly intersected in this small drama of influences, centered upon a book written and published by one man over fifty years ago, and then later annotated and scrawled upon by another man a decade or so later. These are the intersections reflective of what we variously are and what we think, do, and judge worthwhile.

I should end my essay by returning to the source in that convergence of influences: Benton's energetic autobiography

with Burkhart's own particular energy poured into it. Indeed, what a vessel is this! For Burkhart was inspired by Benton's gift, and added to and in various ways conveyed that inspiration to Pat Mooney, Ed Hoffman and myself. And, now, you.

As well as celebrating secret connections, this manifold conjunction exemplifies the distinction between novelty and originality. Novelty is a nonce-effect; it is thrill-oriented and merely clever; whereas originality is, as the word says, the *origin* of something. It carries over. Works of art inspire other works of art, and in this linear, temporal sense, they are signs of community. Out of what do I create my stories and poems and essays if not the language and the art of those literary forms that have been passed on to me?

"Talk to me of originality," Yeats wrote, "and I will turn on you with rage. I am a crowd, I am a lonely man, I am nothing."[3] The reference is to life in the intersections, of course, where the traffic is always heavy. Whenever we create anything, we are channeling information that comes to us out of a darkness of past history beyond the reach of the imagination. How can we know this? How could we *not* know it, having thought of its incipience?

And it is this way with that larger and more adaptable game of language itself. Who taught me the rules? No one, and I am still learning. And yet the miracle is that the language awakens in our minds, integrated and effective, speaking itself through the narrow limits of our individual capacities. Indeed, it is a great intellectual privilege to host it in the midst of more intersections than could be plotted on any conceivable model—host it as we carry it at this very instant, and as it simultaneously guides me to the end of the sentence just now being written.

Novelty alone could not have generated such an intricate history of connections. Only originality could do it. As for the *original* originality, we can hardly even guess, so that we should accept the mystery as a mystery and contemplate its

---

[3] *Essays and Introductions*, p. 522.

ghost with the serene wisdom of those French savants of long ago who declared a moratorium on all papers that tried to explain the origins of language.

The same restriction could be applied to any small subdivision within the language, to any of the smaller games played within the larger one—the game of a personal essay, let's say, focused upon that very subject. We know the intersections, because that's the only place where we have ever lived; but we don't know where the roads began or where they will end, because nobody we've ever known has ever visited such unimaginable places.

12

Borderland Booking

BIBLIOPHILES TEND TO judge cities according to their density of antiquarian books, and remember them in terms of the rarities they have gotten there. Of course, they're not indifferent to clean thoroughfares, wholesome urban greenery, and an amiable and enlightened citizenry. And they naturally appreciate the quality of drinking water and a picturesque architectural heritage. Such civic and regional virtues are very real, but for bibliophiles there is no better measure of a city's culture than its population of old and rare books.

These observations are pointed toward Evansville, Indiana, and our visit several years ago to that small city on the Ohio River. I had been invited for a fiction reading at the University of Evansville, and my wife and I arrived a day early to do some booking—which is to say, nose around for old and rare books. We also visited the interesting civic museum, which overlooks a majestically sweeping bend of *La Belle Rivière*—as either LaSalle or Celoron de Bienville named it three centuries ago, translating from the Iroquois *Ohio.*

As for the booking, given the size and location of Evansville, we did not anticipate extensive or varied opportunities. This proved generally correct. The nearest thing to an antiquarian bookshop was a used bookstore on Lincoln Avenue, located conveniently near the university. It was a pleasant, clean, and, yes, well-lighted place; and we enjoyed browsing there for an hour or so, during which time we picked up several titles, the

most interesting of which was Emerson Bennett's novel, *The Border Rover* (Philadelphia, 1857).

The printer was T. B. Peterson, of 102 Chestnut Street. The novel was reissued later that year, listing Peterson's new address at 306 Chestnut St. Although my copy lacks the proper number of advertising pages, it has the earlier address and appears to be a first issue—probably an unknown variant, since changes of address are more significant than the number of advertising pages, which were often inconsistent. Like classical Greek, whose verbs are so defiantly irregular, the regular ones are a surprise; bibliography teems with variants and inconsistencies.

Bound in the dark buckram of that period, my copy is bright, clean, and tight, with only minor defects. The boards are handsomely blind-tooled in the finest style of a period whose books are collectible simply as art objects. The spine has elegant gilt lettering and an illustrative design at the foot, showing a hunter with a skinning knife, about to cut into a slain deer, his muzzle-loading pistol lying on the ground beside him, while another hunter stands behind.

Although *The Border Rover* is obviously a novel, it is classifiable as Americana because it was published before the Civil War and its action takes place on the American continent. The fact that its setting is more specifically that of the early "Wild West" enhances its status as an Americana document; and, with the sort of narrative promised by such chapter titles as "The Old Trapper," "Attacked By Indians," "The Parched Desert," and "Surrounded By Perils," it is still further enriched. Obviously I thought so, and bought it for $27.50.

Bennett was a writer of best-selling adventure yarns, and a very popular one. His *Prairee Flower* and its sequel, *Leni-Leonti* (Cinc., 1849 and 1850), sold 100,000 copies each, impressively high sales for that time. Of the latter, Wright Howes commented grumpily: "Written by Bennett himself, hence undiluted fiction"; then rated it "aa" (2nd edition, New York, 1962; "aa" indicating a $25 to $100 value at that time). It's odd Howes should criticize a novel for being fiction, but *Leni-Leonti* was a sequel to *The Prairee Flower,* which Howes

thought had been written by another man who had traveled to California in 1842, "so some of the incidents may be factual." Howes ignored *The Border Rover* entirely.

The fact that Bennett wrote dime novels, grinding out yarns as fast as the public could gulp them down, does not invite our admiration. For years, such popular works were ignored or despised by the twentieth-century literary and/or scholarly establishments, but eventually it was decided that with the passage of time these potboilers begin to acquire a different sort of importance. If they do not provide primary source material for historians, or attain to heights of literary expression, they nevertheless mirror the vulgar passions and preoccupations of the time. They show what the author's contemporaries enjoyed and thought and believed—or wanted to believe—and thus provide unique perspectives into the proprieties, myths, and values of the period.

Emerson Bennett's life was lively enough. He ran away from his home in Massachusetts and at the age of eighteen wrote *The Brigand*, a volume of verse derisively labeled "a little poetical pamphlick" by *Knickerbocker* magazine (December 1842). Then he traveled throughout the West, working at various jobs, including soliciting subscriptions in Cincinnati for the *Western Literary Journal*, edited by the irrepressible and prolific E. Z. C. Judson, better known as "Ned Buntline." When Bennett finally settled down, he started manufacturing frontier melodramas and Dickensian "city stories" that were published in 25-cent editions.

With a few adjustments, this could be the biography of many a hack writer of mid-nineteenth-century America. It was an energetic, expansive, and reckless time, characterized by a crude moral code, a generally ignorant and unsophisticated populace, and an excess of feeling—all of which find their natural expression in melodrama and sentimentality. Given such conditions, it is hardly surprising that a whole generation of writers like Bennett were kept busy concocting cheap fiction for an insatiable public.

The Border Rover is exemplary in many ways. Its plot is simple, familiar, and intrinsically, durably interesting: it is the story of an idealistic young man who leaves home to see

the world. Specifically, he wants to visit the western frontier and experience firsthand some part of the great adventure of his age, when the Wild West was everyone's symbol of the future—even its *place*—alive with the promise of daring enterprise and heroic achievement. That is to say, it was the stage and arena for "romance"—in the older sense, connoting chivalry and courage.

This spirit is manifested in the early pages of *The Border Rover*. It was that which had lured Roland Rivers, the first-person narrator, away from his employment as a bookkeeper in his father's firm. Like countless heroes of novels, along with real boys, he felt uneasy, *untested*, so what was more natural than that he should skip his traces and go West? And his first glimpse of the Great Plains is auspicious:

> The scene that opened before us was an undulating surface, carpeted with bright green grass, and flowers of gorgeous beauty, and shaded here and there with delightful groves, among whose branches fluttered and twittered and sung ten thousand warblers. Bright dew drops rested on leaf and blade and flower; and as the sunlight fell upon them, they glistened and sparkled like so many diamonds.

Was that a *carpet* the grass of the undulating surface resembled? It was. And were those *diamonds* the leaves and grassblades glistened like? Well, who would have guessed. By the time Roland Rivers ventures out upon the broad plains and, like those ten thousand warblers, gives full-throated utterance to such heartfelt sentiments, readers know that they have entered the Land of Clichés, a region as vast, in its way, as those wild vistas awaiting our hero. But clichés notwithstanding, we are launched upon a narrative promising a great adolescent excess of wild and colorful adventure.

Indeed, by the time Roland Rivers pauses to wax eloquent in the passage just quoted, he has already encountered One-Eyed Sam Botter, an old trapper, wise in the ways of the wild land beyond. We immediately recognize One-Eyed Sam as the hero's familiar comic sidekick—Gabby Hayes to Roland's Hop-

along Cassidy. And yet, that's not entirely accurate, for Roland is at this stage too innocent for heroism. As for One-Eye: he's actually more of an uncouth, illiterate, frontier Virgil ready to escort Rivers through the colorful hell of the western border—a hell that's hellish enough, to be sure, but also heavenly in fictive promise, for it is a region of profligate enterprise, chance, fortune, and violence—a land that creates powerful enmities, loyal friendships, and death by various and interestingly uncouth means.

Most of the interest *The Border Rover* has for modern readers derives from the comic relief of One-Eyed-Sam, as extravagant a critter as any in or out of fiction. And, while we are invited to laugh at him for his gruff innocence and illiterate speech, we also are meant to admire him for what would today be termed his "survival skills." So it turns out that he's not simply Gabby Hayes and Virgil, he's Natty Bumppo as well; and this admixture of the grotesque, along with a tough and admirable competence, provides some crude version of human complexity.

One-Eyed Sam's plumage is wonderfully displayed against the sober gray character of our hero, who is so good and noble and polite the reader can hardly stand it—couldn't stand it at all, in fact, without One-Eye's enlivening presence. Roland first meets him on the deck of the riverboat that is taking them up the Missouri on its way to Fort Leavenworth. One-Eyed Sam is sitting Indian fashion on the deck, repairing his moccasins. Roland, fascinated by the old trapper's exotic appearance, approaches him and says, "Pardon me, sir, if I intrude upon you; but really, I have a great curiosity concerning all that pertains to one of your profession."

To give One-Eyed Sam and the reader time to absorb the shock of this preamble, Roland Rivers describes the old specimen in detail. His sunburned, gray-bearded face was badly scarred, and his mouth was mutilated where a bullet had taken out some teeth. The tip of his nose had been chipped off, one eye gouged out, and a long scar across the base of the forehead, had replaced his eyebrows. "I glanced from his face to his hands," Roland says, "which were dingy, rough and scarred—and I further noticed that he was lank, bony, and

muscular . . . a pretty hard specimen of an Indian fighter, but certainly no Apollo." If old men are walking hospitals, as Horace said, then One-Eyed Sam Botter was a sauntering battlefield with a hacking cough.

Finally, having given Roland Rivers time for that leisurely tour through all the details of his appearance, the old trapper answers the boy's question by asking another:

> "Stranger, whar do you hail?"
> "You wish to know my native place?" I said inquiringly.
> "Rayther."
> "I was born in Philadelphia."
> He gave a grunt and resumed his work.

That grunt is often repeated in his conversation throughout the novel. But it doesn't occur as frequently as his cough or clearing of the throat, rendered "*Augh!*" which is One-Eye's *leitmotif;* it is as fixed in his conversation as the *ugh* of an Indian—any Indian, any tribe—in the popular fiction of the time.

And, his chronic cough is intended to be as comical as the old trapper's grotesquely mutilated, half-blinded face. Signs of a violent and brutish existence were recognizable cues for laughter, and if One-Eye's arm had been missing, the hilarity might have proved too much. Sensitivity to the suffering of others may not be a modern, civilized invention, but our proprieties have shifted; and we've traveled a good distance since Bennett could make such references with a confident expectation that people would find them funny. And yet there is an energy in One-Eye's mutilations that borders upon humor, for he has survived their causes with undiminished spirit.

Like all speech, One-Eye's grunts are symbolic, but unlike the speech of nouns and verbs, the old trapper's exclamations articulate a generally inarticulate distrust of the articulate speech of Easterners and other overly educated wimps, suggesting that polite speech is almost always forked-tongued in one way or another, therefore beyond the ken of forest

creatures whose lives are spent in honest, purposeful action rather than languorously deceitful gab.

One-Eye is not devoid of wit, however; his chatter is lively enough, and wriggles and squirms with figures of speech that are often grotesque and as funny as they're meant to be. And he's not entirely defenseless in his gab, for soon after meeting Roland Rivers, he nicknames him "Freshwater," and our hero is stuck with it from then on.

Roland soon finds a more fitting companion, named Varney, who, like One-Eye, is an obviously dependable sort—even if he is neatly dressed and does talk properly. A perfect foil to the old trapper, Varney becomes our hero's bosom pal. While One-Eye is a specimen, Varney is a soul mate, and with his advent into the story, only two obligatory roles remain to be filled: a heroine and a villain.

We do not have long to wait. When Adele, the young daughter of Juan El Doliente enters, we cannot help but suspect that she isn't *really* his daughter. For one thing, Juan's name echoes sadness and grief—and what kind of name is *that* for a heroine? Furthermore, Juan is a swarthy "foreigner" with sinister ways, and obviously typecast for villainy. Or, to use one of One-Eye's favorite expressions; if he isn't a villain, "what makes persimmons pucker?"

By now, all the actors are on stage, the machinery is started, he metaphors mixed, and the themes of the melodrama will be played out. So we are not surprised when there is a surprise Indian attack on the wagon train one dark night. From his horse, a redskin warrior lassoes Roland and drags him away from camp to some place where he can be comfortably and conveniently scalped. Roland is painfully hauled a long and brutal distance before he manages to cut the rope, then shoot and kill the Indian. But when he tries to return to camp on the dead Indian's horse, he is fired upon in the darkness, and the terrified horse bolts and runs away with his stunned and helpless rider:

It was a wild, fearful ride; and yet to me it had something of a sublime fascination. On, on we sped, over

the level prairie, my flying steed scarce seeming to touch the earth, as he darted through the thick darkness.

This "sublime fascination" is sustained throughout a scene of dazed, thrilled helplessness. The sense of vivid and terrified ambivalence evoked by the nightmarish ride is not badly done. And, in spite of the fact that the prose scatters clichés like startled prairie chickens, it demonstrates that Bennett could write narrative summary that was a lot more convincing than his dialogue.

Eventually, Roland's horse plunges through the blackness into a river, and Roland decides to jump from his back when he reaches the other side, which feat he accomplishes, only to find himself unarmed and alone at night on the vast prairie, far from the wagon train. Still, he begins to plod his way in what he thinks is the right direction, stumbling and groping through "a night as dark as the fabled realms of Pluto, and the rain still falling."

Is it time for his rescue? It is. He stumbles. Then, as he reports:

Surprised and alarmed, I made a quick backward step; but at the same moment my legs were seized, and jerked from under me; and as I came heavily to earth, a hoarse voice said:

"White or red? Yelp her out! afore I let daylight clean through ye!"

"White, Sam Botter!" exclaimed I; for there was no mistaking that voice, by one who had heard it as often as I had.

Roland's answer, however, is divided from One-Eye's question by a chapter break, contrived to tease us by delaying the scene's climax—still a device for generating suspense in mystective novels, and done almost to death by the old-time Saturday-afternoon movie serials. A simpler and more direct artifice for generating excitement, however, is the exclamation mark, whose density in the dialogue is so great that

virtually the only time it isn't used to end a sentence is when the sentence isn't a sentence at all, but a question.

We know that things won't return to normal and continue to go smoothly, or there would be no story. Roland and Adele soon get lost on the Great Plains; he becomes ill and, sure he's dying, nobly tells her to go for help. Reluctantly, she does; but before she can return, he is captured by a band of Crows, who shave his head and adopt him into the tribe. He lives with them for fifteen months, during which time he learns their ways. This part is interestingly authentic, suggesting that Bennett may have somehow gotten first-hand knowledge of the Crows, although such arguments are always tricky, for they underestimate the powers of both imagination and inference.

Tribal life is intrinsically interesting, but our hero cannot forget that he is too civilized to live it, or to take it seriously as more than a wild, exhilarating, diversion. For one thing, he cannot forget Adele. So one night he manages to escape, and when the Indians give chase, he hides in a tree trunk—a haven virtually prescribed for the genre, being conveniently provided for escaping white prisoners, and as conveniently ignored by Indians, who could spot a coat button at fifty feet but couldn't seem to see a tree trunk. Ensconced there, Roland hears his awed pursuers say he must have been "spirited away by the Great Power of Darkness."

After wandering and undergoing all the obvious hardships, he is eventually found and—as melodrama requires—found a second time by none other than his old pal, One-Eyed Sam Botter, who seeing his scalp lock and breechclout, once again mistakes Roland for "just another Indian," and naturally contemplates violent action. But not before relieving himself of the following commentary:

> "You're a orful skeered nigger, anyhow!" he muttered; "and this hyer old coon don't know whether to let you slide, or put lead into your meat trap."
>
> "Sam!" I yelled at length: "Sam! God bless you, old fellow! would you shoot a friend?"

When Roland finally makes himself known to his old pal, One-Eye cries, "Ef it ain't Freshwater, transmogrified to a pig tail Injin, may I be clawed to allergators!"

When Roland tries to tell the old trapper all that has happened to him, the flood of words is too much for Sam.

> "Freshwater, this hyer old one-eyed nigger hain't got the sense some people has, and I'll jest trouble you to go over that thar agin."
>
> "Certainly, Sam, and I will be more explicit"; and I mentioned the prominent events which had occurred since we parted at Council Grove.

In these passages, and throughout, Sam consistently refers to himself as "nigger" and "coon," which seems curious to the modern reader in view of the fact he's obviously white. But One-Eye uses them simply as defiantly vulgar and democratic labels, giving emphasis to the old trapper's crude and essential earthiness. In referring to himself as a *nigger*, Sam Botter was claiming to be one of the have-nots in an eastern-dominated culture, where people took baths, listened to chamber music, kept written accounts, and spoke with the godawful prissy precision of Roland Rivers. This is part of Sam's claim to humility, honesty, and no-pretense, virtues that manners and morals had been contrived to conceal from all but those natural innocents, the One-Eyes of this world.

Quaint though it seems, this rhetoric is familiar. We find it in stereotypes of race and class, and in the obligatory funky, "uneducated, non-standard" pronunciation of today's singers—pop and rock, black and white—suggesting that they belong to the downtrodden, suffering, and dispossessed who are therefore honest and good and privileged. It is a code at least as old as One-Eyed Sam Botter, who would have had trouble imagining a telegraph pole, let alone the high-rhetoric, electronic fantasia of a rock group.

By the end of *The Border Rover*, Roland completes the

narrative loop and returns to his home in the East; Adele is discovered to be a Spanish countess; and the two are bound for matrimony. You will not be astonished to hear that, stopping in Pueblo on their return to the East, Roland finds a letter from his anxious father, accompanied by "a thousand dollars in gold." Contemplating the gift, One-Eye exclaims:

> Chaw me up fur a liar, Freshwater, but your old dad's some punks! A thousand shiners, hey? Why, riddle my old carcass with ramrods, ef it wouldn't take this hyer old one-eyed nigger a desperate spell to fotch in enough beaver to them thar! Yes-sir-ee! And all fur nothing! He's a trump—you kin gamble high on to him, boy; and I'm glad on't; fur you is some-at to a younker, and not nigh so green as you was—nary once.

Thus One-Eyed Sam Botter, one of nature's untutored noblemen, sounds the final theme, telling us—if we haven't already guessed—that this melodramatic novel is intended to contain something more than simple entertainment: it is a *Bildungsroman*, for, having gone forth as a boy, our hero has returned a man.

The loop is a perfect narrative pattern, as well as the pattern of all successful journeys—two facts not unconnected. We go forth into the text and return, just as we go forth geographically and return. From those "real" journeys, as we think of them, we come back enriched by the memories we have gathered—along with specimens of shells and rocks, if we collect such things, or cockleburs on our knickers, if we don't. From our journeys into a text, we return enriched in all ways imaginable, changed forever in that we have learned something precisely as unique as the information therein, and learned it in ways impossible through any other means.

If Bennett's novel strikes us as ridiculously contrived and so naively sentimental that there are times when it is hard to stay interested, except as a horrified witness to so much pretentiousness and stylized hokum—if all this is true, it is

nonetheless a book that invites us upon its own unique sort of journey. Emily Dickinson was right after all; there is no frigate like a book. And no covered wagon like one, either.

My having departed for a reading in Evansville, Indiana, then returning to my home with a copy of *The Border Rover,* was one loop that contained within it two others: one, Bennett's novel about things that had never happened, but were supposed to have happened sometime in the 1850s; and the other, my reading that novel, a journey that would happen whenever I chose, exercising the freedom of readers everywhere in the decision of when to leave and where to go and what actors idling in my imagination will be assigned what parts—knowing that, as there is no frigate or covered wagon like a book, so there is no city like one, either.

13

Honest Abe Martin's Saxophonophobia

IF YOU KNOW about Mrs. Tilford Moots being the mother of seven children, all married except for six, or about Lafe Bud who joined a luncheon club so he wouldn't have to think, you must have learned it from Abe Martin, the rube philosopher whose cartoon illustrations show him with big feet and hardly any face worth mentioning. Furthermore, what face you can make out is demoralizing. Abe is a creature created by Kin Hubbard, an Indiana humorist who was born in Bellefontaine, Ohio, and wasn't created by anybody, except maybe God, depending upon your religion.

Although my title refers to Abe as "Honest Abe," I don't know of any special validity to the epithet; I just thought it sounded good. And yet, if you consider a sharp, sly wit and a tart skepticism as being in any way compatible with honesty, Abe is probably just a little more honest than most people would ever want to be. After all, he's the one who said that nobody ever thinks about marriage until they've been married awhile, at about the same time they discover that much of life's unhappiness can be traced directly to the selection of wallpaper.

Frank McKinney "Kin" Hubbard was a journalist whose goofy, crude drawings of Abe Martin, standing in shabby clothes and delivering himself of quips and apophthegms, appeared in newspapers all over the country during the early twentieth century. I remember seeing them as a boy in the

153

1930s and wondering what was so funny about them, which just goes to show how backward I was.

Stigmatized as a regional humorist, Abe was considerably more, even though he was provincial enough to maintain a certain psychological stability, and when he went on a world cruise, he refused to set his watch on anything but Indiana time. But all of us are regional to some extent, because there's no place to live except in one region or another.

For all his parochial limitations, Kin Hubbard was a satirist of great power, one whose social commentaries were exquisitely funny and perceptive, and remain that way even today, in our enlightened age. Who else was capable of reporting of the Chatauqua season that it opened with two jugglers, a boxing kangaroo, and a lecture on eugenics? Who else understood that Mrs. Tilford Moots's brother was almost rich enough to lose everything? Or that there are a lot of people who confuse bad management with destiny?

If the phrase meant anything beyond one person's enthusiastic endorsement, I would say that Kin Hubbard, speaking through his *persona*, Abe Martin, was a major literary figure and a great satirist. But, since such labels are little more than gargling, I won't say it—which is a shame, because, dammit, he *was*. Who else would have been capable of informing us that Miss Germ Williams was a natural-born artist who drew her portraits on lined paper so she could keep the ears even? Who else would have discovered that the center of population is in the hairbrush at the New Palace Hotel? If those statement aren't manifestations of genius, I don't know what is.

Like most satirists, Abe Martin's material was of his time and place. To appreciate his observation that, "for every feller who goes into the chicken business, one fails," two things are required: you have to understand the entrepreneurial passion that swept the Midwest in Kin Hubbard's time, and you have to know how to count. To respond to his report that the Apple Grove Debating Club met Saturday night and resolved that handshaking gets you farther than real greatness, you have to know something about the improvement societies that throve in rural and small-town

America in the heyday of George Babbit, Henry Ford, Babe Ruth, and Billy Sunday.

All things pass away, but some things pass away a lot sooner than others, while some of the remainder last for generations. When we're told that Ez Pash misjudged a skillet and was confined to his home, our laughter is tempered by an old Jiggs-and-Maggie stereotype of housewifely temper that no longer seems recognizable, let alone relevant. Our departure from Ez's confinement, you might say, has been linear.

But when we hear another report about old Ez—that the doctors were puzzled over his case because, while he ate well and slept well, he didn't want to spend any money—we recognize a report that is both humorous and timely. Its point does not depend upon a time when doctors made almost as many housecalls as they did mistakes; it translates into our present-day world of specialists, computerized medical records, laser surgery, and institionalized greed. Of course, today's physicians are no greedier than those Abe Martin knew. Nor any greedier than the rest of us, when you think about it. But that is a fact of limited comfort.

The business about Mrs. Wesley Plum falling into a sand trap and breaking her arm while running for a doctor is an old wheeze, one that's hardly worth quoting in such lofty company as the report of Mrs. Tilford Moots being confined to her home because of an unsprightly liver. Indeed, some things change in cycles, so that, in this day of bureaucratized medicine and unabashedly extravagant malpractice suits, we can still understand how Elmer Small could fall off a load of hay and die before he could have his teeth X-rayed.

But the old cracker-barrel crackpot's relevance does not end there. It extends far beyond doctor-bashing, generously accommodating all of us in our follies. We recognize Abe's wisdom in pointing out that all we need to make gun-toting popular is a good, stiff federal law against it. Not to mention his observation that there was getting to be so much sympathy for murderers that people were beginning to snub the relatives of the victims.

Much of Abe's attention was focused on politics, of course, since that is a human activity exclusively designed to provide material for satirists. Why else should anyone care about Nathaniel Marsh Zane, who died at Sharp's Crossing, Ohio, aged one hundred, and was celebrated for the fact that he had been in Chicago the week following the nomination of James G. Blaine? Or Bosko Moon, who died at the age of 89 and was the first Democrat to be well liked anywhere in the county.

Part of old Abe's humor is in the venerable tradition of the sassy, ignorant, though defiantly unrepentent, rube. When he argues that classical music is the kind that we keep thinking is going to turn into a tune, we know we've heard that tune before. Something like it, anyway—perhaps from so distinguished a music critic as Mark Twain. And then there was Till Binkley who liked the sad plays best, "the kind where they open a door and kick a pale girl out into the snow and then all sit down to a turkey dinner."

Like most drama critics, Abe did not operate in a vacuum. He knew sharp criticism when he came upon it, so that he didn't always have to actually bother sitting through a play. He passed along a report he'd received on a traveling theatrical troupe's production of *Uncle Tom's Cabin*, in which the dogs were good, but they didn't have much support. As for verse? Well nothing makes a poet as mad as a late spring.

Satirists can't survive without cynicism; it is as necessary as politics, which seems only natural. And some of Abe's views have the bite of La Rouchefoucauld. Being shrewd, Abe, too, understood how insidiously and relentlessly it is that we are all rendered foolish by our *amour propre*—although living in Indiana he probably didn't know how to pronounce it right.

There's little doubt that he learned a great deal from the old Frenchman, however. Things like, the hardest kind of prosperity to stand is a neighbor's; and, while it's no disgrace to be poor, it might as well be. And yet, when he points out that some fellers get credit for being conservative when they're only stupid, or that the first thing you do when

156

you're held up at gunpoint is to change your mind about what you'd always thought you'd do if that happened, well, you've bitten into apples with a tartness that is pure, home-grown, midwestern American.

While reading through all those smart gags from the Twenty-three-Skidoo age, one often comes upon a sadness that transcends generations and social history. Indeed, some things endure, perhaps too many things for the tolerance of a more perfect species than ours. How can we miss the misery in being told that you shouldn't complain about a hang-over, because you're lucky you woke up? That's almost as depressing as being reminded that you never get what you want for Christmas after you grow up.

Old Abe's old-fashioned views about women are downright sexist by today's standards; although we should be as wary of chronocentrism as of ethnocentrism, it's spatial analog. Still, the fact that Eloise Moots resigned from the Monarch Five-and-Ten-Cent Store so she could devote her time to her hair is predictable whimsy, solidly rooted in an old-fashioned female stereotype. As are the observations that a woman's work is never done, because there are always some places on her face that she's missed. Not to mention the statement that no girl can drink and do justice to geometry. Then there's the story about Mrs. Tilford Moots, who had her garnet earrings stolen, but didn't report the theft because she didn't want the constable to track up her house.

Some girls are born with big feet while others wear white shoes, Abe says. He also claims that the best shock absorber is a fat wife. Like many theoretically sexist statements, it's hard upon close scrutiny to see exactly how the latter is intrinsically insulting to women. One might argue that it's just the opposite. Still, it will no doubt evoke the wrath of some determined philosophers, precisely to the extent that it evokes traditional roles to which women were once consigned, and which, in the obsessive view of the far feminist fringe, were thrust upon them as passive victims.

As for Abe's view of woman's chief preoccupation: children are necessary, because without them the race would die out.

157

But then, he adds, they also give a wife something to live for, an observation which doesn't do much for men, but—like much of what he says—is not simply funny, but funny with a whiff of despair added to it. There's always plenty of that to go around, of course; you can sniff it in the report of the death of Miss Immortelle Bud, who years before had been the most popular girl in town, and then she sang in public. Such misfortunes have more dignity than Miss Tawny Apple's neuritis, which she'd contracted from chilled cocktail shakers.

Verily, the range of human folly is prodigious, and Abe Martin took its measure, informing us that almost any actor can be fooled with promises, but a trained seal takes no chances. And yet even actors have pride, and we shouldn't forget it. While Wilbur Pine wasn't an actor, he nevertheless got drunk to keep from being called a fanatic. Even so, Wilbur showed a lot more class than the neat-appearing stranger, with the motto "Death before dishonor" tattooed on his breast, who was arrested as a chicken thief.

Like the overwhelming majority of humor, extending even to dirty stories, Abe Martin's jokes are really about communication. They have to do with someone decoding a message incorrectly, in terms of an unintended context. Tilford Moots, who made his will because he'd gotten a notice from the newspaper saying that his time was up, was that sort of victim. As was Elmer Lukens, a middle-of-the-road Republican who was hit by a truck.

Many of Abe's best sayings belong to this class of misfires, and yet, upon examination, there are a few that prove to be slightly different, occasionally possessed of an eerily inexplicable epistemological felicity. What exactly are we to think of the following? "What's to be will be, and what ain't is liable to be." Then there is such practical advice as using Vaseline to keep epaulets from tarnishing.

But what really arouses the savage indignation of Abe Martin, and Kin Hubbard behind him, is a musical instrument that was just becoming popular in the day when Tilford Moots went back to work at the sawmill when he had

to give up waiting for President Wilson to commit a blunder. I speak of the saxophone, an instrument that in its new-fangled gaudiness inspired outrage in just about every old geezer who heard it—and it is, of course, the venerable tribe of old geezers who provide some of the best, world-class satirists.

As for the saxophone, it's a shame it was ever thought of. Its dismal moo is the sound of a cow that has smoked too many cigarettes. It was bad in Kin Hubbard's day, and it hasn't gotten any better. I know a man who almost didn't vote for Bill Clinton because the candidate played that damned instrument and had the nerve to act as if he *enjoyed* it. Of course Clinton didn't play it well, which is impossible anyway. Nobody plays a saxophone worth a damn, because it is born defective. As Abe Martin pointed out, how would anybody ever *know* who the world's greatest saxophonist is?

But Abe Martin wasn't alone in his saxophonophobia, and I'm not referring to Kin Hubbard who was behind him pulling the strings and throwing his voice. Here was an instrument that was capable of causing panic. It is extraordinary to contemplate how much wrath a musical instrument could evoke; it was that time's equivalent of rap music. In the late 1930s Channing Pollock wrote: "I know a man who says his idea of the greatest happiness life could offer would be liberty to shoot one saxophone player—and there certainly *is* something to be said for that!"[1]

No, this is an instrument that is not life-enhancing. Things would have been better if it had never been invented. Or, if it *had* to be invented, it should have been equipped with some kind of shutoff valve, so that nobody would ever have to listen to it. Nobody with any character could like it. It's an instrument that could only appeal to somebody like Elmer Beasly, who took time off from light employment in order to master it, after which, he had the good sense to announce that he was ready for light employment again.

---

[1] *The Adventures of a Happy Man* (New York, 1939).

BOOKING PLEASURES

Collecting Kin Hubbard's first editions is a happy enterprise, requiring no more than a little effort and patience. He
published twenty-six Abe Martin books from 1906 until his
death in 1930. Most of these are cheap local productions,
printed on pulp paper and bound in decorated cloth. They
were obviously not viewed as products for posterity.

It is only natural that during my many years of active
booking I should now and then come upon copies at small
cost. My happiest find was in an antique shop in Chardon,
Ohio, where there were five titles waiting for me, priced at
considerably less than I would have been willing to pay.

I am tempted to describe Chardon as "a quaint and charming village," but such terms don't sit well with many of today's readers, no doubt striking them as somewhat quaint
and charming. Still, it is a handsome little town, suffused
with its history as part of the old Western Reserve, settled
by immigrants from Connecticut who brought with them a
spirit of sturdy idealism and some of the sensible elegance
of New England architecture.

When I came upon those first editions of Kin Hubbard
several years ago, they had already acquired the discouraged
demeanor of stale old stock. No one had disturbed them in
their desuetude, and I was happy to rescue them from their
pit of neglect and to give them a happy home.

It's too bad that such a rescue was needed. It is sad to
contemplate how forgotten Kin Hubbard is today. Randall
Jarrell once defined a poet as someone who in a lifetime of
standing outside in thunderstorms manages to get struck
by lightning a half dozen times. Well, according to that definition, Kin Hubbard qualifies as a poet—for that's what he
was, after all. And there are times when I can picture his
head spitting fire like a broken power line, jumping and
dancing on the broken, pachydermous asphalt of a back-
country road. Or something.

But never mind. The point is, his gift for satire was great,
for even as it cuts deep into our follies, it makes us laugh in
a spirit of recognition and acceptance. He was funny and,
in his way, profound; and it's too bad hardly anyone today
remembers him or what he did. But, of course, it is always

sorrowful to contemplate the spectacle of unjust neglect. Like most people, Kin Hubbard seems destined for oblivion, which in his case is a great injustice.

And yet it is part of a satirist's sad wisdom to know that all the things he hates will pass away—sad, because what he loves is always inextricably part of what he hates. How could it be otherwise? Surely Abe Martin understood oblivion and accepted its necessity. He was obviously reconciled to the evanescence of all things, no matter how bad, or no matter how fine and good. After all, he was the one who made note of the fact that every once in a while someone who used to be the best dancer in town is carted off to the poorhouse.

14

The Raven Caper and the Writing Curse

SEVERAL SUMMERS AGO, while I was teaching fiction at the Virginia Commonwealth University Writers' Conference in Richmond, my wife and I visited the Poe Museum at 1914 East Main Street. We have always enjoyed historical tours, and find that our enjoyment increases with the years, being old enough to understand that the rumor is true and the past really is our destination, so that we increasingly find comfort in contemplating those who've gone before.

The museum consists of three buildings. One, a stone dwelling built about 1740, is the oldest standing house in Richmond. Brick walls eight to ten feet high connect it with the Memorial building, and a converted carriage house, making the enclosure into an old fashioned courtyard and garden. Poe and his child-wife, Virginia, may have lived here briefly in the 1840s; other than that, however, there is no personal connection with the poet.

Still, everything is of the right time and place, and interestingly authentic. The buildings are filled with antiques of the period, along with Poe memorabilia. On our visit I saw in a glass case either a first edition or facsimile copy of *Tamerlane*, Poe's first book, published at such a young age that Poe later repudiated it and tried to buy copies back so he could destroy them. This famous book is understandably of enormous value, the rarest of all titles of an author who is difficult and expensive to collect in any way, at any level.

162

The buildings that house his memorabilia epitomize the charm of early Richmond. The old-fashioned courtyard is elegantly landscaped and tended. When they are escorted through it on the tour from the residence to the museum and carriage house, visitors inhale the dense, warm odor of tobacco from the Phillip Morris factory across Main Street. Although some visitors might find this pungency offensive, even injurious to their health (or at least peace of mind), I personally found it rather pleasant, for it seemed only natural. Part of the atmosphere.

One of the striking artifacts inside the museum is a heavy, white-plaster bust of Poe. This bust, completed in or about 1909, was modelled from a bronze image of the poet now kept at Fordham University. It is a glowing presence when visitors first enter the room. For a long time it was prominently displayed in the courtyard, but then, on a cool October night several years ago, just before Halloween, it was stolen.

The theft was widely reported, even in the national media. And a year or so afterwards, it was the occasion for a question on the TV show *Jeopardy*—a sure sign of notoriety or fame. Who could have taken the bust of the famous poet? And why? Unlike a diamond necklace or Rolex watch, it's unique and too well-known to be fenced. Had it been purloined by muscular thugs hired by a wealthy and eccentric bibliophile, to be ensconced in a private library, where it could be cherished in secret?

Or maybe it was simply a Halloween prank. Because the bust weighs seventy-five pounds, and had to be hoisted over the high brick wall that embraces the museum buildings and courtyard, it was assumed that two or more thieves had collaborated. Of course, a single man could have managed it if he was strong enough, and capable of devising some safe and effective way to hoist it over the wall without shattering it.

Some of the suspense ended, however, just before midnight two days later when a young man dressed in western boots and cowboy hat walked into a roadside tavern carrying the seventy-five pound statue and placed it on a table. This was enough to quiet even the drinkers in The Raven

Inn, who silently watched him as he sat down and told the bartender what was variously reported as: "Please take care of my friend here," or: "My buddy, Ed, wants a beer," or: "This is my drinking buddy. I found him in an alley."

After the beer was served, the stranger in the boots and cowboy hat departed, leaving the bartender and customers of The Raven Inn perplexed and a bit stunned. The clientele was not what you'd call literary. But what if they *had* been literary? What exactly do you *do* with a statue sitting alone with a glass of beer on the table where its right hand should be?

The answer came an hour later when the local police arrived to fetch the bust and return it to the Poe Museum on Main Street. They later reported that they'd received an anonymous phone call from a man who'd told them the bust was waiting at the Raven Inn. The police found it exactly as promised, along with a paper bag upon which was handwritten two stanzas from "Spirits of the Dead," one of Poe's obscure early poems.

At first, newspapers had reported soberly on the theft, but when the bust was returned, suggesting the heist was nothing more than a prank, they frolicked. They lost all inhibitions, and the headlines showed no mercy. POE-TIC RETURN and TO ROAM 'NEVERMORE' were two of them. Another announced: THE RAVEN KNOWS. Still another story, soberly titled POE RETURNS, began: "On a night dark and dreary disappeared one of Richmond's statuary. Why it was taken was not clear, even when it surfaced for a beer." As verse, this reaches heights that verge upon the mystical, for it is stupendously, ineffably wretched. The best that can be said of it is that it might have served to relieve some neural itch in the nervous system that scratched at it.

Of course it was only proper that the newspapers should have had fun with the episode. Maybe they shouldn't have gone so far as to write what was just quoted or, in a grotesque impulse toward whimsy, refer to the culprit as the "Fiendish Filcher," but the direction of such waggery is understandable, if not its excess and barfable taste. The theft itself was obviously conceived in a spirit of whimsy, perhaps

even mirth, and to neglect such an opportunity in a world of rising budget deficits, riots, media events, congressional hearings and international monetary chaos would be almost too much to expect of a newspaper person.

And yet the whimsy is not without its darker side. More than most, this caper had a symbolic meaning. Stealing that seventy-five pound bust of Edgar Allan Poe and hoisting it over a ten-foot wall (the inside height; the outside is eight feet) is not the same sort of thing as your everyday neighborhood punks stealing hubcaps or vandals painting ELVIS LIVES in spray paint upon the walls of a pizza parlor. The latter messages may smell of symbolism, but there's no whiff of brains in them.

The theft of Poe's bust is a different sort of act. It is one that speaks to a higher sensibility. There is something wistful and almost sardonic about it; its spirit is not entirely that of levity or flimflam. It is understandable how easily this measure might be lost upon mere witnesses, overworked newspaper reporters, and other outsiders. But I can testify to the presence of a nobler inner meaning, because I know the culprit himself, and in a way interviewed him. His name is John A. (as Poe himself might have signified him), and he was a member of my fiction workshop. And, at a conference cocktail party one evening, he told me all about it. He confessed everything.

Naturally, I was intrigued. For one thing, his feat brought to mind the protagonist of my novel, *The Tale of Asa Bean* (New York: Harcourt, Brace, 1971) because Asa spends much of his time and the reader's time contemplating what he judges to be a gratuitously symbolic, as well as utterly unnecessary gesture. Whimsical, muscular Asa also is fixated upon an art object. He contemplates slashing a painting, which is not unlike the more vivid and committed gesture of John A. as he climbed that brick wall late one October night, picked up the bust, wrapped it in his leather jacket, tied the arms of the jacket securely around his neck, and then climbed back over the wall and dropped down on the other side, the pale, heavy and lugubrious statuary intact.

That's the way John managed it, and it was an admirable

exploit, requiring strength and determination to bring it off safely. What followed happened generally as reported in the press, although there were certain important, or at least colorful, details lacking. For example, what sort of beer did the mysterious stranger in a cowboy hat order for Poe? It was Lowenbrau Dark. (Poe would have savored the name as well as the contents.) And what were his first words after he'd placed the bust on the table? "Please take care of my friend, here." More surprisingly, none of the eyewitnesses mentioned a mustache. John had taken care to conceal his identity by wearing a false mustache, along with the cowboy hat, when he carried the bust into The Raven Inn. But, what's the point of taking pains to disguise yourself if nobody even notices the disguise?

In spite of such deliberate preparations, however, John A. swears he did not go to the Poe museum in a spirit of premeditation. Like other symbolic gentures relating to Poe, this was inspired by alcohol. It belongs to the class of legendary rituals. There is an old story that flowers and a bottle of cognac appear mysteriously on Poe's grave every year on the eve of his birthday; and the next day, the flowers and cognac are both gone, while the bottle remains. Then there is the story about some Baltimore *literati* who got drunk one night and decided to go to Poe's grave and urinate upon it in a spirit of reverence. Another symbolic act, or something.

Although John's theft wasn't like either of those, in spirit it was more in the flowers and cognac mode. What you have to remember is, John A. was drunk. That was when and how it all started. He says he was sitting in a tavern and drinking and couldn't stop thinking of a postcard that shows the bust of Poe superimposed over a photo of the museum. He kept thinking of how exposed and vulnerable that bust was. And, how *accessible* it was, for at that time it simply rested on a pedestal in the open courtyard. He kept on brooding about it, and couldn't seem to get it stopped.

How was it after that? "It was like living in a 3-D fiction," John A. said. He claims it was like the unfolding of a short story, the way he writes them—beginning instinctively, heu-

ristically, without a clearly structured sense of what the ultimate form and action might prove to be, the action in life unfolding the way the action in a story does. A sort of "existence precedes essence" business, the kind that is more likely to occur in a local saloon than in, say, the main office of the Virginia Federal Bank or in one of the checkout lines of a local supermarket.

So the next thing you know, it's gotten pretty dark out and you're headed down East Main Street toward the Poe Museum. Maybe you started without any clearly defined idea of what you might do, but somewhere in your cortex there gradually emerges a clearly *undefined* idea. Because, by the time you breach that brick wall, you revert to the third-person, past tense. John A. was prepared. For example, he had obtained the assistance of a friend as a combination designated/getaway driver, and he'd gotten a tape recorder. Now all that remained was to test the security system of the Poe Museum. Or maybe even liberate the bust where it glowed chalkwhite in the moonlight on its pedestal. Both of which John did, very much as described.

And yet the adventure was hardly begun, and much of it the press could not have known about. For example, after settling his prize in the back seat of his car, John had his getaway driver take him to the nearest tattoo parlor. It was closed, of course, but after persistent pounding on the door, a second-story window flew open and a big beefy fellow with long hair and beard stuck his head out.

"I want to get a tattoo of a raven!" John yelled up at him.

"What in the hell's the matter with you?" the bearded man called down. "Can't you see we're closed?"

"I want to get a raven tattooed on my buddy's forearm," John called back.

"Get lost!" the tattooer muttered and slammed the window.

The next stop was a palmist, but she was closed, too. I'm not sure what a palmist could have done with statuary whose hands were as ghostly as its forearms; but that's where John said he stopped, and I believe him. After knocking on her door for a while, without any answer, John re-

turned to his car and muttered his frustration in the direction of his designated/getaway driver and tape recorder, reporting on this latest phase of the adventure.

After that, he stopped fooling around and asked to be driven straight down the Jeff Davis Highway—which, he likes to point out, had been Edgar and Virginia Clemm Poe's honeymoon route 150 years before. Finally the three of them arrived at The Raven Inn, which he entered alone, carrying the bust—with some version of the previously quoted dialogue taking place.

What still needs to be emphasized is that this is not the sort of shenanigan that would occur to just anyone. The notion would come only to one of unique sensibility, playful and rash, with a dash of impudicity. In doing what he did, John A. showed a flair for stylish impracticality—the sort necessary for, say, writing short stories directed toward the literary quarterly market. All of this fits John A. That he is a gifted young writer was immediately apparent when I read his stories in my workshop. His fiction is exuberantly alive; his characters have human needs and are filled with cranky notions; they're in danger of exploding if they don't do something crazy. The world he creates is colorful and vivid. In reading his fiction you get the idea that the author is the sort of person who keeps walking in and out of his stories, looking for a place to sit down.

But what if he *does* write good stories? Who needs them? There is no more justice in the world of letters than in any other slice of the human pie, and John A. is simply not as widely published as he deserves to be. He is too good a writer to be consigned to a niggardly obscurity, but that is pretty much where he finds himself. And yet whoever promised him anything more? In the likely prospect of disillusion, bafflement, and ego trauma, writing fiction is a superbly, defiantly cruel undertaking. For the overwhelming majority, to launch upon a writing career is to purchase a ticket promising little beyond sustained, unjust, demoralizing frustration. Or, as it is sometimes called, "rejection." When

young people ask if they should become writers, there is only one honest and benevolent answer: "Not if you can help it."

Poe would have understood this perfectly, even though he has to be accounted a successful writer. But success didn't help. When he was alive, he was both famous and infamous (though much of the infamy came later, with the Rev. Mr. Rufus Wilmot Griswold's biography). But his financial rewards were pathetically meager, and most of his adult life was spent in chronic anxiety as he tried to sustain his patrician ideals, self-image, and artistic standards in chronic and desperate poverty. He and Virginia often went hungry and, according to one story, on cold nights they coaxed their housecats onto the bed as a sort of purring blanket.

Young writers today are not likely to suffer so dramatically, for there are many ways to support oneself while writing. The world Poe inhabited seems colorful to us—and never more colorful than in the museum that bears his name—but measured against the humanitarian values of today, he lived in a brutish and insensitive time, with little tolerance for a poet and Virginia gentleman. Emerson was his contemporary, it is true, but so was Mike Fink, who was half horse and half alligator and in a playful moment shot off the protuberant heel of an African-American and may have come nearer defining the daily life of the time than did the Sage of Concord.

The world Poe inhabited was so rigidly structured socially that Poe's options were virtually nonexistent, relative to those today, when young writers can teach or work as stevedores or beauticians or carnival barkers or police officers or just about anything else imaginable, and be enriched, for all experience is grist for the writer's mill. But to Poe and his contemporaries—committed to rigid ideals of gentility—such options would have been shockingly incomprehensible.

And yet, with all the rich advantages and openness and social mobility of modern life, plenty remains to fill writers with despair. All realize how lonely and isolated they are, for each is only a solitary individual among that vast multitude who spend their nights in silence, exile and cunning, their

typewriters and word processors chattering away in the rabid pursuit of "getting published." How large are those multitudes? God knows. In 1950 I read that there were five million people "trying to write." So how many would that make today? Would their numbers have increased with inflation and population growth? Perhaps. Do I hear ten million? Twenty? Thirty?

Whatever the figure, it is enough to show the appalling disparity between hope and eventuation, promise and delivery. Not only that, the fiction market has shrunk pathetically, and sometimes you are visited by the dark suspicion that there are more people writing it than reading it. It's possible that eventually, with a shrinking market, the number of writers will decrease; but if one can judge from enrollments in creative writing classes and writers' conferences, that won't happen soon.

Years ago James Dickey said that booze, madness, and suicide were the great dangers writers face, misfortunes that tend to be intricately connected. They're also connected with the extraordinary competition every writer must contend with, along with the tyrannical irresponsibility that prevails in what is sometimes called the "Literary Establishment." People used to claim that every good manuscript would eventually find its way into print. Critics used to say that; editors said it; writers said it; *everybody* said it. But does that make it true? Not unless goats play cribbage and ducks moo.

Of course it often happens that good fiction, having run the gauntlet of editors (themselves survivors splattered with bloody red ink and beleaguered by haste and the strictures of editorial policy, reflecting ghosts of a benighted and impatient readership) . . . it often happens that good fiction will stagger and blunder its way into print, but the process is so far from perfect that the idea of perfection might as well not exist. And yet, maybe that is only natural, because it wasn't *designed* to be perfect. In fact, it wasn't designed at all.

The imperfections of the literary scene notwithstanding, a writer cannot escape the simple reality of how success is de-

fined. Henry James said that getting published is a writer's primary goal. Being one of the least commercial, as well as one of the most thoughtful, artistic, and "literary" of writers, James speaks with special authority. But young aspiring writers don't need his testimony regarding such a gloomy truth. An unpublished story may be worthwhile; it may even show promise of being literature, it may even be a masterpiece; but until it is published somewhere—no matter where or how small the printing—it is only fetal and inchoate.

Years ago I wrote a story about a madman who could not stop writing stories, anymore than he could get them published, so he bought a mimeograph machine and spent his evenings in his basement, running off copies in the hundreds, which he stacked in great towering piles all round him. The crazy fellow was one version of myself, of course, an utterly unsuccessful but utterly compulsive creator of narratives. A bad dream of myself gone bad, he was as grandiose and crazily heroic as he was helpless in his delusion.

Happily I got *that* story published, in an obscure and ephemeral literary magazine on the West Coast. It could not have been read by many people, but that number of readers was sufficient, for there was one among them who liked it and wrote to me, asking if I had "by any chance written a novel." (I pictured him picturing any novel I'd written as mimeographed and stacked in my basement.) This reader was Hiram Haydn, editor of the *American Scholar* as well as an editor at what was then Harcourt Brace and World. While I did not have a mimeograph machine in the basement, I did indeed have a novel, *Hanger Stout, Awake!* which I had just finished, and which I sent to Hiram, and which he liked and published.

That is my own personal testimony of a journey through one of a myriad gauntlets, the sort of gauntlet that, after you survive and come through all right, you look back and realize it was somehow all worthwhile . . . maybe even *fated* to be. And yet I cannot entirely forget the dark anxiety of those beginnings. I remember how black the tunnel looked when I first entered it (the gauntlet is now a tunnel), with not even a clear notion of light at the other end.

So, I remember those late nights when I could almost imagine the sounds of millions of typewriters and word processors chattering in basements, in attics, in bedrooms, in the city rooms of newspapers, in dormitories, in basements, in warehouse offices, on kitchen tables, as writers pounded away, obsessed and hopeful, creating characters doing odd and interesting things, nudged into fictional reality by creating real worlds out of sentences, and then having the reports on those worlds translated into print, so that they might conceivably be read by countless multitudes of people, existing beyond the reach of our imaginations.

Of course the thought of those counter multitudes of competitors shouldn't bother writers essentially; it should not touch them *as writers,* for being a writer is a far more profound commitment than entering some kind of publishing or celebrity contest. Those competing multitudes have nothing to do with what writers are primarily and ideally *about,* once they sense some discrepancy in the world and realize that it contains within it a story that needs to be told, and they alone can tell it.

As writers, they possess their own story ideas and characters with an intimacy available to no one else; and when they are writing, they are oblivious to all that can be seen as competition . . . which is to say, they are interested exclusively in what they are creating and are therefore focused and alive and happy. To be preoccupied with one's own chosen task, Pindar reminded us, is to lose the fear of mortality.

But the sad truth is that writers cannot always be writing, and it is when they stop writing that they fancy they can hear all those other typewriters and word processors chattering away. It's when they're not writing that they stand back and contemplate the disparity between what they have intended and what they have accomplished; and measure their failure in other ways and brood over it, and hear the competition and suspect that they are in danger of going mad.

John A. understands what I'm saying; and Edgar Allan Poe would have understood it, too, with a few tucks and

172

changes. What binds all of us together is an enterprise that is essentially mystical, for the same degree of industry, talent, and skill expended in almost any other activity would be more profitable, therefore by almost any criterion, more realistic. Our obsession is quixotic, delusional, crazy, unnecessary; it is wildly adventurous in ways that only the wildly adventurous can understand. Asa Bean lived in the configurations of this myth as intensely as that poor drudge mimeographing unreadable stories in his basement, while his wife and children slept the night away above his troubled head. We are all committed to it, each in our own way.

So much is old knowledge. The sacred bards of the ancient Celts were taboo figures, both feared and honored for their possession of the uncanny power to tell stories and create imaginary worlds. Faint echoes of their calling can still be head; their mystical power can still be felt in the superstitious awe we feel in the presence of realities created from words on a page, which enable us to believe in the truth of people who think and feel and suffer without having any existence in the real world of umbrellas, wristwatches, and apples.

Edward Dahlberg said that we create fictions so we won't lead a mean existence. This means that we cannot really live without gestures that are both symbolic and practically useless. The world is asleep and we want to awaken it. Things are not what they should be; they are not in the right place. Everything is skewed and out of order and needs adjusting.

John A. understood this one boozy evening and acted out one set of its implications, for the stories we tell are not limited to what we write and say, but extend throughout all we do and remember. I hope John A. will never lose faith in this power as he keeps on writing. Then maybe there will be a day when a reader comes up to him and says, "Do you know something? It was so real to me that I forgot it was only a story I was reading and all of a sudden I found myself in The Raven Inn, and I saw old Ed sitting there at the table, and damned if I didn't think I should buy him a Lowenbrau Dark. And, by God, I did!"

15

How Did They Live in Those Days, and How Cuss?

YEARS AGO I BOUGHT an original hand-colored seventeenth-century print showing the Benedictine monastery in Bergen, Norway. This is one of William Blaeu's famous pictorial "maps," but it is more picture than map—exquisitely designed, showing figures engaged in such everyday activities as chatting, riding horses, fishing in the canal, and in the far distance one man plowing behind an ox.

I find this map interesting for personal as well as aesthetic and antiquarian reasons: In 1974 my wife, son, and I visited Bergen, and, if the monastery buildings were still standing, we surely visited them. And yet there is nothing at all familiar in the scene on our wall. Three hundred years have erased every sign of the particular sort of human presence which defined that time and place.

This is all properly mysterious, of course; but you don't have to travel back three centuries to witness it. Look at a photograph of a familiar city street taken at the turn of the century, and study it to see how little remains—and how little of *that* small proportion actually looks familiar.

With the passing of time, hard old realities fade into ghostly, dream-like images. Things remembered from years ago become as impalpable as fairy tales read to us in the nursery. What exactly is the difference between an actual past event and a work of fiction? It's obvious that one "really

happened" while the other did not, but such an abstract consideration is hardly sufficient to erase the mystery implicit in the question, which is rooted in the mystery of time itself.

The words *story* and *history* share a common root, and scholars are constantly reminded that, no matter how scrupulous, thorough, and intellectually honest their intent, whenever they write history, they are compelled to edit and compromise the truth, rendering it partially and with prejudice. Points of view are by definition partial, and whoever tries to write anything factual is always guilty of "telling stories," or lying. There are, as a physicist once profanely remarked, no immaculate perceptions.

Given this fact, how can we discover the truth of things as they once were? Not as they have been transformed into the things of today—for these are all around us and we can't escape them—but as they once actually were but no longer are? Since we don't know where the bus-stops for time machines are located, we have to reconstruct the past from whatever vestiges we can find of that vanished world.

Historical reconstruction is often likened to detective work, and such an obvious comparison is valid beyond what is usually meant by it, for it conveys a two-way connection, in that mystective novels are essentially about the past. They're focused upon a historical quest, featuring a protagonist-detective who tries to gather all available information about a murder or other serious crime and piece it together so that it explains what happened, along with the identity of the criminal. In this way, as G. K. Chesteron pointed out, the criminal is an artist and the detective a critic. Being artists, criminals are also game players, utilizing deceptions and predicting countermoves; they are privileged with the advantage of the first move in the game that they set in motion and, to some extent, invent. So the detectives are second players, the antagonists of the criminals who initiate it. And, like critics and historians, they find their subject matter in the past tense.

Of course the labors of local and social historians are not

limited to criminal matters.[1] They want the clearest and fullest possible answer to the question of not simply what happened, but what *it was like* in those days. And, like detectives, they are trained in gathering all the evidence they can find in preparation for reconstructing the daily life of some time and place now lost forever.

In spite of the relevance, fascination, and beauty of old houses, buildings, antiques, and other historical artifacts, most of what we know about the past comes from the written or printed word. Like many people, I am inexhaustibly curious about how my ancestors lived, so it is only natural that throughout the decades of my book collecting I have bought handwritten diaries, letters, and journals just about wherever and whenever I could. If, that is, I found them interesting.

But what is required for something of that sort to be interesting? Like most questions of value, the issue is relative to such matters as circumstance and temperament. Diaries and letters from, say, the 1940s are seldom tempting for today's collector, unless they focus upon affairs of historical or potentially historical importance (e.g., a diary kept by one of the scientists or technicians at Los Alamos in the 1940s, or the post-World War II records of a physician in a camp for displaced persons). Or unless there is some literary value in the writing. Otherwise, a diary telling us that Cousin Lucy visited somebody, somewhere, and she was looking poorly, or that it was hot again today, making four days in a row when the temperature reached the nineties—such reports are hardly worth possessing.

Even a diary that's respectably old can be dull and worthless. I once owned such a diary, dated in the 1860s and evidently kept by a man who lived in westcentral Ohio, in which there was nothing more interesting than references to seeing some Uncle Charley or an otherwise unidentified

---

[1]Although such matters do crop up in unlikely places. Balzac said that behind every fortune there is a crime; and practically everybody finds money interesting, even—or perhaps *especially*—when it is tainted.

Mr. Tabor or Mrs. Johnson, along with the ever-favorite topic of the weather. The most interesting thing the diarist mentioned was seeing General Grant in Columbus. This fact was reported without further comment, however, leaving the reader frustrated in a desire to know whether Grant was smoking a cigar,[2] tapping its ashes on his knee and telling an anecdote elsewhere unknown—one, say, about when his garrison occupied Paducah, Kentucky, and he had to court-martial a lieutenant who had impersonated a preacher in order to steal a widow's horse.

Still, even a nothing sort of diary can be useful to a local historical society, if the diarist is known to be local. Even if their provenance is problematical, which is often the case, for as intrinsically personal documents, diaries are often exasperatingly unclassifiable. For example, the diary I have referred to above did not have the name of its owner anywhere, nor his place of residence. Why should it? *He* knew who he was and where he lived, and such details weren't anyone else's business, because diaries—unlike most journals—are addressed to oneself, and no one else.

Still it was clear that he was a grown male, and that he almost surely lived somewhere in westcentral Ohio—Madison or Champagne County (where I bought it)—but that was all. Diaries naturally tend to be anonymous, which is only natural, because the majority are kept by common folk and are written for the benefit of their older selves or their immediate progeny—in contrast to the diaries of celebrities, who can't help but feel the breath of posterity on their shoulders, as future generations admire the relaxed artistry of every phrase, and the honesty implicit in so much self revelation.[3]

Unlike printed books, holograph manuscript material is little troubled with the sorts of rhetoric calculated to win a

---

[2]A good possibility, for Grant averaged twenty a day before developing the throat cancer that would kill him.

[3]This anonymity of diarists struck me as interestingly ironic, inspiring my short story, "The Execution," published in *Tales of the Ohio Land.*

readership. It is not *devoid* of rhetoric, of course; Civil War letters were written with an intent to show Momma and Poppa how well their boy had learned his letters or how pious he had become in the midst of death . . . or perhaps to wow Lucinda with the eloquence of a passionate heart. Still, they are likely to be possessed of some degree of innocence, and may be appreciated as documents of the private life, the sort of documents that bear unique and valuable testimony concerning the mood and temper of the times.

In spite of all the warmth and humanity of handwritten documents, however, it is the printed word that provides most of what we know about the past. If you would learn about the "winning of the West," read the printed books on the subject, those of professional historians as well as eyewitness accounts of amateurs, which almost by definition contain primary source material. Patrick Gass' account of the Lewis and Clark expedition (Pittsburgh, 1807) is a wonderful example of such an amateurish report; it is also the first account of that epic tour.

But today, through the massive accumulation of sophisticated research and the perspectives afforded by modern historiography, a great deal more is known about those events which Gass lived, but could hardly have understood from our vantage point. In addition to the eyewitness accounts of amateurs and the monographs of professional, academic historians, there are a few works, such as Francis Parkman's *The Oregon Trail*, which combine these two qualities in a book so useful, readable and accurate that it has become a classic.

Biographies and memoirs are invaluable for local and social historians, as are old newspapers, which are almost entirely ignored by bibliophiles—largely because they are almost impossible to display, and book collectors like to show off their trophies, very much as big game hunters do. There are also old technical and scientific books, along with business and advertising pamphlets and many sorts of broadsides, that are actively sought by collectors for precisely the same reasons that they are useful to local historians.

But there is a *genre* that is particularly interesting, not simply for the local historian, but for anyone who loves good stories. This sort of book was usually written by an amateur, often a minister or lawyer or local businessman, a man who was literate and somewhat successful, and undertook his task as a labor inspired by various mixtures of idealism, patriotism, egotism, nostalgia, and *pietas*. But behind all these motives was a love for the subject, just as the word *amateur* signifies.

The books I am referring to are Civil War regimental histories. Most were penned by officers—far more likely than the enlisted men of those days to be literate—after their return home. A surprising number were published in the 1860s, when the echoes of cannon fire had hardly fallen silent, but many came out in the '70s and '80s, and continued into the twentieth century. But, whatever their publication date or regiment or locale, these books are almost without exception fascinating.

Samuel H. Hurst's *Journal-History of the Seventy-third Ohio Volunteer Infantry* (Chillicothe, Ohio, 1866) is a good example. Hurst was an Ohio farm boy who taught school, went to college (in that order), and finally studied law and passed the bar examination in 1858. Then came the war.

> He enlisted in the 73rd O.V.I., rose to the rank of colonel, and commanded the regiment during Sherman's march through Georgia. After the war he operated a fruit farm in Ross County, served as internal revenue collector, from 1869 to 1875, and held a variety of other posts in Chillicothe.[4]

Readers of Hurst's unschooled prose will gather treasures of anecdote. They will be told of "the great slugs of railroad iron thrown by the enemy's guns" at the second Bull Run,

---

[4]*Ohio Authors and Their Books*, William Coyle, editor. (Cleveland, 1962), p. 332.

and later imagine the postbattle scene at night when federal corpses were stripped of all their clothing, along with everything else of value, by desperate rebel troops. In Georgia, before the battle of Resaca, Hurst and his men listened to the sounds of the rebels building fortifications, and he described how they could hear "thousands of axes going all night long."

The homely details of the daily lives of those Civil War soldier boys seem utterly appropriate for a period in which sentimentality and melodrama throve. It was as if the values of their popular songs and the heavy theatrical ironies of the time seeped into and flooded the most stubborn realities. The night before Gettysburg, the boys of the 73rd OVI slept in line, using grave mounds for pillows—almost as if they looked forward to telling about it afterwards, if they survived, that is. And the next day, when the rebel artillery got their range, they moved in front of their own protective walls for safety, letting the shells burst inside, where they would have been slaughtered had they remained.

After the battle had raged all day, Hurst wrote:

Sometime after dark the fire on our left ceased; but still the dreadful carnage on our right went on. On into the night flashed those thirty thousand muskets, only lessening in number as brave men bit the dust.[5]

The 73rd was in the midst of that great battle of July 4, 1863, in which, Hurst piously notes, the "nation was born anew" as the rebel army retreated and the Union victory was assured. But the nation's birth was a bloody and pain-

---

[5]Was "bit the dust" already a cliché in Hurst's day, or was it still a fresh metaphor? I suspect it was already familiar, although the earliest citation in the OED is 1870, from Bryant's *Iliad*: "May his fellow warriors . . . Fall round him to the earth and bite the dust." Of course, Macbeth's most famous speech may well have long before provided half the source in the lines: "And all our yesterdays have lighted fools the way to dusty death." And, long before that, the Book of Common Prayer; still, it's not the dust but the other part that gives the expression bite.

ful one, for 144 of his regiment's "scarcely 300 men" were casualties, a horrible percentage of killed and wounded.

After Gettysburg, the regiment, along with others, was assigned to the western campaign, and Hurst proudly describes how swiftly they traveled through Ohio and all the way to Alabama. Indeed, moving twenty thousand men one thousand two hundred miles in five days was a considerable feat for that time, and Hurst was entitled to be proud. But that pride was as modest as pride can be, focusing upon what was for him modern technology, which transcends personal accomplishment. "This was a triumph of railroad enterprise," he wrote, "unexampled in the history of either war or peace."

The book is filled with picturesque scenes. On a brief furlough the Chillicothe belles presented them with a new regimental banner and sang "Sweet Home." Later, Hurst records in detail the banter between the troops when they were lying in line at the battle of Resaca. The boys of the 73rd called out, "Johnny Reb! O John! Got anything to eat over there?" And, in response, Johnny would call out such things as: "O, Yank! Is your captain a white man or a nigger?" Such raillery was common. In the heavy rains at Fredericksburg "the Rebel pickets posted placards opposite our picket posts, with BURNSIDE STUCK IN THE MUD! in large capitals."

The prose that Hurst wrote is not distinguished as literature, but it can upon occasion be suspenseful and dramatic. And it is often suitably, and predictably, melodramatic. The following passage, relating to the climax of Sherman's march to the sea in December 1864, is a near-perfect example of mid-nineteenth-century rhetoric:

It was with no little foreboding we lay down to rest on the night of the 20th, and our worst anticipations of costly work seemed about to be realized when we were awakened in the morning with the order to "Fall in, and be prepared to move on the enemy's works immediately." In a few minutes we were in line, ready for the last charge for Savannah. Solemn and silent were our

battalions while they awaited the order to advance, and while thus waiting, a staff officer announced that the enemy had evacuated the city.

Solemn and silent is the prose that portrays such a scene, for it is the capacity for solemnity and silence that makes prose so splendid a medium for the solemn and silent testimony of past grandeur. It is also a splendid medium to deliver a message that a modern reader may find astonishing.

But before revealing *that* message, I should emphasize that, by all the evidence, Colonel Hurst everywhere proves himself a dependable eyewitness and champion of understatement. Writing about the Battle of New Hope Church, he scarcely mentions—and that in third person—that "Lieut.-Col. Hurst was wounded in the fight." And elsewhere, throughout, his style is that of a sober, thoughtful, responsible man.

In short, he was honest. But how could an honest man write the following sentence, relating to their approach to Chattanooga?

The last night was one of the most trying of our military experience. From dark till near midnight our brigade was engaged in getting through a dark, narrow pass. Then we camped in still-water and mud, mixed with wind and rain, and spent the remainder of the night in soft slumbers. Several men were known to have used profane language on the occasion—a thing that rarely occurred in the army.

What? What army? An army without profanity? How could such a thing ever be? In *Tristram Shandy,* Uncle Toby said, "Our armies swore terribly in Flanders." In fact, if Uncle Toby had been a real man, and not simply a wonderful character in Laurence Sterne's novel, he would have no doubt *sworn* they did. And I would have supposed they swore not just in Flanders, but in all directions, before and after any least occasion to swear. Because, how could an army *not* swear? The thought is so astonishing, it verges

upon the profane. I would have thought swearing indigenous to the male hormone—or it might as well be. Nevertheless, here in black and white, our honest Colonel Hurst tells
us that it was "a thing that rarely occurred in the army"!

And yet, as surprising as that remark is, it does not stand
alone, for I have seen similar references to Civil War soldier
boys. Such references only compound the wonder, for many
of them really, truly, actually *do* seem to corroborate Hurst's
statement. If Hurst could be dismissed as a pious liar, we
would be amused precisely as our dismay evaporated; but,
if what Hurst wrote is elsewhere noted, then we are forced
to consider the possibility that there were actually Civil War
soldiers who did not use profanity. Or at least they did not
do so within the hearing of the officers who would someday
write their stories.

The rhetoric and semantics of swearing is of great interest, but it is not the exclusive and specific subject in this
essay, which is focused upon only one dimension thereof.
And even that is further delimited, for to adequately research the swearing—or, as it may be, *non*swearing—habits
of Civil War soldiers, one would have to look hard for evidence in far more books than I have read. Certainly, one
would have to consult hundreds of other regimental histories, miscellaneous contemporary accounts, and scholarly
and popular histories constantly uncovering new information about the American *Iliad.*

And then there is Mark Twain. Of course one could not
assume that Twain's rich and humorous testimony regarding the ceremony of swearing is accurate in the sense that
it was truly representative. There is something mythic about
swearing when he takes it up. It might as well be poetry—
which it is, of course, but that wasn't considered the proper
way to think of it until Twain awakened people to its qualities. Twain's allusions are suggestive of great riches of metaphor, metonymy, and synecdoche, a lyric and disgruntled
rapture that is literally, typographically ineffable, insofar as
it exceeds the power of the written word to express.

I've often wondered what precise words Huck's Pap, for
example (a sort of champion swearer) supposedly used to

express himself. How many permutations of "hell" and "God damn" are there? Not many. But, by "cussing," did Twain mean to suggest obscenity as well as profanity? Probably. But, even with all the permutations of obscenity thrown in, not even the most gifted, earnest and dedicated swearer would have a whole hell of a lot to work with.

So we'll probably never know exactly what Twain had in mind when he refers to Pap's seizures of ecstatic cussing, and we'll probably never have a very clear idea of how strong, or how temperate, the language used by the boys of the 73rd OVI was. My guess is that it wasn't as strong, and certainly not as vulgar, as a great number of movies shown on the cable network are. But then I can't defend such a view, and can only state it for what it is, a sort of hunch, not worth much more than the average campaign pledge.

My excursion into the matter of profanity is not entirely accidental; it has led me to the brink of a great blank wonder, a nonanswer to the specific question of what living was like and how people felt and thought and acted in those past times. But it is precisely in this that my testimony can provide evidence of what surely awaits those of us who dabble in social and local history. Our questions will inevitably, in the nature of things, far outweigh the answers they are meant to evoke. Many will lead to enlightenment, to be sure; many will give us images and ideas of what our ancestors were like and how they lived their lives. But we will never achieve a complete and final closure to any of our questions, no matter what they are and how they are formulated.

But, in this, the past is hardly any more inaccessible than the present. Who really knows what we are about as we hurl ourselves giddily into the chancy and problematic future? *I* certainly don't, and from all the evidence, no one else does either. We know we are condemned to ignorance, and yet we are not entirely discouraged by the fact. It's part of what makes us human. This is one of the great attractions of our enterprise as amateur historians, as well as of human beings trying to stay on the bucking bronco of the present moment. For who amongst us wants to limit our questions to those that can be clearly and finally answered?

Here, the poetry of cussing is simply part of the poetry of language, itself—which is to say, our lives. Although we do not understand such things as well as we would like, a full understanding is not required for us to find them all interestingly mysterious. It is in the realm of our ignorance where all things connect. The seventeenth-century praying monks who lived in the Benedictine monastary at Bergen and the boys of the 73rd O.V.I., cussing as they tried to sleep in mud and water, were united in the ultimately futile enterprise of making their language somehow fit the universe and do it justice. And, doing so, they added their testimony that prayers and cussing and poetry can carry us only so far, because we are finally as mysterious to ourselves as we will prove to later generations when they try to understand how we live our lives and what we are trying to do and say.

A Note about the Author

Jack Matthews is Distinguished Professor of English at Ohio University and recipient of numerous writing awards, including a Guggenheim Fellowship and a Major Artist's Award from The Ohio Arts Council. In addition to his novels, poems, and short story collections, he is the author of *Memoirs of a Bookman*, published by Ohio University Press in 1989 and *Collecting Rare Books for Pleasure and Profit*, published by Ohio University Press in 1977. He is the editor of *Rare Book Lore: Selections from the Letters of Ernest J. Wessen*, published by Ohio University Press in 1992. Matthews is a passionate collector of old and rare books.